U0884412

中国农业产业技术发展报告——2020

农业农村部科技教育司
财政部科教和文化司　　主编
农业农村部科技发展中心

中国农业科学技术出版社

图书在版编目（CIP）数据

中国农业产业技术发展报告．2020／农业农村部科技教育司，财政部科教和文化司，农业农村部科技发展中心主编．-- 北京：中国农业科学技术出版社，2021.9

ISBN 978-7-5116-5476-2

Ⅰ．①中… Ⅱ．①农…②财…③农… Ⅲ．①农业产业-技术发展-研究报告-中国-2020 Ⅳ．①F320.1

中国版本图书馆 CIP 数据核字（2021）第 181108 号

责任编辑 穆玉红
责任校对 马广洋
责任印制 姜义伟 王思文

出 版 者 中国农业科学技术出版社
北京市中关村南大街 12 号 邮编：100081
电　　话 （010）82106626（编辑室） （010）82109702（发行部）
（010）82109709（读者服务部）
传　　真 （010）82106626
网　　址 http://www.castp.cn
经 销 者 各地新华书店
印 刷 者 北京建宏印刷有限公司
开　　本 185 mm×260 mm 1/16
印　　张 22.25
字　　数 560 千字
版　　次 2021 年 9 月第 1 版 2021 年 9 月第 1 次印刷
定　　价 88.00 元

《中国农业产业技术发展报告 2020》

编 委 会

前　言

收集、整理和分析产业及技术发展动态信息，为政府决策提供咨询，为社会发布技术成果信息和技术需求信息是现代农业产业技术体系（以下简称“体系”）的重要任务之一。为了进一步促进体系对产业发展基础信息资料的收集与总结，强化体系对产业发展的技术支撑作用和效能，2020 年，我们组织水稻、玉米、小麦、大豆、大麦青稞、谷子高粱、燕麦荞麦、食用豆、马铃薯、甘薯、木薯、油菜、花生、特色油料、棉花、麻类、糖料、蚕桑、茶叶、食用菌、中药材、绿肥、大宗蔬菜、特色蔬菜、西甜瓜、柑橘、苹果、梨、葡萄、桃、香蕉、荔枝龙眼、天然橡胶、牧草、生猪、奶牛、肉牛牦牛、肉羊、绒毛用羊、蛋鸡、肉鸡、水禽、兔、蜂、大宗淡水鱼、特色淡水鱼、海水鱼、虾蟹、贝类、藻类 50 个体系的首席科学家牵头编写了《中国农业产业技术发展报告 2020》，供各级农业及相关行业行政主管部门、科研教学单位、推广机构和各类企事业单位参考和借鉴。由于水平所限，书中如有疏漏之处，敬请读者指正。

编　者

2021 年 5 月

目　　录

2020年度水稻产业技术发展报告

（国家水稻产业技术体系）

一、国际水稻生产与贸易概况

（一）生产

根据联合国粮食及农业组织（FAO）《作物前景与粮食形势》报告，2020年全球稻谷产量将达到7.26亿吨，创历史最高水平，比2019年增产1 100多万吨，增幅1.5%。尽管亚洲水稻主产国越南、孟加拉国受干旱等不利气候条件影响，水稻生产形势不佳，但巴基斯坦水稻播种面积明显扩大，稻谷总产创历史纪录。

（二）贸易

预计2020年世界大米进口总量达到4 297万吨，比2019年增加72万吨，增幅1.7%；出口总量4 538万吨，比2019年增加267万吨，增幅6.3%。在主要出口国家中，印度出口1 380万吨，比2019年增加131万吨；泰国出口700万吨，增加150万吨；越南出口630万吨，增加20万吨；巴基斯坦出口400万吨，增加20万吨。预计2020年国际大米库存量达到17 950万吨，比2019年增加119万吨，增幅0.7%；库存消费比为35.8%，比2019年下降0.3个百分点，库存水平仍然较高。

（三）市场

2020年国际大米价格呈波动上涨态势。除印度外，东南亚大米主产国泰国、越南、巴基斯坦的大米价格（均指25%破碎率大米价格，下同）普遍上涨。1—12月，泰国、越南、巴基斯坦大米价格分别由每吨439.5美元、331.0美元和332.2美元上涨至508.0美元、471.3美元和362.0美元，涨幅分别为15.6%、42.4%和9.0%。新冠肺炎疫情在全球流行初期，国际大米价格短期快速上涨，4—6月曾一度高于国内大米价格。

二、国内水稻生产与贸易概况

（一）生产

2020年全国水稻种植面积45 114.0万亩（1亩≈667平方米，全书同），比2019年增加573.0万亩，增幅1.3%；亩产469.6千克，下降1.0千克，为历史次高水平；总产21 186.0万吨，增产225.0万吨，增幅1.1%。其中，南方稻区推进恢复双季稻生产，双季稻面积增加756万亩。早稻产量2 729.3万吨，增产102.8万吨；中晚稻产量18 456.7万吨，增产122.2万吨。

（二）贸易

尽管国内外大米价差整体呈缩小趋势，但企业进口大米仍然有利可图，同时受世界范围疫情持续发生、东南亚主产区旱灾、非洲沙漠蝗爆发等因素综合影响，我国大米进口量小幅增加。据海关统计，1—12月，我国进口大米291.2万吨，同比增长16.3%，进口大米最多的前五国分别是缅甸、越南、巴基斯坦、泰国、柬埔寨；出口大米230.5万吨，同比减少 16.1%，出口大米仍以非洲国家为主，出口量排名前五的国家分别是埃及、韩国、塞拉利昂、喀麦隆、尼日尔。

（三）市场

受疫情持续发展、稻谷最低收购价格提高、主产区水稻生长期间洪涝灾害影响较大等因素综合影响，2020 年 12 月，早籼稻、中晚籼稻和粳稻平均收购价格分别为每吨 2 501.7 元、2 740.3 元和 2 802.5 元，同比分别上涨 5.0%、9.0% 和 6.8%，中晚籼稻价格涨幅较大。各地调研表明，优质食味稻、功能专用稻等品种仍然受到市场收购主体欢迎，需求旺、销路好，价格优势明显。

三、国际水稻产业技术研发进展

（一）遗传改良

日本立命馆大学和神户大学研究敲除水稻 Rubisco 的小亚基 *RbcS* 并和异源表达高粱的 *RbcS*，获得的转基因水稻表达出类似 C4 植物的催化特性，并通过转基因、酶学、植物生理学、结构生物学等方面手段验证 C4 植物 *RbcS* 在 C3 作物水稻中有重要的生物学意义和应用价值。美国马里兰大学和电子科技大学合作研究了 *Cas12b* 在水稻中的编辑效率，开发了在植物中除了 *Cas9* 和 *Cas12a* 以外的可以实现基因组编辑的 *Cas12b* 系统，编辑效率更高，且可以实现多基因编辑。美国俄亥俄州立大学王国梁团队在基于美国密苏里大学哥伦比亚分校和德国杜塞尔多夫大学的研究基础上，系统评述了通过 *CRISPR/Cas9* 基因编辑技术和病原菌变异实时监控技术对水稻获得并保持白叶枯病广谱抗病性（BSR）性状的创新性。

（二）栽培与土肥

国外稻作技术已逐步与智慧农业相融合，如精确变量施肥装备通过实时监测水稻群体营养状况、土壤养分与水分供应水平，在运行过程中实时调整施肥量，实现精确施肥；采用无人机获取作物生长动态信息，结合数据解析后，指导 GPS 引导的自动施肥机械变量施肥和管理，可以实现水稻丰产优质精确定量管理。在机械化生产方面，计算机与激光技术结合的大型平地机高质量完成整地平地作业；机械精控播量、播深，播种质量高；水、肥、药管理机械化、智能化，实现精准灌溉、施肥与打药；在节水灌溉方面，主要有湿润灌溉法、干湿交替灌溉法、旱作孔栽法；在肥料管理方面，有“V”字形施肥、平衡施肥、诊断施肥、实时实地氮肥管理、精确定量施肥、计算机决策施肥等理论和技术。

（三）病虫害防控

韩国 Lee 小组发现稻瘟菌中两个定位于水稻细胞核的外泌蛋白通过操控寄主细胞内的基因转录水平来抑制寄主免疫反应；美国 Wilson 小组发现稻瘟菌合成的精胺通过中和其细胞内 NADPH 氧化酶产生的自由氧基团来减轻内质网胁迫，以确保附着胞分泌的黏质密封其与水稻叶片的接触界面；英国 Kilaru 小组发现单烷基亲脂阳离子（MALCs，如 C18-SMe2+）可作为一类有效的、非毒性的作物杀菌剂，上述研究为稻瘟病防治提供了新思路。美国 Bogdanove 小组整合纳米孔和全基因组测序技术鉴定了水稻中 529 个完整或部分的 NLR 基因，并发现 Xo1 基因座的扩张。日本 Murayama 小组等从水稻叶片中鉴定出一种新的抗虫物质——异戊胺，该物质的积累受褐飞虱、劳氏黏虫和茉莉酸诱导，外源施加异戊胺能显著降低褐飞虱的存活率，对褐飞虱防治有启示作用。比利时 Kyndt 小组用不同的线虫相关分子模式处理或拟禾谷根结线虫直接侵染水稻，根或早期根结的 DNA 甲基化程度显著降低；通过甲基化抑制剂处理或使用甲基化突变体发现水稻对拟禾谷根结线虫的感病性显著降低，对线虫防治有启示作用。日本 Matsumura 小组发现吡蚜酮与噻虫嗪、噻虫胺等新烟碱类杀虫剂存在交互抗性，与呋虫胺、烯啶虫胺无交互抗性，为上述杀虫剂的合理施用提供了科学证据。

（四）产后处理及加工

在加工技术及产品方面，精米在加工过程中带来的营养损失一直是近年来研究热点，Taleon 等研究大米蒸煮过程中锌、铁及维生素等流失情况，发现锌元素从内胚乳向外胚乳转移规律；Bonto 等发现经超声波处理后糙米内源铁、磷含量会降低，但经矿质溶液浸泡后，可强化并提高糙米吸收铁的能力；Khatun 等研究提出在大米蒸煮前通过添加某些蛋白质，可以控制大米淀粉消化率。在米糠加工利用方面，Tan 等研究揭示了米糠提取物作为膳食补充剂能够显著减轻动脉粥样硬化发病机制带来的氧化损伤和慢性炎症的风险；Peanparkdee 等研究发现 4 个泰国稻米品种米糠提取物，经模拟消化后，均表现出酚类化合物和花青素含量下降，抗氧化活性下降；Zaky 等认为，对米糠蛋白的深入研究有利于进一步规划开发功能食品，但米糠中抗氧化肽的产业应用还需要做更多研究。

（五）设施与设备应用

近年来，水稻插秧机的基本工作原理和主要结构、水稻联合收割机等相关机具生产技术都没有发生大的变化。为了减轻劳动强度，日本推广插秧机无人操作系统，久保田、洋马、井关等农业机械制造公司生产了少量基于 GPS 导航的无人驾驶插秧机，用于生产试验与推广。受新冠肺炎疫情影响，国际上对水稻生产机械的技术改进不大，少量的技术改进研究也主要是在收割机和插秧机方面。日本在研发为无人驾驶插秧机配套的自动加秧机械，在水稻钵苗移栽机械方面技术进展不大。

四、国内水稻产业技术研发进展

（一）遗传育种

万建民团队解析了 SnRK2-APC/CTE 模块调控水稻理想株型形成的分子机制，对水稻株型改良具有重要的指导意义；解析了 GPA5 调控水稻谷蛋白转运的分子机制，丰富了人们对谷蛋白转运分子网络途径的认识，为稻米蛋白品质的改良奠定了理论基础。李家洋团队等合作发现绿色革命的伴侣基因，将华占与广亲和品种热研 2 号杂交，构建重组自交系进行基因组重测序分析，完成了华占的多分蘖特性解析。李云海团队等合作揭示了GSK2-OML4 途径调控水稻籽粒大小和粒重的新机制，为改良作物籽粒大小和提高作物产量提供了新的基因资源。

（二）栽培与土肥

杂交稻精准播种技术、杂交稻高活力种子生产技术、水稻侧深施肥技术、机收再生稻丰产高效栽培技术、水稻秸秆机械深翻还田技术、水稻精量穴直播技术等一批稻作新技术、新体系在我国大面积推广应用。如杂交稻精准播种技术确保杂交稻机插秧盘每穴播种 2～3 粒，每盘播种量从 70～80 克下降到 35～50 克，每亩播种量下降 25%～40%，秧盘播种均匀度大幅提高；杂交稻高活力种子生产技术创建了杂交稻高活力制种技术体系，解决了杂交稻制种种子活力偏低的理论与技术问题；水稻侧深施肥技术实现了插秧同步施肥，减少了人工作业次数，提高了肥料利用率，在黑龙江、江苏、安徽等大面积推广应用；机收再生稻技术模式比一季中稻增产 53.9%，减少农药用量 20%，肥料利用率提高 6.8%，外观或食味品质均显著提高；水稻精量直播技术进一步完善。

（三）病虫害防控

稻瘟菌 VASt 结构域蛋白调控细胞自噬、膜张力和甾醇稳态；细胞自噬通过协调细胞壁完整性信号途径来调节稻瘟菌的致病性；超长链脂肪酸生物合成抑制剂可作为控制动植物多种真菌病害的广谱杀菌剂，上述研究为稻瘟病防治提供了新思路。两个 VOZ 类转录因子通过连接一个 E3 泛素连接酶和一个 NLR 免疫受体来调节水稻免疫反应；稻瘟菌效应蛋白通过靶向水稻热击蛋白动态复合体来调节其线粒体稳态，进而减弱水稻的免疫反应，上述研究为提升水稻抗病性提供了新思路。褐飞虱借助二化螟诱导水稻挥发物规避稻虱缨小蜂对其卵的寄生；水稻诱导抗虫剂 4-氟苯氧乙酸可诱导水稻细胞中酚类聚合物颗粒沉积，并由此引起稻飞虱因口针难以抵达韧皮部及可能的口针内食物道堵塞，导致获取食物困难而死亡；HOX 基因 Ubx 在褐飞虱中独特的表达模式及其在翅型分化过程中发挥关键作用，上述研究对褐飞虱防控提供了新思路。

（四）产后处理及加工

全谷物稻米加工技术成为产业研究热点，即在稻谷产量恒定情况下，通过适度加工提高利用率。国家粮食和物资储备研究院以黑龙江稻花香和江西籼稻为研究对象，研究碾磨抛光度对稻米中游离和结合酚含量、组成、膳食纤维和抗氧化活性的影响；江苏大学设计组装了一套便携式近红外光谱系统，可对脂肪酸含量进行快速动态监测。黑龙江省农科院食品加工所与江南大学合作，研发了与白米同煮同熟的发芽糙米系列主食产品。在稻米发酵制品研究方面，上海科大开展大米黄酒中微生物群落组成、优势微生物代谢功能及微生物群落动态变化等研究；江南大学从黄酒发酵醪中分离到一种野生型异常威克汉姆酵母菌，发现其具有高产芳烃能力；中南大学采用植物乳杆菌 423 进行米糠发酵，所获发酵液具有很强的抗氧化性。

（五）设施与设备应用

国内水稻智能无人驾驶技术、水稻侧深施肥机械和水田履带拖拉机等技术发展较快，如侧深施肥机具向着加秧人员操作方便发展，肥箱配置在高速插秧机两侧的设计受到欢迎，特别是在国家补贴政策支持下，水稻侧深施肥机生产和销售增加。在履带收割机的无人驾驶系统研发方面，基于北斗的水稻联合收割机无人驾驶技术有了较大进步；水田履带拖拉机发展也不错，如湖州星光农机的履带拖拉机通过部级鉴定，开始批量生产和销售，对减少南方深泥脚水田耕作机械的下陷具有重要意义。浙江、江苏和广东等地继续开展水稻毯状密苗机插秧的试验与示范，试验效果良好。在政策支持下，与双季稻配套的水田整地机械、插秧机和直播机研发加快。

（国家水稻产业技术体系首席科学家　程式华　提供）

2020年度玉米产业技术发展报告

（国家玉米产业技术体系）

一、国际玉米生产与贸易概况

（一）全球玉米总产量基本保持增长趋势

美国农业部12月数据显示，2020年美国玉米收获面积3 339.8万公顷，比上年增加1.5%；单产11.03吨/公顷，比上年增加5%；总产量36 849万吨，比上年增加6.5%。

美国农业部12月预测，2020/2021年度（2020年10月至2021年9月）全球玉米产量为11.435 6亿吨，比上年度增加2.5%；消费量为11.516 1亿吨，比上年度增加2.2%；全球玉米期末库存为2.889 6亿吨，较上年度减少4.8%，仍处于历史较高水平。

（二）全球玉米总贸易量整体下降

2019/2020年度全球玉米总出口量为1.712 6亿吨，比上年度下降5.8%；总进口量为1.653 2亿吨（进出口差额受统计口径及运输尚未到达等因素影响），比上年度增加0.6%。主要出口国包括美国（4 517万吨）、阿根廷（3 700万吨）、巴西（3 500万吨）和乌克兰（2 893万吨）。主要进口国包括欧盟（1 861万吨）、墨西哥（1 653万吨）、日本（1 589万吨）、韩国（1 189万吨）和埃及（1 043万吨）。

（三）全球玉米价格波动较大

受新冠肺炎疫情影响，国际市场玉米需求下滑，2020年4月国际玉米价格一度跌至近10年来最低点。8月中旬美国中西部主产区遭遇超强风暴，此后受高温干燥天气影响，美国玉米单产预期下降，加之我国继续落实中美第一阶段经贸协议，增加进口美国玉米，受此影响CBOT玉米价格逐渐回升。10月后，南美玉米产区的不利天气引发广泛关注，我国玉米进口需求被国际机构长期看好，国际玉米价格持续上涨。2020年12月31日，CBOT玉米3月合约期价收盘484美分/蒲式耳，同比上涨96.25美分/蒲式耳，涨幅24.8%。折算到我国港口完税价格（1%关税）2070元/吨，当期广东港口玉米价格为2 770元/吨，国内外价差700元/吨。

二、国内玉米生产与贸易概况

（一）我国玉米总产量较去年基本持平

近年来，在巩固“镰刀弯”地区种植结构调整成果的同时，着力提升优势产区玉米产能，确保了全国玉米产量的基本稳定。2020年，全国大部农区气候条件较为适宜，病虫害发生较轻，有利于玉米生长发育和产量形成。尽管部分地区洪涝灾害和台风对生产造成一定影响，但各地加强田间管理，积极抗灾减灾，将灾害对玉米生产影响降到最低。2020年我国玉米总产量2.606 7亿吨，比上年减少10万吨，减幅0.04%；玉米播种面积4 126.4万公顷，比上年减少2万公顷，减幅0.05%；单产6.317吨/公顷，与上年持平。

（二）我国玉米需求略有下降

2020年，玉米需求略有下降。受生猪价格大幅上涨和国家出台多项举措恢复生猪生产刺激，养殖企业补栏积极性提高，生猪出栏体重增加，有助于饲料需求恢复。但生猪生产总体处于恢复阶段，同比仍然萎缩。加之受玉米价格上涨影响，小麦、高粱等替代谷物使用量高于上年度，玉米饲料消费同比下降。2019/2020 年度（2019 年 10 月至 2020 年 9 月）我国玉米饲料及损耗约为 1.96 亿吨，比上年减少 400 万吨。2020 年 2—3 月是新冠肺炎疫情防控阻击战的关键期间，国内淀粉类深加工企业停工现象偏多，此后逐渐恢复，复工复产明显增加。2019/2020 年度玉米深加工产能在 1.23 亿吨左右，同比增加 1 000 万吨，产能大幅增长抵消行业开机率下降的影响。2019/2020 年度玉米工业消费约 8 000 万吨，同比持平。

（三）我国进口玉米数量大幅增加

海关数据显示，2019/2020 年度我国累计进口玉米 760 万吨，同比增加 69.4%；出口玉米 1 万吨，同比减少 35.3%；年度净进口 759 万吨，同比增加 69.4%。从进口国别来看，2019/2020 年度，我国主要从乌克兰和美国进口玉米，进口量分别为 556 万吨和 163 万吨，占比分别达到 73.17% 和 21.39%，此外，从周边邻国如俄罗斯、保加利亚和老挝进口的占比均在 1.5%～1.8%。受中美第一阶段贸易协议影响，我国从美国进口玉米数量呈扩大趋势，尤其在 2020 年 9 月，我国单月进口美国玉米数量达到 84.65 万吨，占当月进口总量的 78.31%。

自 2020 年 2 月 18 日中国公告称将开展对美加征关税商品市场化采购排除工作后，进口商采购美国农产品积极性高涨。加之受中美第一阶段贸易协议影响，中国进口美国高粱数量明显增加。2019/2020 年度我国进口高粱 370 万吨，同比增加 479%。中国自 2020 年 5 月 19 日开始对澳大利亚大麦征收“反倾销、反补贴”税率，2019/2020 年度进口澳大利亚大麦数量继续下滑，为 150 万吨，同比下降 35.6%。但从法国、乌克兰等国进口的大麦数量明显增加，2019/2020 年度进口大麦总量仍然增长，达到 597 万吨，同比增加 15.2%。进口美国玉米干酒糟（DDGS）仍受到“反倾销、反补贴”措施影响，2019/2020 年度进口 DDGS 为 13.5 万吨，同比下降 8.8%。总体来看，2019/2020 年度我国杂粮进口量有所增加，累计进口高粱、大麦和 DDGS 共 980 万吨，同比增加 64.2%。

三、国际玉米产业技术研发进展

（一）现代育种技术引领种业技术创新

玉米新基因挖掘与功能解析、产量品质和抗性等重要性状形成的分子机制与调控网络等研究，基因操作、蛋白修饰和生物合成等现代科学理论与技术研发取得了重大进展。以全基因组选择和基因编辑为代表的前沿高新技术持续推动玉米传统育种技术的改造升级；高通量测序技术实现了玉米种质资源和育种材料基因型的快速精准鉴定；双单倍体技术大幅度提高了育种效率；物联网、大数据不断促进玉米育种决策的智能化、标准化和信息化。

全球玉米品种研发呈现以产量为核心向优质专用、绿色环保、抗病抗逆、资源高效、适宜机械化的多元化方向发展。培育营养、功能型玉米新品种备受重视，抗病虫、抗逆新品种成为必然选择，资源高效利用的新品种是重要目标，适应机械化和轻简化、适于特定深加工用途的玉米新品种成为重要方向。

（二）发达国家重视玉米可持续性增产增效技术研发

一是强化玉米秸秆还田、生物肥料与休耕轮作等用养结合的可持续生产技术应用，并通过现代生物学手段改良玉米株型结构和光合机能提升光能利用率；二是强化地力，增碳培肥，减少化肥投入，应用新型肥料、通过合理精准施肥，协同实现肥料效率和环境友好；三是强化玉米生产全过程的轻简高效化、精准智慧化、全程机械化技术及深加工产品的研发，显著提升了资源利用效率和籽粒生产效率。

在产地环境可持续生产力保障方面，研发全生物降解地膜材料，巴斯夫（BSF）等采用淀粉和PLA（聚乳酸）对PBAT（己二酸丁二酯-CO-对苯二甲酸丁二酯）改性，研发与PE地膜性能基本相同的全生物降解地膜，但价格昂贵。

（三）建立玉米病虫害精准自动监测和检测技术

在病虫害监测技术方面，国际上已建立了基于遥感和图像加工技术的玉米病虫害精准自动监测技术和病害无症状的早期分子检测技术。利用抗病虫品种是控制病虫害最经济有效的措施，但病原菌群体存在极高的遗传多样性，品种抗性容易丧失。美国、加拿大等国家通过抗性基因分析，并结合抗性与环境、轮作方式、地理位置、年份间的关系进行研究，为品种筛选提供了重要依据。利用转基因抗虫玉米控制食叶和钻蛀性鳞翅目害虫如草地贪夜蛾、欧洲玉米螟和鞘翅目害虫玉米根萤叶甲，是美国以及美洲多数国家的主要措施。抗虫基因挖掘已从Bt菌株拓展到放线菌、假单胞菌和植物领域。美国科学家在假单胞菌 *Pseudomonas chlororaphis* 中发现一种蛋白高活性抑制玉米根萤叶甲为害，为开发新型生物农药或培育转基因抗虫品种提供了重要基因资源。

在生物防治玉米病虫害方面，已从单一菌株向多菌株组合方向发展。意大利已开发出由不产毒的黄曲霉菌株制备的液体种衣剂，大面积处理种子明显减少玉米籽粒中黄曲霉霉素 aflatoxin 的污染，减毒效率比常规方法提高3倍以上。美国采用液体发酵制备绿僵菌 *Metarhizium* 微菌核颗粒剂和种衣剂不仅可防治地下害虫，还能防治禾谷镰孢菌引起的土传病害。

（四）高效精准智能农机装备引领玉米生产机械化方向

国外农机装备在高速、宽幅、优质基础上，正在以智能、高效为引领方向。自动导航、无人驾驶、智能控制技术可实现耕种管收24小时全天候不间断高质量田间作业；高速智能精量播种机可依据土壤养分调整播种密度、依据土壤墒情调控播深、依据土壤类型调控压实度等；自走式高地隙喷杆式喷药机，可依据病虫草害严重程度进行高效精准低漂移喷药；高效智能收获机可依据作物品种、种植密度、环境等条件自动调节作业速度和喂入量，依据实时获取的成熟度、籽粒含水率、收获质量等信息自动调节脱粒滚筒转速、凹板间隙、分选系统风速风量等参数，实时自动获取作物产量信息。

玉米机械作业装备由单机精准作业控制向农机物联网方向发展，并快速形成农机作业监管与产业服务能力。高度重视作物表型—农情—环境大数据技术的研究与应用，构建数字农业平台，综合利用遥感、气象、土壤等数据，通过整合、分析和预测，为农户提供田块尺度的农情、墒情监测服务及农事建议。

（五）玉米深加工及资源综合利用进入快速发展期

随着现代生物技术、先进食品加工技术的发展，欧美发达国家在玉米深加工领域进入了快速发展时期。不仅局限在单一技术模块，而且是深加工领域新技术开发与全链条生产紧密结合，使得一大批新技术成果在玉米产业中得到了良好的应用转化。目前，国际玉米深加工产业在传统的食品、工业领域中已成为应用龙头，产品品种超过3 500种，深加工产品应用领域仍在继续拓展，并在化工、医药等领域有着广泛应用。

欧美发达国家以提高玉米商品质量和专用性为突破口，大力发展饲用玉米和加工专用玉米。通过遗传改良和高效育种方法将传统的玉米改变为专用的工业和食品原料，增强了玉米转化加工能力，实现了玉米生产由产量型向效益型的转化。

在秸秆能源化利用方面，美国、德国等欧美发达国家相关研究位居前列，分别体现在：探究生物质热解过程的定向转化机制，提升炭气油产品品质；开发秸秆与其他废弃物共热解技术，促进废弃物回收利用；利用生物质独特的化学性质生产航空燃油等清洁高值燃料及 HMF（5-羟甲基糠醛）等平台化合物；优化生物质降解过程，降低纤维素乙醇、甲烷、制氢等转化成本，开发木质素优先降解方法，提高秸秆全组分的高值利用。

四、国内玉米产业技术研发进展

（一）技术研发进展

1. 种质资源与育种技术创新驱动玉米种业新发展

通过种质资源精准鉴定与深度发掘，重点围绕抗逆抗病虫、适宜机收等绿色高效性状，筛选出一批目标性状突出、综合农艺性状优异的种质资源，包括部分中抗草地贪夜蛾材料和一批抗逆、氮高效优异新种质。机收品种京农科 728、龙单 90 等年种植面积合计 600 万亩以上；龙单 128、吉单 953 等在东北台风等极端天气中表现突出；MC812、鲁单 9088 等在不同区域表现优良。鲁单 9088 和京农科 728 被评为“2020 中国农业农村重大新产品”。在玉米单倍体诱导基因 *ZmDMP* 的跨物种验证上取得突破，验证了玉米单倍体诱导基因在双子叶植物中的单倍体诱导功能。颁发了《玉米种子活力测定冷浸发芽法》标准，成为我国第一个种子活力测定的农业行业标准，对提高玉米种子田间出苗具有里程碑意义。

2. 高产高效协同玉米绿色生产技术取得新进展

研究形成光温水肥等资源高效利用的绿色生产技术体系并推广应用，实现了产量与效率的协同。在新疆奇台农场的示范田玉米最高亩产达到1 663.25千克，再次刷新全国玉米高产纪录。提出以玉米生产系统气候—土壤—作物协同优化为核心的丰产增效技术途径，创新了适应区域生态特点的调作物品种与播/收期布局、适应土壤地力条件调耕作方式与水肥管理、适应作物群体结构特征调增密种植方式的“三适三调”丰产增效栽培技术，协同提升玉米光温资源效率和单产水平。提出了以“因地制宜、分区施策”为核心的玉米秸秆全量直接还田技术模式，研制了寒区秸秆高效腐解菌剂产品，突破了秸秆全量还田耕种质量差、秸秆腐解慢的技术瓶颈，实现了土壤有机质数量与质量快速提升。探明了秸秆还田后土壤肥力提升的结构与功能特征，将不同还田方式进行优化组合，采取深翻还田+条带覆盖（或粉耙）还田的组合模式，创建了适合于东北不同生态区玉米秸秆全量直接还田技术体系，达到了退化黑土“在利用中保护，在保护中提高”的目标。

同时，研发控释肥一次性施肥技术，逐步开展适应不同区域气候特征的新型绿色肥料投入品。在 3 种玉米（籽粒、鲜食、青贮）上均实现了玉米稳产增产的同时大幅降低了施肥次数和养分投入量，促进玉米绿色可持续生产。阐明不同生态区玉米绿色丰产水分需求规律，研制了适应于不同区域的玉米全程机械化节水灌溉技术。创建了玉米不同生育期旱涝与产量形成的指标体系，揭示了外源物质对旱涝胁迫的缓解效应及机制。研发了基于物联网、大数据分析、云服务的玉米灌溉预报技术，有效提高了灌溉水利用率。在产地环境治理方面，建立了覆盖全国农田地膜残留污染监测预警网络和数据平台，全生物降解地膜已经在部分地区的玉米种植过程中得到示范推广。利用重金属超富集植物与重金属低积累作物在重金属中低污染农田上进行间套作，可以达到边生产边修复的目的。

3. 病虫草害绿色防控技术研发与应用不断深入

完善黏虫和大斑病的监测预警技术，构建了黏虫雷达监测预警技术体系；建立镰孢菌茎腐病预测预报模型，三者预报准确率均达90%以上。明确了玉米镰孢菌病害侵染规律；建立玉米镰孢菌病害关键控制技术。开发出含有新型木霉菌—芽孢杆菌生物种衣剂；构建了木霉菌剂包衣应用技术；揭示木霉菌系统诱导植物免疫反应新机理。在防控草地贪夜蛾种衣剂和农用无人机撒施的缓释颗粒剂及其配套施用技术上取得突破。明确了我国玉米病虫草害种类、发生为害特点和发生趋势，为玉米抗性品种选育和布局提供了科学依据；系统揭示耕作制度变化对一些重要病虫害发生规律的影响及致灾机理。

高效助剂的研发与应用显著降低了除草剂的使用剂量；种衣剂研制方面，与国外的差距进一步缩小。在多元复配活性成分选择上凭借本土的优势，选择更灵活，应用性和针对性更强。防治土传病害的生物型种衣剂研发取得进展并在生产上示范应用，在区域应用和药剂靶标选择上，已具备竞争优势；创制出以木霉菌和芽孢杆菌为核心菌株的生物种衣剂，筛选出新型适合于工业化生产的木霉菌—芽孢杆菌包衣黏着剂材料，解决了目前商业化种子包衣化学农药对二次包衣生物种衣剂影响的技术难题。立足生态植保，提出了基于玉米内生菌抵御镰孢菌侵染和定殖的微生态调控理论。初步形成了以抗病品种为核心、生物种衣剂为基础、绿色防控前移技术为支撑的玉米生产全程病虫害绿色防控技术体系与应用技术模式。

4. 农业机械装备与高效精准机械化技术发展迅速

玉米机械粒收是现代玉米生产方式的关键技术环节。基于不同区域热量资源特性，开发了适应不同区域的玉米机械粒收技术与品种匹配模型；系统评价了不同玉米主产区该技术的适用性及其与品种的配套栽培技术，使得该技术在东北、黄淮海、西北、西南等玉米主产区20多个省区得到进一步应用推广。

农业机械研制取得阶段性成果。适宜农艺高密度农机高效率需求的玉米精量播种机研发取得新进展，进一步提升了播种质量；研发集调质、柔性脱粒、分离清选、滚筒转速和凹板间隙调控等技术于一体的高效低损脱粒技术。适宜不同区域的籽粒直收机推进了玉米籽粒低破碎机械化收获技术的推广，满足生产减损、提高效率、节约用工的需求，促进玉米规模化生产、集约化经营，提升产业竞争力。全程机械化技术的推广，形成了东北地区以秸秆还田为关键环节、黄淮海区以麦茬免耕和麦玉两熟周年增效为核心内容、西北区以旱作为重点技术、西南区以新型两熟全年全程为重点的区域机械化生产模式。

在国家农机购机补贴政策“推动”和农业生产需求“牵引”双重作用下，农业机械研制成果在生产中得到快速推广应用，机械化生产技术水平得到进一步提升。2020年玉米耕种收综合机械化率将达到90.2%，其中机耕率98%、机播率90%、机收率80%。同时各种先进、适用型农机产品不断推陈出新，机具性能进一步提升。

5. 玉米深加工及资源综合利用领域取得突破

围绕玉米精深加工产业技术需求，开展了玉米食用品质提升、玉米淀粉及其深加工产品精准制造与高效生物转化等关键技术研究与产业化应用；攻克了玉米食品难以主食化、淀粉衍生物制备难以精准化、精深加工难以高质化等重大技术难题。在新产品开发方面，采用场辅助生物酶改性技术、多级变温挤出技术和抗老化技术，开发出玉米专用粉及包括饺子、面条、馒头和蛋糕在内的玉米主食产品；采用玉米专用粉预糊化处理技术和全营养组配技术，开发出全营养玉米重组米和多谷物全营养重组米产品；通过淀粉分支酶的构建、表达和优化，制备了具有调控餐后血糖功能的高分支慢消化糊精等，进一步扩展了玉米的加工应用范围。

在玉米秸秆能源化利用理论与技术研究方面，揭示基于秸秆压缩微观结构变化的秸秆固体成型和抗结渣机理；构建了秸秆热解动力学模型和燃烧动力学模型；熟化秸秆炭气联产、捆烧、成型燃料、沼气/生物天然气等技术与工程装备，有效提升秸秆利用率及秸秆清洁供暖应用；提出基于有效碳/氮比模型的营养调配模式和营养平衡和生物强化的协同策略；明确了厌氧转化相分离与相耦合机制，建立了两相厌氧发酵理论。

（二）产业技术发展建议

1. 加强种质资源创新与良种培育

一是加大种质资源创新利用。收集、整理和鉴选优异玉米种质资源，扩增玉米种质遗传基础；发掘优异基因，定向改良创制新种质。二是创新现代育种技术。进一步提升以配合力为核心的遗传改良水平提升；强化分子设计和单倍体等技术应用，加速诱导编辑技术的集成研发及其与传统技术的深度融合。三是提高制种水平。研发大数据智能化技术实现育种、种子生产和质量检控的全流程应用。四是突破性种质创新。通过杂优模式的创新设计和基础材料集成改良，突出原创性种质创制，促进突破性自交系的选育。五是加快新品种选育。培育优质高产、绿色高效、适宜全程机械化生产的新一代突破性新品种，加速新一轮品种更新换代。

2. 加强耕地质量培育与提升

围绕土壤健康与质量提升，加快成熟实用技术推广，实现用地养地相结合，保持和不断提高土壤质量水平，支撑作物持续高产。同时，创新玉米秸秆高效还田技术，构建地力持续提升绿色发展模式。针对我国西南重金属中低污染区的玉米产地生态环境特征，研发重金属污染土壤的修复和安全利用技术、重金属低积累玉米品种的筛选应用技术等一系列重金属污染农田的修复和安全利用技术，实现玉米的安全生产。

3. 加强绿色生产技术研发与应用

开展玉米生产系统产量及资源效率协同的群体定量栽培理论与技术研究，通过协调冠层质量与根系特性关系高效匹配光热资源和提高肥水效率。创建基于土壤墒情实时监测和天气预报的智能灌溉预警系统与灌溉预报技术；揭示玉米适应旱涝灾害的生物学机制，研发相关的减灾技术与缓解逆境的调控产品；创新基于遥感和无人机光谱图像的土壤水分及作物水、氮诊断模型及诊断技术；建立基于大数据的信息化、智能化农田灌溉管理专家系统与智能化灌溉管理平台，推进玉米灌溉的精准化、智能化和现代化进程。

建立以抗病虫绿色品种选育和应用的推广技术体系，从源头上控制和减轻病虫害的发生；研发内吸农药缓释胶囊及其应用技术、玉米生物种衣剂产业化关键技术和二次包衣机播关键技术，开发宜机播伴种肥益菌化技术；研发基于遥感和图像识别的病虫害智能化测报系统，加快无人机微型颗粒剂及其使用技术产业化；开发基于多靶标病虫定向设计、耐受化学农化物质胁迫的可系统诱导全株抗性的微生物源种衣剂及高效应用技术；开发保护性耕作模式下玉米病虫害的绿色可持续的综合防控技术；进一步提升真菌毒素的生物降解新酶的发掘。

深入探究不同土壤环境下控释肥养分释放规律，大面积推广包膜控释肥一次性施肥技术，实现化肥减量提效。同时控释肥料成本高、抑制剂作用期短，单峰供氮机制是玉米上推广应用该种肥料的技术瓶颈问题，开发包膜控释抑制剂肥料、追施控氮改性肥料产品，研发不同新型肥料产品组合应用技术是实现玉米产业肥料投入品绿色高效发展的主要趋势。

开展秸秆还田保护性耕作和生物培肥原理与技术研发，构建不同生态区地力培肥增效与绿色可持续生产模式。加强新型绿色尿素产品的研发与产业化，提高有机肥施用比例，开展有机无机肥一次性机械化施肥技术研究，进一步降低肥料成本与环境影响；通过农田土壤、有机肥检测数据结合作物养分需求，建立合理的有机肥施用技术体系；逐步开展玉米灌溉施肥设备与技术研究，减少一次性施肥早期氮素淋洗风险和长期集中施肥对土壤质量的影响。

4. 配套农机农艺，实现玉米精准化、机械化生产

机械籽粒收获是现代玉米生产的发展方向，2020年我国玉米机械粒收仅5%～6%，机械粒收技术和收获质量都有较大的提升空间。玉米机械籽粒收获是一个涉及品种、机具、生产管理、收获技术以及烘干、存储等环节的系统工程。目前玉米机械粒收技术的研究基本成熟，但收获后的烘干比例不到10%，应切实重视机械籽粒收获后的存、贮、运等环节，大力发展绿色烘干存贮技术和设施，保障丰产丰收。

强化高性能农机装备的研发，扩大生产中的应用，提升田间作业效果和质量，推进玉米机械化技术进步。结合国家黑土地保护专项行动，加强秸秆粉碎混拌、覆盖还田、条带耕作等机械化技术装备研究以及“翻、松、旋、免”组合耕作技术模式研究；强化智能化高性能精量播种技术与机具的研发；从宜收品种、高效低损收获机械、智能化控制三个方面出发，进一步推进籽粒直收技术的发展；加快鲜食玉米收获机械化技术装备研究；要强化信息化、大数据、物联网等新技术研究和应用，推进低成本、便携式玉米表型大数据高通量获取装备和智能解析技术研究；构建地—空—星高分（高空间、高时间和高光谱）遥感和传感协同的玉米作物—土壤—气象信息大数据平台，促进玉米产业高产优质、高效绿色发展。

5. 拓展玉米深加工，延伸产业链增加附加值

农产品的需求已经从总量的提升到质量差异化满足：工业加工用玉米与饲用玉米的差别，籽粒玉米硬粒（禽类养殖）与马齿型（养猪用）专用化生产，青贮玉米按养殖用途（奶牛、肉牛、羊等）专用化生产；高油分、高蛋白和功能型玉米在品种类型和品质指标的巨大差异等。进一步构建不同玉米的营养组分和品质特性的数据体系，提出满足不同饲用、食用和工业化精深加工等精准应用需求的玉米品质特征关键指标，改善玉米原料供给的实用型和精准性；大力发展富集某一特定营养组分的专用品种，重视品质鉴定及分析，以满足不同行业对玉米加工的需要；市场的专用化需求驱动专用化生产，提供专用化生产技术也是现代农业科技研发的责任。

在碳中和目标下，未来应重点研究如何提升秸秆热解、清洁燃烧、厌氧消化等生物质技术的能源效率、降低技术成本、提升智能化装备水平，开发可再生合成燃料，实现秸秆等农业农村有机废弃物绿色资源化利用。

（国家玉米产业技术体系首席科学家　李新海　提供）

2020年度小麦产业技术发展报告

（国家小麦产业技术体系）

一、国际小麦生产与贸易概况

1. 世界小麦产量增加

据联合国粮农组织报告，2020年全球小麦产量7.63亿吨，比2019年增加80万吨，增加0.11%。分国家和地区看，2020年，欧盟小麦产量为1.24亿吨，同比减少20.55%；印度为1.08亿吨，同比增加3.86%；俄罗斯为8 200万吨，同比增加10.07%；美国为4 970万吨，同比减少5.51%；加拿大为3 410万吨，同比增加5.57%；乌克兰为2 550万吨，同比减少9.89%；澳大利亚为2 890万吨，同比增加90.13%。

2. 国际小麦价格先跌后涨

2020年初，全球小麦需求旺盛，小麦价格保持去年底的上涨走势，1月国际麦价为243美元/吨。2月，受全球新冠肺炎疫情影响，国际小麦价格回落到234美元/吨。3—4月，全球疫情发展引发的粮食安全恐慌持续发酵，但全球小麦供应整体较为充裕，国际麦价小幅波动，两月均价为233美元/吨。5—6月，因欧洲和黑海地区天气改善提振产量前景，国际小麦价格持续下跌，6月跌到全年最低222美元/吨。7—9月，全球新冠肺炎疫情形势依然严峻，美国小麦出口需求改善，美元汇率走低，同时国际玉米和大豆价格偏强运行，国际市场小麦价格温和上涨。10—12月，阿根廷小麦生长条件不佳、欧洲和北美等地区持续干旱等因素对冬小麦生长带来了不利影响，全球小麦价格走强，12月涨至272美元/吨。总体来看，1—12月国际小麦价格均值为242美元/吨，较上年同期上涨7.6%。

3. 世界小麦贸易量基本持平

2020年世界小麦贸易量1.84亿吨，保持在2019年水平，主要是由于俄罗斯小麦预期销售量增加，抵消了阿根廷出口下调的影响。

二、国内小麦生产与贸易概况

1. 国内小麦播种面积减少，单产、总产和消费量同比增加

据国家统计局数据，2020年我国小麦播种面积2 338.0万公顷，比上年减少34.8万公顷，减少1.47%；单产5 742千克/公顷，比上年增加111.6千克/公顷，增幅为1.98%；总产量为1.34亿吨，比上年增加65.4万吨，增幅为0.49%；国家粮油信息中心预计，消费总量为1.27亿吨，同比增加559万吨，国内食用消费、饲用和工业消费均有所上涨；年度结余量1 272万吨，同比减少335万吨。总体供需平衡有余，国内供应较为充足，为市场稳定奠定了良好基础。

2. 国内小麦价格总体波动上涨

1月，小麦市场供应宽松，价格走势平稳。2—3月，受新冠肺炎疫情影响，多地物流运输不畅，小麦市场交易量小，难以满足制粉企业需求，小麦价格持平略涨，郑州普通二等白小麦两月均价为2 391元/吨，普麦与优麦平均价差为124元/吨。4月，随着全球新冠疫情持续发展，多国限制粮食出口，引发国内居民恐慌性囤粮，复工形势较好、大中院校陆续开学等利好消息提振面粉需求，主产区小麦价格上涨较快，郑州二等麦价涨到2 450元/吨。5—6月，随着南方麦区收获范围不断扩大，小麦价格连续下跌。6月，郑州二等小麦价格跌到全年最低2 295元/吨。7月起，开学季加之双节影响，面粉消费进入旺季，小麦市场价格得到有力支撑并持续上涨。10月，郑州普麦价格涨到2 465元/吨，并且优质优价特征明显。11月，普优麦价差扩大到460元/吨。12月，随着面粉加工企业采购节奏放缓，小麦价格小幅回落到2 443元/吨。总体来看，2020年1—12月国内小麦价格波动上涨，郑州普通二等白小麦和新乡新麦小麦2020全年均价分别为2 399元/吨和2 686元/吨，普优麦价差呈扩大趋势。

3. 我国小麦进口数量和金额同比增加，出口金额同比减少

2020年1—12月，我国累计进口小麦产品838万吨，同比增加140.2%；进口额为23.5亿美元，同比增加134.0%。累计出口小麦产品0.69亿美元，同比减少43.1%。总体来看，我国小麦进口数量和金额远大于出口，且呈扩大趋势，小麦进口以加拿大、法国、美国和澳大利亚为主，合计占小麦进口总额的90.0%。小麦出口以朝鲜和我国香港地区为主，合计占小麦出口总量的94.4%。

三、国际小麦产业技术研发进展

根据*Web of Science*，以小麦为主题词检索，2020年的小麦SCI研究性论文共13 622篇，比上年减少454篇，降幅3.22%。其中，中国（包括港澳台地区）学者发表论文数仍为最多，共4 228篇，占比31.04%，比上年减少504篇，降幅10.65%；美国、印度、澳大利亚、巴基斯坦分列第二至第五位（上年度第五名为德国），分别为1 835篇、1 069篇、768篇、630篇，且今年发文数量均有减少。刊登小麦研究论文数量前三名的期刊是*Science of the Total Environment*、*Agronomy Basel*和*Frontier in Plant Science*，分别是368篇、326篇和249篇。涉及的研究方向前三名为农学、植物科学和生态环境科学。以知网专利为检索依据，2020年全球公开的小麦相关专利1 209件，比上年减少454件，减幅27.30%。其中，发明专利1 065件，实用新型专利112件。

（一）小麦遗传育种研究

种质资源是作物新品种改良的基础。截至2020年，保存各类小麦资源数量占前4位的是国际玉米小麦改良中心CIMMYT 149 697份、美国62 184份、俄罗斯瓦维洛夫研究所54 000份和中国农业科学院53 772份。其中，我国特有地方品种14 012份，是独特的种质资源。

国内外多个研究团队分别克隆、研究了来自长穗偃麦草、野生二粒小麦、簇毛麦、乌拉尔图小麦和地方品种的抗赤霉病基因*Fhb7*、抗条锈病基因*YrU1*、抗白粉病基因*Pm24*、*Pm5e*、*Pm41*、*Pm52*、*Pm57*、*Pm60*、*Pm66*、*Pm67*、*Pm1a*、*Pm21#4*和*Pm21#4-H*，以及与小麦品质、产量和农艺性状相关的高分子量谷蛋白亚基基因*1Dy12*、圆粒基因*Tasg-D1*和小麦茎秆硬度基因*TdDof*等。

国际玉米小麦改良中心利用DArTseq TM技术对来自109个国家近8万份小麦种质资源材料进行了基因分型和多样性分析，挖掘出地方品种中尚未开发利用的遗传多样性，并鉴定出当前育种计划中缺失且需要保留的多样性等位变异，丰富了小麦品种选育所用种质资源的遗传信息。

为利用和挖掘各种组学的海量数据，中国农业大学开发了可用于大规模重测序数据的高效率查询、归档和快速轻量级分析的数据库系统模型 SnpHub，搭建了一个公共分析平台门户 Wheat-SnpHub-Portal（http：//wheat. cau. edu. cn/Wheat_ SnpHub_ Portal/）。中国农业科学院等单位联合开发了小麦基因定位与基因组研究平台（WheatGmap，https：//www. wheatgmap. org），为高效克隆小麦功能基因提供了一个有效的数据利用、分析和共享平台。

（二）小麦栽培技术研究

研究主要集中在水分、温度等非生物逆境对小麦生产的影响及其生理机制等方面。基于机器视觉的作物高通量表型分析技术，因计算机视觉成像与深度学习的标准化、快速无损等特点，为作物逆境研究带来了极大便利。

印度农业研究所 ICAR 利用热成像和多光谱成像技术，对两个水分梯度下 10 个小麦品种的胁迫状况进行比较，综合分析营养生长阶段的归一化差值植被指数（NDVI）、叶面积、蒸腾、气孔导度及光合等指标，测量小麦产量及其构成要素（穗数、分蘖数、千粒重、产量、总干重和收获指数），结合主成分分析、聚类分析和判别分析等多元分析技术，建立了归一化水分胁迫耐性指数（NWSTI），能准确反映小麦植株的胁迫状态，对耐旱小麦品种筛选具有重要价值。

德国 Fraunhofer 研究院通过对 203 个经历过干旱和干旱高温双重胁迫且本身差异较大的小麦品种进行 X 射线计算机断层分析，发现大多数材料在干旱和高温双重胁迫下籽粒变小、表皮皱缩、表面积增大。与单独干旱相比，双重胁迫下籽粒变小、穗粒数减少，穗粒重降低，尤其是穗子顶部和基部小穗的种子重量显著降低。该技术对小麦穗部以及籽粒的数量、大小、重量、形态、表面积等特征的评估准确率高达 95%～99%。X 射线也被用于观察分析不同土壤及不同水分梯度下的小麦根系生长情况，与黏土相比，植物根系在砂土中生长得更好，尺寸更大，而在干旱条件下不论在哪种土壤中生长都较差。

低成本的植物 RGB 图像是高通量植物耐逆表型研究的重要手段之一。为了深入解析植株萎蔫过程和分析转基因植物功能，意大利谷物研究中心开发了一款 Kinovea 软件，通过连续获取 RGB 图像自动追踪叶片角度变化，计算各个动力学数据（诸如角速度、向心加速度、总位移程度），量化萎蔫植株的叶片卷曲程度并重建植株图像，为小麦、水稻和大麦等形态类似作物的高温胁迫研究提供了一个高效、低成本、半自动化的解决方案。

（三）小麦病虫害防控技术研究

澳大利亚联邦科工组织、美国明尼苏达大学、丹麦奥尔胡斯大学、英国约翰英纳斯中心、美国农业部和中国新疆大学合作，将抗性基因“叠加”在一起，开发具有更强、更持久的抗锈病小麦品种。“基因叠加”技术改变了逐一添加抗性基因的方法，比常规小麦育种程序有了重大进步。目前已将五种不同的小麦抗性基因结合并同时整合到小麦基因组中。“这种整合技术就相当于在门上放五把锁，只有其中一把钥匙就很难进入”。田间测试表明，基因叠加技术研发的小麦品种具有对多种锈病抗性。小麦基因叠加技术基于基因组编辑工具生产不含基因修饰的作物品种，这些品种在美国等国可能被视为非转基因作物。这项研究目前针对的是秆锈病，但该技术也可用于培育抗条锈病和叶锈病的品种，并可以在现有小麦品种中增强锈病抗性。还不清楚这种新型基因叠加技术的上限，目前最多可含有8个抗性基因的叠加，可能提供更强的抗锈性。对于小麦及其野生亲缘的抗病基因发掘和克隆也取得较大进展，主要的技术包括使用突变与重组的MutRenSeq，MutChromSeq，AgRenSeq等。

单端孢霉烯族的脱氧雪腐镰刀菌烯醇（DON）又称呕吐毒素，主要由镰刀菌属真菌产生，存在于小麦、玉米、黑麦、大麦、燕麦等禾谷类农产品中。以初级代谢产物法尼基焦磷酸（farnesyl pyrophosphate，FPP）为前体，在萜类环化酶的作用下生成倍半萜母核，之后在氧化酶等催化下通过氧化、环化、异构化等步骤，最终生成各种不同的单端孢霉烯族类毒素，包括DON和雪腐镰刀菌烯醇（nivalenol，NIV）及其衍生物。单端孢霉烯族化合物的生物合成相关基因中，萜类环化酶基因TRI5是核心。浙江大学等研究表明，DON毒素在内质网重塑形成的毒素体中合成，几个主要的毒素合成酶均定位在毒素体上，提高了毒素合成效率；病菌在产毒条件下，I型肌球蛋白FgMyo1为内质网重建形成毒素体提供能量。此外，毒素体可能将DON隔离起来，以保护菌体自身细胞不受毒素伤害；毒素体中的合成DON毒素通过囊泡的胞吐作用转运出细胞。

四、国内小麦产业技术研发进展

2020年，国际主要小麦研究机构发表有关小麦SCI论文数量，中国科学院以1 025篇居国际首位，排名第二至第五位依次是西北农林科技大学、中国农业科学院、美国农业部研究局和中国农业大学，分别是647篇、644篇、644篇和577篇。我国发文量进入国际前20位的单位还有中国科学院大学和南京农业大学，分别是438篇和364篇。从发文署名看，发文量前20位之间的国际合作已卓有成效，我国的小麦研究在国际上已占有一席之地。根据知网数据服务平台（cnki. com. cn）用小麦为主题的检索结果，2020年国内中文期刊发表与小麦相关研究论文共计3 651篇，比上年增加1 691篇。

（一）小麦遗传育种研究

中国农业科学院等单位利用*CRISPR/Cas 9*基因编辑技术，定点编辑敲除半冬性小麦品种郑麦7698和春小麦品种Bobwhite中的*SBEIIa*基因，分别获得了抗性淀粉含量高的小麦新种质，为培育营养功能型小麦新品种提供了新途径。此外，有关单位通过编辑*Ms*2基因实现了矮败小麦育性恢复，编辑*TaNP*1基因获得三重纯合突变导致面包小麦完全雄性不育，编辑*TaWaxy*基因降低了籽粒中直链淀粉含量，编辑*TaARG*基因改变了不同组织和器官中的氨基酸、蛋白质和亚精胺含量，编辑*TaQ*基因改变了小麦的穗型和脱粒性等。

2020年全国审定小麦新品种397个，其中国家级审定品种106个，省级审定品种291个；河南、河北、江苏三省分别审定62个、37个、32个。国家小麦良种重大科研联合攻关推荐审定品种11个，包括优质强筋或弱筋品种5个、抗赤霉病或兼抗多种病害品种2个、节水高产品种3个、氮磷高效利用品种1个。抗赤霉病新品种扬麦33，两年鉴定均达到“抗”级水平。节水高产新品种衡麦29，节水指数超过1. 4。这些绿色优质高效品种将在小麦产业可持续发展中发挥重要作用。

（二）小麦全程机械化栽培技术研究

2020年小麦生产综合机械化率达到96. 5%。从秸秆处理、整地播种、节水灌溉、一次性施肥、灾害防控、减损收储等生产环节，全产业链提升了小麦产量和品质。山东品种烟农 1212 高产栽培连续 5 年小面积亩产超过 800 千克。2020 年全国小面积高产纪录是山东临淄山农 28 的亩产 856. 9 千克。小麦优质品种占全国总面积 35. 8%，新推广的泰科麦 33、中麦 578 等优质强筋品种，都有亩产 800 千克以上的实产表现。少免耕播种机械已在川、鄂、苏、皖等省开始应用，初步解决了稻茬小麦“播不下、出不齐、长不好”的技术难题。纵轴流技术逐步成为大型小麦联合收割机主推技术，机械功能正向兼收多种作物发展，实现一机多用。南京农业大学研发的“北斗导航支持下的智慧麦作技术”入选农业农村部 2020 年十大引领性技术。

北京农业智能装备技术研究中心通过农机农艺信息深度融合，研发了面向实际生产的北斗农机自动导航系统，以及系列化农机作业智能测控终端和农机作业监测云平台。采用抗干扰设计方法研发了检测传感器，研制了具有卫星定位、无线传输、作业信息监测和图像获取等功能的终端，实现了小麦生产耕、种、管、收、秸秆处理 5 大环节 13 种作业类型监测。研发了农机作业在线监测与大数据服务系统平台，构建了小麦全程机械化作业智能监测技术体系，实现了农机作业高效监管。

（三）小麦病虫害防控技术研究

2020 年，农业农村部公布了一类农作物病虫害名录，与小麦关系密切的是蚜虫、条锈病和赤霉病。2020 年蚜虫发生面积 19 462. 5 万亩，同比增加 7. 3%，防治面积 24 487. 1 万亩次，同比增加 2. 8%。条锈病在常发区总体偏重发生，全国发生面积 6 621. 9 万亩，同比增加 1. 9 倍。赤霉病总体偏轻发生，全国发生面积 3 584. 4 万亩，同比减少 15%，防治面积 2. 5 亿亩次。我国利用农业物联网技术强化病虫害监测防控，构建重大病虫疫情信息化监测网络，对一类小麦重大病虫害的源头区、流行过渡带、常年重发区加密监测，提高了监测预警的准确性。从病害预测预报、防控方法选择、环保农药推荐等方面制定了病虫害绿色防控技术体系，在小麦主产区基本实现了全覆盖，确保大面积小麦“有病不成灾”“有虫不成害”。

由于缺乏高抗赤霉病的小麦品种，化学药剂防治仍然是赤霉病及其毒素防控的重要措施之一。常用防治赤霉病的杀菌剂有多菌灵、麦角甾醇合成抑制剂（DMIs）、氰烯菌酯和氟唑菌酰羟胺等。浙江大学和南京农业大学深入解析了赤霉病菌对多菌灵的抗药性机制，并从结构生物学角度发现 β-微管蛋白的结构变化与抗药性存在关联；系统研究了 DMI 对赤霉病菌的作用机制，率先发现表观遗传控制病菌对 DMIs 的耐药性；首次鉴定出 I 型肌球蛋白 FgMyo1 为氰烯菌酯的药靶，解析了 I 型肌球蛋白的晶体结构，为赤霉病及其毒素的化学防治提供了重要科学依据。此外，根据我国赤霉病发生规律、品种抗性水平和病菌产生抗药性分布情况，提出“预防为主、主动出击、分区治理、见花打药”的赤霉病关键防控技术，在生产上广泛推广应用，取得良好社会经济效益。

（四）小麦加工技术研究

我国小麦加工企业主要分布在小麦主产区。河南和山东是我国小麦加工企业的主要聚集地，其次是江苏、河北和安徽。这五省小麦面积占全国 72%，总产量超过全国的 80%，其小麦加工产能合计在全国占比 70%左右，面粉总产量占比达到 75%左右。我国面粉加工行业三大巨头五得利面粉集团、益海嘉里面粉集团和中粮集团面粉产量约占全国的 30%，这三大巨头未来产能仍将进一步扩大。

近年来，国内面粉加工自动化技术和发达国家的差距逐渐缩小，在东南亚、非洲、中亚等国际市场上已有一定市场占有率。在智能制造大发展的背景下，传统面粉加工行业面临产业升级和智能化水平提高。2020 年河南工业大学完成“小麦制粉智能测控系统研发应用”成果，创新出小麦粉加工过程检、测、控一体化的“小麦制粉智能粉筛系统”，实现了小麦粉加工精度及产品品质的在线智能化调控，为小麦粉加工的智能化、无人化工厂技术应用提供了坚实的技术支撑。

（国家小麦产业技术体系首席科学家　肖世和　提供）

2020年度大豆产业技术发展报告

（国家大豆产业技术体系）

一、国际大豆生产与贸易概况

（一）世界大豆总产再创记录

2020/2021年度，世界大豆种植面积为1.274亿公顷，较上年度增加约500万公顷。其中，美国、巴西种植面积分别为3 330万公顷和3 860万公顷，分别增加300万公顷和170万公顷，阿根廷基本持平，为1 670万公顷。世界大豆总产量再创新纪录，达到3.61亿吨，比上年度增加2 450万吨。其中，美国、巴西分别为1.125亿吨和1.330亿吨，分别增加1 590万吨和700万吨，阿根廷为4 800万吨，减少80万吨。世界大豆平均亩产为188.67千克，其中，美国、巴西、阿根廷分别为225.33千克、230.00千克和191.33千克，均较上年度略有降低。

（二）大豆进出口贸易更加活跃

本年度世界大豆贸易总出口量达到1.691亿吨，较上年度增加440万吨。其中，美国大豆出口量增加1 490万吨，为6 070万吨；而巴西、阿根廷出口量分别下降710万吨和300万吨，总出口量分别为8 500万吨和700万吨。在进口方面，本年度世界大豆进口量为1.668亿吨，较上年度增加140万吨。其中，中国进口量增加150万吨，总进口量为10 032.7万吨；欧盟进口量基本持平，为1 540万吨。

二、国内大豆生产与贸易概况

（一）全国大豆总产创新高

得益于大豆振兴计划的实施，2020年我国大豆种植面积为1.48亿亩，比2019年增加825万亩，增长5.9%，已经恢复近年最高水平；总产量为1 960万吨，比2019年增加150万吨，增长8.3%，总产创历史新高；单产为132千克/亩，比2019年增加3.0千克/亩，增长2.3%。

（二）大豆年进口量首破亿吨

2020年我国进口大豆再创历史新高，并首次突破1亿吨，达到10 032.7万吨，较上年度增加1 181.4万吨，增长13.3%，主要归因于国内生猪产能的恢复。在进口结构方面，巴西仍为我国进口大豆第一大来源国，进口量为6 427.8万吨，较上年度增加660.3万吨，增长11.4%；从美国进口大豆2 588.8万吨，较上年度增加894.4万吨，增长52.8%。另外，阿根廷、加拿大、俄罗斯和乌拉圭依然是我国进口大豆的来源国，但增幅有限。2020年，我国大豆出口7.3万吨，较去年同期减少3.5万吨，下降32.4%。

三、国际大豆产业技术研发进展

（一）大豆品种改良取得显著进展

美国、巴西、阿根廷等世界大豆主产国不仅继续大力培育与推广抗除草剂转基因品种，还针对东亚食用大豆市场选育出了蛋白质含量高于45%及适合制作豆腐、纳豆、豆酱的专用品种。这些高蛋白非转基因大豆品种的培育成功，对我国优质食用大豆产业将带来一定冲击。在大豆油分改良方面，高油材料的油分含量达到24.5%，利用转基因技术表达 *Gm-fad* 2-1 基因提高了油酸（18：2）含量。利用 *CRISPR9/Cas9* 基因编辑技术，创制出油酸含量高达80%的高油酸大豆新种质。提高亚麻油酸（SDA）和Omega-3脂肪酸含量的转基因大豆品种已经商业化种植。在蛋白品质改良方面，育成了显著提高蛋氨酸含量的转基因大豆。在低植酸育种方面，利用突变体材料MIPS1和IPK1，通过与野生型杂交及自交，育成低植酸且低磷酸肌醇（lnsP2- lnsP5）的大豆材料。日本对大豆中两个主要过敏蛋白Gly m Bd 28 K和Gly m Bd 30 K进行基因编辑，获得了去除这两个过敏蛋白的材料，为大豆脱敏品质改良提供了可行性，也为大豆蛋白基人造肉的发展奠定了基础。

（二）大豆生产技术体系不断完善

美国、巴西、阿根廷等世界大豆主产国普遍种植耐除草剂转基因大豆，为实现秸秆全量还田条件下的免耕直播提供了品种支撑，增加土壤有机质，减轻病害发生，减少农药投入；根瘤菌的普遍施用及土壤有机质的增加，减少了大豆生产中的氮肥投入。南美洲普遍采用土壤酸碱度调控技术，为大豆产量的提升提供了保障。世界大豆主产国全程机械化生产的实现，提高了技术到位率，使单产水平不断提高，生产成本不断下降，国际竞争力也进一步提升。

（三）大豆病虫害发生机理研究逐步深入

病害防控方面，发现羽扇豆LAB18和LL35对大豆疫霉菌具有抗性，推测羽扇豆是大豆新型抗性基因的潜在来源；种衣剂中添加杀菌剂噻唑菌胺可提高对大豆疫霉、腐霉的防控效果；发现尖孢镰刀菌感染导致植物的质外体迅速酸化，纤维素合成减少和抑制根生长，从而控制真菌的发病机理。在虫害防控方面，首次完成了大豆蚜虫的基因组测序；在越南本土苏云金杆菌中检测到2个潜在杀虫基因对豆荚螟有较高毒力；Rhg1和Rhg4介导的大豆胞囊线虫抗性与ROS积累有关，谷胱甘肽对大豆抗线虫性具有负调控作用；筛选鉴定到了多个抑制植物免疫的大豆胞囊线虫致病因子。在大豆上过表达质膜蛋白GmDR1可以对根腐病菌、蚜虫和胞囊线虫等产生广谱抗性。从代谢机理、分子机制、防治技术等方面对大豆刺吸类害虫开展深入研究，为深入细致了解刺吸类害虫的为害机理，制定更加安全、高效、健康的防控体系，实现田间害虫防治轻简化提供了理论支撑。

（四）大豆生产机械向精准化、通用化、智能化发展

农机农艺融合方面，美洲国家充分考虑大豆种植模式、生产机具与农艺措施相互配套，建立了以大型作业机具为载体的高产高效全程机械化作业体系。日本、韩国等国家研发了适合于丘陵、小地块的大豆机械化作业机具。大豆生产机具通用性方面，发达国家在耕作、播种、植保、收获等作业机具研究设计方面充分考虑了不同作物的通用性，针对不同农艺需求，推动作业机具作业部件快速更换、作业参数便捷调整技术提升。在大豆机械化生产智能化方面，发达国家实现大豆作业机具作业状态参数、作业质量参数能够实时采集，做到大豆作物属性、机具作业质量、机具结构参数等多源信息融合，基本实现大豆生产机具田间作业智能化。以自动导航、信息智能自动获取等技术为基础的机械化大数据平台得到重视，提升了大豆生产管理信息化水平。

（五）大豆加工技术研发全面推进

在传统豆制品研发领域，开发了新型豆腐凝固剂柠檬酸三镁；研究了发酵、超声等工艺对豆浆中功能性成分和消化吸收等方面的影响；在大豆加工副产物综合利用方面，研究了豆腐黄浆水发酵生产DHA、半乳糖寡糖等功能性成分利用、豆渣改性方法及豆皮的利用技术。现代大豆加工技术方面，在通过酶法处理提高大豆分离蛋白的提取率的同时，提高异黄酮回收率。大豆蛋白作为3D打印原料的适用性是本年度的新技术进展亮点。

四、国内大豆产业技术研发进展

（一）技术研发进展

1. 大豆泛基因组研究进一步深入

在对来自世界大豆主产国的2 898个大豆种质材料进行了深度重测序和群体结构分析基础上，对26个大豆种质材料进行了高质量的基因组从头组装和精确注释，并在此基础上，结合已经发表的中黄13、*Williams* 82和*W05*基因组，开展了系统的基因组比较，构建了高质量的基于图形结构的大豆泛基因组，挖掘到大量利用传统基因组分析技术不能鉴定到的大片段结构变异。大豆泛基因组的公布，有助于促进大豆的进化和功能基因组学研究。

2. 大豆基因编辑技术走向实用化

通过组合Cas9n切口酶、大鼠胞苷脱氨酶和尿嘧啶糖基化酶抑制剂，建立了大豆多基因打靶和单碱基编辑技术体系，并成功实现了大豆株型调控相关多基因编辑，大豆开花调控关键基因*GmFT2a*和*GmFT4*的单碱基定向替换，编辑效率分别为18.2%和6.0%，且单碱基替换突变可稳定遗传。获得的*GmFT2a*单碱基替换纯合突变系，在长日照和短日照条件下均表现出晚花表型，为通过精准修饰和利用单核苷酸多态性（SNP）定向改良大豆重要农艺性状提供了新技术、新路径。

3. 揭示大豆重要农艺性状分子调控新机制

发现GmPRR37/36为生物钟核心振荡器的关键组分，不仅协同外界光温环境参与并调控开花时间，而且影响主茎节数和单株产量；定点敲除该基因可使受体品种在纬度更高、无霜期更短的地区种植，揭示该等位基因变异与大豆对高纬长日环境的适应性有密切关系。发掘了两个长日照条件下控制开花期的关键位点Tof11和Tof12（即GmPRR37/36），两个关键位点通过调控LHY和E1基因控制大豆开花，且发生了渐进式的变异和人工选择。发现GmMYB14通过油菜素内脂（BR）途径调控大豆株型提高大豆耐密植与耐旱性的分子机理，为利用单个基因改良大豆株型，提高耐密植和耐旱性提供了新的理论基础。

4. 耐除草剂转基因大豆品种获得安全证书

2020年7月15日，农业农村部科技教育司发布《2020年农业转基因生物安全证书（生产应用）批准清单》，耐除草剂转基因大豆品种中黄6106获批生产应用安全证书。该品种采用农杆菌介导子叶节法，将含有*g2-epsps*和*gat*基因表达框的载体转化大豆品种中黄10，获得的高耐草甘膦转基因大豆新品系。这是继SHZD3201后获批生产应用的第二个国内研发的转基因大豆品种耐草甘膦除草剂大豆新品种培育和推广，对提升大豆田间除草效果、降低生产成本，提高农民种豆积极性和种豆效益，增强大豆竞争力具有重要意义。

5. 高产创建打造可复制可推广的高产高效样板

针对各地区自然条件和耕作制度，国家大豆产业技术体系组织开展“个、十、百、千、万”高产创建活动，创建了一批高产高效典型。西北（新疆）地区利用膜下滴灌技术种植15亩吉育86，实收测产1.5亩，达453.5千克/亩，创造全国大豆单产最高纪录；东北大豆主产区利用合农71，种植14亩，实收测产5.32亩，达336.2千克/亩；黄淮海地区高产典型更多，冀豆17实打实收亩产355.1千克，齐黄34实收亩产达353.45千克，郑1307百亩实收平均亩产309.24千克，冀豆17等品种万亩平均亩产达到272.9千克；长江流域地区种植的油6019在多地大面积亩产超过250千克；华南地区高蛋白品种华夏14亩产达到了296.59千克，华夏17亩产263.65千克。这些高产典型的创造，为全面提高我国大豆单产水平树立了可复制、可推广的样板。

6. 病虫草防控技术保障了大豆生产安全

以点蜂缘蝽防控为核心，建立了大豆“症青”统防统治技术体系，在生产上发挥了重要作用，黄淮地区的大豆“症青”现象得到有效控制。研发的“精歌”等大豆根腐病专用种衣剂在生产上应用效果显著，改变了黄淮海夏大豆生产“白籽下地”的播种方式。“一拌一封一喷”大豆病虫草害绿色综合防控技术模式生产应用效果良好，在播种环节结合免耕覆秸精量播种，种子包衣（“拌”）后播种、除草剂喷施后均匀覆盖麦秸（“封”），在中后期以植保无人机或高杆喷雾机进行药肥的“一喷多防”，实现适时、精准、绿色的健体控害，减肥减药增产增效显著。

7. 大豆生产机械化水平整体提升

2019年，全国大豆耕、种、收及综合机械化率分别为73.10%、72.1%、68.02%和71.30%，2020年大豆机械化率小幅提高。农机农艺融合进一步加强，大豆免耕覆秸精量播种技术、大豆低损高效联合收获技术得到推广应用；品种、栽培、机械化技术相互融合，适合于东北地区的大豆大垄高台全程机械化生产模式、适合于黄淮海地区的麦茬夏大豆免耕覆秸全程机械化生产模式、适合于南方的大豆玉米间作机械化生产模式等技术模式得到规模化应用。大豆生产智能化技术逐步得到重视，在东北大豆产区部分农场，以导航和自动驾驶为基础实现大豆生产信息化管理，大豆作业机具作业质量可在线检测，播种、植保、收获作业过程的智能化控制研究取得初步进展。在大豆生产机械化的基础上，逐步发展智能化技术，提升作业质量和效率，减轻劳动强度是当前大豆生产智能化技术的发展趋势。

8. 大豆加工技术全面升级

在传统豆制品加工技术研究方面，改进了传统豆制品保存方法，豆制品保质期延长；明确了大豆品种对豆制品的品质和风味的影响，通过不同品质品种组配和添加物质，开发出了一系列新型豆制品。在豆制品加工副产物综合利用方面，采用豆渣为原料，通过发酵和干燥等方式开发多种膳食纤维、酱类等健康食品原料和高附加值产品。在现代大豆加工技术研究方面，明确了蛋白亚基组成及其加工特性，为基于大豆蛋白开发植物蛋白肉产品奠定了基础。

（二）政策建议

1. 优化产业扶持政策结构，挖掘大豆生产潜能

在坚持市场主导原则的前提下，进一步完善大豆生产者补贴政策，在保证生产者种粮基本收益的基础上，结合补贴资金额度、补贴面积及结构调整方向等因素，对玉米生产者和大豆生产者实行差异化补贴标准，稳定大豆种植面积，促进种植结构优化调整。同时，应积极探索在黄淮海等产区开展大豆生产者补贴和粮豆轮作补贴试点，进一步提升我国大豆产能。

2. 加强良种、技术、装备研发，提高大豆生产技术支撑力度

当前我国大豆竞争力不强，一方面由于我国大豆单产水平较低，与世界大豆主产国存在较大差距；另一方面在于我国大豆生产成本远高于世界平均水平。建议继续加强良种研发，加快启动实施种源“卡脖子”技术攻关，加强种质资源保护和利用，稳步提高大豆品种单产潜力；加快轻简化播种、植保、水肥管理、收获等技术及新型机械设备研发，实现农机农艺融合，提高大豆生产技术水平；通过建立专业化技术服务机构，提高大豆生产的公共服务和社会化服务水平，降低大豆生产成本，加快小农户与现代农业的有效衔接。进一步推广大豆与玉米等作物的间套作技术，加快配套机械的研发，挖掘南方和西北地区的大豆生产潜力。

3. 强化绿色生产技术模式推广，提升大豆生产水平

继续完善东北地区粮豆轮作、黄淮海地区麦茬免耕覆秸、南方和西北地区大豆间作套种等绿色生产技术的研发和标准制定工作。下拨专门的绿色生产技术研发和推广经费，通过试验示范、农技培训、农技人员下乡指导等方式，多渠道引导农民使用大豆绿色生产技术。同时，加强绿色生产技术配套机械的研发和生产，为绿色生产技术的大规模使用提供必要的物质基础。大力开展高产创建，优化绿色高产高效综合技术模式，带动全国大豆生产发展。

4. 深化加工行业调控，提倡大豆健康消费

要强化对大豆加工市场的监测，在尊重市场规律的基础上，合理引导传统豆制品生产，改进生产工艺；强化大豆精深加工研究，开发新型大豆食品和高附加值深加工产品，提升大豆加工业的整体效益。要鼓励大豆加工企业延伸产业链条，推动大豆种植、加工一体化经营，支持有条件的大豆加工企业流转土地、承包农场，通过规模化、标准化、集约化经营，实现国产大豆自产、自收、加工一体化运作，向市场提供高质量的大豆制品，提高加工企业的竞争力。此外，还应引导居民形成良好的饮食习惯，促进对植物蛋白的消费。

5. 实行差异化发展战略，进一步拓宽大豆进口渠道

大豆进口在一定程度上缓解了我国农业资源紧张的局面，是我国统筹利用国内、国际两种资源，实施粮食安全战略的必要举措。我国大豆消费已经形成了食用和饲料用两个相对独立的市场，进口大豆主要用于满足国内植物油和蛋白粕需求；国产大豆主要用于直接食用、加工豆制品和大豆蛋白，少量用于生产豆油和豆粕。国产大豆蛋白含量、价格均高于进口大豆，其优质特性得到充分体现。鉴于此，我国必须大力支持国产大豆生产发展，充分发挥国产大豆高蛋白优势，实施差异化发展战略。同时，针对当前我国大豆对外依存度高的现状，充分发挥我国的科技优势和资金优势，结合“一带一路”倡议和各类贸易协定，进一步拓宽大豆进口的渠道，鼓励大型粮食企业走出去，提升进口货源掌控权，构建大豆安全供给链。

（国家大豆产业技术体系首席科学家　韩天富　提供）

2020年度大麦青稞产业技术发展报告

（国家大麦青稞产业技术体系）

一、国际大麦青稞生产与贸易概况

根据美国农业部的预测数据，2020/2021年度，全球大麦收获面积预计为5 154万公顷，比上年度减少29万公顷，平均单产预计为3.05吨/公顷，较上年度增加0.03吨/公顷。由于单产提高，预计2020/2021年度全球大麦总产量将达到1.57亿吨，比上年度增加610万吨，增幅为0.39%。根据联合国粮食及农业组织（FAO）数据，2020/2021年度全球大麦消费量最多的国家和地区依次是：欧盟（5 090万吨）、俄罗斯（1 470万吨）、土耳其（810万吨）、加拿大（800万吨）、沙特阿拉伯（720万吨）和英国（670万吨）。2020/2021年度全球大麦贸易总量预计为2 850万吨，比上年度增加200万吨，主要出口国家和地区依次为：欧盟（650万吨）、俄罗斯（550万吨）、乌克兰（450万吨）、澳大利亚（450万吨）和阿根廷（250万吨），主要进口国家和地区依次为：沙特阿拉伯（700万吨）、中国（530万吨）、伊朗（350万吨）、摩洛哥（160万吨）和欧盟（150万吨）。2020年前半年，饲料大麦价格以降为主，后半年转涨，市场均价为194美元/吨，比上年同期每吨下跌22美元，跌幅为9.48%。

二、国内大麦青稞生产与贸易概况

根据国家大麦青稞产业技术体系的统计，2020年我国大麦青稞总收获面积为97.97万公顷，较上年减少3.85万公顷；总产量为405.41万吨，较上年减少22.09万吨；平均单产为4.14吨/公顷，较上年减少0.06吨/公顷。其中，大麦（即皮大麦，包括啤酒大麦和饲料大麦）的收获面积为59.48万公顷，较上年减少4.32万公顷；总产为271.71万吨，较上年减少20.04万吨；平均单产为4.57吨/公顷，与上年基本持平。青稞（即裸大麦）的收获面积为38.49万公顷，较上年增加0.40万公顷；产量为133.70万吨，较上年减少2.05万吨；平均单产为3.47吨/公顷，较上年减少0.09吨/公顷。

2020年我国大麦进口量为807.95万吨，较上年增加215.07万吨，增幅为36.28%。其中，从澳大利亚进口149.15万吨，较上年下降35.29%；从乌克兰进口226.34万吨，较上年增加159.01%；从加拿大进口201.84万吨，较上年增加38.29%；从法国进口175.87万吨，较上年同期增加48.66%。1—7月进口价格平均为241.97美元/吨，较上年同期下降37.40美元/吨，降幅为13.39%。2020年国产啤酒大麦、饲料大麦和青稞的平均市场价格分别为2.33元/千克、2.16元/千克和2.91元/千克，各自比2019年上涨4.10%、11.08%和1.65%。

三、国外大麦青稞产业技术研发进展

（一）遗传改良

1. 加工品质性状

大麦（青稞）麦芽品质是一个复杂的数量性状，其表现不仅涉及大麦本身的遗传特性，而且与其生长条件以及酿造工艺密切相关。为了研究英国皮大麦品种的麦芽品质性状遗传，Looseley 等对 451 个春性和 407 个冬性皮大麦品种的 20 个品质性状进行了 GWAS 分析，分别鉴定到 24 和 2 个遗传相关 QTL。其中，有些与已知的麦芽品质性状基因相对应，有些为新的遗传变异。

2. 非生物胁迫抗性

培育耐旱大麦（青稞）品种是应对干旱的最有效方式，需要丰富的种质资源和可靠的耐旱基因型鉴定评价系统。为此，Cai 等采用控水和 PEG 模拟干旱两种方式，对 237 份栽培大麦和 190 份野生大麦进行了耐旱性鉴定，筛选出苗期耐旱性差异显著的基因型，指出新生叶片汁液渗透压和相对含水量可用作快速筛选大麦苗期耐旱性的生理鉴定指标。Tarawneh 等发现，大麦（青稞）开花后发生干旱导致千粒重下降 16.7%，通过 GWAS 分析鉴定到 97 个关联标记和 10 个耐旱候选基因。植物通过高亲和钾离子转运蛋白（HAK1）和低亲和钾离子通道（AKT2）两种途径来吸收钾离子。Feng 等发现，HAK1 和 AKT2 起源于藻类，并在陆生植物中保守，*HvHAK*1 和 *HvAKT*2 基因过表达通过调节叶片 H^+ 平衡和细胞信号转导来增强大麦的耐旱性。

钴（Co）和铜（Cu）共存于金属污染土壤，严重毒害农作物。Lwalaba 等研究发现，Co 和 Cu 共处理会导致比单一处理更大的金属毒性。并且，共处理后大麦（青稞）会相应地积累更多的酚类和氨基酸，皮大麦耐旱基因型 Yan66 比敏感基因型 Ea52 能够积累更多的酚类和氨基酸。Lei 等在皮大麦中鉴定到一个编码 P 型重金属 ATP 酶的基因 *HvHMA*3，该基因负责籽粒中镉的积累。皮大麦 Haruna Nijo 为镉高积累品种，其 HvHMA3 酶在氨基酸水平上与镉低积累品种 BCS318 存在 97%的一致性，且转运活性和亚细胞定位也相同。然而 BCS318 的 *HvHMA*3 基因上游存在 3.3kb 类 Sukkula 元件插入，起到启动子作用，进而增强其表达。通过回交将这一插入转入其他大麦（青稞）商业品种，可以减少金属镉积累，且不会对产量造成影响。

3. 生物胁迫抗性

Kashyap 等建立了大麦（青稞）坚黑粉菌（*Ustilago hordei*）全基因组 SSR 分子标记，用于群体结构和抗病性遗传变异分析。Martin 等将携带抗叶锈病 Rph1-15 及其他 Rph 的大麦（青稞）供体材料，与叶锈易感皮大麦品种 Bowman 回交后，通过基因分型确定抗病基因的染色体位置以及渗入片段大小，建立了 95 个 Bowman 抗叶锈病基因渗入系，并进行了感病表型与基因型鉴定。Jost 等利用重组作图法，鉴定到 2 个核苷酸结合富亮氨酸重复基因作为抗叶锈病的候选基因。Hatta 等将小麦抗秆锈病基因 *Sr22*、*Sr33*、*Sr35* 和 *Sr45* 转入大麦（青稞），创制出 4 个转基因株系均抗杆锈病。然而这些转基因株系对大麦（青稞）的叶锈病原菌依旧感病，表明小麦的 Sr 基因对杆锈病原菌具有特异性抗性。在大麦（青稞）中，超量表达一种植物球蛋白，可使转基因株系显著降低对非寄主病原菌——布氏白粉菌小麦专化型（*Blumeria graminis* f. sp. *tritici*）的抗性水平，其原因是由于转基因株系中参与形成乳头状突起及病原菌侵入前抗性反应的蛋白发生变化所致。转录因子

WRKY3是大麦（青稞）抗白粉病反应的抑制因子。蔗糖非发酵相关激酶1（SnRK1）磷酸化WRKY3后，并使其去稳定化而激活，从而提高了大麦（青稞）的抗白粉病免疫反应。抗白粉病基因*MLO*的隐性遗传位点能提供大麦（青稞）对白粉病广谱持久抗性，Hilbert等研究发现，该遗传位点还能差异调控大麦（青稞）根际有益内生真菌和菌根真菌的定植过程。

（二）植保技术

1. 病虫害流行机制与抗性预测

目前，国外建立了宏观表型组学技术体系（Macrophenomics Facility），用于定量自动监测大麦（青稞）白粉病，该系统也适用于监测其他寄主植物上的病害；可利用主效加互作可乘模型，基于病害流行曲线下的面积值，分析春大麦（青稞）基因型与环境之间的互作效应。Achhami等研究表明，通过测定大麦（青稞）麦秆蝇在品种间的存活率，并结合特定地点的积温进行标准化，可为抗麦秆蝇筛选鉴定提供参考。Porras等研究发现，感染大麦（青稞）黄矮病毒的禾谷缢管蚜（*R. padi*）提高了耐受高温胁迫的能力，扩大了其生态位，但降低了其种间竞争。Jackson等研究发现，在自然条件下抗杀虫剂麦长管蚜（*S. avenae*）的种群增长率和个体相对增长率显著较低，而且被天敌昆虫阿尔蚜茧蜂（*Aphidius ervi*）寄生的概率明显高于对杀虫剂敏感的群体，拟寄生物如阿尔蚜茧蜂等能有效控制抗杀虫剂基因型个体的扩散。Zhang等研究发现，大麦（青稞）的*HvCCR4*与黄条点花叶病毒（BYSMV）的磷蛋白质互作，促进病毒在大麦（青稞）及介体昆虫灰飞虱体内复制。Escudero-Martinez等研究发现，大麦（青稞）上禾谷缢管蚜（*Rhopalosiphum padi* L.）的*R. padi*效应因子，能提高大麦（青稞）寄主的感蚜性，超量表达效应因子*RpC002*和*Rp1*能使转基因株系更感蚜虫，但不适合桃蚜（*Myzus persicae*）取食，主要是由于*Rp1*降低了植物激素信号基因的表达水平，抑制了大麦（青稞）的防卫反应。

2. 病虫草害的药剂防控

除草剂嗪草酮（Metribuzin）和苯磺隆（Tribenuron Methyl）缓释剂能有效控制大麦田杂草，在试验条件下有效率为100%。4-氟苯氧基乙酸（4-fluorophenoxyacetic acid）能诱导水稻产生防卫反应，抑制刺吸（piercing-sucking）害虫白背飞虱（Sogatella furcifera）种群密度，增加水稻产量；也能诱导大麦、小麦提高对麦长管蚜（*S. avenae*）、禾谷缢管蚜（*R. padi*）抗性。Miravis®杀菌剂用于防治大麦病害增产24.7%～124.4%，丙硫菌唑（prothioconazole）对防治柱隔孢叶斑病（Ramularia leaf spot）药效已明显下降。由于病原菌抗药性积累，甲氧基丙烯酸酯类杀菌剂已不适合防治柱隔孢叶斑病，对网斑病的防效也降低了。氮唑类杀菌剂防治云纹病和网斑病依然稳定有效，但不再适用于防治柱隔孢叶斑病；甲氧基丙烯酸酯类杀菌剂防治云纹病和网斑病药效降低，对柱隔孢叶斑病完全丧失防效；琥珀酸脱氢酶抑制剂类杀菌剂对防治云纹病依然有效，但对网斑病防效降低，对防治柱隔孢叶斑病则已完全失效；嘧菌环胺杀菌剂能高效防治云纹病和网斑病，尚未发现任何病原菌对该药剂敏感性发生变化或降低；对柱隔孢叶斑病有较低但稳定的防效；尚未发现云纹病原菌和柱隔孢叶斑病原菌对灭菌丹产生抗药性。在阿尔及利亚，网斑病原菌（*Pyrenophora teres*）对测试的醌外抑制剂类和琥珀酸脱氢酶抑制剂类杀菌剂尚未产生抗药性，氟唑菌酰胺防治网斑病效果最好。有报道指出，南澳大利亚网斑病菌对琥珀酸脱氢酶抑制剂类杀菌剂产生明显抗性，并在约克半岛发现，该种病原菌对杀菌剂氟唑菌酰胺和脱甲基化抑制剂杀菌剂均产生抗药性。Werner 等验证了通过喷施 RNA 诱导基因沉默（SIGS）策略，沉默大麦（青稞）赤霉病菌（*Fusarium graminearum*）的 *AGO* 和 *DCL* 基因，可以提高大麦（青稞）对赤霉病的抗性水平。

（三）生产环境与栽培技术

1. 栽培生理与生产品质

Black 等研究表明，低氮种植下，大麦（青稞）籽粒的含氮量降低，导致淀粉糊化值提高，麦汁葡聚糖含量降低和产酒量增加。多因素田间试验表明，氮素营养对麦芽品质影响较大，氮肥增加提高蛋白质含量，但降低浸出率和库尔巴哈值等麦芽酿造等关键质量参数。Hoyle 等研究发现，啤酒大麦籽粒的容重与麦芽浸出率和产酒量显著相关。Ni 等研究发现，高温胁迫下，大麦（青稞）千粒重、结实率和穗粒数显著降低，且总蛋白质和β葡聚糖含量、β淀粉酶和极限糊精酶活性均显著升高。Yu 等开发出一种脂质体组学平台，发现在盐胁迫下，大麦（青稞）质体膜上的半乳糖脂含量普遍减少，甘油磷脂和酰化甾基糖苷普遍增加，并且耐盐品种和敏感品种的氧化膜脂含量存在明显差异，认为盐胁迫诱导的膜脂氧化损伤可用作大麦（青稞）耐盐性鉴定指标。盐胁迫通过改变水孔蛋白基因表达水平及蛋白活性，减少跨细胞通道的水流来降低大麦根系导水率。

2. 精准栽培技术

国外科研人员利用无人机进行 RGB 图像采集，通过计算机深度学习技术进行数据分析，为大麦（青稞）精准栽培管理提供技术指导。爱尔兰科研人员在 4 个不同地区，对 2 个皮大麦品种进行 11 个不同生育期的生长监测研究，从不同角度采集 RGB 图像，使用 3 种不同的机器学习方法分析比较，最终选择 45 度摄像机拍照和迁移学习卷积神经网络模型，对生育期预测的准确率可达 99.7%～100%。伊朗科研人员建立了一种野外记载、卫星遥感和气象记录综合数据模型，通过对大麦（青稞）进行不同生育期监测预测最终产量，在收获前 1 个月估算产量 $r^2=0.84$。西班牙和法国研究人员联合开发出一种研究农作物在水分胁迫下光合性能变化的高通量表型分析工具，可用于大麦（青稞）育种抗干旱胁迫鉴定筛选。韩国研究人员将作物模型与远程控制航空系统（RAS）结合，用来监测大麦（青稞）田间生长状况和预测产量，所研制的遥感集成模型可准确呈现大麦（青稞）生长的地理空间变化，模拟产量与实测产量在 $p=0.98$ 无显著差异。

3. 气候变化反应预测

随着全球气温和 CO_2 浓度升高，科研人员希望研究建立气候变化影响大麦（青稞）等谷类作物生产的预测模型。美国研究人员研究发现，CO_2浓度升高降低干旱对大麦（青稞）生长的影响，干旱显著降低根系对氮、磷的吸收速率，而 CO_2对根系氮、磷的吸收速率影响不显著。欧洲研究人员在芬兰和西班牙两国，采用 8 种大麦（青稞）生产模型和 8 种气候预测方法，研究了包括温度、雨量、辐照强度和 CO_2浓度等主要气候变量的生长和生产效应。结果表明，温度升高和 CO_2增加会导致植株生长过程中蒸腾量、生物量和作物产量等模拟结果的不准确性。

4. 绿色降本生产

在不降低产量和品质前提下，减少肥料用量是现代作物栽培和耕作上的重要目标和挑战。谷类作物与豆科作物间作可以通过生物固氮，提高土壤中氮利用率，增加单位土地面积生产力。丹麦研究人员对豌豆和大麦（青稞）在不同氮肥水平下实施间作试验。结果显示，在每公顷0千克和每公顷100千克氮水平下，间作模式比单作模式均显著提高氮产量和氮肥利用率。西班牙研究人员发现，运用种子包衣技术可以显著提高大麦（青稞）对氮、磷的利用效率。用脲酶和磷酸酶进行种子包衣，由于尿素酶和磷酸酶对氮、磷的吸收具有协同效应，N和P的吸收分别增加47%～137%和29%～61%。德国科学家发现，与尿素和氨态氮相比，施用硝态氮能显著增加分蘖数，从而提高产量，主要原因是硝态氮可显著促进细胞分裂素合成。

（四）农机装备

2020年全球农业生产逐渐向精准农业和智慧农业转变。智能农业的主要装备包括自动驾驶拖拉机、农业机器人以及无人机三大类。德国克拉斯（CLAAS）推出圆盘式割草机和牧草收获机，采用自动轮廓传感器，适应高湿、恶劣地面新型的割台；割草采用双变速箱，调节变换更方便。爱科（ACO）推出了Fendt Xaver第二代自动驾驶拖拉机，该自动驾驶系统也可应用于联合收割机和割草机等，智能化程度更高。约翰迪尔（JOHN DEERE）推出更智能化控制系统，自动路径系统（Autopath），确定最优的种植方法，为后续的喷洒和收获提供方便；控制软件持续更新，增强机器同步功能（Machine Sync），多台拖拉机可以自动完成特定农田作业。植保无人机采用蜂群式控制，一人可同时操作多台机具作业，配置了视觉观察仪，实现了自动加载，扩大了作业范围。2019年日本井关公司推出无人驾驶拖拉机，作业精度达到数厘米级，有人和无人驾驶可有效切换，遥控与智能控制相结合。但目前由于制造成本高，限制了生产应用。美国研究人员采用专业化、小型单元作业机具多台联合，替代传统的大型多功能机具，减轻对田间土壤碾压，完成精准、方便、高效的机械化生产作业。

（五）加工利用技术

1. 食饮品加工

大麦（青稞）由于具有β-葡聚糖等独特的膳食纤维组成，特别有益于健康和预防结肠癌。W. Schlörmann等分析了由富含β-葡聚糖的大麦（青稞）原料加工麦片的化学预防作用。为消除热处理对潜在化学预防作用的影响，160～180℃对麦片烘烤约20分钟后，进行体外消化和发酵。发现大麦（青稞）体外发酵物的化学预防，主要由生长抑制和凋亡作用介导，很大程度上不受烘烤处理影响。Tuersuntuoheti等研究了存储和烹饪对于青稞鲜面条总酚含量（TPC）和总黄酮含量（TFC）的影响。结果表明，25℃下储存，FQBN、TPC和TFC均显著下降。煮熟后0和4小时内TPC升高，8、16和24小时内降低；蒸煮后所有时间内TFC均下降。Mehra等研究了利用糙米、皮大麦和杜鹃花提取物酿造新品种啤酒的效果和潜力。研究使用不同比例的糙米、皮大麦和杜鹃花提取物组合，开发的啤酒具有很强的抗氧化活性，且含大量的花青素、类黄酮和多酚物质，在香气、口味和颜色方面也独具特色。

2. 营养与健康功效

大麦（青稞）含丰富营养物质，其健康功效越来越受到重视。例如，蛋白质（每百克含10.20～17.00克）、膳食纤维（每百克含3.77～19.01克）、β-葡聚糖（每百克含2.98～8.62克）、酚类（每百克含333.9～460.8毫克）和类黄酮（每百克含145.5～247.4毫克）。这些营养成分相加和协同组合赋予了大麦（青稞），在如预防癌症与抗高血脂和高血糖方面的活性。Tsubasa 等的研究结果表明，与食用小麦精粉面包相比，日本年轻人食用大麦（青稞）精粉面包可有效降低餐后血糖。最近一些研究结果支持将全谷物大麦（青稞）的降血糖活性归因于β-葡聚糖和酚类物质的功效。酚类物质的营养健康功效是全谷物大麦（青稞）研究的一个重要方向，其中如阿魏酸、柚皮苷和儿茶素是其最基本酚类物质。Deng，N. 等研究表明，阿魏酸通过调节胰岛素受体 PI3K/Akt 信号通路，有效平衡人体内的葡萄糖代谢水平。食用全谷物大麦（青稞）可以显著增强胰岛素抵抗信号通路 P13K/AKT 中相关小 RNA（miRNA26a 和 miRNA451），从而改善糖尿病小鼠的胰岛素抵抗。Zheng 等研究表明，对大麦（青稞）进行热加工处理能促进大鼠肠道益生菌的生长，降低血糖指数，并逆转喂食高脂肪食物大鼠的胰岛素抵抗。

四、国内大麦青稞产业技术研发进展

（一）遗传改良与育种技术

1. 种质创制和良种选育

引进收集评价种质资源 4 975 份，配制育种杂交组合 15 055 个；运用杂交、诱变等结合小孢子培养技术，创制出产量构成、品质组分、肥水高效、抗病抗逆、特异观赏等单一或多个性状优良的各类育种材料 40 多份，育成食用、饲用（饲料、青饲、青贮、青干草等）和啤用大麦（青稞）专用品种 34 个。

2. 育种技术改进与基因功能分析

通过幼穗精准取材与子房共培养，显著提高了大麦（青稞）小孢子培养效率；采用菌株选择与超声波处理侵染等措施，提高了农杆菌侵染小孢子胚性愈伤的转基因效率。

磷是大麦（青稞）生长发育必需的大量元素，但土壤中的磷主要以不易吸收的有机态或螯合态存在，生产中普遍面临缺磷胁迫。植物中的磷信号调节通路普遍以 MYB 转录因子 *PHR1*（Phosphate Starvation Response Regulator 1）为调控核心。研究利用生物信息学手段，对大麦（青稞）的 *PHR*1 同源基因进行分析，发现 2 个 *PHR*1 同源基因。其中，*HvPHR*1 在各组织中的表达量均高于 *HvPHR*2，在磷信号调节通路中起主要作用。在 2H 染色体上发现一个新的控制麦芽浸出率的稳定主效 QTL，来自亲本皮大麦品种 Naso Nijo，解释表型变异率达 48%。利用近等基因系，精细定位在标记 3259199S2（14. 38 cM）和 3276462S2 之间，连锁的 SNP 标记 4173730S（15. 44 cM），解释表型变异 55%。克隆出大麦（青稞）淀粉代谢相关基因 *HORVU2Hr1G012130*。测序分析表明，该基因 CDS 区域存在 10 个非同义突变位点，影响蛋白的功能，在 3′UTR 区域存在较大差异，影响基因的时空表达和表达量。

（二）耕作改制与种养结合生产技术

以育成筛选出的生长快、耐放牧、耐刈割、抗病抗逆性强、粮草产量高、生育期适宜不同产区种植的大麦（青稞）新品种为基础，通过田间试验、饲用品质分析和饲喂实验，调整优化播种期、播种量，确定拔节前放牧时间、单位面积放牧量、放牧次数周期、青饲青贮生产刈割期和次数周期、单位面积饲草和籽粒产量等技术参数，规范田间管理、肥水调控和病虫害综合防控等配套技术措施，研制出全程机械化生产部分关键设备和青饲青贮、青干草制备等技术方法，创新集成出南方和黄淮地区大麦青稞“冬放牧、春青刈、夏收粮”种养结合、大麦青稞—玉米—玉米“一年三收”青饲青贮、高纬高寒区大麦—燕麦和大麦—大豆“一年两收”饲草和大豆生产、青藏高原春青稞苗期放牧割草“粮草双收”、西南地区核桃林下种植等，主产区大麦青稞饲用生产主推技术，部分编制出生产技术规程，技术示范单位面积生产效益显著提高。例如，编制《青稞粮苗草三用栽培技术规范》，颁布为青海省地方标准（DB63/T 1814—2020）。完成河南省《青贮大麦青贮玉米一年三熟生产技术规程》、内蒙古《饲草大麦栽培技术规程》和四川省《饲用大麦青饲实用高产栽培技术》等地方标准制定；研制的《冬大麦籽粒与青苗双收方法效果评估系统》，获计算机软件著作权。“冬放牧、春青刈、夏收粮”种养结合生产技术，在安徽定远、长丰等县核心示范 2 200 亩，冬春季青饲草平均亩产约 1 000 千克，夏收籽粒产量 300 千克，每亩产值 1 060 元，每亩增收 400 元。大麦苗期放牧刈割为 2020 年春季新冠疫情期间保证农户畜禽安全养殖发挥了重要作用。在云南大理示范推广桃林下大麦全株饲用生产技术 10.2 万亩，每亩增产粮草 63.0 千克，亩均增收 126 元，总计增收 1 285.2 万元。

（三）病虫害防控

1. 病害防控

建立大麦（青稞）白粉病菌鉴别品种体系。在我国大麦（青稞）白粉病主要流行区采集分离 188 个白粉菌（*Blumeria graminis* f. sp. *hordei*，*Bgh*）菌株，对 30 个以‘Pallas’为遗传背景的抗白粉病近等基因系和 10 个已知抗白粉病基因载体品种进行抗性谱分析，构建出由 21 个‘Pallas’抗白粉病近等基因系组成的鉴别体系。制定出云纹病、黑穗病抗性鉴定技术规程。分别建立了云纹病、散黑穗病和坚黑穗病的病原菌致病性变异分析和大麦（青稞）品种抗病性鉴定方法，制定出农业行业标准。建立青藏高原青稞穗腐病药剂防治技术体系，分别在青海海晏县和西藏白朗县开展田间试验示范，取得良好的防治效果。

2. 虫害防控

在 16 个省、市收集草地贪夜蛾种群，完成草地贪夜蛾抗药性基因普查，为我国草地贪夜蛾的化学防控提供了技术支撑。制定草地贪夜蛾的药剂防控品种，修订 2019 年防控草地贪夜蛾药剂品种名单。研究实施依据迁飞路线在不同发生区域使用不同作用分子靶标的药剂，在同一区域不同时段轮换使用不同分子靶标药剂，即通过药剂品种时空布局防空草地贪夜蛾的技术措施。开展麦蚜抗药性监测预警，通过对我国麦蚜抗药性敏感基因资源调查，发现对菊酯类药剂、有机磷、氨基甲酸酯类药剂的敏感基因，在田间种群中仍然占绝对优势。首次发现对新烟碱类药剂抗性达到 100 倍以上麦蚜田间种群。

（四）农机装备集成创制

研制出宽幅播种和立体匀播技术装备。针对青藏高原青稞高产栽培需要，通过增加种子匀播板，对现有旋耕施肥播种机进行立体匀播改造，改条播为宽幅撒播，研制出 2BGY-200 型旋耕匀播机。该机采用反转旋耕作业技术与匀播技术结合，利用土壤反旋上抛土机理，结合与播种同步输土技术，实现青稞覆土立体匀播（大宽幅均匀撒播）。申报发明专利 1 项。研制出稻茬麦旋耕施肥播种开沟技术装备。针对稻茬麦播种土壤状态多样的特点，研制出 2BFGKD-19（10）（280）型多用高效旋耕播种开沟技术装备，通过对机具进行简单调整换装，可以同时满足高湿和正常农田稻茬麦播种。该机配置施肥播种智能控制系统，可根据需要选择田间开沟或不开沟，实现施肥、播种与作业速度同步控制。开发出 2BXZ-3 型自走式小区播种机，适用大麦（青稞）等育种研究小区播种。研制出 1KQ-60（100）开沟筑渠机，渠面宽度可达 100 厘米，渠深可达 60 厘米，适用于大型灌溉渠的修筑。研制出，适应青稞高产栽培技术研究推广需要，配合西藏青稞高产栽培研究和中科院成都生物所研究需要。对现有的旋耕施肥播种机进行结构改进，可以基本满足青稞研究试验需要。

（五）营养成分测定与产品加工

建立了同时分析大麦（青稞）苗、籽粒和麦芽中农药残留水平和酚类化合物和全麦粉标志物烷基间苯二酚的检测方法。研究发现大麦（青稞）富含酚类化合物，主要为阿魏酸、儿茶酚、儿茶素、表儿茶素和对香豆酸。大麦（青稞）苗中酚类物质随生长期呈先增后减少趋势，因此，麦苗采收时间对营养价值影响较大。开展了大麦（青稞）全粉产品加工与储藏品质控制关键技术研究。发现随着贮藏期延长，全面粉过氧化值、脂肪酶活性、脂肪氧化酶活性显著升高，氧化变质越严重。微波处理可降低过氧化值，延长保质期；脱皮处理促进酶促反应，加快氧化变质。从炒制和膨化处理中，共鉴定出 19 种挥发性物质，从烘焙处理中共鉴定出 23 种挥发性物质，均为烷烃类。面粉经加热处理后在贮藏过程中，脂肪含量、灰分含量有所下降，蛋白质、总淀粉、纤维和 β-葡聚糖无明显变化，色泽相对稳定。但在贮藏过程中脂肪品质变化明显，脂肪酸值以及过氧化值随贮藏时间呈上升趋势，贮藏 21 天，脂肪酸值达到国家安全储粮标准规定谷物脂肪酸值 30 毫克 KOH/100 克限制。

面粉热加工处理呈现出典型香气，初始风味物质以吡嗪类为主，储藏 35 天后出现明显异味。通过优化生产工艺，改善产品口味，研制出青稞海鲜酥饼和青稞若叶藕粉等产品，可以满足不同区域和年龄层次消费者的需求。与浙江义乌章舸生物技术有限公司合作，研发出青稞红曲和青稞发酵粉。进行了西藏传统青稞酒制曲工艺优化。主要包括青稞原料纯种制曲菌种和工艺配套技术研发和西藏传统青稞酒特征风味及营养和功能成分剖析，开发出纯种青稞小曲和强化青稞小曲 2 个新产品，筛得一株青稞小曲制曲用功能微生物菌株——米根霉 M12，研制出全青稞小曲制曲工艺，较传统青稞小曲糖化酶活力、液化酶活力和蛋白酶活力分别提升 2. 59、2. 94 和 3. 11 倍；酿造出酒率提高了 25%。酒中 β-葡聚糖和总黄酮的含量显著增加，酒体澄清度提高，口感纯净度和爽口性等均优于传统青稞酒。围绕营养健康功效利用，开展了大麦（青稞）特异功效成分鉴定和优质特色原料筛选，采用基因编辑技术提高功效成分含量和组分优化等。利用小鼠模型，建立了以大麦（青稞）健康功效成分和发酵产品为益生元，通过微生态调节肠道微生物菌群，降低血脂和胆固醇的机制。开展了以 DDP 为诱导引发肝肾损伤，探究了大麦青稞多酚提取液对顺铂诱导的人胚肾细胞 HEK293 氧化损伤和小鼠肝脏炎症反应的影响。为精准制造调节肠道炎症的健康食品，将产细菌素乳酸菌引入大麦（青稞）产品开发。研制出大麦（青稞）饲喂肉奶牛羊的最佳日粮饲料配方和一种延长青稞粉保质期的方法；建立了产区大麦（青稞）重要营养成分和青藏高原青稞籽粒重金属含量分布数据库。

（国家大麦青稞产业技术体系首席科学家　张京　提供）

2020年度谷子高粱产业技术发展报告

（国家谷子高粱产业技术体系）

一、国际谷子高粱生产与贸易概况

与国外相比，我国谷子科技创新能力处于全球领先地位。据统计，2020年中国在生物学和农业科学高质量学术期刊共发表谷子论文84篇，占比28.8%，总被引次数68，论文的数量和质量都超过美国和印度；我国高粱科技创新能力处于全球前列，2020年中国在生物学和农业科学高质量学术期刊上共发表高粱论文99篇，占比14.0%，排名第二，总被引次数91，H指数4，综合排名第二；我国糜子科技创新能力处于全球前列，2020年中国在生物学和农业科学高质量学术期刊上共发表糜子论文12篇，占比41.4%，排名第一，总被引次数18，占比58.1%，排名第一。论文的数量和质量都远远超过其他国家。

2020年中国农科院作科所刁现民团队在PNAS上发表的文章，阐释了谷子*DPY*1基因作为油菜素内酯信号的“刹车基因”，调控叶片的披垂与直立，为作物株型改良提供了新的基因资源及研究思路。山西农业大学杂粮分子育种团队在*Nature Plants*上发表文章，诱变筛选到一个超早熟突变体*xiaomi*，解决了谷子作为C4禾谷类模式植物无法在室内大规模培养的难题，也为C4高光效、氮素高效吸收利用、抗旱抗病、遗传驯化和优异品质形成的分子机制研究奠定了良好基础。在现代农业产业技术体系的持续支持下，我国在谷子加工领域和功能研究领域已经形成了主导和引领优势。自2016年1月至2020年12月，从*web of science*上搜索关于谷子的英文文献，本体系刁现民、贾冠清、董志平位列作物研究领域的前三位；在食品领域本体系沈群、刁现民位列前二位，彰显了谷子基础研究的中国科技水平。

二、国内谷子高粱生产与贸易概况

1. 谷子面积增加，高粱略减，糜子稳定，生产格局没有大变化

2020年，全国谷子种植面积2 200万亩左右，同比增加10%。内蒙古赤峰、通辽，吉林白城、松原，辽宁朝阳、阜新，河南开封，山西忻州，河北张家口等局部面积增加10%～30%；陕西、甘肃、宁夏等地谷子种植面积波动较小。2020年全国高粱种植面积1 095万亩左右，整体略有减少，跌幅5%。国内东北、华北、西南高粱三大主产区的格局稳定，山西吕梁、汾阳、大同和长治等地高粱播种面积增加，内蒙古兴安盟地区高粱播种面积减少。2020年全国糜子种植面积800万亩左右，基本保持稳定，我国东部糯性为主、西部粳性为主、西部糯性逐年扩大的趋势依然，山西北部、宁夏南部和甘肃东部地区糜子面积略有增加。总体来看，全国谷子、高粱和糜子优质专用品种、矮秆宜机收品种的应用逐年扩大，全程机械化农机农艺融合技术应用率持续提高，带动了产业转型升级和高质量发展。

2. 谷子高粱高价位运行，糜子价格波幅较大，市场特色明显

受市场拉动、产业结构调整和特色产业发展政策支持，2020年谷价高位运行，全国

谷子价格呈倒“U”形波动。年初谷价维持在 5.24 元/千克，进入 3 月中旬至 4 月，谷价涨至 6.50 元/千克，5 月至 8 月底谷价维持在 6.00 元/千克以上。9 月份随新谷上市和播种面积增加影响，谷价小幅下滑，10 月中旬后开始回升。2020 年高粱价格低开高走，受中美贸易摩擦以及播种面积小幅下降影响，推高高粱收购价格上调。1—3 月维持在 2.72 元/千克，4—8 月价格直线飙升，由 2.89 元/千克上涨到 3.07 元/千克，9—11 月价格由 3.26 元/千克上涨到 4.30 元/千克。2020 年糜子价格波幅较大，1—3 月由 4.72 元/千克跌至 4.62 元/千克，4 月价格激增至 5.56 元/千克，9 月跌到 4.36 元/千克，9 月后随着新米上市，价格激增至 10 月的 4.82 元/千克，11 月涨至 5.38 元/千克，随后保持稳定。

3. 谷子糜子贸易相对稳定，高粱贸易剧烈变化，进口增量较多

据海关统计，2020 年 1—10 月，我国出口谷子 3 971.60 吨，与上年基本持平，主要出口国家为日本、韩国、德国、荷兰和印度尼西亚等，主要出口省市为辽宁、山东、江苏等。2020 年 1—11 月，我国高粱出口量 21 075 吨，同比减少 40.83%，主要出口到我国台湾地区和韩国，少量出口到日本、加拿大和越南等国。截至 2020 年 12 月，我国高粱进口量达 481 万吨，同比增加 478.6%，进口主要来自美国和阿根廷，少量来自于澳大利亚等国。2020 年 1—7 月，我国出口糜子 32 986 千克，出口额 25 005 美元，主要出口国家为日本和荷兰，其次是德国和澳大利亚等。我国进口糜子 10 499.69 千克，进口额 17 105 美元；进口主要来自加拿大等国。

4. 优势产业区规模不断扩大，生产、市场、消费呈三量齐增趋势

谷子、高粱为我国主要的特色杂粮作物，近年来由于市场拉动、政策支持、科技支撑，三种作物优势产业区的生产、市场、消费呈“三量齐增”趋势，产业规模不断扩大。目前我国谷子种植面积逐步回升达到 10 年前水平，总产已达 20 年前水平，单产提高 91.4%，单产提高对总产增加的贡献率达到 103.7%。全国高粱种植面积由 2009 年的 732.2 万亩增加至目前的 1 000 万亩左右，增长 36%；总产由 150 万吨增长至 350 万吨左右，增长 133%；单产由 205 千克/亩增长至 320 千克/亩，增长 56%。全国糜子种植面积保持稳定，单产由 10 年前的 200 千克左右提高到 230 千克左右，增长了 15%。

三、国际谷子高粱产业技术研发进展

（一）前瞻性基础研究

2020 年美国唐纳德植物研究中心组织美国多家单位，对世界各地收集的 598 份青狗尾草材料进行高覆盖重测序和基因组装，构建了初级的青狗尾草泛基因组，形成了青狗尾草的基因组变异和性状控制基因发掘的分析平台，并利用这个平台通过 GWAS 分析，发掘出可能在谷子驯化中起重要作用的 *SvLes*1 基因。2020 年国外在高效的谷子遗传转化体系方面也做了很多工作，发现高浓度蔗糖和葡萄糖、烟叶提取液、乙酰丁香酮、Silwet L-77 的应用可将农杆菌介导的谷子遗传转化效率提高到 27%，为谷子基因遗传转化和基因编辑提供了技术保障。

2020 年，高粱基因编辑技术应用研究取得较大突破。美国唐纳德植物科学中心开发出基于农杆菌介导的高粱高效基因编辑 *CRISPR/Cas9* 系统，编辑高粱开花相关内源基因 *SbFT* 和赤霉素相关基因 *SbGA2ox*5 的效率分别达到 33.3% 和 83.3%，T1 代出现新突变的频率分别为 68% 和 24%。日本科研人员利用 *CRISPR-Cas9* 技术，用高粱 RbcS 完全替代水稻 RbcS 获得的杂交型 Rubisco 转基因水稻表现出类似 C4 植物高光合催化活性。高粱产量和抗倒相关基因功能解析也取得重要进展，美国科研人员研究发现高粱有柄小花（不育）在产量形成中发挥着重要作用，解析了*Dw*2基因通过调控细胞增殖、内膜运输以及MLG/xylan在细胞壁上的分布来影响高粱节的伸长进而调控高粱株高的分子机制，这些研究为提高高粱产量和增强抗倒性提供了科学依据。

（二）品种资源研究与新品种选育

国外关于谷子和糜子新品种选育的相关报道很少，更多的研究集中在种质资源的鉴定评价和功能基因挖掘上。Mahendrakar等鉴定出高铁、高锌兼抗白斑潜蝇的谷子品种资源；Mundada等筛选出强抗逆谷子资源FM/ST/01。研究表明，糜子不同品种间株高、产量、植株干物质、收获指数、有效积温和生育期变异幅度较大，株高、叶片数、单株穗重、百粒重、有效积温和生育期具有较高遗传力，这些研究结果为培育高产糜子品种提供了参考。Dipak评价了糜子基因组学研究进展，指出糜子"组学"研究相对少，全球糜子育种家和遗传学家应加强合作开展糜子遗传改良，以满足气候变化对未来粮食生产需求。

在国外，高粱抗旱、耐寒、耐热、耐药以及饲用和生物能源依然是主要育种方向，美国、澳大利亚偏重籽粒饲料高粱、能源高粱和饲草高粱育种，美国高粱抗除草剂育种走在全球前列，巴西的甜高粱研究在国际上具领先地位。美国内华达大学开展的食品专用、饲用和发酵等多用途糯高粱新品系选育工作，澳大利亚针对中国市场选育酿造专用高粱品种的情况，都值得国内高粱研究人员重视。

（三）抗逆、栽培与水肥管理研究

非生物胁迫及调控是国外谷子、高粱和糜子研究的热点。研究表明，电磁场处理可以降低谷子种子α-淀粉酶、蛋白酶和脱氢酶水平，提高抗氧化酶活性，促进种子萌发、提高幼苗活力。谷子的株高、叶数、叶长、分蘖和产量对磷缺乏最为敏感，低磷胁迫下根毛长和根毛密度及根茎干鲜重变化明显，磷转运蛋白基因（*PHT*1）表达在磷吸收中起关键作用。在盐胁迫下，外源多胺和硒能提高抗氧化酶活性和渗透调节能力，降低ROS积累，显著增加谷子和糜子生物量、相对含水量和叶片光合色素，提高谷子的耐盐性。研究也发现，AgNPs能增强谷子对盐胁迫的抗性，减少Na^+、Cl^-和活性氧积累，促进谷子生长、提高谷子产量。在干旱胁迫下，具有抗旱溶磷促生功能的微生物能增加谷子中甜菜碱、脯氨酸和可溶性糖含量，从而缓解干旱胁迫对谷子产生的不良影响。

研究表明，高粱施用外源Ca^{2+}可有效缓解盐胁迫产生的发芽率降低、根系生长受阻、脯氨酸以及过氧化氢含量增加等现象；硅（Si）可以通过增强高粱根和芽中的离子稳态并增加干物质积累来缓解盐胁迫带来的危害，添加硅还能提高解磷菌功效，减轻缺磷胁迫对高粱的影响。在干旱胁迫下，高粱不同土层根系对产量形成的贡献也不同。

间套、免耕等耕作栽培方式是谷子、高粱和糜子的另一研究热点。Rad等探究了饲草高粱和不同豆类作物最佳间作方式，结果显示，最高饲用产量组合为高粱+100%山黧豆，最佳饲料质量间作方式为100%高粱+66%山黧豆+33%长柔毛野豌豆。美国加州大学Berkeley和Davis分校等联合研究了正常耕作、免耕、覆盖和休闲对高粱根际和根区土壤微生物组学的影响，发现正常耕作后土壤中微生物多样性高于免耕，可能与耕作有利于微生物的定殖有关。研究也表明，甜高粱常规耕作比免耕能获得更高的生物量，冬季豆科作物覆盖后的甜高粱产量保持与使用商业氮肥种植的甜高粱相当的水平。在糜子绿豆间作复合群体中，糜子是竞争优势作物，表现为较高的竞争力和高拥挤系数，间作促进了两种作物根系的生长和分布，引起0～50厘米土壤层植株根长密度、根表面积密度和根体积密度增加，有利于吸收更多的土壤水分，提高间作糜子的水分利用效率。研究表明，糜子间作也促进了土壤微生物的多样性和群落变化，通过提高土壤—植物系统的氮素水平提高糜子产量。

土壤改良与肥力提升措施以及环境因素对谷子、高粱、糜子产量的影响受到国外学者关注。研究认为，硝酸盐可以通过 *SbNRT*1. 1*B* 基因表达来调节高粱对土壤中镉元素的吸收，从而修复土壤的镉污染。研究表明，秸秆多汁多液的高粱品种具有较强的共生固氮潜力，品种和施氮量互作影响高粱促生固氮菌的定殖，根际促生细菌能提高高粱对高温和干旱胁迫的耐受性。糜子施肥后，根际土壤细菌和真菌的 α 多样性指数随施肥量增加而增加，与土壤 C：N 和 N：P 比的关系更密切，放线菌和芽孢杆菌丰度增加，而酸性菌和硝化螺旋菌的丰度降低，同时肥料类型对糜子根际细菌群落结构和多样性有不同影响，复合肥对糜子微生物组分及植株生长的促进作用最大。基于西非小农户 DSSAT 和 APSIM 模型分析表明，气候变化对高粱产量影响不大，施肥和增密等农艺措施对高粱产量的影响更为明显；ALMANAC 模型分析发现，温度变化不仅对高粱产量有影响，也会引起水和氮的有效性进而影响产量，为高粱生产应对气候变化的响应提供了参考。

（四）病虫草害研究

国外学者高度关注高粱炭疽病、粒霉病、抗蚜性和草害问题。Manzara 等从 40 个根际土壤样本中分离得到对炭疽病菌丝生长的抑制率高达 76. 47%的曲霉木霉菌 T3，有望成为一种控制高粱炭疽病的潜在生防菌。研究表明，高粱籽粒可以被粒霉病菌 *Fusarium thapsinum* 和 *Fusarium andiyazi* 定植而产生毒素，82%的高粱内生菌不仅能促进植物生长、提高种子发芽率和产量，在地中海地区还发现三种高粱内生真菌可控制高粱蛀茎夜蛾虫害发生。研究还发现，已知的高粱抗蚜基因型通过维持和增加光合能力，含有高于易感基因型的叶绿素来补偿甘蔗蚜虫的摄食压力。在高粱种植区，高粱草害造成的产量损失高达 47%，应引起足够重视。

研究发现，从龙爪稷籽粒中分离得到的 6 种内生细菌能有效抵御谷子镰孢镰刀菌等土传真菌病害，硅改性剂能显著提高防御激素调节基因的转录水平，从而提高谷子植株根系对粉虱防治效果。

（五）加工利用研究

谷子、高粱和糜子的功能成分和加工特性等是国外研究的主要领域。研究表明，有色高粱子粒的单宁等多酚类抗氧化物含量丰富，对于预防某些癌症、氧化应激疾病有益处，还能改善葡萄糖代谢；黄米比大米具有更高的膳食纤维、抗性淀粉、总蛋白质、总酚酸、生育酚和类胡萝卜素，抗氧化能力较强，能有效降低血糖和胰岛素水平，预防糖尿病、肥胖和心血管疾病，故从健康安全角度考虑，消费者宜多食谷子高粱糜子类谷物。高粱作饲料时，其消化能、代谢能和磷回肠消化率和玉米等谷物没有明显差异，但高粱缬氨酸、苏氨酸等氨基酸的消化率均比玉米低，更适宜用做饲料。

研究表明，添加葡萄糖氧化酶、木聚糖酶和蛋白酶能显著增加小米粉面包比体积和面包屑弹性，降低面包屑硬度和内聚性；改变面糊的流变性能，显著降低相角和面糊黏度，提高糊化性能。不同糜子品种的氨基酸组成不受去皮脱壳的影响，脱皮米粒比其他无麸质谷物含有更多的亮氨酸和丙氨酸等必需氨基酸，这些研究工作为小米、黄米产品加工提供了参考依据。

四、国内谷子高粱产业技术研发进展

（一）前瞻性与基础研究

1. 谷子前瞻性与基础研究

2020 年，谷子株型改良和 C4 禾谷类模式植物体系建立取得了突破性进展。刁现民等在 PNAS 上发表的研究成果，阐释了谷子 *DPY*1 作为油菜素内酯信号的“刹车”基因调控叶片披垂与直立的分子机制，为禾本科作物株型研究提供了新思路，巩固了我国在谷子基础研究中的国际领先地位。韩渊怀等在 *Nature Plants* 发表的研究成果，建立的 *xiaomi* 模式植物体系为 C4 高光效、氮素高效吸收利用、抗旱、遗传驯化和优异品质形成的分子基础研究创造了良好平台。

2020 年，谷子产量形成和逆境胁迫的分子机制研究取得一定成效。王涛等利用 RNA-seq 技术在谷子 5 个不同发育阶段鉴定出 11 399 个差异表达基因，发现谷子籽粒灌浆与淀粉生物合成、细胞壁转化酶、激素信号转导和多胺代谢途径相关的基因有关；孙黛珍等从 4 个谷子品种幼穗中鉴定出 12 378 个新的 lncRNAs，其中 70 个参与谷子产量的形成和调控；赵晋锋等鉴定出一个 *CIPK*（*SiCIPK*19）基因，与谷子对逆境胁迫的响应有关；这些研究结果有助于理解谷子产量形成和抗逆的复杂分子机制。

2020 年，谷子苗色基因分析和产量与抗逆性标记开发研究也有了新进展。刁现民等对黄金苗的黄苗性状进行了深入研究，明确其受 8 号染色体上一对隐性单基因控制，苗期叶绿体数量、基粒类囊体的层数少，叶绿素含量低，叶色由黄变绿发生在孕穗到抽穗期。董志平等将控制叶枕和叶鞘紫色（PPLS）性状的基因定位到 7 号染色体的 100 kb 区域，其编码 bHLH 转录因子（*PPLS*1）与 *SiMYB*85 互作调节花青素生物合成，控制谷子叶枕和叶鞘的颜色。在分子标记开发方面，刁现民等在谷子第 2 和 9 号染色体上定位了谷瘟病抗性相关 QTL，田伯红等在 1、2 和 8 号染色体上鉴定出 3 个抗叶瘟 QTL，杨天育等鉴定出与产量性状相关的 3 个稳定 QTL 和 9 个 QTL 簇，王君霞等在 5 和 6 染色体上检测到 3 个谷子萌芽期抗旱性相关 QTL，这些研究有助于谷子分子育种标记开发、基因克隆、高产和抗逆性品种的改良。

2. 高粱前瞻性与基础研究

高等植物中液泡转化酶在糖代谢和器官发育中起重要作用，2020 年景海春等发现液泡转化酶 *SbVIN*1 和 *SbVIN*2 与高粱的茎和籽粒性状相关，在节间、叶片和穗中显示不同的表达模式，为深入认识高粱器官发育提供了科学依据。陆晓春等研究了高粱幼苗缺氮、磷及钾后 miRNA 的差异表达，在地上部和根中分别发现了 30 个和 5 个特异 miRNA，阐释了 N、P、K 养分间吸收利用的分子机制。

3. 糜子前瞻性与基础研究

遗传多样性分析一直是糜子基础研究的热点。2020 年陈小红等基于转录组测序结果，对 200 对糜子 SSR 引物的多态性进行检测，发现其中 80 对具多态性，多态率为 40%。何杰丽等基于 EST-SSR 分子标记，将 144 份糜子资源划分为 3 个群组，基于 Structure 分析将材料划分为 4 个类群，基于主成分分析将材料聚为 7 个类群，划分结果与材料的地理来源一致。

（二）品种资源研究与新品种选育

1. 谷子品种资源研究与新品种选育

以营养高值、轻简高效为主要目标，兼顾个性化和功能性消费需求，2020 年产业体系团队共育成谷子新品种 41 个，登记了冀谷 45 等 6 个一级优质谷子品种，首次育成冀谷 47 抗嘧草硫醚新型除草剂品种和 19HQ72 等具有生产实用价值的高油酸谷子新品种，选育出 1014-G 等 3 个超早熟品种，鉴选出金苗 K1、冀谷 42、豫谷 35、张杂 13、中谷 2、中谷 9、长生 13、长农 47、晋汾 107 等一批高值谷子品种，既为高附加值产业化生产提供了品种支撑，也正加速改变优质谷子农家品种当家的局面。

2020 年谷子种质资源研究也取得显著进展，产业体系团队共筛选创制各类新材料 145 份，其中抗病材料 59 份，优质材料 33 份，抗旱材料 22 份，耐盐材料 25 份，不育系 4 份，优良株型材料 2 份。特别是对传统优质谷子大白谷的发掘，获得了早熟性好、米质等同或近似晋谷 21 的创新资源材料；从诱变晋谷 21 号 M2 代群体中筛选出优质的抗拿捕净突变材料，从 EMS 突变体库中筛选出穗发育突变体 *simads*34，这些工作为优质米和轻简化品种选育、谷子花序结构和产量研究等提供了特异遗传资源。

2. 高粱品种资源研究与新品种选育

高粱以轻简机械生产和专用为主要目标，2020 年鉴选出吉杂 127、龙杂 22、辽糯 11、辽粘 3 号、冀酿 3 号、金糯粱 1 号等适宜不同生态区的全程机械化生产酿造高粱品种 34 个；育成登记了龙杂 25 号、吉杂 166、川糯红 9 号、晋早 5577 等酿造高粱新品种，辽糯 13、吉杂 167 等籽粒饲用新品种，赤笤 102 等帚用新品种，晋牧 4 号等牧草新品种 17 个，为延伸高粱产业链提供了品种支撑，也由于新品种的矮秆、淀粉含量高、高产、宜机收等特性，生产上的传统品种正在被新育优质品种取代。

2020 年，国内学者对高粱材料的耐旱性、耐盐性和耐瘠薄性进行了研究，鉴定出大量耐旱、耐盐和耐瘠薄材料，也通过多种途径创制了一批高粱资源材料。通过 EMS 诱变，初步获得高粱抗草铵膦和乙酰磺酮类除草剂突变材料；创制高粱优质专用亲本系 16 份，育成适宜机械化栽培的矮秆亲本系，抗倒、锤度高的甜高粱亲本系，特早熟亲本系，PS 饲草高粱恢复系，能源用甜高粱恢复系，光敏性饲草高粱恢复系等优异材料，为“十四五”育种提供优良种质资源。

3. 糜子品种资源研究与新品种选育

糜子以优质、抗倒伏为主要目标，2020 年育成了冀黍 5 号、雁黍 13 号和陇糜 18 号等抗倒伏、适宜机收的糜子新品种，基本解决了高产田倒伏问题。产业技术体系通过杂交、诱变等手段，创制筛选出光温不敏感糜子材料 3 份、耐盐材料 25 份、强抗旱材料 68 份、黑穗病免疫材料 8 份、矮秆材料 6 份，初步筛选出抗除草剂材料 22 份，成功转育新不育系 4 个，为糜子遗传改良奠定了坚实基础。

2020 年，贾小平等研究明确了糜子矮秆突变体“819”的矮秆性状是由单基因控制的隐性性状，株高与穗长、穗颈长、分蘖数、茎节数、二级枝梗长度 1、二级枝梗长度 2、二级枝梗长度 3、二级枝梗间距 1 呈极显著正相关，为糜子矮化育种奠定了理论基础。高志军等研究揭示，糜子天然异交率 0%～7. 8%，当种植距离超过 5 米时异交率很小，零距离套袋异交率在 0. 8%～4. 2%，为糜子良种繁育提供了科学依据。

（三）抗逆、栽培与水肥管理

1. 谷子高粱抗逆、栽培与水肥管理

间套作由于能增加农田生物多样性，具有提高作物养分获取和光能利用率的优势，持续受到关注。研究表明，谷子与花生/大豆间作提高了谷子产量，降低了花生和大豆的产量，相比谷子单作模式，谷子与花生间作提高了总经济效益，与大豆间作降低了总经济效益；5 行谷子与 6 行胡萝卜交替套种的模式，显著增加了种植的产值和效益。

通过水、肥调控，种植模式优化等提高谷子产量一直是谷子栽培管理研究的焦点。研究表明，半干旱地区谷子垄沟集雨系统种植，适当增密和氮磷配施可提高土壤水分含量和温度，增加谷子产量。在赤峰等旱作农业区，作为全膜双垄沟播技术的延伸，谷子半膜沟播抗旱集雨技术适宜大面积推广应用。研究也表明，不同颜色地膜覆盖、秸秆覆盖能提高旱作谷子生物经济性状和光合生理参数；深松和免耕直播均能提高谷了水分利用效率和产量；N、P 配施、缓控释氮肥和有机肥替代等措施能增加土壤有机质和总 N，提高谷子产量和水分利用效率；生物炭可改善土壤理化性质、增加有机质含量，提高谷子根系吸收能力和叶片光合能力，进而增加生物量的积累和可溶性蛋白质含量，提高 SOD、POD 活性；膨润土可增加土壤田间持水量和植物有效水，提高谷子出苗率、光合速率和产量；叶面喷施硒有利于提高叶片抗氧化酶活性、籽粒硒含量与产量，增加钾、铁含量，诱导产生硒代甲硫氨酸、硒代半胱氨酸等，降低谷子籽粒中重金属元素的含量。

利用组学及生物信息学分析技术研究谷子水分、养分等非生物胁迫响应机制是谷子研究的热点。李学贤等认为谷子独特的生物学特性是其成为研究养分胁迫响应最佳的模式植物。研究表明，谷子耐低氮性状与苗期根长、根冠比、氮素生理效率正相关，谷子酸性磷酸酶基因 *SiACP*1 启动子的 SNP 与耐低磷相关性状显著关联，单倍型 ACPHap2 与谷子耐低磷性状相关。研究结果也表明，腐殖酸预处理能增加干旱条件下谷子的根冠比、生物量和产量，其提高谷子抗旱性可能与 *SETIT_* 016654*mg* 基因有关。干旱条件下，氨基酸和蛋白质的合成及淀粉代谢等途径与干旱胁迫诱导的谷子籽粒蛋白积累相关，干旱胁迫响应也与光合作用、苯丙酸生物合成等多种代谢过程有关，脯氨酸代谢基因 *SiP5CS*2 和 *SiPPDK*1 参与了谷子抗旱性及逆境信号应答。谷子 PEG 胁迫和 ABA 处理后，茎叶中 *SBP* 基因的表达显著升高，谷子萌发过程中不同吸水期的差异表达基因与苯丙氨酸代谢途径显著相关。谷子耐盐性受苯丙酸、黄酮和木质素生物合成途径以及溶血磷脂影响，豫谷 2 号对盐胁迫的耐受性与其高效的离子通道和抗氧化系统有关。谷子的硒化物代谢、硫代谢、谷胱甘肽代谢及半胱氨酸和蛋氨酸代谢途径与谷子硒响应密切相关，富硒小米中硒主要富集在碳水化合物和氨基酸代谢途径；SO_2 抑制硝酸还原酶和 NO 合酶活性，降低内源 NO 水平，调节谷胱甘肽稳态，抑制 Cd 吸收基因的表达，缓解 Cd 对谷子根系的毒害作用。

光温互作对谷子生长发育的影响及其分子机制对育种实践和理论研究具有重要意义。研究表明，光周期对谷子的发育起关键作用，温度的效应随光周期而异，谷子光周期转录调控因子基因 *SiCCT* 和生物钟基因 *SiPRR*37 受光周期和温度调控；低温诱导紫叶谷子叶片花青素、脯氨酸、可溶性糖含量增加，参与谷子对低温胁迫的响应。

2. 高粱抗逆、栽培与水肥管理

提高高粱抵御逆境胁迫能力的研究备受关注。研究表明，相对芽长、相对根长、相对发芽率可作为萌发期耐低温的主要鉴定指标；苗干重、根鲜重可作为苗期大量材料耐盐性

鉴定指标（宝力格等）；千粒重、单株粒重、穗粒数和穗茎粗可作为甜高粱成熟期抗旱性鉴定评价指标。研究发现，喷施适宜浓度外源亚精胺能缓解干旱胁迫对甜高粱生长的抑制作用，增加叶绿素含量和抗氧化物酶活性，降低膜脂过氧化程度，从而减轻干旱胁迫对甜高粱的伤害，增强甜高粱幼苗的抗旱性。

科学施肥和合理密植能显著提高高粱产量、改善高粱品质。研究表明，高粱根系在低氮环境和根系暴露于 NH_4^+ 的部位可分泌 BNIs，根系细胞质膜 H^+-ATP 酶对高粱亲水性 BNIs（MHPP）的分泌起了重要作用，且与根系细胞中 NH_4^+ 吸收和同化密切相关。高粱根际效应显著降低了根际土壤中促进铵转化为亚硝酸盐功能的亚硝化单胞菌的丰度，与高粱耐瘠特性关系密切。在长江中下游农区，过量施用氮肥不仅不会持续提高甜高粱生物量，还会导致氮肥利用率降低，饲用甜高粱适宜施氮量为 244.5 千克/公顷。在适宜的生长条件下，戊唑醇包衣种子对高粱发芽及出苗有促进作用，能提高幼苗叶绿素含量，促进高粱生长发育。长期试验研究表明，高粱施 N 量大于 75～150 千克/公顷后，氮利用效率明显降低并影响籽粒淀粉含量。叶面喷施适量的 Na_2SeO_3，也能够显著提高高粱籽粒硒含量，改善高粱籽粒营养品质，对高粱增产有一定促进作用，挑旗期是高粱富硒的最佳喷施时期，最适宜的叶面施硒剂量为 80 毫克/千克。高粱种植密度过高或过低对中矮秆高粱杂交种吉杂 137 光合特性和产量都造成不利影响，种植密度为 13.5 万株/公顷时，能够保持良好的群体结构而获得高产。

3. 糜子抗逆、栽培与水肥管理

不同糜子品种对氮、磷和土壤重金属元素的吸收利用效率存在明显差异。对不同生态区 5 个糜子品种全生育期内氮、磷累积、分配规律及利用效率研究表明，榆糜 3 号氮磷利用效率最高，比相同条件下最低品种氮和磷利用效率分别提高了 181.32% 和 111.38%；在氮胁迫下，雁黍 8 号对低氮胁迫更为敏感，而宁糜 14 号则更耐低氮胁迫。研究还发现，木垒黄糜和吉木萨尔黄糜在轻度铅污染土壤上的耐性较强，糜子可考虑作为轻度铅污染土壤的绿化或修复植物。在糜子三叶一心期，叶面喷施 50 毫克/升烯效唑能够调控糜子幼苗形态特征，增强根系和叶片保护酶活性和可溶性蛋白含量，减缓膜脂过氧化程度，从而有效提高植株的耐盐能力。

糜子对光照敏感，董明等和王君杰等研究发现，短日照条件下，出苗后增加每天光照时间和增加长日照天数能延长糜子的营养生长期，有利于干物质积累，可以极显著提高糜子生物和经济产量。短日照条件能够诱导和促进糜子从营养生长到生殖生长的转变，而长日照条件则抑制糜子生殖生长的开始；糜子的幼穗分化可以划分为 7 个不同的时期，生殖生长开始后不受前期延长光照时间的影响，持续时间在 15 天左右，这些研究结果为认识糜子光周期反应、培育光反应迟钝的广适性糜子品种提供了参考依据。

（四）病虫草害研究

1. 谷子病虫草害研究

2020 年，国内在谷子病害识别技术、抗病性鉴定及白发病治病机理等方面取得了较大进展。张红涛等提出了基于 CS-SVM 的谷子叶片病害图像识别技术，通过提取谷子叶片病害颜色、形态、纹理等 19 个特征，可准确识别谷瘟病、白发病、红叶病、锈病 4 种叶片病害，识别率可达 99%。董志平等首次报道了引发谷子矮缩病的一种新病毒为大麦黄条点花叶病毒，对谷子矮缩病的监测、预防和控制提供依据。仪慧兰等转录组分析发现，

SiBGL、*SiCHI*、*SiRPM*1 等 8 个基因在谷子抗黑粉病中发挥重要作用。韩渊怀团队发现白发病菌通过抑制寄主赤霉素信号通路来影响寄主生长素合成，导致寄主矮化；SnRK2 家族、WD40 家族和 WRKY57 转录因子可能在谷子脱落酸响应禾生指梗霉侵染过程中发挥重要作用，也可能是谷子白发病菌的一个重要致病机制。

对谷子草害及其防控研究表明，可以通过靶向和化学代谢及防卫反应相关蛋白编码的基因来调控除草剂抗性，抗除草剂品种通过提高 APX、GR 等保护酶活性及抗氧化剂 AsA、DHA、GSH 含量来响应拿捕净的胁迫，叶片光系统反应中心活性和光合作用暗反应过程中的关键酶活性的降低以及糖代谢的紊乱是谷子对除草剂阔世玛敏感的原因之一，因此，基于化感物质开发新型除草剂来控制杂草极具开发潜力。原向阳等还发现，谷子叶片、茎秆水浸提液对反枝苋、藜、狗尾草 3 种杂草均存在显著化感作用，化感物质衍生物吡喃酮具有显著的杂草抑制效果，有望成为谷田新型除草剂。

2. 高粱病虫草害研究

2020 年，高粱炭疽病病和抗蚜性研究及除草剂筛选取得了一定进展。研究发现，高粱炭疽病发病指数与穗粒重呈显著负相关，四川的刺盘孢是高粱炭疽病的主要致病菌，我国的种质资源中可能筛选出炭疽病重要的抗原。研究也发现，选择性剪接在高粱幼苗受炭疽病侵染后防御真菌入侵中，起着至关重要的作用。研究表明，高粱全生育期平均蚜量与盛发期平均蚜量高度正相关，盛发期蚜量能代表高粱的田间抗性。

3. 糜子病虫草害研究

2020 年，糜子适宜除草剂和黑穗病包衣剂筛选取得了明显进展。闫锋、赵颖楠和李鹤鹏等通过大量试验研究，筛选确定莠去津、单嘧磺隆和啶磺草胺为糜子杂草有效防控的除草剂；高志军等筛选确定甲基硫菌灵、代森锰锌、百菌清、多菌灵 4 种药剂为糜子种子包衣剂，能有效防治黑穗病。

（五）加工利用研究

1. 谷子加工利用研究

2020 年，谷子加工利用研究主要集中在评价模型建立、检测方法优化、功能成分和保健功能研究等方面。沈群等构建了包括 16 个理化指标的可准确评价小米饭食味品质的模型，韩渊怀优化并提出了测定小米中叶酸含量的最佳方法，张凡、李书田、沈群等提出了能提高小米分离蛋白提取率和蛋白质含量的酶复合法，支撑了谷子品质检测分析和评价。

研究表明，不同品种小米的物理性状、矿质元素含量、色差和小米粥、小米饭感官特性不同，不同米色小米（沁州黄、黄金苗米、白小米、黑小米和绿小米）的品质也有明显差异；谷子发芽过程中功能营养成分增加的主要是棕榈油酸和亚油酸产生的醛、醇和酮以及亚麻酸产生的烷烃和烯烃。研究也表明，不同的加工方式对小米加工特性的影响不同，热湿法、热压法和微波法都能显著改变天然小米淀粉的糊化形态，使淀粉的峰值黏度、回缩值和分解值降低；挤压膨化、蒸汽爆破和超声–微波加工处理都能提高小米中水溶性膳食纤维的含量；挤压和发酵处理还能抑制小米粉多肽的 ACE 活性、DPPH 自由基清除能力和铁离子还原能力。

研究发现，熟小米醇溶蛋白（PCFM）改善了与 2 型糖尿病相关的糖代谢紊乱，减轻了小鼠糖尿病相关肠道菌群失调，血清代谢组学分析显示 PCFM 引起的血清素水平升高可

能刺激胰腺 β 细胞分泌胰岛素，从而产生降血糖作用；全小米膳食能显著提高轻度高血压患者肠道菌群丰度及糖耐量受损患者肠道微生物的 OUTs 数量、α 多样性指数和柔嫩梭菌属的相对丰度。硒化修饰小米水溶性膳食纤维也能抑制羟自由基能力、DPPH 清除能力、总抗氧化能力及促进肠道菌群产色氨酸能力增强。谷子麸皮内壳的结合多酚（BPIS）抑制了 *COX-2* 和 *EMR1* 的表达，减少阳性 PCNA 细胞，激活 caspase 3，从而安全有效地抑制 AOM/dss 诱导的结直肠癌的生长。

2020 年，小米食品配方的改善和加工工艺研究的进步与小米加工产品开发共促进、同发展。王明爽等以面粉、小米粉、豆渣粉为主料，木糖醇为甜味剂制作出小米豆渣低糖纤维饼干。谢宏等以预糊化小米粉为主要原材料，研制出具有独特的小米香气和风味小米曲奇。李慧静等在高筋面粉中添加 10%小米全粉，研发出拥有良好的营养品质和感官品质婴儿面片。李雪梅等在小米面条中添加 0.2%氢氧化钙和 1.5%魔芋精粉，改善了小米面条的感官品质。于国萍等以小米粉为主要原料复配脱脂大豆粉，用双螺杆挤压法开发出了升糖指数较低的小米方便粥。余世锋等研发出口感颇佳、色泽良好、风味纯正、稳定性好的小米黑芝麻和黑木耳复合饮料。孙延修等通过添加 6%南瓜粉、4%木糖醇和 8%麦芽糊精制作出品质上乘的无糖小米南瓜即食糊。

2. 高粱加工利用研究

高粱用途多样，2020 年，科研人员针对高粱不同用途开展加工利用研究并取得了一定成效。食用方面，柳青山等开展了高粱功能食品开发的探索研究，根据高粱抗性淀粉含量和热稳定性推荐了适宜食品加工的高粱品种。青贮饲用方面，王虎成等明确了甜高粱饲用价值最大化的最佳收割时期，张华文等推荐乳熟期到蜡熟期为甜高粱的最佳收获时期。籽粒饲用方面，王勇生等研究了不同粉碎粒径高粱猪的消化能与消化率，推荐了猪饲料中高粱最佳粉碎粒度。酒醋酿造方面，柳青山等研究了不同淀粉结构与山西陈醋酿造的关系，分析了高粱品种籽粒对发酵过程、出醋率及品质的影响，优化了山西地方名醋“怀仁醋”酿造工艺，制定了《怀仁醋酿造工艺规程》，为山西陈醋酿造用高粱品种的选择提供了参考。朱正梅等根据高粱品种农艺性状、产量与酿酒品质的关系，推荐了适宜白酒酿造的高粱品种；邓岳等根据出窖糟醅酒精含量和浓香型白酒主体香味成分乙酸乙酯的产量推荐了优质酿造高粱品种。

3. 糜子加工利用研究

糜子的加工利用主要集中在品质的分析评价和加工工艺研究上。托列霍加 · 加吾提分析了 20 份糜子的氨基酸，结果显示氨基酸种类齐全，总氨基酸平均 12.83%，必需氨基酸平均 4.78%，亮氨酸、异亮氨酸、苯丙氨酸+酪氨酸和缬氨酸含量均高于 FAO/WHO 氨基酸模式谱。图雅等研究糜子炒米加工工艺，发现用电热滚筒烘炒技术制作炒米时，浸泡时间 3 小时、蒸煮时间 40 分钟、烘炒温度 300℃ 时综合指标达到最佳。此外，颜飞翔等研究发现，糜子麸皮中多酚具有较强的抗氧化和自由基清除能力，确定了糜子麸皮中多酚最佳提取工艺条件。

（六）机械研究

2020 年，围绕机械收获目的，研究了谷子高粱的适宜收获期、籽粒含水率和品种特性等。研究表明，谷子茎秆叶鞘叶片及其结合部位的拉伸力学性能不同，谷子完熟期联合收获总损失率、破碎率和含杂率最小，产量最高，小米颜色最黄，糊化温度和直链淀粉含量最低。高粱籽粒随含水率升高，籽粒破坏力和破坏能均减小，高粱穗-瓣、瓣-籽粒的拉伸断裂力随生长位势由上到下逐渐增大。这些研究为谷子、高粱机械化生产装备的研制优化提供理论依据。

2020 年，谷子高粱机械化研究取得了阶段性成果。杨志杰等研发的 2BLFD-4 谷子、高粱多功能播种机，实现了小籽粒作物播种一机多用功能；研制的谷子清茬施肥播种机和高粱谷子旋耕起垄覆膜播种机，有效提高了播种和出苗质量；研制的 3ZF-1.6/3.2(A/B)智能仿形中耕机，实现了不同行距作物的中耕追肥培土。原向阳团队研制改进的约翰迪尔牌 4LZ-6A（W100）全喂入联合收割机和雷沃谷神牌 4LZ-8M6（GM80）型自走式谷物联合收割机，使割台总损失率降至 5%～10%；原向阳和刘中峰等也引进和研制出适合丘陵山区作业的谷子割捆机和手推电动式谷子收割机械，为丘陵山区谷子轻简化生产提供了支撑。结合机械装备应用，孙凯旭、李云波等提出了区域谷子机械化高产栽培技术，韩伟等提出了谷子渗水地膜覆盖生产技术，钱昊旸等初步提出了一种甜高粱机械化收获技术，张建勋、王芳等提出高粱收获机械选型标准和生产全程机械化农机配置。

（国家谷子高粱产业技术体系首席科学家　刁现民　提供）

2020年度燕麦荞麦产业技术发展报告

（国家燕麦荞麦产业技术体系）

一、国际燕麦荞麦生产与贸易概况

根据美国农业部统计数据，2020年全球燕麦收获面积为994.3万公顷，较上一年增加3.77%，总产量约2 525.4万吨，较上一年增长9.36%，产量增速高于收获面积增速，说明2020年燕麦单产水平有较大提高。产量超过50万吨的国家和地区包括：欧盟（925.0万吨）、加拿大（450.0万吨）、俄罗斯（400.0万吨）、澳大利亚（160万吨）、美国（94.9万吨）、巴西（91.0万吨）、阿根廷（64.0万吨）、智利（63.8万吨）、中国（62.5万吨），与2019年相比增加一个国家（智利）。全球燕麦出口总量为259.0万吨，主要出口国家为加拿大（180.0万吨）、澳大利亚（40.0万吨）、欧盟（19.0万吨）以及俄罗斯（10.0万吨）。全球燕麦进口总量为241.4万吨，主要进口国家为美国（162.0万吨）、中国（35.0万吨）、墨西哥（15.0万吨）。燕麦消费量最大的国家和地区包括欧盟（883.0万吨）、俄罗斯（395.0万吨）、美国（249.2万吨）、加拿大（240.0万吨）、澳大利亚（105.0万吨）、中国（98.0万吨）、巴西（90.5万吨）、阿根廷（63.0万吨）、以及智利（57.5万吨）①。据中国海关进口数据统计，2020年1—9月，中国进口燕麦草24.42万吨，占干草进口量19.55%，同比上涨35.69%；进口金额8 562.52万美元，同比上涨33.45%；平均到岸价350.66美元/吨，同比下降1.65%。其中9月进口燕麦草2.27万吨，同比下降1.43%、环比增长22.25%；进口金额781.05万美元，同比下降7.85%；均价343.92美元/吨，同比下降6.52%，进口燕麦草价格小幅回落。中国燕麦草进口全部来自于澳大利亚，受疫情影响，澳洲燕麦草呈现港口库存较大、流通相对缓慢现状，各进口商也调整相应进口量②。

根据FAO统计数据，2018年，全球荞麦收获面积约为300.15万公顷，总产量约为290.53万吨。荞麦产量超过10万吨的国家和地区包括：中国（113.50万吨）、俄罗斯（93.17万吨）、欧盟（36.94万吨）、法国（18.81万吨）、乌克兰（13.70万吨）。根据FAO、卓创农业资讯数据，2019年，全球荞麦出口量19.23万吨，俄罗斯、中国、立陶宛、美国、波兰是主要出口国，出口对象主要是是日本、韩国和东欧。2020年1—11月，中国荞麦进口量为3 052.53吨，较2019年同期减少33 453.40吨，同比减幅91.64%。主要原因在于：第一，2019年新季度俄罗斯荞麦上市后价格高于国产荞麦，失去进口优势；第二，受全球新冠肺炎疫情的影响，2020年3—6月俄罗斯关闭混合型口岸，中俄无法进行正常贸易，5—10月进口量均为0；第三，2020年9—10月国产新荞麦陆续上市，消耗以国内新粮为主，进口量均为0。俄罗斯新荞麦收割后水分偏高需要烘干，11月进口

① 以上数据全部来自美国农业部数据库。

② https：//weibo. com/ttarticle/p/show？ id=2309404583187018809434

399.11 吨。从出口看，出口订单不足，外需拉动乏力。海关数据显示，2020 年 1—11 月中国海关荞麦出口量为 12 018.58 吨，较 2019 年同期减少 10 605.71 吨，同比减幅 46.88%。主要原因在于：第一，国产荞麦原粮及成品价格高位，使得第一出口市场日本（对日荞麦出口占中国荞麦总出口量得而 80%左右）存在抵触心态，港口出口订单明显减少；第二，在疫情爆发后日本荞麦加工及餐饮受到冲击，终端消费能力下降，导致日本国内荞麦进口需求减少。从价格看，2020 年甜荞价格整体呈现上涨态势，全年价格高点出现在 11 月 7 日，内蒙古赤峰甜荞出货报价 5.60 元/千克，净粮，环比涨幅 5.66%，同比涨幅 47.37%，新粮总产量减少、粮商及加工厂集中采购为主要原因。3 月 16 日为价格低点，甜荞麦出货报价 3.60 元/千克，下游需求疲软，持货者积极处理前期库存。全年来看内蒙古赤峰甜荞出货均价 4.34 元/千克，同比涨幅 39.10%①。

二、国内燕麦荞麦生产与贸易概况

据国家燕麦荞麦产业技术体系统计，2020 年，中国的燕麦收获面积约为 77.0 万公顷，较 2019 年增长 0.33%。其中燕麦草收获面积约 36.33 万公顷，较上一年增长了 9.48%，燕麦草产量约 309.2 吨，较上一年增长 11.34%，可见燕麦草单产较 2017 年有较大提升。燕麦籽粒收获面积约 41.33 万公顷，较 2019 年缩减 5.11%，总产量约 75.6 万吨，较上一年减少 5.74%，可见燕麦籽粒单产略有降低。

2020 年，我国荞麦种植面积约 56.39 万公顷，产量约 82.67 万吨，较上一年分别降低 20.54%和 13.71%；其中苦荞种植面积约 30.89 万公顷，较上一年增加 0.94%；产量约 51.25 万吨，较上一年提高 1.28%；甜荞种植面积约 21.91 万公顷，产量约 31.42 万吨，较上一年分别降低 36.81%和 30.49%；荞麦种植面积、产量大幅度下降的原因是荞麦主产区遭遇异常的气候条件所致。如山西 2020 年前期干旱导致苦荞种植面积下降，甜荞种植面积大幅提高，生育期间晋北地区多地发生冰雹灾害，导致部分甜荞和苦荞绝收，同时荞麦开花期多雨、气温偏低，荞麦结实和灌浆受到严重影响；后期霜冻早，大同地区苦荞受灾较为严重，部分地块种植户没有收获。宁夏、陕西则由于严重干旱，荞麦播种面积和产量均比正常年份大幅度减少，内蒙古山地种植作物有较多更经济的作物可选择种植，同时，内蒙古地区生长前期严重干旱，生长后期降雨增多，导致荞麦种植面积大幅下降，部分甜荞和苦荞产量偏低。

三、国际燕麦荞麦产业技术研发进展

国外燕麦荞麦饲草研究主要围绕以下三个方面开展研究。

一是燕麦饲草种植。欧美国家多将燕麦饲草与粮用作物或饲用作物进行套作种植，如燕麦与苜蓿、红豌豆、饲用玉米等混合种植，以增加土地与光能利用率，进而获得更高的生物产量和经济效益。通过改变混播的品种和播种比例、调整播期和收获期等，不仅能增加燕麦饲草产量，还能提高饲草营养价值，为牲畜提供更多优质饲草来源。此外，国外注重针对研究不同地区种植环境对燕麦饲草产量的影响。澳大利亚研究者发现在不同环境条件下，春豌豆—燕麦混播的效果不同，比如降水不同会导致土壤水分胁迫下物种间的竞争，调整燕麦和豆科牧草的播种率可以调控牧草产量和质量。因此，需要选择合适的品种

① https://grain.sci99.com/news/37307140.html

在适宜地区栽培，同时优化不同环境中的饲草种植方式，有利于提供更高的饲料营养价值，并且不会降低饲草总产量。

二是关于土壤肥力对燕麦饲草产量和质量影响。施肥种类与配比、施用量以及种植方式直接影响燕麦的生长发育状况、产量和品质。近年来，国外针对土壤肥力及施肥技术对燕麦饲草影响主要为以下两方面：①施肥技术：当前主要通过直接增加土壤肥力、调节土壤理化状况或改良作物根际微生物改善燕麦草生长环境，使其增产丰收。施肥种类主要为无机肥（尿素、磷肥等）、有机肥（农家肥、蚯蚓堆肥）、生物菌肥以及矿物质肥（石膏）等。其中，氮素是提高燕麦草生物产量、蛋白含量以及消化率的关键因子，最佳氮肥施肥率根据土壤矿化氮而定，综合国外研究，燕麦草建议施肥量为150～360千克/公顷；此外，生物菌肥是国外研究热点，其能有效提高燕麦土壤酶活性、促进养分转化、提高土壤供肥力。②通过种植技术提高土壤肥力：除外源施肥直接提高燕麦草质量，近来国外科研人员致力于通过种植技术有效改善土壤肥力，提高燕麦草产量与品质。豆禾混播以经济有效的氮素来源提高土壤氮素和有机质含量，提高土壤肥力，从而减少化肥施用量，降低生产成本，减少环境污染，一直是国内外研究热点。当前国外研究人员致力于燕麦草与豆科牧草混合播种品种选择、混播组合、生产性能、营养组成以及氮素利用机制研究，以改善土壤肥力，提高燕麦品质。此外，还致力于燕麦草与其他牧草间作和套作技术，以提高光能转化效率，改善土壤肥力。

三是饲草的加工和加工机械。青贮是燕麦饲草保存的重要手段，但高水分和缓冲能是阻碍青贮饲料高质量保存的关键因素。国外研发出燕麦饲草萎蔫青贮技术以及高效青贮菌剂，能有效抑制青贮发酵过程中腐败变质，减少可溶性糖等营养物质损失，改善青贮饲料有氧稳定性。在青贮添加剂研究方面，多采用复合型乳酸菌或菌酶复合添加剂，如将布氏乳杆菌+戊糖片球菌+纤维降解酶，按照一定比例复配。动物实验表明，添加复合菌剂的燕麦青贮饲料能够提高日粮养分的总消化率。燕麦荞麦机械化技术研发主要集中在播种、收获和加工等关键技术环节。国外，播种机械和收获机械大都是在谷物播种和联合收获机的基础上进行改造，如通过更换工作部件和调整工作参数等方式，实现燕麦和荞麦的全程机械化生产。美国康奈尔大学研究指出，分段（割晒、捡拾）收获是美国西部、加拿大和缅因州主要采取的荞麦收获方式，该方式不仅可以降低联合收获引起的落粒损失，而且可以使籽粒充分后熟，实现颗粒归仓。日本为了实现每年两季作业，着重解决联合收获过程中因杂草、青绿荞麦叶杆等对收获机械的堵塞问题，对传统收获机收割装置、脱粒滚筒结构、排草结构进行了改造，有效解决了堵塞问题。同时，日本和美国相继开发了手扶式收割机和割晒机，在对丘陵山地和小块地的收获表现出良好的适应性，但是与联合收获机相比存在效率较低、操作强度大等问题。国内，关于燕麦荞麦机械化技术的研发起步较晚，目前主要集中在以下方面：①农机与农艺融合技术的研究；②丘陵山区全程机械化技术及装备研究；③燕麦荞麦机械化加工技术及装备研究；④燕麦荞麦标准化有机生产技术及装备研究；⑤燕麦荞麦小区育种机械化技术及装备研究。目前，国外燕麦荞麦机械化生产水平已经能够达到播种、收获与加工的全程自动化及智能化的水平。在饲草收获机械化方面，德国CLAAS公司、美国John DeereNew及Holland等公司的自走式青贮收获机及德国KEMPER公司生产的悬挂式青贮收获机可适应不同地形及场景，能够一次性完成作物的收割、喂入、切碎、揉搓及抛送装车等作业，收获损失率低，技术水平高，可防止金属等杂物对牲畜的危害。在饲草加工机械化方面，可实现收割、切碎、裹包青贮的一体化。同时为满足小地块燕麦荞麦饲草的播种及收获，美国、日本、奥地利及丹麦等国相继研发了不同种类的小区播种机和手扶收割机与轮式翻晒机等，对小地快丘陵山地的燕麦荞麦生产具有良好的适应能力。

2020 年栽培土肥研究方面，燕麦主要集中在产量潜力和抗旱性评价；不同基因型品种的抗逆性生理研究；不同地域栽培措施优化；耕作措施、环境因素和气候变化对燕麦农艺性状的影响；燕麦与马铃薯轮作体系中的研究；燕麦在套作体系作用；燕麦根际碳氮沉积模式；燕麦抽穗期株高的比较分析；气候要素、氮素和生长调节剂对燕麦生物量的模拟；氮肥对燕麦种子传毒的影响；菌肥及腐熟秸秆还田对盐碱地燕麦根际微生物及产量的影响。其中加拿大农业部研究了不同氮肥处理下，不同燕麦品种、不同区域的产量和品质差异，提出要针对不同的品种制定相应的施氮策略，同时建议在生产中通过施用氮肥来弥补由于育种中因追求高品质和抗逆性带来的产量不足问题；南澳大利亚研究与发展学会利用 29 个燕麦品种的干旱适应性和产量潜力，发现在多样的环境条件下，选育高表型可塑性品种可以同时改善产量潜力和干旱适应性；兰州大学学者 Du，Y L 的文章中得出了水分亏缺下新育成的裸燕麦品种较老品种籽粒产量较高的原因是干物质更多向籽粒分配与耐脱水性更强。

荞麦栽培与土肥的相关研究主要集中在生长素与脱落酸介导的荞麦种子籽粒发育调控机制；荞麦高产栽培技术；甜荞抗旱调控机制；光照强度增加对甜荞幼苗子叶中黄酮醇、花青素浓度及黄酮含量的影响；施肥对苦荞光合速率和籽粒产量的影响；荞麦种子萌发的最佳工艺条件研究；荞麦耐旱内生真菌的改善作用；氮素缓解苦荞幼苗生长和产量对干旱胁迫的响应；水分亏缺和恢复诱导的两种苦荞基因型的生长，光合特性，抗氧化酶和产量的变化。其中，西南大学 Yi Z L 研究了不同肥料配比及施用量对云荞 1 号光合特性和产量的研究，给出了获得高产的最佳施肥量和配比为 NPK 1：4：2，450 千克/公顷；澳大利亚自然资源与生命科学大学 Kaul，H P 等研究了家禽垃圾与无机氮来源对荞麦与苦豆间作下种子产量和生产力的影响，得出在半干旱地区，荞麦与苦豆 1：2 间作并施用家禽垃圾具有明显的增产潜力。

四、国内燕麦荞麦产业技术研发进展

2020 年国内燕麦荞麦加工研究呈现以下特征：①关于热加工、超声处理、微波处理等新型加工方式对燕麦荞麦功能成分物质多酚、β-葡聚糖、蛋白及其体外消化、血糖指数、生物活性等为研究热点关键词；②燕麦荞麦蛋白和酶解多肽制备、功能研究持续升温，荞麦作为无麸质食品加工原料的研究增加，燕麦荞麦蛋白肽类功能食品的功能评价方面应用潜力巨大；③烘烤燕麦、燕麦植物蛋白饮品作为新一代燕麦产品引起消费热捧，燕麦素肉引领燕麦植物基产品新时代，荞麦饮品奶茶、苦荞茶（复配茶、发酵茶、胚芽茶、全株茶、菌茶）、冲调糊、酒、醋等技术研究增多，涌现了一批新的品牌，部分国内知名企业投入改变了国外企业独领风骚的局面；④金荞麦的研究热度突然增加，主要涵盖了栽培、饲用价值、药用价值及临床观察等方面；对于燕麦荞麦产品的风味研究不断增加，新的感官评价技术应用为其带来新的进展；⑤燕麦荞麦功能研究主要以动物在体实验开展和验证，对肝损伤的药代动力学和保护作用、对消化酶的干扰作用、抗疲劳作用研究增多；⑥在燕麦饲草青贮加工及秸秆 TMR 发酵方面的研究热度增加，主要围绕燕麦荞麦及其副产物纤维降解、低温发酵、有氧变败抑制技术以及高效青贮添加剂（微生物制剂、天然植物提取剂）开展大量研究并带来新的进展。

（国家燕麦荞麦产业技术体系首席科学家　任长忠　提供）

2020年度食用豆产业技术发展报告

（国家食用豆产业技术体系）

一、国际食用豆生产与贸易概况

世界食用豆生产呈现上涨趋势。世界食用豆收获面积由2008年的7.34亿公顷上涨到目前的10亿公顷，种植面积的扩大主要是出于增加食用豆产量的目的。食用豆单产由2008年的0.86吨/公顷上涨到目前1.81吨/公顷的水平，单产翻了一倍多。食用豆总产量也表现出上升态势，生产集中度较高。以普通菜豆为例，世界普通菜豆收获面积呈增加趋势，由2008年的0.27亿公顷增长到2017年的0.36亿公顷。印度普通菜豆收获面积增加幅度最大，巴西是世界第二大普通菜豆生产国。缅甸国内普通菜豆收获面积有所增长，但增长幅度不及印度；印度、缅甸和巴西是世界普通菜豆生产大国，2008—2017年，其普通菜豆产量占世界普通菜豆产量的平均比重为45.48%。

世界食用豆进出口贸易总量表现出增长的态势。2008—2017年，世界食用豆年均进出口贸易总量为121.15万吨，年均增长率为8.82%。除班巴拉豆、普通菜豆进出口贸易量下降之外，其余食用豆粮品种均呈现上涨趋势，其中，鹰嘴豆、小扁豆、豌豆和蚕豆增长最为突出，年均分别增长22.83%、17.05%、12.89%和7.49%。豌豆、普通菜豆、鹰嘴豆、蚕豆和小扁豆是世界主要食用豆贸易品种，2012—2017年，其贸易总量占世界杂粮贸易总量的平均比例为78.10%。小扁豆、鹰嘴豆贸易量则整体呈现上升趋势，成为继豌豆、普通菜豆之后的第三和第四大食用豆贸易品种。食用豆进出口贸易价格年均下降1.25%（在FAO统计数据中、普通菜豆包含绿豆、小豆等作物）。

二、国内食用豆生产与贸易概况

（一）国内食用豆生产概况

2020年全国食用豆播种面积和总产量总体较上年均有所下降，其原因主要是收获面积减少和主要生产省份的天气不利。受玉米、大豆等作物补贴政策的实施的冲击，对东北地区的大豆补贴增加（相对于2019年），中国东北地区的食用豆生产转向了大豆生产，影响了食用豆种植积极性，不少食用豆主产省气候条件不利，影响产量同时，食用豆外观品质有所下降。上年食用豆价格低（尤其是绿豆和小豆价格）驱使播种面积同比下降。从豆种来看，绿豆、红小豆、蚕豆、豌豆、豇豆全年产量都有所减少，减少幅度在8%上下；普通菜豆产量增幅明显，增长约四成。受鲜销市场高效益的驱动，适合鲜销生产市场的食用豆类，尤其是豌豆、蚕豆、普通普通菜豆、豇豆鲜食市场逐年扩大。冬季豆类中，无论是在秋播产区还是在春播产区，豌豆、蚕豆鲜销市场需求的增加持续保持。食用豆产量仅占中国大田作物产量的不到1%，并且没有得到中央政府的支持。扩大中国产量的挑战包括研发有限，获得优质种子的机会少，改良品种缺乏以及种植和收割设备有限。随着租金和劳动力的生产成本上升，生产利润率也在下降。食用豆主要生产区域很多位于国家

14 个集中连片特困区、“三区三洲”，结合“一村一品和一乡一业”等，以干改鲜产业发展模式为目标，食用豆产业在许多贫困地区、特别是老少边穷地区，鲜销食用豆产业成为老少边远地区产业扶贫的支柱产业，助推精准扶贫攻坚和当地经济的可持续发展。助推精准扶贫和培育产业经营主体方面发挥了突出作用。

（二）贸易情况

2020 年 1—9 月，中国食用豆出口价格上涨，出口量同比明显下降；进口价格下降，进口量同比明显增加。中国食用豆的出口在 2017 年和 2018 年连续恢复性增长之后又大幅下滑，出口额同比也明显减少，表明今年食用豆的出口形势处于不利局面，部分食用豆品种特别是豌豆的国际贸易价格已经高于国内价格，形成了比较明显的价格倒挂现象。再如红芸豆，受新冠疫情影响，尽管红芸豆价格基本维持在 9.0 元/千克，但目前种植户与红芸豆加工收购企业仍处于观望态度，还未开始红芸豆的收购和买卖。鉴于国外疫情发展形势，预测 2021 年红芸豆生产面积和价格将有小幅的波动。

三、国际食用豆产业技术研发进展

（一）食用豆遗传育种方面

Sokolkova、Breria 等通过绿豆全基因组关联分析，将与生育期相关的 SNP 定位于 2 号染色体上具有强连锁的区域，该区域包含编码锌指 A20 和 AN1 结构域应激相关蛋白（SAP）的基因。将耐盐性相关的 SNP 定位在 7 号和 9 号染色体上。其中，7 号染色体的相关区域含有铵转运蛋白（AMT）的基因 *vradi07g0160*。9 号染色体的相关区域包含 *Vradi09g095*10 和 *Vradi09g09*600 基因，分别注释为 OsGrx \ u S16-谷胱甘肽亚群 II 和 dnaJ 结构域蛋白。

Lin 等研究证实了绿豆花突变体柱头外露（se1）性状是花瓣和雌蕊的生长在发育后期发生了障碍。se1 表型由一个单隐性基因控制，并定位于 11 号染色体。序列分析表明编码 DUF1005 的基因 *LOC106777793* 是控制 se1 表型的基因。Shi 等鉴定了一个新的绿豆开花调控基因 *VrLELP*。亚细胞定位将 VrLELP 定位于细胞膜、细胞质和细胞核内，其中细胞核和细胞膜的信号强度高于细胞质。

Wu 等开发了一个基于测序基因分型（GBS）的绿豆全基因组标记系统，利用 GBS 数据，鉴定出 43 个与绿豆籽粒中钙、铁、钾、锰、磷、硫或锌浓度相关的标记×性状（MTAs），分布在 35 个基因组区域。

Wang 等利用重组自交系群体在 10 号染色体上检测到一个与锯齿状小叶相关的主效 QTL，在绿豆 3 号染色体上检测到裂叶相关 QTL，并在主效 QTL 区域发现调控不同小叶形态的候选基因。

Prakit 等在绿豆第 5 染色体 VrBR-SSR013 和 DMB-SSR158 之间，发现两个重要候选基因 *Vradi05g03940* 和 *Vradi05g03950*，这两个候选基因都编码聚半乳糖醛酸酶抑制蛋白（polygalacturonase-inhibiting protein PGIP），与植物抵抗昆虫侵食有关。进一步实验证明，绿豆的 VrPGIP2 原核表达蛋白对豆象体内的半乳糖醛酸酶（polygalacturonase，PG）的活性起到抑制作用，这可能是绿豆抗豆象的分子机理之一。

澳大利亚开展了抗咪唑乙烟酸除草剂蚕豆种质鉴定和新品种的培育。

（二）病虫草害防控研究

Shoaib 等研究证明土壤接种根围细菌鹰嘴豆苍白杆菌 Ochrobactrum ciceri 和施用 Zn 可

以有效防治绿豆炭腐病。Kashyap 和 Siddiqui 研究发现用纳米硅处理种子加接种根瘤菌能够显著降低豌豆细菌性疫病的发生和减少根结线虫的繁殖。El-Shatoury 等研究了内生链霉菌防治蚕豆赤斑病的效果及方法，发现喷施粗提代谢产物有很好的防病效果和促进植株生长。Sofy 等探索了用羧甲基壳聚糖-氧化钛纳米生物复合材料（NBCs）诱导蚕豆对普通菜豆黄花叶病毒病的系统抗性，发现 NBCs 处理蚕豆植株能够显著降低病害严重度和提高生长指数、光合作用色素、膜稳定指数及相对含水量。Cooper 等利用蛋白质学解析了苯并噻二唑（Benzothiadiazole，BTH）诱导普通菜豆对锈病的免疫机制，发现了锈病抗性所需的一组蛋白，再次肯定了 BTH 通过放大普通菜豆植株的天然免疫系统控制病害的发生。

Barilli 等首次鉴定到控制植株损失和豌豆蚜繁殖的染色体区域，在 LGs Ⅰ、Ⅱ、Ⅲ、Ⅳ和Ⅴ发现 8 个耐豌豆蚜的 QTLs 及其共定位的潜在候选基因。Goncalves-Vidigal 等巴西和美国科学家在普通普通菜豆品种 California Dark Red Kidney 分别鉴定了一个抗炭疽病基因 *CoPv*01^{CDRK}和一个抗角斑病基因 *PhgPv*01^{CDRK}，两个基因共同遗传，被定位在普通菜豆 Pv01 染色体末端 33 Kb 基因组区域。Castillejo 等发展了一个用鸟枪法蛋白质组学（shotgun proteomics）结合数据非依赖性采集（data-independent acquisition，DIA）分析的策略鉴定豌豆壳二孢疫病抗性相关的假定蛋白质标记，这是首次利用基于数据分析的靶向蛋白组学途径鉴定抗病相关肽。泰国和中国科学家合作在野生绿豆中鉴定了一个新抗豆象 *VrPGIP*1-2 等位基因。Swisher Grimm 和 Porter 开发了鉴定豌豆种传花叶病毒 P1 致病型抗性的 KASP 标记，准确率为 100%。

Singh 研究表明，线虫活动受降雨和最低气温的影响较大。鉴定出的 PM-10-12、IPM-410-3 和 NVL-641 等基因型具有持久抗性，可用于全球绿豆育种计划。通过关联分析检测到 15 个与绿豆黄花叶印度病毒抗性相关的 SSR 标记，其中，在 CEDG293、DMB-SSR008 和 DMB-SSR059 分别位于连锁群 2、4 和 9 上的特定区域与抗绿豆黄花叶印度病毒相关。

Yundaeng 等研究表明，QTL qPMRUM5-3 是白粉病抗性的主效 QTL，与“V4718”（抗性）主效 QTL qPMV4718-3 相同。生物信息学分析显示 VrMLO12 位于 qPMRUM5-3 范围内。

Yundaeng 等确定了绿豆尾孢叶斑病抗性的候选基因 LOC106765332（命名为“VrTAF5”），该基因编码 TATA 结合蛋白相关因子 5（TAF5），是转录起始因子 IID 和 Spt-Ada-Gcn5 乙酰转移酶复合物的一个亚单位。并证明，抗性种质 V4718 中 VrTAF5 的突变导致 VrTAF5 蛋白的氨基酸改变是导致绿豆绿豆尾孢叶斑病抗性的原因。

Dhanyakumar 等研究表明，信息素（E，E）-10，12-十六二烯醛、（E，E）-10，12-十六二烯醇和（E）-10-十六烯醛混合比例为 1∶1∶1 能有效阻断豆荚螟正常交配，降低花荚伤害，提高绿豆产量。

Sun 等提出绿豆疫霉茎腐病病原菌是绿豆疫霉的一个新的专化型，命名为 P. *vignae* f. sp. *mungcola*. 并首次报道叶生漆斑菌在我国引起绿豆叶斑病。

（三）栽培与土肥研究进展

Majeed 等研究表明每公顷分次施用 15 千克 Fe 可快速提高绿豆籽粒铁含量和生物有效性。Kumar 等通过对抗旱品种 K-851 和不抗旱品种 PDM-139 的转录组学研究，发现了 22882 个干旱胁迫下的差异表达基因（*DEGs*），它们主要与植物激素信号转导、碳代谢和类黄酮生物合成有关。耐旱基因型 K-851 通过产生更多的渗透压、ROS 清除剂和糖的生物合成来清除干旱胁迫的伤害。

Reddy 等研究表明总根长、总根表面积和总根体积三个性状可用于绿豆苗期磷效率的筛选。综合磷效率测定结果，IPM-288、TM 96-25、TM 96-2、M 1477、PUSA 1342 为最佳高效基因型。全基因组关联分析鉴定出 71 个蛋白质编码基因，其中 13 个基因可能是磷利用效率的候选基因。

Sen 等研究表明添加普通壳聚糖和纳米壳聚糖的 SMP 能够克服盐胁迫对绿豆幼苗的不利影响。Leng 等研究了外源脱落酸（ABA）如何介导植物对镉（Cd）的耐受性，表明叶面施用 ABA 可部分缓解镉对幼苗的毒害。Leng 等通过转录组分析提出了绿豆根系对镉胁迫的响应模式。绿豆根系对镉的早期反应涉及解毒和抗氧化防御过程。镉胁迫下调了细胞壁生物合成、细胞分裂、DNA 复制与修复、光合作用等一系列基因的表达，而信号转导与调控、转运体、次生代谢、防御系统和线粒体过程等基因的表达上调，可能有助于提高植物对镉胁迫的耐性。Gautam 等研究支持了杜鹃叶提取物能有效缓解铬对绿豆的药害作用。

Ha 等研究表明荚成熟同步性是通过赤霉素介导的激素信号通路介导的。

（四）产品加工研究

食用豆作为富含蛋白质、多酚、黄酮、膳食纤维以及低脂、不含动物固醇、激素等概念的天然原料，与市场所需的健康配料需求相符合，成为替代动物源蛋白的良好选择，因此在食品行业中的需求近年来被快速提升。

在植物肉领域，豌豆蛋白通常是人们的第一选择，而近期研究发现，小扁豆、鹰嘴豆等的蛋白质含量丰富，可以作为新型植物肉的原料来源。2020 年 6 月 27 日，Beyond Meat 在全球 85 个国家通过约 11.2 万家零售和餐饮网点提供多种植物肉产品。根据行业内专业机构的统计数据，预计到 2023 年，全球肉类替代品市场规模将达到 64.3 亿美元，对于食用豆蛋白的需求也将呈现持续快速攀升态势。

除了植物肉，在饮料及冷饮产品领域，替代乳类饮品的植物基蛋白饮品因具有同样的健康概念而获得快速发展。据统计，2020 年全球范围内带有植物蛋白宣称的食品饮品发布年均复合增长率超过 10%。联合利华旗下梦龙推出了植物基雪糕 Magnum Vegan ice creams，这款雪糕采用豌豆蛋白作为植物基原料，并加入巧克力和椰子油，每份只含有 250 千卡能量，含糖量低于 20 克，产品得到了欧洲素食联盟的认证。联合利华旗下还推出了素食蛋黄酱产品，所选原料以豌豆蛋白为主。

在欧洲市场上，英国素食烘焙品牌 Oggs 推出了一款以鹰嘴豆为主要原料的替代蛋清，混合橙皮和蜂花粉后发酵制成的甜品 Aquafaba，获得了博览会大奖。德国 GOVINDA goodel 公司则推出了有机绿豆螺旋面，由含量占到 90%的有机绿豆和亚麻籽制成，主打有机蛋白和无麸质概念，产品受到市场欢迎。

日本在 31 种食用豆中发现小豆对诱导癌细胞凋亡和树突细胞无毒性刺激作用最强，可作为癌症预防和免疫增强的辅助膳食；证实小豆可降低细胞甘油三酯、甘油磷酸脱氢酶活性和炎症水平，减少高脂人群肝脂质积累和粪便油脂分泌；小豆多元酚抽提物对抑制血糖和血压上升有明显效果。

美国 Natrol 公司则开发了一种白芸豆提取剂，作为一种营养膳食补充剂，宣称其含有第二阶段碳水化合物阻滞剂，可通过减少膳食中淀粉酶的消化作用而延迟或降低淀粉类食品的热量释放，可发挥控制碳水化合物摄入和减脂等功能。

Sae-Tan 等研究了绿豆种皮水提取物（MSWE）对脂多糖（LPS）刺激的 246.7 巨噬细胞和 LPS 诱导的小鼠急性肝损伤的抗炎作用，表明绿豆种皮水提取物有利于对抗各种炎症性疾病。

Hou 等研究了绿豆的减肥作用以及绿豆对肠道微生物群的调节作用与预防肥胖的关系。确定了补充全绿豆粉和脱皮绿豆粉均能有效缓解高脂饮食引起的脂质代谢紊乱，并伴有肝脂肪变性的减轻，可显著降低高脂饮食诱导的体重增加、脂肪堆积和脂肪细胞大小，并通过增敏胰岛素作用改善葡萄糖耐量和胰岛素抵抗，显著降低空腹血糖和空腹血清胰岛素水平（$P<0.05$），并降低血脂和糖化血清蛋白水平（$P<0.05$）。

Lo 等研究了绿豆提取物（VRE）对流感病毒的抗病毒活性及其作用机制。表明绿豆提取物在流感病毒感染周期的多个阶段对两种不同亚型流感病毒具有潜在的干扰作用，显示了其作为抗流感预防和治疗药物的广谱潜力。

（五）机械化生产研究

日本株式会社久保田研发的 4LZ-6A2 联合收获机，可以通过更换专用的脱粒部件完成绿豆和小豆的收获，并且，整个机器操纵十分简单快捷，可以快速的实现转弯和调头，非常适合小区作业。美国约翰迪尔研发的 C440 小豆联合收获机，其独特的脱粒分离结构，可以保证损失率和破碎较低。该机型的喂入量高达 13 千克/秒，整机作业效率非常高。德国 CLASS 公司研发出 DOMINTOR 370 联合收割机，通过更换不同的割台来完成青豆、豌豆、扁豆等豆类作物的机械化联合收获作业。精准农业装备应用于食用豆生产并取得了一定成效，加拿大、澳大利亚、美国等将自动导航的拖拉机、种肥车和变量施肥播种机组装成规模化作业机组，可节约种肥 20%，减少耗油 30%左右。

四、国内食用豆产业技术研发进展

（一）遗传育种研究

1. 新种质筛选、创制及新品种培育成效显著

育成适宜不同区域种植、高产多抗、适宜机械化生产的食用豆新品种 51 个，其中通过中国作物学会鉴定的食用豆新品种 24 个（绿豆 9 个，小豆 8 个，普通菜豆 5 个，豇豆 2 个），农业农村部品种登记 16 个（豌豆 8 个，蚕豆 8 个），省级鉴定评价品种 11 个（绿豆 7 个，普通菜豆 2 个，蚕豆 1 个，豌豆 1 个）。绿豆枯萎病是目前影响绿豆生产的最重要病害。通过 4 年的鉴定筛选，朱振东团队完成了 8 个品种的 3 轮筛选，成功获得桂绿豆 L74、张绿 3 号和郑绿 8 号抗枯萎病系。于海天等利用混合菌源接种和成株期进行抗性，从 416 份材料中筛选获得 12 份蚕豆高抗材料。黑龙江八一农垦大学科研人员筛选获得小豆锈病免疫资源吉林 373 和 QH2，克隆了小豆抗性锈病相关基因 VaWRKY33 和 VaDREB1A。

2. 食用豆育种技术创新与新基因挖掘取得较快进展

普通菜豆核心种质的全基因组重测序及抗旱性全基因组关联分析，鉴定获得根系性状遗传位点 209 个及 NAC、MYB、AREB、DREB、蛋白激酶等候选基因；苗期反复干旱存活率检测到 11 个位点，其中，稳定检测到一个位点，包含 LEA 蛋白家族基因、脯氨酸富集蛋白基因、水通道蛋白基因、*NAC*、*bHLH* 等 42 个基因，其中，7 个基因显著下调，1

个基因显著上调。杨晓明团队鉴定了2个抗病虫基因，开发了豌豆抗白粉病基因*er1-8*的功能标记。朱振东团队筛选获得3个绿豆品种纯合抗枯萎病株系，明确了桂豌豆1号抗白粉病和定豌4号抗枯萎病遗传，鉴定一个新的豌豆抗白粉病等位基因*er1-277*并开发了一个抗病基因功能标记；陈新团队精细定位了绿豆抗豆象、抗叶斑病、抗白粉病等基因并建立相关分子标记辅助育种技术体系，创制抗黄化病毒病、抗叶斑病、抗豆象、抗根腐病等23个绿豆新种质。田静团队以V1128与中绿1号杂交创制的抗豆象后代材料“抗豆象4号”为母本、保942-34为父本杂交育成抗豆象绿豆新品种冀绿17号。

（二）耕作栽培研究

党科等探讨施氮量对间作条件下绿豆叶片光合特性、氮素特征及产量的影响。糜子/绿豆间作模式LER大于1，可作为西北旱作农业区推广种植模式，在90千克/公顷施氮量下间作绿豆叶片光合特性表现最好，产量最高，LER最大，是其适宜施氮水平。高伟等研究表明覆膜+种植密度22.5万株/公顷的种植模式更有利于发挥绿豆的高产潜力。

谢金兰等研究了氮肥减量条件下间作绿豆压青对甘蔗生长及氮代谢的影响。以氮化肥减量20%+间作绿豆压青的处理最优。郝曦煜等确定了绿豆施肥模式和氮、磷、钾肥的最佳配比为 $N:P_2O_5:K_2O=1:1.54:1.03$（N为87.4千克/公顷）时，产量最大（2 215.2千克/公顷）。当 $N:P_2O_5:K_2O=1:1.54:1.05$（N为80.4千克/公顷）时，经济效益最佳（15 589.89元/公顷）。孙志超等研究表明，“绿丰5号”最佳经济施肥比例为 $N:P_2O_5:K_2O=1:3.03:1.30$。蔡晓军等研究表明较低的氮肥施用量并未对绿豆株高产生显著影响，施氮37.5千克/公顷时干物质积累量最高，较施氮22.5千克/公顷、52.5千克/公顷分别显著提高35.20%、14.49%。刘雅等研究表明改良磷肥双活力二铵能够有效促进绿豆植株的生长，提高光合能力促进植株后期同化物的积累，最终达到增产目的。王鹏等研究了发酵饼肥对绿豆生长发育及产量的影响。表明100%发酵饼肥N处理提高了植株的茎粗、百粒重、结荚数等，使绿豆株型朝矮壮型生长发育，促进了绿豆干物质量的积累，相较常规施肥和50%化肥N+50%发酵饼肥N处理的产量分别提高了42.3千克/公顷和165.5千克/公顷。梁喜龙等研究表明运用适宜浓度的绿豆专用种衣剂可有效增加绿豆总叶绿素含量与净光合速率、气孔导度，改善光合性能，调控绿豆苗期地上地下干物质积累与植株形态，确保绿豆苗期健康生长。

张梅等研究确定施用外源性5-氨基乙酰丙酸对NaCl胁迫下绿豆的萌发最佳施用浓度为100毫克/升左右，对NaCl胁迫下绿豆的幼苗生长最佳施用浓度为150毫克/升。张晓娟等采用水培法研究了不同镉浓度对绿豆生长及生理生化特性的影响。表明Cd胁迫会破坏绿豆的生物膜功能特性，造成氧化胁迫，从而影响绿豆的生长发育。李怡研究了Cd胁迫下ABA对绿豆幼苗生长发育和抗逆性的调控机制，表明10μM ABA对绿豆幼苗生长抑制的缓解作用最为显著。庄枫红等研究了重金属 Cu^{2+} 胁迫对绿豆生理生化指标的影响。表明绿豆幼苗在受到重金属 Cu^{2+} 胁迫时，其生长被显著地抑制，叶片细胞膜系统受到损伤，但其叶绿素、可溶性糖含量及抗氧化酶活性升高，表现出一定的抗性。

金喜军等研究了种植密度和施肥配比对红小豆形态指标和产量的影响。表明种植密度和施肥配对红小豆形态指标和产量的影响显著，适合黑龙江省西部地区红小豆的最佳种植密度是21万株/公顷，与之配比的施肥组合是尿素60.3千克/公顷，二铵154.2千克/公顷，硫酸钾61.8千克/公顷。

（三）病虫草害防控研究

Guo 等研究了氮肥管理和间作对蚕豆赤斑病发生的影响，结果表明蚕豆与小麦间作、施用氮 90 千克/公顷是控制蚕豆赤斑病和提高产量最好的措施。王宇蕴等发现小麦蚕豆间作能显著提高蚕豆根际微生物总量，增加细菌在微生物总量增加中的贡献，提高微生物的丰富度和均一度，降低尖孢镰刀菌数量及其与真菌数量的比值，减少尖孢镰刀菌基因拷贝数，增加短短芽孢杆菌基因拷贝数是小麦蚕豆间作减轻蚕豆枯萎病的重要机制。袁婷婷等研究发现，阿魏酸与尖孢镰刀菌协同作用加剧蚕豆连作障碍的发生，而阿魏酸胁迫下小麦与蚕豆间作能提高蚕豆对蚕豆枯萎病菌侵染的抗性，明确了利用非寄主作物小麦与蚕豆间作是缓解蚕豆连作障碍的有效措施。

万正煌团队开展以“鄂绿 5 号”为示范品种、“初花期喷施生物农药 BT、盛花期释放赤眼蜂”为核心技术的“豇豆荚螟绿色防控技术”大面积示范，比对照减少产量损失 33.44 千克/亩，减少经济损失 334.4 元/亩，防控效果显著。陈新团队通过选用抗性品种、生物防控药剂及其他农业措施等开展叶斑病与豆象及病毒病防控示范，每亩增效 120 元；利用抗性品种和生物制剂进行蚕豆赤斑病与病毒病防控，每亩可增效 60 元。

朱振东团队鉴定了我国豌豆枯萎病菌生理小种，明确了 1 号小种是我国优势小种，明确了两种病害病分别由蚕豆单胞锈豌豆分离物专化型和蚕豆分离物专化型引起；确定绿豆漆斑病病原菌为叶生漆斑菌。陈新团队建立试纸条 BCMV 快速检测方法，鉴定了一个新绿豆根腐病病原菌群结腐霉。

（四）产品加工研发

受全球化植物基发展热潮冲击，2020 年国内陆续发布了植物肉产品新品类。Vesta 与拉面说合作推出植物肉意面；肯德基中国推出植培黄金鸡块。国内新兴植物肉品牌——星期零 STARFIELD 与肠粉品牌红荔村、披萨品牌棒约翰、GAGA、新元素等餐饮企业纷纷发布植物肉相关项目。而与之相关的国内上游企业也在蓬勃发展，像双塔食品、健源生物、丰乐种业、海欣食品、哈高科等豌豆蛋白加工企业在 2020 年也均在加大、加快产业布局。

然而从国内食用豆加工企业的整体发展看，仍以原粮的初加工生产和销售和为主。在加工业占比较高的加工仍主要集中在蛋白、淀粉等初级产品的分离制备上。从行业内的研究进展来看，有一些对于传统验方的发掘和产品开发方面的研究报道。如国内一些研究者利用麻黄连翘赤小豆汤为主方，在治疗皮肤病方面取得了较好疗效。有关白芸豆提取物在辅助降糖、低 GI 食品研发中的应用性研究报道。如张雪苍等人以白普通菜豆提取物和马齿苋提取物为主要原料，经混合、制粒、压片等工序制成的一种低 GI 的白芸豆—马齿苋餐前控糖片，据称对预防餐后血糖升高有明显的疗效。国家食用豆产业技术体系加工室专家任贵兴团队通过动物实验研究发现，从普通白菜豆中提取的具有减肥功能的淀粉 α-淀粉酶抑制剂（α-AI）还能够调节高脂饮食小鼠的肠道菌群组成，并引起肠道短链脂肪酸（SCFA）含量的增加。周素梅团队以绿豆和白普通菜豆来源的蛋白质为原料对象，比较了不同加工方式（热、超声及热—超声联合处理）对豆类蛋白体外降胆固醇和抗氧化活性的影响，发现绿豆蛋白经热—超声联合处理后消化产物的上述活性均获得显著提升，而普通菜豆蛋白的变化不显著，该研究为食用豆蛋白的功能改性提供了新的技术手段和理论依据。

张舒等测定了不同焙烤温度对绿豆蛋白的结构及功能性质的影响。表明 180℃、20 分钟的焙烤强度可使绿豆蛋白功能性质提升到最佳。肖金玲等研究了煮制处理对绿豆中多酚含量及其抗氧化活性的影响。经煮制处理后，绿豆中的多酚含量较低，抗氧化能力较弱。在保障风味的基础上，优化了煮制工艺。于笛等研究了绿豆寡肽对脂多糖诱导巨噬细胞 RAW 264.7 的抗炎作用。表明 MBPs 通过调节巨噬细胞趋化吞噬能力、胞内酶解消化和降低促炎性细胞因子的水平达到缓解 LPS 诱导巨噬细胞炎症的作用，且呈现量效关系，具有一定的抗炎活性。

肖金玲等研究了萌发前后绿豆中酚类化合物的动态变化规律及其抗氧化活性。萌发前与萌发后绿豆芽的清除 DPPH · 能力分别为 87.94% 和 96.24%，总抗氧化能力分别为 28.56 U/mL 和 33.06 U/mL。高亮研究了酵素对绿豆芽生长发育、产量和品质的影响。用酵素 200 倍液处理绿豆种子，豆芽总体表现最佳，其投入产出比（1∶12.3）最高，适合在绿豆芽生产中推广应用；而在特色豆芽生产中，利用酵素复配硒或锌也能收到理想效果。廉雪等对不同种皮色绿豆黄酮类含量的初步研究，3 类种皮色绿豆皮中黄酮类物质含量从高到低依次为黑种皮>绿种皮>黄种皮，且绿豆种皮色与绿豆种皮中黄酮类含量呈现极显著相关关系。

（五）机械化生产研发

李玉环等设计了一种采用凹型携种孔兜种、导种槽促进充种、毛刷清种护种的扰动促充机械式绿豆精量排种器。试验结果表明排种器的最优充种指数为 96.05%，合格充种指数为 1.64%，漏充指数为 1.57%，与仿真优化结果一致。作业速度小于等于 8 千米/小时时，合格指数大于 90%，漏播指数小于 5%，重播指数小于 2%。排种器对所选绿豆品种的合格指数大于 95%，漏播指数小于 5%，重播指数小于 3%，均满足设计要求。贾洪雷等设计了一种自吸式绿豆精密排种器。所设计的勺式形孔有助于在左右倾斜状态下辅助充种，当排种轴转速为 138 转/分钟、充种层高度为 65 毫米时，漏播指数为 2.97%，重播指数为 3.43%，合格指数为 93.58%，各指标均符合国标要求。

农业农村部南京农业机械化研究所研制的 5TG-110 食用豆脱粒机，脱粒部件采用弓齿可以大幅度减少脱粒的破损率，通过最新研制的振动筛分机构，使得含杂和损失率在较低水平，该脱粒机很好的满足了食用豆脱粒的要求。该团队在重庆潼南，选择比较适合机械化作业的绿豆品种“渝黑绿 3 号”，进行收获作业，田间测产显示，采用机械化联合收获绿豆每亩可以提高经济效益 345.6 元，效益显著，受到豆农欢迎。

（国家食用豆产业技术体系首席科学家　程须珍　提供）

2020 年度马铃薯产业技术发展报告

（国家马铃薯产业技术体系）

一、国际马铃薯生产与贸易概况

（一）生产概况

据 FAO 统计数据①，2019 年全球有马铃薯生产统计的共 160 个国家和地区，种植面积为 2.60 亿亩，总产 3.7 亿吨，分别较 2018 年增加 0.03 亿亩和 0.05 亿吨。亚洲和欧洲分别占全球种植面积的 53.35%和 26.92%，亚洲略增、欧洲稳定。世界十大主产国是中国、印度、乌克兰、俄罗斯、美国、孟加拉国、德国、法国、波兰和荷兰。世界平均单产为 1 424.1 千克/亩，科威特、新西兰和美国列前三位。总体来看，2019 年全世界马铃薯生产形势好于 2018 年。

（二）贸易概况

根据联合国商贸数据统计②，2019 年世界马铃薯及其制品国际贸易总额为 335.84 亿美元（比上年增长 6.63%），出口额 166.93 亿美元、进口额 168.91 亿美元，分别比 2018 年上升了 6.59%和 6.68%。其中，速冻薯条出口额 78.84 亿美元，占出口总额的 47.23%；其次是鲜薯和未冷冻加工薯，出口额分别为 39.15 亿美元和 24.97 亿美元，占出口总额的 23.45%和 14.96%；其他产品所占份额较小，种薯 10.58 亿美元（占 6.34%）、全粉 7.21 亿美元（占 4.32%）、淀粉 3.97 亿美元（占 2.38%）和冷冻马铃薯 2.20 亿美元（占 1.32%）。出口额前五的国家依然是荷兰、比利时、美国、加拿大和德国，分别占出口总额的 20.36%、17.48%、11.68%、8.52%和 7.97%，合计约 2/3。世界马铃薯及其制品进口结构与出口基本一致，进口国家集中度远低于出口，进口额排名前五的国家依然是美国、法国、荷兰、英国和德国，分别占世界进口总额的 9.48%、6.71%、6.27%、6.16%和 6.03%。总体来看，2019 年世界马铃薯国际贸易规模高于 2018 年，贸易活跃度有所提升。

二、国内马铃薯生产与贸易概况

（一）生产概况

根据体系专家上报数据统计，全国 29 个省（市、区）马铃薯总面积 8 394.7 万亩、总产量 12 294.4 万吨，分别较上年减少 1%和增加 4%。面积超过 1 000 万亩的有贵州、甘肃和四川；内蒙古和云南超过 500 万亩，陕西和河北面积下降较多，甘肃和贵州增加较

---

① 数据来源：2019 年和 2018 年数据来源于 FAO 统计数据库，http：//faostat.fao.org，2021 年 2 月 5 日。

② 数据来源：2019 年和 2018 年数据来源于联合国商贸数据库，http：//comtrade.un.org，2021 年 1 月 25 日。

多。总产量超过 1 000 万吨的有贵州、四川、甘肃、云南和内蒙古。全国平均亩产 1 464.5 千克，较上年增加 5.36%，其中华北和西北因降水多，旱地亩产增加幅度大，但规模化种植因水肥过度管理导致减产居多；东北因收获期降水多导致烂薯较多严重影响产量；其他主产区虽局部遭受晚疫病、干旱和洪涝等危害，但未有严重影响。我国马铃薯脱毒种薯应用率达 45.9%。

（二）贸易概况

市场价格：2020 年“前高后低”的过山车特征明显，总体略好于 2019 年。受新冠肺炎疫情影响，因马铃薯耐储运，春季价格远远高于上年同期，2020 年 2 月全国批发市场平均价格超过 3.8 元/千克，创历史新高；3 月到 5 月价格比上年同期增加 50%左右。5 月开始，批发市场和产地价格均明显下降，9 月之前价格均比上年高，但因秋季收获提早，夏季到秋季市场行情呈现单边下降，趋势却更加明显。9 月集中上市，产地平均价格跌破上年同期水平，且一直持续到 12 月价格稍有回升，但上升趋势不明显；批发市场平均价格在 9 月份接近上年同期水平，11 月跌破上年同期水平。

国内贸易：2020 年收获后异地销售比例为 31.3%，与上年基本相当；总体储藏率 27%左右，略低于上年，但因总产量增加，储藏量却依然可观。2020 年 9 月北方一作区马铃薯大量上市，供大于求矛盾突出，地头因价格低销售量同比去年明显减少。10 月中旬后库（窖）内货源逐渐成为市场供应主体，购销处于僵持量小状态。11 月份供应主体彻底转向库存货源，多地储户出货意愿较前期增强，但总体库存薯销售进度缓慢的状态一直维持到 12 月底。

国际贸易：2020 年马铃薯及其制品进出口总额 5.64 亿美元，较去年减少 0.9 亿美元，降幅 14.19%。进、出口额分别为 1.95 亿美元和 3.68 亿美元，比上年分别减少 3.92%和 18.82%。出口主要是鲜薯 44.2 万吨、2.88 亿美元，占出口总额的 78.26%；速冻薯 3.34 万吨、4 088.59 万美元；其他加工产品 6 741.2 吨、1 698.96 万美元；冷冻薯 1.78 万吨、1 769.46 万美元；淀粉 1 771.7 吨、196.14 万美元等。进口产品仍然主要为速冻薯条和淀粉两类，占总进口额的 80%；速冻薯条进口进一步压缩，进口量和进口额分别为 10.13 万吨和 1.52 亿美元，分别减少了 2.78 万吨和 3 580.3 万美元；淀粉进口由 3.88 万吨增加到 4.46 万吨，但进口额由 4 254.8 万美元减少到 3 739.3 万美元。

三、国际马铃薯产业技术研发进展

（一）遗传育种

在马铃薯基因组学、块茎发育生物学、抗逆生物学等基础和应用基础研究，基因编辑、染色体操作、育种家系数据分析和基因组选择等遗传改良技术以及种质资源改良和新品种选育等方面取得了较大进展，其中美国研究者重测序并组装了长度为 741.6Mb 的 DM 基因序列，加拿大科学家测序组装了 6 个多倍体基因组序列和分析了 12 个农家品种基因组拷贝数变异；荷兰研究者证实了 *StCDF* 与其反义 *lncRNA* 调控具有昼夜节律依赖性并参与块茎发育和干旱反应，比利时研究者分析了马铃薯全基因组 bZIP 基因家族及其特性；美国研究者开发了基于马铃薯根毛的基因组编辑技术体系，提高了编辑效率，发现和分析了来自单倍体诱导系的染色体附加系和结构变异；荷兰研究者证明基于 IBD 模拟复杂家系中的多等位 QTL 定位可提高家系数据分析效率，澳大利亚科学家证明 HBLUP 杂交矩阵分析方法可应用于育种个体基因组选择；波兰科学家创制了聚合晚疫病抗性基因 *Rpi-rzc*1

和 *Rpi-phu*1 的 26 个二倍体和 49 个四倍体种质材料，美国育成了一个抗低温糖化和金线虫的炸片品种 Waneta。

（二）栽培与作物生产

光温水肥资源高效利用机理、逆境胁迫生理响应机制、土壤和根际微生物互作关系、养分盈亏诊断方法和环境效益评价是研究热点。荷兰 Aliche 揭示木质部对小导管的适应性和单位面积茎中木质部密度的增加促进干旱条件下水分运输；意大利 Lombardo 和巴基斯坦 Wahla 揭示丛枝菌根真菌有效改良碱性土壤，提高产量和减少肥料用量；波兰 Boguszewska 通过干旱和高温响应蛋白的比较分析揭示耐逆分子机制，阿根廷 Maria 指出甲基杆菌 2A 是有效缓解盐胁迫的促生根瘤菌，为改善作物管理提供潜在策略；在植株-土壤-微生物互作关系方面，美国 Pantigoso 指出现代栽培种根际积累更多差异丰富的细菌，但其磷酸酶丰度较低，导致其对磷响应低于野生种，为挖掘资源利用效率提升途径提供新思路。在养分诊断方面，阿根廷 Giletto 和巴西 Soratto 分别验证不同部位的临界氮/磷稀释曲线能够有效诊断植株氮/磷营养状态，波兰的 Grzebisz 指出茎中氮素浓度是预测产量的最佳因子，茎中氮钙比大于 10 会降低产量，为养分精准高效管理提供支撑。在环境效益评价方面，肯尼亚 Nyawade 揭示马铃薯—豆科作物间作在增加土壤氮素投入同时减小氮素淋溶，为优化小农户耕作系统中土壤氮素平衡提供新机制。

（三）病虫害防控

研究热点是晚疫病致病机理、群体遗传、综合防控与 R 基因的开发利用等方面。韩国的 Lee 等发表了高质量晚疫病菌基因组，意大利的 Villano 等发现 *WRKY* 转录因子在植物抗晚疫病过程中发挥重要功能，瑞典的 Tomczynska 报道疫霉菌效应蛋白 *RxLR*3 促进胞间连丝依赖的细胞间运输。细菌研究主要集中在新菌株发现、致病机理、检测方法、遗传机制以及生物防治等方面，芬兰、韩国、巴斯基坦、塞尔维亚和日本的科学家都首次报道黑胫病病原菌 *P. parvum* 的新菌株。爱尔兰的 Della 建立了 PVY 的纳米孔测序技术。加拿大的 Nie 等建立土壤中马铃薯帚顶病毒（PMTV）和粉痂菌的 RT-qPCR 检测技术。美国的 Wang 等报道野生番茄腺毛细胞分泌的 β-石竹烯和 α-律草烯的混合物或者 α-檀香萜烯、α-和 β-香柑油烯的混合物可显著降低马铃薯长管蚜的寿命和生殖能力。

（四）田间机械

到 2020 年，国际公开马铃薯机械相关专利约 5 000 余项，其中专利发表最多的国家有美国 3 000 余项、世界知识产权组织 900 余项、澳大利亚 600 余项、欧洲专利 400 余项，其中包括带有双层汽清选的马铃薯收获机、布袋式马铃薯装载升运机、带芽眼保护装置的马铃薯种植机、旋转凹轮式马铃薯垄耕机、带定刀机构的马铃薯种薯切割装置、环形输送带式马铃薯种植机。

（五）贮藏与加工

主要在马铃薯物理化学热性、传统加工方式及产品和加工废弃物资源化利用取得进展。芬兰的 Yang BR 等报道了品种、生长温度和发育阶段对紫色和黄色块茎中酚类化合物和抗坏血酸的影响，巴西的 Santos MND 团队报道了抑芽剂对非休眠马铃薯块茎多酚氧化酶和过氧化物酶活性的影响，伊朗的 Afkari-Sayyah 报道了利用可见/近红外（Vis/NIR）光谱预测马铃薯贮藏过程中内部成分的变化。哥伦比亚的 Vega-Castro 团队研究了真空浸渍和微波真空干燥强化低脂薯片的生产，印度的 Raigond P 等报道了蒸煮方式对马铃薯碳水化合物血糖指数和体外生物可及性的影响印度尼西亚的 Hawa LC 报道了渗透预处理马铃薯切片的干燥动力学和物理变化。印度的 SivaraJasekar N 等利用统计建模和优化通过超声波辅助酸水解和酶法水解对马铃薯工业废弃物生产生物乙醇的过程进行了强化。

四、国内马铃薯产业技术研发进展

（一）遗传育种

国内研究者在功能基因组学、晚疫病抗性及耐热和耐盐机制、新品种选育方面开展了大量研究。测序组装了长度为 1.67Gb 杂合二倍体基因组 RH89039-16，为同源多倍体基因组序列解析提供了技术基础；分析了寄主与晚疫病疫霉亲和与不亲和性机制，发现编码过氧化物酶 *StPOPA* 的基因可提高晚疫病抗性，对热休克蛋白 Hsp90 家族基因的进化史进行了分析并阐释了其在马铃薯中的特征，过表达转录因子 *StbZIP*-65 可增强马铃薯耐盐性，对马铃薯中应对多种胁迫的 *STPP2C* 基因家族进行了全基因组鉴定和表达分析，为全面解析马铃薯耐逆机制提供了参考；王灿等获得了直链淀粉合成相关的颗粒结合型淀粉合成酶基因（*GBSS* I）的基因编辑再生株系；李鹏程等报道了马铃薯在响应干旱胁迫时通过调节 *ABRE*、*MYB*、*CAAT-box* 和 *MYC* 作用元件的甲基化水平，激活基因的表达以应对干旱胁迫。据全国农技中心统计，登记了中薯 27 号、中薯早 35 和陇薯 15 号等 96 个品种，其中新育成品种 51 个，已销售品种 26 个和已审定品种 19 个。

（二）栽培与作物生产

土壤—肥料匹配原理、水肥高效利用技术、种植制度优化、根际土壤微生物群落结构变化及环境影响评价是国内研究热点，2020 年高水平论文发表数量显著增加。李珺在黑龙江克山县和梁俊梅在内蒙古武川县均证实养分专家系统在马铃薯上应用具有减肥增产、提高肥料利用率的作用，李飞、李燕山和孙梦媛等人也在不同地区比较了不同肥料配比、有机肥替代化肥及缓释肥替代速效肥的提质增产效应，进一步优化了各地区马铃薯施肥量。王斌揭示全生物降解膜不仅可以增产，还能在收获期裂解成小碎片，有效解决残膜污染。郭华春团队指出黑膜覆盖能够抑制块茎中次生代谢物甾体糖生物碱的积累，对块茎的安全食用具有重要意义。刘贤文和伏云珍揭示马铃薯与玉米间作或轮作提高了有益菌属丰度，改变马铃薯根际土壤 AM 真菌群落组成。张海斌指出与绿肥轮作有效降低病害发生率，为有效缓解连作障碍，提高复种指数和总效益提供理论依据。然而，国内对不同水肥条件下马铃薯—土壤—微生物三者之间互作机制及水肥精准智慧管理方面的研究较少。

（三）病虫害防控

晚疫病也是国内研究热点，主要集中在病菌生物学、致病机理、基础抗性、群体遗传等方面。Wang Tuhong 等报道 *PiCAT*2 具有过氧化氢酶活性，是致病疫霉菌侵染和繁殖所必需的；Yang 等指出 *StPOPA* 基因、质外体蛋白酶以及非编码 RNA 在植物抗晚疫病中发挥重要功能。Zhang 等芽孢杆菌 ZD01 和 C16 对早疫病有重要拮抗作用。黑龙江省首次报道黑痣病的致病菌 *R. solaniAG-2-2IIIB*。李磊等从马铃薯根际土壤中筛选到对黑痣病菌高效、具有广谱拮抗活性的菌株 ZF129。广东省首次报道黑胫病的新菌株 *P. parmentieri*，多名研究者报道巨大芽孢杆菌 P-NA2-14 和中间苍白杆菌 D-2 可有效抑制黑胫病的发生，拮抗菌 PBSH9、内生细菌 8-4、侧孢短芽孢杆菌 BL12、苏云金芽孢杆菌 YN-2-2 等能有效抑制疮痂病发生。Wu Hajun 等通过转录因子 *WUSCHEL* 抑制病毒侵入顶端分生组织，解释了茎尖脱毒原理。

（四）田间机械

据不完全统计，全国公开马铃薯机械专利共计 270 项，其中播种机相关 70 余项，收获机（挖掘机）相关 100 余项，田间管理机械及处理机械等 50 余项。专利内容包括智能收获机清土除杂减损集薯系统、马纵向非等距清土除杂减损装置、收获机缓冲减损集薯调控系统、减粘降仿生挖掘铲等 33 项，种植翻土装置、播种单体通用连接机构、盘式下肥装置及其匹配的施肥系统和播种机、可调式全膜双垄沟播种设备及播种方法等 19 项。全国马铃薯平均机耕率 75.7%、机播率 36%、机收率 34%，北方一季作区机播率 80%、机收率 58.13%，西南混作区和南方冬作区机播和机收仅为 1%左右。高速气吸式马铃薯精播机研制成功并进入小批量生产阶段；超声波传感器提高了供种系统的智能化；智能导航（GPS、GRS）、田间物联网和动力耙等动力机械在马铃薯耕整地应用增加；大型马铃薯联合收获机取得阶段性进展。

（五）贮藏与加工

Jia Liu 团队报道了采前、采后防治马铃薯贮藏过程中腐烂和真菌的措施。Liu Xia 团队报道了全块茎高氧预处理对鲜切薯片贮藏期间抗褐变的影响，李洁媛等进行了马铃薯多酚氧化酶的分离纯化、酶学性质及酶促合成茶黄素性能研究，高增明等报道了洋葱皮乙醇提取物对马铃薯淀粉理化性质及回生性质的影响，徐冠一对马铃薯皮多糖的理化性质及功能性进行了研究。张海芳等使用酶法改性对马铃薯渣膳食纤维单糖组分及理化性质的影响。Dan Xu 等研究了马铃薯生粉的开发及其营养品质和对挥发性香气化合物的评价，Sun Weixuan 等研究了马铃薯果胶多糖对酸化乳饮料稳定性的影响，Wu Jin-hong 团队报道了来源于马铃薯紫薯的一种典型的香精，马子晔通过超声波辅助提取马铃薯全粉加工副产物中膳食纤维，贵州大学酿酒与食品工程学院的於晓燕等研究了真空浸渍加工即食风味马铃薯片工艺优化。薛海等人研究了马铃薯雪花全粉真空冷冻干燥制备工艺及其性质。

（国家马铃薯产业技术体系首席科学家　金黎平　提供）

2020 年度甘薯产业技术发展报告

（国家甘薯产业技术体系）

一、国际甘薯生产与贸易情况

据联合国粮农组织统计，2019 年全球甘薯种植面积 776.89 万公顷，总产 0.92 亿吨，面积略有下降，总产稳定。非洲种植面积连续 8 年居世界第一，为 442.64 万公顷，面积、产量及单产均有小幅提升。中国仍是世界第一大甘薯生产国，2019 年中国甘薯种植总面积和总产量分别为 237.38 万公顷和 5 199.22 万吨，分别占世界总量的 30.56%和 56.62%，远远领先于其他国家和地区。

近年来，全球甘薯贸易态势发展良好。国际贸易中心数据显示，2020 年全球甘薯出口贸易总额为 6.58 亿美元，较上年减少 0.37 亿美元。世界甘薯贸易的主要输出国（以贸易额计）包括美国、荷兰、西班牙等国家和地区，排名前 5 位的国家出口贸易额占世界出口总量的 71.56%，其中美国占 28.77%，与往年相比贸易集中度有所上升。2020 年中国甘薯出口贸易总额仅为 1 558.6 万美元，仅为上年同期水平的 43.82%，排名全球第八。进口贸易方面，格局与上年变化不大，主要进口国家包括荷兰、英国、加拿大、德国、法国等，排名前 5 位的国家甘薯进口额约为 62.14%，较上年上升 2.17 个百分点。

二、国内甘薯生产与贸易情况

据专家调研，2020 年全国甘薯种植面积 5 687.2 万亩，较 2019 年减少 225.6 万亩，减少 3.8%；单产平均 1 651.1 千克/亩，减产 5.8%；总产 9 390.2 万吨，面积、单产、总产与 2019 年相比均略有下降。2020 年除受新冠肺炎疫情影响外，气候因素对产业的影响较大，特别是受阴雨寡照影响，西南地区的四川、贵州、重庆均有不同程度减产，重庆减产比例在 30%以上；安徽受前期涝害、后期干旱影响，减产幅度达 20%左右，其他地区受其影响较小。2020 年甘薯种植面积增加的省份主要有广东、贵州、安徽、福建等，面积减少比较明显的有江西、浙江等，单产减产较大的有重庆、四川、贵州、江西、安徽等，其他省（市）产量持平或略有增加。

中国海关数据显示，近年来中国甘薯出口贸易总额大幅下滑，2020 年中国甘薯出口贸易总额 1 206.77 万美元，仅为 2019 年（3 556.81 万美元）出口贸易总额的 33.8%。2020 年主要出口市场包括越南和中国香港地区，两个市场出口额分别占总量的 58.13%和 28.84%，二者累计占比 86.97%，较上年同期 99.7%出口越南相比，集中度下降明显。贸易顺差明显，出口产品结构小幅调整，其他鲜甘薯仍为主要出口产品，但其比重连续多年持续下调至 88.19%；冷冻甘薯出口额占比较上年提升 4.08 个百分点，达 10.44%；甘薯干出口占比稳定（1.37%）；2020 年种用甘薯出口额破零。2020 年其他鲜甘薯出口单价持续低位运行，冷冻甘薯价格趋势稳定，年中甘薯干出口单价阶段性上涨。

三、国际甘薯产业技术研发进展

1. 生物技术

组学技术在功能基因挖掘方面的应用更加广泛。通过全基因组关联分析，针对块根膨大性状鉴定出了标记物和候选基因，为甘薯和其他块根作物提供了重要的基因组资源；利用 NGS 和 TGS 测序技术鉴定出甘薯干旱胁迫响应基因；转录组比较测序发现 3 类 TFs（WRKY、NAC、bHLH）可能参与了甘薯的根形成，与次生代谢、一些激素（生长素、赤霉素）、转运等相关的基因也可能促进不定根形成；比较黄肉品种 Beniharuka 和它的两个白肉突变体的转录组图谱，认为 ZEP 的同源序列 *g*1103. *t*1 可能通过 β-胡萝卜素和 β-隐黄质的环氧化作用参与了类胡萝卜素的积累；对过表达的 *IbERF*4 转基因植株进行转录组测序表明与氧化应激有关的基因显著下调，转基因甘薯对盐胁迫更为敏感，揭示 *IbERF*4 是甘薯非生物胁迫的关键调控因子。另外，过表达甘薯 *swpa*4 基因增强转基因拟南芥的抗旱性，*Rboh* 基因具有保护甘薯根部免受根结线虫侵染的作用，β-胡萝卜素是 *IbCCD*4 基因的主要底物，*IbCCD*4 和 *IbOr* 之间的相互作用并不影响 β-胡萝卜素的降解。开发出用于质量控制的 36 个 SNP 标记，评估国际马铃薯中心的全球繁殖种群结构，以及甘薯病毒病等一些最具破坏性的生物胁迫对遗传变异管理的影响。

2. 资源与育种

更广泛的甘薯优异性状被评价与利用。韩国科学家通过耐涝胁迫生理指标测定筛选出耐涝性较强的甘薯品种 Yeonjami。日本科学家成功开发了一种甘薯耐低温测试装置，培育出在 14℃低温条件下生长缓慢的品系，并通过田间早播获得高产，这是在冷凉地区甘薯商业生产的新尝试。美国科学家对 737 个甘薯种质资源材料进行了性状及品质表型评价，营养表型性状具有广泛的遗传多样性；研究了 564 个甘薯品系对除草剂异恶草酮的耐受性，发现耐性品系大多数没有失绿或损害，薯皮和薯肉色表型丰富。非洲科学家从 227 份甘薯种质资源中筛选出 31 份高、中、低蛋白含量的中高产材料；橘红肉品种选育时间缩短为 4～5 年，并加强了抗旱品种选育；利用改进的作物管理系统可将现有甘薯产量增加 2～4 倍。在非洲加纳，对 26 个品种在 5 个生态区的多地点品种区域性试验中，以食味好、高产、高干、早熟、抗甘薯病毒、甘薯象甲为评价指标，推荐 10 个品种用以推广利用。国际马铃薯中心科学家利用近缘野生种的干旱胁迫应激生理指标创建了抗旱筛选方法，发现抗旱能力强的野生资源三浅裂野牵牛（*Ipomoea trifida*）和三裂叶薯（*Ipomoea triloba*）有较大的利用潜力。巴西科学家筛选到对三种根结线虫具有抗性的品种 Coquinho 及 5 个品系，可用于根结线虫多重抗性育种。韩国品种 Pungwanmi 对镰刀菌枯萎病具有抗性，而品种 Annobeni 为感病品种；Yulmi 和 Yesumi 2 个品种分别对镰刀菌引起的表面腐烂具有抗性和敏感性。日本鉴定了两个抗茎线虫病品种“Daichinoyume”和“Konamizuki”。

3. 甘薯耕作栽培和营养施肥

在种植制度方面，甘薯/薇甘菊混种能提高土壤中有机质含量和氮磷钾等肥力。水稻甘薯长期轮作过程中土壤释放钙、镁、锶、铁和铜等营养元素，能满足作物生长需要。在施肥方面，过量施氮可减少氨基酸含量，降低甘薯块根蛋白质含量；在甘薯种植中施用堆肥和核桃壳生物炭可促进荧光素二乙酸酯水解速率和土壤速效钾利用，并改善甘薯农艺性状；喷施谷氨酸盐可提高淀粉合成，促进块根膨大。在水分管理方面，水分亏缺影响甘薯的生长和产量，但对淀粉、ß-胡萝卜素、蛋白质、蔗糖和葡萄糖含量等品质指标没有显著影响；缺水条件下，草酸盐含量与糖代谢、淀粉和蛋白质合成密切相关。水淹甘薯根系的发育与根耐缺氧能力紧密相关，并以此为依据，筛选出了耐水渍的甘薯种质资源。

以欧美和日韩为代表，甘薯收获机械化经过“挖掘犁—简易挖掘铲—小型挖掘机—分段收获机—联合收获机”的发展，目前技术已较为成熟稳定。研发了 R4060 系列 2 行牵引式甘薯收获机、220B 甘薯联合收获机和 SWSHA-SP50 型甘薯收获机等。

4. 病虫害防控

甘薯真菌病害方面的研究发现，29℃和 23℃分别是黑斑病发生和产孢的最适温度；采用串联质谱技术分析初步揭示了甘薯对根腐病菌防御反应的分子机制。甘薯病毒病方面的研究发现，甘薯羽状斑驳病毒、褪绿矮化病毒、卷叶病毒在非洲传播广泛，导致产量损失明显；韩国发现 2 个甘薯病毒新种 SPVE 和 SPVF；甘薯杆状病毒可通过种子和种苗传播，在甘薯或指示植物上没有明显的症状，不能通过脱毒法脱除。开发了甘薯卷叶病毒重组单链可变区抗体检测系统。甘薯蚁象研究方面发现，苏云金芽孢杆菌的 Cry23Aa 和 Cry37Aa 两种蛋白、印度异小杆线虫等生物防治，辐射、屏障庇护植物等物理防治，联苯菊酯、螺虫乙酯、羟基肉桂酸酯类、5%氯虫苯甲酰胺（250 毫升/公顷）与毒死蜱颗粒剂（60 千克/公顷）等药剂防治均可用于甘薯蚁象防治；同时还对甘薯蚁象的生活习性、种群遗传结构及地理分布进行了研究。南非林波波省发现的一种龟甲被认为是一种新的甘薯虫害。南苏丹甘薯和木薯上烟粉虱可分 6 个组，其中乌干达单倍型的发生分布范围则较广。

5. 甘薯贮藏与加工

在甘薯贮藏方面，甘薯耐储性受多重因素影响。根部氧化应激和抗氧化防御系统之间的平衡直接影响了甘薯耐储性；在低 O_2 和高 CO_2 浓度下，甘薯贮藏对温度依赖性较小；甘薯在 6℃和 9℃的恒温贮藏分别在 6 周和 10 周时薯块开始腐烂，且蔗糖含量和甜度都有所上升；激光反向散射成像技术用于不同贮藏条件下甘薯品质无损检测和分类。在甘薯产品开发和副产物综合利用研究方面，超声波辅助酶法显著提高了甘薯淀粉转化率；加工方法对甘薯最终产品的营养成分有显著影响，油炸的 β-胡萝卜素含量最高，挤压的蛋白质含量最高，烘烤的更好保留矿物质水平；添加橘红肉甘薯生产曲奇饼干，营养成分较高，感官评定总体可接受；微波真空干燥的紫心甘薯比热风干燥的吸水指数和膨胀率都要低，且色泽、抗氧化活性和总酚含量均有所提高；通过美拉德反应制备的甘薯蛋白—葡聚糖复合物的凝胶硬度和弹性显著提高；采用高静水压和/或果胶酶处理改性的甘薯果胶分子量下降、酯化程度降低，而单糖和糖醛酸含量增加、乳化性能得到改善。在甘薯功能物质评价方面，波兰 9 个甘薯品种叶片中含有 7 种多酚类化合物；单个酚类化合物在不同采收期存在显著差异；喷雾干燥对紫甘薯块根多酚类化合物有负面影响；甘薯叶酚类提取物的总酚含量较高且具有抗炎作用；橘红肉红薯泥薄饼中类胡萝卜素保留量更高，橘红肉品种对维生素 A 的补充得到莫桑比克社会各个阶层的认可。

四、国内甘薯产业技术研发进展

1. 生物技术

综述了甘薯及其野生近缘种基因组测序研究进展，为有效利用基因组学分析手段对甘薯进行遗传育种、性状改良等方面的研究提供参考。利用二代及三代测序技术对干旱胁迫下的徐紫薯 8 号进行了测序分析，丰富了甘薯基因注释序列；对公共数据库中的 88 份甘薯块根转录组和 16 份甘薯重测序数据进行了全基因组表达数量性状位点定位分析，揭示了甘薯块根基因表达变异的遗传结构，并对后续甘薯块根重要农艺性状的 QTL 定位与遗传改良具有重要意义，结合全基因组关联分析表明 *IbMYB*1-2 是调控紫心甘薯块根花青苷积累的主效基因，其能够解释关联群体中 75.65%的表型变异；对非生物胁迫下甘薯近缘野生种 *Ipomoea trifda* DEAD-box 家族的全基因组进行鉴定、表征和表达谱分析发现 *ItfDEAD-box* 在 *Ipomoea trifda* 的胁迫响应中起重要作用；通过高通量深度测序发现在盐胁迫下大多数 miRNAs 的表达与其靶基因的表达呈负相关。进一步解析花青素合成调控机理，*IbMYB*340 与 *IbbHLH*2 共同诱导花青素积累，并与互作蛋白形成 MYB340-bHLH2-NAC56 转录复合物；IbMYB340 也与 IbbHLH2 和 IbERF71 相互作用，增强 *IbANS*1 的转录活性。系统筛选了盐胁迫响应的 *ERF* 基因，*IbERF*5 和 *IbERF*7 基因受诱导尤为显著；多个抗逆基因功能得到验证，如耐旱相关基因 *IbBT*4、*IbINH*、*IbNAC*7，耐逆相关基因 *IbWRKY*2、*IbCAF*1、*IbSUT*4 等。在分子标记方面，利用限制性位点相关 DNA 测序（RAD-seq）对甘薯遗传结构多样性进行了评价，并建立了相应的 SSR 标记。

2. 资源利用与品种改良

利用表型及 SSR 标记对我国 115 个甘薯登记品种进行遗传变异与系谱分析，初步建立核心种质和登记品种指纹图谱；对 62 份甘薯种质进行了干物率、胡萝卜素含量、生薯和熟薯可溶性糖含量以及食味的测定，并进行了品质性状的主成分和系统聚类分析；鉴定评价了 9 个海南本地甘薯品种的生长习性、干物率、蛋白质含量、淀粉含量、维生素 C 含量、铁、钾和铜含量性状；通过遗传分离规律分析发现正反交组合的胡萝卜素含量主要受非加性效应控制，干率既有非加性效应又有超亲遗传现象。发明了一种无需嫁接的杂交方法。发明了一种优质抗病高产甘薯品种的育种方法。综述了目前甘薯栽培种植及储藏根发育研究的相关进展，综合剖析了目前甘薯种植生产面临的突出问题，可为今后甘薯的栽培实践、遗传育种和产品开发等方面提供参考。

3. 甘薯耕作栽培和营养施肥

针对当地气候环境条件及甘薯品种特色，包括吉徐薯 3 号、济薯 26、浙薯 21、福薯 604、普薯 32、龙紫 4 号，郑红 23、心香等优质或新型甘薯品种，因地制宜的探究地膜覆盖、脱毒甘薯大田栽培、滴灌节水、高密度短生育期、烟草—甘薯套种、朝天椒—甘薯套种、春甘薯—秋白菜复种等栽培手段或栽培模式，实现绿色增产增效，提高甘薯产业效益。合理施肥能够提高甘薯产量和改善品质，其中有机肥和钾肥的施用研究最为广泛。在玉米/甘薯间作模式下，大垄单行相较于双行能提高昼夜温差、光合速率和产量，种植效益明显提高。采用有机肥和复合肥配施方式既能增加滨海地区甘薯产量，又能提高土壤有机质、碱解氮、有效磷和速效钾的含量；磷肥的利用效率和块根干重呈高度正相关关系；增施以小麦秸秆为主发酵有机肥（有机质≥50%）7 500千克/公顷，可以减轻土壤病害，改善土壤理化状况，并促进了甘薯植株对 N、P、K 的获取；在碱性土壤上长期增施有机肥对固氮菌群落结构的改变较大，对群落多样性的抑制作用较强。适量的钾肥能提高甘薯块根中可溶性糖、淀粉、可溶性蛋白、维生素 C、β-胡萝卜素和纤维素含量，改善块根的烘烤风味；钾肥可调控甘薯根中的内源激素含量，提高初生形成层的活动能力，促进不定根向块根的分化，促进块根膨大，提高块根产量；在高氮肥条件下，钾肥能促进氮肥向甘薯块根的转运，进而提高甘薯的块根产量。水分管理在甘薯栽培中同样起着重要作用，干旱胁迫时间越早对甘薯生理代谢的影响越大，导致减产的幅度也较大；喷施甜菜碱可通过调节叶片中的可溶性糖含量，保持叶片的渗透势，保持甘薯叶片的光合性能和正常的生理代谢功能，减缓干旱缺水对甘薯产量的影响；喷施6-BA可以提高叶片玉米素和奈乙酸的含量，加速光合产物由叶片向块根中的转移与积累，减轻甘薯的干旱胁迫。

国内在联合收获、甘薯秧蔓收获与碎蔓、菜用茎尖采收等技术研发方面有较大进展。提出甘薯收获机环保设计理念、研发了4U-750甘薯收获机、研发新一轮4UZL-1型甘薯联合收获样机、开展4SM-100型自走式薯苗茎尖采收机底盘优化改进等。

4. 病虫害防控

甘薯真菌病害方面研究表明，甘薯黑斑病菌为半营养侵染型植物病原菌，不同类型杀菌剂需配套相应的浸苗技术才能保证药效发挥；高温高湿条件可加速甘薯茎腐病的发展，使用脱毒无病苗、轮作、深沟高畦栽培措施可有效减轻病害；咯菌腈、吡唑醚菌酯和氟啶胺对甘薯软腐病室内抑菌效果较好；甘薯疮痂病的病原菌为甘薯痂囊腔菌；四霉素和井冈霉素对甘薯根腐病有一定防效；建立了检测甘薯薯瘟病菌的方法。甘薯茎线虫病研究表明，10%噻唑膦WP和98%棉隆GR对茎线虫减退率、防治效果和田间保产率均优于其他药剂；20%的丁硫克百威乳油和1.8%阿维菌素霜毒性较低，能长时间发挥作用，可用于生产。甘薯病毒病方面，首次报道了SPVG-CH2-Ch1、SPFMV-O-Ch1和RC株系、SPFMV-RC-Ch1SPVG、SPFMV分离物SPFMV-HN全基因序列；发现甘薯潜隐病毒危害荷花，甘薯羽状斑驳病毒危害菊花、凹头苋的证据；系统进化树分析表明台湾甘薯上感染的甘薯褪绿矮化病毒来源于西非；甘薯卷叶病侵染甘薯可减少甘薯块根产量、降低淀粉和类胡萝卜素的含量。甘薯虫害方面，昆虫病原线虫 *Steinernema longicaudum* X-7和 *S. glaseri* B-4-1对铜绿丽金龟具有较好的防治作用；鱼藤酮、除虫菊酯、烟碱和川楝素对甘薯蚁象成虫具有潜在的控制作用；22.4%螺虫乙酯悬浮剂和10%溴氰虫酰胺可分散油悬剂对甘薯烟粉虱具有较好防治效果；穴施10%吡虫啉微胶囊剂或5%氟虫腈悬浮剂，均对蛴螬具有良好的防治效果；将三个气味蛋白基因沉默后甘薯蚁象的嗅觉缺失，且对性信息素和植物挥发物的定位功能丧失。

5. 贮藏与加工

在甘薯贮藏保鲜研发方面，适宜的温度对甘薯贮藏至关重要。低温贮藏导致冷害指数、相对电导率和丙二醛含量显著上升，抗坏血酸过氧化物酶和过氧化氢酶活性显著下降；12℃，85%湿度是紫甘薯的最适贮藏条件；多酚氧化酶和过氧化物酶是引起鲜切紫甘薯褐变的关键酶，绿原酸和阿魏酸是鲜切紫甘薯褐变的主要底物，50℃干热空气处理10分钟可以有效地抑制鲜切甘薯的腐烂、失重和酶促褐变；甘薯贮前低温处理能有效延缓采后生理衰老过程。在甘薯及其加工制品研发方面，直链淀粉与支链淀粉的结构变化显著影响淀粉的糊化、凝胶化和质构特性；淀粉粒径、旋转半径小的甘薯品种更适合作为粉条生产原料；复合酶处理后，甘薯改性淀粉的黏度、储能模量和损耗模量显著降低；黑麦粉中添加30%紫甘薯粉时饼干的品质较好；甘薯泥的加入使馒头的比容、感官评分降低，胶黏性增大，馒头具有浓郁的香味；甘薯渣粉添加量为8%的混合粉面条感官品质最佳；紫薯粉膳食纤维复合挂面中的香气物质有48种，其特有的香气物质有3，7-二甲基-1-辛烯、癸醛、庚醛等；-60℃速冻对烤甘薯理化品质和色泽的保存最好，液氮冻结后质构特性与现烤甘薯最接近。在甘薯品质评价方面，不同品种甘薯叶片间的营养与功能成分存在显著差异；高温热处理、高静水压处理、pH 值、光照等都能对甘薯叶黄酮稳定性产生负面影响；甘薯叶片中的原儿茶醛、咖啡酸乙酯和槲皮素具有较强的抗氧化能力和抑制 α-葡萄糖苷酶和 α-淀粉酶的活性，且酚酸和黄酮类物质均对 α-葡萄糖苷酶具有混合型可逆抑制作用；不同品种间的甘薯叶黄酮含量为紫叶甘薯品种>绿叶紫薯品种>绿叶常规品种。在副产物研究开发方面，亚临界水改性对甘薯皮可溶性膳食纤维得率、总膳食纤维得率和中性多糖占比的影响显著。甘薯叶粉饮料最佳配方为：以不切直接漂烫的茎尖制成的超细甘薯叶粉为原料，添加 2.5%黄原胶、1%乳酸钙、2%抗坏血酸、12%麦芽糊精、20%木糖醇和 0.9%苹果香精。

（国家甘薯产业技术体系首席科学家　马代夫　提供）

2020年度木薯产业技术发展报告

（国家木薯产业技术体系 CARS-11）

一、国际木薯生产与贸易概况

（一）国际木薯生产

受新冠肺炎疫情的影响，2020年世界木薯生产和流通不畅，为保障粮食安全，世界木薯主产国加大了对木薯的生产支持。比如，泰国启动木薯最低收购价，印度尼西亚限制木薯产品进口以保护其国内木薯产业发展。非洲木薯主产国的木薯工业化和进口替代策略的实施，推动了世界木薯产量提高和价值增值。世界木薯生产技术也在不断革新，数字技术的应用在逐渐增多，其中国际热带农业研究所（IITA）开发的6种面向木薯种植农户的数字工具正在尼日利亚、坦桑尼亚等非洲国家推广。从具体生产情况来看，2019年的世界木薯收获面积、产量分别为2 752.00万公顷、3.04亿吨，同比分别增长2.88%和2.89%。以2017—2019年的平均增长率计算，预计2020年世界木薯收获面积为2 805.19万公顷，产量将达到3.12亿吨。从东南亚木薯主产国的生产情况来看，2020年泰国木薯种植面积为141.17万公顷，产量为3 108.00万吨，同比分别增长2.30%和5.82%；同期，越南木薯种植面积为52.50万公顷，产量为1 049.00万吨，同比分别增长1.76%和3.80%。

（二）国际辣木生产

2019—2020年，世界辣木生产基本保持稳定，面积约为5万公顷，主要分布于亚洲、非洲、中美洲等国家和地区。印度仍然是辣木的最大生产国，种植规模一直保持在4万公顷左右。随着辣木功效不断被发现，应用领域不断扩大，非洲辣木生产规模增长迅速，尤其南非和西非地区。根据古巴农业部的数据显示，2020年古巴辣木种植面积依然在5 000公顷左右。此外，越南、菲律宾、老挝、缅甸、泰国等东南亚地区也在发展辣木规模化种植。

（三）国际木薯贸易

木薯是淀粉和酒精的重要生产原料之一，2020年的新冠疫情使世界市场的淀粉和酒精的需求大幅增加，国际木薯贸易规模扩大。其中，世界最大的木薯出口国泰国木薯干片出口规模显著扩大。2020年，泰国木薯干片出口量为306.31万吨，出口额为6.83亿美元，同比分别增长27.52%和31.39%；同期，泰国从柬埔寨、老挝等国进口木薯干片的数量和金额也在增加，进口量为176.20万吨，进口额为3.08亿美元，同比分别增长1.59倍和1.55倍。由于泰铢汇率强势，2020年的泰国木薯淀粉出口规模有所下降，出口量为381.64万吨，出口额为19.01亿美元，同比分别下降1.56%和4.50%。受新冠肺炎疫情影响，泰国边境贸易不畅和鲜薯价格上涨，导致其鲜薯的进口规模下降，2020年的进口量为72.08万吨，进口额为4 143.68万美元，同比分别下降19.87%和26.95%。同期，柬埔寨木薯和木薯产品出口量为707万吨，出口额为10.26亿美元，其中出口量同比增长

2.02%；越南木薯和木薯产品的出口量和出口额分别为276万吨、9.89亿美元，同比分别增长9.00%和2.40%。

（四）国际辣木贸易

辣木主要种植于亚洲、非洲等欠发达国家，以满足本国食品添加和饲料粗蛋白补充，很少进入国际贸易市场。印度是辣木叶和辣木籽等原料最大的生产国和出口国，美国为辣木叶粉的最大贸易进口国。随着国际贸易的便利化，辣木必然会逐渐进入发达国家市场，现已出现澳大利亚、意大利等欧美国家少量的化妆品、保健品、减肥产品等辣木产品销入亚洲市场。

二、国内木薯生产与贸易概况

（一）国内木薯生产

2020年我国木薯生产规模相对稳定。虽然木薯生产遭受到新冠肺炎疫情的影响，但是在全国复工复产政策及体系科技支撑下，木薯生产总体稳定。根据FAO数据，2019年我国木薯收获面积为449.55万亩，产量为498.66万吨，同比分别增长0.84%和1.12%。根据近三年的年均增长率预计，2020年我国木薯收获面积和产量将可能达到453.3万亩和504.16万吨。广西作为我国木薯第一大产区，木薯种植面积虽有所下降，但是技术增产能力的提高使木薯产量保持相对稳定。根据《2020年广西壮族自治区国民经济与社会发展统计公报》数据，2020年的广西木薯种植面积同比下降2.38%，产量同比小幅下降0.64%。从木薯市场价格来看，2020年全国木薯均价为660元/吨，其中广西地区的鲜薯价格按照淀粉含量的高低收购价格区间从2020年1月的600～680元/吨上涨至2020年12月的750～820元/吨，年平均收购价同比上涨约50元/吨，海南、江西、广东等地的木薯收购价格上涨幅度相对较小，同比上涨约25元/吨。

（二）国内辣木生产

2019—2020年，我国辣木生产规模稳中有升，面积约为12万亩，在2019年10万亩的基础上，增加11%，年产鲜叶6万吨左右。辣木种植主要以收获嫩梢和叶片为主，部分区域兼收种子。种植区域分为3个类型："多年生"辣木热带湿热种植区、亚热带干热种植区和"一年生"辣木温带种植区。主要以加工企业租地种植和"企业+合作社"模式种植为主，另有少部分农户零星种植。辣木产品种类丰富涵盖食品、保健品、日化品及饲料等领域。产品生产主要以代加工为主，部分企业也拥有自己的生产线。总体来说，辣木的种植及开发利用在国内仍处于初级阶段，尚未形成规模化产业体系。

（三）国内木薯贸易

新冠肺炎疫情造成的短暂性贸易中断，仅对2020年年初的木薯进出口贸易尤其是边境贸易造成了较大影响，但是随着中国和东盟区域农产品供应链的稳定，以及疫情下中国对木薯干片和木薯淀粉的需求量大幅增加，使2020年中国木薯进出口贸易的规模扩大。2020年我国进口的木薯干片数量为330.35万吨，进口额为7.79亿美元，同比分别增长20.63%和22.80%。其中，从泰国进口的木薯干片数量和金额分别为266.33万吨、6.26亿美元，同比分别增长10.16%和11.73%，从越南进口的数量和金额分别为40.76万吨和9 239.31万美元，同比分别增长9.81%和14.82%，从柬埔寨进口的数量和金额分别为12.53万吨、3 477.47万美元，同比分别增长92.98%和126.46%。从木薯淀粉进口情况来看，2020 年我国木薯淀粉进口量为 275. 65 万吨，进口额为 11. 30 亿美元，同比分别增长 16. 05%和 9. 63%。其中最大进口来源地是泰国，进口量为 169. 06 万吨，同比增长 8. 27%，进口额为 7. 08 亿美元，同比增长 1. 94%（进口均价为 418. 79 美元/吨）；从越南进口量为 98. 25 万吨，进口额为 3. 89 亿美元（进口均价为 395. 93 美元/吨），同比分别增长 30. 35%和 24. 90%。

（四）国内辣木贸易

国内辣木产品种类趋于丰富，主要以粗加工产品为主，主要原料为辣木叶。国内辣木叶基本能满足国内市场，部分辣木产品比如辣木茶还出口到美国等欧美国家。辣木籽由于产地少、产量低等原因，大部分从印度进口。总体来看，我国辣木产品销售以企业自销为主，市场主要在一线大城市，大部分产品市场尚未打开，故国内辣木贸易量较少。

三、国际木薯产业技术研发进展

（一）遗传育种技术研究发展动态

开展了全基因组水平利用组学技术（转录组及蛋白组）分析木薯植株表型（株型、储藏根等）、重要农艺性状（如淀粉品质、类胡萝卜素含量、干物重等）、对重要病虫害（炭疽病、花叶病、烟粉虱等）、对非生物胁迫（低温、干旱、激素等）等相关的调控网路及关键基因分析，解析木薯重要农艺性状形成的机制。对与光合同化物分配（糖代谢及糖转运）、重要品质性状（淀粉品质、胡萝卜素、生氰糖苷）、抗病虫（烟粉虱、木薯单爪螨）、抗逆境（干旱、低温）等关联的重要基因进行克隆和功能分析，涉及编码蛋白的 mRNA 及 lncRNAs。利用生物技术手段表达内源 *MeFT*1 基因促使木薯提早开花，并研究木薯开花的影响因素。解析木薯淀粉分支酶基因 *BE*1 和 *BE*2 在木薯储藏根淀粉生物合成中的功能，通过 RNAi 实现高直链淀粉的创制。开展木薯抗病虫等方面的分子标记的发掘，通过木薯原生质体筛选与 SACMV 相关的基因。在木薯与根际微生物的互作方面研究不断增多。

辣木遗传育种工作主要在两个方面。一是种质资源收集、保存。墨西哥 960 份，国际农用林业中心大约 300 份，南非 100 份左右，印度不详，中国 365 份。二是种质创新与育种利用。种质创制方面传统杂交育种存在一定困难，诱变获得新的辣木种质切实可行，中国这方面已经有 2 年多工作积累，获得诱变材料 1 000 余份；其他国家这方面的工作尚未见报道；辣木常异花授粉，种内天然杂合，种性相对稳定，育种上选择是关键，系谱选择已经获得辣木潜力新品种。

（二）栽培技术发展动态

木薯在砂质壤土、壤土临界含水量分别为土壤有效持水量的 39. 0%、15. 7%。叶片寿命对缺水条件下增产有重要贡献。覆膜栽培能够促进木薯早发芽，提高土壤速效养分和木薯产量。木薯在种植后 1. 5 个月后迅速吸收镁，白云石比氯化镁更能持久供应镁元素。木薯块根的蔗糖、总糖含量与其干物质含量呈显著负相关，叶片和茎的总糖含量与根系干物质含量呈正相关。木薯与玉米间套种抑制木薯生长，而生物炭可促进单种或间作玉米中的木薯生长。在机械研发方面，尼日利亚已研发一种木薯的刮擦式多管去皮机。

辣木株距为（20 厘米×25 厘米），最佳刈割间隔为 90 天，可获得辣木最大生物产量。果用辣木修剪高度 2 米和 3 米可获得最大的花量和果荚收成。增施亚硒酸盐，可增加辣木根中的硒含量，降低根中的镉含量。施氮磷可显著降低了辣木幼苗叶片、茎和根中的非结构性碳水化合物，这可能是施肥后生物量增加的稀释作用所致。辣木可抵抗金属胁迫，其营养品质和多酚含量受镉和铅吸收的影响最小，在镉和铅影响的土壤上种植辣木可以改善土壤的金属富集条件。辣木叶提取物可减轻细胞内镉（Cd）积累，可有效缓解金属毒性。

（三）病虫害草防控技术发展动态

国际上在病毒病、细菌性萎蔫病、烟粉虱等木薯重要病虫（螨）草害的防控方面取得良好进展。病虫害防控主要集中在田间病害智能监测软件和花叶病田间诊断系统研发、新病毒种类和花叶病新株系的鉴定、细菌性萎蔫病菌和褐条病毒的种群多样性、花叶病和褐条病成灾机理及管控模式、抗病毒种质资源及相关分子标记筛选、花叶病毒致病机理、病毒病脱毒技术、栽培模式控害作用等方面。草害方面集中在不同间作模式对杂草的控制作用，以及以化感物质、生防菌等为主的新型高效除草剂研发。

辣木病虫害主要在食叶害虫、蛀杆害虫，果腐病、茎腐病和枝枯病等综合防控方面取得一定进展。辣木主要食叶害虫—辣木瑙螟的生活史、生活习性、发育历期、发生流行规律已经明确，相应的生物防治、生物杀虫剂研究取得一定成效。蛀杆害虫—赤斑白条天牛的卵、幼虫的空间分布已经清楚，为下一步制定防控策略奠定基础。夜蛾、小菜蛾、花蓟马、稻管蓟马、茶蚜等一些次要害虫有了一定研究积累。果腐病、茎腐病和枝枯病等病害，主要是复合侵染，生产上宜农业防控为主，药剂防控为辅，传统的石硫合剂有较好防效。辣木林下养殖鹅等控制杂草效果明显。

（四）加工与综合技术发展动态

利用产油酵母 Candida tropicalis ASY2 处理木薯淀粉废水，生产生物柴油，产油率达 43.33%。从木薯渣中分离得到的 CT4T 菌株，可有效降低木薯渣中的纤维和果胶等物质。在食品加工方面，利用木薯淀粉制备纳米复合薄膜，食品包装优良材料，可有效防止食品腐败；通过添加豆粉和辣木强化了发酵木薯粉食品“Mchuchume”的营养品质，添加豇豆、紫色甘薯或发芽玉米粉也可显著性状木薯粉食品营养。采用氯化钙和柠檬酸对木薯进行预处理，最适工艺条件为 70℃ 和 3% W/V 处理浓度，可提高木薯粉品质，且木薯粉食品可减轻肝脏的脂质过氧化和延缓非酒精性层肝炎的发生。

早期的辣木生产加工主要为辣木叶精片，辣木籽。近年来国外市场产品开发更加多元化，降三高产品、抗氧化、改善睡眠等复合型功能产品不断出现；国内辣木市场仍以初加工为主，以辣木丰富的营养素和独特的功能因子为突破点，主要利用微生物发酵、开发出辣木健康食品，并利用辣木籽为原料提取活性成分，开发辣木精油等日化产品，逐渐成为辣木加工与综合技术发展的新方向，与国际发展趋势相似。

四、国内木薯产业技术研发进展

（一）遗传育种研究

总体上国内木薯遗传改良的基础研究不断加强，针对木薯储藏根发育、淀粉品质、抗病虫、抗逆境、采后生理性衰变等关联的基因克隆报导显著增多，对个别基因参与的调控机制有较深入的研究。例如，*MeSR34a*、*MeGRF3*、*MeUGT85K4*、*MeMinE2*、*lncRNA-CRR5* 等。克隆木薯乙烯受体基因（*MeETR1*）检测其在木薯采后生理变质（PPD）过程中的表达。分析木薯 *HSF* 家族基因（*MeHSF8*、*MeHSF10*）对 ABA 介导的木薯干旱胁迫响应及在 PPD 的作用。研究 *MeSCL* 基因在木薯非生物胁迫下的响应及木薯热激转录因子基因 *MeHSF7* 在干旱胁迫及延缓生理性变质的调控机制。解析基因 *BE1* 和 *BE2* 在木薯储藏根淀粉生物合成中的功能，创制高直链淀粉木薯新种质。培育获得木薯华南 16 号等木薯新品种。

收集来自埃及、古巴、埃塞俄比亚、肯尼亚、南非、卢旺达、南苏丹等国的辣木种质资源辣木种质资源 25 份，新增红河元江辣木育种繁殖基地 5.0 亩。针对湿热和干热辣木产区，筛选获得多油辣木种内杂交材料 12 份。酶联免疫吸附法（ELISA）测定愈伤组织诱导和分化阶段 0～28 天内每 7 天的吲哚乙酸（IAA）、脱落酸（ABA）、玉米素（ZT）和赤霉素（GA3）含量，明确了辣木叶片、茎段和花药愈伤组织诱导与相应愈伤组织在分化阶段 4 种内源激素含量的动态变化，为辣木组织培养再生体系的建立提供了参考。建立了辣木叶片组培再生完整植株技术体系，获得 9 种表型变异植株，染色体数均为 2n =28。

（二）栽培技术研究进展

苗期施钾有效促进木薯生长，提高块根产量和淀粉含量。木薯间作花生提高土地利用率 49%～60%，有效磷、pH 显著影响花生根际土壤细菌群落组成。适量外源硒改善食用木薯品质。矮壮素及吲哚丁酸浸种对木薯生长有促进效果。微量元素水溶肥可提高木薯淀粉含量。在机械化方面，崔振德等公开一种木薯垄作模式的施肥起垄机，邓干然等公开一种新型木薯种茎整理排序装置，宋建农等公开一种气动冲击型倾斜移栽式木薯种植机，李国杰等公开一种全自动式木薯联合收获机。

施用烟茎和酵母有机肥可显著提高辣木的叶产量。叶梢产量的影响依次为（采摘方式）>（截干高度）>（种植密度），适当增大株行距，截干高度保持在 1.6 米左右，每次采摘保留一定数量的分枝，可获得更高的鲜叶、嫩梢产量。在广西西南地区辣木截秆复壮时间应在 1 月中下旬之后进行。根据土壤肥力和叶片营养的综合评价，辣木园间作白芨和猫须草比较适宜。毛木耳菌丝在添加辣木屑的栽培配方中生长速度显著快于对照，添加 40%辣木屑的处理生物转化率最高。

（三）病虫害防控技术研究进展

国内主要集中在木薯细菌性萎蔫病、病毒病、褐斑病、马唐、香附子等重要病虫草害方面，包括国内及柬埔寨地区病害疫情监测、花叶病病毒株系鉴定及其基因组结构分析、花叶病毒检测技术、主栽品种对花叶病抗性评价、木薯抗细菌性萎蔫病机理、褐斑病流行规律及其田间防治技术，外来入侵虫害高效监测、风险定量评估及管理模式、生态适应性与灾变规律、优异抗虫种质鉴定评价与创新利用、虫害绿色防控策略与技术研发示范，以及常见杂草发生规律和预测技术、恶性杂草香附子的化学控制技术、基于绿肥覆盖物的“以草治草”绿色防控技术等。

经查阅文献，未发现新的关于辣木病虫害的报道。对辣木的研究主要集中在辣木叶、茎等组织提取液对一些病虫的生理或药理作用、病虫害种类调查、病原菌分离鉴定方面，包括瓜笄霉（*Choanephora cucurbitarum*）、兰生炭疽（*Colletotrichum chlorophyti*）等果腐病病原鉴定等，如辣木叶、种子提取物对番茄灰霉病的抗真菌作用；辣木提取物处理可延长秀丽隐杆线虫 *Caenorhabditis elegans* 的寿命，增加其抗性；辣木和印楝种子粉对棉蚜 *Aphis gossypii* 的防治。引起云南西双版纳辣木果荚腐烂且表面有白色菌丝体的辣木果腐病病原菌为瓜笄霉。

（四）加工与综合技术研究进展

利用木薯块根作啤酒加工辅料生产啤酒，其营养品质与传统啤酒相近，但具有香味清新的特点；利用硬脂酸改性微晶纤维素（M-MCC）/纳米纤维素（M-NCC）为增强剂，制备的绿色复合木薯淀粉薄膜，是食品包装理想材料；利用高效聚氨酯预聚体制备的木薯变性淀粉具有良好的相容性和高韧性；利用超声波处理、制备的木薯变性淀粉，可降低其结晶度；采用两段自催化水热预处理和酶解木薯茎杆，C-5 和 C-6 糖的产率最高分别为 68.49%和 81.02%。此外，利用 *Lentinula edodes* 菌通过固态发酵（SSF）木薯淀粉渣、木薯叶可以提高营养物质的生物利用度和减少氰化物含量；利用有机酸处理（乙酸 AA、乳酸 LA、甲酸 FA）预处理木薯茎杆，可有效催化半纤维素水解为 C-5 糖。

国内早期的辣木生产加工主要同质性开发食用鲜叶、辣木茶、辣木精片等辣木叶产品，近年来产品开发更加多元化，降三高产品、润肠通便、改善睡眠、增加骨密度等复合型功能产品不断出现，以辣木丰富的营养素和独特的功能因子为突破点，利用微生物发酵、高效提取制备等技术，开发出辣木健康食品，并利用辣木花、辣木籽为原料提取活性成分，开发辣木面膜、精油等日化产品，逐渐成为辣木加工与综合技术发展的新方向。

（国家木薯产业技术体系首席科学家　李开绵　提供）

2020 年度油菜产业技术发展报告

（国家油菜产业技术体系）

一、国际油菜生产与贸易概况

（一）世界油菜收获面积减少，总产下降，单产稍有上升

据 USDA① 统计，2020 年世界油菜总收获面积为 52 077 万亩，较 2019 年的 52 347 万亩减少了 270 万亩，其中，加拿大、印度、中国和欧盟收获面积仍排在前四位，中国占比为 19.15%。2020 年世界油菜籽总产量为 6 887.1 万吨，较 2019 年的 6 922.2 万吨下降了 35.1 万吨，其中，加拿大仍居第一，欧盟排名第二，中国和印度分列第三和第四位，中国占比为 19.17%。2020 年世界油菜籽平均单产为 132.67 千克/亩，比 2019 年的 132 千克/亩增加了 0.67 千克/亩，其中，智利仍是单产最高的国家，为 266.67 千克/亩。

（二）世界油菜籽、菜籽油贸易总量有所下降

据 USDA 统计，2020 年世界油菜籽出口总量为 1 544.7 万吨，较 2019 年的 1 592.4 万吨减少 47.7 万吨，其中，加拿大、澳大利亚和乌克兰排在出口国的前三位，加拿大占比为 64.74%。2020 年世界油菜籽进口总量为 1 524 万吨，较 2019 年的 1 550.4 万吨减少 26.4 万吨，其中，欧盟、中国和日本仍排在世界油菜籽进口国的前三位，中国进口量为 250 万吨，占世界油菜籽进口总量的 16.62%。

2020 年世界菜籽油出口总量为 541.7 万吨，较 2019 年的 556.7 万吨减少 15 万吨，其中，加拿大占世界出口量比重最大，为 62.77%。2020 年世界菜籽油进口总量为 521 万吨，较 2019 年的 544.3 万吨减少 23.3 万吨，其中，美国、中国和挪威仍排在菜籽油进口国的前三位，美国进口份额占比为 37.68%，中国为 30.71%，挪威为 9.21%。

二、国内油菜生产与贸易概况

（一）国内油菜生产概况

据 USDA 数据统计，2020 年我国油菜收获面积为 9 975 万亩，较 2019 年的 9 900 万亩增加 75 万亩，同比上升 0.76%。2020 年我国油菜籽产量达 1 320 万吨，较 2019 年的 1 348.5 万吨减少 28.5 万吨，同比下降 2.11%。2020 年我国油菜平均单产为 132.67 千克/亩，比 2019 年的 136 千克/亩减少了 2.45%。由于新冠肺炎疫情，油菜籽的产量和单产均受到不同程度的影响，因此，积极培育新型农业经营主体，加大科研创新与技术推广力度，加强油菜田间生产环节的管理，将是促进油菜产业发展的关键着力点。

（二）国内贸易概况

本年度油菜籽价格总体呈现先升后降再上升的趋势。第一季度，油菜籽价格呈现上升的趋势；4 月油菜籽价格达到波峰，为 5 190 元/吨；5 月之后，新菜籽陆续上市，油菜籽

---

① 美国农业部：https：//apps.fas.usda.gov/psdonline/app/index.html#/app/advQuery

供给增加，油菜籽价格现出现快速下降的趋势；至 6 月达到波谷，为 4 714 元/吨；从第三季度开始，油菜籽价格持续上升；在 11 月达到今年最高价 5 460 元/吨，呈现出良好的发展态势。预计未来一段时间国内菜籽价格不会大幅下降。

本年度我国菜籽油价格总体呈现锯齿状上升。上半年菜籽油价格呈现先升后降再上升的趋势；4 月降至今年最低价 13 185.70 元/吨；从第三季度开始，菜籽油价格持续上升；在 11 月达到今年最高价 13 385.70 元/吨，与 10 月基本持平。预计后期受季节性需求增加、国产油菜籽减产等因素影响，菜籽油价格会持续走高。

三、国际油菜产业技术研发进展

（一）遗传改良与品种改良

加拿大、澳大利亚以及欧洲油菜的效益高主要依靠规模化、机械化与优质高产稳产品种相结合。加拿大油菜产业的主要目标是不断提高油菜单产水平，我国油菜单产水平与加拿大相比尚存在一定差距；高油酸新品种的选育和推广应用是他们发展的重点之一，目前加拿大高油酸油菜种植面积比较稳定，由于所生产高油酸菜籽油直接供应美国麦当劳，因此效益明显好于普通双低油菜；高维生素 E 菜籽油也较常见，销售价值略高于普通菜籽油；加拿大油菜产业近年来饱受根肿病的困扰，政府部门和企业都加强了科研力度，目前已鉴定出一批抗根肿病位点，培育出多个抗根肿病油菜新品种，但研究的难点是如何培育具有持久抗性的油菜新品种；澳大利亚通过基因工程开发了特殊多不饱和脂肪酸油菜，但目前还没有大面积推广应用的报道；加拿大和欧洲比较注重饼粕质量相关性状的育种工作；他们还通过基因编辑技术，创建了矮秆并且分枝数明显增加的油菜新种质。

（二）栽培与生产技术

国外相关研究表明，菜籽油被认为是世界上独一无二的高质量食用油。油菜高产、优质和抗逆（干旱胁迫）一直研究的重点，相关研究主要涉及影响油菜生长、产量和品质形成的播期、氮肥、土壤耕作及温度、气候变化等环境因素。播期是影响干物质生产、生长和油分产量的主要因素和管理措施之一，适当提早播期和叶面施用腐植酸都能有效提高油菜产量和含油量。地中海地区研究得出，增加施氮量能显著提高因为迟播造成的产量损失，但不能完全弥补迟播造成的产量损失，氮肥利用率和转化率与播期呈显著正相关。欧美发达国家平衡施肥、精准施肥和缓（控）肥技术产品研发走在世界前列。法国国家科学研究中心主要研究了油菜遗传基因改良与养分调控技术，德国主要开展油菜氮素生理相关研究。澳大利亚等国应对气候干旱，优化油菜生育期、播期、耕作方式抗灾避灾，油菜面积和产量大幅提升。在半干旱地区补灌可显著增加油菜产量，提高蛋白质、油脂和脂肪酸。为最大限度地机械化生产种植方式，国内外研究了播速、行距、播量（密度）对油菜农艺性状和产量的影响，同时研究了导致机械收获损失的主要原因有收获时间、籽粒大小及株型结构等。

（三）植保技术

本年度国际上油菜菌核病研究的热点主要集中在致病机理的深度解析和病害的绿色防控等方面，德国科学家 Daniel G. Vassão 等发现了核盘菌可以通过合成水解酶降解油菜体内的硫苷类物质，使之适应在油菜体上生长致病；美国科学家 Pankaj Trivedi 等提出了利用植物微生物组工程提高作物抗病和生长的概念；加拿大科学家 Mark Belmonte 等将纳米技术和 RNA 干扰（RNAi）技术用于控制核盘菌等病原物引起的病害。油菜根肿病研究的热点主要集中在根肿菌基因组测序与分子标记开发、抗病基因定位与抗病育种等方面，加拿大科学家 Rudolph Fredua-Agyeman 等发现 B. rapa A03 染色体上的 *CRa/CRbKato* 基因和 A08 染色体上的 *Crr*1 基因之间存在隐性和隐性抑制上位性相互作用；韩国科学家 Md Abdul Kayum 等发现了根肿病的发病进程受寄主植物体内硫代葡萄糖苷含量的影响，进而推测可以通过调控植物体内硫代葡萄糖苷的表达水平来减缓根肿病的发病进程。油菜黑胫病研究的热点主要集中在病菌检测技术、病原群体结构分析、病原与寄主互作等方面，瑞典研究人员以毒素 sirodesmin PL 合成酶基因 *sirP* 和聚酮合成酶基因 *PKS5* 为靶标，分别建立了检测黑胫病菌和茎基溃疡病菌的 LAMP 技术，灵敏度达到 fg 级；加拿大研究人员采用无毒基因推导和 PCR 检测的方法，分析了近 10 年来加拿大油菜茎基溃疡病菌的群体结构，发现其一直在随着油菜品种的变化而变化，并监测到油菜茎基溃疡病菌对吡唑醚菌酯、戊唑醇表现出抗药性；法国研究人员发现一种细菌代谢物鼠李糖脂可以通过直接的抑菌作用以及诱导寄主抗病性来发挥防治油菜茎基溃疡病的作用。

（四）机械化装备

欧美发达国家油菜大多集中连片种植，油菜生产已实现全程机械化，生产效率高、成本低，以加拿大曼尼托巴省油菜种植情况看，用工数量约 0.2 时/亩，生产总成本约 466.5 元/亩。在此基础上，油菜农机装备还在持续向着宽幅、高效、精准、智能等方向集约化发展，智能化管理与精准作业技术已应用于油菜生产过程。种植机械方面，继续向着宽幅、高效的方向发展，智能化程度更高，并且注重机器对土壤和环境的影响，可通过对播种、施肥等环节的精准、变量控制实现种子、肥料和水资源的高效利用。例如约翰迪尔 1745 型播种机，采用新型 exacate 液体肥料集成系统和 ProSerie 开沟器，从而实现了精量施肥，并提高了种子与土壤的接触、深度一致性、发芽和均匀出苗率。日本 Topcon 推出的农业管理新平台 TAP，基于高精度硬件、软件和数据开发，可为农业智能管理的每个阶段提供实时监测和数据分析，并将物联网带入农业领域。田间管理机械方面，欧美发达国家智能化趋势尤为明显。以病虫草害管理环节为例，各种田间管理机器人逐渐在大田测试与应用，如德国博世的 Deepfield Bonirob V3、美国约翰迪尔的 BRT、法国卡特的 Anatis 等型号的机器人，普遍采用了基于人工智能的病虫草害识别、自主定位与建图、自动对行行驶等技术，集成对靶喷施、自动除草、表型探测等多种功能于一体。收获机械方面，欧美发达国家更加强调联合收获机的高效作业，并配备自动导航、收获质量和工作状态监控装置等自动化和智能化设备，提高操作舒适性。割台方面，其前沿技术主要包括柔性割台、折叠式割台、地面高度仿形割台技术，割台幅宽一般为 9～12 米；脱粒清选方面，其前沿技术主要包括切流+轴流+多滚筒脱粒技术、分离凹板间隙调节技术、4D 清选技术和筛片开度自适应调节技术等；行走底盘方面，其前沿技术主要包括包括轮履组合式行走底盘技术、履带底盘坡地调平技术等。此外，自动导航技术，作业误差可达到±2～3 厘米、谷物品质在线监测技术、损失率在线监测技术、脱粒清选工作部件在线调控技术等已成熟应用于机具。

（五）加工和检测技术

菜籽加工技术方面，国际上主要集中在菜籽油绿色提取和菜籽饼粕蛋白的高效利用等领域。目前，国内外在油菜籽等油料射频调质技术已经取得一定的进展，实现了中试规模应用。油菜籽及其压榨饼的亚临界萃取技术已日趋成熟。如何进一步提高亚临界萃取工艺的安全性，筛选新型的萃取剂或混合萃取剂以及降低生产成本，并实现智能化控制，还需要深入研究。菜籽富含油脂、脂类伴随物和多种微量活性组分，因此菜籽毛油的柔性物理精炼技术是研究的热点之一。Yu D. 等研制出纳米磁性固定化脂肪酶，可以将食用油中的游离脂肪酸酯化植物甾醇酯。

油菜质量安全与营养品质评价技术方面，油菜籽品质近红外无损快速检测和菜籽油真实性鉴别仍是国际油菜籽与菜籽油质量安全领域的研究热点。加拿大谷物委员会谷物研究实验室 Véronique J. Barthet 博士利用手持式近红外光谱仪建立了油菜籽水分、含油量、粗蛋白质含量、硫甙总量、油酸、α-亚麻酸和碘价等品质参数无损快速检测，为油菜籽的分等分级加工利用提供重要检测技术。此外，还发展了基于 DNA 条形码［trnl（UAA）内含子］、近红外光谱和拉曼光谱技术的菜籽油掺假鉴别技术，为油菜产业健康发展提供了重要技术支撑。

四、国内油菜产业技术研发进展

（一）遗传改良与品种改良

本年度完成登记了一批油菜新品种，且尚有一大批新组合在各级区试之中，其中，北方强冬性甘蓝型油菜完成登记，将冬油菜种植向北移 4～6 个纬度，其生态效益重大。通过全国油菜科研工作者的协同攻关，目前已建立了高效的油菜基因编辑平台、基因型分析平台、小孢子培养为基础的基因型快速纯合平台、育种材料快速繁殖加代平台等，极大地提升了我国油菜分子聚合（设计）育种能力，培育出的适合机械化生产、综合抗性好（抗倒、抗根肿病和抗菌核病）、含油量高的新品种所占的比重越来越高，株型改良也取得阶段性进展，为我国油菜机械化生产水平的不断提高奠定了重要基础。此外，还筛选和创制出一大批抗根肿病、抗除草剂、抗裂角、黄籽、种子低硫苷叶片高硫苷、矮秆、矮秆多分枝、花叶等新型种质资源，为后续油菜育种提供了源源不断的急需资源。

新时期，我国油菜产业提出了“以油用为主，多功能利用相结合”的发展战略，油菜品种的功能得到不断拓展，高油酸油菜、饲料油菜、绿肥油菜、抗病毒油菜（板蓝根油菜）、菜用油菜（硒滋圆 1、2 号）不断涌现，其中，通过高油酸品种全价值链、全产业链开发应用，树立了高附加值油菜产业发展的典型。同时，还提出了我国油菜单产、效益和种植面积倍增计划，拟通过显著提高油菜种植密度以带动单产显著提升的育种理论构想，并初步得到验证。总之，油菜育种发展战略越来越符合当前我国油菜产业发展的实际，高效育种理论的不断创新，育种技术的快速发展及其整合度的不断提高，对我国油菜产业发展的支撑力度体现得越来越明显，使我国已逐步成为国际油菜科学研究的中心。

（二）栽培与生产技术

稻草全量还田油菜免耕飞播播量控制、厢沟配套等轻简高效种植技术进一步完善，采用毯状苗移栽技术、迟直播密植栽培技术等手段，有效缓解了稻田油菜茬口矛盾；创建了以“精准种类、精准配伍、精准用量、精准时期、精准位置”为核心的油菜精准轻简高效施肥关键技术，新型油菜专用缓释肥（24-9-7 和 18-8-5）在全国油菜种植区推广，油菜肥料利用率显著提高；立足于土壤和产地环境污染管控与修复，制作了基于 GEE（Google Earth Engine）云平台全国油菜种植分布图，初步完成主产区油菜及其产地重金属评估。集成高油高产多抗适机油菜品种、精量联合直播技术、全营养缓释专用肥、高效田间管理技术、分段收获技术、菜籽产地加工等技术，全产业链、全价值链挖掘油菜“油”“菜”“花”“蜜”产值，构建高质高效模式；实现了高油酸油菜的产业化开发，在种植区全面推行“企业+基地+农民”的紧密型利益联结机制，形成共建共享的良性发展格局。集成创新和综合运用芽前种子处理、干播匀出全苗齐苗、中高温早发壮株、花色花期花量“三花”调控技术，实现了可根据需要定制开花时间、高度、花期长短以及花色，打造四季油菜花海技术模式，助力松滋乡村振兴；硒滋圆系列菜薹品种周年种植技术模式为推动油菜参与国际竞争、满足人民对美好生活的需要提供了坚实有力的科技支撑。

（三）植保技术

我国油菜菌核病研究主要集中在抗病品种选育、核盘菌生物学特性研究、核盘菌与寄主互作机制解析、病害生物防治等方面，选育出菌核病抗性较好的油菜新品系3份，其中农艺性状较好GDP 10已进行新品种登记；揭示了核盘菌新的生长方式，提出了“分裂营养型”的概念，并为油菜菌核病的病害循环研究提供了新的视野；发现了核盘菌分泌蛋白Ss-Caf1影响核盘菌侵染垫形成及菌核发育；对菌核病生防真菌盾壳霉的基因组进行了解析，并通过转录组及基因组数据研究了生防菌盾壳霉-核盘菌互作的分子机理，为挖掘盾壳霉的基因资源建立了技术平台；发现了真菌病毒可以将核盘菌转变为促进油菜生长和抗病的内生真菌，并由此提出了“植物疫苗”的真菌病害防治概念。油菜根肿病研究主要集中在抗病基因挖掘与抗病材料创制、病害流行和病原致病机制等方面，精细定位并克隆到CRd抗病基因以及由单隐性核基因控制的抗根肿病QTL位点1个；通过种间杂交，创制出抗根肿病油菜新种质20余份；阐明了根肿菌侵染循环百年未解的关键侵染过程，初步明确了及寄主抗性和非寄主抗性反应属性；发现前作大豆后，后茬油菜根肿病的发病率、病情指数及土壤中休眠孢子含量显著降低，该研究为油菜根肿病的生态防控提供了新的思路。油菜黑胫病研究主要集中在病菌检测技术与病害综合防控等方面，优化了快速检测油菜茎基溃疡病菌、油菜黑胫病菌芸薹亚种和加拿大亚种的LAMP技术，整个检测反应可在1小时内完成；完成了全国油菜主产区油菜黑胫病发生普查，在新疆油菜产区发现了油菜茎基溃疡病菌；构建了“以检疫、轮作和抗病品种为基础，以杀菌剂为应急措施，以生物防治为预防措施”的油菜黑胫病综合防控技术体系。油菜虫害研究主要集中在绿色高效防控技术开发等方面，研制出2种安全、高效、低毒的油菜专用杀虫种衣剂；研发出一种以除虫菊酯和噻嗪酮为主要成分的广谱复合杀虫剂；发现草地贪夜蛾开始危害油菜，并开展了相关的监测和防控研究。

（四）机械化装备

2020年全国油菜种植机械化水平达32.54%，收获机械化水平达44.00%，综合机械化率为56.88%。油菜生产用工数量为6.42日/亩，生产总成本约916.97元/亩，平均产量136.56千克/亩，油菜籽生产成本约6.71元/千克；其中，人工成本548.24元/亩，折合4.01元/千克（占生产成本的59.76%）。油菜精量联合直播机械化技术日趋成熟，在全国得到广泛应用，尤其在春油菜区规模化机械化播种水平较高。长江流域受种植制度影响，直播与移栽作业共存，大多采用中小型播种机与毯状苗移栽机开展作业，播栽机械对水稻秸秆还田适应性进一步提升，机械化种植水平逐年提升。植保无人飞机在菌核病防控、辅助授粉方面得到广泛试验示范与推广。油菜联合收获技术处于平台期，在适宜地区推广应用，随着人们对油品要求的提升，分段收获需求越来越旺盛，1+3分段/联合收获成套装备解决了各类油菜高效、低损、高品质收获难题，在长江流域广泛推广应用。油菜智能化管理与精准作业起步较晚，现已开展了大量研究，获取了作物生长状态样本图片，为机械化作业提供基础支撑。以机械化播种/移栽、无人机田间管理、机械化分段/联合收获三大技术为核心的油菜全程机械化技术模式已基本形成，初步实现了品种、栽培技术和机械装备的集成配套，“油菜全程机械化技术”也成功入选“十三五”十大农业科技标志性成果，为油菜全程绿色高效生产、提质增效提供了有力的科技支撑。

（五）加工和检测技术

菜籽高效加工技术方面，油菜籽预处理技术和菜籽油物理精炼及风味保留技术取得了较好的进展。基于气流膨爆对油料细胞具有高效破碎并充分释放内源性活性组分的特点，郑畅等人开展了气流膨爆预处理油料对油脂品质影响研究，发现在最佳蒸汽爆破条件下，甘蓝型油菜籽 canolol 形成能力最强；与对照相比，甘蓝型、白菜型和芥菜型菜籽油中的生育酚和植物甾醇含量分别提高了 5.3%、4.8%、7.4%和 2.1%、3.2%和 5.1%。姚英政等研发了一种绿色低能耗的脱胶方法，通过二氧化硅吸附去除了菜籽油中 85%的磷脂，保留了高达 96%的总酚含量，并且对特异性多酚 canolol 的含量几乎没有影响。

油菜质量安全与营养品质评价技术方面，油菜籽特异品质检测技术一直是国内该领域的研究热点。李培武院士团队创建了油料油脂中多酚氘代同位素质谱高灵敏确证检测技术，检测灵敏度提高 50 倍，为油菜籽和菜籽油中多酚检测提供了高灵敏检测技术。江南大学刘元法教授团队考察了油菜籽热处理对菜籽油中酚类物质含量的影响，发现了微波处理可提高菜籽油中酚类物质的含量。李培武院士团队和江南大学王兴国教授团队分别建立了浓香菜籽油风味物质的检测技术。西北农林科技大学于修烛教授团队研究了油菜籽烘烤对菜籽油中硫甙和风味成分的影响。

（国家油菜产业技术体系首席科学家　王汉中　提供）

2020年度花生产业技术发展报告

（国家花生产业技术体系）

一、国际花生生产与贸易概况

（一）世界花生生产概况

世界花生种植面积近年来总体呈现上升态势。据统计，全世界花生种植面积从2010年的2 614.46万公顷上升到2019年的2 959.70万公顷，增长了13.21%。从表1可以看出，最近十年世界花生种植面积在波动中发展，2013年和2016年的花生种植面积增长最快，超过了6%，而2011年和2015年花生种植面积比上年又分别减少了3.98%和2.97%。

从产量上看，自2016年开始，世界花生连续三年增产，2018年世界花生产量达到顶峰，2019年，相比花生种植面积的减少，花生减产幅度比较大，减产幅度是种植面积变化的11.6倍，这在一定程度上说明了花生在2019年受到自然灾害的影响。

表1 2010—2019年世界花生面积、产量及其增长率

年份	面积/万公顷	增长率/%	产量/万吨	增长率/%
2010	2 614.46	—	4 355.00	—
2011	2 510.50	-3.98	4 111.73	-5.59
2012	2 556.91	1.85	4 240.88	3.14
2013	2 726.41	6.63	4 695.52	10.72
2014	2 731.99	0.20	4 557.45	-2.94
2015	2 650.92	-2.97	4 454.06	-2.27
2016	2 838.68	7.08	4 575.82	2.73
2017	2 929.84	3.21	4 800.15	4.90
2018	2 970.33	1.38	5 088.97	6.02
2019	2 959.70	-0.36	4 875.68	-4.19

数据来源：FAO整理所得。

2019年花生种植面积前三名的国家分别是印度、中国和尼日利亚，这和2018年的排名一样。其中印度花生种植面积为473万公顷（占比15.98%），中国为450万公顷（占比15.20%），尼日利亚为387万公顷（占比13.08%）。表2是2019年全球花生种植的主要国家，这15个国家的花生种植面积总和占世界花生种植面积的82.82%。

表2　2019年世界花生面积前15个国家

序号	国家	面积/万公顷	占比/%
1	印度	473.08	15.98
2	中国	450.00	15.20
3	尼日利亚	387.53	13.08
4	苏丹	313.03	10.58
5	塞内加尔	111.09	3.75
6	缅甸	110.87	3.75
7	坦桑尼亚	99.00	3.34
8	几内亚	91.20	3.08
9	尼日尔	89.95	3.04
10	乍得	82.42	2.78
11	美国	56.32	1.90
12	刚果民主共和国	49.50	1.67
13	布基纳法索	48.57	1.64
14	马里共和国	45.24	1.53
15	喀麦隆	44.50	1.50

数据来源：FAO整理所得。

虽然印度种植面积全球第一，但是从花生总产量上看，中国仍然是全球第一，总产量高达1 751.96万吨，世界花生总产量排名第二的是印度，中国花生总产量是印度的2.6倍，说明中国花生种植的单产比印度的要高出不少。2019年，中国花生单产是3.89吨/公顷，印度单产为1.42吨/公顷，尼日利亚单产是1.15吨/公顷。

但是世界花生单产数据最高的是乌兹别克斯坦，花生单产高达21.87吨/公顷，其次是中国台湾地区，花生单产6.34吨/公顷，危地马拉单产全球排名第三，是5.41吨/公顷。

表3　2019年世界花生总产量前15个国家

序号	国家	产量/万吨	占比/%
1	中国	1 751.960 0	35.93
2	印度	672.718 0	13.80
3	尼日利亚	445.005 0	9.13
4	苏丹	282.800 0	5.80
5	美国	249.298 0	5.11
6	缅甸	161.571 5	3.31
7	塞内加尔	142.128 8	2.92

（续表）

序号	国家	产量/万吨	占比/%
8	阿根廷	133.722 9	2.74
9	几内亚	95.766 2	1.96
10	乍得	93.925 2	1.93
11	坦桑尼亚	68.000 0	1.39
12	巴西	58.057 4	1.19
13	尼日尔	54.395 1	1.12
14	加纳	53.568 5	1.10
15	喀麦隆	50.000 0	1.03

数据来源：FAO 整理所得。

全球花生产量结构较为集中，前 15 个国家总产量汇总占全球花生总产量的 88.46%，见表 3。中国是全球最大的花生生产国，其花生产量占全球花生总产量的 35.93%，远远高于全球第二大花生主产国印度的产量占比 13.80%。除中国和印度以外，2019 年花生主产国前 10 位分别是：尼日利亚（产量为 445 万吨，占比 9.13%）、苏丹（产量为 282.8 万吨，占比 5.80%）、美国（产量为 249.3 万吨，占比 5.11%）、缅甸（产量为 161.6 万吨，占比 3.31%）、塞内加尔（产量为 142.1 万吨，占比 2.92%）、阿根廷（产量为 133.7 万吨，占比 2.74%）、几内亚（产量为 95.8 万吨，占比 1.96%）和乍得（产量为 93.9 万吨，占比 1.93%）。

（二）世界花生主产国的花生贸易格局

世界花生贸易总体呈现上升态势，见表 4。据统计，全世界花生贸易自 2010 年出口量的 125.56 万吨上升到 2019 年的 257.32 万吨，尤其 2011 年和 2019 年的花生出口量上升明显，分别增长了 34.38%和 30.88%。

表 4　2010—2019 年世界花生进出口及其增长率

年份	进口量/万吨	金额/万美元	增长率/%	出口量/万吨	金额/万美元	增长率/%
2010	155.18	170 247.1		125.56	137 287.7	
2011	165.79	225 374.4	6.83	168.73	230 226.0	34.38
2012	161.17	270 568.3	-2.79	162.70	245 085.6	-3.57
2013	168.02	246 672.8	4.25	167.13	219 542.2	2.72
2014	150.11	204 059.9	-10.66	164.89	199 430.2	-1.34
2015	157.29	207 144.9	4.78	169.61	202 885.4	2.86
2016	174.33	214 833.2	10.84	198.70	226 349.2	17.16
2017	195.57	259 555.6	12.18	189.15	230 643.1	-4.81

（续表）

年份	进口量/万吨	金额/万美元	增长率/%	出口量/万吨	金额/万美元	增长率/%
2018	196.03	246 671.9	0.24	196.62	219 682.3	3.95
2019	236.49	275 668.6	20.64	257.32	280 869.5	30.88

数据来源：FAO 整理所得。

2019 年全球花生出口量为 257.32 万吨，出口总额为 280 869.5 万美元。世界花生出口结构相比花生产量结构更为集中。从表 5 看出，前 15 个国家花生出口总和占比全球花生出口量的 95.06%，花生出口金额总和占全球花生出口总额的 94.72%。其中，印度、阿根廷、美国是全球前三大花生出口国，这三个国家的花生出口量分别占全球花生出口总量的 22.09%、13.77% 和 12.83%。此外，花生主要出口国家还有塞内加尔、巴西、中国、荷兰、苏丹、埃塞俄比亚、尼加拉瓜、马拉维、越南、马达加斯加、坦桑尼亚和埃及。

表 5　2019 年世界花生出口前 15 个国家

序号	国家	出口量/万吨	出口金额/万美元	出口量占比/%	出口金额占比/%
1	印度	56.87	60 611.8	22.09	21.58
2	阿根廷	35.43	42 695.3	13.77	15.2
3	美国	33.02	36 909.5	12.83	13.14
4	塞内加尔	22.53	15 143.6	8.76	5.39
5	巴西	19.80	23 061.6	7.7	8.21
6	中国	15.51	22 286.0	6.03	7.93
7	荷兰	14.52	22 751.7	5.64	8.1
8	苏丹	13.09	10 707.2	5.09	3.81
9	埃塞俄比亚	8.84	5 697.3	3.44	2.03
10	尼加拉瓜	8.08	9 647.8	3.14	3.44
11	马拉维	4.70	3 950.4	1.83	1.41
12	越南	3.32	5 614.3	1.29	2
13	马达加斯加	3.27	1 002.6	1.27	0.36
14	坦桑尼亚	2.95	1 755.6	1.15	0.63
15	埃及	2.67	4 210.5	1.04	1.5

数据来源：FAO 整理所得。

从国别角度来看，2019 年世界花生出口结构与产量结构差异较为明显，见表 6。中国作为世界最大的花生主产国，但其花生出口量小于印度、苏丹、美国、塞内加尔、阿根廷、坦桑尼亚和巴西，位居第八。原因是中国花生主要用于国内消费，出口量占本国产量比重仅为 0. 88%。而巴西、阿根廷花生产量虽然较低，但主要用于出口，其花生出口量占本国花生产量比重分别高达 34. 10%和 26. 50%。尼日利亚、缅甸、几内亚、乍得、尼日尔、加纳和喀麦隆作为世界花生主要生产国，其花生产量几乎或全部用于本国消费，几内亚和加纳根本没有对外出口。

表 6　2019 年全球各主产国花生出口占本国产量比重

序号	国家	产量/万吨	出口量/万吨	出口量占比/%
1	中国	1 751. 96	15. 506 2	0. 88
2	印度	672. 72	56. 867	8. 45
3	尼日利亚	445. 01	0. 031 9	0. 007
4	苏丹	282. 80	13. 088 6	4. 632
5	美国	249. 30	33. 024	13. 25
6	缅甸	161. 57	0. 147 9	0. 092
7	塞内加尔	142. 13	22. 530 4	15. 85
8	阿根廷	133. 72	35. 429 9	26. 5
9	几内亚	95. 77	0	0
10	乍得	93. 93	0. 004 6	0. 005
11	坦桑尼亚	68. 00	2. 950 5	4. 34
12	巴西	58. 06	19. 799 9	34. 10
13	尼日尔	54. 40	0. 002 8	0. 005
14	加纳	53. 57	0	0
15	喀麦隆	50. 00	0. 004 6	0. 009

二、国内花生生产与贸易概况

（一）国内花生生产概况

1. 花生种植面积继续保持增长态势

尽管受到新冠肺炎疫情的不利影响，经过有关各方的共同努力，2020 年中国花生生产继续保持良好的发展态势，花生种植面积预计在高位的基础上继续增加。国家花生产业体系各试验站的调查以及相关数据资料显示，2020 年各花生主产省种植面积呈现不同的变化趋势，部分省份继续保持高位增长态势，有些基本维持不变，有些则在高位的基础上有所回调。举例来说，河南延续“四优四化”科技支撑行动计划的政策利好，花生种植面积在去年的基础上又有所增加，预计达 2 300 万亩；安徽、江苏、河北和江西由于去年花生面积偏低，2020 年得到恢复性增长，面积增加较明显，增幅均在 5%以上。花生面积减少较多的省份为贵州，减幅超过了 10%，山西和吉林花生面积减幅在 5%以上。根据各花生主产省的调查信息，体系对全国花生主产省的种植面积进行了预估，预计 2020 年全国花生种植面积将为 7 847. 5 万亩，比去年增加 1. 4%，见表 7。

表 7 全国 2020 年花生面积与产量

地区	播种面积		总产量		单产/（千克/亩）
	预估量/万亩	比上年增减/%	预估量/万亩	比上年增减/%	
全国	7 847.5	1.40	1 907.6	-0.74	243.1
河南	2 300.0	1.55	690.0	-0.12	300.0
山东	1 045.5	3.99	297.0	5.51	284.1
河北	530.0	6.00	125.0	4.17	235.0
广东	510.0	0.99	107.1	2.98	210.0
辽宁	490.5	-1.90	72.0	-34.55	146.8
四川	390.0	-1.27	67.0	-0.74	170.0
湖北	385.0	3.22	89.7	8.33	233.0
吉林	360.0	-5.26	79.2	-0.75	220.0
广西	336.0	0.00	60.5	-2.73	180.0
江西	280.0	5.66	54.6	3.02	195.0
湖南	240.0	0.00	43.2	8.82	180.0
安徽	225.0	7.14	67.5	-7.66	300.0
江苏	160.0	6.67	42.2	4.98	265.0
贵州	112.5	-10.71	16.3	-14.21	145.0
福建	110.0	0.00	19.8	-7.91	180.0
山西	28.0	-6.67	7.8	15.29	280.0
新疆	18.5	8.82	7.3	4.29	395.0
其他	326.5	-1.51	61.4	-2.57	188.0

数据来源：主产省数据为团队根据各省试验站的调研估计，其他地区根据国家粮油中心报告数据估算。

2. 花生单产略有下降

花生单产受花生生长季节天气状况的影响较大。总体来看，2020 年花生生长季节的天气情况为南方涝（如山东、安徽等长江中下游地区出现涝灾）、北方旱（如东北地区）。分地区来看，河南、湖北等产区在花生收获期均遇连续阴雨天气影响，部分花生品质受到影响；江西、安徽花生生长期雨水频发，花生果饱满度以及出米率均受到一定影响；山东产区临沂多地、日照多地、青岛莱西等地受多雨影响，花生果不饱满，单产有不同程度的下滑；东北产区义县、阜新等地受天旱影响，山地坐果率偏低，影响产量，10 月中下旬气温骤降后，部分有冻粒情况，辽宁等地花生发芽率低。上述不利因素导致 2020 年全国花生平均单产略有下降，根据花生产业体系各试验站的调研汇总，全国花生单产平均为 243.1 千克/亩，比去年减少 2.1%。

3. 花生总产量有所回调

尽管花生种植面积有所增加，由于单产减少的幅度超过了面积增加的幅度，2020 年花生总产量预计在高位的基础上有所回调。根据花生产业体系各试验站的调研汇总，全国花生总产将达到 1 907. 6 万吨。花生总产量增幅较大的省份包括山西、湖北和湖南，增幅均在 8%以上，总产量减少较多的省份主要有辽宁和贵州，减幅在 10%以上。

（二）国内花生贸易概况

中国生产的花生主要用于满足国内市场的需求，对外贸易所占比重很小。从消费形式和消费量来看，食用和榨油是我国花生的两个主要用途，2020 年度花生食用消费量为 782 万吨，榨油消费量为 930 万吨，分别占国内花生年度总供给量的 42. 7%和 50. 8%，见表 8。

表 8　2018—2020 年中国花生贸易情况

类　别	2018 年	2019 年	2020 年
生产量/千吨	17 332	17 500	17 750
食用消费量/千吨	7 700	7 800	7 820
榨油消费量/千吨	8 790	9 080	9 300
种用及损耗/千吨	600	620	610
其他消费量/千吨	200	200	200
自给率/%	98. 0	96. 6	96. 8

数据来源：根据国家粮油信息中心数据整理计算。

（三）中国花生进出口贸易格局

关于中国花生产品的历年出口，花生产品历年来出口数额最大的为花生果，其次是花生仁，两者约占 90%的份额，见表 9。花生果作为出口额最大的花生制品，其出口额占花生制品总出口额的比重一直保持在 50%以上，在 2015 年占比一度达到 80%以上，从 2017 年开始所占比重略有下降，其出口总额在近年来也开始出现下降趋势。花生仁占以上花生产品的份额仅次于花生果，是第二大花生出口产品，在 2015 年之前，其占比逐年下降，直到 2015 年降到不足 10%之后开始呈现上升趋势，虽然其出口额在个别年份有波动但总体而言呈上升趋势。花生酱和花生仁所占份额则较小，两者总出口额占比在 10%左右浮动，两者的出口额保持较为稳定的增长趋势。

2020 年受新冠肺炎疫情的严重影响，中国花生油、花生果出口额严重减少。相比 2019 年，2020 年 1—10 月中国花生油出口额从 7 529. 04 万美元急剧下跌到 60. 55 万美元，减少了 99. 2%；花生果出口额从 54 005. 3 万美元急剧下跌到 2 963. 77 万美元，减少了 94. 51%；花生仁的出口额也明显减少，从 22 399. 17 万美元减少到 13 958. 97 万美元，减少了 37. 68%。但花生酱出口额却逆势上升，增长了 4. 12%。

表 9　中国花生产品历年出口额　　（万美元）

年份	花生油	花生酱	花生仁	花生果	总计
2004	1 611. 99	1 794. 55	25 100. 43	29 834. 45	58 341. 42

（续表）

年份	花生油	花生酱	花生仁	花生果	总计
2006	1 537.76	2 570.28	18 812.66	36 243.80	59 164.5
2008	6 170.34	4 085.26	23 572.21	49 913.58	83 741.39
2010	1 743.48	4 804.63	17 535.61	55 093.65	79 177.37
2012	2 512.91	6 311.70	20 904.07	75 774.96	105 503.64
2014	2 297.14	5 311.16	8 856.69	55 633.10	72 098.09
2015	2 380.21	5 715.51	4 293.67	56 766.43	69 155.82
2016	2 422.20	5 242.64	15 332.93	59 215.07	82 212.84
2017	2 083.93	5 785.77	19 197.18	72 844.61	99 911.49
2018	2 073.14	5 819.94	24 466.89	62 624.63	94 984.6
2019	7 529.04	5 348.06	22 399.17	54 005.30	89 281.57
2020（1—10月）	60.55	5 568.33	13 958.97	2 963.77	22 551.62

关于中国花生产品的历年进口，见表10，花生产品2010年以前进口数额最大的为花生粕，其次是花生仁。2010年以后，花生油进口份额占花生产品进口份额最大，花生粕所占的比重则急剧下降，而花生仁所占比一直保持在第二的位置。花生粕进口额占比在2004年达到90%以上，但之后几年内下降较快，到2015年其进口额已经下降到9.47万美元，占比不足0.05%，2015年以后其进口额有较大增长，但所占份额依然很小。花生油进口在2010年之后一直保持花生产品进口的主导地位，其份额虽然在2016年有所下降，但是之后有上升趋势。花生仁所占份额较为稳定，一直处于第二的位置，在最近几年其占比呈上升趋势，并于2019年占比上升到第一，其进口额总体上保持较为稳定增长。花生酱一直以来都是花生进口产品中份额最小的，其进口额基本上逐年增加。

受世界疫情影响，在国家鼓励进口的背景下，中国花生产品进口在2020年的前10个月已经比2019年全年的进口总额翻了一倍以上。尤其是花生果进口额是2019年全年进口总额5倍以上，花生仁进口额翻了一番以上，花生油进口额也增长了63.15%，花生酱也略有增加，只有花生粕进口额比2019年稍有下降。

表10　中国花生产品历年进口额　　（万美元）

年份	花生油	花生酱	花生仁	花生果	花生粕	总计
2004	48.86	7.91	69.89	39.28	1 820.39	1 986.33
2006	34.33	5.62	383.44	34.00	1 147.40	1 604.79
2008	1 077.44	104.67	1 044.72	100.50	3 531.06	5 858.39
2010	8 504.67	248.48	1 567.99	251.26	1 258.34	11 830.74
2012	15 122.53	526.91	2 566.54	535.57	93.83	18 845.38
2014	11 669.50	93.88	2 056.84	439.81	1 601.51	15 861.54
2015	17 002.26	132.16	3 986.62	1 583.57	9.47	22 714.08

（续表）

年份	花生油	花生酱	花生仁	花生果	花生粕	总计
2016	15 098. 48	125. 70	17 757. 00	15 208. 40	1 403. 11	49 592. 69
2017	14 789. 21	193. 18	13 943. 86	5 241. 29	3 069. 75	37 237. 29
2018	15 463. 30	255. 72	6 885. 19	5 508. 32	2 243. 72	30 356. 25
2019	17 996. 78	335. 18	26 400. 13	3 178. 67	3 977. 28	51 888. 04
2020（1—10 月）	29 361. 62	353. 88	63 098. 09	15 830. 04	3 480. 79	112 124. 42

三、国际花生产业技术研发进展

（一）遗传改良

1. 抗黄曲霉产毒

Khan 等分别利用 1 975 个 SNP 位点和 5 022 个 SNP 位点构建了两个高密度的连锁图谱，鉴定出两个 QTL，*qRAF-3-1* 和 *qRAF-14-1*，分别位于 A03 和 B04 染色体，并候选出抗黄曲霉相关基因；Yu 等在实验室接种条件下从 99 份花生材料中鉴定出 2 份对黄曲霉产毒具有抗性的材料，并且利用限制性内切位点相关 DNA 测序对 99 份花生材料进行基因型分析和全基因组关联分析，从中检测到 60 个与产毒相关的 SSR 标记，可解释表型变异的 16. 87% ～ 31. 70%，其中 SNP02686 和 SNP19994 可解释表型变异的 31. 70% 和 28. 91%。

2. 抗旱性

Abbas 等利用耐旱品种 TAG24 和干旱敏感品种 JL24 经 20%PEG 6000 处理后分析代谢组信息，结果发现戊醇、植醇、木糖酸、D-吡喃葡萄糖、硬脂酸和 D-核糖这 6 种物质是重要的干旱响应代谢产物。而且有 7 种代谢途径，即半乳糖代谢、淀粉和蔗糖代谢、果糖和甘露糖代谢、戊糖和葡萄糖醛酸酯的相互转化、丙酸酯代谢、不饱和脂肪酸的生物合成、氨基糖和核苷酸糖代谢以及生物合成，在缺水条件下受到严重影响；Zhao 等通过对抗旱品种 L422 转录组测序分析，得到 158 个 *AhWRKY* 基因，其中有 73 个差异表达的 *AhWRKY* 基因受干旱胁迫严重影响。另外，在启动子区域发现有 19 个胁迫相关的顺式作用元件。

3. 种皮颜色及开花

Ma 等从 2556. 9-Mb 的基因组中共鉴定出 512 900 个 SSR 标记，有 60%的标记在异源四倍体上是单位点的 SSR 标记，表明这些标记可以用来特异性的区分栽培花生中 A 和 B 两个亚基因组。另外，还发现了两个与紫色种皮相关的标记和 27 个临近 *FAD2* 基因的分子标记，这些都可以用于紫色种皮和高油酸含量花生的育种；Zhao 等利用 QTL-seq 技术找到一个控制种皮颜色的基因 *AhTc1*，定位在 A10 染色体的 4. 7 Mb 的区域，它编码 R2R3-MYB 的转录因子，能够使花生种皮呈紫色；Wang 等将 SLAF-seq 技术与 SSR 标记结合构建了栽培花生的高密度基因连锁图谱，并且鉴定出控制开花日期的 15 个 QTL。

4. 荚果和种子大小

Tossim 等用 16 个染色体片段替代系（CSSL）来评估野生等位基因对产量及稳定性的贡献，并验证荚果和种子大小相关的 QTL，从中鉴定到一些新的 QTL；Chavarro 等对来自

Tifrunner×NC3033 杂交获得的 RIL 群体进行了基因型分析，用 Axiom_ Arachis1 SNP 阵列和 SSR 构建了一个基因图谱。在 14 个连锁群中鉴定出 49 个与种子大小、出仁率、种子重量、荚果重量、单粒、双粒、荚果面积和荚果密度相关的 QTL；Alyr 等在花生的 A07 染色体上精细定位了控制种子大小的 QTL，并且开发出新的 SSR、SNP 标记，同时构建了近等基因系，通过表型和标记的关联进一步缩小了 QTL 区域，找到调控种子和果实大小的候选基因；Chu 等利用 GP-NC WS 16 和 Florida-07 杂交获得的 RIL 群体定位与百果重、百粒重、双仁果的荚果重量、双仁果的种子重量、双仁果的表面积等性状相关的 QTL，结果表明，在（LG）A05、A06、A09、B10、B04、A03、B05、B08 等 9 个连锁群上均定位到与荚果和种子大小相关的 QTL。其中位于 LG A05 上的 QTL 具有较大的效应，可解释 66%的表型变异。

5. 含油量

Liu 等以广泛分布于中国的 292 个花生品种为研究对象，采用全基因组关联分析的方法得到 12 个与花生含油量相关的标记，其中标记 GS1014_ 2 在多个环境中表现稳定，可解释 9. 94%的表型变异。

6. 技术与方法

MITEs 是一种近几年发现的 DNA 转座元件，结构与非自主元件相似，广泛存在于动植物基因组，目前已应用在水稻、燕麦、玉米等禾本科植物的植物图谱构建、遗传分析以及花生亲缘关系鉴定等方面，而且已经开发出 *AhFAD2B* 基因的 MITE 分子标记辅助选育高油酸花生新品系；拉曼光谱分析法（RS）是基于印度科学家 C. V. 拉曼所发现的拉曼散射效应，对与入射光频率不同的散射光谱进行分析以得到分子振动、转动方面信息，并应用于分子结构研究的一种分析方法。Farber 等研究发现，基于花生叶片和种子的光谱特性应用 RS 技术不仅可以在温室和田间快速鉴定花生的基因型，而且可以非侵入和非破坏性的评估种子的营养物质含量，如碳水化合物、蛋白质、纤维素、含油量和不饱和脂肪酸含量；Sarkar 等开发了数码表面模型用于花生植株高度高通量测定，照片用无人机拍摄，植株高度最终通过 ArcGIS 软件得出。

（二）病虫草害防控

1. 全球花生病虫害发生与危害概况

全球花生广泛分布于热带和亚热带地区，且多数种植于干旱、瘠薄等边际性土壤上，受自然生态和农业条件等因素的综合影响，常年危害花生的病虫害达百余种，其中具有普遍经济意义的病虫害约 10 余种。在世界主要产区，花生虫害主要包括食叶性夜蛾类害虫和蛴螬等地下害虫，但虫害分布的地域和危害程度差异较大；广泛分布的花生病害主要包括晚斑病、早斑病、锈病及多种土传真菌病害，区域性病害包括东南亚和非洲局部地区的细菌性青枯病、北美产区的线虫病和蕃茄斑萎病毒病、非洲少数产区的丛蔟病毒。随着气候变化加剧和花生种植规模扩大，全球花生病虫害发生与危害总体呈上升趋势。此外，花生生长、收获及干燥、储藏过程容易受到黄曲霉菌的侵染，黄曲霉毒素污染仍然是广大发展中国家的花生食品安全风险因子。据测算，全球花生病虫害所导致的产量损失占总产的 15%左右，年减产 600 万吨（荚果）以上，并不同程度地影响了花生的质量安全和经济效益。

2. 2020 年国外花生病害相关研究进展

（1）病原研究。Jones 等完成了花生丛矮辅助病毒（GRAV）的全序列分析，两个病毒的核苷酸序列一致性为 84.2%，外壳蛋白序列一致性为 98.5%。两个病毒的基因组全长分别为5 850 和5 879 个核苷酸，编码 7 个开放阅读框架。以前这两个病毒被划为 Luteoviridae 科，根据目前的 ORF0 和 ORF4 序列，GRAV 应划归为 Polerovirus 属。

Pantoja 等从花生上分离获得一种新的花生病毒 Y（ArVY），完成了该病毒的全序列测定，病毒全长9 213 个核苷酸，编码一个 2 947 个氨基酸的蛋白，与大豆黄梢病毒的核苷酸一致性为 47%，氨基酸的一致性为 34%，电镜下受害的花生细胞中观察到长形的病毒颗粒。

（2）流行规律和产量损失。Munir 等通过孢子捕捉器收集花生晚斑病病原 *Nothopassalora personata* 的分生孢子。分生孢子 DNA 提纯可以定量到 10 个孢子，粗提液可以定量到 25 个孢子。发现田间黑斑病症状发生前 35～56 天就可以检测到分生孢子，田间环境参数影响病害侵染循环和病害发展。

花生早斑病和晚斑病侵染花生后都会导致落叶，Fulmer 等对 Virginia（普通型）和 Runner（兰娜型）两类品种叶斑病的落叶与产量的相关性进行了分析，结果表明，普通型品种的落叶每增加一个百分点，产量损失 1.2%～2.2%。而对于兰娜型品种而言，从开始落叶到 95%落叶，落叶率平均每提高 10%，产量损失增加 2.2%～2.8%，95%以上落叶率，产量损失达指数水平。普通型与兰娜型品种的落叶率与造成经济损失的阈值为 40% 和 50%。需要加强田间防控措施降低落叶率，减轻病害的损失。

（3）花生抗性改良。Luo 等通过 QTL 分析，定位到 33 个与白绢病抗性相关的 QTL，其中 6 个 QTL 能解释 10%以上的遗传变异，分别位于 A01、A05、A07 和 B05 染色体上，在这些 QTL 区间共发现 193 个候选基因。抗、感白绢病花生材料接种白绢菌后发现一些受体激酶、茉莉酸途径和一些转录因子在抗病材料中高表达。

Ahmad 等利用抗、感黑斑病的种质的 F_2群体在染色体 A03 的 1.41cM 区间发掘到 1 个同时与黑斑病和锈病抗性相关的 QTL，为新的抗黑斑病的 QTL。

Zhang 等利用 GWAS 方法从美国的核心种质中获得 2 个位于 B09 上的 QTL，分别与褐斑病和黑斑病的抗性显著相关。从该区间中发掘到 12 个基因，2 个与褐斑病和黑斑病抗性相关，10 个与褐斑病抗性相关。

Fávero 等利用栽培品种 Tamrun OL07 和选育品系 Tx964117 构建的作图群体，发现了 7 个菌核病抗性相关 QTL，其中一个与之前发现的抗晚斑病 QTL 相同。

Luo 等利用传统的 QTL 定位和 QTL-seq 方法，在花生品种中花 6 号的 B02 染色体上鉴定出两个新的、相邻的抗青枯病 QTL，并且筛选到 19 个候选基因。

Hanson 等将抗斑萎病野生种 *Arachis diogoi* 与斑萎病敏感栽培品种 Gregory 杂交，通过分子标记和测序发现 *A. diogoi* 基因组渗入到栽培种 A 亚基因组每一条染色体上，以 A05 染色体为最多，并成功得到了具有斑萎病抗性基因渗入的株系。

Martins 等通过蛋白组分析接种和未接种的抗线虫野生花生，发现一批差异蛋白，通过发根农杆菌转化花生后的抗线虫试验，结合转录组分析鉴定到抗线虫的新基因 *AsMLP34*。

（4）防治技术。Chen 等从花生种子中分离获得 37 个内生细菌，其中 6 种表现出对花生白绢病菌有很强的抑制作用，对菌丝生长的抑制率达 70%。抑制力最强的菌株 LHSB1，鉴定为贝莱斯芽孢杆菌，对白绢菌丝生长抑制率可达 98.3%，且对花生其他 6 种病原均具有抑制作用。盆栽试验表明其对白绢病的抑制效果与对照存在显著性差异。进一步分析发现培养过滤物能强烈抑制菌核的萌发，导致白绢菌丝不正常，破坏细胞膜的完整性，在LHSB1培养提取物种发现了bacillomycin A、surfactin A和fengycin A抗真菌的脂蛋白。

3. 存在问题与发展趋势

就全球而言，花生生产总体将呈增长趋势，病虫害对花生生产的影响总体呈稳定态势，而局部地区随着气候条件、品种特性、栽培管理、轮作制度、机械化生产技术的变化，病虫害将出现若干新的变化。存在的主要问题和发展趋势包括：一是针对多数花生病虫害目前还缺乏高抗、高产、优质品种，尤其是兼抗性优良品种缺乏，需要加强兼抗性育种技术的研究和新品种的培育；二是花生病虫害防控成本升高，需要研究与集成高效、环保、低成本的综合防控技术；三是花生绿色防控技术的研发和应用在主产国之间不平衡，对于一些新病害需要加强病理基础研究和国际合作。

（三）栽培与土肥

美国的花生生产技术仍保持世界最高水平。据USDA统计，2020年种植面积为618 770公顷，同比增加7%，其中增幅最大的地区是佐治亚州。美国花生产业的特点是全产业链结合，各环节如种子加工、种植管理收获、食品加工、食品安全、可持续性、促进政府购买花生产品、包装和处理等紧密联系，真正实现产业化种植、规模化生产、标准化品控、品牌化运营。美国花生委员会在美国花生产业中扮演独特角色，每两年举办一次国际花生论坛，提供交流机会，共同解决各环节存在的问题。

（四）机械化

除了美国以外，其他发达国家鲜有花生规模化种植。美国从事花生工程领域相关研究的主要研究机构有美国农业部花生研究所、奥本大学等，但其多从事品种选育、栽培、干燥、贮藏等相关技术研究，具体的技术与装备研发工作主要由企业来承担，其中，开展播种技术研发和生产的代表性企业有JOHN DEERE、GREAT PLAINS公司，开展收获技术研发和生产的代表性企业主要有KMC、AMADAS、COLOMBO等公司。

美国花生生产机械化技术已成熟，代表了当前世界先进水平，其花生种植体系与机械化生产系统高度融合，耕整地、播种、施肥、灌溉、病虫害防治、收获、干燥、脱壳等各个环节早已全面实现机械化。

美国花生耕整地设备多为通用型设备，主要有犁、圆盘耙、缺口耙等，为保证播种质量、提高土壤通透性和种子发芽率，一般播前会采用圆盘耙、缺口耙等设备对地块进行耕整。美国花生播种机多为大型播种设备，作业幅宽可达8米以上，排种器型式主要为气吸式和指夹式花生专用型精量排种器，播种质量好，作业速度高，可达13千米/小时；各个农场花生播种行距并不一致，但均与其保有的挖掘收获机和捡拾联合收获机作业幅宽相匹配；花生种子全部经过严格分级加工处理，并采用杀菌剂和杀虫剂包衣；风沙地条件下，为防止风蚀，常采取免耕播种作业。

美国花生收获技术以两段式收获为主，收获前通过专业手段确定最佳收获期，收获时先用花生挖掘收获机将花生挖掘、清土、条铺于田间，由于美国花生品种80%以上为匍匐型，挖掘收获机可将花生植株翻转180°，将花生荚果暴露在上部使其快速干燥，待花生含水率降至17%左右时，再用牵引式或自走式花生捡拾联合收获机一次性完成捡拾、摘果、清选、集果、秧蔓打散抛洒等作业，相应的收获装备也早已实现了专用化、标准化和系列化。

美国花生收获后干燥、脱壳等初加工技术也相当成熟和完善，就车低温通风干燥、太阳能干燥、花生脱壳生产线广泛应用。美国花生田间收获后，荚果直接卸入干燥车内运往场地进行干燥，如果天气晴好且气温适宜，直接往干燥车内鼓入常温空气进行干燥即可，如果阴雨天气，需要采用燃气加热等方式将空气加热再鼓入干燥车内进行干燥，一般大约 12 小时后就能将花生含水率将降至 8%左右，达到安全贮藏水平，干燥成本低，每吨仅约 5 美元。美国花生脱壳加工流水线广泛应用，可一次性完成脱壳、清选、分级，且可将完整花生和不完整花生进行分选，还能将完整花生分为多个等级，完整饱满的花生可用作花生种子，其余花生用作食品加工原料。

近年来，GPS 卫星定位、自动导航等高新技术已逐渐应用在花生耕整地、播种和收获等作业环节。总体而言，美国花生机械化装备制造过程质量保证体系、制造质量和可靠性均能得到保障，机械化生产技术模式与装备均已相当成熟，成熟机具大面积应用的同时，企业作为技术创新的主体，还在对现有机型持续进行升级完善，使其产品不断向智能化、高效化、精量化等方向发展。

（五）产后加工

国外专家开展了原料品质快速无损检测技术、花生酱的营养功效、高水分挤压组织化对花生拉丝蛋白品质的影响机制、花生加工副产物综合利用技术等研究。

1. 花生品质快速无损检测技术

国外专家利用近红外、高光谱、拉曼、核磁共振等技术对花生等粮油原料的加工品质和适宜性进行快速分析和判断，开发便携式检测设备，提高检测效率，降低检测成本。研究了基于机器学习和深度学习等新算法深度挖掘粮油原料的光谱和图像信息，构建原料品质预测模型，应用于品种选育和过程控制。对比了基于代谢组学和质谱组学研究不同产地粮油原料的差异性，以及加工过程中的品质控制。

2. 高水分挤压组织化对花生拉丝蛋白品质的影响机制

随着人们健康、生态、环保意识的增强，植物基肉制品部分替代动物肉已达成广泛共识，并已在中国打开市场。研究者立足蛋白种类和组分相互作用等来筛选适宜制备植物蛋白肉的原料和添加物，从原料前处理、调控酶等角度探究揭示高水分挤压组织化加工原料适宜性分子机制，利用抗溶剂沉淀、机械拉伸、冷冻组织化等技术制备植物蛋白肉的研究也取得了重要进展，同时研究者还聚焦于产品营养安全、风味保留、杀菌与贮藏等方面。

3. 花生蛋白乳液制备技术与乳化稳定机理

由于消费习惯不同，国外多将花生或花生碎用于花生酱、糖果、糕点等食品加工，少数专家开展了花生蛋白相关研究。Ye 等采用梯度碱溶液从花生饼粕中提取多糖和蛋白质复合物，以获得乳化性能好的组分。探究对该复合物的流体力学、显微形态和接触角等性质。随后采用使用相对较高浓度的花生多糖和蛋白质复合物制备不同油体积分数的乳液。考察乳液微观结构、液滴尺寸、流变性能，评价其稳定性，在此基础上揭示乳液的稳定机理。Ning 等以花生分离蛋白为原料，通过双重诱导法制备纳米粒子，研究了粒径、形态和润湿性，并对 Pickering 乳液从液滴大小、稳定性以及微观结构等方面进行了表征，该研究对开发具有良好乳化性和聚结稳定性的花生蛋白乳化剂具有重要意义。

4. 植物蛋白基胶黏剂绿色制备技术

2020年我国人造板产量突破3亿立方米，2023年预测达到3.6亿立方米，年平均增长率约为3.86%，其中主要为酚醛树脂、脲醛树脂和三聚氰胺甲醛树脂“三醛胶”。随着石油资源的枯竭和人们环保意识的提高，绿色环保的植物蛋白胶黏剂逐渐成为人们关注的热点。最新研究表明使用马来酸酐、环氧氯丙烷与植物蛋白分子的羟基（-OH）、氨基（$-NH_2$）和羧基（-COOH）等活性基团进行嫁接和交联，可以有效提高植物蛋白胶黏剂的胶合强度和耐水性。

5. 花生黄曲霉毒素快速检测技术

土耳其哈斯特帕大学基于增强型表面等离子体共振纳米传感器，研发出了一种高效快速的AFB_1检测方法。将该方法用于花生和玉米样品AFB_1的检测，加标回收率分别为99.00%～105.34%和96.63%～105.94%，与HPLC结果高度相符。法国里昂大学开发了一种无标签超灵敏微流控表面等离子体共振生物传感器，利用纳米颗粒集成金芯片检测食品中AFB_1。SAM Au芯片被盐酸丁二酰亚胺-N-羟基琥珀酰亚胺（EDC-NHS）交联剂、蛋白A的接枝顺序修饰，并最终与抗AFB_1抗体相互作用。应用沉积在SAM Au芯片上的功能化硫辛酸AuNPs制备相似的多层芯片表面，应用EDC-NHS交联剂原位激活官能团，嫁接蛋白A和固定抗AFB_1抗体。多层功能化AuNPs修饰的Au芯片成功应用于AFB_1的检测，在0.01～50 nM的检测范围内检出限为0.003 nM。基于SPR的生物传感器具有巨大应用潜力，可以在同一平台基质上使用其各自的生物识别元件来检测其他小分子真菌毒素。

6. 花生黄曲霉毒素绿色防控技术

西班牙瓦伦西亚大学发现异硫氰酸烯丙酯（AITC）可显著抑制黄曲霉生长和AFB_1的产生。剂量高于0.125μL/L AITC处理的PDA在储存7天后，菌丝体生长显著降低；所有剂量AITC处理后的粮油产品在储存30天后，黄曲霉菌生长和AFB_1产生均以剂量依赖性方式显著降低，而与水分含量无关。AITC还会导致关键转录因子如*veA*和*laeA*的基因表达失调。AITC可以用作熏蒸剂，用于防控黄曲霉生长和AFB_1产生。印度巴纳拉斯大学评估了壳聚糖高分子聚合物封装α-松油醇对储藏粮油产品真菌生长、AFB_1和自由基介导的品质劣变的抑制效果及其可能的作用机制。采用扫描电镜（SEM）和X衍射（XRD）等对载有α-松油醇的壳聚糖纳米乳液（α-TCsNe）进行了表征分析。α-TCsNe可作为新型抗真菌防腐剂，延长花生保质期。

7. 花生黄曲霉毒素安全脱毒技术

泰国国立法政大学研究了酸化榴莲皮（ATDP）对AFB_1、OTA、ZEN、DON和FB_1的同时吸附性能。发现ATDP对AFB_1的吸附率最高（98.4%），pH对AFB_1的吸附影响不大。ATDP对毒素的吸附具有剂量依赖性，且随ATDP剂量的增加呈指数增加，被认为是一种很有前途的真菌毒素生物吸附材料。巴基斯坦农业大学研究证明相对于商业结合剂，当地真菌毒素结合剂对于去除家禽饲料中的AFB_1是一种低成本高效益的脱毒方法，其成分为40%酵母、58%膨润土和2%水飞蓟素，商业真菌毒素结合剂为42%酵母、56%膨润土和2%水飞蓟素。

8. 花生过敏源等危害物安全控制技术

Venkataratnam等研究了冷等离子体处理对花生主要过敏原的影响。SDS-PAGE分析显示，随着等离子体暴露量的增加，主要花生过敏原的蛋白质溶解度降低。用ELISA和圆二色谱法检测Ara h1和Ara h2的致敏性和结构变化，发现Ara h1和Arah2的抗原性分别降低65%和66%，同时过敏原的二级结构也发生了明显的变化。因此，冷等离子体可通过有效降低花生蛋白的溶解度，以及引起过敏原结构的变化来降低抗原性。Meng等开展了酶解和转谷氨酰胺酶（TGase）交联降低花生致敏原及改善花生功能特性的研究，从8种食品级酶中筛选出了木瓜蛋白酶、无花果蛋白酶和菠萝蛋白酶，对花生蛋白水解动力学进行了研究。水解后花生可溶性提取物的IgE结合特性降低（85%～95%）与对照组的花生蛋白提取物相比，功能特性也有所下降。TGase交联水解产物与未交联水解产物具有相似的IgE结合特性，但具有较高的功能特性。

四、国内花生产业技术研发进展

（一）遗传改良

1. 种质收集、评估和创新

陈婷婷等以81份来源于不同地区的花生种质为材料，对其农艺性状、产量性状和品质性状等17个性状指标进行变异性、相关性、主成分和聚类分析。通过聚类分析将81份花生种质可分为Ⅰ、Ⅱ、ⅢA和ⅢB四类，分别包含15（18.52%）、21（25.93%）、36（44.44%）和9（11.11%）份花生种质；于树涛等以480份花生种质资源为试验材料，按照荚果形状将15个标准化的数据进行分组，构建了96份感官品质核心种质资源。所有性状的变异系数均达到90%以上，多样性指数的符合率平均在89.6%以上，最高符合率达到99.95%，遗传多样性丰富，为花生感官品质核心种质的高效利用奠定了基础；薛云云等以72份来自山西的花生资源为材料，研究15个农艺性状和品质性状的变异情况。研究认为，山西复杂的生态环境限制花生地方资源的主茎高，提高花生单产只能从饱果数、结果枝数等方面改良，且山西缺乏高油酸和高蛋白品种，需从省外和国外引进资源，培育新的优质高产品种；迟晓元等以8个花生品种（种质）为材料，利用EMS诱变、˜(60)Co-γ射线辐照或快中子辐照分别对种子进行处理，获得了一个突变体库。

2. 抗黄曲霉产毒

Yu等通过QTL分析，在抗病的花生基因组上发掘到抗黄曲霉产毒的2个QTL，分别位于A07和B06染色体上，分别解释10.62%～17.87%和9.32%～21.02%的遗传变异。

3. 耐低温

陈娜等选择40个花生品种（系）在东北地区种植并分不同时间段收获后，对产量、品质和萌发率等性状分别进行了分析。结果表明，收获期低温会导致花生蛋白质、亚油酸和蔗糖含量增加，油脂和油酸含量降低，油亚比（油酸/亚油酸）明显下降。筛选到适宜东北地区种植的1个高油酸耐低温品种，1个普通油酸耐低温霜冻品种；王旭达等利用农杆菌介导的转化方式将可以激活低温响应基因的锌指蛋白基因*ZAT12*导入高油酸花生。转基因花生比非转基因花生有更高的抗寒性。

4. 耐盐碱

闫彩霞等以22个育成的花生品种（系）为材料，测定了全生育期9个性状指标，将全部材料划分为4个耐盐碱级别，其中高度耐盐碱7份（Ⅰ级）、较耐盐碱11份（Ⅱ级）、盐碱胁迫敏感3份（Ⅲ级）、高度敏感1份（Ⅳ级）。研究认为，盐碱胁迫显著降低花生成苗率，明显抑制花生的生长发育和产量形成；相对地上部干重、相对主茎高、相对成苗率、相对单株产量、相对侧枝长、相对地下部干重可作为简单、直观的花生耐盐碱鉴定指标。

5. 抗旱性

闫彩霞等克隆了抗旱花生品种 J11 的 *FAR1-5* 基因，认为其与野生花生 *Arachis duranensis*，*A. ipaensis* 相关基因有较高相似度。该基因编码的转录因子可积极响应花生干旱胁迫，为花生抗旱育种提供了新的基因资源。

6. 品质遗传育种

为了提高花生品质性状优势组合的选育效率，齐飞艳等以 5 个花生材料为亲本，采用 Griffing 完全双列杂交配制 20 个组合，分析花生籽仁中粗脂肪含量、粗蛋白含量、蔗糖含量和脂肪酸组分等 10 个性状的配合力和遗传参数，为花生育种中亲本选配和后代选择提供了理论依据；王传堂等测定了 50 个花生基因型的氨基酸含量，明确了其变幅和改良潜力，进而探讨不同氨基酸含量之间的关系，针对不同的品质改良目标，提出了可能的途径，为花生氨基酸品质育种提供参考；采用典型相关分析方法研究了花生生仁生化成分、生仁和烤仁感官品质三者之间的关系，结果认为采用高油酸花生原料有助于提高烤花生食品口感，烤花生加工型品种选育或烤花生原料收购，宜选择高油酸、生仁口感甜且总体喜欢度好的花生；郭建斌等以不同油酸花生品种为材料，对籽仁含油量、脂肪酸和蔗糖含量累积规律和基豆先豆间差异及籽仁不同部位差异进行分析，其结果为选育高品质油用型和食用型花生品种提供了指导；雷永等利用蔗糖含量差异显著的 185 份花生材料，构建了花生籽仁蔗糖含量的近红外定标模型，可较好地预测蔗糖含量，高效地测定杂交早期世代的单株花生蔗糖含量，有助于加快高蔗糖甜味食用型花生品种培育进程。利用该模型发掘出 6 份含糖量高，含油量较低且农艺性状优良的食用高油酸花生新品系；许静等以高油酸、中油花生品系 F18 和低油酸、低油花生品种鲁花 6 号为材料，对不同发育时期花生籽仁油脂合成过程中基因表达调控模式进行研究。明确了差异表达的基因主要富集在脂肪酸合成和光合等代谢进程中，其中 FAB_2、FAD_2、WRI_1 等主要参与油酸的积累，参与光合作用的基因均为捕光叶绿素 a/b 结合蛋白，全部上调表达。籽仁发育的 40 DAP 和 60 DAP 时期，脂肪酸合成途径的基因均上调表达。研究结果为花生油脂代谢的分子机制提供理论基础，同时也为花生品质改良贡献了基因资源；黄冰艳等选用不同脂肪含量的中间型花生品种豫花 9326 及潍花 6 号，龙生型农家品种永城小麻壳，珍珠豆型品种湛油 62 及泉花 6 号，配置完全双列杂交组合，分析了 5 个亲本、20 个杂交组合的 F_1 和 F_2 等 3 个世代种子的脂肪含量，利用广义遗传模型分析脂肪含量遗传的种子胚基因直接效应、母体效应及其遗传力。研究明确了高脂肪含量花生品种豫花 9326 和永城小麻壳是优良的高脂肪含量供体亲本；挖掘种子脂肪含量关键调控基因应该兼顾荚果皮中表达基因对种子脂肪含量的调控作用；杂交后代选择及分子标记开发应注重基因的累加效应和优良单倍型的选择。

郭敏杰等以开农 30×开选 016 组合育成的 8 个高油酸姊妹系品种和 2 个亲本为材料进行农艺性状调查、品质检测和 SSR 位点多态性检测，对开农系列高油酸花生品种的遗传构成及遗传多样性进行了研究；徐平丽等针对具有 F458 背景的花生 *AhFAD2B* 基因的 MITE 插入突变，开发了用以辅助鉴定真杂种及后代材料的 MITE 分子标记，简便易行、成本低、稳定性好，显著提高了目标性状选择效率；郭建斌等利用不同遗传背景的亲本杂交构建含有 140 个家系的 RIL，检测到一个与山嵛酸含量相关的稳定的 QTL，位于 B04 染色体 13.31～16.34 Mb 内，该区间内含有 131 个基因，为高油酸花生品种的山嵛酸含量遗传改良奠定了基础。

7. 适宜机械化收获研究

李海芬等对国内 80 个花生品种新鲜和晒干荚果果柄节点强度进行测定，新鲜荚果果柄强度变异范围为 1.18～8.59 千克；大部分花生品种晾晒 6 天后果柄节点强度显著下降；晒干后，不同的品种果柄节点强度差异较大，果柄强度变异范围为 1.107～5.307 千克，平均值为 3.207 千克。根据检测的数据，筛选出一些果柄节点强度较强、不容易摘果和果柄强度较弱、较容易落果的品种；迟晓元等对 92 个花生品种（系）鲜荚果的果柄强度、荚果压缩破壳力、荚果层厚度和高度、产量和品质等指标进行测定和分析，并筛选出了 10 个适于机械化收获的优质大花生品种（系）。

（二）病虫草害防控

1. 花生主要病虫害发生与危害概况

我国花生种植区域十分广泛，各地自然生态和农业条件复杂多样，花生病虫害发生种类也较多。2020 年度我国花生苗期病害（全部产区）种类较少，整体发生较轻；苗期主要虫害为蓟马和蚜虫。开花下针期部分地区茎腐病、褐斑病中度发生；结荚期褐斑病、白绢病、果腐病在部分产区发生严重；成熟期褐斑病、网斑病、白绢病和果腐病在部分产区发生严重。开花下针期到成熟期棉铃虫、斜纹夜蛾、甜菜夜蛾、蛴螬、红蜘蛛在部分地区大量发生，危害较重。

2. 国内花生病害相关研究

（1）病原研究。利用 ISSR 和 ITS-RFLP 对采自我国 12 个省市花生的 39 份代表性白绢菌株进行遗传多样性分析，将 39 株白绢菌株分为 7 个组群，表明我国不同地区花生白绢菌存在较高的遗传变异，但其遗传相似性与地理来源无明显相关。对采自我国 5 个省区的 210 株花生白绢菌株开展了表型特性、菌丝营养亲和性、遗传多样性及药剂敏感性研究，表明白绢菌丝生长以 0～1.0 厘米/天为主，产菌核数量以 0～50 个为主，菌核直径以 0～1.5 毫米为主。这些菌株共分为 22 个菌丝营养亲合群（MCGs），MCGs 与菌株地理来源具有高度相关性。通过 ISSR 分析也表明白绢菌株具有高度的遗传多样性。

Zhao 等利用在山东临沂花生叶片上分离获得的炭疽病病原 *Colletotrichum chlorophyte* 接种花生叶片，侵染率达到 20%～40%，可引起花生明显减产。

中国农业科学院油料作物研究所通过对采自海南烂果花生样品进行病原菌分离，鉴定出烂果病病原为镰刀菌。

胡艳红等从花生焦斑叶片上分离鉴定出焦斑病病原菌为落花生小光壳菌 *Leptosphaerulina arachidicola*，属于子囊菌亚门真菌。25℃培养 10 天未发现该病原菌产生子囊和子囊孢子。

谢瑾卉等从花生网斑叶片上分离鉴定出网斑病病原为派伦霉（*Peyronellaea arachidicola*）。菌丝生长最适温度为 23℃，分生孢子萌发的最适温度为 25℃。

（2）花生抗性种质发掘。Fan 等通过采用人工接种白绢病方法，在 3 种环境下对 256 份花生种质资白绢抗性进行评价。表明病情指数受环境、基因型和基因型×环境相互作用的影响显著。普通型花生对白绢病具有较高的抗性。病情指数与油酸含量呈显著负相关，与亚油酸含量呈显著正相关。共鉴定出 6 个抗性种质，包括花 28、山东仔、ICG6326、泉花7号、泉花9号、桂花836，在三种环境下，其病情指数均在40以下，死亡率均小于30。通过自然病圃对76个花生品种（系）进行了烂果病抗性评价，表明不同花生品种（系）间对花生果腐病的抗性存在显著差异，无免疫品种，发现2份高抗材料，分别为花育9115和豫航花7号，抗病指数分别为0.97和0.92，高感品种33份。通过人工接种疮痂病菌（田间和温室大棚），鉴定山东省主栽花生品种对疮痂病的抗性及疮痂病对产量的影响。2年共筛选出抗病品种11份，高抗品种11份。同时，发现疮痂病病情与产量损失呈指数关系。

（3）抗性遗传和机理研究。Luo等在中花6号的B02染色体上获得2个与花生青枯病抗性的QTL，其中1个QTL解释的表型变异率达到49.43%～68.86%；李威涛等利用远杂9102和徐州68-4杂交构建的RIL群体，在B02染色体上定位到青枯病抗性主效QTL。结合前期对百果重和出仁率QTL的定位结果发现，所涉及的3个性状的主效QTL分布在不同的染色体上。利用与主效QTL紧密连锁分子标记筛选出6份聚合抗青枯病、荚果大、出仁率高3种优良性状的新种质，可以作为育种中间材料或亲本培育高产抗病新品种。

刘华等利用QTL mapping的方法从抗、感网斑病材料构建的RIL中获得8个抗性相关QTL，解释表型变异2.8%～15.1%。在5个环境中都能检测到的2个QTL的区域中包含40个NBR-LRR候选基因和其他抗性相关基因。

刘小玉等通过小RNA分析，构建了miRNAs的表达谱，筛选出参与花生对荚果腐烂抗性上调和下调反应的miRNAs 119个，靶基因152个。多个不同的miRNAs通过负调控靶基因参与花生对荚果腐烂反应的分子调控。

王传堂等研究了27个花生品种和16个花生品系对叶蝉和斜纹夜蛾的抗性，结果表明，花生品种叶蝉和斜纹夜蛾虫害级别广义遗传力均为高，说明针对这两种害虫的抗性遗传改良具有可行性。鉴定出中抗叶蝉的花生品种18个，中抗斜纹夜蛾的花生品种19个、品系11个，其中兼抗普通油酸花生品种9个、兼抗高油酸品种4个。这些抗源的获得为进一步研究其抗虫机制、进行抗虫育种提供了有价值的材料，同时也有助于建立健全花生有害生物综合治理体系。

于静等采用自然病圃鉴定法，对76个花生品种（系）进行了花生果腐病抗性评价，结果表明，不同花生品种间对花生果腐病的抗性存在显著差异，但未发现对果腐病免疫的品种；宁洽等对55个花生品种进行不同播期网斑病抗性鉴定，获得抗病品种1个、中抗品种20个、感病品种5个、高感品种2个。

（4）防治技术研究。王永峰等研究发现，经1 500倍爱可处理后花生叶斑病防治效果为27.0%，增产4.12%；王丽等用12%丙硫菌唑+吡唑嘧菌酯进行种子包衣，发现不仅对花生病害防治作用明显，还对花生生长发育具有促进作用，其中对根腐病和白绢病防效在80%以上，增加花生株高，茎粗，叶片增厚浓绿，增加果仁饱满度。

赵庆雷等开展了水旱轮作模式对花生土传病虫害及其产量的影响研究，结果表明，水旱轮作对防治花生果腐病效果明显，而旱旱轮作常规施药对花生果腐病无防控效果；水旱轮作和旱旱轮作和常规施药对白绢病均无防控效果。同时，水旱生轮作可明显降低蛴螬危害程度，显著提高根瘤菌数。

3. 存在问题与发展方向

我国花生种植效益和市场竞争力等方面的优势决定了花生生产将进一步扩大，而减化肥、减农药、减地膜、秸秆禁烧、机械化等绿色高效生产发展要求给花生有害生物绿色防控提出了新的要求。综合分析，今后我国在花生植保技术研发与应用方面存在的问题及方向包括：一是如何克服减少农药使用量与主要叶部病害有效防控之间的矛盾？二是如何应对逐年不断加剧的土传真菌枯萎病和烂果病，尤其是如何将主要土传真菌病害抗性整合到高产优质品种中去？三是如何加快花生病虫害防控技术与机械化相融合？

（三）栽培与土肥

在国家农业供给侧结构性改革、创新布局产业链和藏粮于技的背景下，作为国家花生产业技术体系“十三五”重点任务的“花生—粮棉轮作研究”取得新进展。继续轮作制度多年定点试验，优化各主产区最适的轮作模式和技术，完成全国花生种植区划。黄淮海产区有三种模式：①一年两熟制花生—小麦、玉米—小麦轮作模式；②一年两熟制小麦—地膜夏直播花生轮作模式；③二年三熟制花生—小麦—玉米轮作模式；南方产区为一年两熟制花生—水稻轮作；东北农牧交错区为一年一熟制花生—玉米轮作；西北产区是一年一熟制花生—棉花轮作。筛选到适宜花生小麦轮作的花生品种 19 个，适于花生玉米带状轮作的品种 21 个，适于花生水稻轮作的品种 15 个，适宜与甘蔗间作的品种 4 个，适宜与棉花轮作的品种 19 个。优化集成主产区主要轮作模式配套栽培技术 11 套。示范 92 个点次，累计示范推广 63 万亩。增产 1 636 万千克，增效 8 165. 4 万元。

在“双减”政策引导下，继续围绕化肥减施增效开展研究。化肥减施增效研发 20 余项次，成效显著。筛选到氮高效花生品种 4 个。筛选到适合花生减肥高效生产的肥料品种 2 个。实施活性腐殖酸控释肥等减施增效示范、炭基肥料替代化肥减施技术试验，实现花生化肥减施增效生产。系统研究探明冠菌素等生物肥改善土壤养分供给、促进花生荚果发育、提高产量改善品质的作用机制。研究施钙肥对花生钙素积累、分配、利用及产量影响，明确了不同花生品种（系）对钙肥响应的差异及机制。探究不同花生根瘤菌剂拌种条件下，氮肥减施 30%对花生生长指标和产量等的影响，明确接种根瘤菌剂+1/3 氮肥减施可显著增强花生叶片的净光合速率，促进植株的干物质积累。开展粉耕、起垄种植等栽培模式对提高养分利用率的研究。开展了花生重金属含量与风险评估、施肥对花生 Cd 吸收积累的影响等研究。集成优化花生水肥一体化减肥增效技术、花生种肥同播肥效后移栽培技术等 7 项花生减肥增效技术模式，建立 3 个长期定点研究基地、6 个化肥减施示范基地、核心示范区 1 700 亩，推广 76 万亩，增收节支 1 500 多万元。

（四）机械化

2020 年我国花生耕、种、收三大环节机械化率进一步提升，分别有望超过 78%、54%和 47%，花生机械化耕整地、播种、收获设备无机可用问题得到有效破解，设备适应性、可靠性和技术性能不断提升，而且呈多元化和高效化发展趋势。花生产后初加工（主要包括干燥、脱壳、清选、分级、包衣等环节）机械化生产水平也在稳步提高。除了花生荚果干燥、种用花生脱壳、花生种子包衣等作业尚未实现机械化以外，适用于食品加工、榨油等加工作业需求的花生脱壳、清选、分级等设备已在主产区广获应用。

1. 播种技术方面

适合于麦茬全量秸秆覆盖地作业的洁区播种技术得到了新一轮优化提升和示范应用，

碎秸行间集覆、碎秸均匀覆盖等不同型式的系列播种设备性能已可较好的满足小麦花生轮作区花生播种需求，在河南、安徽等主产区示范应用面积进一步扩大。本年度相关技术产品已作为单独品目，被列入最新农业行业标准《农业机械分类》，进入全国农机购置补贴机具种类执行范围，明年有望全面享受全国农机购置补贴。

2. 收获技术方面

本年度，为提升机具作业质量、提高设备可靠性、减少作业扬尘排放，科研机构和农机企业开展了捡拾联合收获技术新一轮优化提升工作，重点对设备的捡拾、摘果、集果、扬尘减控等关键技术进行了全新设计或优化提升，研发生产出的多款自走式花生捡拾联合收获机在河南、山东、辽宁等主产区得到了快速推广应用，但依然还普遍存在着作业粉尘污染大、作业质量不高、设备可靠性低等问题。

经过持续多年试验与改进，国家花生产业技术体系研发的半喂入四行花生联合收获技术已经成熟，为了进一步提高机具作业效率和作业质量，本年度重点开展了关键部件作业参数实时监测和故障预警等智能化技术研究。目前，正协助成果受让单位对半喂入四行花生联合收获机进行技术优化，开展零部件加工模具、工装设计等工作，为批量化生产奠定基础。同时，半喂入六行花生联合收获技术研发工作也已开始推进。

由于场地式大型花生摘果机可与农村保有量大的中小型挖掘收获机相配套作业，并且场地式大型花生摘果机购买者为了获得种植户的花生秸秆，往往免费为种植户提供摘果服务，因此其在河南、山东、河北、东北等传统花生主产区广泛应用，并已成为主产区应用较为普遍的一种花生收获机械，但也多存在着消耗人工多、扬尘污染大等问题；随着捡拾联合收获机等高效联合设备推广应用面积的持续增加，场地式摘果机将逐步被取代。

半喂入两行花生联合收获机已在种植规模大、种植与管理相对规范的黄淮海花生产区广泛应用，技术性能日趋成熟，已经能满足主产区规范化和一定规模化种植的花生机械化收获需求，但仍存在着生产效率、适应性等方面问题，国家花生产业技术体系、临沭县东泰机械有限公司等研发机构与生产企业仍在不断对半喂入两行花生联合收获技术进行优化提升。

3. 脱壳技术方面

针对近年来，随着花生生产比较效益的提高，花生规模化种植面积不断扩大，大规模集中脱壳加工企业（个体户或种植大户）日益增加，对高效、大型、高质量的花生脱壳设备，尤其是对种用花生脱壳设备的需求日趋迫切。制造企业应市场需求，在小型脱壳设备基础上改进生产了大型脱壳机组，且在一些批量花生加工企业中得到了一定程度的应用。该类设备具有气力输送、脱壳、多级分选功能，可完成花生荚果提升、去石。脱壳、壳仁分离、破碎种子清选、复脱等作业，生产效率从1～8吨/小时不等，可满足集中规模化加工需求。此外，部分花生脱壳制造企业根据用户需求设计并建成了可一次完成花生初清、去石、脱壳、仁果分级的花生脱壳生产线，可满足油用、食用花生高效加工需求，但难以满足种用花生脱壳技术要求。

应市场需求，国内高校科研机构针对花生种子脱壳长期存在的技术难题进行攻关，从农机农艺融合入手，开展了适于脱壳加工的花生品种筛选，累计筛选适于脱壳的花生品种10个。开展了花生种子脱壳设备关键部件创制及整机创新提升，采用新材料设计并创制关键部件数十种，研发适合大、中小粒花生脱壳相协调的花生脱壳设备5种，具体如下：

6BH-30、6BH-600、6BH-800 脱壳设备 3 种，筛选改进 2 吨/小时花生脱壳设备 1 种，引进消化吸收 3 吨/小时花生脱壳设备 1 种，提升熟化可一次完成种子提升喂料、去石去杂、脱壳、破碎种子选别的脱壳成套设备 1 套，并在山东卧龙种业有限责任公司连续多年投入生产，为企业技术设备升级、节本增效提供了装备支撑。

4. 荚果烘干技术方面

近年来，随着我国花生规模化种植面积不断推广及机械化收获的快速推进，高效收获作业使荚果短期迅速大量堆积，晒场资源显得的日益紧张，机械化干燥技术与装备需求日趋迫切。为此，我国个别地区开始使用机械干燥方式干燥花生，但干燥机械多为兼用干燥机械，没有配套的控制模拟模块及相应的干燥工艺，无法对花生荚果干燥速率、干燥终止点进行科学控制或预测，易出现干燥不均匀，干燥过度和干燥不充分并存的状况，难以保证花生的干燥品质。如 SKS-480 系列热风干燥机，对农产品进行干燥时，由于机体结构设计不合理，送风室无合理的均风匀风装置，往往会导致局部物料过干和局部物料干燥不充分。

在干燥特性研究方面，农业农村部南京农业机械化研究所针对薄层花生进行了试验研究，考察了干燥温度、风速、相对湿度对干燥过程的影响，在选定的工艺参数范围内其影响程度依次为干燥温度、风速、相对湿度，在此基础上归纳总结了花生薄层干燥方程，并通过理论计算和试验分析了传统固定床通风干燥在料层深度方向上干燥不均匀的局限性，创新性提出双风口左右换向通风干燥的方法，有效改善了物料层干燥均匀性的问题。

在干燥装备研究方面，针对我国花生机械化干燥技术装备落后，严重制约机械化生产快速推进的现状，初步制定不同收获方式、种植规模下的花生干燥模式 1 套，为小、中、大规模种植农户和合作社提供了干燥方式参考。

通过多年研究，现已研发出系列花生产地烘干技术设备（设施）5 种，改进各类关键部件数十种，系列花生烘干设备可适应不同规模种植户的需要，为花生收获后的及时干燥提供有效的技术装备支撑，为花生产机械化收获快速推进提供了保障。具体装备如下：①仓储式烘干设备（每批次 500 千克，适宜小面积种植户）；②5H-1.5 型烘干设备（每批次 1 500 千克，适宜 5～30 亩种植大户）；③ 5H-5 型烘干设备（每批次 5 000 千克，适宜 50 亩以上种植大户）；④ 5H10 型花生低温混流循环干燥机；⑤花生干燥设施：可折叠晾晒架，为不同用户花生干燥提供了多种选择方案。现有 5H-5 型烘干设备、5H10 型花生低温混流循环干燥机较现有传统干燥设备节能 30% 以上。

（五）产后加工

国内专家主要开展了加工特性指标快速检测技术、花生制酱适宜性评价与加工专用品种筛选、花生蛋白高水分挤压组织化技术、酸性可溶花生蛋白改性制备技术、花生豆腐制备技术及产品研发、花生蛋白基胶黏剂制备技术。

1. 花生储藏技术规范以及储藏条件对品质的影响研究

花生储藏因生产环节、流通方式、产品类型等需求差异较大，花生储藏方式多样。国家花生产业技术体系加工研究室王殿轩团队编制完成的粮食行业标准《粮油储藏 花生储藏技术规范》通过了审定，报批稿已上报国家粮食和物资储备局。规定了花生果、花生仁储藏的术语和定义、基本要求、储藏技术，以及花生储藏期间的粮情检测与品质检验等规定。适用于粮食仓库、花生油脂及花生制品加工厂中的花生储藏。通过对山东鲁花集团有限公司、嘉里粮油（青岛）有限公司、青岛长寿食品有限公司、金胜粮油集团有限公司、淇花食用油有限公司等企业的调研，提出了加工厂花生储存控温技术方案，其主要内容包括储存设施条件与要求、控温技术要求、过程管理与控制等方面。解析了干燥花生荚果在后期储藏过程中的吸湿变化与霉变规律，阐明了高水分花生短期储藏发热霉变机制。研究了不同储藏条件对花生品质的影响，品质指标与储藏时间的相关性由大到小为：a＊值>b＊值>VE 含量>过氧化值>酸价>发芽率>L＊值；品质指标与储藏条件（常温常规、常温真空、常温充氮和低温常规）的相关性由大到小为：L＊值>VE 含量>过氧化值。

2. 新型植物基肉制品加工过程智能调控技术与颠覆性产品创制

植物基肉制品产业发展对于有效缓解因人口增加带来的动物肉短缺、改善居民营养健康等具有重要意义。国家花生产业技术体系加工研究室王强等构建了新型植物基肉制品高水分挤压综合物理能量场及核心加工工艺装备链，揭示了纤维结构形成的分子机制，创建了国内外首个新型植物基肉制品“制备过程—蛋白结构变化—品质精准调控”可视化平台。立足平台建立了在线调色调味、一体化成型等系列关键核心技术，创制了植物蛋白素牛肚、素肠、素鸡块、素风干牛肉等颠覆性新产品 10 余个，攻克了高水分挤压法制备新型植物基肉制品质地和风味难以精准调控的难题。与低水分挤压工艺相比，生产效率提高50%以上，能耗降低 2/3 以上，营养损失减少 20%左右。该成果已在全球最大的休闲零食企业良品铺子股份有限公司转化应用，技术转让费 1 000 万元，并得到了国际知名企业 Impossible Food 公司、嘉吉投资（中国）有限公司的高度认可。以世界卫生组织 Gerald G. MOY 教授为组长的国际同行评议专家组一致认为：该成果是植物基肉制品加工颠覆性技术，引领了植物基肉制品产业科技创新与发展，整体处于国际领先水平。

3. 酸性可溶花生蛋白改性制备与产品开发

酸性饮料占据软饮料市场 60%～70%份额，深受消费者喜爱，但其成分单一且缺乏蛋白质；植物蛋白近十年内销售总额增速迅猛，但其口感较单一，缺乏维生素。二者均无法满足现今消费者均衡营养的需求。李佳笑等以低温脱脂花生蛋白粉为原料，考察了不同单一、复合改性方法对花生蛋白在 pH 值 4. 0 条件下氮溶指数的影响，确定高压均质-中性蛋白酶酶解复合改性工艺的最佳参数为均质压力 79. 74 MPa、料液比 7. 23%，酶解时间 48. 20 分钟，加酶量 1. 034%，在此基础上结合喷射蒸煮工艺，最终可将花生蛋白在 pH 值 4. 0 条件下氮溶指数由 4. 04%提升至 44. 76%。在此基础上研发了高蛋白果汁产品，从色泽、酸度、口感、组织形态四个方面对不同样品添加量果汁进行感官评价，4%样品添加量的果汁感官评价结果最佳。

4. 花生豆腐制备技术及产品研发

豆腐作为我国的传统美食，受到东亚乃至全世界人民的广泛喜爱，但与日本等发达国家相比，我国豆腐原料单一。花生低温粕中蛋白质含量 50%～60%，营养价值高，由于不同花生品种蛋白质含量和组成不同，导致加工出的豆腐品质差异显著。陈炳宇等（2020）依据种植面积和主栽省份挑选出 31 个花生品种制备成花生豆腐，对豆腐的品质测定并进行聚类分析，建立了花生豆腐品质评价体系，筛选出适宜加工花生硬豆腐的鲁花 11 号、潍花 25 号等品种，制备出的花生硬豆腐得率可达到 311%；拥有良好的质构，硬度、弹性和咀嚼性分别为659.44克、0.968和525.19克，高于市售产品平均水平（硬度、弹性和咀嚼性分别为613.34克、0.941和468.38克）；具有优良的保水性和耐煮性。通过分析花生原料品种的蛋白质、脂肪、氨基酸、脂肪酸等26个特性指标，并与花生豆腐品质指标进行关联分析，确定影响豆腐品质的原料指标包括球/伴球蛋白、35.5 KDa亚基、谷氨酸、极性氨基酸等，建立了花生豆腐品质预测模型，验证预测准确率为80.77%。

5. 高温花生粕无醛胶黏剂应用于桦木胶合板研究

木材工业用三醛胶是人造板甲醛释放的主要原因。随着石油资源的逐步匮乏和人们环保意识的提高，环保型胶黏剂的研发推广成为胶合板行业解决甲醛问题的必然出路。桦木机械强度大，柔韧性好，是制备胶合板、地板、家具等内部装饰材料的良好原料，但关于使用植物蛋白基绿色无醛胶黏剂制备桦木胶合板研究较少。屈阳等确定了花生蛋白基无醛胶黏剂制备桦木胶合板的最佳热压工艺：热压温度120℃，热压时间为80秒/毫米，热压压强为1.2MPa。利用该热压工艺制备的桦木胶合板 湿态（沸水）胶合强度为1.06 ± 0.03MPa满足国家胶合板类标准（GB/T 9846 2015）。揭示了桦木胶合板胶合机理，FTIR分析表明，热压固化后胶粘剂亲水性基团减少，其$-NH_2$、-COOH、-OH）和聚酰胺环氧氯丙烷的氮杂环丁烷结构等与胶合板的-OH之间发生反应，生成氢键和化学键等其他作用力，使得桦木胶合板耐水性和胶合强度提高。

6. 高油酸花生油预防代谢综合征及其机制研究

代谢综合征（Metabolic Syndrome，MS）是多种疾病状态在个体聚集的一组临床症候群，可诱发糖尿病、心血管疾病等多种严重慢性病。赵志浩等采用高糖高脂膳食诱导大鼠MS模型，研究了高油酸花生油预防MS的活性，证实高油酸花生油具有预防大鼠MS的功效，并从肠道菌群和代谢组学方面揭示其作用机理。确定高油酸花生油预防MS的总体机制为：高油酸花生油可以抑制脂质堆积产生的肥胖、降低血液风险因子，促进双歧杆菌等益生菌增殖、抑制毛螺菌科和布劳特氏菌属等的增殖，抑制肠道紊乱、调控肠道内氨基酸代谢，通过调控血液中支链氨基酸生物合成通路，抑制支链氨基酸代谢紊乱，发挥预防代谢综合征的功能活性。

7. 花生黄曲霉毒素快速检测技术

从连续多年全国花生质量安全风险监测、风险评估结果看，影响我国花生生产安全的主要危害因子是黄曲霉毒素。Li等（2020）报道了硫堇功能化还原石墨烯氧化物（THI-rGO）作为参考信号发生器，二茂铁标记适配体（Fc-apt）输出响应信号。当Fc-apt-AFB_1复合物的形成导致其从电极上剥离，并减弱了Fc的电流强度（IFc），而硫堇THI的电流强度（ITHI）得到了增强。通过使用电流强度比（ITHI/IFc）作为定量信号，实现了AFB_1的比率检测。在最佳条件下，制备的适体传感器用于AFB_1分析的动态范围为0.05～20 ng/mL，检测限为0.016 ng/mL。四川大学采用聚集诱导发光染料（AIE），提出了一种用于AFB_1检测的本征构象响应杠杆适配体探针（*iconAptamer*）。与传统DNA夹层染料相比，AIE染料在检测适配体对AFB_1的反应方面具有更高的灵敏度。*IconAptamer*将通过扩大目标物种类，为食品安全控制和环境监测提供一个简单、快速、方便和经济高效的平台。

8. 花生黄曲霉毒素绿色防控

西北农林大学研究发现从茯砖茶中分离出的*Eurotium cristatum*能够抑制黄曲霉生长和

AFB_1的合成。活性物质存在于发酵液中，通过扫描电子显微镜（SEM）分析了滤液对黄曲霉孢子形态的影响，表明随着滤液浓度增加，黄曲霉的径向生长和 AFB_1的产量均显着减弱。气相色谱质谱分析显示存在多种抗真菌化合物。RT-qPCR 分析表明，黄曲霉毒素生物合成相关基因（*aflD*、*aflQ* 和 *aflS*）的表达下调，导致 *aflS/aflR* 比率降低。河南工业大学解析了融合嘌呤吲哚蛋白 Puroindoline B 对黄曲霉表面和胞内环境的抑菌作用。

中国农业科学院农产品加工研究所研究发现，400～600 μL/L 的 MeJA 能够有效抑制黄曲霉的菌丝生长、孢子产量、孢子萌发等发育相关表型，800 μL/L MeJA 的完全抑制黄曲霉生长。400 μL/L MeJA 处理，AFB_1产量显著降低。在全基因表达层面解析了 MeJA 对黄曲霉生长和产毒抑制机理，组学解析发现经过 MeJA 处理，黄曲霉细胞膜合成基因、麦角甾醇合成基因、发育相关基因、孢子生成相关基因以及多个膜蛋白的转录水平下调。同样，MeJA 也抑制毒素合成基因簇及相关调控因子的转录表达。另外，新发现两个正调控 AFs 合成的转录因子，该转录因子也是 MeJA 重要作用靶标。MeJA 是一种潜在的、环境友好的黄曲霉毒素生长抑制剂，应用前景广阔。

9. 花生黄曲霉毒素安全脱毒技术

河南工业大学研发了一种磁性石墨烯复合吸附剂可有效脱除油中的黄曲霉毒素 B_1。使用 Hummer 的方法合成了石墨烯氧化物（GO），并通过硼氢化钠还原 GO 获得了石墨烯（rGO）。此后，通过将 Fe_3O_4纳米颗粒分别装载到 GO 和 rGO 上来制备磁性氧化石墨烯（MGO）和磁性石墨烯（MrGO）。通过 SEM、TEM、FT-IR、XRD 和氮吸附-脱附技术对制备的 MGO 和 MrGO 进行表征，发现 MGO 具有二维的层状纳米结构，表面具有许多褶皱，且 Fe_3O_4纳米颗粒基本上被封装在复合材料上。MGO 吸附剂具有易于磁分离和去除效率高的优点，可能为食用油工业开发新型复合吸附剂开辟一条途径。

安徽农业大学筛选获得一株高效降解 AFB_1的寡养单胞菌并解析了其嗜热降解过程。CW117 对 40 μg/L 至 4 mg/L 范围内的 AFB_1具有高效降解能力，降解率随着孵育温度的升高（0～90℃）而增加。降解在 pH 值 6～7 时最佳，短时间热处理对 AFs 降解无明显影响。金属螯合剂 EDTA 和 EGTA、蛋白酶 K 和蛋白变性剂 SDS 仅部分降低了 AFB_1降解率，表明活性降解成分存在于无细胞的上清液中，但其中的蛋白质并不是 AFB_1降解的主要活性成分。降解残留和生物毒性试验表明，该方法对食品和饲料中的解毒开发具有重要意义。

10. 花生过敏源等危害物安全控制技术

河南科技大学建立了花生致敏蛋白 Ara h1 双抗体夹心 ELISA 的检测方法。以 Ara h1 鼠源单抗（mAb）为捕获抗体，以 Ara h1 兔源多抗（pAb）为检测抗体，通过棋盘法优化抗体工作浓度建立方法，并对方法的灵敏度、特异性、准确度、稳定性等检测特性进行鉴定。结果表明，ELISA 标准曲线线性范围为 4～256 ng/mL，检测限为 4.16 ng/mL；样品平均加标回收率为 85.9%～94.5%，且该方法与其他常见致敏蛋白无交叉反应；并能在 4℃条件下避光密封保存 90 天保持检测结果稳定。

中国农业科学院农产品加工研究所研究了 56 个花生品种中 8 种主要过敏蛋白及其过敏原性的差异，为低致敏性花生的育种和消费提供支持。过敏原 Ara h1 在 56 个品种中的相对含量最高，其次是 Ara h2（20 kDa）和 Ara h3（14 kDa）。中国花生品种中绥中大花生和沭阳大站秧缺失过敏蛋白 Ara h3（35 kDa），新金伏大、兴城大花生和如东豌儿青缺失过敏蛋白 Ara h3（24 kDa），日本花生品种 JP－16 与 JP－19 中过敏蛋白 Ara h3（24 kDa）缺失。用中国花生过敏患者的血清进行间接 ELISA 检测，发现中国花生的过敏原性较日本花生强，这可能与所用的血清来源于中国病人有关。中国花生品种中致敏性最低的是铁岭四粒红，最高的是营口四粒红。日本花生品种中 JP－10 的致敏性最强，JP－6 的致敏性最低。决定花生的致敏性强弱的因素复杂，单纯过敏条带的缺失或含量高低和花生致敏性并不存在线性关系。

（国家花生产业技术体系首席科学家　张新友　提供）

2020年度特色油料产业技术发展报告

（国家特色油料产业技术体系）

一、国际特色油料生产与贸易概况

1. 国际特色油料生产概况

2020年世界芝麻种植面积1 280万公顷，总产量610万吨，分别比上年增加2.40%和3.39%。前三大主产国分别为印度、缅甸、苏丹，种植面积为170万公顷、150万公顷、125万公顷，较上年增加6.25%、0.67%和0%；产量分别为74万吨、81万吨和55万吨，较上年增加17.46%、2.53%和-1.79%。世界胡麻种植面积377万公顷，总产量341万吨，分别比上年增加12.37%和9.68%。哈萨克斯坦、俄罗斯 、加拿大为三大胡麻主产国，种植面积分别为145万公顷、95万公顷、37万公顷，较上年增加16.47%、22.90%和9.14%；产量分别为110万吨、73万吨和58万吨，较上年增加9.24%、13.71%和19.34%。世界向日葵年度种植面积2 823万公顷，比上年增加2.87%；总产量5 046万吨，比上年减少9.75%。向日葵种植主要集中在俄罗斯、乌克兰、阿根廷以及欧盟地区。前三大主产国葵花籽产量分别为1 320万吨、1 430万吨和283万吨，合计占世界总产的60.11%。欧盟葵花籽产量869.6万吨。

2. 国际特色油料贸易概况

2020年世界芝麻贸易量476.1万吨，比去年减少1.47%，受世界疫情等因素影响，国际芝麻价格总体波动较大。苏丹、尼日利亚、埃塞俄比亚和尼日尔为世界芝麻前四大出口国，年度出口量分别为32万吨、27.5万吨、24万吨和17万吨 ，占世界芝麻贸易的6.72%、5.78%、5.04%、3.57%；主要进口国为中国、日本、土耳其等国家，中国为第一进口大国，年度进口104万吨，占世界芝麻贸易的21.84%，比去年提高5个百分点，主要来自苏丹、尼日尔、埃塞俄比亚、坦桑尼亚等非洲国家。世界胡麻籽年度贸易量310.4万吨，比去年增加7.19%，主要出口国为俄罗斯、哈萨克斯坦、加拿大等国家，俄罗斯为年度最大出口国，年度出口量55万吨；主要进口国为欧盟、中国、美国等国家，中国为年度最大进口国，进口量47万吨。世界葵花籽年度贸易总量510.7万吨，其中进口量256万吨，出口量254.7万吨；主要出口国包括中国、俄罗斯、欧盟、哈萨克斯坦、摩尔多瓦、乌克兰等国，出口量分别为50万吨、50万吨、38.5万吨、27万吨、22万吨、18万吨；主要进口国家和地区包括欧盟、土耳其、中国、乌兹别克斯坦、美国等国家，进口量分别为88万吨、40万吨、25万吨、10万吨、8.5万吨。近年来，世界葵花籽需求稳步增加，国际贸易市场较为活跃。

二、国内特色油料生产与贸易概况

1. 国内特色油料生产概况

2020年全国芝麻生产发展平稳，年度种植面积52.0万公顷，同比增加4.0%。由于主产区受生育期间持续降雨的影响，芝麻单产和品质普遍下降，全国平均单产 1 150 千克/公顷，总产量约 60 万吨。全国胡麻年度种植面积 26 万公顷，同比增加 8. 3%；平均单产 1 373 千克/ 公顷，比增去年下降 5. 5%；总产 35 万吨，同比增加 2. 3%。其中，甘肃单产较高，单产为 1 731. 5 千克/ 公顷，同比下降 5. 5%。全国向日葵年度种植面积 95. 92 万公顷，同比增加 3. 0%；总产量 260 万吨，同比增加 2. 97%。向日葵种植主要集中在内蒙古、新疆等西部地区。

2. 国内特色油料贸易概况

我国芝麻年度需求量 142. 5 万吨，比去年增加 12. 29%，由于国内产量不足，进口明显增加。据海关统计，年度进口芝麻 101. 61 万吨，比去年增加 25. 07%，创下历史新高。主要从埃塞俄比亚、苏丹、坦桑尼亚、尼日尔、多哥和莫桑比克 6 个国家进口，占全国总进口量的 89. 5%。全国年度出口芝麻 4. 42 万吨，比去年减少 11. 95%，主要出口到韩国、德国、日本和中国台湾等国家和地区。我国胡麻年度需求量 76. 4 万吨，受国际市场价格上涨影响，贸易规模同比缩减；年度进口胡麻 37. 25 万吨，同比减少 12. 74%。加拿大、哈萨克斯坦、俄罗斯是我国胡麻主要进口来源国，分别占进口总量的 39. 69%、33. 54%和 26. 62%。全国年度出口胡麻 958. 6 吨，同比减少 17. 79%；主要出口至荷兰和德国，出口量分别占 25. 2%和 13. 5%。我国葵花籽年度贸易总量 68. 85 万吨，同比减少 12. 1%。其中，进口葵花籽 18. 05 万吨，同比减少 40. 35%。进口葵花籽主要来自于哈萨克斯坦、俄罗斯和保加利亚等主要生产国，全年从这三个国家的进口量分别为 11. 67 万吨、3. 72 万吨、2. 66 万吨，分别占总进口量的 64. 64%、20. 60%、14. 75%。出口葵花籽 50. 8 万吨，同比增加 5. 77%；主要出口到土耳其、埃及、伊拉克等国家，分别占出口总量的 23. 7%、15. 8%、12. 5%。

三、国际特色油料产业技术研发进展

1. 特色油料种质资源研究进展

国外研究主要集中在种质资源鉴定评价、遗传多样性等方面。芝麻种质资源研究方面，印度 Sirisha 等对 114 个芝麻资源材料进行了评价，发现成熟期、分枝数和单株蒴数对产量贡献最大。哥伦比亚、苏丹、尼日利亚等国家学者对芝麻种质资源遗传多样性进行了研究。印度 Pathak 等研究发现芝麻野生种 *S. laciniatum*、*S. radiatum*、*S. indicum* subsp. *malabaricum* 具有较高的木酚素含量和较强的抗氧化能力。Teboul 等发现芝麻核心种质产量及籽粒矿物质营养素存在广泛的遗传多样性。胡麻种质资源研究方面，利用 6 200 个 SNP 标记将 350 个亚麻资源聚为 7 个亚群体，各群体均表现出中等遗传多样性。构建了以 225. 3 个/Mb 的密度覆盖整个基因组的亚麻遗传图谱。对亚麻材料的 11 个干旱相关性状进行了全基因组关联分析，获得 2 个重要候选基因亚麻 Lus10009480 和 Lus10030150。发现胡麻参与干旱响应通路和根和维管组织发育的候选基因。筛选了耐铅亚麻品种。发现在亚麻驯化过程中，与开花、果实开裂、油脂产量和植株结构相关的基因被优先选择（Zhang et al. , 2020）。向日葵种质资源研究方面，发现干旱胁迫导致向日葵籽粒产油量下降是由于种子的重量减少，细胞伸长减少所致。对野生和栽培向日葵遗传资源基因库进行研究，50 多年来野生向日葵和其他向日葵品种都被收集在起源地北美。

2. 特色油料遗传育种研究进展

国际特色油料作物遗传育种研究主要集中在重要性状遗传解析、相关基因挖掘、分子标记开发、优异种质创制等方面。芝麻遗传育种研究方面，土耳其学者以地中海地区芝麻核心种质中的 95 份种质为材料，组织特异性分析表明 77 个 *SinbHLH* 基因调控芝麻生长发育；通过芝麻 GWAS 分析，鉴定出 249 个与脂肪酸含量显著关联的 QTLs，最多的 2 个 QTL 关联到 7 种脂肪酸；利用芝麻 F2 作图群体构建了包含 19 309 个 SNP 和 InDel 标记的高密度遗传图谱，定位到 84 个产量相关性状 QTL 和 50 个籽粒矿物质含量相关 QTL；通过诱变获得了芝麻单株蒴数增加、基部分枝、种皮色变化等突变类型。在亚麻遗传育种研究方面，对钙调素结合转录激活因子（CAMTA）和生氰葡糖基转移酶等基因家族进行了全基因组鉴定与功能分析；通过比较基因组与群体进化分析解析了亚麻驯化与改良机制；通过对不同油脂组成的亚麻品种进行了 SAD 和 FAD 基因的遗传多态性分析，揭示了其与脂肪酸构成的关系；通过反向遗传学方法优化形成了以 transparent testa 2 作为标记基因的亚麻种皮细胞病毒诱导沉默方法。在向日葵研究方面，开发 4 个与菌核病抗性相关的新标记；定位了向日葵抗列当基因；开发出用于区分列当不同小种的特异性引物；利用野生向日葵资源与栽培向日葵杂交，通过幼胚培养解决了种间杂交不育的难题，丰富了自交系的遗传多样性；创制出抗除草剂咪矬啉酮、抗霜霉病和抗列当性状的向日葵，大大降低了生产成本。

3. 特色油料病虫渍旱害防控研发进展

在芝麻研究方面，首次在伊朗发现芝麻顶端卷曲病毒（Sesame curly top virus，SeCTV）。建立了一种简便的离体获取普通菜豆壳球孢孢子的方法；首次从普通菜豆壳球孢真菌病毒中分离获得一种新病毒 MpV1；通过生物熏蒸以及采用植物源的生防制剂联合杀菌剂可以显著防控防治芝麻茎点枯病、黑斑病和枯萎病。研究了几种叶面处理剂对缓解芝麻水分胁迫的作用；芝麻田铺小麦秸秆以及施入菌根真菌能够提高芝麻对水分胁迫的抵抗力。在胡麻研究方面，对亚麻派斯莫病原菌的有性生殖进行了研究；简析了亚麻抗锈病的分子机理；对不同亚麻品种的抗霜霉病水平进行了评价。在向日葵研究方面，首次报道了核盘菌对半夏（Pinellia ternata）的侵染；简析了向日葵抗病以及核盘菌致病机制；研究核盘菌的种群结构；从核盘菌中分离出一个新的单链 RNA 病毒（SsOLV4）；证实了分枝病毒 SsNSRV-1 的 ORF Ⅰ 与核盘菌致病力衰弱有关；评价了田间核盘菌对多菌灵和异菌脲的敏感性；研究了生防菌剂以及生物熏蒸对菌核病的防控效果；证实微生物种群能够提高向日葵对核盘菌的抗性；研究玉米降低土壤中列当种子数量原因；确定喷施杀菌剂 Abacus® 和 Amistar® TOP 能降低黑斑病的发生。

4. 特色油料耕作栽培技术研究进展

国际特色油料作物耕作栽培技术研发主要集中在栽培技术对作物产量和品质影响、逆境生理等方面。在芝麻研究方面，开展了施硫和施锌对芝麻产量和经济效益影响的研究；在雨养条件下观察了 12 种不同硫磷配比肥对芝麻生长发育和产量的影响；发现芝麻根系体积与其产量具有显著相关性；研究了不同灌溉处理下麦秸覆盖物对芝麻生理特性、籽粒产量和含油量变化的响应。在胡麻研究方面，开展了水氮耦合对胡麻产量影响及氮素积累转运机制；发现增施磷肥显著提高胡麻籽粒产量、含油率和亚麻酸含量；延迟播种会降低胡麻产量和 α-亚麻酸含量；亚麻可作铜污染土壤的修复植物，并具有一定的耐铅胁迫能力；秸秆覆盖可以减少土壤水分散失和降低土壤盐分；地膜颜色和覆土穴播对胡麻产量性状有重要影响。在向日葵研究方面，发现向日葵野生种（H. annuus L.）和栽培种的耐盐性活力不同；向日葵种植密度对蒸散量和水分利用效率有重要影响；有机无机配合可改善土壤的理化性质，增加向日葵籽粒产量和生物量；硅肥的应用可以诱导向日葵 C：N：P 的变化；施用硅肥可以改善光合、增加叶面积、提高产量；向日葵在粉质粘土上对硼供应反应敏感；少耕和秸秆覆盖影响土壤中丛枝菌根的定殖和孢子密度，进而影响向日葵的产量；干旱条件下钾肥对向日葵的生化特性和籽粒成分的影响。

5. 特色油料加工技术研究进展

国际上对芝麻和亚麻籽主要营养成分以及芝麻酚、亚麻木酚素、亚麻籽多糖等功能物质开展了系列研究，发现亚麻籽木酚素在转化为肠内脂质，促使癌细胞凋亡方面具有作用，对镉诱导的氧化应激介导的大鼠肾毒性有保护作用；食用亚麻籽可以改善超重/肥胖儿童的精神疲劳；亚麻籽低聚糖可以通过调节肠道菌群和修复小鼠肠道屏障来缓解 DSS 诱导的结肠炎；饲料中添加亚麻籽粕和姜黄粉可在鸡肉中富集 ω-3 多不饱和脂肪酸并提高其氧化稳定性；从亚麻籽壳中提取具有抗氧化和免疫激活功能的多糖。芝麻木脂素可抑制小鼠年龄相关的肾脏疾病和调节双酚 A 诱导的大鼠肝和心脏组织的氧化损伤作用；黑白芝麻对高脂饮食诱发高脂血症大鼠具有降血脂作用。

四、国内特色油料产业技术研发进展

1. 特色油料种质资源研究进展

国内特色油料作物种质资源研究主要集中在鉴定与评价方面，对新疆 135 个芝麻品种进行聚类分析，划分为 11 个类群；对河北省种质库保存的 300 份芝麻种质资源的 31 个表型性状进行遗传多样性分析，划分为 6 个类群；对 317 个国内芝麻种质材料主要品质成分含量进行测定，不同种皮颜色芝麻品质差异很大，黑白芝麻中含油量与芝麻素含量呈极显著正相关关系；研究了室温条件下不同比例的 CO_2 气体对芝麻储藏品质的影响；对芝麻种质资源遗传性状保存进行了研究，发现育成品种繁殖群体达到 35～40 株、地方种质繁殖群体达到 50～55 株时可保持其遗传完整性。对 231 份国内外亚麻种质资源籽粒的长度、宽度、千粒重、表面积、亮度、红度、艳度及含油量进行了比较分析；对 269 份胡麻种质资源产量和品质相关的 14 个表型性状进行了分析；对 499 份亚麻种质资源主要农艺性状进行了相关性和聚类分析；对 238 份胡麻资源的 8 个籽粒性状和 7 个品质性状分析，发现对胡麻籽粒形状和种皮颜色与胡麻品质性状存在显著相关。

2. 特色油料遗传育种研究进展

国内特色油料遗传育种研究主要集中在基因组、重要性状遗传解析、优异种质创制、新品种选育等方面。体系专家全面完成芝麻基因组计划，绘制出染色体级别的 6 个野生种和栽培种基因组精细图，发掘了抗病相关基因群 7 个、油脂形成相关基因群 2 个；率先建立了芝麻基因编辑技术体系，获得了世界上首个芝麻 PDS 功能缺失的转基因植株。绘制出油用亚麻陇亚 10 号、纤维亚麻黑亚 14 号及野生种 pale flax 基因组精细图，完成了 6 个亚麻野生种的鉴定评价，创制出 15 份具有野生亚麻血缘的新种质，对 270 份胡麻种质资源材料进行了基因组重测序。建立了向日葵抗列当基因 or5 分子标记辅助育种技术体系，为向日葵抗列当育种提供技术支持。挖掘出 20 个与黑芝麻种皮发育相关候选基因，其中 10 个为类黄酮合成和调控基因；克隆出提高芝麻耐旱能力的 *SiGol*56 基因。体系专家选育出抗列当食葵新品种 2 个、抗黄萎病食用新品种 1 个、观赏向日葵品种 5 个。创制出高油酸向日葵新种质，选育出高油酸食葵新品系 16 个（油酸含量 90.1%）；创制并选育出世界上首个高油酸芝麻新品系豫芝 HO995（油酸含量 79.8%）；选育出了世界上首个适于机收的抗裂蒴新品系豫芝 ND837、抗落粒新品系豫芝 NS610。选育出适于机械化种植的胡麻新品种“坝亚 15 号”，抗倒伏性强，抗裂果，成熟一致，茎秆脱水快。在苏丹选育出高产早熟芝麻新品系 CSS2 并通过苏丹国家新品种审定，较当地对照品种增产 50%以上。

3. 特色油料病虫草渍害防控研究进展

首次发现了芝麻棒孢根腐病；建立了营养生长期芝麻枯萎病抗性的精准鉴定方法；确定了 62%嘧环 · 咯菌腈 WG 和 60%唑醚 · 代森联 WG 对芝麻黑斑病的防效最好；研究了不同的轮作方式对芝麻青枯病发生程度的影响；发现橘灰青霉高孢粉悬浮液对芝麻土传病害具有良好的防效；筛选出 48%苯达松 90 克/亩+10%精喹禾灵 64.8 毫升/亩组合用于防控芝麻田杂草。明确了影响向日葵列当种子萌发因素的顺序为预培养温度>预培养时间>渗透势>pH；初步建立了鉴定向日葵列当生理小种的鉴定标准；对不同的轮作作物能够降低土壤中列当种子的数量进行了研究；明确了喷施诱抗剂抑制列当寄生的机制；发现菌核周围优势细菌种群芽孢杆菌属（Bacillus）和假单胞菌属（Pseudomonas）均能显著降低盾壳霉对核盘菌菌核寄生的致腐效果；研究了观赏葵抗核盘菌侵染的机制；向日葵种子药剂处理能够显著降低黄萎病的发生；研究了啶酰菌胺对核盘菌菌核萌发的抑制作用以及确定了该药剂的作用靶标（张海洋等，2020）。确定茎叶喷雾 48%灭草松 AS+40%二甲 · 辛酰溴 EC 能够有效防控胡麻田杂草；选用 40%甲辛酰乳油 100 毫升/亩、108 克/升高效氟吡甲禾灵乳油 70～80 毫升/亩进行茎叶喷雾处理能够有效防控胡麻田间杂草。

4. 特色油料耕作栽培技术研究进展

年度重点开展了特色油料作物栽培生理、耕作制度、养分高效利用、盐碱地与重金属污染治理等研究。体系专家明确了芝麻需水量与栽培条件、品种、气温等密切相关，在芝麻不同生育阶段，胁迫灌溉提高了水分生产效率和产量；明确了胡麻高产宽幅匀播精量播种技术和胡麻控果减肥综合栽培技术，集成了适于机械化收获的胡麻补灌、补钾、增密、抗倒伏栽培技术体系；明确了向日葵养分需求特征参数，采用 QUEFTS 模型预估向日葵养分吸收量，构建了向日葵推荐施肥计算机软件并进行了大面积示范。明确了外源激素对旱地胡麻磷素高效利用的调控机制，提出了旱地胡麻高产高效的化学调控技术。探明了硅钾肥配施下胡麻抗倒伏机理，创新提出了适于机械化收获的胡麻抗倒伏栽培技术。研制出直割和插盘晾晒通用割台并在生产上示范。明确了重金属在芝麻各组织中富集特征，筛选出可“边修复边生产”芝麻品种；明确了高盐胁迫下油葵生长特征和耐盐机制，利用油葵消纳沼液并缓解土壤盐碱化过程。

5. 特色油料加工技术研究进展

国内特色油料加工技术研发主要集中在营养品质和风味评价、产品开发、质量安全等方面。发现芝麻酚能减轻肥胖小鼠脂肪组织炎症和胰岛素抵抗；亚麻籽油对 2 型糖尿病大鼠外周血和脾脏髓源抑制细胞及炎症因子发挥抗炎作用。在油脂加工技术方面，探索了油脂加工新工艺。采用酶辅助压榨法制备保留天然风味葵花籽油；采用微波辅助溶剂法提取亚麻籽油采用超声波辅助法提取亚麻籽油；采用压力炒籽生产浓香亚麻籽油。体系专家探明了油脂中游离水份对游离脂肪酸升高的作用机制；系统研究了芝麻组分、加工工艺、贮藏条件对芝麻酱稳定性的影响规律，建立了芝麻酱稳定性调控技术；探明了油脂中游离水份对游离脂肪酸升高的作用机制，研究开发出利用食品级材料吸附脱除游离脂肪酸提高等级指标的技术方法。在质量安全研究方面，探索了不同煎炸温度下亚麻籽油中 α-亚麻酸的反式异构化及其分布情况；建立了芝麻香油感官风味轮图和感官评价方法。在产品开发方面，体系专家开发出玛咖黑芝麻饼干、黑芝麻威风蛋糕、黑芝麻复合固体饮料、富硒黑芝麻五谷粉、黑芝麻丸、姜味系列葵花籽、天然亚麻籽饮料、亚麻籽蛋白饮料、亚麻籽超微营养粉奶酪、低碳水化合物亚麻籽坚果薄脆饼、发芽和未发芽亚麻籽粉松饼、亚麻籽无麸质饼干和面包等系列产品。

（国家特色油料产业技术体系首席科学家　张海洋　提供）

2020年度棉花产业技术发展报告

（国家棉花产业技术体系）

一、国际棉花生产与贸易概况

USDA月度供需报告显示，2020/2021年度全球棉花产量较上年度调减190.0万吨至2 480万吨；消费调增231.4万吨至2 517.5万吨，产需缺口-37.5万吨，全球期末库存小幅减小41.3万吨，至2 123.3万吨，但本年度库存消费比较上年度的92.5%，下降3.56%至88.94%，进出口量出现较大幅度的增长至940.7万吨。从本年度全球的产量来看，主要是美国、巴西、巴基斯坦产量较上年度出现较大幅度的下降，尤其美国受种植面积减少及主产区干旱等因素影响大幅下调本年度产量，相比上一年度调减了86.3万吨，而巴西因天气等因素较上年度调减了38.7万吨，巴基斯坦因虫灾及天气因素较上年度调减了37万吨；而全球消费较上年度大幅增加，首先是中美贸易争端因新冠肺炎疫情短期处于平衡状态，且中美达成的第一阶段协议也在持续履行当中，其次是较低的价格刺激了部分潜在的需求，还有防疫的相关物资方面对于用棉需求的增加也是其中一个因素；总的来看，本年度全球产需基本处于紧平衡状态，这在一定程度对于全球棉价形成支撑。

USDA供需平衡表显示，2020/2021年度全球库存消费比由上一年度的92.5%下降至88.94%，降幅为3.56%，库存消费比依旧处于偏高水平，短期内仍将抑制棉价；但本年度产量调减幅度较大，下游消费持续修复，预计明年棉价的上方压力或将持续减弱。

扣除中国因素后，中国以外地区产量较上年度减少196.3万吨至1 881.3万吨，消费减少108.9万吨至1 690.1万吨，国际市场供应过剩达到191.2万吨，较上一年度同期减少71.9万吨（上年度供应过剩263.1万吨）。中国以外地区期末库存较2019/2020年度减少27.7万吨至1 333.5万吨，中国以外地区库存消费比78.9%，较2019/2020年度的90.3%，大幅下滑11.4%，这将对国际棉价形成支撑，预计2020/2021年度全球棉价重心将上移。

2020/2021年度主要出口国家依然为美国、印度、巴西、澳大利亚四国。主要出口国家印度、巴西出口量较上年度大幅增加，澳大利亚出口量与去年基本持平，美国出口量较上年度小幅减少；从期末库存看，印度和巴基斯坦较上年度大幅增加，美国小幅增加，而巴西较上年度小幅减少。整体来看，全球棉花出口量较去年明显增加，也处于近几年的高位，一方面是下游消费在持续改善；另一方面则是人民币汇率升值，大量国际棉花进口到中国，对国际棉价起到了一定支撑。

2020/2021年度全球主要消费国消费量较去年均出现不同幅度的上涨，其中印度和中国的涨幅最为亮眼。印度方面，此前印度因受新冠肺炎疫情恶化影响，部分订单流向他国，但现阶段随着疫苗的问世，预计随着时间的推移印度本国疫情好转后订单或会回流。中国作为从疫情中最快恢复的国家，下游纺服类的消费也在持续回暖中，市场对于中国的棉花消费预估亦有所上调。

USDA 数据显示，2020/2021 年度美棉产量较上年减少 86.3 万吨至 347.3 万吨，降幅达到 19.9%，也是美棉近五年来最低的产量；消费增加 0.73 万吨至 66.03 万吨，出口小幅减少 11.5 万吨至 326.6 万吨，期末库存大幅减少 33.8 万吨至 124.1 万吨，主要是受本年度美棉大幅减产影响；本年度美棉消费基本持稳不变，产量及期末库存大幅减少，在一定程度上对棉价形成支撑。

同期，中国累计签约进口美棉 82.9 万吨，占美棉已签约量的 35.30%；累计装运美棉 44.3 万吨，占美棉总装运量的 44.60%，占中国已签约量的 53.49%。去年同期中国累计签约出口占美棉出口量的 17.12%，本年度受中美经贸协议影响，中国加大对美棉的进口，在一定程度上支撑 ICE 期棉价格。

据 USDA 月度供需预测报告显示，2020/2021 年度印度棉花产量与上年度产量维持 642.3 万吨，保持全球第一大产棉国地位。消费量增加 87 万吨至 522.5 万吨，当年供应盈余 119.8 万吨，USDA 预测其出口 108.9 万吨，进口 21.8 万吨，期末库存将增加 32.6 万吨至 422 万吨。按印度月均消费 43.54 万吨计算，库存足够 9 个月使用，即印度库存消费比达到 80.77%的高位水平，这将使印度棉价承压，2020/2021 年度印度棉价恐难有良好表现。

从全球供需情况来看，2020/2021 年度全球棉花产消基本处于紧平衡格局，主要产棉国美国产量大幅调减，印度产量虽然与上一年度持平，但是大幅调增了消费，全球期末库存较上年度小幅下降 41.3 万吨，并且当前美棉出口及装运数据良好，这在一定程度支撑全球棉价；但是本年度主要产棉国印度，因上年度结转的期末库存较多，并且印度本年度受疫情影响较大，部分家纺类的订单回流中国，对印度本国的下游需求造成一定冲击，短期内印棉仍将承压运行，也在一定程度拖累全球棉花价格；综合来看，在全球供需偏紧格局下，若新年度宏观环境持续改善，尤其中美贸易关系若得到改善，叠加下游消费在持续恢复阶段，对于明年整体国际棉价相对偏乐观，大概率国际棉价重心上移。

二、国内棉花生产与贸易概况

2020 年全国棉花播种面积 4 754.8 万亩，比 2019 年减少 254.1 万亩，下降 5.1%；单位面积产量 124.3 千克/亩，比 2019 年增加 6.7 千克/亩，增长 5.7%；总产量 591.0 万吨，比 2019 年增加 2.1 万吨，增长 0.4%。分地区看，我国最大产棉区新疆按照“控制面积、提质增效”的原则合理引导棉花生产，棉花播种面积为 3 752.9 万亩，比上年减少 57.9 万亩，下降 1.5%。其他棉区受种植效益和农业结构调整等因素的影响，棉花播种面积下降。长江流域棉区播种面积为 425.7 万亩，比上年减少 85.0 万亩，下降 16.6%；黄河流域棉区播种面积为 538.3 万亩，比上年减少 104.9 万亩，下降 16.3%。新疆棉区气候条件较为适宜，病虫害发生较轻，棉花长势较好，棉花单位面积产量 137.5 千克/亩，比上年增加 6.3 千克/亩，增长 4.8%。因此，新疆棉花产量比上年增加 15.9 万吨，增长 3.2%。长江流域棉区因受洪涝灾害影响，棉花单位面积产量 67.4 千克/亩，比上年减少 3.6 千克/亩，下降 5.0%；黄河流域棉区单位面积产量 78.3 千克/亩，比上年增加 3.8 千克/亩，增长 5.1%。

新疆棉花占全国棉花比重进一步扩大，本年度新疆棉占比高达 90.54%，为近 8 年来最高点，主要受益于本年度国家对新疆棉区继续实施 18 600 元/吨的棉花目标补贴政策，极大地稳定了新疆棉农的植棉意愿，而且本年度新疆天气整体良好，单产有保障，产量整体与去年持平或略增；而地产棉产量降幅较大的原因主要是植棉面积较去年同期有所下滑以及今年长江三角洲一带洪涝灾害频发对棉花的产量造成不利影响。消费量方面，预估2020/2021 年度消费量较去年同期小幅增加 65 万吨，至 810 万吨，再度回归 800 万吨上方的年度消耗量；产销缺口达 239 万吨，计算 89.4 万吨的进口棉，中国实际缺口 149.6 万吨，预期本年度依然要靠进口解决。本年度期末库存较去年同期小幅下降 5.1 万吨至751.8 万吨，国储库存下降至 152.61 万吨，综上来看，产量及期末库存的调减叠加消费预期的回升，预计将会对棉价起到支撑作用。

三、国际棉花产业技术研发进展

在遗传改良研究方面。2020 年棉花产业科技得到快速发展，国际棉花科技产业发展主要集中在中国、美国、巴基斯坦和印度等主要产棉大国。美国科学家 Chen 等（2020）对 5 个棉花四倍体种进行了全基因组测序，分析了其进化选择过程，该研究为棉花遗传改良提供了重要依据。棉花卷叶病是印度和巴基斯坦的重要棉花病害，巴基斯坦科学家Zaidi 等（2020）鉴定得到一个抗卷叶病的材料 Mac7，鉴定得到 HSC80、E3 泛素连接酶和 SKT 可能与抗卷叶病相关的基因。美国、澳大利亚、以色列等发达国家重点是在稳定优良一致的纤维品质前提下，采用转基因、分子标记辅助选择和基因编辑等生物技术手段，通过改良抗虫性、抗病性、适于合理密植的紧凑株型，以及抗除草剂的棉花品种和材料，以在全机械化、低成本和较高劳动生产率的前提下，增加单位面积的种植株数，改良单株结铃性，提高单位面积总铃数，来实现棉花的高产育种目标。2020 年国际转基因棉花新品种培育及商业化应用进一步扩大，以美国为代表的先进植棉国家的品种基本上是由大型跨国企业来研发并推广，最显著的特征是将生物技术研究的最新成果与常规育种技术相结合，生产上的品种基本上都是同时具备抗棉铃虫和抗草甘膦的转基因品种，新型复合性状转基因棉花商业化生产：拜耳—孟山都公司研发具有耐麦草畏、抗草甘膦、抗农达抗虫四种复合性状转基因棉花品种 GHB811 已被澳大利亚、新西兰、加拿大和日本、美国批准用于种植；美国已经将抗刺吸式害虫的转基因棉花推向市场；用于食品、饲料和种植转基因棉花 MON88701 在澳大利亚得到批准与商业化应用，由美国开发的具有低棉酚含量TAM66274 转基因棉花被批准在本国商业化用作人和其他动物的食品原料。美国、埃及在长绒棉品种培育方面具有较强优势，美国近年来育成了 DP、PHY 和 HA 等系列品种，多数品种抗草甘膦。。

在耕作栽培研究方面，国内进展主要包括农田质量提升化肥减施技术、全程机械化生产技术和棉花智慧管理三个方面。在化肥减施方面，通过棉花//花生等幅间作轮种模式，增加棉花产量与资源利用效率，减少化肥用量，另外棉田秸秆利用，生物炭肥等新型肥料的使用可延缓肥料的释放时间，提高肥料利用率。机械化生产主要包括机械化管理和机械化采收两方面。在机械化管理方面，通过化学调节剂烯效唑复配技术（以花匠为代表）实现集中开花，通过化学封顶调节剂（中国农业大学的增效缩节胺）结合水肥调控实现棉花免打顶，2020 年应用面积大幅度上升。在棉花机械化采收方面，中国农业大学研发了欣塞利实现脱叶催熟。我国国产采棉机不断走向成熟，大型摘锭式采棉头生产工艺取得突破，三行采棉机开始小批量生产。在智能化方面，李亚兵团队构建了智能化管理系统，包括作物长势监测、环境监测、自动控制和云端管理，在全国开展的示范应用，实现了田间环境信息的实时远程监测和水肥远程自动管理。另外，继续推进棉花数量化栽培的技术研究和应用，棉花田间管理智能化奠定基础。另外，在棉花抗逆栽培、盐碱地植棉方面也取得了一定的进展。基于空间统计学的理论和方法，采取空间网格取样法，采用地面传感器、无人机机载相机采集数字图像和热红外图像航拍，卫星遥感也广泛应用到棉花生产管理，实现了棉田光温水肥资源信息的准确量化，对棉花苗情和生长状况进行快速监测，为管理决策提供理论依据。我国棉花生产技术目前在国际上产量处于领先水平，但在生产品质，水肥、资金资源利用率，抵御自然风险等方面，还有一定的差距。

在棉花植保研究方面，美国新墨西哥州首次报道4号生理小种引起的棉花枯萎病，通过对1 000多份棉花品种资源抗性评价，获得2个高抗材料，并培育出高抗4号小种的棉花品种。通过比较基因组学技术比较了枯萎菌1号、4号、5号和8号小种之间的差异基因，发现了小种特异性的基因。美国亚利桑那州从2006年起结合利用Bt棉花种植以及辐射不育昆虫释放技术，使红铃虫入侵美国100多年后成功实现整个种群的彻底灭绝。种植具有复合性状的转基因抗除草剂品种，通过喷施灭生性除草剂防除棉田杂草，同时开展杂草抗药性监测与治理。

在棉副产品加工方面，各植棉国对棉副产品利用均十分很重视。传统的棉籽加工利用是将棉籽榨油，经精炼脱色后是作为一种优质食用油供应给广大消费者，而留下棉籽粕和棉籽壳大多被用作牛羊等生畜的饲料或用作肥料，棉秆大多粉碎后返还于农田。近年来，棉油脱酚精炼、棉籽蛋白提取等方面已取得重要进展，包括美国、澳大利亚、印度、埃及等国家，已将棉籽油进行精细脱酚脱色，其棉籽油用于制作高档植物黄油，脱酚棉籽蛋白作为食品或食品添加剂已进入商业化应用。另外，棉籽油除食用外，还作为生物柴油、维生素E及其他营养成份提取等研究也已取得较大的进展。此外，在美国和澳大利亚等国，清花废料的加工利用也取得显著进展。而对于提高棉籽品质为目的的育种研究也有显著的进展，采用基因工程手段降低棉籽中的棉酚含量，培育成的仅种子低酚的棉花品种已通过商业许可，正在德州棉区商业应用。

在棉花机械研究方面，发达国家重视现代科技在棉花生产中“3S”技术、网络信息服务、智能机械系统的综合应用，实现了棉花生产机械的自动避障、自主作业、路径规划等智能化作业。生产机械化辅以管理信息化，形成了棉花现代化生产技术体系。耕整机械、播种机械现在的发展方向主要是大型化、智能化、更精密、更高端、更快速，结构设计、材料及其涂层大幅提高了机具的耐用度和使用可靠性。同时控制智能化、操作自动化和驾驶舒适化是精准农业智能装备发展的重要方向。如棉花精准施药，以最少的农药达到最佳防治效果，采用图像识别技术实施自动对靶施药，采用防飘移、风幕、静电喷雾及雾滴回收等众多技术，以提高药液的附着率、减少农药流失，采用自动混药和农药定量注入系统，减少农药对环境和操作人员的影响。

目前，农业装备的卫星导航技术起到了作业过程中的辅助驾驶作用，约翰迪尔AutoTrac自动导航系统可以安装在各种农机装备上进行田间作业，比如用于棉花生产地的整地、播种、施药、收获全周期的田间作业。收获机械采棉机的技术发展是技术难点。约翰迪尔CP690自走式打包采棉机目前可实现不停机作业、边采摘边打包的功能。采棉机上安装多种类的传感器，用于监控行走速度、关键部位温升报警、采摘头高度、棉包重量感应、风机测速和测量棉花含水率等诸多特性监控。RowSense对行行走系统能自动控制机器田间作业转向，使得行距中心线与采摘头中心线对齐，保证采棉机准确按照播种路线行走。CP690 棉花采收机整车智能化、信息化水平高，监测控制系统可实现智能控制、自动监测、故障自诊断和危险报警等诸多功能，有效保证了棉花采收质量和作业效率。另外，注重农业装备的驾驶舒适化已经成为国外农机企业关注的重点之一。

在棉花产业经济方面，在棉花产业经济方面，2020 年全球棉花经济信息研究咨询机构主要有国际棉花咨询委员会（ICAC）、美国农业部（USDA）的世界棉花展望、英国利物浦棉花展望公司（Cotlook），以及一些国际著名跨国集团和贸易公司如路易达孚、嘉吉等。这些组织、机构与企业均建有自己的棉花经济信息数据信息库，并对全球以及主要国家的棉花生产、消费、进出口贸易、库存以及棉花大国的政策调整等密切关注，侧重于分析其对全球棉花市场的影响。2020 年由于中美贸易摩擦和新冠肺炎疫情对全球棉花产业影响较大，国际棉花咨询委员会（ICAC）、美国农业部（USDA）都开展了大量关于中美贸易摩擦对棉花产业的影响、新冠肺炎疫情对全球棉花供应链、产业链的影响及未来全球棉花产业布局的走向。同时加强了全球棉花市场平衡预警报告的发布和对全球棉花市场的预警作用。上述研究分析咨询报告对世界主要棉花生产国、消费国和贸易国的棉花产业发展以及棉花经营企业的经营决策具有重要的参考作用。

四、国内棉花产业技术研发进展

在遗传改良研究方面，理论研究进展方面。张天真团队通过陆地棉和海岛棉种间群体比较基因组研究，鉴定与重要农艺性状显著关联种内和种间优异单倍型，并精准评估种间相互渗透对农艺性状改良的贡献，为打破物种遗传瓶颈提供理论基础。华中农业大学金双侠课题组利用 CRISPR/Cas9 系统敲除 GhFAD2 基因获得高油酸含量的陆地棉非转基因材料，实现温度诱导的 CRISPR/Cas12b 系统应用到棉花中，实现了陆地棉编辑技术的突破。朱玉贤院士团队绘制了亚洲棉胚珠和纤维不同发育阶段的 miRNA 表达谱，而且阐明了 gar-miRN44 能够靶向锌离子转运蛋白 GaZIP1L，从而介导棉花胚珠对锌离子的转运，这些发现将有助于了解棉花中 miRNA 的功能，并为植物育种提供潜在的靶标位点。中棉所袁有禄课题组挖掘了 6 个重要的 QTL 簇可能与产量和纤维品质都有重要关系。山东棉花中心张军课题组鉴定得到 6 个纤维发育相关的重要基因。浙江大学张天真鉴定得到 GhAATF1 和 GhmTERF1 和衣分显著相关，GhARF3 和纤维品质显著相关。浙江省农业科学院沈国新课题组发现关键调控因子 AKR2A 通过激活激素信号级联促进纤维发育。华中师范大学李学宝课题组发现 GhFP1 作为一种正向调节因子，通过激活 BR 的生物合成和信号传递参与控制纤维伸长。棉花基因组序列的解析对棉花产量、纤维品质、抗病和抗逆等相关基因定位和克隆研究具有重要意义，我国科学家在棉花结构与功能基因组、棉花转基因和基因编辑研究方面也获得了领先于世界的突破性进展，为阐明棉花起源与进化，解析棉花高产和优质机理具有重要意义，为棉花实现聚合育种和分子设计育种奠定了基础。相对于传统育种，现代基因技术育种是一种更精确更高效并且不断发展的技术，例如近年来发展起来的基因编辑技术，可以获得目标性状更稳定的产品，这些新技术具有传统育种所不具备的优势，必将在解决棉花品质、产量和抗逆性等问题中继续发挥重要作用。

多类型棉花品种选育进一步提高棉花品种纤维品质改良进一步提升，与美国的棉花品种相比，我国品种单产已远远超过美国，但纤维品质与美国品种相比还有一定差距。而近年来由于过于追求高产（高衣分）而忽视品种内在纤维品质，导致大面积推广品种的遗传品质较差，而棉花也基本上完成了向新疆等盐碱地和旱地以及两熟高效式生产地区的转移，因此在育种目标上，除注重产量、品质、抗病虫性等性状外，我国更加注重抗旱、耐盐碱、耐瘠薄、耐低温等性状的选育与聚合，近年来培育推广的品种已经初见成效。

在耕作栽培研究方面。美国、澳大利亚等发达国家的棉花生产早已实现了全程机械化，美国各州都有机采棉技术指南，其中要求脱叶剂喷施前自然吐絮率达到 50%以上，机采籽棉叶屑杂质含量更低，清花除杂次数极少，纤维品质有保障。为追求高效管理和可持续生产，棉花管理开始走向信息化、自动化和智能化。棉花生产机械在向超大型和无人操作发展。John Deere 棉花生产机械开始集成信息技术，安装各类传感器，开发了 John Deere 操作平台，用户通过设定机器，实现自动作业，并可实现同一地块不同机械间的信息共享。机械在作业同时还进行信息采集，分析处理，生成管理处方，实时通过 JDLink™ 无线传输到手机和电脑等终端设备上，提高作业效率。测土施肥广泛应用。新型采棉机在采收同时收集产量、水分含量等信息，还进行打模，卸花，生成二维码信息，使得棉花来源可追踪至农户，并实现采收的不间断连续作业。另外，无人机和小型机器人的应用可以进行棉花冠层和冠层内部表型信息采集，建立完整的数据库，并根据获取的信息快速进行智能化决策，实现自动灌溉、施肥、除草以及变量管理等。国外先进植棉国家的水资源，肥料，单位资金的收益，抵抗资源风险的能力都较高。

在棉花植保研究方面。将海岛棉中的抗黄萎病基因 GbAt11 转入陆地棉显著增强陆地棉的抗病性，利用维管束特异性表达的强启动子增强转基因棉对病原菌的抗性。全面总结了近 20 年棉花害虫治理成就并提出了下一步攻关重点，研发了牧草盲蝽性诱剂、LED 单光谱杀虫灯、以及棉铃虫食诱监测与伴施杀虫剂使用等新产品与新技术，推进了盲蝽区域性治理、新疆棉花害虫绿色防控技术模式的示范与应用。加速转基因抗除草剂棉花品种研发，推进高效低毒棉田除草剂新品种开发和应用，以及农业控制、综合防除等技术研究。。

在棉副产品加工利用方面。由于资源缺乏，我国的副棉产品的综合利方面走在世界的前列。棉籽油（清油）一直是我国棉区的主要食用油，目前我国的食用油中棉籽油占 20%左右，对于保障我国的食用油供应起到重要的作用。榨油后的棉籽饼粕则作为是重要的蛋白资源被用于反刍动物及其他畜禽饲料，棉籽蛋白又是我国饲料业中的重要蛋白质来源。棉籽壳则是食用菌培养的重要培养，培养食用菌后的棉籽壳菌渣返田，并开始用于制作再生炭。棉秆用于冬季豆类作物的支架，或用于食用功培养，但大多被用于返田。近年来，有关棉籽品质改良，特别是油份、蛋品质和棉酚等性状的改良已取得较大的进展，棉籽油及脂肪酸含量、蛋白质及氨基酸含量的快速分析方法已取得较大的突破；降低棉籽棉酚含量的专用棉育种也已取得显著的进展，育成的低酚棉品种已在生产上大面积应用，年推广面积近 100 万亩，推广面积居世界领先水平。同时，还开展了棉籽油制作生物柴油和棉籽维生素等的营养成分提取，棉籽壳培养高档食用菌等研究与产业庆用。然而，我国对于棉副产品的利用还处于较初级阶段，特别是棉副产品的精深加工研究进展迟后，除食用油外，棉籽蛋白质及其他产品还未用于食品业。

在棉花机械研究方面。中国棉花生产机械化水平整体落后于发达国家，棉花机械化装备产业发展还不平衡、不充分，不同棉区棉花生产机械化进程存在发展不平衡的现象，比如黄河及长江流域机械化进程相较西北内陆棉区显著滞后。以中国棉花主产地新疆地区为例，坚持实施以“精准选种、精量播种、精准施肥、精准灌溉、精准田间生态监测、精准收获”六大技术为主要内容的精准农业，建立了特色鲜明的棉花生产全程机械化技术体系，突破了棉花生产全程机械化农机农艺融合关键技术，如膜下滴灌精量播种技术、滴灌水肥一体化技术等，在国内处于领先水平。在植保领域，采用顶喷与吊喷组合立体喷洒技术，发明了分扰动装置，实现立体喷施和辅助扰动喷施，解决了高密度种植棉株受药不均匀的难题。

进入 21 世纪以来，国内科研院所、高校和一些企业密切跟踪国外智能农机装备的发展趋势，在智能装备控制与导航技术、农机装备智能化设计关键技术、农机智能作业管理关键技术等环节进行了专门的研究工作，部分技术迭代成熟实现应用，投入农业生产，提高了棉花生产机械化作业质量和工作效率，助力了棉花全程机械化的发展。越来越多的国产化农机智能终端快速发展，棉花生产全程机械化水平加速提升，采棉机摘锭生产等关键技术、制造工艺取得突破，一批国产采棉机开始批量生产，使得适宜全程机械化生产的大面积机采棉模式逐步成熟并得到较快推广。国产采棉机代表主要有中国铁建重工、山东天鹅股份、湖北星光农机、中国农机院、钵施然、常州东风、南京农机化所等研制的采棉机。

在棉花产业经济研究方面。2020 年棉花产业的研究重点集中在三个方面：一是新冠肺炎疫情对棉花产业的影响。我国棉花产业是外向度较高的产业，大量进口原材料，大量出口纺织品，棉花产业的产业链、供应链全球布局的特点非常明显。因此，新冠肺炎疫情爆发后对我国棉花产业影响非常大，因此 2020 年很多机构都是围绕新冠肺炎疫情对我国棉花产业的影响而开展的。二是“涉疆法案”问题。2020 年中美贸易摩擦又出现新的情况。美国出台所谓“维吾尔自治区人权法案”，以人权问题限制我国纺织品、部分在疆纺织企业生产的纺织品进入美国市场。并依靠非政府组织、媒体等不断发酵和恶性污化我国新疆地区，对国际大型纺织品牌施加压力，迫使其中断与使用新疆棉花的纺织企业的合作关系。同时又进一步限制所有的新疆棉花及其纺织品进入美国市场。此举对我国棉花造成了一定的市场恐慌，影响了棉花产业的稳定运行，也成为 2020 年棉花研究关注的重点问题之一。三是棉花产业科技贡献率。科技创新是推动产业发展的内在动力和最大源泉。近些年棉花产业科技创新在产业发展中的作用如何，科技对产业的贡献体现在哪些方面，影响科技创新的主要因素有哪些，这些基础性问题的研究能够为全面客观审视棉花产业科技进步、科技发展方向具有重要作用。

（国家棉花产业技术体系首席科学家　喻树迅　提供）

2020年度麻类产业技术发展报告

（国家麻类产业技术体系）

一、国际麻类生产与贸易概况

全球苎麻生产与贸易保持稳定增长态势。工业大麻合法化进程不断推进，联合国麻醉药品委员会于2020年12月2日，通过了世界卫生组织将大麻与大麻脂从《1961年麻醉品单一公约》附表四中删除的建议，意味着国际上对大麻医药价值的认可。但受到贸易摩擦等因素的影响，工业大麻产品需求量下降，现阶段出现了供过于求的状态。剑麻面积逐步恢复，但世界剑麻纤维总产量仍然长期维持在20万吨左右的低水平，国际市场供需缺口仍然较大。籽纤兼用亚麻种植面积保持增长态势，发展中国家对亚麻籽的需求和消费量增加。世界亚麻籽的贸易规模、出口价格以及生产规模均有不同程度的提高。黄/红麻生产种植比较平稳，维持在140万公顷左右，2019年全球黄/红麻进出口总量下降至24.96万吨，进出口金额波动增长至17.47亿美元。

二、国内麻类生产与贸易概况

2020年我国工业大麻种植面积达到6万公顷，其中山西、黑龙江、云南、内蒙古、吉林和安徽等地种植面积分别为1.7万公顷、1.95万公顷、1.33万公顷、0.67万公顷、0.13万公顷、0.39万公顷，尚未列入国家统计数据。云南省作为工业大麻产业的先行者，先后建立了云南省工业大麻产业研究院、云南省工业大麻行业协会与昆明国际工业大麻产业园，助推我国工业大麻健康稳定发展，但受到贸易摩擦等因素影响，以CBD产品为主的出口订单减少，价格有所下降，国内生产企业受到影响。苎麻种植面积逐步恢复，2020年苎麻原麻调拨价格为4.0万～4.4万元/吨，相比于前两年价格呈上涨趋势，全国苎麻纺织生产能力约为15万锭，市场需求保持平稳，但我国苎麻纺织工业对国际市场的依存度仍然较高。亚麻和黄/红麻“两头在外”现象十分突出，纤维原料90%以上仍然依赖进口。剑麻种植面积稳定在1.15万公顷，同比提高1.3%，已止跌回升逐步恢复，主要以农场种植为主，纤维原料50%以上仍然依赖进口。

三、国际麻类产业技术研发进展

（一）遗传育种

工业大麻主要在遗传标记开发、品种评估等方面开展研究，开发和验证了大麻的性别和大麻素的遗传标记、大麻花粉萌发和长期保存技术，分析了植株形态、开花和生物量品质性状的遗传变异、生长期和生物量对不同大麻的大麻素含量的影响，应用代谢组学测定海拔高度对大麻花序植物化学成分，评价了不同品种农艺性状、原料特性及生物制品的潜力、伊朗3个地区的4个品种的种子产量和油分含量。在医药用大麻的育种方面，国外主要是直接采用遗传上尚不稳定的株系通过扦插繁殖生产种苗，有利于迅速提高目标大麻素含量。

亚麻从种质资源基因挖掘、鉴定等分子生物学水平开展研究，评价了纤用亚麻种质资源的气候条件及抗倒伏、抗病等因素，亚麻种质资源的分类。鉴定了亚麻 ATP 结合 ABC 转运体和重金属相关*HMA* 基因家族的全基因组以及控制亚麻某些形态特征的基因，利用基因编辑技术指出了*CESA* 基因家族之间的相互作用是细胞壁生物融合的基础。

红麻深入挖掘了目标性状基因并完善相关代谢调控网络，利用转录组学分析鉴定了一批与耐旱性、耐盐性、镉耐受性、细胞质雄性不育、花色素苷、山奈苷、纤维素与木质素生物合成有关的基因，并对相应代谢途径进行了解析。黄麻研究领域通过比较转录组和基因网路共表达分析，建立了农杆菌介导黄麻和亚麻的“吸收种子穿刺法”（ISPM），挖掘了在营养生长期和生殖生长期，黄麻根、茎皮、叶、花和果实中特异表达的基因和显著相关的调控模块，成功构建了黄麻基因组织表达数据库，为黄麻功能基因挖掘奠定了基础。

剑麻方面，从转录组数据中鉴定出 17 个在干旱、高温、低温和 NaCl 胁迫下表达稳定的候选基因；分析了转录组中*HSP70* 基因家族在热胁迫下的表达模式；另外，还介绍了纤维植物资源（剑麻、大麻、黄麻和荨麻）在喜马拉雅山西北部的分布。

（二）病虫草害防控

国际上主要在亚麻病害方面开展研究，研究发现化合物 HPA 和 M4 能够激活亚麻的防御反应，并提高其抵抗力；研究发现 fluxapyroxad+pyraclostrobin 可使由亚麻褐斑病毒引起的帕斯莫病（IIACMO）严重度降至 18%、种子产量提高到 2 562 千克/公顷。

（三）机械设备

国际上以研制工业大麻收获和加工机械为主，美国 MUNCH Machine 公司研制出花头分离机，该机每人可收获 68 千克/小时新鲜工业大麻花叶；美国俄勒冈州 DK FAB 公司研制出工业大麻花叶分离生产线，主要工序为人工喂料→花叶分离→花叶、麻秆分道输送→人工清杂→花叶多级输送→装箱，操作简单，生产效率高，性能可靠；澳大利亚纺织复合工业有限公司研制出 D-8 型剥麻机，主要用于工业大麻干茎秆纤维的剥制，剥制方式为对辊式，含杂率为 2. 31%；新西兰大麻农场有限公司联合德国 CLASS 公司研制双层割台的工业大麻籽粒收获机，该机理论作业速度为 0～8. 64 米/秒，纯工作小时生产率为 0. 36～0. 85 公顷/小时，实现了工业大麻梢部收割、输送、脱粒、清选及籽粒收集的联合作业，同时完成了去梢麻秆的割倒还田。

（四）加工技术

国际上麻类生物脱胶方面主要涉及酶脱胶和生物—化学脱胶工艺，研究发现嗜热纤维梭菌中的果胶甲酯酶与果胶裂解酶重组获得的重组酶可应用于黄麻脱胶；酶脱胶大麻技术更环保，但纤维的分散度要低于碱脱胶处理的纤维；优化了生物-化学脱胶工艺可显著提高苎麻纤维的强度与光泽。可降解地膜主要开展可降解高分子合成塑料地膜、光降解地膜和生物质降解地膜。

麻类多用途利用研究主要集中于医用、食用、日用原料、饲料及新材料研发。活性成分提取方面，研究发现大麻花序水提取物可用于炎症和感染性疾病；红麻籽蛋白具有产生抗高血压水解物的潜力，具有多种生物活性。医用与食用产品研发方面，研究发现长果种黄麻叶对改善肥胖和肠道健康具有良好的作用；红麻叶在 120℃烘干前蒸汽烫漂是制茶的最佳方法；开发不同品种工业大麻碎花与咖啡混合物用于高附加值饮料。饲料研发方面，对大麻副产品进行了营养成分和消化率分析，并测定了大麻素含量。新材料研发方面，黄麻副产物高木质纤维素黄麻棒（JS-AC），可作为一种高效、可重复利用的 Cd 吸附剂；利用亚麻的副产品获得环氧亚麻油（ELO）和马来酰亚麻油（MLO），可开发高性能的绿色复合材料；探索了大麻废料用作生物燃料以及部分替代水泥。

四、国内麻类产业技术研发进展

（一）育种与资源挖掘

我国麻类作物育种目标继续以高纤维品质为重点，向专用、兼用、多用深层次拓展，分子育种技术水平提升。麻类体系全年育成麻类新品种 28 个，其中通过国家审定登记品种为华亚 8 号。

苎麻方面，分析了 9 份雄性不育苎麻农艺性状和纤维品质及结实能力，概述了苎麻水分胁迫、分株力、农作学等研究进展，同时阐述了头季苎麻高产、自动化水培等种植技术，并发现 *BnNRAMP1* 基因能响应镉胁迫。

工业大麻利用分子标记辅助选择育种技术，提高了选择的精准性和效率，促进了品种不断更新换代，对大麻 *TIFY* 基因家族进行鉴定与分析。育种目标从传统的纤维品质和产量向麻籽品质和大麻素含量等兼用方向转变，其中“中汉麻 2-4 号”CBD 最高含量达到 4.29%。

亚麻在种质资源评价、基因克隆和分子标记等方面开展研究，对野生亚麻染色体进行了核型分析，为亚麻属物种的起源、演化研究和野生种利用提供依据，统计分析新疆各地亚麻地方性状。揭示了亚麻低钾涉及的转录调控途径，异质型乙酰辅酶 A 羧化酶基因可能调控胡麻种子发育前期油脂的合成积累。

黄麻在基因挖掘及快速分子鉴定等方面开展研究，首次公布了黄麻两个栽培种的叶绿体基因组，揭示了赤霉素 GA_3 处理下参与黄麻纤维形成的 *WRKY* 转录因子，构建了黄麻应用核心种质的 DNA 分子身份证。

红麻在基因挖掘方面有了新的进展，高质量的红麻基因组数据库已公布，比较基因组和转录组分析揭示了红麻韧皮部纤维形成的关键基因。发现红麻细胞质雄性不育的候选基因 *atp6*；*HcTPPJ* 基因参与盐、干旱胁迫响应过程，*HcWRKY71* 基因参与镉胁迫响应，转录组揭示多种转录因子在红麻镉耐性中发挥重要作用。

剑麻主要在种质资源和转录组水平上开展研究，调查分析了野生剑麻种质资源及其纤维品质、资源表型多样性与抗寒性，分析 EST-SSR 分子标记在剑麻近缘属中的通用性，建立了剑麻酵母双杂交 cDNA 表达文库，初步对剑麻 *GATA* 基因家族进行鉴定与功能分析，筛选与木质素生物合成密切相关的 *PAL* 基因。

（二）栽培与土肥

国内研究主要集中在优良品种、抗逆栽培、农艺措施对产量和品质影响等方面。

苎麻从不同栽培条件、重金属胁迫方面开展研究，发现苎麻具有吸收累积汞、镉特征，对高污染农田中镉和铅的稳定性作用，改良亚热带旱地土壤和固碳作用，同时土壤因子对苎麻连作细菌多样性的影响大于真菌多样性。研究了移栽与播种密度、施氮量、不同机械剥制、增施有机肥、苎麻品种对于生长和产量品种的影响。首次实现了苎麻水培苗机械化移栽，使移栽工效达到 24 亩/天，比人工移栽效率提高 10 倍以上，成活率高，每亩节约移栽成本 50%以上，

工业大麻在逆境胁迫方面，比较了品种对田间 5 种重金属的积累特性，评价了污泥和

改良剂对生长性能和重金属积累的影响，干旱胁迫对种子萌发的影响，不同外源物质处理对干旱胁迫下苗期的影响。在栽培技术方面，发现适宜浓度烯效唑（S3307）能够促进种子萌发和叶片生理代谢，获得了适宜扦插的生长时期、基质及营养液。

亚麻在栽培模式上，探究了轮作、间作与立体栽培等方式，研究了不同覆膜方式、水分胁迫下播种量与施肥量协同作用、磷钾优化施肥对产量方面的影响，筛选了适宜群体密度，概述了亚麻新品种栽培技术要点。

红麻在重金属胁迫方面，具有较好的生物产量及 Cd 富集与转移机制，铅胁迫下种子萌发期的生理响应，铅胁迫下生理特性及 DNA 甲基化的影响。黄麻在重金属修复方面，探究了不同品种、不同种质对重金属吸附的差异与机制，提出其在铜污染和天然土壤中的修复潜力、形态生理特性、抗氧化能力和纤维品质，探讨了赤霉素对纤用黄麻幼苗的影响，施磷提高了黄麻的修复潜力，柠檬酸对黄麻吸附铜能力的影响。

剑麻在土壤保护和栽培技术方面开展研究，分析了剑麻园套种平托花生与不套种土壤变化，进行了剑麻种植土地适宜性评价。

（三）病虫草害防控

麻类病害及防控方面，苎麻花叶病毒在广东的百香果上首次报道发现；发现苎麻花叶病毒是依靠烟粉虱传播，且雌性的病毒传播效率要高于雄性；从中国 5 个苎麻主产区的分离菌中选出典型且差异性大的 8 株钟器腐霉菌，研究发现相同地理来源的菌株基本聚在一起，钟器腐霉病原菌株间遗传距离与其地理来源有一定的相关性；获得红麻抗根结线虫相关基因 *HcNPR1*；鉴定了 *pcs1* 同源基因 *Folpcs1* 在亚麻枯萎病镰刀菌中负责菌丝的营养生长和分生孢子的产生；介绍了斑马纹病、茎腐病、紫色卷叶病剑麻病害的研究进展。

麻类杂草防控方面仍以化学防控为主，研究发现除草膜和普通黑膜对工业大麻田杂草防控效果最好，能显著提高工业大麻产量；除草剂混用能有效扩大杀草谱，提高工业大麻、亚麻和红麻等麻田杂草防控效果；全面调查了我国剑麻园杂草种类、分布与危害，共有杂草 49 科 144 属 200 种。

（四）机械设备

国内在苎麻、工业大麻、黄/红麻收获与加工装备以及麻类作物播种装备方面开展了研制。

研制出 6BZQ－170 型全自动苎麻高效剥麻机，鲜茎出麻率 5.06%、原麻含杂率 1.06%、原麻含胶率 24.6%、束纤维断裂强度 4.55 CN · dtex－1；小型山地苎麻剥麻机，包括 4BM－240 型苎麻剥麻机、4BM－300 型山地苎麻剥麻机、4BM－320 型双刀苎麻剥麻机，鲜茎出麻率分别为 5.51%、4.6%、4.1%，原麻含杂率 1.39%、1.68%、1.68%；改制 4LMZ－160A 型苎麻收割机，切割效率 43.80 株/秒，失败率 4.52%，输送率为 92.45%；苎麻移栽机工效达到 24 亩/天，节约移栽成本 50%以上；93QS－5.0 型麻类青饲料专用切碎机，样机平均切碎长度 3.5 厘米、标准草长率 86%、纯工作小时生产率达 5 066 千克/小时；3ZF60 型苎麻中耕施肥机，可调节耕深为 1～16 厘米，作业效率为 5 亩/小时。

河北雷肯农业机械有限公司研制出雷肯自走式工业大麻收获机，采用弹齿式收割方式，可一次性高效快速收获麻叶。农业农村部南京农业机械化研究所改进了 4MD－160 型工业大麻割铺机，研制了轮式工业大麻割铺机。

优化履带自走式红麻剥皮机，剥皮工效800千克/小时、剥净率90%；研发出自走式黄麻菜收获加工装备。研制出2BMF型自走式麻类作物播种设备，可一次完成开种沟、开肥沟、播种、施肥、覆土等五项作业工序，实现条播式播种和施肥。

（五）加工技术

麻类脱胶研究主要包括生物脱胶、化学脱胶、联合脱胶工艺。生物脱胶方面，发现*Bacillus thuringiensis*、*Pectobacterium carotovorum* HG-49、*Bacillus sp.* RN1菌株的耐热耐碱果胶裂解酶、多粘类芽孢杆菌中的果胶裂解酶以及*Pectobacterium carotovorum* HG-49中的果胶水解酶Cel5M具有良好的苎麻脱胶效果；构建了菌株DCE-01与B7共培养苎麻脱胶体系；研究了苎麻鲜麻沸水煮练处理以及厌氧生物脱胶系统的工艺性能。发现*Bacillus subtilis* HR5菌株在亚麻粗纱脱胶工艺中可代替化学脱胶中的酸洗和$NaClO_2$漂白步骤；发现*Chryseobacterium*等7个红麻脱胶的关键细菌或真菌；优化两株剑麻脱胶酶生产菌的培养条件。化学脱胶方面，研究了有机溶剂$FeCl_3$、蒽醌助剂对乙二醇溶剂、高沸点乙二醇的自催化反应对苎麻脱胶的效果、形成了高速水处理—氧化脱胶—高速水处理的苎麻脱胶工艺。研究了新的深度共晶溶剂法（DES）与微波和碱性超声波处理相结合的红麻脱胶方法，微波辅助氧化石墨烯（GO）对大麻纤维的一步脱胶改性。研发了一种基于微波辅助超声的罗布麻纤维脱胶工艺，首次采用1-丁基-3-甲基咪唑醋酸酯水溶液对罗布麻进行脱胶前处理。联合脱胶方面，研发了一种草酸铵-酶联合脱胶大麻纤维工艺。研究了非洲剑麻生物-化学脱胶与生物酶脱胶的工艺。结合微波和超声波技术，研究了新型多元低共熔溶剂脱胶法，并应用于红麻纤维的提取。

麻类纤维加工方面，研究了以黄麻束纤维和麻绒为原料的低成本麻纤维膜产品，以及环保型粘合剂，提出麻纤维纳米纤维素生产技术研究。推广了大麻、亚麻的精细化加工处理技术，开发了剑麻、黄麻纤维的非织造产品，黄麻床垫和板材进入市场，研究了更便捷的近红外技术鉴定麻纤维成分。麻类副产品多用途利用研究包含活性成分提取、医用与食用产品研发、饲料以及新材料研发。

（国家麻类产业技术体系首席科学家　熊和平　提供）

2020年度糖料产业技术发展报告

（国家糖料产业技术体系）

一、国际糖料生产与贸易概况

（一）世界食糖生产与消费情况

2019/2020年度，全球食糖产量为1.805 7亿吨，较上年度下降2.14%，甘蔗糖和甜菜糖产量分别占77%和23%；全球食糖消费量达1.816 4亿吨，较上年度微降0.33%；库存消费比为40.69%，较上年度减少2.88个百分点。

目前，巴西、印度、欧盟、中国、泰国、俄罗斯、美国、墨西哥、巴基斯坦、澳大利亚为前十大主产糖国（地区），占全球食糖产量的76.6%。预期2020/2021年度全球食糖将继续减产，原因主要是巴西食糖减产，泰国和欧盟因干旱和法国黄化病毒影响。

（二）世界食糖贸易概况

2019年，全球食糖出口量为5 644万吨。2019/2020年度，全球食糖出口贸易大增14.6%。全球食糖出口高度集中到巴西、泰国、印度和澳大利亚，4国食糖出口量占全球出口贸易的68.1%。其中，巴西占全球食糖出口的40.1%，因食糖收益好于乙醇，2020年巴西出口食糖3 079万吨，同比大增72.1%，原糖和白糖出口量分别为2 683万吨和396万吨。

全球食糖进口国相对分散，中国、印度尼西亚、美国、孟加拉国、阿尔及利亚、马来西亚、韩国、阿联酋、欧盟、尼日利亚、沙特阿拉伯是主要进口国（地区）。2020年中国超印度尼西亚成为全球最大的食糖进口国。

二、国内糖料生产与贸易概况

（一）我国食糖生产与消费情况

2019/2020年度，全国食糖产量为1 041.51万吨，较上年度1 076.04万吨减少了3.21%。其中，产甘蔗糖902.23万吨，较上年度减少了4.69%；产甜菜糖139.28万吨，较上年度增加了5.88%。内蒙古食糖产量增长11.54%，成为第一大甜菜主产区。

由于新冠疫情影响下游用糖企业生产，全国食糖消费需求同比略降，降幅在4%之内。全国食糖消费量基本维持在1 500万吨。

（二）我国食糖进口情况

2020年5月22日贸易保障措施到期后配额外进口糖关税由85%降至50%，7月1日实施进口报告管理，放松进口政策和较高的进口利润导致进口糖大增。2020年我国进口糖527万吨，增幅55.5%，进口糖浆为107.96万吨（折糖72.3万吨），是2019年的6.46倍、2018年的121.4倍。2020年，我国进口糖和进口糖浆两者合计进口糖600万吨，比2019年进口增加250万吨，远超国内产需缺口。进口糖和糖浆大增使得国内食糖市场库存累积，供给过剩风险加大。

（三）我国糖料生产情况

2019/2020年度，我国糖农收入稳定，糖企扭亏微盈。全国甘蔗和甜菜平均收购价分别提高至505元/吨和499元/吨，制糖企业利润9.6亿元，上缴财政税收18.7亿元。2019/2020年度，全国制糖企业成品糖累计平均售价为5 524元/吨，比上年回升277元/吨。进口糖和糖浆快速增加。

2020/2021年度，我国糖料种植面积稳中微增，主要是内蒙古增加，内蒙古甜菜种植面积2020年达到230万亩，较上年增加40多万亩，增幅21%，广西、新疆稳，云南、广东、海南和黑龙江略降，全国种植面积稳定在2 086万亩。其中，甘蔗和甜菜种植面积分别为1 735.5万亩和351.6万亩。受单产增加和内蒙古面积增加影响，预计2020/2021年度产糖量增至1 050万吨。

三、国际糖料产业技术研发进展

（一）国际甘蔗产业技术研究进展

1. 甘蔗遗传改良创新方面

2020年，国际甘蔗育种技术研究的重点仍是高效育种技术，尤其是育种重要性状关联标记鉴定、甘蔗基因组破译、利用组学技术和已公布基因组信息研究各类家族基因和调控重要性状形成的分子基础，也有利用国际大数据，评估基于过程的模拟基因型与环境互作效应的甘蔗模型等。突出进展有甘蔗热带种已完成全基因组组装到染色体水平，该物种为甘蔗品种糖分和产量的基因来源，但信息还未公开；通过甘蔗野生种割手密和热带种基因组的比较，研究糖转运基因的进化与功能多样性；利用甘蔗SNP芯片和双亲杂交产生的性状分离F_1群体，筛选出23个QTLs，但能解释的表型变异率较有限，仅在6%～13%之间，低于2019年鉴定黄叶病抗性关联QTL可解释的表型变异率。此外，利用甘蔗核心种质的SNP和Indel标记，结合GWAS技术进行关联作图，鉴定糖分、产量性状关联标记；利用多重PCR靶标扩增子测序技术，分析控制糖分含量的相关基因表达；通过机器学习的方法鉴定褐锈病抗性关联的基因组区域等，但上述研究所获得的关联标记或基因的实际应用价值还有待评估。针对抗逆育种，研究病原和非生物逆境胁迫介导的抗性对立基因型中的生理与分子层面的变化以及相关基因的克隆与功能鉴定、利用转基因改良抗旱性等。此外，旨在选育生产性品种的杂交育种也继续进行，如美国新登记了品种CP 09-1385和CP 11-2248等，后代选择除表型外，还利用判别函数分析等统计方法进行优良个体选择等。

2. 甘蔗病虫防控技术方面

一是病害防控技术方面。针对甘蔗花叶病、黄叶病、赤腐病、梢腐病、锈病、根腐病等，开展了病原菌高效检测技术、田间发病率调查、病原菌分子鉴定、品种抗病性接种试验、脱毒健康种苗技术等研究和试验工作，有关专家还开展了甘蔗施用硅肥与锈病发生程度的相关性试验。

二是虫害防控技术方面。重点针对甘蔗螟虫、金龟子、蚜虫等害虫，开展了赤眼蜂、绒茧蜂、性诱剂防治螟虫，绿僵菌不同菌系对金龟子的药效筛选，转基因甘蔗的抗虫效果，植保无人机防治甘蔗害虫等试验或示范，印度专家还构建了基于田间害虫寄主作物数量和受害程度的害虫防控决策系统。总体来看，目前化学防治仍是控制甘蔗害虫的主要防控手段。

3. 栽培耕作技术方面

澳大利亚和美国甘蔗栽培采用卫星定位机械化自动化种植、管理、收获，使用卫星定位和成像系统对田块种植、病虫草害防控、施肥实现精准化自动化。种植技术有机械垂直打洞单芽段播种法，机械化气动力入土施肥法，甘蔗养分、病虫草害管理采用卫星定位成像的方法。巴西选育适宜生产酒精的甘蔗品种并配套栽培技术，运用酒糟和滤饼替代化肥。印度使用甘蔗芽片育苗移栽法，出苗后按不同配方喷施3～5次叶面肥，施用生长调节剂+叶面肥+海藻提取物。泰国采用蔗叶还田、酒精废液还田或蔗叶喷施尿素和谷壳畜粪发酵滤液以增加蔗田土壤有机质。近年来，甘蔗栽培耕作技术朝着机械化、智能化的绿色持续丰产技术发展，轻简化保护性耕作技术、甘蔗芽片种植技术或单芽种植技术、宿根蔗年限延长技术、土壤养分水分高效精准管理技术等新型栽培技术日益得到重视。

4. 设施与设备方面

国际上，GPS自动导航技术已应用于甘蔗生产耕、种、管、收各环节。在耕整地环节，应用GPS技术规划蔗田，为后续的种植、田间管理和收获等环节规划好蔗垄和机具行驶路线，实现各环节固定轨迹作业，以减少机具碾压对甘蔗生产造成的负面影响。在种植环节，主流技术是切段式甘蔗收割机、田间转运车和蔗段种植机等组成机械化种植系统，排种过程中喷淋消毒液。种植机配置有自动导航系统，沿规划好的固定轨迹作业。在田间管理环节，采用大型高效机具，中耕培土、施肥、机械行间除草同时进行。封行后多采用无人机喷药进行病虫害防控。收获环节，以切段式收获技术为主流。大型切段式收割机、田间转运车、公路运输车或固定轨道火车列车运输组成收获系统，自动导航系统实现田间固定轨迹作业，GPS与调度管理系统实现收获系统各机具间协调作业、高效运行。收割机设计体现大型化、高效、自动化、信息化、人性化等的特点。

5. 产后加工方面

国际上甘蔗主要用于食糖生产，少量生产燃料乙醇。食糖的生产，除印度、印度尼西亚及缅甸等部分国内消费食糖采用“一步法”生产外，其他国家均采取“两步法”生产，即在甘蔗产区生产原糖，然后供国内或出口至世界各地进行精糖加工；原糖加工副产物糖蜜用于生产酒精、朗姆酒及牛饲料，蔗渣主要用作燃料生产蒸汽和电力，滤泥直接还田或处理后作肥料。

（二）国际甜菜产业技术研究进展

1. 甜菜遗传育种方面

主要利用分子生物学等先进研究手段分离克隆相关优良性状基因、创制优良种质资源，甜菜分子育种继续开展高效遗传转化体系的建立和优化的相关研究，以期为基因工程手段培育甜菜新品种奠定理论基础，但高效转化方法未有新突破。另外，甜菜种质资源评价方法多样化，基于大数据平台对甜菜种子现状进行分析评估等，均可为甜菜良种选育提供理论基础。

2020年甜菜生物技术和组学研究在甜菜生理生态、抗性生理、发育特性的分子机制研究等方面的应用明显增加，如盐胁迫下甜菜BvSnRK2基因家族和ARF家族的全基因组鉴定及表达分析、甜菜MAX1基因的鉴定及表达谱分析、甜菜M14单脱氢抗坏血酸还原酶基因的过表达提高了甜菜的耐盐性、甜菜生理和转录组分析揭示了中性盐和碱性盐胁迫的不同反应机制、比较转录组分析提供了甜菜坏死黄脉病毒和甜菜土传花叶病毒与其寄主甜菜相互作用的分子机制、甜菜耐盐基因型的转录组分析揭示了甜菜耐盐代谢途径、比较转录组分析揭示了一个与甜菜细胞壁组织和氧化还原相关的 ABA 应答调控网络、整合转录组学揭示了基因型对甜菜耐贮性的影响，以及甜菜保卫细胞对盐胁迫反应的蛋白质组学分析等，相关研究开展将为甜菜遗传工程改良和分子技术辅助育种奠定重要基础。

2. 栽培技术和生产管理方面

新技术新方法聚焦生长动态评价、水肥互作管理等方面的应用，如利用高通量测序法研究甜菜连作对其内生菌和土壤细菌群落的影响、基于无人机多光谱图像的宽动态范围植被指数（WDRVI）监测甜菜生长指标、扫描叶图像（SLI）处理技术用于甜菜氮素状况测定方法、基于叶绿素荧光参数的甜菜叶片全氮含量估算、基于图像的甜菜地上结构动态定量研究和甜菜营养不良无创诊断、激光扫描甜菜根形态统计分析的方法学研究等，均具有作为甜菜生产中实时估算生产相关指标的潜力。

新兴化控措施或者外源物质的开发施用也是研究热点，如叶面施用腐植酸、关键生长调节剂、纳米微量元素叶面肥或者生物炭基有机肥的施用等在逆境胁迫下甜菜抗氧化防御系统、光合特性、氮同化及产糖量方面表现不同程度的有利影响。

此外，甜菜栽培技术也关注其与生长环境的关系。如不同农业气候条件下甜菜植株和土壤中新烟碱的残留、甜菜—小麦长期种植制度下土壤质量的因子分析评价，捷克学者研究了气候变化对甜菜播种期、出苗期和收获期的影响，最终反映到气候条件对甜菜产量和品质的影响。

3. 病虫草害方面

2020 年病害防控技术主要围绕甜菜褐斑病、病毒病和根腐病开展研究。甜菜褐斑病在病原菌的改进 PCR 检测技术、致病性因子、种子传播、各类杀菌剂（DMI 、QoI 类和苯并咪唑类）抗药性监测、抗药性分子检测、褐斑病多光谱成像技术自动识别诊断、分子标记和同工酶图谱区分抗感病品种方法等方面取得进展，在褐斑病防控上利用抗耐病品种、治疗性药剂结合保护性药剂策略取得最好的防控效果和产糖量。甜菜丛根病在病原的检测与分型、P25 变异导致 Rz1 基因抗性丧失、甜菜土传病毒全长侵染性 cDNA 克隆构建等方面取得进展。甜菜立枯和根腐病在病原菌的遗传多样性、致病性因子以及甜菜品种抗性鉴定等方面有进展。甜菜孢囊线虫在寄生相关蛋白分析、甜菜抗性候选基因鉴定、甜菜诱导抗性以及甜菜孢囊线虫卵的寄生真菌等方面取得进展。

除针对甜菜常见病害的致病菌或病毒的生物特性进行分析研究外，如应用甜菜坏死黄脉病毒反向遗传系统研究甜菜 Rz1 抗性反应、光周期对甜菜丝核菌的影响、抗体介导的甜菜丛根病抗性研究，美国明尼苏达州甜菜链格孢菌（Alternaria tenuissima）引起的链格孢叶斑病被首次报道，波兰科学家首次从甜菜中分离到立枯病丝核菌 ag11。

虫害研究方面，围绕主要害虫生物防治、信息素及转基因抗虫等方面开展了相关研究。甜菜害虫生物防治在由甜菜基因型、甜菜夜蛾及其寄生蜂麦蛾茧蜂组成的三级营养系统的交互相关性、草地螟微孢子虫的生物多样性、白带野螟对苏云金杆菌类生物制剂的敏感性、甜菜根蛆信息素引诱剂组分优化等方面取得进展。伊朗学者成功将害虫和除草剂草甘膦抗性相关基因导入甜菜品系，获得转基因甜菜植株。新型抗禾谷类除草剂 EC 在甜菜生产中的应用效果也得到证实，具有一定的应用潜力。

在甜菜农药使用管控方面，因黄化病毒严重，英国政府紧急授权甜菜种植者使用新烟碱类农药，以杀灭传播病害的蚜虫介体，法国政府有意从 2021 年起允许恢复使用含新烟碱杀虫剂的甜菜包衣种子。另外 2020 年，奥地利、比利时、克罗地亚、丹麦、芬兰、立陶宛、波兰、罗马尼亚和西班牙同意甜菜种子包衣使用新烟碱类杀虫剂。

4. 产品加工和副产品开发应用方面

除侧重提高加工工艺和产品品质外，副产品开发应用是研究热点，尤其是甜菜浆特性及新型应用的开发有新突破，如以甜菜浆为原料生产刨花板、利用生物炼制法将废甜菜浆转化为可发酵糖、废甜菜浆生产乳酸、酶法预处理甜菜废弃物可持续生产纤维凝胶和纸、结构多糖在生物乙醇生产中的应用等方面的研究，为进一步开发甜菜应用价值和经济效益提供可能。

四、国内糖料产业技术研发进展

（一）2020 年我国糖料生产呈现的发展趋势

1. 2020 年甘蔗生产呈现的发展趋势

一是种植模式逐渐向高产高糖良种及全膜覆盖、减施化肥农药、病虫害绿色精准防控的轻简高效技术转变，形成了现代甘蔗产业精准绿色发展模式，其以强宿根性良种为驱动，以脱毒种苗为核心的良种繁育技术、水肥药精准施用技术、甘蔗农机农艺融合的全程机械化技术集成示范。二是广西、云南、广东和海南正探索可复制的小型、中型和大型机收模式。这些举措切实降低了甘蔗生产成本，支撑了产业持续发展和转型升级。

2. 2020 年甜菜生产呈现的发展趋势

一是由多种模式种植逐渐转向机械化作业模式，以内蒙古为主的华北区全程机械化作业面积占 80%以上；二是甜菜规模经营明显提升，2020 年内蒙古甜菜种植 100～200 亩大户数量较稳定，200 亩以上大户数量增幅明显，较上年增长 53%，50 亩以下农户数量下降了 30%；三是轻简高效栽培技术进一步得到应用，甜菜专用肥使用面积逐渐增加，栽培过程中节水节肥特征明显，和机械化作业结合的滴灌甜菜节本增效综合栽培技术模式应用。

（二）2020 年度我国糖料产业技术研究进展

国家糖料体系以节本、提质、增效、提高农民收益和产业竞争力为目标，以提高单产和含糖，推进机械化作业和降低成本为抓手，2020 年重点针对我国糖料生产中单产和含糖偏低、机械化作业程度低，特别是甘蔗起收等问题，从积极推进甘蔗、甜菜两大糖料作物新品种选育及筛选与健康种苗和优良品种利用、综合栽培技术模式和农机与农艺配套技术构建、病虫草害防控技术和糖料生产机械化、副产物综合利用、双高基地建设所需科技支撑及产地拓展等方面进行了广泛深入的研究与示范，有效推进了我国糖料产业的技术进步。

1. 现代育种技术创新

2020 年度定制了甘蔗 SNP 芯片并对 F_1 群体进行基因分型，且平均 SNP calling 率高达 97.75%；开发了适合同源多倍体甘蔗使用的 polyBAS-seq 快速筛选目标性状关联标记的方法，并通过结合 R570 单倍体基因组和转录组数据，可快速获得标记相关基因信息；对 230 多份甘蔗重要育种资源进行重测序分析，通过 GWAS 鉴定出分蘖、有效茎等主要性状相关的 SNP 位点；构建了分选斑茅染色体的流式分选技术体系，完成了斑茅基因组单条染色体测序组装与分析；利用高通量测序获得的组学数据，分析不同逆境胁迫后的组学变化，结合基因表达的定量检测，筛选在性状对立基因型中显著差异表达的基因，并进行功能鉴定。

2020 年对甜菜多个性状进行了测定，其中重点对块根产量、蔗糖含量、丛根病抗性等 12 个性状的数据进行统计分析。完成了 306 个样本的重测序，最终得到 2T 多的数据量，得到高质量的 SNP 8 358 753个。重点关注了株高、根头大小、块根产量、蔗糖含量及对根腐病和丛根病抗性等 6 个性状的关联分析，发现了 247 个选择区域，定位到了多个可以辅助育种选择的相关基因，为后期基因挖掘、有针对性的开发 SNP 标记及甜菜基因组选择育种奠定基础。采用 2DE、Label-free 结合质谱的蛋白质组学研究方法对甜菜雄性不育系和保持系进行比较蛋白质组学研究，创建甜菜不育系和保持系的差异蛋白表达谱 2 个，鉴定出与甜菜雄性不育相关的重要蛋白 4 个。完成了 13 份拟选不育系和 11 份拟选保持系材料 1 120 株细胞质细胞核类型鉴定工作。

2. 种质资源创新和新品种选育推广

针对现有甘蔗品种血缘基础狭窄、亲本血缘网络化、近亲化问题，加大对野生种质血缘的利用和导入。针对我国甜菜种质资源遗传背景混杂、种质资源匮乏等问题，在国内系统的进行了甜菜亲缘关系和遗传多样性研究。开展甘蔗与甜菜优良种质资源创制与高产、优质、抗病新品种选育。

2020 年利用甘蔗组织培养综合脱毒技术和种茎热水脱毒技术生产的脱毒种苗分别在广西和云南大面积产业化应用。通过亲本开花技术调控，创制了含有一批含热带种 Badila 和/或新割手密种血缘的新材料。2020 年我国甘蔗杂交育种规模继续保持在 100 万苗以上，登记甘蔗品种 20 个，自主选育的以桂糖 42 和柳城 05/136 为代表的高产高糖品种应用面积进一步扩大，高产高糖聚合育种成效大，并使处于主导地位长达十几年的新台糖 22 号占比下降到不足 20%。

2020 年甜菜完成了 173 份一年生种质资源材料的 17 个农艺性状的调查采集；完成了 184 份二年生甜菜种质资源材料的 14 个农艺性状的调查采集。2020 年登记甜菜品种 6 个，从国内外品种中筛选出适宜我国甜菜种植推荐在生产中使用的品种 10 个，选育出优质、抗丛根病、适宜机械化作业单胚雄性不育杂交新品种开始试验示范，形成了甜研、内甜、新甜为主的系列品种。

3. 综合栽培技术研发

2020 年甘蔗围绕产业提质增效，在现代甘蔗农机农艺配套、轻简节本和绿色技术上开展研究应用。按照化肥、农药双减、蔗田废弃物综合利用的思路，重点研发推广了甘蔗脱毒健康种苗应用、旱地全膜覆盖一次性施肥施药、高效缓释肥和蔗叶还田保护性栽培的甘蔗绿色丰产集成技术；宿根蔗运用低铲蔸技术，研究宿根蔗持续丰产技术；机械化配套栽培技术；滴灌+水肥一体化+蔗叶还田增肥技术；甘蔗深耕粉垄技术等。

2020 年甜菜重点研发推广了甜菜机械化节本增效综合栽培技术、水分高效利用技术、盐碱地高效栽培技术、抗连作障碍机理及生物防控技术。根据甜菜各产区不同生态条件，优化了耕、种、管、收 4 个环节的机械化配置参数，在全程机械化条件下的下种、施肥、覆膜、病虫草害综合防控技术方面取得了重大突破。形成不同生态区甜菜机械化节本增效综合栽培模式。为甜菜生产降本增效、合理水氮供应、盐碱地种植、改善连作土壤结构、稳定布局和可持续高质量发展提供了技术保障。

4. 病虫草害防治技术研究

2020年度针对主要甘蔗病害，开展了病原菌分子鉴定、病害高效检测技术、病害田间监测及甘蔗品种抗性评价等研究工作，优化建立了基于温水脱毒和组织培养脱毒的甘蔗健康种苗病菌检测技术体系。重点针对甘蔗螟虫、蓟马、蚜虫和地下害虫（金龟子、白蚁、天牛）等害虫，开展了甘蔗虫害演变规律、发生期精准监测和预警、赤眼蜂和性诱剂防控甘蔗螟虫、植保无人机喷雾防控甘蔗病虫害、药肥配方筛选与应用推广、水肥药一体化集成防控等研究与示范。针对重大迁飞性害虫草地贪夜蛾，研发出草地贪夜蛾监测性诱剂配方1个，建立草地贪夜蛾预测预报体系1套；构建了甘蔗草地贪夜蛾绿色防控技术体系1套。

2020年围绕“甜菜机械化节本增效综合栽培模式集成与示范”开展甜菜主要病害非化学绿色防治技术研究。研究明确了甜菜病虫草害种类、危害和发生动态，建立了技术数据库，进行了7种主要虫害的动态监测；建立了甜菜褐斑病菌的快速分子检测技术1套；研发推广了甜菜地上病害和甜菜重（迎）茬引起的甜菜根腐病的绿色防控技术。在立枯丝核菌（AG）-2-2IIIB内鉴定到一种新的线粒体病毒（*Rhizoctonia solani mitovirus 39*），解析了其全基因组序列，为开发立枯病生物防控提供参考。围绕甜菜象甲、旋幽夜蛾等主要害虫的发生规律及发生动态监测，寄主植物对旋幽夜蛾种群增长参数的影响和旋幽夜蛾对寄主植物的选择偏好和种群适合度、农药亚致死浓度对旋幽夜蛾幼虫解毒酶活性的影响、变温对甘蓝夜蛾生长发育和繁殖的影响、黄地老虎对植物挥发物的电生理等生理生化，甘蓝夜蛾信息素合成及药剂筛选等方面开展了相关研究。

5. 机械化生产技术推进

2020年广西农机院、洛阳辰汉、柳工农机、中联重科、沃德农机、雷沃农机等厂家生产的切段式收割机覆盖大、中、小各档次机型。国产收割机市场占有量达到70%以上。在甘蔗种植、中耕培土和收获等环节机械化关键技术自主研发方面进行了大量深入研究，取得多项突破，有待进一步成果转化。广西“双高”基地2019/2020年度机耕率、机种率、机收率分别为98.51%、65.22%、15.82%。

6. 产后加工技术研发

创新开发甘蔗混合汁体系陶瓷膜过滤绿色澄清技术及核心设备、以膜法绿色澄清为核心的梯度生产与多元高值化技术、基于构建酿酒酵母沉默组件和基因编辑技术的乙醇生产技术。为制糖产业链延伸，形成多元高值化甘蔗系列产品提供了关键技术。2020年度以纳米级无机膜过滤的甘蔗混合汁绿色澄清技术，已进入推广应用阶段，目前可生产甘蔗原汁、原色糖浆及高品质红/黑糖、“零添加”砂糖等产品；同时，甘蔗产品多元高值化生产技术的研究与应用也取得长足进步，如甘蔗汁生产朗姆酒、蔗糖生产益生元、糖蜜生产酵母和酵母抽提物等技术已实现产业化生产，产品已投入市场。另外，甘蔗汁复合饮料、甘蔗啤酒、甘蔗梢/蔗渣生产反刍动物饲料等技术已具备产业化应用条件或正进行产业化应用建设。

目前甜菜废蜜主要用于酒精及酵母生产，另外滤泥用于复合肥和有机肥生产正在研究试验中。

（三）我国糖料产业需重点开展的技术研究内容

针对产业中存在的主要技术问题，重点抓好糖料生产节本增效技术研究应用，大力推进糖料生产高质量绿色发展。加快优质新品种选育推广应用；加快全程机械化综合栽培技术研究、集成、应用，实现农机农艺融合，推进甘蔗生产机械化水平；加强节水节肥药和控膜的高效绿色的丰产高糖综合栽培技术模式研发集成；扎实推进“2+X”试验和示范工作；推进病虫害绿色防控技术研发与应用，加快糖料产业提质增效；开展副产物综合利用与延伸产业链促进产品向纵深发展，降低吨糖成本，提升综合竞争力。

1. 强化优良新品种选育和推广，加强甜菜种业自主创新研究

开展针对高产高糖、抗病、抗除草剂、耐寒、耐旱、适宜机械化作业和氮磷高效等特定目标的甘蔗、甜菜优良新品系选育；加快培育绿色优质甘蔗、甜菜新品种。建设以甘蔗脱毒健康种苗为核心的良种繁育基地，形成完整的甘蔗良种繁育技术推广体系；着力推进甘蔗脱毒种苗的标准化应用。加强甜菜良种繁育基地的建设，加快甜菜种子加工分级与丸粒化包衣加工技术的研发速度，完善种子丸粒化加工设施设备，促进自育品种丸粒化加工后的甜菜种子尽快大面积用于生产，推进国内自育优良品种的推广应用，以确保我国甜菜种子的数量安全和质量安全。

2. 全面推进甘蔗生产全程机械化水平

通过规模化土地整治，按照机械化作业要求规范，加快推进机耕、机种、机管、机收全程机械化进程。因地制宜推进各区域的机械化模式，大力推进农机农艺技术融合。重点研发适应我国丘陵山地、作业质量高效的中小型切段式甘蔗收获机，加强自主研发适应中小地块的以高效、低茎秆破损率为核心技术的甘蔗整秆式收获机。加快研发伤芽率低、精量排种的蔗段种植机。

3. 绿色轻简高效良法研发推广

根据绿色农业持续发展需要，甘蔗大力推广秋冬植蔗，春植蔗推广全膜覆盖、减施化肥农药、病虫害绿色精准防控的轻简高效技术，以及蔗叶粉碎还田、地膜回收、制糖副产物综合利用技术，实现绿色生产。

甜菜大力推广甜菜专用肥、滴灌和机械化结合的滴灌节本增效综合栽培技术模式、不同生态区精量施肥水肥一体化技术、化肥减量减施技术、高密度栽培、病虫草害精准监测预警和绿色防控技术、农残药害安全监测及管控技术。

4. 加强糖料生产基地建设

依据高标准农田建设标准，强化路网、水利等基础设施建设。甘蔗产区深受冬春旱影响，着重完善水利设施，增强抗旱能力；甜菜产区加强农田水利基本建设，多修建排灌、储水基础设施，缓解供水不及时问题。

5. 推动糖料产品多元化高值化发展

目前甘蔗产业已经通过膜物理澄清技术，形成了绿色制糖生产技术，并已经开发了甘蔗植物水、甘蔗原汁、食用糖浆、朗姆酒及高品质红/黑糖、黄金砂糖、化妆品、稀有糖等系列产品，接下来需更多引领糖厂理念转换，膜物理澄清技术已经开始走向产业化，正逐渐推动糖料产品多元高值的产业化，加快走向市场的速度。将单一产品结构的糖业重新定义为多元结构的糖料资源利用产业，开发多元产品，使糖料全产业链资源要素充分利用。

6. 节本增效科学施肥、土壤养分管理与地力修复协同发展

通过速效与缓效、有机与无机、养分形态与功能相融合的新型肥料配方及剂型，实现节本增效科学施肥；结合养分平衡等土壤质量调控技术，削减中低产蔗田土壤和环境障碍因子，形成蔗叶还田、配方肥、合理轮作、水肥协同、多元养分系统等土壤培肥及节本增效养分综合管理技术，延长宿根年限；形成“生长抑制剂+生物刺激素+养分因子”的多维调控，探索增糖技术与土壤改良协同。

（国家糖料产业技术体系首席科学家　白晨　提供）

2020年度蚕桑产业技术发展报告

（国家蚕桑产业技术体系）

一、国际蚕桑生产与贸易概况

（一）生产

继续保持以中国为主，并包括印度、乌兹别克、巴西、泰国及越南等其他国家在内的国际蚕桑生产格局，预计2020年世界桑蚕茧生产量为90万吨，其中，中国约占76%，印度约占18%，乌兹别克、巴西、泰国和越南等国家约占6%。

印度是仅次于中国的第二大丝绸生产国，由于2017年以来印度经济增速减缓，尤其是2020年新冠肺炎疫情全国蔓延，经济严重下滑，丝绸消费受到冲击，预测2020年度印度年生丝需求在2.1万吨，估计生丝缺口降低至0.7万吨左右，对中国中低档生丝出口造成一定压力。

乌兹别克斯坦政府十分重视蚕桑丝绸产业发展，2018年以来在中央政府机构中专门设置了丝绸工业部，蚕桑丝绸产业招商引资开放政策起到一定成效，中国浙江、江苏、山东等少数丝绸企业前往投资建设原料茧生产基地。目前鲜茧产量4万吨左右，位居世界第三。

（二）贸易

据海关统计，2019年全球真丝绸商品进出口总额为24.09亿美元，同比下降24.33%，占我国纺织品服装进出口总额的0.81%。

受新冠肺炎疫情全球蔓延影响，2020年丝绸出口贸易大幅下降。2020年1—7月，真丝绸商品进出口总额为7.6亿美元，同比下降35.57%，占我国纺织品服装进出口总额的0.44%。三大类出口降幅持续扩大，1—7月，丝类出口同比下降31.94%，占比25.82%；真丝绸缎出口同比下降43.76%，占比24.6%；丝绸制成品出口同比下降39.74%，占比49.58%。

真丝绸商品出口排名前五位的市场依次为：欧盟（占比28.55%）、美国（占比19.36%）、印度（占比8.15%）、日本（占比7.86%）、中国香港（占比7.83%）。

据欧盟统计局统计，2020年1—10月，欧盟丝绸贸易额为77.66亿美元，其中进口额为41.54亿美元，进口主要来源地中国的金额为12.91亿美元，占比31.08%。

据印度商工部统计，2020年1—10月，印度丝绸贸易额为24.41亿美元，同比下降23.32%。其中进口额为2.18亿美元，进口主要来源地中国的金额为1.05亿美元，同比下降53.09%，占比48.34%。

据美国商务部统计，2020年1—10月，美国丝绸贸易额为31.72亿美元，同比下降27.09%。其中，进口额为28.12亿美元，同比下降26.96%；进口主要来源地中国的金额为9.42亿美元，同比下降31.83%，占比33.49%。

据日本财务省统计，2020年1—9月，日本丝绸贸易额为13.71亿美元，同比下降

17.21%。其中进口额为12.48亿美元，同比下降17.4%，进口主要来源地中国的金额为6.33亿美元，同比下降18.02%，占比50.7%。

2020年1—10月，澳大利亚丝绸贸易额为4.12亿美元，同比下降13.55%。其中进口额为3.86亿美元，同比下降14.03%，进口主要来源地中国的金额为2.66亿美元，同比下降13.62%，占比68.98%。

二、国内蚕桑生产与贸易概况

2020年受新冠肺炎疫情影响，全年蚕茧、生丝价格普遍下降，尤其是上半年主产区蚕茧价格、生丝价格下降幅度超过20%，广西、云南、四川、江苏等地蚕农积极性受到严重打击。据蚕桑主产省（区、市）生产主管部门对春季蚕桑生产统计及年末对部分主产省的初步调查统计，2020年全国桑园面积1 231万亩（含生态桑），比上年增加14万亩，增幅1.15%；发种量1 662万张，比上年减少82万张，减幅4.7%；桑蚕茧产量68.6万吨，比上年减少2.3万吨，减幅3.2%。柞蚕放养面积约1 030万亩，同比减少6.8%；柞蚕茧产量预计8万吨，同比减少5.9%。

2020年我国蚕桑生产区域布局基本稳定，西部地区规模扩张速度明显下降，东部地区、中部地区减产幅度大于西部地区。十大主产省蚕茧产量占比达95%以上，其中广西、四川和云南蚕茧产量分别为37.6万吨、8.3万吨和6.1万吨，合计占比75.8%。

2019年下半年出现茧丝价格回升，10月份生丝价格冲高至42万元/吨的高位，逐渐下降至12月底的37万元/吨。由于新冠肺炎疫情暴发带来消费下降预期，2020年2月初生丝价格迅速下降，5月初降至27万元/吨的低位；广西主产区春茧价格降至25元/千克，约为上年秋茧价格的一半；其他产区普遍出现蚕茧价格降低30%以上。由于全国范围新冠肺炎疫情对生产和消费冲击幅度得到有效控制，全国蚕茧及生丝供需基本平衡，从2020年10月后干茧及生丝价格逐渐恢复，预期2021年全国蚕桑丝绸生产可以保持基本稳定。

近10年作为中国丝绸商品出口主要市场的欧美国家经济发展迟缓，作为高档纺织服装的丝绸消费能力持续下降，2016年美国政府带来的国际市场贸易保护主义和贸易摩擦等因素导致经济发展速度下降与消费意愿的降低，导致中国丝绸出口贸易年度降幅达到40%左右；随着国内社会经济发展和国民收入水平的快速提升，丝绸服装服饰、家纺产品逐步进入千家万户，估计近年丝绸国内消费所占份额逐步提升至2/3左右，我国的茧丝绸产业已经由出口主导型产业转变为国内国际市场均衡发展的产业，呈现出内销形势持续向好的趋势。随着《蚕桑丝绸产业高质量发展行动计划（2021—2025年）》的实施，整个茧丝绸行业和市场已经从新冠疫情冲击中恢复理性，2020年10月干茧、生丝价格稳步回升态势，随着全球疫苗普及带来新冠肺炎疫情控制、经济发展和市场消费恢复，预测2021年蚕桑产业发展有望保持稳定或略有恢复性增长。

三、国际蚕桑产业技术研发进展

由于新冠肺炎疫情给世界经济、社会、国际关系等带来巨大冲击，尤其是国际蚕桑丝绸生产消费主要相关国家或地区，如美国、欧盟、印度等都处于新冠肺炎疫情严重地区，2020年度国外蚕桑相关国家的蚕桑产业技术研究开发几乎处于停滞状态。

2020年8月，《自然·纳米科技》发表了中国科学院上海微系统研究所陶虎课题组联合美国纽约州立大学和德州大学的研究，公布了基于蚕丝蛋白的高容量生物存储技术的首次实现。该存储技术以天然蚕丝蛋白作为信息存储介质，以近场红外纳米光刻技术作为数字信息写入方式，可以在一平方英寸的面积上存储 64GB 的数据。

2020 年 9 月，国家畜禽遗传资源委员会审定通过了华康 2 号等 11 个新蚕品种，这些新品种已经在全国主要蚕区广泛进行试验示范和推广，具有广泛的适应性和优良生产性能，通过全国审定后将有力推动我国蚕品种的第六次更新换代，促进蚕丝业发展和提质增效。

巴贝集团 2019 年全龄人工饲料工厂化养蚕一期正式投产，2020 年全龄人工饲料饲养规模达到 5 千张种以上，进一步优化了工厂化人工饲料养蚕的技术体系。

四、国内蚕桑产业技术研发进展

（一）遗传育种

14 个桑树新品种通过审定或获得新品种权证书，草本化栽培收获、畜禽饲用、果用桑品种选育取得较大进展。前期育成的桑品种如强桑系列、桂桑系列、粤桑系列等近 5 年累计推广 150 万亩。通过多年筛选已获得多份抗菌核病果桑资源，抗菌核病果桑品种培育取得进展，果桑新品种累计生产推广 10 000 公顷以上。

2020 年 9 月，华康 2 号、华康 3 号、粤蚕 8 号、川优 1 号（川山×蜀水）、川蚕 27 号（芳・绣×白・春）、锦苑 3 号（锦・苑×绫・州）、鲁菁 1 号（鲁菁×华阳）、苏玉 1 号（苏荣×锡玉）、锦绣 1 号（锦・绣×潇・湘）、锦绣 2 号（韶・辉×旭・东）、苏秀春丰（苏秀×春丰）共计 11 个蚕品种通过了国家畜禽遗传资源委员会审定。华康 2 号、华康 3 号以及苏豪×钟晔（抗）、野三元（抗）、云抗 1 号等抗血液型脓病蚕品种在全国范围内普遍推广，近 5 年累计推广量超过 700 万张种，有效抑制了家蚕血液型脓病的危害。

优质茧丝蚕品种苏超 2 号、苏秀×春丰、川山×蜀水、苏优 1 号等全面推广，各项经济性状达到或超过菁松皓月，依托上述品种以及平衡致死雄蚕品种，在江苏、四川、云南、浙江等地建立了一批全年稳定生产 6A 级优质生丝的基地。

（二）栽桑养蚕技术

采用一代杂交桑树品种高密度栽植的桑树全年条桑收获、桑树病害绿色生态防控配套桑园管理机、条桑收割机、桑园多功能搬运车等高效技术装备的全年多次养蚕、全年条桑育养蚕技术在浙江、江苏、四川、山东、重庆等地的大面积试验示范取得成功，为蚕桑生产农场化集约规模经营提供了技术支撑。

在主产区国家蚕桑产业技术体系基地县广泛开展蚕桑规模化生产模式及配套技术集成与示范，桑园快速成园技术、少免耕栽培技术、桑园地膜（布）覆盖技术、水肥一体化技术、杂交桑高密度栽培及全年多次条桑收获技术、机械化条桑收获技术等多种形式的桑树省力化栽培收获技术广泛应用。全国各地利用果用桑品种、果叶两用桑品种，建立了多种果桑栽培技术模式，全国果桑栽培面积已经突破 3 万公顷，建立了桑果加工、鲜果采摘与旅游相结合的一二三产联动的经营模式，形成了新的蚕桑产业发展方向。

小蚕计算机测量控制电气化加温补湿、高效切桑机、多种类型小蚕饲育机等先进设备在小蚕饲养阶段广泛应用，可以实现切桑、给桑、消毒剂喷洒、蚕匾转运的自动化和半自动化，小蚕商品化共育得到大面积推广。适合于纸板方格蔟、木制方格蔟以及塑料折蔟的多种类型机械化采茧装备技术日臻完善，在广西、四川、江苏、云南等主产区开始大面积推广，提高采茧工效 2 倍以上。大蚕期塑料大棚饲养、轨道喂蚕车、方格蔟及自动上蔟升降机、省力高效塑料方格蔟、自动摘茧机等技术集成，实现规模化集约化养蚕；长江流域江苏、浙江、重庆等蚕区开始进行全年多批次养蚕与配套桑树收获技术的探索并取得进展，劳动生产率得到提高。江苏研究提出小蚕（1～2龄）、中蚕（3～4龄）、大蚕（5龄）、上蔟的分段养蚕管理模式及首创的中蚕规模化饲养技术取得良好成效，为企业化规模化养蚕组织经营提供了新的模式，人工饲料小蚕共育技术在主产区国家蚕桑产业技术体系基地县试验示范取得阶段性成果。

计算机测控蚕种高密度催青技术、小蚕电气化加温补湿标准化共育技术、小蚕机械化切桑技术和小蚕少回育技术得到全面推广。大蚕条桑饲养技术、省力化大棚饲育、组合式蚕台饲养技术、大蚕简易蚕室育和方格蔟自动上蔟、可升降悬空上蔟技术、室外预挂内营茧提高茧质技术以及机械化采茧技术在主产区得到推广。国家蚕桑产业技术体系试验示范区综合劳动生产率提高20%～30%，综合效益提高20%～40%。浙江巴贝集团建立了全套的饲料加工、给料技术与装备，饲养车间高效饲养设备和环境自动处理技术，全年工厂化规模化全龄人工饲料饲养量5 000张种以上，劳动生产率明显提高，蚕丝质量优良，对现代蚕桑产业发展提供了新的思路。

（三）病虫害防控技术

针对规模化养殖设施金属构件与蚕具、计算机及电子测控设备使用不断增多，养蚕人员对减少使用有害刺激消毒剂的需求日益增长，加强了环境友好绿色消毒剂的研制工作，高效二氧化氯蚕用消毒剂已经开始全面应用，开发的主要成分为短链有机酸的天然产物消毒剂对主要家蚕病原具有良好的杀灭效果，为规模化生产技术模式下大量使用金属制品蚕具所需的低腐蚀性蚕用消毒剂开发提供了新的技术途径。对家蚕微粒子病具有良好防治作用的新药物阿苯达唑制剂克微灵1号，在多个省区的蚕种生产企业进行连续多年进行的全年周期、规模化生产性应用试验结果表明，利用克微灵1号桑园叶面施药技术防控微粒子病效果明显、稳定，生产蚕种的无毒种和合格带毒种批次比例明显提升。

根据适度规模生产的要求，研究建立了桑园采用无人机、自走式治虫机械、烟雾治虫机械进行桑园治虫的技术规范，已经在主产区开始规模化应用。制定了桑园农药的减量应用模式，通过与多种绿色防控技术的集成应用，减少用药量20%以上。

（四）资源利用技术

持续开展了蚕桑生产大宗副产物的无害资源化利用和桑树资源畜禽饲料化应用攻关研究。开发的系列商品化蚕沙饲料和桑叶饲料在草食性鱼类、滤食性鱼类饲养方面取得良好效果，特别是在成鱼阶段使用对降低体脂率、改善鱼肉品质与风味方面具有突出效果，已经在生产上开始大面积推广。应用蚕桑多元化利用技术，以经济动植物立体高效种养、废弃物资源化利用关键技术，构建新型桑基鱼塘生态循环利用模式。蚕蛹肽蛋白饲料应用于畜牧业与水产养殖取得良好效果，可以完全替代鱼粉的饲用效果，已经进入商品化应用。桑枝（叶）青贮加工用于肉牛饲养对于提高生长速度、改善牛肉品质具有明显效果，已经初步提出青贮桑枝（叶）饲养肉牛技术规范。桑叶作为羊、猪、兔、鸡、鸭、鹅等大宗饲养畜禽中的应用技术规范基本确立，并开始示范应用。应用丝素、丝胶品种开发新型特性的新型材料、医用材料取得重要进展，成为未来新型蚕丝产业的重要发展方向。

（国家蚕桑产业技术体系首席科学家　鲁　成　提供）

2020年度茶叶产业技术发展报告

（国家茶叶产业技术体系）

一、国际茶叶生产与贸易概况

（一）国际茶叶生产

预计2020年全球茶叶产量与2019年基本持平，约为626万吨。其中，中国茶叶产量为297万吨，约占全球茶叶总产量的47%。据国际茶叶委员会统计，2020年1—10月，斯里兰卡茶叶产量22.47万吨，同比减少12.90%；肯尼亚46.74万吨，同比增加22.32%；印度103.27万吨，同比减少12.73%。2020年1—9月，坦桑尼亚茶叶产量为2.12万吨，同比减少21.42%。2020年1—8月乌干达茶叶产量3.38万吨，同比减少26.74%。

（二）国际茶叶贸易

2020年全球茶叶贸易预计略有下滑。据国际茶叶委员会统计，在出口贸易中，2020年1—9月，肯尼亚茶叶出口37.19万吨，同比减少0.72%；印度15.11万吨，同比下降23.70%；印度尼西亚3.28万吨，同比增长16.48%。2020年1—10月，斯里兰卡茶叶出口21.43万吨，同比下滑10.31%。在进口贸易中，2020年1—10月，美国进口茶叶8.83万吨，同比减少12.23%，其中美国绿茶进口1.35万吨，同比减少9.94%；英国进口茶叶11.11万吨，同比增加8.60%；日本进口茶叶2.36万吨，同比减少9.20%，其中绿茶和红茶进口量分别为0.34万吨、1.27万吨，分别同比减少11.34%、12.65%。2020年1—11月，巴基斯坦进口茶叶23.04万吨，同比增长18.64%，其中红茶、绿茶进口量分别为22.79万吨、0.25万吨，分别同比增加18.72%、11.38%。2020年1—9月，俄罗斯进口茶叶10.36万吨，同比下降0.48%。

（三）国际茶叶消费与价格

全球茶叶消费仍以红茶为主，占比达60%以上。2020年，全球茶叶消费量预计约为600万吨。据国际茶叶委员会统计，2020年1—11月，斯里兰卡各产区茶叶拍卖价格回升，科伦坡茶叶拍卖均价为630.37卢比/千克，同比上升16.14%；印度北部加尔各答拍卖市场叶茶拍卖均价为221.71卢比/千克，末茶为219.73卢比/千克，分别同比上升26.73%和37.24%；印度东北部高华哈第拍卖市场叶茶均价为201.06卢比/千克，末茶均价为213.48卢比/千克，同比增幅分别为37.55%和40.57%；孟加拉国吉大港拍卖市场叶茶和末茶拍卖价格分别为164.78塔卡/千克和200.99塔卡/千克，分别同比下降16.36%和3.00%；肯尼亚蒙巴萨茶叶拍卖价193.00美分/千克，同比下降5.39%。

二、国内茶叶生产与贸易概况

（一）国内茶叶生产

1. 生产规模稳中有增。根据体系调研数据和国家统计局数据，2020年全国茶园面积约为4 734. 35万亩，其中开采面积超过3 796. 20万亩，分别同比增长1. 65%、2. 60%；全国茶叶产量约为297万吨，同比增长7. 1%。

2. 茶类结构相对稳定。体系调研数据显示，绿茶、红茶、乌龙茶、普洱茶、白茶产量较2019年有不同程度的增长，黑茶（不含普洱）产量同比下滑。全年绿茶、红茶、乌龙茶、黑茶（不含普洱）、普洱茶、白茶产量预计分别约为188. 5万吨、28. 3万吨、27. 8万吨、20万吨、15. 5万吨和5. 4万吨。

3. 生产成本有所增加。从体系调研数据看，2020年全国茶鲜叶生产平均成本约2 400元/亩，较2019年上涨约3. 2%，其中田间采工均价同比上涨4. 0%，物质投放同比增加1. 8%，土地成本相对稳定。生产成本的上涨导致茶青交易价格上涨，体系监测数据显示，春茶（2—5月）茶青价格指数为109. 1，夏秋茶（6—8月）茶青价格指数为102. 7；春茶茶青价格波动幅度增大，较去年扩大约8. 6%；夏秋茶茶青价格小幅上涨，6月至8月指数增速逐月增大。

（二）国内茶叶销售与消费

1. 干毛茶价格同比下滑。体系调研数据显示，2020年市场干毛茶均价约为61元/千克，较2019年略有下滑；体系在全国19个产地干茶批发市场的监测数据显示，2020年2月至8月，产地干茶批发价格指数为85. 9，低于去年同期，且产地干茶批发价格波动幅度收窄，较去年缩小约19. 2%。国家统计局数据也显示，2020年第一、第二、第三季度干毛茶生产价格指数分别为96. 6、96. 5、98. 2，前三季度干茶生产价格均低于去年同期。

2. 消费总量稳中有升。体系消费调研数据显示，约20%的被调查人群每周平均喝茶天数和每天干茶投放次数上升，分别从3. 8天提高到5. 9天、从2. 1次上升至3. 7次；随着人们对健康和生活品质更加注重，茶叶的消费人群有所增加，新增茶叶消费群体约4%，2020年国内茶叶消费约208万吨。此外，2020年新式茶饮市场规模突破1 000亿元，同比增长4. 3%。

3. 销售市场两极分化，品牌企业优势显现。体系产区调研数据显示，58%的产区高价位茶销量下滑；而一些品牌茶企发现高端产品销售普遍逆势上扬。该现象反映在茶饮市场，则是快速的行业洗牌，天眼查数据显示，2020年我国停业、清算、吊销、注销的茶饮企业超13万家，新注册茶饮企业2万家，现存茶饮企业约19万家。

（三）国内茶叶出口贸易

据海关统计，2020年，我国茶叶出口总量34. 88万吨，同比减少4. 8%；出口总额达20. 38亿美元，同比增长0. 91%；出口均价5. 84美元/千克，同比上涨6%。分茶类看，我国茶叶出口仍以绿茶为主，2020年1—11月，除普洱茶外，各茶类出口量均不同程度下滑；绿茶、红茶、乌龙茶、花茶出口量分别为27. 4万吨、2. 66万吨、1. 54万吨、0. 56万吨，分比同比减少1. 2%、17. 2%、6. 3%、5. 8%；普洱茶出口3 123吨，占出口总量的0. 9%，同比增长26. 9%。

三、国际茶叶产业技术研发进展

（一）遗传育种

韩国建立了一个目标导向的核心种质资源（TOCC），发现Sangmok叶绿体全基因组序列与Camellia pubicosta的相似。伊朗提出电磁辐射茶树资源30分钟可造成更多的遗传变异，鉴定了核糖体蛋白L32等干旱胁迫蛋白。斯里兰卡开发了茶叶抗茶饼病育种标记

EST-SSR073。印度获得了高抗氧化性筛选标记 miSSR-03，miSSR-11 和 miSSR-14。日本认为基因组预测（GPs）和全基因组关联研究（GWASs）在茶叶遗传育种中具有潜力；发现无激素培养的体细胞胚，基因枪转化后黑暗培养，利于次体细胞胚诱导，而 0.4M 甘露醇可促进转化效率。印度组装了阿萨姆种的叶绿体和线粒体基因组，鉴定了叶色转变的关键蛋白和代谢物，利用根癌农杆菌介导的马铃薯 I 类几丁质酶和绿豆防御基因共转化效率（3.41%）高于单基因转化（2.20%和 2.39%）。

（二）病虫害防治技术

印度针对茶树病虫害，挖掘、研发出多种高效生防资源和生防产品。例如：利用印度枸桔、水黄皮、芝麻提取物防治咖啡小爪螨 *Oligonychus coffeae*；利用假单胞菌、芽孢杆菌、球孢白僵菌、金龟子绿僵菌等防治茶角盲蝽 *Helopeltis theivora*、茶园白蚁；利用固氮菌、芽孢杆菌、木霉菌等微生物和 *Amphineuron opulentum*、*Cleome gynandra*、*Ipomea convolvulus* 等植物提取物防治茶黑腐病、茶红锈藻病、茶枝枯病。日本发现，覆盖红色防虫网后，茶黄蓟马发生数量急剧减少，唑虫酰胺对黑刺粉虱有很好的防治效果，药后 20 天防效可达 100%。

（三）加工技术

韩国学者研究了中国、韩国、日本的后发酵茶中优势微生物菌属，发现中国后发酵茶中优势微生物菌属为真菌属 *Sphingomonas* sp，而韩国和日本后发酵茶中优势微生物菌属分别为细菌属 *Pantoea* sp. 和 *Lactobacillus* sp. 。在高档绿茶加工过程中，二甲硫醚在摊青过程中显著提高，而在干燥过程中显著降低。芳樟醇、香叶醇、己醛和（E，E）-2，4-二烯醛在鲜叶中含量较高，而随着加工进程含量显著降低。Sanaeifar 等建立了基于近红外光谱监控绿茶加工过程茶多酚和咖啡因质量监控技术体系。采用新型的非对称氧化铝中空纤维素膜进行绿茶提取液澄清工序，可有效降低提取液浑浊度 90%以上，同时澄清液可稳定储存 30 天以上。Nguyen 等基于响应面法建立了一种高效绿色的亚临界水提取绿茶 EGCG 的新技术。

四、国内茶叶产业技术研发进展

（一）遗传育种

获得了植物新品种权 31 个，43 个品种通过登记。完成了龙井 43 基因组测序、提升了舒茶早基因组草图，挖掘了与花青素、苦茶碱等合成、茶氨酸转运、一大批抗性相关等的基因、miRNA 等，可变性剪接在抗性中的关注度急增，建立了茶树基因共表达网络数据库 TeaCoN。提出色差的 E 值和 L 值为黄化和紫化、L 值和 c 值为紫化茶树品种选育的筛选指标。

（二）栽培技术

首次报道了茶园土壤微生物蛋白组研究成果，建立了茶树根际土壤微生物蛋白质数据库，构建了酸化茶园茶树根际土壤微生物蛋白质组代谢调控图谱。中国茶园平均 N_2O 年排放量高于粮食作物农田的排放，茶园在中国农田种植系统中是大气 N_2O 的强排放源，氮肥施用量是茶园土壤 N_2O 年排放量的关键驱动因素。明确了不同铵态氮肥对土壤硝化作用的影响取决于肥料对土壤 pH 的影响，并建议茶园施肥时应增施土壤脲酶和硝化抑制剂。通过对福建安溪 42 个承担有机肥替代化肥试点茶园土壤中铅、铬、砷、汞、镉风险评价结果表明，土壤综合污染指数与单因子污染指数均处于安全清洁等级。有机肥中的抗生素虽然对茶园环境及周边作物存在潜在安全风险，但目前在茶树茎和鲜叶中均未检出抗生素，对茶叶质量安全无显著影响。

（三）病虫害防治技术

建立了便捷、准确的茶小绿叶蝉卵的蓝光检测法。叶片的光谱组成和反射光强度是茶小绿叶蝉辨别老成、幼嫩茶叶的重要指标。提出灰茶尺蠖性诱剂大量诱捕法，防效达70%。明确了（E）-Nerolidol、DMNT 等虫害诱导挥发物可激活未受害茶树的抗虫、抗病反应和相关分子机制。释放胡瓜钝绥螨、异色瓢虫显著减少茶棍蓟马 *Dendrothrips minowai* 虫口数量。香茅草挥发成分对茶炭疽病和褐芽病病原菌的抑制率可达 100%。茶-芋间作杂草防效可达 70%。添加 0.1%烷基多糖苷（APG0810）可减少 33%～50%的虫螨腈用量。福建茶小绿叶蝉对菊酯类农药抗性较为明显，对溴虫腈、唑虫酰胺已产生抗性。利用卷积神经网络法，建立了茶树七种病虫害的自动识别系统，准确率达 89.4%。

（四）加工技术

在茶叶加工工艺研究方面，优化了“清香”及“栗香”型绿茶的定向加工技术，建立了花果香味红茶加工技术参数，构建了夏茶鲜叶加工新型清花香特种茶的新工艺。在茶叶品质成分研究方面，探明了不同产区白茶的品质特征差异及白茶贮藏过程中主要品质风味成分的变化规律，建立了白茶中 EPSF 类成分富集强化技术；揭示了乌龙茶加工过程中关键风味化学物质的变化规律及基因调控机制，构建了 CsJAZ 基因转录调控网络及其在加工中的表达；探明了曲霉属、假丝酵母属、德巴利酵母属、青霉素以及未分类的散囊目真菌群落是催化茯砖茶特征香气品质形成的核心功能微生物菌群；探明了普洱茶加工工艺对后期贮藏过程中香味品质转化的影响。在茶叶深加工领域，采用逆流萃取、纳米膜分离、凝胶柱色谱分离技术相结合，创建了儿茶素高聚物（MAF）的分离纯化技术体系，可获得高活性、高纯度的 MAF；揭示了不同季节茶鲜叶多酚氧化酶对儿茶素酶促氧化生成茶黄素的总含量及组分的影响规律；以茶叶提取物及功能成分为主要原料，研制了具有降脂减肥、延缓衰老功能的速溶中空颗粒型功能茶制品。

（五）茶叶生产机械

在田间管理机械方面，研制了丘陵山区茶园管理机多功能移动平台、水肥一体化灌溉施肥装置、四旋翼植保无人机、具 360°回转齿轮机构的防霜风机、茶树侧边两面修剪机、茶园小型综合作业装备等。在智慧茶园方面，开发了茶园环境信息智能监测系统、智慧茶园管理系统、智慧茶业系统平台等。在名优茶叶采摘方面，研究了基于图像识别的茶叶嫩芽检测技术、基于深度学习的名优茶采摘位置识别方法，提出了基于人工智能的名优茶采摘识别方法，研制了并联式自动采茶机的控制系统、茶茎杆仿生割刀等。在茶叶加工机械方面，设计了一种智能茶叶摊放萎凋设备，研发了水热式恒温发酵机，研究了基于 EDEM 的茶叶揉捻机参数优化，研发了连续回潮机等。

（茶叶产业技术体系首席科学家　杨亚军　提供）

2020年度食用菌产业技术发展报告

（国家食用菌产业技术体系）

一、国际食用菌生产与贸易概况

（一）生产

自1961年以来，全球食用菌的生产面积总体呈现不断扩大的趋势，尤其是进入21世纪，2001年生产面积超过1万公顷，2019年达到10万公顷，为历史峰值。以FAO连续统计数十年的双孢蘑菇和块菌为例，2019年生产面积为104 342公顷，比2001年增加了9倍，较2018年增长31.67%。近50年来，单产也从1961年的167.84吨/公顷提高到2001年的468.89吨/公顷。此后单产呈现下降趋势，尤其是近两年降幅较大，由2017年的201.23吨/公顷降到2019年114.03吨/公顷，降幅高达43.33%。造成这种现象的主要原因是食用菌产业由生产效率高的发达国家向生产效率低的发展中国家转移。在总产量上，自1961年以来呈稳定增长态势，1961年总产量49.51万吨，1974年突破百万吨，2012年突破千万吨，2019年更是达到了1 189.84万吨的新高，较1961年增长23.03倍，是1974年的11.9倍，较2012年增长18.50%，近10年呈现稳定增长态势。

（二）贸易

在国际贸易方面，世界食用菌贸易规模总体呈现增长趋势。以双孢蘑菇和块菌及食用菌罐头为例，进出口贸易数量由1961年的26 219吨增加到2019年的2 595 028吨，增长97.98倍；贸易总额由1961年的2 299万美元增长到2019的65.30亿美元，增长了283.05倍，创历史新高。

（三）市场

在价格方面，不同国家的食用菌产地价格差异较大。以双孢蘑菇和块菌为例，2019年有5个国家的价格在5 000美元/吨以上。其中，新加坡最高，2019年高达8 796.4美元/吨，比我国高出了8.12倍；位列其后的依次是以色列、文莱、冰岛和澳大利亚，2019年的价格分别为7 013.6美元/吨、6 885.5美元/吨、5 716.6美元/吨和5 163美元/吨。

二、国内食用菌生产与贸易概况

与其他农业产业相比，我国食用菌产业的成长性表现良好。1979—2015年持续快速增长，从1978年的40万吨（折鲜计）扩增到2015年的3 476万吨，年增长率在6.3%～17.8%。2016年进入稳定增长期，年增长率在3.1%～3.5%，呈现持续稳定增长的产业发展局面。2019年全国食用菌总产量3 933.87万吨，总产值3 126.67亿元，分别比2018年增长了3.82%和6.39%。

在对外贸易方面，贸易规模总体呈现增长态势。以双孢蘑菇和食用菌罐头为例进行分析。在出口方面，双孢蘑菇的出口始于1992年，出口量由1992年的10 373吨增加到2019年的125 759吨，增长11.12倍；出口额由1992年的3 461.4万美元增加到2019年的

23 273.1万美元，增长5.72倍。食用菌罐头出口由1983年的92 000吨增加到2019年的261 614吨，增长了1.84倍；出口额由1983年的7 800万美元增加到2019年的95 965.2万美元，增长11.30倍。

在进口方面，双孢蘑菇的进口始于1992年，总体呈现先增后减特征，由1992年11吨增加到2009年7 784吨，之后逐年递减，尤其是2013年之后，进口快速减少，2019年已减至62吨；进口金额则由1992年的1.5万美元增加到2010年的654万美元，之后则呈递减趋势，2019年下降至16万美元。

食用菌罐头的进口始于1987年，1987年进口量为6吨，2014年增加到941吨，之后逐年减少，2019年减至121吨；进口金额由1992年的1.7万美元增加到2016年165.3万美元，之后3年呈现递减态势，2019年减至132.7万美元。总体而言，几十年来，我国食用菌进出口一直呈现贸易顺差特征。

2020年1—3月，受疫情影响，我国食用菌出口量显著下降，香菇出口18 650吨，同比下降35.4%；食用菌罐头出口60 881.2吨，同比下降6.8%。但在出口金额上，则有增有降；2020年1—3月香菇出口额25 537.4万美元，同比下降39.1%，食用菌罐头出口额20 386.3万美元，同比增长9.6%，这与疫情防控所需要的便捷消费品需求高涨有关。

三、国际食用菌产业技术研发进展

（一）国际食用菌产业技术研发的主要特点

食用菌技术研究热点集中在活性成分与医疗保健功效、土壤修复、生物技术及栽培技术等方面，学科类别主要是食品科学技术、生物化学与分子生物学、植物科学、药理学和真菌学等。国际上受到重点资助的食用菌项目较少，中国是食用菌基础研究、应用基础研究和产业技术研发投入最大的国家，在国际期刊上也是食用菌领域论文数量最多的国家。在国际著名期刊发表食用菌论文，主要集中在国际知名高校和科研机构。

食用菌领域专利申请及其技术市场主要集中在亚洲，中国既是专利技术最主要的申请国，也是最主要的专利技术市场，其专利数量遥遥领先于其他国家或地区，日本、韩国则分别位居第二、第三位。但是，专利质量亟待提高。

发达国家的食用菌产业技术创新近几十年来一直以企业为主，目前正常运行的企业都是在本国技术创新能力强的企业，如美国的蓝宝菌种公司（Lambert Spawn）、日本的千曲化成株式会社，这些企业的技术和产品在中国市场不断扩大。

在新品种选育方面，双孢蘑菇仍以欧美国家为主，香菇、金针菇等木腐菌以日本为主；菌种制作技术上，美国双孢蘑菇菌种仍处于领先地位。在栽培技术上，日本的自动化生产、智能化管控取得了突破性进展，基本达到无人化生产。

（二）食用菌病虫害防控技术研究出现新进展

关于病害的研究主要集中于食用菌细菌性病害和绿霉病。应用高通量测序技术和多重实时荧光PCR技术，建立了培养料和生产环境中假单胞杆菌属细菌的发生动态模型和预测模型，揭示了恶臭假单胞菌和木霉互作与蘑菇绿霉病的关系，明晰了假单胞杆菌和托拉斯毒素的致病机制。在食用菌病害防治方面，国外学者主要集中于植物精油防治、生防细菌和噬菌体研究。桉树、百里香、薄荷、丁香等精油产品对双孢蘑菇湿泡病和干泡病，以及多种食用菌绿霉病和蛛网病，都有较好防控效果。从稻草、鸡粪和双孢蘑菇堆肥中分离筛选出了对木霉属真菌具有抑制作用的细菌23株，并阐明了出芽短梗霉通过产生抑菌物质和占据生存空间，对侧耳木霉产生拮抗效应。

明确了培养料中异蚤蝇的虫口密度和成虫寿命与环境温度湿度关系密切，当环境温度为 15～30℃、相对湿度大于 75%时，虫口密度增加，成虫寿命延长。在食用菌的虫害防治上，以农业防治、物理防治为主，辅以安全药剂施用，成为一致认同的普适性技术选择，防虫网、黏虫板、杀虫灯的综合使用成为侧耳属虫害物理防控的普遍选择，香茅油成为腐食酪螨、跗线螨等螨害化学防控的安全选择。

（三）食用菌加工技术研发进展有了新成果

国际学者对食用菌加工技术研究主要集中于加工工艺对品质特性的影响、活性成分提取工艺优化和复合型食品开发等方面。在产品干制技术上，发现低温等离子体预处理可以显著缩短香菇烘干时间，减少能耗，并可最大程度减少干燥过程中的风味物质流失。通过对热风干燥过程中平菇切片水分活度和色泽变化的机理分析，建立了适合平菇干燥的动力学曲线的 Guggenheim-Anderson-deBoer 模型。与冷冻干燥和阳光晒干相比，微波干燥能够大幅提高平菇中抗氧化物的含量。在食用菌功能活性成分提取上，发现采用超临界 CO_2 萃取技术从平菇中提取到主要由 β-葡聚糖、α-葡聚糖和低聚糖组成的杂多糖，其细胞抗氧化活性高达 80.83%。此外，还发现利用甲醇精馏法，能够从鬼笔菌中分离到含量丰富的抗氧化、抗肿瘤活性物质。

（四）食用菌生产装备与智慧管控研究发展较快

食用菌装备与管控设施设备的研发主要集中在企业进行。大多数装备企业能够根据生产需要研发新装备，努力向自动化、智能化生产方向发展。融合物联网技术，根据预设数据和电脑控制，结合外界的温度、湿度、二氧化碳含量及光照等环境因子，模拟食用菌最佳生长环境，为产品的产量和质量保障提供技术支撑。此外，工厂化和专业化生产的机械化、自动化发展较快，新型装备已经覆盖制种、栽培、采收、包装、加工等各个环节，包括液体菌种生产、空气净化、培养料制作、菌棒（包）生产、环境控制、产品干制、保鲜、食品加工和深加工等。从原料生产到菌种菌棒（包）制作，从菇房设计建造到温湿光气自动控制，从采收到各类加工品，产业链的各环节都具备了与其综合条件相适应的较为完整的“设施—装备—工程”一体化的生产技术装备体系。

四、国内食用菌产业技术研发进展

（一）食用菌品种选育和良种繁育技术体系逐步成熟

在定向育种方面，创建了食用菌重要农艺性状定向育种高效筛选的理论技术。高温耐受性成为香菇、平菇、黑木耳等多种食用菌的室内抗性筛选指标。在多种杂交技术基础上，明确了自交在食用菌育种上的应用。香菇、平菇、黑木耳、金针菇、双孢蘑菇、毛木耳等创制了一批新型育种材料，进入种质创新旺盛期，将在近年育成的一批新品种中发挥巨大作用。

在菌种良繁技术方面，建立了“种源维护→母种筛选→良种良繁”的“三步法”菌种质量控制技术体系，为企业解决了金针菇工厂化生产中的菌种退化问题，为农法生产菌种提供了健壮种源，栽培种质量显著提高。

明确了石膏在菌种生理和菌种质量上的作用，明确了农法生产菌种菌棒生长异常的生理机制，提出改善措施，菌种质量和生产的稳定性显著提高。研发完成农法生产使用菌种的生产技术体系和质量控制技术体系。

（二）食用菌生产栽培技术研究进展较快

以市场需求为导向，涵盖不同生态区域的“季节—品种—基质—设施—袋规格—采收物流”全产业链轻简化高效绿色生产技术体系已经形成。

在栽培模式上，随着设施化、专业化、规模化食用菌合作社及企业的逐渐发展壮大，加快了由传统一家一户的全生产环节生产向“公司制棒+菇农出菇管理”的专业化生产转变，特别在规模较大的香菇和黑木耳栽培上，这种专业化生产达到60%以上。

在新型基质利用上，玉米芯已经基本替代了价格较高的棉籽壳，成为平菇、金针菇、杏鲍菇、草菇、大球盖菇等多种食用菌的栽培主料。由多种果树、桑树等修剪枝条加工的木屑成为香菇、木耳的栽培主料。产后菌渣也广泛用于草菇、双孢蘑菇、黑木耳的栽培。大豆秸、麻骨、莲子壳、玉米秸、中药渣、饮料渣等的利用，通过中试和多点示范，节本增效显著，大大拓展了食用菌生产的基质来源。

食用菌品质研究上，明确了平菇、香菇、金针菇、黑木耳等大宗种类特征性成分，分离鉴定了多种活性成分，发现了水分对风味和重要活性物质合成的影响机制，为食用菌优质品生产的技术创新奠定了科学基础。

工厂化平菇、工厂化香菇生产技术，在单项技术研发基础上，优化集成，形成了可产业化应用的系统性技术。

（三）食用菌病虫害防控技术研究持续深化

木霉、链孢霉、假单胞杆菌等仍是最受重视和重点研究的食用菌病原。此外，蛛网病是近年最受关注的病害之一，相继在羊肚菌和长根菇等多种珍稀食用菌上发现甚至造成危害。在防治技术方面，开展了植物粗提物类和生防细菌等生防药剂筛选，分析了金针菇、杏鲍菇、海鲜菇等工厂化生产环境中的微生物优势种群，为生产环境的安全防控提供了数据基础。同时，市场安全品质要求的不断提高，以农业防治、物理防治为主，辅以安全药剂的施用，成为产中病虫害防控的标配。

随着工厂化生产规模的不断扩大，生产整个过程消毒剂排放对环境的影响引起注意，相关调查、研究和分析逐渐展开。

（四）食用菌生产调控装备平台技术不断成熟

智能化的装备及技术今年开发较快。在接种、菌棒培养、出菇等各环节，除温度、湿度、光强、二氧化碳等环境检测设备外，研发形成基于机器视觉的菇体表型模型，在此基础上研发试制采收机器人。

研发试制平菇发酵料装袋、窝口、接种一体化装备，装袋自动定量、自动窝口封口、定量接种，将平菇传统的小农手工生产变为机械化自动化生产。

在设施研发上，基本能够实现如遮阳网、卷膜通风、喷淋系统等常见手动、时间控制、半自动及远程手动调控，以及基于传感器决策的全自动化控制等。在机器视觉方面，检测手段由可见光图像向红外、近红外、多光谱图像等多源融合发展。建立了食用菌环境适用专用传感器优化技术和云环境监测终端及数据管理平台并应用于生产，为生产的经验管控向智能化管控奠定了基础。

（五）食用菌加工产业技术水平不断提升

我国食用菌加工产业技术研究目前主要集中在食用菌复合肉制品、植物源饮品以及面制品的开发，除比较常见的工厂化栽培食用菌如金针菇、杏鲍菇、猴头菇等品种外，松露（块菌）、大球盖菇和红菇逐渐成为加工技术和产品研究的热点。添加食用菌赋予肉制品独特风味，提高营养价值，提升了食用菌多元化利用和精深加工水平。以复配金针菇粉、杏鲍菇粉和香菇粉调制形成高蛋白、高膳食纤维、低脂肪且口感酥脆的肉松；添加香菇、松露（块菌）、松茸等降低鸭肉肠氧化，提高产品稳定性，优化产品营养结构，解决了传统乳化肠制品易腐变质问题。食用菌复合型饮品的研发，强化了饮品的营养价值，已有水浸提、蒸煮、混合发酵综合应用制备的枸杞金针菇酸奶、杏鲍菇复合枸杞饮料、猴头菇双层奶等。

（国家食用菌产业技术体系首席科学家　张金霞　提供）

2020 年度中药材产业技术发展报告

（国家中药材产业技术体系）

一、国际中药材生产与贸易概况

（一）国际中药材生产

全球原料药市场规模不断增长。据估计，全球原料药市场规模达到 1 550 亿～2 000 亿美元，年增长率在 6%～7%。中国是世界上中药材最丰富的国家，2020 年中国中药材市场成交额约 296 亿美元。日本的汉方药市场规模约 19.25 亿美元，处方用汉方药正在以每年 15%的速度增长，年销售额高达 15 亿美元。目前全球人参产量在 8 万吨左右，市场规模已超 76 亿美元，中韩为主要产出国，产量合计占世界总量的 90%左右。

（二）国际中药材贸易

国际上主要存在四个大型植物药材市场：一是欧美植物药材市场，以北美、西欧为主；二是以日本的汉方药、韩国的韩药为代表的传统市场；三是东南亚及中国港、澳、台地区组成的华裔传统中药市场；四是非洲、阿拉伯市场。其中，中日韩为全球中草药的主要进出口市场。2020 年受全球新冠肺炎疫情的影响，给部分中医药产品拓展海外市场带来了机遇。1—11 月中国中药材出口数量为 11.77 万吨，增幅为 8.8%；出口金额为 8.4 亿美元，增幅为 1.8%。日本的汉方药、韩国的韩药所用原料约 70%以上来自中国，但在全球中草药出口市场中，日本、韩国所占的份额却高达 80%～90%。“中国原产，韩国开花，日本结果”，一定程度上反映了中国中医药在国际市场上面临的窘境。

二、国内中药材生产与贸易概况

（一）国内中药材生产

根据国家中药材产业技术体系统计，2020 年全国中药材种植面积约 8 796 万亩，稳中有升，比 2019 年的 7 475 万亩增加 17.67%。其中，云南、贵州、四川面积居前三位，分别为 873 万亩、711 万亩、700 万亩。河南、广西、甘肃、广东、湖南 5 省份在 450 万～500 万亩，湖北、山东、山西 3 个省份在 300 万～400 万亩，陕西、河北、吉林、黑龙江、辽宁、江西、海南、安徽、重庆 9 省份在 200 万～300 万亩，内蒙古、新疆、江苏 3 省份在100 万～200 万亩。

（二）国内中药材贸易

据海关总署公布的数据显示，2019 年我国中药类商品贸易总额 61.74 亿美元，同比增长 7.05%。其中，出口额为 40.19 亿美元，同比增长 2.82%；进口额为 21.55 亿美元，同比增长 15.93%。中药材及饮片出口额为 11.37 亿美元，同比增长 10.32%；进口额为 3.58 亿美元，同比上涨 25.82%。2020 年我国中药材市场成交额将近 1 919 亿元。2020 年 1—11 月中国中药材进口量达 5.86 万吨，进口额达 1.76 亿美元；出口量达 11.77 万吨，同比增长 8.8%，出口额达 8.4 亿美元，同比增长 1.8%。2020 年 1—11 月中成药出口量达1.11万吨，出口额达2.39亿美元，同比增长2.5%。中药在此次新冠肺炎疫情中发挥了巨大作用，展望未来，中药材进出口贸易仍将保持增长趋势。

三、国际中药材产业技术研发进展

（一）中药材资源、中药材育种、种子生产

欧美等国家药典完善，出口植物药材标准完备，如美国对西洋参野生资源保护力度大，对人工种植品也有严格的控制。西洋参道地产区康州农药使用均达到了美国环境保护署（EPA）严格的安全标准，花旗参农业总会又制订了一套美国农业部认可的标准，保证了出口西洋参产品的质量统一。在育种方面，日本培育了如三岛柴胡、大河当归、纯紫紫苏等品种。但总体来说，国外中药材育种、种子生产方面研究较少，对药用植物资源评价和开发利用方面较多，如2020年韩国国家农业科学研究所基因组学部Sang-Ho Kang等人，组装了一个决明栽培种的参考基因组序列，通过比较基因组学确定了决明在豆科中的演化地位，为进一步解析决明中蒽醌类化合物合成基因趋同进化及决明新品种选育提供了基础。东南亚、非洲有些国家生产工艺不发达，出口药材标准缺乏。

（二）中药材栽培及田间管理

随着中医药国际化的不断深化和“一带一路”的发展，欧洲国家正在逐步重视中草药种植，如匈牙利成立了“中东欧中药培植与研发基地”。瑞士等国研究了细菌或真菌对药用植物次生代谢的影响。北美的美国、加拿大主要仍以传统的西洋参种植为主，并出口到中国及东南亚地区，加拿大学者对设施栽培进行了深入研究。美国仍然在全球合成生物学研究中占据领跑地位，2020年采用细胞精准定位技术合成了秋水仙碱和托品烷生物碱，均发表在Nature杂志上，我国在这方面的研究紧随其后。亚洲国家中日本和韩国栽培技术发展较好，在光照、温度、水肥管理等方面的研究较为系统。日本国内正在大力种植作为汉方药（中药）原料的药用植物，如红柴胡、川芎、东当归、芍药等。但是，日本汉方药原料目前仍然主要依靠进口，其中70%以上来源于中国。韩国的人参和西洋参种植面积仅次于我国，韩国也是汉方药的生产大国和消费大国，非常重视汉方药原料药用植物的种植生产，成立了许多以汉方药中的草药为特色的农民种植专业合作社。此外，马来西亚等国已经开展了血竭等药材的种植。中国和泰国、老挝、柬埔寨等也开始开展中药材种植的合作。

（三）病虫草害防控技术

中药材病虫草害防控技术研究相对较少，主要通过借鉴一些传统农作物的防治技术。

一是机器视觉病虫害监测技术的应用。机器视觉是一种农作物病害自动检测与识别的关键技术。它可以精确定位田间作物胁迫的地理位置，对作物健康的早期统计可以提前给出预警，再运用合理的病虫害预防策略，可以做到不用或减量用杀虫剂或杀菌剂。

二是生物防治快速发展。如用深绿木霉和哈茨木霉来防治根及根茎类中药材根腐病，还可以引入白僵菌和绿僵菌防治中药材地下害虫。

三是RNA干扰（RNAi）技术控制作物病虫害。近年来，RNAi技术被有效运用于作物品质改良和病虫害控制方面。利用该技术防治害虫具有很高的特异性，不会对其他有益昆虫产生影响，RNAi在农作物遗传改良进行精准抗虫方面具有优势。

四是植物免疫诱抗剂的应用。植物免疫诱抗剂具有抗病增产功能，其通过激活植物体内分子免疫系统以及激发植物体内的一系列代谢调控系统，从而提高植物的抗病性，减少

农药的使用。目前使用较多的为寡糖和蛋白类植物免疫剂，包括氨基寡糖素和阿泰灵等。

（四）中药材机械研发

国外药用植物（特指芳香类或功能性植物）种植少数集中在美国、德国等欧美国家，大多集中在日本、韩国和朝鲜等亚洲国家，涉及的农业机械研发，重点以机械化播种、除草、采收、干燥、粗加工与深加工为主。欧、美、日等发达国家在根及根茎类药用植物收获技术与装备的研发与制造水平相对成熟，机具可靠性较高；在种植方面，根及根茎类和花类药用植物的作业机械，在基于物联网的智能测控与播种机械方面取得了发展，更加重视对药用植物种植过程中的溯源监测，正在逐步向无人化、智能化方向推进；在机械化干燥方面，国际研究主要集中在热风干燥、过热蒸汽干燥、红外干燥技术等干燥过程机理的研究，并以实现精细化干燥控制为目标。日本、美国、印度等具有本土植物医学或传统医学产业的国家，对涉及药用植物栽培生理或生长过程的研究较少，多为探究各种药用植物的活性成分种类与含量、及其药理药效，尤其是新药创制方面。

（五）中药材加工利用技术

日本汉方药企业津村（Tsumura）在汉方药生产环节上形成一种先进而又独特的制造工艺，包括切制、称重、配伍、提取、分离、浓缩、干燥、造粒、填充、包装等10道精细化工序。该工艺利用AI技术可实现筛选作业的自动化。例如利用色彩筛选，可通过根和果实颜色来判断汉方药品质。加拿大GuS Soda等公司推出了新型姜汁汽水系列。由于口味好，深受当地百姓喜爱。经过多年推广，加拿大小朋友们在头疼脑热、感冒发烧的时候，家长都会让孩子喝点姜汁汽水，他们认为这种“取自真姜”的饮料，既好喝又去火。

四、国内中药材产业技术研发进展

（一）中药材资源、中药材育种、种子生产

目前农作物育种已进入传统育种和分子有机结合的时代，中药材育种的分子基础探索也在不断开展。遗传图谱构建、性状分子标记、药效成分合成分子通路解析多有开展，三七、丹参、人参、博落回、红景天、白木香、黄芩、甘草（日本）等药用植物全基因组图谱已成功绘制。大量的基金支持了药效成分的生物合成途径基因的挖掘。但在保证中药材质量安全和有效的前提下，利用分子育种方法选育出优良的中药材品种，并在生产上推广应用的案例还没有。

国家中药材产业技术体系遗传改良研究室完成了38个中药材1 037份种质资源的收集工作，登记入库超过300份种质资源；形成甘草、麦冬、地黄、荆芥4个中药材DUS测试指南草案；建立黄芪、柴胡、牡丹皮等示范基地共计一万余亩；通过创新育种方法获得柴胡矮化型育种材料，通过高丹皮酚含量的牡丹皮种质资源筛选及评价，获得丹皮酚代谢相关基因，完成金荞麦全基因组测序工作，创建牡丹高效育种体系并实现品种国际登录认证。提交的《中药材种业“十四五”发展研究报告》，被农业农村部种业管理司评为优秀报告。农业农村部和国家中医药管理局起草的《中药材种子管理办法》，已完成农业农村和中医药行业内意见征集，待颁布。

（二）中药材栽培及田间管理

生态种植技术和模式正在不断完善和发展。成熟的中药材生态种植技术包括野生抚育技术、精细农业耕作技术、定向培育技术、土壤改良技术、测土配方施肥技术、菌根栽培技术、病虫草害绿色防治技术、设施栽培技术等8种。

许多中药材对当地生态环境的高度适宜性，使生态种植成为农业种植业结构调整和精准扶贫的重要抓手。在东北西部与内蒙古东部的还林还草及三北防护林建设中，防风、黄芪、甘草等开展林药生态种植，已成为生态保护与经济发展中良性结合的典范；西部沙漠地区建立起基于肉苁蓉与固沙植物—柽柳、梭梭之间寄生关系的生态种植模式，已成为生态治沙的典范。四川绵阳市麦冬主产区提出了麦冬种植业与养猪业废物利用的生态循环发展模式。

我国在药用成分合成生物学方面处于世界先进地位，发表了多篇高水平论文。创新了基因挖掘技术，解析了雷公藤、黄芩苷等生物合成途径；微生物合成了四氢异喹啉、甘草等新天然活性产物。

（三）病虫草害防控技术

国家中药材产业技术体系病虫草害防控研究室 2020 年继续研发了多项病虫草害防控技术。

一是建立了三七根腐病中镰刀属致病真菌及黑斑病的链格孢的实时荧光定量 PCR 检测方法，快速灵敏的分子检测技术为田间三七根腐病、三七黑斑病、带菌土壤以及种子种苗的快速分子检测提供了理论依据和技术支持。

二是从思茅松林下的土壤中筛选出对三七具有促生作用，但对三七主要病原菌有拮抗作用的细菌，这些微生物既能抑制根腐病菌，减轻三七连作障碍，又能促进三七种子萌发和幼苗生长。

三是利用育苗和栽培前对土壤全面消毒以及提高人参长势的技术手段，降低发病率。在整个人参生长周期中通过合理规划施肥、除草剂、杀菌剂、杀虫剂的使用，及时处理病苗，秋冬季及时清理病残体等技术，在人参立枯病、猝倒病、菌核病等土传病害的防治中起到显著效果。

（四）中药材机械研发

中药材生产用种子丸粒化、中药材切片加工及分级设备、中药材育苗温室设施、根及根茎类药材（如埋深大于 50 厘米）收获机械等研究热度较高，尤其在中药材数字化和智能化监控设备方面的机械开发有一定探索和突破，先后涌现出一批专业研究机构和机械生产厂家。在中药材干燥设备研发方面，随着对中药材干燥品质综合评价标准的深入研究，相关专业研究机构对中药材特殊多样的干燥需求关注度提高，针对不同中药材干燥特性开展了多种干燥方式组合的联合干燥技术（如热风—冻干、微波—冻干、热泵—微波、热泵—热风等）原理与干燥品质研究，部分成果对提高中药材干燥品质和降低设备能耗、成本方面有一定参考价值。但是，上述研究多以实验样机实现为主，装备商品化和技术成熟度不高，推进其市场化应用推广还需多方努力。

（五）中药材加工利用技术

老字号中药传统企业相继进军健康食品领域，将中药材制成美食。同仁堂打造了一个健康咖啡品牌“知嘛健康”，咖啡搭配枸杞、桂圆、山楂等药食同源食材，将养生理念融入年轻人的生活。张仲景大药房开办了 2 家健康甜品店“仲景生活”。将甜品融入中药材成分，包括百合雪花酥、巧克力莲子饼、阿胶豆乳奶茶等烘焙糕点和饮品，突出“药食同源、健康养生”的理念和产品特色。广药集团也与百事合作，旗下潘高寿与桂格联名推出 2 款新品“猴头菇燕麦稀”“阿胶燕麦稀”。以岭药业推出了一款连花清肺植物饮料，主打“中药草本”“清新呼吸”等健康理念。另外，老字号方回春堂、胡庆余堂等也纷纷下场，比如不约而同做起独立锡纸包的黑芝麻丸，专攻都市白领。

新品牌正执中医药公司突破传统膏药形式，找到一种来自药食同源植物中的有效成分，通过创新技术提取了高达98%纯度的有效活性成分，制成一款干净、轻薄、没有药味，撕下之后皮肤也不会有残留物的膏药“享贴”。单位面积承载有效成分量达到普通膏药贴的200倍以上，止痛效率得到很大提高。

（国家中药材产业技术体系首席科学家　黄璐琦　提供）

2020 年度绿肥产业技术发展报告

（国家绿肥产业技术体系）

一、国际绿肥产业生产与贸易概况

绿肥作物在国外也常称作覆盖作物（Cover Crops）。虽然国际上专门种植绿肥作物当作“肥源”的做法并不普遍，但发达国家普遍重视绿肥。绿肥是保护性农业或良好农业规范以及欧盟共同农业政策的核心技术措施，主要目的是强化农田养分生物循环和生物多样性保护，让耕地得以休养生息。

绿肥生产方式不断创新。绿肥种植虽以豆科绿肥单作为主，但根据生产需要，其他科属尤其是禾本科和十字花科绿肥应用也较为普遍。例如在美国的大豆、玉米种植区，黑麦草、燕麦都是十分常用的绿肥作物。美国的不少地区，玉米、瓜果等作物，也常见采用绿肥覆盖、免耕种植。近年来，豆科与禾本科或十字花科绿肥混播成为重要应用趋势，是提高鲜草产量、改善鲜草品质、强化培肥作用的高效手段。国际上也充分利用根系深度不同的绿肥实施多元化种植，起到对土壤的松动作用，即生物耕作。最近兴起的再生（regenerative）农业，采用的就是多种绿肥作物混播，利用根系深耕、腐解提供养分等功能，在绿肥覆盖的地表上免耕种植玉米、蔬菜等主作物，具有培育健康土壤、减缓温室气体排放等综合效应。不仅如此，国际上常见将绿肥作为主作物病虫草害综合治理的重要措施，如德国、日本和美国等国家，将绿肥作为天敌载体植物，提高生物防治能力。

多措并举鼓励绿肥生产。据了解，2020 年美国的覆盖作物面积达到了 1.2 亿亩。近 10 多年来，美国农业部持续推广土壤保护管理计划，为项目所有参与者制定专属保护计划和具体实施方案，包括在耕作环节中种植多品种绿肥作物。该国同时实施生态补偿政策，让农户种植绿肥的行为成为惯性，在一项针对 48 个州 2 020 个农场主的调查中发现，81%的农场主利用绿肥。日本在生态农业实施过程中，采用种植绿肥，并配合秸秆还田等措施，实现养分循环，防止水土流失，保持生产体系及周围环境的生物多样性。利用绿肥实施主动休耕的土地，可以达到提升作物生产能力等多种效益，例如，美国的农场主种植利用绿肥作物以后，大多数能获得一定的经济收益。

多年来，国际绿肥种子贸易总量有限，2020 年更较往年有较大降幅。我国是绿肥种子的主要出口国，重点是向日本和韩国出口紫云英和苕子等种子。据 22 个省（市、区）的不完全统计，2020 年累计出口种子 845 吨，出口额 2 500 余万元。我国绿肥种子进口量不大，2020 年从日本、美国和澳大利亚进口鼠茅草、毛叶苕子等绿肥种子 110 吨。此外，我国每年也进口较多的黑麦草、三叶草、苜蓿等种子，主要用作饲草，部分用作绿肥。

二、国内绿肥产业生产与贸易概况

生态文明建设和绿色发展的新时代理念，已经形成全社会共识。绿肥是“两山”理论的具体实践，是协调农业生产生态相协调的重要产业，社会对绿肥需求的氛围逐步形成。绿肥产业在种质资源创新、轻简化生产、高效养地节肥、高值化等方面取得了一系列技术进步，在支撑农业高质量发展中的作用愈发凸显。

绿肥种业保障能力明显加强。各地绿肥品种的差异化供给能力大幅提升，助力形成了具有不同区域特色的绿肥生产模式。绿肥种子龙头企业的带动效应进一步显现，河南信阳、安徽芜湖紫云英种子优势生产区和云南曲靖光叶苕子种子集中生产区基本成型，绿肥种子质量和产业发展保障能力得到提升。但在 2020 年的特殊环境下，国内绿肥种子市场相比 2019 年有明显萎缩。据不完全统计，本年度的绿肥种子交易量 3. 09 万吨，金额 4. 10 亿元，其中，主栽绿肥种类紫云英 1. 18 万吨、苕子 1. 27 万吨、箭筈豌豆 0. 42 万吨。

绿肥轻简高效生产能力大幅提升。绿肥生产更加现代化、专业化、高效化，服务农业高质量发展体现出更加明显的生态化、优质化、持续化。稻田等主要农区及果园绿肥生产全程专业化装备基本定型，在多数区域尤其是稻区可以实现绿肥生产全程机械化。系统形成了稻田绿肥大幅节肥丰产技术体系，可以为我国南方水稻高产稳产、高效节肥及推动稻田用养结合提供有效技术支撑。全国绿肥生产基本稳定，据针对 23 个省（市、区）的调查，2020 年绿肥面积约 5 800 多万亩，其中农田约 5 000 多万亩，果园约 860 多万亩。

绿肥的产业线条日趋清晰。随着“两山”理论实践的不断深入，“绿肥+”产业机制实现产业价值的步伐开始提速。创新发现了“绿肥+”产品的科学依据，一批“绿肥+”产业新模式逐渐形成，具有绿肥内涵的品牌产品不断出现。各地“绿肥+”稻米、果品、种业、乡村旅游等产业价值约 1. 72 亿元，较 2019 年有大幅增加。其中“绿肥+”大米和“绿肥+”果品产值分别为 1. 03 亿元和 0. 53 亿元。绿肥功能产品加工开始破冰，本年度加工箭筈豌豆淀粉约 200 吨。

但应清楚地看到，绿肥产业发展与国家对于农业高质量发展的定位还有较大差距。广适、优良绿肥品种尚需进一步丰富，种业市场需要进一步培育，功能性产品开发尚处于探索阶段，助力美丽乡村建设的作用未有效体现，“绿肥+”产业机制尚未真正发力，绿水青山效应的巨大潜力远未发挥。

三、国际绿肥产业技术研发进展

绿肥遗传机制与育种。西班牙学者比较不同耐旱性箭筈豌豆种质间差异表达基因的 SNPs 和 SSRs，设计了相关标记，为箭筈豌豆抗旱分子育种提供依据。土耳其学者以箭筈豌豆栽培种和其他野豌豆属亚种为亲本进行杂交，发现 F_1 和 F_2 代种子育性差，但后代育性不断提高，为利用种间杂交方法加快箭筈豌豆育种及性状改良提供了可能。美国学者提出了毛叶苕子裂荚性的评价方法，发现不同基因型苕子在不同环境中的裂荚性差异很大，种子休眠性也受到基因型和环境的双重影响，其中加性遗传和环境效应可分别解释 40% 和 28% 的性状变异。

绿肥节肥与环境效应。在全球尺度上，豆科绿肥与主作物间作节省氮肥 26%。国际上，绿肥常用作生物覆盖，以强化养分循环、培育健康土壤、防控氮磷流失、缓减面源污染。加拿大研究发现不同土壤动物对绿肥耕作方式的响应不同。分析十年内欧洲 3 000 公里范围内 155 个农田发现，延长年度内的生物覆盖时间有利于改善土壤微生物多样性、多功能性和作物产量。绿肥调控碳氮排放是近期研究热点。肥田萝卜和三叶草混播降低玉米底层土硝态氮含量，种植豆科绿肥能增加 12%～22% 的麦田土壤氮储量。印度学者基于 31 年麦—稻轮作定位试验指出，田菁提升土壤碳固持能力显著高于麦秸，接近于农家肥。全球尺度荟萃分析表明，绿肥措施平均增加土壤碳固持 15.5%，混播效果优于单作、豆科优于禾本科，同时可减少氮淋洗和 N_2O 排放。绿肥利用后的温室气体排放调控技术也有创新发现。绿肥好氧腐解 10 天以上再灌水，可减排 $CH_4$60%～80%，降低净增温潜势近 70%。

绿肥防控病虫草害。主要体现在绿肥作为配置作物防控再生农业中的主栽作物病虫草害方面。燕麦和箭筈豌豆可抑制胡萝卜土传病原菌危害；蚕豆等可抑制番茄发生细菌性青枯病；包括绿肥在内的农作物有机管理显著增强西红柿等作物的抗虫性。多毛雀麦和高羊茅可以降低果园和农田杂草种群；地中海果园种植地三叶，能降低果园杂草的多样性和种子库容量；马铃薯田轮作燕麦和肥田萝卜，能抑制灰藜和反枝苋；玉米、大豆轮作冬黑麦，可降低杂草种子库容量。

绿肥生产装备。国外绿肥生产装备普遍大型化、智能化和多功能化。针对品种多样和种植农艺的差异，美国 SALFORD 公司和 GANDY 公司研制出系列绿肥专用播种机，采用气力输送、系列化计量轮和 60 级机械调速等技术，完成最大 20 米宽幅多品种高速定量条播或撒播，且可与通用中耕或收获装备组配，实现复式作业。德国 Brielmaier 公司研制的系列轻简型山地割草机，具有手扶、驾乘和遥控三种方式操作，独创凸点轮胎，提升抓地力与推进力，可实现丘陵山地果园或林间绿肥轻简高效收割平铺作业，经多级组配后最大作业幅宽可达 6 米。德国 GERINGHOFF 公司成功研制具有集成气力系统的带式输送割台，利用单向气流保障种子落入割台，有效降低割台损失，割幅 10～12 米。

绿肥综合利用。波兰学者发现欧洲不同产地的箭筈豌豆的营养因子主要为蛋白氨基酸、短链脂肪酸，而抗营养因子主要为丹宁、胰蛋白酶抑制剂和氢氰酸。马来西亚、菲律宾、印度尼西亚和印度等国学者探索了田菁花提取物降血糖以及田菁茎秆提取物抑制癌细胞的功效。

绿肥产业经济。美国农业部指出，豆科绿肥可提供 3.3～7.5 美元/亩的固氮收益（氮素 1 美元/千克），能涵盖绿肥种子成本。美国爱荷华州立大学开发了绿肥作物净收益计算器，并测算出玉米价格在 4 美元/蒲式耳下，绿肥使农户损失减少 0.87 美元/蒲式耳。美国学者研发了用于评估绿肥对土壤健康和土壤生产力影响的算法，通过输入气候区域、土壤结构、绿肥类型和种植制度等基本信息，即可得出相应的土壤健康指标。在宾夕法尼亚，种植绿肥的农田生态效益显著高于无绿肥覆盖农田；在佐治亚，黑麦草（地三叶）—棉花（花生）轮作可有效控制病虫害，投入 1 美元的生态效益为 33 美元。

四、国内绿肥产业技术研发进展

种质资源遗传改良与高产繁种。采用第三代测序技术，率先获得紫云英全基因组序列和注释信息，搭建了紫云英重要功能基因挖掘和分子育种的关键平台，并首次阐释了紫云英结瘤固氮的部分遗传学机制。发现液泡膜磷酸盐转运蛋白基因的表达，可作为筛选耐低磷紫云英品种的关键指标。筛选出优异绿肥资源 103 份，获得育种中间材料 600 多份，认定登记新品种 11 个。建立 3 项细绿萍结孢诱导技术。阐明了紫云英结荚特性与种子产量的关系，确立了“矮化、保荚、壮籽”的多效唑、硼、钼等增产调控技术。初步优选出小麦作支架作物与毛叶苕子间作的种子高产和宜机收获新模式。总结明确了我国旱地主要绿肥作物高产繁种要求，编制行业标准《旱地绿肥种子生产技术规程》。此外，发现箭筈豌豆品种间耐 Cd 性存在明显差异，Cd 敏感品种根系的铁转运蛋白 *VsRIT*1 基因受低 Cd 胁迫诱导而高表达，进而吸收更多的Cd并导致毒害。

绿肥轻简高效生产与综合防控。进一步完善了智能定量飞播装置、电动独立排种播种开沟一体机、开沟犁及碎土抛散开沟装置、栅条铧式翻压犁、粉碎翻压复式作业机、低损高效种子联合收获机和种子清选专用装置等关键部件和整机，实现了稻田绿肥生产全程机械化，作业效率提升30～120倍。研制出“水稻收获—稻草粉碎抛撒—促腐—绿肥播种”多功能装置，实现装备一次进田即完成全部作业环节，该装备被纳入湖南省农机补贴范畴。研发出将早稻或中稻季磷肥（1/3～2/3）前移至绿肥季的绿肥—水稻磷养分优化管理技术。明确了在绿肥—稻秸共同利用下，稻秸促进紫云英生长、提升固氮能力的“促生、增氮”效应。筛选、研发出箭筈豌豆炭疽病、草地螟、杂草以及二月兰叶斑病、大猿叶甲和潜叶蝇防治药剂及技术，探索利用绿肥调控苹果、柑橘、水稻、小麦、马铃薯等作物病虫害的绿色生防技术。

稻田绿肥减肥增效与用养结合。研究明确了绿肥-稻秸共同还田利用的“促腐、节肥、丰产、减排”协同增效作用和机制。依托多点联合定位试验，量化表征了稻田绿肥节肥丰产效应，支撑形成了应用绿肥后水稻不减肥时增产6.53%、减肥20%时增产4.15%、减肥40%时稳产，对应的氮肥利用率大幅提高8.4、17.7、24.1个百分点的高效减施增效技术。结合种质资源创新、一体化水肥管理技术，构建了中稻-绿肥循环免播、绿肥-水稻丰产与化肥减施增效、绿肥-稻秸协同还田等用养结合技术模式。编制行业标准《南方稻田绿肥种植与利用技术规范》，“稻秸—绿肥轻简利用及高效节肥技术”入选2020中国农业农村十大新技术，凝练出整体达到国际领先水平的技术成果“南方稻区现代绿肥生产与水稻提质增效技术创新及应用”。

绿肥调控温室气体与重金属污染。豆科与非豆科绿肥混合可降低豆科绿肥单独利用时的CO_2和N_2O排放。豆科绿肥与稻秸配合，降低还田物料的CH_4排放系数，增加土壤碳固持72%、降低净增温潜势27%，豆科绿肥配合半量稻秸还田可有效减排CH_4。最近研究表明，绿肥有望通过降低活性、阻控吸收等途径，实现重金属污染防控。大数据显示，绿肥稻米的As含量明显降低。湖南多点调查结果，绿肥稻米Cd含量低于无绿肥处理。绿肥可能通过影响土壤微生物群落改变Cd有效性，进而降低水稻籽粒Cd含量；油菜作水稻绿肥时，促进根表铁膜形成，降低Cd污染风险。紫云英、炭基肥、减量化肥搭配，能抑制Cd在水稻中的迁移积累（喻成龙等，2020）。供应Fe或Zn能阻止Cd在箭筈豌豆根部的吸收及向根尖的运输，从而缓解Cd毒害。

绿肥高值化技术与“绿肥+”产业。建立了符合“特级品”标准的紫云英、苕子、二月兰、田菁蜂蜜的生产技术流程，确立了箭筈豌豆淀粉、蛋白和纤维湿法及干法加工技术、工艺并实现量产。优化了“绿肥+”柑橘清洁生产技术模式，形成“忠橙”“忠州草橘”等品牌。基本确立了西北“绿肥+”高原夏菜模式，实现娃娃菜节氮、抗病、增产、提质。创新发现了利用绿肥生产营养安全稻米的科学证据，采用绿肥技术的稻米总氨基酸和人体必需氨基酸含量平均分别比冬闲常规施肥提升48.7%和30.8%、As含量降低11.2%；运用绿肥+稻秸+60%化肥技术，稻米Ca、Zn、Se含量分别提高21.1%、27.6%、37.8%。初步测算出“绿肥+”稻米的溢价比为61.69%，实际溢价3.27元/千克。

（国家绿肥产业技术体系首席科学家　曹卫东　提供）

2020年度大宗蔬菜产业技术发展报告

（国家大宗蔬菜产业技术体系）

一、国内大宗蔬菜生产与贸易概况

（一）国内蔬菜生产

产业规模略增。根据对部分省市蔬菜生产情况的不完全统计，2020年全国蔬菜播种面积较2019年略有增加。市场行情好于去年，全年菜价呈“两头高”的态势。据商务部数据，2020年全国30种主要蔬菜批发均价为4.77元/千克，比2019年全年均价4.54元/千克略增0.23元/千克，增长5.1%；菜价于2月达到全年最高点5.71元/千克，此后菜价呈下降趋势，6月降至谷底的4.18元/千克，7月开始稳步上升，在12月升至5.03元/千克左右。与2019年相比较，2020年全国30种主要蔬菜批发均价1—3月春菜价格较高，4—6月夏菜价格较低，7—12月秋冬菜价格较高。生姜、大白菜、圆白菜、白萝卜、青花菜与去年相比增幅较大；菠菜、莲藕、苦瓜、豆角、茄子、韭菜价格与去年基本持平；冬瓜和山药等品种与去年相比有较大跌幅。

（二）国内蔬菜贸易

蔬菜出口量增额减，且月度波动大。2020年1—11月我国蔬菜累计出口量1 017万吨，同比增加3.9%；累计出口金额828.1亿元，同比减少4.5%。受新冠肺炎疫情影响，蔬菜出口月度波动大。

二、国际大宗蔬菜生产与贸易概况

（一）国际蔬菜生产

据FAO数据预测，2019年世界蔬菜收获面积约为5 969万公顷，比2018年约增长126万公顷，约增长2.15%；世界蔬菜总产量约为11.30亿吨，比2018年约增长0.24亿吨，约增长2.18%。2019年蔬菜产量排名前五的国家为中国、印度、美国、土耳其和越南，分别占全球总产量的约52.26%、11.68%、2.65%、2.24%、1.50%；蔬菜收获面积排名前5的国家为中国、印度、尼日利亚、印度尼西亚和越南，约占全球收获总面积的42.16%、14.21%、7.29%、1.85%、1.71%。

（二）国际蔬菜贸易

1. 贸易总量。据联合国统计署数据（UN Comtrade数据库），2019年世界蔬菜进出口贸易总额约为1 896亿美元。其中，出口额约为968.7亿美元，较2018年下降0.1%，占全球商品贸易的份额约为0.53%；进口额约为927.2亿美元，较2018年上涨0.7%，占全球商品贸易的份额约为0.50%。

2. 贸易结构及流向。2019年世界蔬菜出口额排名前十位的国家依次为中国、荷兰、西班牙、墨西哥、美国、比利时、意大利、法国、加拿大、波兰，分别占世界蔬菜出口额比例为14.89%、13.80%、9.66%、7.98%、7.41%、5.76%、5.03%、4.05%、3.49%、

2.12%；世界蔬菜进口额排名前十位的国家依次为美国、德国、英国、法国、加拿大、荷兰、日本、比利时、中国、俄罗斯，分别占世界蔬菜进口额比例为 16.02%、9.55%、6.90%、6.14%、4.56%、4.82%、4.69%、3.34%、2.50%、2.70%。

三、国际大宗蔬菜产业技术研发进展

（一）遗传改良与品种选育

蔬菜基因组学研究与重要性状基因克隆鉴定。Acquadro 、Esposito 等开展了意大利甜椒的基因组重测序研究、地中海 da-serbo 型长货架番茄种质的基因组多样性研究。Diaz-Valenzuela 等对辣椒果实驯化过程中的 Cis 和 Trans 调控子的变异进行了系统分析。Hernandez-Bautista 等研究了番茄早熟性基因选择模型的预测精度。Musseau 等揭示了鸟苷酸结合蛋白 SlGBP1 在调控番茄果实组织分化中的生物学功能和机制，Lee 和 Jeong 等发现辣椒果色位点 C1 即为 PRR2 基因位点。Curaba 得到控制胡萝卜根中花青素积累的主效基因 *DcSCPL1*。Ito 等发现 Rin 基因的等位突变导致番茄果实成熟的显著改变。

重要性状 QTL 定位、重要分子标记开发。Adhikari 等对番茄果实形态相关的 QTL 位点进行了发掘。Lee 等对主要的辣椒果实性状调控基因进行了候选。Burgos 等揭示了番茄中维生素 E 含量与分支酸代谢自然变异之间的联系。Riccini 等对番茄花柱长度的遗传调控进行了解析。Toppino 等构建了茄子种内高分辨率遗传图谱，并开展了花青素积累和种子活力相关的 QTL 的定位，在普通菜豆上鉴定出 13 个 QTL 位点，Diaz 在 Pv01 染色体上发现了一个与物候性状和产量性状相关的 QTL 位点。开展了南瓜 GBS 和 QTL 分析，Angel 等鉴定了 1 582 个 SNP，选取 711 个 SNP 进行遗传作图和 QTL 定位。Costa 开展了普通菜豆炭疽病抗性位点的发掘工作，鉴定出 25 个抗性品种，并在 Pv04、Pv05、Pv10 和 Pv11 上都检测到抗性相关的基因位点。Leitao 对普通菜豆枯萎病抗性 QTL 进行了分析。Angira 等对豇豆的开花天数和株高进行了 QTL 分析。Macko-Podgórni 等在胡萝卜 1 号染色体上挖掘到一个与根形性状相关联的基因区段。Miyatake 等在茄子上定位了一个显性刺皮（Pl）基因位点。Park 等将南瓜白粉病抗性基因定位到 TG10 中 3 染色体 6.9～7.3 Mb 区域。Parra 等鉴定了栽培莴苣田间抗霜霉病主要 QTL 分析。Mangat 等建立了类番茄的 PCR 遗传标记资源。Thakur 等开展了辣椒卷叶病毒显性抗病基因的分子作图研究。Saha 、Parker 等筛选出花椰菜霜霉病抗性基因 Ppa（207）的 SSR 标记、菜豆结荚基因 *PvPdh1* 简单高效的 CAPS 标记。Abebe 和 Ortega 等开发了番茄青枯病抗性标记和辣椒育性恢复基因的基因异性分子标记。

种质资源研究与创制。Park 等研究了番茄品种对灰叶斑病原菌的寄主反应及 Sm 连锁 DNA 标记的适用性。Pham 发掘到一个番茄耐热突变体。Boyaci 等通过种间杂交培育新的有价值的茄子渐渗系。Prabhandakavi 等利用 ddRAD 测序技术将 Ty1/Ty3、Ty2、Ty5 和 Ty6 基因聚合到番茄杂交种中，研究番茄对 TYLCV 病毒的抗性及恢复亲本基因组的方法。Di 等利用番茄近等基因系研究醋栗番茄 LA0722 的遗传多样性。Ates 等利用分子标记辅助选择开展了辣椒疫霉抗性种质的筛选。

育种技术研究与基因编辑。Vural 等对常用的茄子花药培养系统进行了全面的优化研究。Rivas-Sendra 开展了茄子的小孢子培养技术进行了优化。Garcia-Fortea 针对茄子开发出用于检测和识别花粉发育时期的软件系统 Microscan。Chaudhary 等建立了一种花椰菜的高效再生方法。Mooney et al 在芸薹属作物中建立了一种简易高效，基于注射的农杆菌瞬时转化体系。Garcia-Fortea 等建立了基于玉米素核苷的茄子离体高效器官发生体系。Hunziker 等开发了基于靶激活诱导胞苷脱氨酶（Target-AID）的番茄多基因替代碱基编辑技术。Vu 等利用 CRISPR/Cpf1 双生病毒复制子开展了高效修复番茄同源基因的研究。Tran 等基于 CRISPR/Cas9 精准编辑 SlHyPRP1 获得耐盐番茄，Yoon 等编辑 eIF4E1 基因提高番茄对辣椒斑驳病毒的抗性。Jung 等利用 CRISPR/Cas9 敲除 *SlMS10* 基因获得雄性不育番茄种质。Martinez 等用基因编辑隐性基因 PMR4 提高番茄白粉病抗性。Maioli 等首次在茄子上实现了 CRISPR/Cas9 的基因编辑，创制出 3 个多酚氧化酶基因被成功编辑的茄子新种质。

（二）栽培与生产技术

环境调控研究。Kumar 等开发了基于电力电子技术与电力系统相结合的系统、Su 等用于蔬菜作物自动实时护理的系统、M. Alena 等的温室番茄不同成熟期果肉硬度及膳食抗氧化剂的无损检测方法、Radu L. Sumalan 的具有成本效益的温室环境自动控制物联网系统；MD Jiabul Hoque 的自动温室物联网监控系统；Kocian 等温室覆盖反照率预测模型（et al）、R. Shamshiri 等基于物联网传感器数据融合的温室小气候模型、Huang 基于扩频声的温室机器人方位测量系统。Dong 等发现适度的二氧化碳富集处理可以提高黄瓜根系对氮素吸收效率，减少土壤中氮的流失；Tang 等发现不同 LED 光谱对生菜、萝卜和番茄的营养品质有显著影响，RBG 光显著增强蔬菜的生长、气体交换、抗氧化活性；Kim 等在 LED 红光照射下补充远红外照射可以改善温室番茄的果实品质；Paim 发现轻度干旱胁迫有提高生菜产量和品质的潜力。

水肥调控研究。Lv 在日光温室蔬菜生产系统中，常规漫灌和过度施肥会导致土壤表层、下层 pH 值下降。Liang 筛选出冬春、秋冬季节最佳水氮输入范围。Gong 研究了充分灌溉和亏缺灌溉条件下日光温室番茄的蒸散量和作物系数、镁过量的土壤中营养与水分供应对番茄果实发育及代谢物组成的影响（Kim）、Muscolo 等发现有机肥对土培红甜椒的化学成分及抗氧化特性的影响。Zhang 发现充分缺水和重度缺水条件下施用生物炭能有效提高番茄产量，但中度缺水条件下会抑制番茄生长。Li 等筛选出 150 kg N/hm2 和 70%Epan 为温室番茄生产最优的灌溉和氮管理参数。Cammarano 等研究了气候变化对意大利种植的加工番茄水氮利用效率的影响。Wang 等提出了土壤—作物一体化的温室番茄生产管理模式。Cui 等研究发现增氧灌溉和施氮量对黄瓜产量和氮素利用率有影响。Gallardo 发现温室黄瓜对氮的反应不受生长季节和品种的影响。Wang 等发现潮、盐碱地精氨酸的多样性和相对丰度均高于褐土。Sabatino 等在种植嫁接苗的基础上增施丛枝菌根真菌（AMF）能明显提高氮素利用效率。Padilla 发现基于作物（对氮素和水分需求）—土壤（水分状态）协同管理的 N 素调控策略可在降低环境 N 损失的基础上对作物氮素进行有效管理。

土壤重金属和微生物群落结构研究。研究手段主要包括：表面活性剂共沉淀、施用碱性钝化剂、施用酸性改良剂、施用有机改良剂、纳米植物修复技术等。有机肥大量施用增加了土壤有效重金属含量。调控肥料施用量与频次是阻控土壤和植株重金属污染的必要手段。评估了堆肥和生物炭改良剂对重金属离子在绿叶蔬菜中的迁移和吸收的影响。土壤水解活性和氧化活性主要受施肥（58.5%）和团聚体组分（50.5%）的影响。探索镰刀菌病温室黄瓜根际细菌、真菌和氨氧化剂的群落结构。差异表达量最大的代谢途径是淀粉代谢和蔗糖代谢，在根际土壤中参与该代谢途径的主要功能基因被下调。研究了不同连作期温室土壤线虫群落的变化及动态。

产地环境综合治理研究。包括蔬菜废弃物厌氧发酵工艺优化设计、利用神经网络对蔬菜废弃物生产沼气进行建模、利用两阶段厌氧消化对蔬菜废弃物生物稳定性表征（Biswabandhu Chatterjee and Debabrata Mazumder）。建立了基于化学计量的蔬菜废弃物实验甲烷势的经验公式与热能之间的相关性（Prem Ananth Surendran C and Shanmugam P）。蔬菜废弃物堆肥过程细菌群落和酶活性的变化。添加活性污泥可以促进蠕虫反应器中蔬菜废弃物的降解，提高堆肥效率。利用蔬菜固体废弃物制备生物炭材料、作为动物饲料、生产β-胡萝卜素、作为吸附材料去除水体中的亚甲基蓝。

（三）设施蔬菜技术

日光温室结构和材料研究。研发了一种新型的、以可再生能源为动力的自供给式温室、一种研究伊朗日光温室的动态模型。提出了用于预测加拿大草原中式日光温室（CSG）的瞬态供热需求的TRNSYS模型。研究了风速对单跨温室通风口配置的影响、在亚热带沙漠地区，日光温室温室风扇系统的冷却性能、日光温室凸面曲率的太阳辐射密度变化、将半透明有机光伏（OPV）集成到温室设计中对作物、环境和经济等方面带来的影响、主动式太阳能加热系统的效果、砾石-砂覆盖土壤对大棚温光性能的影响。发明了一种光转换薄膜，改善了透光特性。发现棚膜损坏取决于风力大小和棚膜降解条件，提出了通过增加棚膜阻力提高其使用寿命的方法。评估了向日光温室加热系统的水箱中添加相变材料（PCM）带来的好处。对柔性和半透明OPV模块的遮荫效果进行了研究；利用光伏板和太阳能空气集热器开发了一种独立的混合式太阳能温室干燥机。设计了一种主动式太阳能加热系统、一种具有四个通道的太阳能空气集热器。

人工智能技术与装备研究。Lee D-H等研究了无人机多光谱传感器与田间便携式光谱仪之间的相关性。Minh Dang提出了一种能够检测枯萎病不同阶段的病害严重度分析方法。Afonso等基于深度学习模型Mask-RCNN对温室番茄进行了自动检测与计数。Sharpe等研究了基于机器视觉的菜田杂草识别。Gupta等研制了新型便携式拉曼探针传感器。Kocian等人建立了蔬菜关键生长参数动态贝叶斯网络预测模型。Salm等讨论了蔬菜灌溉排水和水质标准化问题。Kim Jeongeun等提出一种基于乘法加权Voronoi的异构农业机器人路径规划方法。Raja Rekha等研发了一种基于机器人视觉的三维几何检测除草刀控制系统。Jamel Riahi等设计了一种温室环境调控模糊控制器。M. C. Subin公司设计了基于Mamdani模型的模糊PID控制器。Balas等提出了一种考虑温室、建筑和环境间空气交换的通用模型和自适应模糊插值控制器。Torres等人设计了一种基于线性可变滤光片技术的便携式近红外分光光度计。Sanchez等人建立了温度与最大货架期的多元非线性回归模型。Konagaya等人研究了紫外诱导荧光成像方法在番茄采后品质检测中的应用。

（四）病虫害防治

病害纳米诊断新技术研究。应用纳米材料的制备开发的分子诊断工具盒用于植物病原物的快速鉴定、检测及非生物逆境因素监测，具有精度高、成本效益低、可携带性等特点。Zheng Li等，Nanoscale Adv提出新兴农业应用纳米诊断植物病害新技术，其工具分为两大类纳米结构器件和基于纳米颗粒的传感器。

烟粉虱寄主适应性与其肠道微生物群落的变化研究。希伯莱大学Shai Morin团队等研究发现，在较适合的寄主西瓜和不太适合的寄主菜椒上生活的烟粉虱的肠道微生物菌群差异明显。而且烟粉虱从较适合的寄主西瓜转移到相对不适合的寄主菜椒上两代后，其肠道微生物菌群种类变化明显，一些特定的菌群增加明显。

利用化学激发子提高作物抗性控制害虫研究。我国科学家与英国纽卡斯尔大学 Angharad Gatehouse 以及瑞士伯尔尼大学 Matthias Erb 等团队合作，在多个候选化学激发子的基础上，揭示了化学激发子 4-氟苯氧乙酸能诱导水稻细胞中类黄酮聚合物颗粒的沉积，并由此而引起刺吸式口器害虫——稻飞虱因口针难以抵达韧皮部及可能的口针内食物道堵塞，导致获取食物困难而死亡。

土壤微生物生态调控防治土传病害番茄青枯病研究。韩国 Choong-Min Ryu 团队证明番茄青枯病发生的差异不在于青枯菌的丰度，而是由健康根际土（HRS）和发病根际土（DRS）之间土壤微生物群的差异造成的，根际中芽孢杆菌和放线菌类相对丰度的大小决定了对番茄青枯病的抑制与否，HRS 中对万古霉素敏感的特异性厚壁菌门和放线菌门微生物数量的减少削弱了 HRS 对青枯菌的抑制作用。

（五）采后处理与加工技术

检测方法与技术研究。Daoud Attieh 等将半胱氨酸分离/富集和光化学分析结合起来制备 ZnS/CdS 异质结构纳米粒子用于检测金黄色葡萄球菌。Lobato 等将大肠杆菌适配体嵌入磁性纳米粒子（MNPs）和 cDNA 中组装成一种高度敏感的转换纳米粒子（UCNPs）作为荧光传感器用于筛选大肠杆菌。Abdollah 团队利用高效液相色谱-四极杆/静电场轨道阱高分辨质谱快速检测黄曲霉毒素 B1、黄曲霉毒素 B2、黄曲霉毒素 G1 和黄曲霉毒素 G2。Liu 等构建了持续发光纳米分子印迹纳米平台。Bagheri 等建立了基于分子印迹酶模拟物的展青霉素荧光检测方法。

蔬菜功能成分和副产物综合利用研究。Pereyra 等通过动物实验和生理实验，发现西兰花提取物可调节急性心脏压力，保护心脏，促进心血管健康。Petkowicz 等采用酸法从西兰花茎中提取果胶，研究了果胶的矿物元素组成，NMR 解析了果胶单糖组成，高效凝胶排阻层析法分析了果胶摩尔质量分布等。

四、国内大宗蔬菜产业技术研发进展

（一）遗传改良与品种选育

蔬菜基因组学研究与遗传图谱构建。Li 和 Wei 等开展了不结球白菜、茄子的基因组组装工作。Wang 等对胡萝卜基因组进行了重新分析。Lv 等利用三代测序技术对甘蓝基因组进行了升级。Liu 和 Su 等利用升级的甘蓝基因组，挖掘和研究了枯萎病抗性、黑腐病抗性、雄性不育、杂交致死、无蜡粉亮绿、叶色等重要农艺性状基因。Feng 等揭示了中国辣椒的遗传多样性、群体结构和进化历史。Hong 等开展了辣椒果实相关性状预测的基因组选择研究。Wei 和 Zhang 等构建了茄子高分辨率遗传图谱，并检测到 19 个茄子茎高、果实和叶片形态性状的 QTL、豇豆的遗传图谱，利用该连锁图谱，鉴定出 6 个与耐盐相关性状控制相关的 QTL。

蔬菜重要性状基因克隆鉴定。首次克隆到生菜中控制结球性状基因 *LsKN*1、黄瓜卷须发育调控基因 *TEN*、黄瓜果实长度调控基因 *SF*2、黄瓜叶绿体发育和叶绿素合成基因 *CsHD* 、黄瓜圆叶基因 *Csa*1*M*537400、番茄花色条斑控制基因 *TAGL*1、番茄花器官和花决定调控基因 *SlGT*11、番茄茎发育调控关键调控基因 *SD*1、紫心大白菜 11S91 中的紫色控制

基因 *BrMYB2*。发掘出黄花花椰菜 QGS 花色调控基因 *BoCCD4*、大白菜持绿突变基因 *BraA* 03g050600. 3C。鉴定到一个位于 Chr7 上的黄瓜瓜柄长度的主效 QTL 位点 fnl7. 1，确定 fnl7. 1 编码一个胚胎晚育蛋白。发现番茄两个 FT 的同源基因 *FTL*1 和 *SP5G* 的突变调控了番茄的日中性。

重要性状 QTL 定位。在茄子染色体上共锚定了与 71 个性状相关的 210 个连锁标记，获得了 26 个 QTL 热点，筛选到了一个茄子果实长度调控的关键候选基因 *Smechr0301963*。鉴定到 19 个与野生黄瓜果实大小和开花期等驯化相关的 QTL、21 个与果实形态相关的位点、6 个与黄瓜幼苗耐热相关的 QTL 位点。检测到 20 个与花球松散花椰菜和紧凑花椰菜花椰菜相关的 QTL。进行叶霉病抗性基因 Cf-12 的定位和基因的候选。黄瓜单性结实 QTL 分析。将黄瓜耐热基因定位到 1 号染色体上 232. 3kb 区间内。选到一个在杂交种与父母本存在表达差异的基因 *CsMYB*108。开展了黄瓜幼苗的下胚轴长度进行 GWAS 分析。验证了候选基因 *CA02g19570* 是辣椒 2 号染色体上抗 CMV 主效 QTL（qCmr2. 1）的抗性基因。在大白菜 A08 染色体初步定位了一个抗根肿病生理小种 4 的显性基因位点 *BrA. Pb8. 3*。

育种理论研究与种质创制研究。Liu 等解析了 *BrLhcb*1 在不结球白菜杂种优势中的作用机制。Shi 等将控制的大白菜雄性不育基因 Ms 定位在 A07 染色体 231. 3kb 区间，获得了候选基因 *Bra*015018。Li 等发现白菜 BVRC-CMS96 是 Nap-type 和 Ogu-type 雄性不育体细胞融合而产生的新型雄性不育材料。Liu 等将 Ogura CMS 育性恢复基因 Rfo 从油菜中导入花椰菜中。Chen 等开展了辣椒品种对桃蚜抗性的遗传分析。杨易、赵艳艳等对难出胚的菜心进行了培养体系优化。高一铭等在培养基中添加表面活性剂有效促进了紫菜苔小孢子胚胎发生。郭晓雨等建立了黄瓜未授粉子房培养最优雌核诱导技术体系。张丽等获得了血红肉率 100%、肉色整齐一致的心里美萝卜新品系。亓飞等获得两份抗白粉病突变体材料 Mu-86-2 和 Mu-58-9。马英梅等通过回交选育得到农艺性状优良的白菜新材料。孙一丁等筛选出来抗锈病及抗白粉病基因聚合体的普通菜豆资源。

育种技术研究与基因编辑研究。在单倍体育种技术方面，Deng 等分析了植物激素、基因型等对黄瓜未授粉子房再生植株的影响。Zou 等建立了南瓜和冬瓜未受精子房/胚珠培养的培养体系。Liu 等建立了甘蓝基于色素辅助选择的 CRISPR/Cas9 基因编辑系统。Du 等研究了利用生物技术在番茄骨干自交系中快速创制雄性不育系和保持系并应用于杂交种子生产的策略。

（二）栽培与生产技术

土壤性状改良研究。增施有机肥或秸秆可以有效改善土壤理化性状，提高氮素利用效率。有机肥/秸秆替代化肥模式可以促进土壤线虫群落结构优化。减施氮肥可以促进温室丝瓜产量、品质和氮肥利用效率。增施有机肥可以减少氨挥发和氮素浪费，提高番茄产量和维生素 C 含量。设施蔬菜连续种植会造成土壤微生态逐渐失衡，土壤稳定性降低。从小麦根际分离出来的粘质芽孢杆菌 G15-7 与氨基酸水溶肥配制而成的微生物菌剂追施可以显著提高番茄果实品质。减氮基础上配施硝化抑制剂 DMPP 和菌剂可提高氮素利用效率。撒施蚯蚓粪和沟施蚯蚓粪处理均改善了土壤环境。

水分管理与节水技术研究。姜言娇等发现温室番茄高产和高水分生产力的灌溉范围和最佳灌溉方式。高安琪等研究基于蒸腾量温室番茄水肥灌溉决策。杨丽等探究番茄蒸散量和茎流速率变化特征及其与气象因子的关系。毋海梅等发现了黄瓜发育期适宜灌溉水量。

岳焕芳等采用水量平衡法确定黄瓜整个生育期耗水量变化范围。徐达勋发现增氧滴灌显著提升温室樱桃番茄根系生长，光合作用效率、产量、品质及水分利用率。朱艳等发现滴头埋深 15 cm 的加气灌溉处理可兼顾节水和温室番茄高产、优质的要求。朱瑾瑾发现曝气75%滴灌处理可以缓解涝渍胁迫对番茄植株的危害。雷宏军等筛选出辣椒和番茄产量最优的水肥气耦合灌溉参数。魏晓然等开发了基于辐射累积量控制日光温室基质栽培番茄的灌水系统。赵奇慧等开发一种基于迁移学习的温室番茄叶片水分胁迫诊断方法。杜太行等开发基于 LabVIEW 平台的模糊控制的设施蔬菜智能灌溉控制系统。

土壤重金属污染与防治研究。张迪等发现海泡石和生物炭单施、混施均降低 Cd、Pb 有效态含量。葛占标等发现菌株降低了土壤有效态 Cd、Pb 含量。郭军康等发现生物炭和腐殖酸能够提高土壤养分的有效性，促进土壤重金属 Cd 的钝化作用。苏诗博等发现矿物固化剂添加可有效促进蔬菜生长并降低其可食部位重金属含量。盛下放等发现土壤中交换态铅减少，减少蔬菜中重金属的积累。刘俐发现向蔬菜页面喷施含硅肥和硒肥的水溶液，可阻止重金属向可食部位转移。祁迎春等以生物有效性系数和生物活性系数为指标研究 Cd 的生物有效性。曹春等研究了酸性矿山废水浇灌对土壤-蔬菜体系中重金属的分布特征及迁移特征的影响。姚甲伦概述了重金属物质对蔬菜正常生长的影响。张耿苗等发现适度深耕配施有机肥减少蔬菜对土壤重金属的吸收。

温室环境调控研究。王瑞等发现揭帘前补光效果最佳。张玉琪发现光合诱导速率不受红蓝光配比的瞬时调控。刘燕等构建温室番茄光合热辐射积与干物质累积模型。张勇等研发了一套光伏驱动机制控温系统。梁志勋研发了一个基于消息队列遥测传输协议的智慧大棚测控系统。陈明霞提出了一种基于 ZigBee 与 WiFi 双协议融合无线传感器网络技术的可视化智慧农业管理系统。赵慧娟研发出基于 PLC 的温室大棚监测设备。杨娟将星型结构与传感器网络相结合设计了基于 GigYcc 的温室大棚环境监控系统。郭威等设计了一套多自由度设施问世影像采集与环境监测机器人系统。梁竹君等设计了一种基于模糊控制的温室大棚光照度测控系统。袁丁等开发了“人字搭架+热风机”结合的装置。冯青春等开发一种基于视觉伺服的温室番茄植株主茎跟踪与测量方法。关守平研发了一种基于 PNN 网络的温室环境评估方法。周莹模拟研究日光温室复合相变保温墙体的传热过程。张潇丹建立并研究了河西走廊日光温室的光热环境数学模型。

栽培技术和高产栽培模式研究。祝宁等研究了草莓套种蔬菜高效栽培模式。李建开从田地要求、施肥、育苗、定植、管理、防治、储藏、生产记录等多个方面集成富硒西兰花高效培育技术系统。马铃薯复种大蒜套种胡萝卜可提高土地利用率和产出率。陆春花等报道樱桃番茄——绿叶蔬菜高效保供栽培模式，经济效益显著。邱传明等报道粤西地区蔬菜高效栽培新技术，能提高蔬菜的产量和品质。

（三）设施蔬菜技术

日光温室、大棚设计与材料研究。刘兴安设计并开发了第一代保温软覆盖现代化节能日光温室。杨凌模久温室科技有限公司等单位合作研制出的国内首款水模块化主动蓄热日光温室。杨普安研发了一种新能源多组合多功能储供热高效温室大棚。王洪义优化设计了一种高纬度地区多功能日光温室。张勇研发出一种基于三角形空间桁架的大跨度无立柱拱棚。付玉芳研发了一种大跨度东西矮墙外保温塑料大棚。李建明设计了一种大跨度非对称酿热温室。顾剑华等发明了一种利用热电转换装置将热能转换成电能的储能大棚。周义之比较了不同结构大棚和不同类型棚膜光温效应。徐锐研究了东西延长不同南北跨比大棚的通风效果。孙鑫比较了不同朝向和跨比大棚的温度特点。李天来系统地开发了适用于温室研发的结构安全、光环境及热环境等辅助设计技术。朱雄伟分析了我国不同纬度地区日光温室后屋面水平投影宽度的设计原理和理论计算公式。王宇欣研究了一种具有高保温、高透光、高强度、耐老化的可降解并循环再生聚酯农用薄膜。陈淑琴设计出一种集热装置。王少杰提出了一种适用于中国太阳能温室的新型组合式多层墙体。鲍义东设计了基于风光互补的温室大棚供电系统。石惠娴以水为蓄热介质，通过对自然光植物工厂蓄能型地下水源热泵供能系统进行节能运行优化调控。

蔬菜全程机械化研究。河南豪丰机械制造有限公司研发了2HBJ-4型胡萝卜精量播种机。王方艳研制了一种集起垄、开沟等功能于一体的气力式胡萝卜精量播种机。韩绿化等设计出自动移栽机械臂。王永维等设计了一种旱地蔬菜钵苗自动移栽机。山东招远探索出一种“互联网+植保”的农技服务模式。罗锡文院士提出了“无人农场”的概念；宋卫堂研发了一种表冷器-风机主动集放热系统。姬伟等人提出了一种基于流形排序的目标识别方法。侯加林等设计了一种自走式大葱联合收获机。李天华等设计了一种可调式切根装置。江苏大学成功开发出一种割台自动仿形的叶菜有序收获机。魏国俊等人研制了一种茎叶类蔬菜收获机。

人工智能技术应用研究。张坤鳌等提出基于径向基函数神经网络预测模型。盛庆元等设计了一款基于RC稳态响应峰值检测原理的土壤水分传感器。吴华瑞等提出了蔬菜温室物联网无遮挡覆盖方法。许景辉等提出了基于人群搜索优化的PID控制智能灌溉方法。梁浩等构建了适用于设施菜地水氮管理的机理模型。魏新光等设计了一种日光温室蔬菜水分胁迫诊断系统。吕名礼等设计了用于茄果类水肥及环境管理专家决策系统。吴华瑞团队开发了基于实时土壤水分的智能灌溉系统、建立了作物吸水动态深度的回归方程和水分利用率和光合速率融合的温室番茄需水模型、研发了蔬菜产业大数据平台。蒙桂余等发明公开了一种RNA交叉操作共生生物算法的温室温度PID控制方法。熊俊涛等提出一种基于深度强化学习的虚拟机器人采摘路径避障规划方法。于珊珊等提出了一种具有更优特性并能满足强度要求的用于农业机器人的并联视觉云台设计。乔晓辉等开发了以NanoPC-T3嵌入式ARM开发板为核心的温室环境连续型调控系统。金杰设计了一种基于天气预报的智能节水灌溉控制系统。于畅畅等设计了基于PID算法的高频间歇供肥系统。黎安忠设计了园艺水肥一体管理系统。

（四）病虫害防治

病虫害监测与诊断研究。王迎旭等（2020）开发基于叶绿素荧光成像对温室黄瓜褐斑病和炭疽病分类与病情监测系统。卜俊怡等（2020）开发基于幼虫板图像的温室番茄作物害虫识别与监测系统，对烟粉虱、潜叶蝇、果蝇和蚜虫的识别准确率分别为93.9%、90.7%、91.5%和90.4%。丁莲（2020）开发了一套基于Android系统的温室黄瓜病害诊断系统。张领先等开展温室黄瓜霜霉病严重度定量估算研究。王浩等提出SVM与CNN组合模型的黄瓜病斑叶片识别方法。

部分土传病害机理研究。郭惠珊团队报道了大丽轮枝菌的致病基因VdDpb4能够编码ISW2染色质重塑复合体的一个组蛋白折叠蛋白VdDpb4，证明VdDpb4可以与另一个染色质重塑因子蛋白VdIsw2互作，正向调控依赖VdIsw2的转录调控因子对下游DNA损伤修复基因的表达。刘树生团队揭示了烟粉虱将 Rickettsia 共生菌传给子代的详细过程。韦中等以化学纯品模拟了 4 类根系分泌物（有机酸、糖类、氨基酸、酚酸）组成并培育番茄，探索不同类分泌物对根际微生物群落和对番茄青枯病菌的影响。

植物 DNA 病毒研究。刘树生团队发现烟粉虱胞吞受体蛋白 BtCUBN 和 BtAMN 复合体在病毒传播中起关键作用。王晓伟团队明确了 TYLCV 可以在烟粉虱体内复制并且复制主要发生在烟粉虱的唾液腺。研究者发现 TYLCV 可以诱导并招募烟粉虱的 DNA 合成机器来帮助其复制。进一步研究发现 TYLCV 的复制相关蛋白（Rep）可以与烟粉虱 PCNA 发生互作，进而促进病毒复制。

植物抗病毒机制与生防技术研究。我国科学家在拟南芥体内追踪定位了黄瓜花叶病毒的分布模式，发现干细胞中 WUS 蛋白受病毒诱导积累，且异位移动到周边区，保护干细胞及其分化的子细胞不受病毒的侵染。我国科学家研究发现植物病毒编码的蛋白质定位从质膜到叶绿体，进而激活植物防御，干扰叶绿体依赖抗病毒水杨酸（SA）生物合成。刘勇课题组明确了假单胞菌 GJ-22 分泌的胞外多糖的结构表征和功能活性，评估了 GJ-22 对植物病毒病的防治效果。朱荷琴团队报道了从蜡样芽孢杆菌中新发现的一种抗真菌蛋白—环糊精糖基转移酶明确了其作用机制。沈其荣团队发表了利用生物有机肥调控土壤菌群从而防控枯萎病的机理研究结果。

天敌、物理防控技术研究。陈学新团队、北京市农林科学院张帆团队等在利用天敌控制蔬菜重大害虫方面取得一系列的技术进展和创新。Hsu 和 Lu 研发了一种饲养草蛉幼虫的新型微胶囊生产工艺。刘银泉等人研制一种简易天敌昆虫释放卡。任小云、雷仲仁等利用单色仪研究了西花蓟马和烟蓟马对 340～620 纳米范围波长的反应。

（五）采后处理与加工技术

农药残留和重金属离子检测方法研究。周利航团队建立气相色谱-电子捕获检测器检测多种水果蔬菜中 30 种常见农药残留的分析方法。卢雅琳研制了一种新型农药残留检测层析卡。徐亮等基于 AIFQ 和 AIFE 性质制备 GSH-AuNCs 的荧光传感器试纸可实现对 Hg2+和 Pb2+的可视化检测。胡军团队合成了一种新型的 3D 复合物（Mg-MOF）作为荧光传感器实现对 Cr3+灵敏性检测。李磊团队等以半胱胺作为 CuNCs 的覆盖分子和还原剂制备而成的荧光传感器对 Al3+进行选择性检测。

鲜切加工及品质保持研究。Hu Wenzhong 团队研究发现与对照组相比，不同方式切分的青花菜品质无显著性差异，但细胞抗氧化活性提高 52.7%～86.5%，酚类物质含量增加。Wei Liyang 研究发现 100 μM 褪黑素处理提高了鲜切青花菜芥子油苷、萝卜硫素和硫代葡萄糖苷的含量，阐明了 *CYP83A1*、*MYB28*、*UGT74B1* 和 *FMOGS-OX1* 参与调控硫代葡萄糖苷的合成。

蔬菜功能成分及品质保持研究。脱水蔬菜加工过程中，采用二氧化碳浸渍法、脉冲电场和超声波等预处理，可加快青花菜、秋葵、生姜等干燥速率，并保留较好的蔬菜营养品质。Zhou Cunshan 团队研究发现超声预处理和脉冲超声预处理均课缩短秋葵脉冲真空干燥时间，且保留了秋葵品质特性。Tian Shuhua 等发现 10 毫克/千克萝卜硫素提高了胰岛素水平，HOMA-β 指数，肝脏 SOD 和 GSH 活性，显著降低血清 LPS 水平。

（国家大宗蔬菜产业技术体系首席科学家　杜永臣　提供）

2020年度特色蔬菜产业技术发展报告

（国家特色蔬菜产业技术体系）

一、国际特色蔬菜生产与贸易概况

1. 国际特色蔬菜生产概况

根据FAO统计，2019年世界水生蔬菜中，芋头种植面积195.73万公顷，总产量1 054.06万吨，尼日利亚、中国、喀麦隆、加纳、巴布亚新几内亚居产量前5位，中国占比18.54%。辛辣蔬菜中，大蒜163.46万公顷，3 070.75万吨，中国、印度、孟加拉国、俄罗斯、乌克兰居产量前5位，中国占比75.89%；洋葱519.26万公顷，9 996.78万吨，中国、印度、美国、埃及、土耳其居产量前5位，中国占比24.97%。根据FAO数据库与中国统计数据显示，中国的辣椒、生姜、大葱的种植面积与产量均居全球第一位。

2. 国际特色蔬菜贸易概况

2019年辛辣蔬菜国际贸易显著增长。辣椒出口额77.45亿美元，同比增长9.95%，其中鲜辣椒、未磨辣椒干、已磨辣椒分别为56.11亿美元、11.89亿美元、9.45亿美元，增长7.63%、27.43%、5.25%；保鲜大蒜28.13亿美元，增长32.25%；生姜9.80亿美元，增长13.30%，其中未磨生姜8.96亿美元，增长13.54%；干洋葱3.71亿美元，增长6.50%。水生蔬菜中，芋头出口额1.37亿美元，增长12.71%；莲藕及荸荠1.24亿美元，减少2.59%。中国在保鲜大蒜、未磨生姜、芋头、已磨辣椒、莲藕和荸荠、已磨生姜出口中均居第一，世界占比分别为70.78%、60.39%、57.04%、39.71%、38.73%和36.61%。

二、国内特色蔬菜生产与贸易概况

1. 国内特色蔬菜生产

2020年中国特色蔬菜播种面积约640万公顷，最近一段时间相对保持稳定。据体系调查数据，2020年辣椒种植面积约为220万公顷，同比增长8%，但受自然灾害影响，单产下降5%～10%；大蒜80万公顷，增长12.66%，产量2 300万吨，山西、陕西增幅大；生姜28.53万公顷，增长6.73%，产量800万吨，其中河北、湖南、山东面积增幅25%、20%和6%，四川减少20%；韭菜43.5万公顷，产量2 280万吨，分别增长2.35%和1.24%，江苏、广东、贵州增幅大。芥菜种植面积93.33万公顷，产量4 800万吨。水生蔬菜种植面积86.67万公顷，其中莲藕50万公顷、芋头13.33万公顷、茭白7.33万公顷、荸荠4万公顷，莲藕种植面积有所增加，但受自然灾害影响，减产20%～30%；茭白种植面积基本稳定，贵州、云南、江苏、安徽略有增长；荸荠种植面积下降10%～15%。

2020年除大蒜外，大部分特色蔬菜价格呈持续上升态势，尤以大葱、生姜价格涨幅最大，“向前葱”“姜你军”再度成为年度热词，莲藕、茭白、芋头等也为2016年以来最高价。辣椒上半年价格偏低，下半年涨到历史新高。

2. 国内特色蔬菜贸易

2019 年中国特色蔬菜在出口创汇中继续发挥重要作用，出口额 42.56 亿美元，占蔬菜出口总额的 33.87%，大蒜、辣椒、洋葱、生姜位居前列，占比 18.89%、5.00%、4.80%、4.55%。2020 年虽受疫情影响但特色蔬菜总出口继续保持增长，1—10 月出口量 377.52 万吨，同比增长 11.04%，出口额 38.71 亿美元，同比增长 7.95%。其中大蒜、辣椒、芥菜出口额 20.07 亿美元、5.56 亿美元、1.67 亿美元，增幅 9.89%、11.32%、9.30%；生姜、莲藕、荸荠出口额 5.92 亿美元、0.275 亿美元、0.079 亿美元，增幅 23.58%、5.94%、10.12%；大葱、洋葱、芋头出口额 0.54 亿美元、3.97 亿美元、0.60 亿美元，降幅 13.66%、15.43%、1.19%。

三、国际特色蔬菜产业技术研发进展

1. 新品种选育与育种技术

开展了辣椒抗病毒病、抗根结线虫、耐旱性等优异种质与品种筛选，挖掘出辣椒抗旱基因，筛选出抗病毒病和抗根结线虫材料，获得 GojamMecha_ 9082、Mareko_ 233636、GojamMecha_ 9086 等一批抗病品种；开发出新的辣椒育性恢复基因连锁标记，设计了基因编辑体系；研究了辣椒种子低温贮藏技术。开展了莲重测序与起源进化分析，研究了俄罗斯、东南亚、美洲等地野莲居群多样性；对莲淀粉合成相关基因进行了克隆和分析，开发了子莲产量、淀粉合成酶相关性状分子标记；阐明了灰茭形成机理及蕹菜耐热机制。完成了染色体水平的芋基因组图谱绘制，研究了三倍体多子芋多样性；组装了油用芥菜 Varuna 参考基因组，对芥菜茎瘤膨大、叶片裂刻、紫叶、荚果抗裂等性状基因进行了挖掘或克隆。构建了多个洋葱遗传连锁图谱，定位了花青素合成酶相关 QTLs；开发了大蒜开花相关 SSR 标记，分析了大蒜风味、营养变化特征；发现大葱表皮蜡质主要成分为 C29 酮；开展了韭菜、青葱代谢组研究。

2. 栽培技术与品质提升技术

发现新型微碳技术（MCT）对辣椒根系水分和营养吸收有促进作用，2%生物炭和 2%堆肥增产效果明显。建立了芥菜转录组平台，筛选出调控重要农艺性状的系列候选基因；证明硅可延缓芥菜叶片衰老，IAA 和 NO 协同作用可提高盐胁迫下芥菜光合效率和抗氧化能力；5-氨基乙酰丙酸可提高芥菜对铅的耐受性；低硒（Se）处理可减少芥菜体内 Pb 的积累。外源 Pro 显著增强了干旱胁迫下洋葱水分利用率、光合效率和产量；马粪与绿肥及橄榄渣堆肥还田可改善土壤肥力，促进大蒜生长发育。解析了芋头地下茎适应缺氧环境的调控机制；挖掘出莲花地上部与地下部长距离运输的信号分子 miR2111，解析了 miR2111 对根瘤形成的调节作用和固氮能力的影响；发现抑制藕节中铁蛋白可显著提高缺铁条件下莲藕的固氮作用。GA_3和低温 8～10 周均可打破水芹种子休眠，提高发芽率。

3. 病虫害绿色防治技术研发进展

辣椒病害发生呈上升趋势，新的真菌性、细菌性病害和病毒病在一些国家（地区）首次报道，建立了可识别 34 种辣椒病害的图像识别技术；叶面喷施乙酰苯甲醚-S-甲基和 β-氨基丁酸可降低辣椒炭疽病的危害，壳聚糖纳米包衣剂可提高辣椒对真菌和细菌的抵抗能力；烟粉虱、蚜虫等仍是辣椒主要害虫。生姜主要病害为茎基腐病、姜瘟病；洋葱病害整体发生较重，紫斑病、茎（叶）枯病、病毒病普遍发生；韭菜灰霉病较重；日本首次报道了大蒜盲种葡萄孢（*Botrytis porri*）引起的韭菜叶枯病。葱蓟马在葱蒜上危害严重，抗虫品种和高效药剂仍是最常用最有效的防治方法。莲藕主要病害为腐败病、病毒病、线虫病等；日本报道了潜根线虫导致莲藕根茎褐变，但利用 ITS-rRNA 探针检测 DNA 可进行早期诊断，氨基甲酸酯类农药苄呋卡伯杀灭潜根线虫效果最好。研究了莲藕主要害虫斜纹夜蛾杀虫剂抗性机制、应用信息素等生物防治方法。

4. 产后处理和加工技术

枯草芽孢杆菌产生的抗真菌毒素可抑制辣椒采后贮藏过程中的真菌。0.05 mol/L 氯化钠溶液浸泡，联合 0.05 mm 聚丙烯包装可有效保留姜片中黄酮等生物活性物质。10 mmol/L 草酸、1%抗坏血酸和 50%芦荟凝胶薄膜单独或联合使用、或采用 5.0 kJ/m^2 短波紫外线等处理均可延缓鲜切莲藕片褐变。NO 处理可以抑制贮藏期内茭白软化和纤维化。黑蒜发酵后多酚、有机硫化物等生物活性成分含量更高。白洋葱和红洋葱经 50/90℃干燥后酚类物质含量更高，200Gy 剂量辐照可使洋葱维生素保留 30 天。

5. 生产设备研发与新产品

久保田推出了辣椒、番茄等蔬菜移栽机械 IKP-4，可一次完成二次碎土、覆膜、铺滴灌带功能，且株行距与栽植深度可调。日本研发了 NK101 型牵引式、HL 型自走式大葱联合收获机、久保田 HG-100 型自走式大葱收获机；土佐农机设计了 GR-18HS 型（侧附轮模式）和 GR-18HL 型大姜收获机（八轮模式）。美国 Top Air 公司、宝奇公司研制了 GW2400 型和 ARCO 型大蒜收获机。意大利 IMAC 公司研制了 OL-1400 型洋葱收获机，美国 Top Air 生产了 TL 4400 XT 洋葱收获机，日本洋马公司生产了 HT20 洋葱收获机。

四、国内特色蔬菜产业技术研发进展

1. 种质资源、育种技术与新品种选育

引进收集特色蔬菜新种质 4 413 份，创制优异特色蔬菜种质资源 399 份；筛选耐热辣椒 7 份，疫病高抗或免疫辣椒资源 28 份，抗疫病芋头资源 45 份，适宜加工保鲜的茭白资源 1 份，高结实率野茭 3 份，低氮敏感型大葱品种 10 个。开展了辣椒耐热、耐低温、耐低磷、耐盐、耐镉等机理研究；利用转录组分析了果实颜色、辣度关键基因，开展了果实颜色、性状定位研究；研发了干制小辣椒三系杂交制种备技术。研究了我国野莲居群遗传多样性与进化，提出了野莲保护策略；获得莲子性状主效 QTL 位点，开发了花色、粒重、心皮数等性状分子标记，建立了莲藕种苗纯度鉴定方法。对芥菜 GRF 转录因子家族进行了分析，开发了 SSR 标记；研发了叶用芥菜杂交制种、茎用芥菜加代育种及打破种子休眠技术。建立了大蒜超低温保存体系、气生鳞茎脱毒方法及洋葱通用型愈伤组织诱导体系。

登记辣椒品种 1 112 个，其中加工型辣椒 581 个，品种权授权 16 个；选育莲藕品种 5 个，菱角品种 1 个，茭白品种 2 个，洋葱品种 2 个，大姜品种 1 个，韭菜品种 7 个。

2. 栽培技术与品质提升技术

研发了辣椒再生栽培技术，6 月至 7 月中旬剪枝培育新结果枝；集成了辣椒地膜二次利用、减少化肥用量、增施有机肥等绿色栽培技术。发现木醋液对辣椒种子萌发和幼苗生长的促进作用以及对病原菌的抑制效应，木醋液—生物炭—益生菌复配物、沼渣沼液肥均有效促进了辣椒的生长发育；新型镁肥（纳米氢氧化镁、改性纳米氢氧化镁等）显著增加了辣椒干物质积累和产量，减少了钾钙镁损失。在相同光强下，蓝光可显著提高大葱幼苗碳氮代谢关键酶活性；筛选出大葱苗期耐低氮的评价指标。证明了芥菜 *CK2B1* 基因通过影响细胞周期促进茎的膨大。适量过磷酸钙和腐熟鸡粪作底肥明显提高了莲藕产量和品质；藻叶面肥可以使茭白增加 1～2 个分蘖，株高增加 7～9 厘米；提出了单季茭白—马铃薯轮作免耕栽培技术，可减轻病虫害和水体富营养化。研究了营养液浓度、播种方法对水芹生长、产量和品质的影响；探索了养殖废水规模化生产水芹技术。提出了荸荠组培苗驯化方法；开展了莲藕双季栽培、莲藕—荸荠一年两熟的栽培模式以及莲藕—泥鳅、乌鳢、茭白—泥鳅、茭白—龙虾、芡实—小龙虾、芡实—南美白对虾生态种养模式试验示范。

3. 病虫害绿色防治技术研发进展

全国辣椒产区疫病、病毒病、炭疽病等普遍发生，普通菜豆炭疽病首次在我国辣椒上出现，蓟马传播的番茄斑萎病毒病发生范围逐年扩大；害虫为蚜虫、烟粉虱和蓟马等，蓟马危害呈加重趋势；采用辣椒与黄瓜、玉米、谷子等间作、调整播种期和栽培密度、高温淹水等农业措施，均可有效控制病虫害发生；利用多粘类芽孢杆菌 YCP16-23 防治辣椒疫病取得良好效果；建立了以辣椒为主的各种蔬菜病原菌快速准确分子检测技术，一些主效抗病基因被精细定位，提高了病害诊断的精确性。姜产区姜瘟病、茎基腐病和根结线虫病普遍发生且加重，假丝酵母菌（*Enterobacter asburiae*）首次在河北唐山发现。锈病、叶枯病、紫斑病、病毒病在葱蒜上发生较往年严重；韭菜主要为灰霉病和疫病，局部发生“干尖”症等生理病害；筛选出呋虫胺、脂肽化合物和哈茨木霉 TW21990 用于防治韭菜灰霉病；韭蛆成为葱蒜和韭菜的主要害虫，葱蓟马在大蒜、韭菜上发生加重，个别地区生姜姜螟加重；“高温覆膜”韭蛆防治技术应用面积继续扩大。莲藕腐败病普遍发生，茭白主要病害为胡麻叶斑病和锈病，湖北部分市县发生茭白细菌性基腐病，且存在潜在流行风险；广东首次发现小孢根霉（*Rhizopus microsporus* var. chinensis）引起的芥菜根腐病。研发出 ELISA 和斑点免疫法检测莲藕甘薯潜伏病毒技术。莲藕主要害虫为斜纹夜蛾、莲缢管蚜、莲藕食根金花虫等，以性信息素诱捕、色板诱杀、高效低毒杀虫剂应用为主的绿色防控技术继续稳定推广。

4. 产后处理和加工技术

水杨酸可减轻低温导致的辣椒褐变；13℃下贮藏，45 μL/L 暴马丁香花提取物溶液浸蘸 3 min，可保持辣椒果实外观和营养品质。海藻酸钠/魔芋甘聚糖复合涂膜联合 0.25 mmol/L硝普钠浸泡、2% $CaCl_2$、3-癸烯-2-酮、2，4-表油菜素、1.0 μL/L 的甲基环丙烯等处理均可抑制生姜发芽，延缓采后衰老。自发气调包装结合低温处理可延长干蒜保鲜期。3℃和 5℃的低温贮藏、20% CO_2处理、抗坏血酸和复合涂膜（复配酸 0.18%、异抗坏血酸钠 0.29%、壳聚糖 1.15%）均可有效保持莲藕品质；臭氧水能有效降低莲藕菌落总数和失重率，减缓总酸损失。冰水套袋是茭白最佳预冷处理方式；0.06 毫米 PE 袋包装能保持茭白色泽和硬度、延缓木质化。聚乙烯包装袋密封包装、1℃±0.5℃冷藏，可延长韭黄保鲜期。复合护色液（0.8%氯化钠、0.4%柠檬酸和 0.4%维生素 C）处理 15 分钟可降低慈姑失重率。

5. 生产机械研发与新产品

研发了穴盘式智能大葱育苗机，实现了一穴三粒精准播种；研发了大葱精量播种施肥喷药一体机、大葱开沟起垄施肥一体机和高地隙大葱培土机、半自动组合式大葱裸苗开沟移栽一体机、挠盘式高效低损大葱自动移栽机；研制了挤切抖挖式和推动式大葱收获机。

研制了链勺式大姜联合播种机，满足了开沟、起垄、施肥、播种、覆土镇压一体化要求；研制全自动大姜收获机，满足了夹持提升、姜块和茎杆分离、茎杆粉碎要求。研制了一种多行大蒜播种机漏播补种装置、设计了基于双侧图像识别的大蒜正芽及排种装置；设计了基于智能控制的大蒜分瓣分级机械化装置，实现了大蒜分瓣后分级处理。研制了一种洋葱精量播种机，可以一次性完成铺膜、点种、膜下铺设滴灌带及覆土等多项作业。设计了一种自主行走的螺旋推进式挖藕机；采用一种新型的大功率莲藕采收机，结合铲掘式和喷流式两种方式，可有效进行 40 厘米以下浅水藕塘进行莲藕挖掘。设计了一种集芋头茎秆切割和挖掘为一体的收获机械。建立了菱角壳仁的轮廓关系，为菱角脱壳刀具提供了理论依据，设计了第一代样机整机。

（国家特色蔬菜产业技术体系首席科学家　邹学校　提供）

2020年度西甜瓜产业技术发展报告

（国家西甜瓜产业技术体系）

一、国际西甜瓜生产与贸易概况

国际西甜瓜产业发展快速，种植面积和产量持续增加，西甜瓜在世界水果生产中占有重要的地位。联合国粮农组织数据库数据显示，2019年西瓜收获面积为308.42万公顷，总产量为10 041.49万吨，是世界上产量最高的水果；甜瓜收获面积为103.97万公顷，总产量为2 750.14万吨。世界西甜瓜种植主要集中在亚洲，其次为美洲和欧洲，其中，中国是世界上西甜瓜生产产量最高的国家。联合国粮农组织数据库数据显示，2019年亚洲西瓜收获面积220.70万公顷，占世界总收获面积的71.56%；甜瓜收获面积为72.21万公顷，占世界总收获面积的69.46%。中国是世界上西甜瓜生产产量最高的国家，2019年中国西瓜和甜瓜产量分别占全世界总产量的60.61%和49.23%。西甜瓜生产效率不断提高，单产量逐年递增。2001—2019年世界西瓜单产年均增速分别为1.35%，2019年世界西瓜单产为32.56吨/公顷；2001—2019年世界甜瓜单产年均增速为1.72%，2019年世界甜瓜单产为26.45吨/公顷。

国际西甜瓜贸易量不断增加，2001—2019年西瓜全球进口数量和出口数量年均增速均保持在6%以上，甜瓜年均增速保持在2%左右。联合国粮农组织数据库数据显示，2019年国际西瓜出口总量为424.26万吨，出口总额为18.63亿美元，主要出口国家为西班牙、墨西哥和伊朗；进口总量为430.65万吨，进口总额为19.08亿美元，主要进口国为美国、德国和伊拉克。2019年国际甜瓜出口总量为230.48万吨，出口总额为16.13亿美元，主要出口国家为西班牙、危地马拉和巴西；进口总量为219.57万吨，进口总额为17.60亿美元，主要进口国家为美国、荷兰和法国。

二、国内西甜瓜生产与贸易概况

近年来在供给侧结构性调整背景下，全国西瓜种植面积、产量总体保持稳定；甜瓜种植面积、产量稳中有升。2020年国内西甜瓜生产受新冠疫情影响不大，疫情前期劳动力短缺、生产性物资流通不畅对育苗和早春栽培造成一定冲击，随着后期疫情缓解而有所恢复。根据中国统计年鉴数据，2019年全国西瓜播种面积约为153.9万公顷，总产量约为6 324.1万吨，每公顷产量41.08吨，西瓜总产量比上年增加2.8%，主要是由于单产恢复性增长。2019年全国甜瓜播种面积约为39.4万公顷，总产量约为1 355.7万吨，每公顷产量34.44吨，甜瓜总产量比上年增加3.0%，主要来自于播种面积增长。西甜瓜优势产区进一步集中。西瓜生产布局依然是华东、中南两大地区主导，2019年华东六省一市、中南六省的西瓜产量分别占到全国的32%和39%；甜瓜生产布局以华东、中南、西北三大产区为主，2019年华东六省一市、中南六省、西北地区的甜瓜产量分别占到全国的28%、24%、26%。

西甜瓜栽培模式不断提高，凝聚各地生产管理经验，集成了基于西瓜、甜瓜典型区域特点与品种特性的八大栽培模式。新技术应用显著提高西甜瓜投入产出率，现代育种技术、高产高效管理技术、土壤改良提升技术等技术不断创新应用，提升了西甜瓜质量，提高了机械作业效率，降低人工作业成本，提高水肥利用效率，提高西甜瓜的投入产出率。西甜瓜质量和品牌意识逐渐加强，各地坚持走质量兴农、品牌强农之路，更加注重品牌建设情况，优质品牌不断增多，产品优质优价机制逐渐形成。全国命名的西甜瓜之乡、地理标志产品以及名优产区超过30个；随着互联网、电子商务等新业态新技术出现，“互联网+西甜瓜”融合发展，进一步推动了西瓜、甜瓜产业链、供应链和价值链变革，实现品牌价值裂变增长。

2020年西瓜进出口贸易比去年同期有所下降，甜瓜进出口贸易比去年同期有所增加。根据农业农村部信息中心提供的数据，2020年中国西瓜出口数量与去年同期比略有下降、进口数量与去年同期比下降幅度较大，主要原因是受新冠肺炎疫情影响，港口、交通等运输受阻，直接影响了西瓜贸易活动。2020年1—7月西瓜出口数量2.25万吨，比2019年同期（2.26万吨）减少0.4%；出口金额1 850.87万美元，比2019年同期（1 864.98万美元）减少0.8%。2020年1—7月进口数量9.72吨，比2019年同期（24.74万吨）减少60.7%；进口金额1 630.02万美元，比2019年同期（3 892.98万美元）减少58.1%。根据农业农村部信息中心提供的数据，受“一带一路”国家合作深入推进，2020年中国甜瓜出口、进口数量和金额均比2019年同期有所增加，2020年1—7月甜瓜出口数量4.24万吨，比2019年同期（为2.84万吨）增加49%；出口金额6 449万美元，比2019年同期（4 390万美元）增加46.9%。甜瓜进口数量较少，2020年1—7月甜瓜进口数量74吨，比上年同期增加了将近10倍。

三、国际西甜瓜产业技术研发进展

1. 西甜瓜育种技术研发进展

本年度国际西甜瓜遗传育种研究主要包括种质资源、分子育种与砧木育种3个方面。种质资源研究主要集中在西瓜品质、形态特征与抗性等重要性状的表型精准鉴定。分子育种方面获得了果实外观形状、抗性、性别等系列关键基因位点。砧木育种方面，获得了一批优质抗病耐逆的西甜瓜砧木新种质。

种质资源源评价利用方面，国外学者筛选获得了抗黄萎病与CMV、ZYMV、PRSV等病毒的西瓜材料、抗CMV的砧木材料。并开展了西瓜果实相关性状的研究，发现原产于韩国的资源果实可溶性固形物含量中等，原产于美国、俄罗斯、塔吉克斯坦、土库曼斯坦、乌拉圭和中国台湾的果实可溶性固形物含量最高，瓜氨酸和精氨酸含量较高的西瓜资源间的SSC值较低，红色和粉红色果肉样品的瓜氨酸含量较黄色和橙色果肉样品中的瓜氨酸含量低。对甜瓜种质资源香气性状开展了研究，共检测出171种挥发性物质，发现呼吸跃变型果实富含酯类，非呼吸跃变型果实酯类挥发性物质含量低。目前甜瓜分类命名依赖于某些关键性状的形态指标。然而，这种方法的可靠性不高。国外学者利用全基因组单核苷酸多态性（SNPs）在分子水平上评估了甜瓜园艺类群的分类信息，发现在分子水平上材料的分布与亚种分类基本一致，但表型之间的区分并不明确，将表型与SNPs结合相结合，可提高甜瓜园艺类群分类的分辨率。

在分子育种方面，国外学者最新报道了甜瓜果实性状及果皮网纹决定基因、甜瓜雄性不育基因*ms-1*、甜瓜细菌性果斑病抗性基因等，并开发了相应分子标记用于分子育种。并在甜瓜基因组上得到了一个瓜类黄矮失调病毒（CYSDV）抗性基因区域；在西瓜分子育种方面，国外学者在阿玛鲁西瓜上定位了枯萎病抗性基因、西瓜蔓枯病抗性位点以及西瓜芽坏死病毒抗性基因。

砧木育种方面，国外学者通过进行枯萎病、根结线虫等检测，耐逆性鉴定，对砧木嫁接影响西瓜果实品质和产量评价，筛选到了一批优质抗病耐逆的西甜瓜砧木新种质，如抗根结线虫的苦瓜材料、耐水分胁迫的香橼西瓜砧木、抗枯萎病的瓜类材料、耐冷的葫芦种质、抗盐砧木印中种间杂种、耐酸性和耐碱性强的种间杂交种、综合性状优良的砧木等。

2. 西甜瓜栽培技术研发进展

本年度国外学者主要开展了西甜瓜嫁接技术、抗逆栽培技术、肥水管理技术与轻简化高效栽培技术 4 个方面的研究，建立完善了系列优质高效西甜瓜栽培新技术。

在西甜瓜嫁接技术研究方面，国外学者研究发现，种间杂交南瓜对病菌的敏感度低于葫芦和西瓜，对腐霉具有持续的抗性，可用于西瓜嫁接。南瓜作为砧木除了具有抗病性，还可提高嫁接苗的茎长、茎粗、叶面积、地上部和根系干重，以及地上部干重与长度的比值，但是不利于果实口感的提升。对去掉砧木两片子叶的贴接和单子叶嫁接对西瓜果实成熟和果实品质影响的研究发现，采用 2%的蔗糖和抗蒸腾剂处理后贴接嫁接成活率可以达到 91%，田间试验表明这两种嫁接方法对西瓜果实品质无显著影响，并且发现砧木嫁接可以提高西瓜对黄萎病的抗性且能提高产量，但地膜覆盖则无影响。研究发现了西瓜接穗和砧木的不同苗龄对嫁接苗质量的影响，认为高质量的西瓜接穗和最佳状态的砧木嫁接可以获得高质量的西瓜嫁接苗。

在抗逆栽培技术研究方面，研究发现丛枝菌根真菌共生可以通过恢复光合作用效率和缓解低温诱导的氧化胁迫，进而提高西瓜幼苗的抗寒性。发现了 NO 具有保护西瓜免受干旱胁迫引起的氧化损伤方面的作用。抗旱品种通过增加脯氨酸含量和抗氧化酶活性以及增加特定基因的表达来应对干旱胁迫。将甜瓜的 CmLEA-S 基因构建到过表达载体上并转到烟草中进行干旱耐受性分析，与野生型种子相比，在 10%聚乙二醇（PEG）上生长的转基因烟草种子显示出更高的发芽率。遭受干旱胁迫的转基因烟草的鲜重和根长明显高于野生型植株。此外，遭受干旱胁迫的转基因烟草表现出更少的枯萎和萎黄迹象。在干旱胁迫下的转基因植株中，抗坏血酸过氧化物酶（APX）和过氧化氢酶（CAT）的酶活性得到增强。这些结果表明，CmLEA-S 基因可以用作作物改良的潜在候选基因。在病害防治方面，发现生防菌哈茨木霉、枯草芽孢杆菌和荧光假单胞菌制剂对炭疽病病原菌的菌落生长具有抑制作用，可以增加西瓜的湿生物量、根系干重、植株长度和叶绿素含量。在西瓜病毒病研究方面，发现 H_2O_2 处理的效果可以诱导部分抗性或延缓症状的出现，降低病毒浓度，为外源 H_2O_2 诱导西瓜抗 CGMMV 侵染的系统获得性抗性（SAR）提供了证据。在西瓜抗枯萎病方面，发现不同砧木对嫁接植株的长度和早熟程度有显著影响，瓜类砧木嫁接可以保持接穗的椭圆形，而瓜类杂交种和葫芦科砧木的接穗则由扁平的球形变为球形，移栽后，可溶性固形物含量和类胡萝卜素含量变化很大，而果肉 pH 值基本未受影响。嫁接抗病砧木可以在不影响西瓜产量和品质的前提下，对西瓜枯萎病和突发性枯萎病有较好的防治效果。

在肥水管理技术研究方面，研究发现硅肥施用增加了果实的结瓜数、单瓜重和果实品质。对西瓜施肥量和灌溉量研究发现，较地面灌溉和常规土壤施肥，处理后的西瓜藤的长度随施肥量和灌水量的增加呈线性增加，增加灌溉水平的同时增加了果实的纵径和横径，施肥和灌溉水平对单株果实数和产量有显著影响。鱼水再循环或者鱼水+叶面施用 Ca（NO_3）$_2$这两种处理增加了甜瓜植株的精胺和腐胺的含量以保证甜瓜的正常发育，同时增加果实重量和大小，但蛋白质、总氨基酸以及糖含量等果实品质降低。与滴灌+播施氮肥（DI）相比，滴灌+冲施氮肥（DF）显著改善了果实产量和品质，表明通过滴灌直接施氮时，有利于西瓜的品质改善。氮（N）和钾（K）供应比例保持甜瓜营养生长和生殖生长的平衡，认为 17∶5 及 14∶4.5 分别是营养生长阶段和生殖生长最佳的 N∶K 浓度比。

在轻简化高效栽培技术研究方面，研究表明行间距 100 厘米×60 厘米有助于提高甜瓜果实的产量。青葱内源生长素浸泡甜瓜种子后，可有效提高甜瓜的发芽率、鲜重和干重，可作为有机激素使用。

3. 西甜瓜病虫草害防控技术研发进展

本年度国外学者主要开展了西甜瓜病虫草害病原生物学与病害发生规律、抗病遗传规律与抗性机制与防控技术研究，为西甜瓜病虫草害防控与绿色简约化栽培提供了重要技术依据。

在西甜瓜病虫草害病原生物学与病害发生规律研究方面，明确孟加拉西瓜枯萎病、印度西瓜蔓枯病的病原、美国南卡罗来纳州西瓜叶斑病及南卡罗来纳州西瓜枯萎病的病原。发现甜瓜黑点根腐病菌管释单孢囊菌对环境的适应性与致病性均强于拟弯孢单孢囊菌，5 个单孢菌属种均能侵染西瓜、甜瓜、南瓜等瓜类作物。完成了美国佐治亚州 3 个西瓜枯萎病菌菌株的基因组序列草图。

在抗病遗传规律与抗性机制研究方面，发现西瓜材料 IC0523048、EC794455 和 EC759804 中的枯萎病抗性由两个主效互补显性基因控制。鉴定到 7 个抗枯萎病菌 2 号小种的 QTL，其中一个 QTL 兼抗西瓜枯萎病菌 2 号小种和番木瓜环斑病。6 个葫芦种质与西瓜嫁接后对黄萎病具有抗性。发现甜瓜 12 号染色体上的 SNPR5_ 119 与甜瓜材料对白粉病菌 5 号小种的易感性相关。并在甜瓜抗白粉病品种中建立了一种可区分 PCR 长度多态性的新标记方法。鉴定了 6 个可能的抗 BFB 候选 R 基因。经进一步功能验证后，这些基因可以通过育种和生物技术手段靶向操纵，以提高甜瓜 BFB 抗性。研究发现 BFB 抗性由一个单基因显性基因控制，MELO3C022157 基因（编码 TIR-NBS-LRR 结构域）被认为是进一步研究的良好候选基因。这一基于 PCR 的新型共显性 InDel 标记为标记辅助育种提供了一种实用工具。害虫害螨抗药性方面，烟粉虱抗药性机制研究取得突破性进展，研究发现 MAPK 信号通路通过转录因子 CREB 调控 CYP6CM1 基因介导的烟粉虱对杀虫剂的抗药性，即 CREB 受到 MAPK 信号通路的调控，MAPK 家族成员 ERK 和 p38 激酶磷酸化 CREB 蛋白第 111 位的丝氨酸使其活化，进而激活下游 CYP6CM1 基因的表达，CYP6CM1 蛋白对杀虫剂的代谢使昆虫产生抗药性棕榈蓟马 *Thrips palmi* 基因组序列分析发现其比蚜虫体内含有更多的 GST 和 CCE 解毒酶基因，可能这是它更易于产生抗药性的分子基础。

在防控技术研究方面，获得了 4 个对大丽轮枝菌、5 个对甜瓜黑点根腐病菌有拮抗活性的微生物菌株。发现豆状木霉和哈茨木霉对西甜瓜主要病原菌有明显的抑制作用并减轻病害发生。脉冲光处理后产生的胡椒酸、皂苷等直接抑制甜瓜采后病害病菌生长，硅酸钾可抑制白粉病菌分生孢子萌发。药剂防治和种子处理仍是西瓜噬酸菌比较有效的防治方法。有机酸乙酸和丙酸蒸汽（100毫克/升；50℃；43%或85%RH）处理1小时即对西瓜噬酸菌有显著的抑菌活性，且不会显著影响种子的发芽率。间作玉米可明显降低烟粉虱的若虫数量，该生态防控措施的应用有助于提升后期的综合防控。抗性品种的发现及选育是害虫防控的重要方式之一，研究发现抗性西瓜品种TGR-1551韧皮部闭塞是其对瓜蚜产生抗性的主要机制。国外瓜类作物上烟粉虱、瓜绢螟化学防控的常用药剂为吡虫啉、吡丙醚、氯虫苯甲酰胺和印楝素等，但需关注其对传粉蜜蜂的影响，瓜蚜对噻虫嗪抗性发展风险大，避免连续施用。使用土壤封闭除草剂是瓜类作物田杂草的有效控制措施，其优势是比苗后处理对作物安全性好。在草害防控方面，使用0.7和1.4千克ai/ha精异丙甲草胺在作物种植前或苗后早期（作物2至3叶期）处理，对绿穗苋、马唐和大狗尾草防效达96%～100%。当该药与地散膦（bensulide）混用可提高对龙葵、粟米草防效，与异恶草松及乙丁烯氟灵（ethalfluralin）混用可提高对绿穗苋防效。在西瓜行间种植黑麦草，可在一定时期内有效控制藜、长芒苋、绿穗苋等的生长，降低杂草生物量。

4. 西甜瓜采后处理加工、质量安全和营养品质方面研发进展

本年度国外学者在西甜瓜贮藏和加工研究方面主要开展西甜瓜风味特性、西甜瓜汁和相关产品研发3个方面研究，在质量安全与营养品质研究方面主要报道了甜瓜果实农药残留降低方法营养品质评价方法、嫁接对品质的影响、甜瓜抗坏血酸响应基因等最新研究进展。

在西甜瓜贮藏和加工研究方面，发现二甲基硫醚和甲基硫醚是热处理后西瓜汁异味主要来源。针对这些异味，采用β-环糊精、黄原胶、羧甲基纤维素钠和糖/酸对异味组分进行吸附，β-环糊精去除的效果较好。发现采后贮藏过程中甜瓜特征性香气组分随着贮藏时间，酯类混合物含量增加。通过研究热处理后甜瓜汁异味组分及其前体物质形成过程，发现通过降低体系pH值和添加表儿茶素可以抑制异味组分的生成。提出非热加工技术尤其是脉冲电场加工技术是未来非常有前景的加工方式。发现通过超滤技术可以维持西瓜中的功能性组分，结合冷冻技术可以维持西瓜汁的原有特性。采用75 MPa的高压环境在室温贮藏西瓜汁21天，西瓜汁的品质没有显著性变化。采用500MPa的超高压处理甜瓜汁45分钟，有效的维持其中的酯类特征性香气组分。

在质量安全与营养品质研究方面，发现洗涤和去皮均可降低果实中7种农药残留水平，但降低幅度不同，其中去皮方式的降低幅度达75.9%～96.6%，显著高于洗涤方式的16.4%～58%。嫁接+稀果的方式可增加西瓜果实番茄红素和VC含量。抗坏血酸氧化酶（AO，EC 1.10.3.3）基因与甜瓜的生长和抗坏血酸含量相关。农药残留是可能影响西瓜甜瓜质量安全的重要因子，且不同省份残留农药种类、残留水平有所不同，需持续加强农药残留对西瓜甜瓜质量安全影响程度的关注与评估。

5. 西甜瓜机械化生产技术研发进展

本年度国外学者在主要在机械化嫁接技术与栽培技术方面开展了相关研究。

在嫁接技术方面，国外嫁接育苗品种单一，育苗设施均具备环境精准调控功能，易于实现机械嫁接标准苗培育，具备了嫁接机器人的应用条件。其中荷兰ISO Group公司的Graft 1200型自动嫁接机，生产效率可达1 050株/小时，嫁接成功率为99%；Graft 1100型半自动嫁接机，生产效率可达1 000株/小时，嫁接成功率为98%；西班牙Conic System公司研制的 EMP 300 型单人作业半自动嫁接机，生产效率 300～400 株/小时，嫁接成功率为 98%。意大利 TEA Project 公司基于 Loctite 4309 胶黏剂研制了 GRAFT 1000 型自动嫁接机，生产效率可达 1 000 株/小时，该胶粘剂在紫外线光源灯照射下能够快速固化，并且具有生物可降解的特性。

在移栽技术方面，印度的研究学者研制了基于新型旋转指推送苗机构的蔬菜穴盘苗全自动移栽机。艾哈迈德设计了一种适用于设施种植模式的小型无线遥控全自动移栽机，可依据预设的移栽工作参数实现取苗、喂苗与载苗的自动控制。

四、国内西甜瓜产业技术研发进展

1. 西甜瓜遗传育种研发进展

本年度国内西甜瓜遗传育种研究主要包括种质资源、分子育种、品种选育与砧木育种 4 个方面。种质资源研究主要集中在西瓜品质、形态特征与抗性等重要性状的表型精准鉴定。分子育种方面获得了果实外观形状、抗性、性别等系列关键基因位点。品种选育方面，培育了系列品质优异、综合表现优良的西甜瓜新品种。砧木育种方面，获得了一批优质抗病耐逆的西甜瓜砧木新品种。

种质资源源评价利用方面，国内学者对西瓜品质、形态特征和生物学特性等 22 个重要性状开展了表型精准鉴定研究。并在枯萎病抗性鉴定、病毒病抗性鉴定、耐湿热鉴定的基础上，形成了规模化的西瓜种质资源表型精准鉴定方案，为西瓜种质资源分发利用、种质创新和基因挖掘提供参考，也可为西瓜新品种定向选育奠定基础。筛选出一批抗枯萎病西瓜种质资源，可用于高抗枯萎病西瓜品种选育及其抗性遗传相关的研究。完成了金荞麦叶绿体基因组测序，鉴定获得了 82 个 SNP 位点，发现完整的叶绿体基因组可用于西瓜种群遗传学研究，有助于种内亚群的分类和核心种质资源的鉴定。并利用分子标记辅助选择技术筛选到携带抗白粉病基因的甜瓜材料 19 份，携带抗蔓枯病基因的甜瓜材料 5 份。通过对甜瓜白粉病室内苗期抗性鉴定，筛选获得了一批高抗白粉病、抗瓜列当寄生的甜瓜种质资源。

分子育种方面，2020 年我国在西甜瓜功能基因组学、西甜瓜重要性状基因定位等领域产出一批标志性成果，我国已经在西甜瓜功能基因组学领域占有领先优势。2020 年，东北农业大学西甜瓜分子遗传育种团队完成了甜瓜功能基因组领域重要研究，揭示了 297 份甜瓜种质资源果实性状进化与改良过程中的关键信号与位点被选择事件，该研究为甜瓜进化和关键农艺性状改良提供了基因组学理论基础，为进一步开展甜瓜品质育种提供重要基因资源与数据参考。上述成果的发表进一步强化了我国在瓜类作物基因组学领域的国际领先地位。2020 年许多学者在西甜瓜重要性状转录组学方面进行了研究，涉及到的性状主要包括：西瓜果肉质地性状、甜瓜果实硬度、甜瓜耐重金属胁迫、甜瓜性别发育等，上述转录组数据都可以在数据库中获得，为其他学者研究相关性状奠定了基础。另一方面是甜瓜非编码 RNA 的研究，山东农科院焦自高课题组利用转录组学手段发掘了甜瓜白粉病抗性相关 lncRNA，大连理工大学栾雨时课题组也发现了与甜瓜白粉病抗性相关 lncRNA，今后利用基因组学手段发掘与抗病相关的西甜瓜非编码 RNA 是一个热点。最新的基因组学手段也利用于西甜瓜基因挖掘，例如：浙江大学张明方团队利用三代测序手段获得了更加完备的甜瓜参考基因组，并确定了一些重要农艺性状相关位点，这些基因组学数据为西甜瓜基因改良研究奠定了基础。一些可用于分子标记辅助选择的主效基因相继获得，中国农业科学院郑州果树研究所刘文革团队在西瓜果皮颜色决定基因定位上取得进展，河南农业大学杨路明团队定位了西瓜黄色果皮决定基因。另外，北京市农林科学院蔬菜研究中心许勇团队在西瓜果肉颜色决定基因已经克隆的基础上，深入开展西瓜果肉颜色形成机理分析，阐明了西瓜红瓤控制基因—番茄红素环化酶*ClLCYB* 的作用方式及调控机制。抗病育种一直是西甜瓜育种的重要方向，本年度西甜瓜育种工作者在重要抗病基因定位研究进展有：东北农业大学西甜瓜分子遗传育种团队精细定位了甜瓜白粉病抗性基因。江苏农科院研究团队在西瓜野生材料上定位了一个蔓枯病关键基因。郑州果树所徐永阳课题组精细定位了一个甜瓜疫霉病抗病基因。本年度西甜瓜分子育种技术研究取得的系列重要成果，为西甜瓜种质资源利用与新品种创制提供了重要技术支撑。

常规品种选育方面，2020 年完成西瓜品种登记 596 个。CNKI 文献报道共选育 16 个有籽西瓜新品种，包括辉煌、荃银丽园、华欣、陕农 12 号、金城王子、京美 2k、甬蜜 6 号等早熟西瓜品种 11 个，新金五、金城 5 号、暑宝 8 号、龙盛 9 号等中晚熟西瓜品种 5 个。本年度公开发表论文的三倍体无籽西瓜品种有 6 个，包括强黑 1 号、晋阳无籽 2 号、桂系 7 号、暑宝 8 号等。2020 年登记甜瓜品种 354 个，其中，厚皮甜瓜品种 210 个，薄皮甜瓜品种 144 个。文献报道选育的厚皮甜瓜新品种 12 个，包括众天 9 号、东方蜜 3 号、丰蜜 29 等。文献报道选育的薄皮甜瓜有龙甜 6 号、翡翠绿宝、农甜 10 号、楚金 1 号共 4 个优良新品种。

砧木育种方面，国内学者通过研究不同砧木品种对嫁接瓜成活率、长势、生育期、产量和果实品质等的影响，筛选出了一批优良的西瓜甜瓜砧木品种，如适宜早佳西瓜的上将和上校及青花斑南瓜砧木、适宜中青 5 号西瓜的 QJ0258、圣太郎、日本雪松，适宜靖远旱砂西瓜的双根南瓜，适宜小兰西瓜的葫芦砧木力根和南瓜砧木东方明珠，适合海蜜 10 号甜瓜的 P4 南瓜砧，用作厚皮甜瓜嫁接的系列优异砧用南瓜资源 6 份，适宜海南薄皮甜瓜的广砧 1 号、连大、厦利、甬砧、砧 8 砧木，表现为不仅嫁接成活率高，而且能明显促进接穗生长，降低砧木萌蘖侧枝的发生，嫁接苗植株长势好，果实含糖量、单瓜质量增加，植株的抗病性增强。

2. 西甜瓜栽培技术研发进展

本年度国内学者主要开展了西甜瓜育苗技术、嫁接栽培技术、抗逆栽培技术、肥水管理技术与轻简化高效栽培技术 5 个方面的研究，建立完善了系列西甜瓜优质高效栽培新技术，为西甜瓜产业发展提供了重要技术支持。

在西甜瓜育苗技术研究方面，发现油菜：蛭石：珍珠岩=2：1：1 混合处理育成的西瓜幼苗适应性更强，定植后根系活力高、缓苗快、幼苗光合能力最强、成熟早、抗病抗逆性增强，效果显著。红蓝光配比 5：2 时为培育西瓜优质壮苗的最佳光源，最有利于西瓜 SPAD 值、净光合速率、碳代谢水平和 RuBP 羧化酶活性的提高及氮代谢水平的加强，以红蓝光配比 5：2 时为培育西瓜优质壮苗的最佳光源。氨基寡糖素、叶绿体转化素（植倍丰）、矮壮素可以作为防止幼苗徒长、培育壮苗的备选药剂，其中 200 毫克/升的氨基寡糖素浸泡西瓜种子 12 小时的效果最好。在同等光照条件下，西瓜嫁接苗在高温条件下的生长效果要明显高于低温环境，西瓜嫁接苗在经过短时间的弱光处理的成活率，要高于黑暗处理的成活率，而且南瓜为砧木的西瓜嫁接苗成活率要高于葫芦砧木的嫁接苗，间接证明以葫芦为砧木的西瓜嫁接苗对外界光照敏感度较高。

在西甜瓜嫁接栽培技术研究方面，发现南瓜类砧木嫁接可提高西瓜果实鸟氨酸氨基甲酰转移酶（OCT）活性，进而提高瓜氨酸含量；南瓜品种‘伟砧1号’嫁接‘早佳8424’后对幼苗根系糖代谢及生长发育具有影响，西瓜接穗可能通过抑制嫁接苗根系糖的积累，以及抑制细胞壁转化酶相关基因*CWIN*和己糖激酶相关基因*HXK*的活性，从而抑制嫁接苗的根系生长和活力；瓠瓜种质具有较强的抗病性，且配制出的杂交组合表现抗性杂种优势，可作为选育抗两种枯萎病的砧木或栽培品种的抗源亲本。研究发现顶插接的嫁接速率最快，嫁接工效最高；而在西瓜嫁接苗生长后期，断根嫁接苗有显著优势；断根插接和断根贴接的除萌时间仅为顶插接的58.7%和44.5%。顶插接法进行嫁接的西瓜苗，断根后放置于可密封保湿的容器中，在4～20℃的环境条件下，6天以内进行扦插均可以保持较高的成活率。葫芦砧木力根和南瓜砧木东方明珠嫁接西瓜不仅嫁接成活率高，而且能明显促进接穗生长，降低砧木萌蘖侧枝的发生。双断根嫁接苗综合素质优于插接苗和贴接苗。对压砂西瓜采用靠接后不断根的嫁接方法进行嫁接，嫁接后西瓜的生长较旺盛，植株秧体后期衰老较慢，西瓜完全成熟后采收为佳，提升了西瓜的品质及口感风味，嫁接苗对枯萎病免疫，平均单瓜质量也较CK增加了40%。

在西甜瓜抗逆栽培技术方面，研究发现西瓜可能通过提高叶片K含量和水分利用效率来增强耐盐性，添加壳寡糖对不耐盐材料在180 mmol/L NaCl胁迫下缓解作用显著。干旱诱导西瓜叶片和茎的瓜氨酸含量增加，证明植物的氮素可以调节瓜氨酸。土壤通气可以对甜瓜的产量、叶面积指数、干物质和灌溉利用效率产生积极影响（$p<0.05$），提高甜瓜产量。发现*CmLOX10*和*CmLOX13*在甜瓜应对干旱胁迫中起着至关重要的作用。通过对10个甜瓜品种受低温后，叶片角度和叶片状态等指标的比较研究，构建了一种新的甜瓜冷害指数预测方法，提供了一种形态学和准确的方法来评估甜瓜的耐寒性。在生物胁迫方面，发现将5%双丙环虫酯可分散液剂和10%溴氰虫酰胺可分散油悬浮剂与其他类型的杀虫剂交替使用，可充分发挥其高效、长效的药剂性能，有效防制西瓜蚜虫。适宜剂量的VT可提高西瓜对纹枯病的抗性，可作为防治纹枯病的生物防治剂。在枯萎病防治方面，土壤消毒结合施用生物有机肥和秸秆还田可降低西瓜枯萎病发病率。常用的土壤熏蒸药剂有棉隆、氯化苦、威百亩等，土壤熏蒸可有效降低镰刀菌的相对丰度，并且改变真菌群落结构，增强西瓜对枯萎病的防御能力。除了土壤熏蒸，对土壤接种木霉菌M45a同样可以有效的防治枯萎病，并增加西瓜藤蔓的长度和酸性磷酸酶、纤维素酶、过氧化氢酶和蔗糖酶的活性以及土壤养分（总氮、硝态氮和有效磷）转化，增强了促进植物生长的根杆菌的相对丰度。

在西甜瓜肥水管理技术研究方面，研究发现基施鹌鹑粪或高蛋白肥能有效促进西瓜叶绿素的增加和光合速率的提高，同时还可以增加西瓜可溶性固形物含量。设施西瓜栽培适宜的鸡粪施用量为75 000千克/公顷，可有效促进设施西瓜产量、吸氮量、水分利用效率和有机氮利用效率。砂田西瓜种植适宜的生物有机肥施用量为3 750千克/公顷，能有效提高土壤基础养分含量和土壤酶活性，提高西瓜产量和品质。在设施栽培条件下，大棚西瓜有机肥部分替代化肥量以30%～60%最佳，可有效促进西瓜糖分的积累和土壤养分的增加。砂田西瓜有机氮替代无机氮以50%～100%的为最适宜水平，西瓜成活率可提高了26.47%～34.16%，增产63.2%～156.6%，果实可溶性糖含量提高18.1%～27.1%，氮素利用率提高了 16. 5%～18. 5%，水分利用效率提高 93. 5%～176. 3%。同时，有机肥配施微生物菌剂可有效改善设施土壤盐渍化、提高甜瓜产量和品质，可使土壤全盐含量降低 9. 8%，全氮、速效磷、速效钾、有机质含量分别提高 12. 1%、32. 8%、26. 3%和 26. 9%，并在一定程度上平衡土壤酸碱性，显著降低土壤容重，明显增加土壤透气性和微生物数量；可使甜瓜增产 33. 7%，可溶性糖和 VC 含量分别提高 2. 2%和 28. 9%。在水肥一体化研究方面，建立了一套基于西瓜全生育期需肥规律的化肥减量增效技术，提质增效效果明显，有力推动了西瓜生产的化肥使用量零增长，具有广阔的推广和应用价值。水肥一体化技术结合药剂配施，可有效防治病害的发生，西瓜田间枯萎病、根腐病发病率最低，长势及果实品质均最好。早春拱棚栽培是河西走廊灌区西瓜生产的主要形式，通过开展西瓜平作膜下滴灌水肥一体化栽培技术示范研究，从品种选择、栽培技术管理、病虫害防治等方面对西瓜平作膜下滴灌水肥一体化栽培技术研究发现，相较于垄膜沟灌栽培，每亩可节水 56. 5%，节肥 48. 1%，省药 10%～20%，为促进西瓜特色产业发展提供技术支撑。

在西甜瓜轻简化高效栽培技术研究方面，研究建立了厚皮甜瓜双蔓整枝，“一株多瓜”高效栽培技术。开发了一种甜瓜悬吊的装置，有效承载果实重量，利于甜瓜生长。建立了一种早春小型西瓜栽培方法，从选种到采摘全过程进行工厂化、集约化的科学管理。对抗性强、早熟、品质好、坐果率高、产量高、裂瓜率低的露地小型西瓜品种（京颖-6、红灵、京阑和小兰等）采用双季立架绿色高效种植技术，可获得较好的经济效益。压砂西瓜采用滴灌覆膜栽培技术产量最高，干物质积累、茎粗、叶面积指数和含糖量最高，显著高于覆膜旱作栽培、扣碗旱作栽培和常规补灌栽培，且差异达显著水平，该研究结果对干旱缺水的宁夏中卫市香山地区发展节水农业具有重要意义。椰糠基质栽培可提高小果型西瓜的外观品质、营养品质以及氨基酸和糖的含量，为小果型西瓜的椰糠基质栽培提供了依据。蜜蜂授粉可替代人工授粉和使用生长调节剂 CPPU 处理。常规化肥同时与有机肥和微生物菌剂配施既能显著改良盐渍化土壤，又能明显提高甜瓜产量和品质。西南大学团队发表了基于热带土壤肥力的定量评价（QUEFTS）模型的西瓜生产施肥特征研究，通过 2019—2020 年从中国甘肃、湖北、江苏、新疆、宁夏、河北、重庆等多个西瓜主产区田间试验大数据分析，使用修改后的 QUEFTS 模型评估了西瓜产量和养分吸收之间的关系，经过 QUEFTS 模型预测，以生产 1 000 千克西瓜为目标产量，地上部需要氮 2. 11 千克、磷 0. 27 千克和钾 2. 69 千克，模型分析同时评估了西瓜果实对地上部 N、P、K 的分配量（分别占地上部积累的 50. 9%、58. 2%和 66. 4%），该研究成果为西甜瓜生产中结合目标产量的高效精准施肥技术研发提供了重要依据。发现在温室膜下滴灌条件下，限根深度 10～20 厘米的纱网布限根对温室网纹甜瓜的营养生长和生殖生长影响不显著，可提高水分利用效率和果实品质，是适宜根域限制方式。制定了日光温室早春茬甜瓜节水灌溉技术规程，为规范河北省日光温室膜下滴灌西瓜节水灌溉技术与日光温室早春茬甜瓜节水灌溉技术，促进河北省设施西瓜的可持续发展提供支撑。

3. 西甜瓜病虫草害防控技术研发进展

本年度国内学者主要开展了西甜瓜病虫草害病原生物学与病害发生规律、抗病遗传规律与抗性机制与防控技术研究，取得了一系列重要研究进展。

在西甜瓜病虫草害病原生物学与病害发生规律研究方面，明确了浙江宁波、海南甜瓜枯萎病、甘肃皋兰甜瓜黄萎病、上海闵行甜瓜病害的病原、甜瓜种子上的致病性链格孢菌种类以及新疆厚皮甜瓜采后腐烂的优势病原菌群。发现白粉病、霜霉病、枯萎病在海南万宁、文昌、澄迈、陵水、乐东和海口等地为中等危害。

在西甜瓜抗病遗传规律与抗性机制研究方面，获得了6个中抗枯萎病菌1号小种的西瓜品种、3个高抗枯萎病的西瓜种质、2个免疫白粉病、5个高抗白粉病的甜瓜种质，明确甜瓜品种海蜜2号、海蜜6号中蔓枯病抗性基因与Gsb-4等位，发现广砧1号、连大、厦利、甬砧和砧8等砧木可以提高甜瓜对枯萎病的抗性。野生西瓜种质PI189225中的抗蔓枯病基因定位于8号染色体上，西瓜Clpsk1功能丧失后西瓜对枯萎病的抗性增强。

在西甜瓜病虫草害防控技术研究方面，提出了不同地区西甜瓜常见真菌病害的有效防治措施，获得了对西瓜枯萎病菌有抑菌活性的芽孢杆菌、荧光假单胞菌菌株。发现利迪链霉菌A02和棘孢木霉M45a能防治西瓜枯萎病和开花期病害的发生，蚯蚓活动及生物有机肥和芽孢杆菌XG-1混合使用能防治西瓜枯萎病的发生，狼毒素对西瓜蔓枯病菌有较强抑菌活性，戊菌唑、苯菌酮、大黄素甲醚、硝苯菌酯可用于西瓜白粉病防治，苯醚甲环唑·吡唑醚菌酯对西瓜炭疽病及银法利+精甲霜·锰锌、银法利、银法利+锰锌类药剂对甜瓜霜霉病的防效好，芥菜乙醇提取物、大蓟总黄酮对西瓜和甜瓜枯萎病菌有抑菌作用。木霉合成的AgNPs纳米颗粒对枯萎病菌有抑制作用，减轻甜瓜枯萎病危害。乙酰水杨酸减轻甜瓜果腐病发生，施入硅酸钠提高甜瓜对枯萎病抗性。瓜类细菌性果斑病常用的消毒药剂有19%盐酸或15%过氧乙酸200倍液。杀菌剂1号也可有效防控果斑病的发生，对西瓜、甜瓜嫁接苗的生产、减少农药用量具有良好的促进作用。化学药剂防治方面，硫噻种子消毒和商品化的氧化亚铜喷雾防控果斑病，可以保障防效的同时可减少农药使用量。生物防治方面，皱纹假单胞菌S58对西瓜噬酸菌有良好的防治效果。国内瓜类害虫防控重点集中在高效化学药剂筛选及其综合防控技术方面。针对海南设施甜瓜蓟马抗药性强的现状，筛选出可优先推荐的化学药剂2种——乙基多杀菌素和溴氰虫酰胺，氟啶虫酰胺和溴氰虫酰胺对西瓜蚜虫药后10天的防效高于90%，对西瓜生长无影响，也可在生产上推广应用。海南地区烟粉虱*Bemisa tabaci*种群对阿维菌素处于敏感状态，而其若虫对溴氰虫酰胺和螺虫乙酯存在抗性上升趋势，故在田间应控制使用。育苗期根蛆类害虫为害嫁接西瓜苗，特别是在伤口愈合处为害严重，育苗期间可采用烟碱类杀虫剂穴盘灌根方式进行防控。丁氟螨酯、阿维菌素和联苯肼酯对朱砂叶螨的成螨、卵和若螨活性高，而乙螨唑和螺螨酯对卵和若螨活性较高，可以配合使用。对于抗性强的二斑叶螨*Tetranychus urticae*，乙唑螨腈、苦参碱和联苯肼酯目前适合田间使用。西北农林科技大学马永清团队在新疆生产建设兵团焉耆垦区通过种植向日葵，在一定程度上减轻了瓜列当的危害，该团队还发现，运用“诱捕作物”可诱导列当萌发，从而防除列当。杨永岗团队报道了集成嫁接苗移栽，机械铺砂、施肥、覆膜和铺滴灌带，水肥一体化，免整枝，无人机喷药等砂田西瓜轻简化栽培技术，对杂草有较好的防治效果，也解决了砂田西瓜死苗严重的问题，单瓜质量可达12千克，较当地砂田补灌栽培增产28.6%，较旱砂田栽培增产80%以上。

4. 西甜瓜采后处理加工、质量安全和营养品质方面研发进展

本年度国内学者在西甜瓜贮藏和加工研究方面主要开展了采后病菌侵染机制与防治研究及物理保鲜技术研究，在质量安全与营养品质研究方面主要报道了福美锌的残留消解特性、部分地区西瓜农药残留水平及瓜田土壤邻苯二甲酸酯污染评估等最新研究进展。

在西甜瓜贮藏和加工研究方面，阐述了链格孢、粉红单端孢通过降解果皮细胞壁、侵染采后甜瓜病程相关蛋白基因表达及酶活性变化规律、呼吸代谢等揭示导致果实腐烂的机制。研究了壳聚糖涂膜、二氧化氯（ClO_2）熏蒸处理以及二者联合处理对哈密瓜粉霉病的影响及其可能的作用机理。发现粉红单端孢侵染厚皮甜瓜早期诱导了果实组织TCA，中后期促进了PPP。TCA参与了更多果实早期抗病防御，而PPP途径在中后期寄主防卫反应中发挥了更大的作用。1-MCP复合杀菌剂处理具有杀菌防腐与保鲜的双重优势，极大地提高了商品果率，保鲜效果理想。采前杀菌剂处理对哈密瓜贮藏品质和生理有一定影响，采前杀菌结合采后杀菌处理贮藏效果更优。在物理保鲜方面，发现缓慢降温较急速降温更适于甜瓜的贮藏保鲜。明确了鲜榨西瓜汁中的关键气味化合物，发现采用儿茶素、染料木黄酮、黄豆苷元、海藻多酚及邻苯三酚等处理能够抑制异味的产生。采用纤维素酶果胶酶辅助提取西瓜番茄红素，优化纤维素酶、果胶酶辅助提取西瓜番茄红素的工艺，番茄红素提取率达到91%。发现亚硫酸钠处理和充氮气的包装均有效抑制哈密瓜片的褐变。

在质量安全与营养品质研究方面，发现福美锌在西瓜果实和土壤中的消解半衰期分别为7.6～11.2天和10.2～11.1天，收获时残留中值为0.266～0.353毫克/千克，极大值为0.530毫克/千克，果实慢性膳食风险处可接受水平。新疆、山东、广西、湖北产出西瓜存在残留农药的现象，但残留风险均较低，潍坊市产出西瓜未检出农药残留，新疆瓜田土壤中存在邻苯二甲酸酯污染的现象，污染程度、致癌风险和非致癌风险均在可接受范围内。KNO_3使用量减少25%～35%时，利于甜瓜优质生产，并实现化肥减施。

5. 西甜瓜机械化生产技术研发进展

本年度国内学者在嫁接技术方面，主要针对秧苗柔性定位、嫁接苗回栽镇压等嫁接机械化技术开展研究，以提高机械化嫁接苗成活率。在移栽技术方面，通过创制多种新式移栽机构、取投苗装置及自动控制系统，以提高旱地蔬菜移栽以及穴盘苗全自动移栽的作业质量和效率；并针对鸭嘴栽植器入土时土壤的压实度开展了相关研究。在籽瓜收获方面，为提高籽瓜联合收获机对不同品种籽瓜收获的适应性，针对籽瓜收获机械清草效果、瓜籽含杂率、机械化程度开展了相关研究。

在嫁接技术方面，为解决子叶定位机构缺乏柔性仿形设计，影响嫁接苗成活等问题，研制了正压气流压苗的砧木上苗定位机构。基于压苗块气流场CFD仿真模型，通过正交仿真试验分析进口流速、吹气距离、吹气孔直径及深度等因素对子叶压苗特性的影响，明确了最佳作业参数。河北农业大学设计了一种集吸持与镇压于一体的回栽装置，并通过EDEM软件对镇压后的基质土壤颗粒进行应力分析，明确了最有利于培育壮苗的镇压块斜面角度。

在移栽技术方面，齐齐哈尔大学及河南科技大学针对旱地蔬菜移栽机栽植钵苗直立性差等问题设计了悬杯式移栽机构和五杆鸭嘴式栽植机构，实现“零速投苗”以保证秧苗直立度，提高旱地蔬菜移栽的作业质量和效率。针对蔬菜穴盘苗全自动移栽作业时取投苗装置复杂、易失败等问题，西南大学通过动力学仿真分析、多因素正交试验等手段，研制了斜插夹钵式取投苗装置。浙江理工大学设计了新型的组合式不完全变性偏心圆-非圆齿轮行星轮系取苗机构，研制了取苗机构人机交互辅助分析与优化软件，实现取苗机构参数优化。湖南大学设计了一种基于单片机控制的全自动蔬菜移栽机，实现了对蔬菜幼苗的取苗、喂苗与载苗的自动控制。研制了以穴盘苗为自动投苗对象的2YG-2型设施蔬菜移栽机。中国农业大学设计了基于多传感器的钵苗检测及缺苗补偿系统。通过上述研究，提高了穴盘苗全自动移栽的作业质量和效率。针对鸭嘴栽植器入土时土壤的压实度不够理想，苗穴易垮塌等问题，西南大学基于土壤压实动力学模型，利用偏心振动方式进行鸭嘴栽植器振动压实试验，明确其影响因素，为蔬菜移栽机的研发提供了参考。

在籽瓜收获方面，新疆农业大学不仅开展了不同籽瓜品种的成熟度、含籽率、瓜皮最大拉伸载荷、断裂伸长率、刺穿力等物料特性试验及对比研究；还设计了一种自走式籽瓜联合收获机及配套的去草秧装置，并以含杂率为响应指标，通过正交试验明确了各因素对瓜籽含杂率影响程度和较优组合，促进了新疆地区籽瓜机械化收获的发展。

（国家西甜瓜产业技术体系首席科学家　许勇　提供）

2020年度柑橘产业技术发展报告

（国家柑橘产业技术体系）

一、国际柑橘生产与贸易概况

（一）国际柑橘生产和消费概况

根据FAO数据，2019年世界柑橘种植面积989.85万公顷（约1.48亿亩），产量为1.58亿吨。世界柑橘类水果总产量位列前5位的国家依次为中国、巴西、印度、墨西哥和美国。世界甜橙的主要产地位于巴西、中国和欧盟；世界宽皮柑橘的主要产地位于中国、欧盟和土耳其；世界葡萄柚的主要产地位于中国、美国和墨西哥；世界柠檬和莱檬的主要产地位于墨西哥、阿根廷和欧盟。

根据USDA数据统计，2020年世界甜橙的主要消费地区分别为中国、欧盟和巴西，上述地区的消费量分别占世界甜橙总消费量的25.02%、20.49%和17.45%；世界宽皮柑橘的主要消费地区分别为中国、欧盟和日本，上述地区的消费量分别占世界宽皮柑橘总消费量的72.17%、9.36%和2.99%；世界葡萄柚的主要消费地区分别为中国、欧盟和墨西哥，上述地区的消费量分别占世界甜橙总消费量的78.11%、7.15%和4.18%；世界柠檬和莱檬的主要消费地区分别为欧盟、美国和墨西哥，上述地区的消费量分别占世界甜橙总消费量的30.30%、23.94%和20.13%。欧盟、美国和中国是橙汁的最主要消费地区。

（二）国际柑橘贸易概况

根据UN COMTRADE数据，2019年世界柑橘类产品出口额与出口量分别为138.99亿美元和1 678.24万吨。其中，甜橙的出口额和出口量最大，其次是宽皮柑橘、柠檬和酸橙、葡萄柚，其他柑橘属水果的出口比例相对较少。

二、国内柑橘生产与贸易概况

（一）国内柑橘生产概况

根据国家统计局数据库数据以及柑橘体系调研数据估算，2020年我国柑橘总产量预计为4 855万吨，较2019年4 584.54万吨增加5.9%；从种植面积上看，我国柑橘的种植面积达到259.42万公顷（3 897.31万亩），较2019年256.09万公顷（3 841.37万亩）增长1.3%；另外，平均单产从1978年的2.10吨/公顷增加到2020年的18.71吨/公顷，年均增长率达6.92%。

总体来看，我国柑橘种植面积和产量延续东减西增的趋势。从地区来看，浙江省柑橘产量呈现负增长态势，广东和福建等东南沿海柑橘主产区产量增长速度放缓，广西、云南、重庆等中西部柑橘主产区柑橘产量近年大幅度增长。从品种结构来看，我国柑橘品种结构进一步得到优化，品种更加多样化，今年增产绝对量和相对量均较大的主要是甜橙类，主要是江西赣州在有效防控黄龙病之后，产量开始恢复性增长。温州蜜柑今年增产较大，主要原因是去年温州蜜柑是小年，且今年花期气候较好，加上疫情原因，温州蜜柑主产区湖北等地很多人没有外出务工，果园管理水平得到提高。从上市时间来看，中间大两头小的格局依然存在，由于云南、湖北、湖南和浙江一带早熟和特早熟产量增加，今年早熟增加的势头较好。由于广西、云南发展晚熟的沃柑，以及湖北、四川和重庆均在大力发展晚熟的脐橙、血橙、杂柑等，晚熟品种增加的潜力较大。

（二）国内柑橘贸易概况

根据UN COMTRADE数据，2020年，我国柑橘进口额为4.92亿美元，同比下降17.3%；出口额为15.78亿美元，同比增长24.2%。在柑橘类加工品进出口上，2020年，我国冷冻橙汁进口量为5.48万吨，进口额为0.80亿美元；柑橘罐头出口量为25.41万吨，出口额为3.11亿美元。

三、国际柑橘产业技术研发进展

（一）遗传育种

1. 柑橘种质资源挖掘、创制与评价依然是研究热点

柑橘种质资源的挖掘、创制和评价，特别是抗黄龙病、溃疡病等优良抗性和功能性成份资源发掘与利用是国际柑橘产业技术的重点。

2. 重视柑橘品种重要性状形成机制研究

基于特异资源或者芽变材料开展柑橘抗性机制、果实重要品质（糖、酸、无籽、熟期）性状形成机制等多方面的研究进一步增多。

3. 基于CRISPR/Cas9的基因编辑技术继续快速发展，目前已开始应用于分子育种

比如利用CRISPR-SpCas9p技术在T0代选育纯合子抗性柑橘；佛罗里达大学通过转基因获得抗柑橘溃疡病的柑橘类型。

4. 生物组学技术依然是基础研究的重要工具，代谢组学和基因组学应用继续不断增多

其中基因组测序开始进入泛基因组时代，针对野生和部分砧木品种进行基因组测序，比如常用砧木枳染色体级别的高质量参考基因组。日本科学家将本国栽培的48个品种建立了SNP指纹图谱。

（二）栽培与土肥

1. 宽行种植、控草栽培技术发展迅速

美国等发达国家采用5～7米宽行种植。行间生草栽培、机械控草，树盘覆盖或除草剂控草应用广泛，美国加州等地修剪树枝粉碎后用于地面覆盖。我国在四川和江西采取宽行种植的果园效果良好，示范作用很好。

2. 肥水管理更加精细

发达国家以水肥一体化的微灌为主，适度实施机械挖沟施肥，肥料配方叶片营养诊断为基础，配合土壤分析，对每个果园配制BB肥（Bulk blending fertilizer），BB肥占比约80%，每吨果实的纯氮用量低至3～6千克。

3. 重视栽培技术机械化

采用机械篱壁修剪，或树冠中部开槽修剪，但鲜食橘园仍有工人修剪；加工果机械采收占一定比例，机器人采果处于探索阶段。

4. 发达国家传统的柑橘栽培研究已经很少，开始注重数据高效采集、人工智能与机械和农艺相结合的精准自动化栽培管理技术研发

如基于无损诊断与信息系统的实时全程综合管理，基于大数据分析的精准养分诊断与管理“4R（Right source、rate、time and place）养分管理”等。

（三）病虫草害防控

1. 黄龙病防控依然是研究热点

多组学研究了不同柑橘类型响应黄龙病机制，明确黄龙病菌效应子 SDE1 和 SDE15 可加速发病，筛出柑橘中 BRCA1 等多个相关蛋白系防御黄龙病免疫调控因子。

2. 木虱、橘小实蝇、全爪螨等害虫研究取得新进展

发现半胱氨酸蛋白抑制剂 CsinCPI-2 和苏云金芽孢杆菌有防控柑橘木虱的潜力；发现肠道微生物群能显著影响橘小实蝇的发育，但不影响其对绿僵菌的敏感性；发现柑橘全爪螨唑螨酯抗性种群中线粒体复合物 Ⅰ 的 PSST 亚基存在 H92R 和 A94V 突变。

3. 关注黄脉病、衰退病等病害研究

证实毛色可可球二孢可导致柑橘枯梢和枝干溃疡；首次发现柑橘黄脉病毒可侵染葡萄；明确了 2 个与衰退病毒系统侵染能力有关的氨基酸位点；在麻风病毒中鉴定出 3 个沉默抑制子，其中 P61 蛋白可激活植株的免疫反应；首次发现苋菜对草甘膦产生抗性。

（四）采后处理与加工

1. 重视柑橘果汁品质劣变控制技术及品质提升技术研究

发达国家开发的非热杀菌技术、复配技术，有效提高柑橘加工产品的品质。国外已有超高压果汁产品，售价较高，冷链贮藏、货架期短。非热加工呈现的较低杀菌效果以及较高成本是阻碍其工业化发展的瓶颈，该技术将是未来果汁加工领域的主流趋势。

2. 注重自动化、智能化加工装备研发

柑橘专用加工设备研发进程加快，加工过程自动化，随着人工智能、机器视觉、机器人技术的发展，农产品加工装备向智能化方向发展。

3. 柑橘次生代谢产物研究发展较快

充分挖掘不同品种柑橘的活性成分和健康功效，并开发相应的加工产品研究活跃。针对柑橘精油、果胶、类胡萝卜素、橙皮苷等的生物活性及其营养特性开展体外及体内活性评价。柑橘加工产品向功能性成分方向发展，柑橘中的多种功能性成分通过复配或提取提升产品品质，提高柑橘加工附加值。

（五）机械化

（1）智能喷雾系统发展迅速。应用智能喷雾分析系统（SSAS）对商业果园喷雾器 S1（Powerblast 400）和 S2（Turbo-Mist S30P300NSHD）进行评估，测试结果表明两个喷雾器的喷雾传输模式均发生偏移，空气辅助速度的均匀性随着距离喷雾器出口距离的增加而降低，在喷雾器 S1 和 S2 的喷雾输送模式中，平均对称度分别为 87.67%±0.53% 和 74.03%±1.56%。

（2）果园信息技术研究取得新进展。提出基于完全卷积回归网络和多任务学习的果园信息检测方法，用于检测成熟树木、幼苗和树木空缺，并进行库存跟踪，在高密度种植园中识别准确度为 95%～99%；为提高机器人收割成功率，开发了轻量级水果识别系统，以及用于处理点云并预计合适采摘姿势的 PointNet，测试结果表明该系统的收割成功率达到80%，周期时间为6.5秒。

（3）重视果园运输装备研发。基于轮齿啮合机理建立了山地自走式电动单轨运输机的位移模型和瞬时速度模型，研究齿轨参数对啮合冲击振动的影响，分析轮齿比与载荷质量之间的相互作用，为优化齿轨设计提供理论依据。

四、国内柑橘产业技术研发进展

（一）遗传育种

（1）种质资源主要集中在收集、评价野生资源、筛选地方品种优良株系及创制新种质。对于重要的地方品种，则采用重测序等技术开发特异分子标记，用于分子身份证的开发，利用细胞工程和常规育种手段进行四倍体、三倍体及二倍体杂种创制；在柑橘重要性状形成机理如自交不亲和、雄性不育、无核、糖酸积累等方面取得了很大进步。

（2）基因编辑技术开始应用于分子育种及种质创制。比如采用CRISPR/Cas9基因编辑技术成功获得对溃疡病抗性显著提高的柑橘材料，农业农村部批准“突变*CsLOB*1基因获得抗溃疡病晚锦橙”在广西进行“中间试验”，3个*CsLOB*1基因编辑纯合突变材料表现出对溃疡病稳定抗性。

（3）新品种选育取得良好进展。本年度我国有13个柑橘新品种获农业农村部新品种登记，4个新品种获得农业农村部新品种权（农业农村部官网），如宗橙。

（二）栽培与土肥

（1）黄龙病防控栽培技术不断完善，并取得较好效果。受黄龙病影响，果园隔离、种植无病苗、提高栽植密度、控制零星夏秋梢萌发、抹芽杀梢、加强木虱防控，动态清除感病树的黄龙病防控栽培技术进一步完善，在疫区得到较好普及。

（2）省力化栽培研究和应用得到加强。宽行窄株起垄建园、生草栽培、密改稀、高改矮、大枝修剪、机械施肥喷药、水肥一体化等技术进一步完善，并广泛推广。

（3）重视土壤改良和配方施肥技术研究与推广。以减施化肥为目标、以叶片和土壤分析为依据的土壤改良和配方施肥技术研究和推广应用取得良好进展，近年开始实现真正意义上的柑橘配方施肥。

（4）果实越冬技术应用面积进一步扩大。果实留树越冬技术在四川、广西、重庆、云南等地的面积扩大，设施栽培保护果实越冬技术日臻完善，推动了晚熟和晚采柑橘的发展。

（5）注重高品质栽培技术研发。特别是设施高品质栽培在发达地区面积增加，相关研究增多。

（三）病虫草害防控

（1）注重黄龙病致病机理研究。多组学分析了野生柑橘和柑橘木虱对黄龙病菌的响应机制，鉴定出黄龙病菌毒力因子m4405，明确病株黄化与DDX3基因下调紧密关连，监测了我国菌株原噬菌体的类型及分布，优化了黄龙病的血清学检测方法。

（2）木虱、橘蚜、橘小实蝇等虫害研究取得新进展。发现柑橘木虱气味结合蛋白DcitOBP6/8/9和化学感受蛋白DcitCSP1/12可结合植物特定萜类化合物；明确橘蚜靶向下游基因*miR-9b*通过调控胰岛素通路影响翅型分化；发现橘小实蝇雄性决定因子miRNA-1-3p及其经调控*tra*基因决定橘小实蝇性别的分子机制。

（3）衰退病、黑点病等病害研究进展较好。发现了2种柑橘新病毒，构建了柑橘脉突病毒的侵染克隆，建立了衰退病毒的数字PCR检测方法；完成了柑橘树脂病和黑斑病病原菌基因组分析，证明代森锰锌仍然是防治黑点病的最佳选择。

（四）采后处理与加工

（1）柑橘绿色产后处理技术在产区大范围示范推广。绿色产后处理技术减少了果实腐烂，实现了杀菌剂用量和果实损耗率的“双减”目标。柑橘采后分选设备进一步在产区推广，有效减少了产后损失，行业整体效益提升。

（2）重视高品质果汁产品开发。非热加工技术和果汁复配技术研究活跃，超高压灭菌技术已进入产业化，并在非热加工技术领域开展了大量的研究工作，同时国内超高压商业化杀菌能达到8吨/小时。而超声波和高压脉冲杀菌技术尚处于研发阶段。

（3）柑橘罐头加工自动化装备和技术发展较快。基于机器视觉的检测橘球分瓣线技术可应用于柑橘分瓣自动化设备的开发，采用柔性夹爪定量抓取柑橘橘片技术可应用于柑橘罐头的自动称量，采用环割方式的划皮装置、根据原料大小快速调整进料料斗装置可提高柑橘剥皮设备效率；在柑橘罐头生产过程中开发降低农残和废水污染技术，研究加工过程对产品中多菌灵含量影响及其降解技术减少罐头产品中农残含量，柑橘罐头加工废水中提取具有抗癌效果果胶。

（4）关注柑橘中活性成分的营养和健康功能评价。

（五）机械化

（1）果园喷雾系统研发取得新进展。将蝶阀开度模型应用于果园多风管风送喷雾机风量调控系统，试验结果表明该系统喷雾表面冠层沉积量较自动对靶风送喷雾模式提高17.3%；远射程风送式喷雾机雾滴体积中值粒径随着喷雾距离的增加而变小，降低液体表面张力能够细化流场中雾滴粒径；通过合理设计喷头布置方式可以满足喷头雾滴范围，既能覆盖树冠且不能喷在树冠外边，田间试验表明树冠的前冠面、中膛、后冠面都有雾滴附着，喷雾有效率分别为88.9%、100%、83.3%。

（2）重视果园信息技术研究。提出多尺度卷积神经网络Des-YOLOv3算法，可实现夜间复杂环境下成熟柑橘的识别与检测，通过网络多层特征的复用和融合加强小目标和重叠遮挡果实识别的鲁棒性，显著提高果实检测精度。

（3）果园运输装备不断优化。提出基于高频RFID的混合测速定位方位，设计了单轨运输机在轨状态感知系统，提升了运输机作业的实时性和智能性，为实现果园生产精准作业提供可靠数据支持。

（国家柑橘产业技术体系首席科学家　邓秀新　提供）

2020年度苹果产业技术发展报告

（国家苹果产业技术体系）

一、国际苹果生产与贸易概况

2019/2020产季世界苹果产量为7 583.40万吨，与2018/2019产季相比，增产6.84%。世界苹果加工量为865.20万吨，与2018/2019产季相比，减少305.80万吨，减幅为26.11%。世界苹果出口量为571.30万吨，比2018/2019产季减少4.53%；世界苹果进口量为563.50万吨，比2018/2019产季减少1.45%。世界鲜苹果消费量为6 680.70万吨，比2018/2019产季增加13.82%。2019/2020产季世界苹果产量与贸易量在部分国家和地区波动较大，其中中国苹果产量和出口量增幅较大；欧盟苹果减产幅度大、出口量也大幅度减少。同时，受到新冠肺炎疫情冲击，世界各国的苹果加工量均呈现不同程度减少。

在苹果加工方面，受新冠肺炎疫情影响，中国国内加工市场行情持续走低，2019/2020产季比2018/2019产季加工量减少20.00%，虽然欧盟苹果加工量同期有大幅减少，但其仍处于世界苹果加工第一位。出口贸易方面，2019/2020产季中国苹果出口量比2018/2019产季增加21.70万吨，增幅为26.53%，加之欧盟苹果出口量减少，中国超过欧盟回归世界第一大苹果出口国。在进口贸易方面，国内优质苹果供给量减少刺激进口需求，2019/2020产季中国苹果进口量比2018/2019产季增加2.20万吨。总体而言，由于技术进步和天气利好，中国苹果生产与出口形势逐渐好转，在苹果产销中的国际地位有所提升。

二、国内苹果生产与贸易概况

2020年全国苹果面积预计为3 132.78万亩，比2019年增长0.13%。其中甘肃产区苹果面积增长幅度较大，增长4.04%；山东、辽宁苹果面积减少幅度较大，分别减少4.24%和3.70%；黄土高原优势区（陕西、河南、山西、甘肃）面积增长幅度为1.41%；环渤海湾优势区（山东、河北、辽宁）苹果面积减少幅度为3.08%，其他产区苹果面积增长幅度为0.88%。

2020年影响中国苹果产业发展的不利因素主要包括新冠肺炎疫情冲击，全国多数苹果产区多次遭受较为严重的花期霜冻、雹灾、旱灾、涝灾、风灾、持续降雨等气象灾害，以及部分产区炭疽叶枯病、早期落叶病严重。2020年全国苹果总产量预计为3 845.00万吨，比2019年减产8.23%；其中黄土高原优势区产量为2 047.00万吨，较2019年减产11.39%；环渤海湾优势区产量为1 395.00万吨，较2019年减产3.13%；其他地区苹果产量为403.00万吨，较2019年减产8.41%。

2019年中国鲜苹果出口量预计为95万吨，继2017年鲜苹果出口量达到高峰后，延续了2018年鲜苹果出口的下滑趋势。2019年1—10月出口量仍然保持在低位。得益于产量的增长与销售价格的下降，中国鲜苹果出口呈增长态势，尤其是对价格更敏感的东南亚市场。此外，中国对印度与俄罗斯鲜苹果出口市场可能会在今年重新开放，将进一步促进鲜苹果出口量增加。

三、国际苹果产业技术研发进展

1. 苹果资源创新与遗传改良

瑞士仍是世界上保存苹果资源最多的国家，达到8 878份。美国保存了50个种，约8 476份资源，其中田间保存材料5 676份；俄罗斯保存44个种，3 397份；法国5 083份；乌克兰2 663份；英国2 366份；澳大利亚2 168份；日本2 000份；意大利1 990份；德国1 867份；西班牙1 747份；罗马尼亚1 455份；捷克1 164份；新西兰500余份。保存方式主要是田间保存和休眠枝芽超低温保存。对资源深度研究主要体现在抗性和品质分析与鉴定、苹果资源亲缘关系、苹果重要性状遗传基础，特别是基因组层次上规模化等位基因分型。

世界苹果育种大国仍然集中在美国、日本、新西兰、意大利、法国。从世界范围看，苹果新品种选育依然以鲜食品种为主，其次为加工鲜食兼用品种。2020年共注册16个，数量与往年相比减少较多。美国公布了‘Howell TC7’‘Regal D5-100’‘Temptation’‘Marathon’等在内的6个苹果新品种。日本选育出2个TAKANO系列品种。法国国立农艺研究院释放‘Y103’‘Babylove’2个新品种。新西兰释放了新品种‘Mariri Red’。意大利、法国、西班牙等国致力于选育高产稳产、风味好、香气佳、抗黑星病的苹果新品种。近年来，比利时苹果育种发展较快，2020年公布了新品种‘IPADOR’。

新的育种方法和技术方面，苹果育种是周期长、花费高的过程，筛选优良品种对时间和空间要求较高。以现代分子生物学技术为基础可以加快苹果育种进程。在抗性育种及果实品质改良方面，*CRISPR/Cas9*基因编辑系统已成功应用于‘黄金美味’和‘嘎拉’育种过程，可通过编辑*DIPM4*基因来降低对火疫病的敏感性。利用基因组辅助可预测苹果砧木耐盐、耐碱的能力，进一步提高育种效率。预繁殖有助于识别原始种质中新的遗传变异，通过对苹果质量性状进行表型分型，证实GAPS是表型父母本选择的可靠替代方案，从而可以帮助缩短生成间隔，更快地积累来自受体和供体父母本的有利等位基因。

国外苗木繁育几乎全部采用自根砧。美国苗木生产过去多采用矮砧M9、M26和B9，近年康乃尔大学选育出的抗病、抗重茬、抗寒矮砧G系得到推广，尤其以G41、G935和G11表现突出，美国苹果园几乎全部推广矮砧栽植。加拿大多采用抗寒砧木Ottawa3、SJM系列育苗建园，目前抗旱砧木G系也得到应用。欧洲意大利、法国等在苹果苗木中多采用M9自根砧；波兰目前栽培苹果多采用M26或P系砧木，推广M9、T337、B9等砧木；俄罗斯主要采用B9、B118。欧洲建立了无病毒苗木认证体系，并形成技术标准。

2. 栽培技术

矮化栽培方面：①砧穗组合及区域适应性：G778、G228、G202和G222作自根砧以及G778、G222和M9作中间砧的砧穗组合产量最高。Sherif等研究不同砧穗组合对树体生长和果实产量的影响，结果Red Yorking/（G41、B9和G30）、富士/（G41、G935和G30）以及嘎啦/（G41、G935和G30）砧穗组合表现最好。②栽培管理技术：Szabo等评价防雹网对果园供水的影响。Viskelis等研究表明夏季修剪可显著增加苹果中酚类物质含量，促进果实着色。Mauta等发现果园铺设蓝色和红色的防雹网的反射光可以刺激嘎啦苹果树对二氧化碳的同化效率，进而提高叶片的光合效率。Paim 等研究喷施氢氰胺（HC）和矿物油（MO）对苹果树促枝的效果。Rufato 等提出单独施用 6-BA 或与 GA4+7 配施均能有效促进苹果分枝。

花果管理方面：西班牙伊尔塔水果中心研究对嘎啦苹果在果径 7.5mm 时喷施苯嗪草酮疏除效果较好，单次和两次喷施的果园产量分别为对照的 75.88%和 43.26%。以色列理工学院研究用近红外光谱预测金冠苹果幼果脱落，盛花后 3～4 日喷 27 毫克/升萘乙酸和 73 毫克/升萘乙酰胺，喷施后每 2～4 日测量400～1 000 nm 近红外光谱的反射系数，预测处理后 20～26 日的落果率，结果以 4～12 日数据的预测精度为 65%，6～12 日数据的预测精度为 80%～97%。

果园污染防控方面：国外从 20 世纪 50 年代起就有对果园土壤氟化物污染空间分布研究的报导，Omueti 等曾对美国伊利诺伊州果园土壤中氟的空间分布，特别是对不同深度土壤中氟含量的分布进行研究，发现土壤中总氟含量不但与黏粒有极强的相关性，且与土壤有机质含量呈正相关。国内相关研究开展较晚，随着人们环境保护意识的加强，对土壤中氟化物的空间分布及赋存形态的研究不断增多。

土壤管理方面：Jones 发现堆肥和其他地面覆盖物之间的相对差异在 7 年中并没有保持相同的程度。Fares Alhaj Alali 发现氨的添加增加了苹果维生素 C 的降解，而总酚类化合物的降解和总抗氧化能力下降。

营养与施肥方面：Thakur J 等认为施肥对提高施肥效果、改善叶片养分含量和营养生长具有积极作用。Aras S 等发现施硅处理通过增加气孔导度、叶绿素含量和减少电解质渗漏，抑制了苹果植株生长衰退，提高了苹果植株的耐盐性。Gorb N N 等发现非根系水溶性矿物肥 Novatek Solub K-Max 10-5-30 可以显著提高苹果生产力。Fares Alhaj Alali 等发现氨的添加增加了维生素 C 的降解。Hirzel 等发现叶片养分浓度在各季节和季节间均有变化，遮荫布的使用增加了叶片氮、镁、硫、锰和钠的浓度。Grigoreva L V 等发现苹果多年枝条中氮含量较高的时期是秋季，随后氮含量下降，到春季达到最低水平。

连作障碍克服方面：YS A 等研究了苹果再植病在不同土壤质地苹果园中的发生程度和发生机理，利用高通量测序技术证明了镰刀菌是引起苹果再植病的主要病原体。

3. 机械化和省力化研究

欧美苹果种植模式多为矮密集约化栽培，果园已实现机械化管理，并逐步向专业化和智能化发展。果园动力机械采用专用拖拉机，更适合果树种植农艺，如意大利 CARRARO 系列。苗圃标准化、机械化程度高，苗圃起垄、栽植、打药、起苗、淋洗、储藏等均有机械装备。苹果园普遍采用生草制，行间株间割草机成熟，如捷克 Crossjet 割草机、美国 John Deere 剪草机等。美国、意大利等采用超低量喷雾、静电喷雾、精确对靶喷雾技术等。采摘平台基本都采用轮式行走方式，新西兰苹果采摘机械手作业效率达到 1 秒中摘 1 个苹果。国外的 3S 技术已应用到苹果园管理中，如美国天宝 Autopilot 自动导航驾驶系统，偏差可控制在 2.5 厘米以内，奥贝尔德农场运用 GPS 和遥感图像获得苹果树品种、面积等信息。国外苹果采后商品化处理率达 90%以上，保鲜剂与动态气调贮藏相结合是目前国际苹果储藏技术的研究方向，基于人工智能和图像处理的苹果外观品质及内部品质无损检测是研究热点，农残智能检测主要偏重于与纳米材料技术相结合。

四、国内苹果产业技术研发进展

1. 资源创新与遗传改良

截至2020年12月，国家果树种质苹果圃（兴城）收集、保存苹果属植物资源2 039份，公主岭保存寒地苹果资源438份，新疆轮台保存当地特色苹果资源154份，云南昆明保存苹果属砧木资源114份，伊犁野苹果种质资源圃保存苹果资源137份，陕西省延安市苹果种质资源圃保存资源1 200份，合计4 082份次。材料保存主要采取田间保存。2020年，我国非主要农作物品种登记47个。按品种的用途，观赏品种9个，砧木品种1个，鲜食品种31个，鲜食、加工兼用品种6个。

新的育种和研究技术方面，高通量多组学分析及新技术开发应用广泛。中国农业大学利用‘红玉’和‘金冠’苹果品种的全基因组结构变异，开发了102个InDel标记，还利用二代重测序的BSA-seq方法对‘八棱海棠’×‘M.9’的3 258个子代进行批量分离分析与耐盐、碱及复合盐碱胁迫相关的全基因组QTL，建立了基于基因组辅助预测（GAP）的苹果砧木模型。甘肃农业大学通过甲基化分析鉴定出MdLUX和MdPCL-like通过启动子区域的DNA去甲基化和黄酮类结构基因MdF3H的激活促进苹果果皮花青素的生物合成；西北农林科技大学利用转录组-代谢组联合分析，解析了苹果发育时期的基因表达与代谢物变化模式；河南农业大学采用CRISPR/Cas12a核苷酸检测技术，同时整合了苹果叶片RNA病毒快速提取及可视化检测流程，首次对苹果的5种主要RNA病毒实现了田间快速、可视化检测；青岛农业大学开发了精确监测苹果果肉组织细胞质中钙动态变化的新方法，利用Fluo-8/AM小分子荧光探针可以染色苹果果肉胞质中的Ca2+且不会发生区室化的特点，检测细胞质中Ca2+的时空变化。结合转录组、蛋白质组测序技术及液相色谱-串联质谱技术，国内多家单位还挖掘出多个与不同胁迫相关的基因或代谢途径。研究人员还对CRISPR/Cas9技术在果树上的应用情况进行了综述和展望，总结了CRISPR/Cas9技术的发展历程和在果树遗传育种研究中的多方面应用，剖析了该技术目前存在的问题，提出了现有改进方案。

国内苗木主要类型包括矮化中间砧苗、矮化自根砧苗和2年生乔化苗。大型企业在自根砧苗木繁育中起主导作用，我国苗木繁殖方式正在经历由农户零散化育苗向企业规模化育苗转变。苹果苗木企业主要分布在陕西省和山东省，其次是河北、辽宁、山西和河南等地。据不完全统计，各类苗木企业100余家，其中年产100万株的大型苗木企业有10余家，我国目前已经形成了年出圃4 000万株砧木苗和1 500万株成品自根苗的能力。总体来看，矮化苗木成为当前苗木市场主流，但普通矮化中间砧苗木质量仍较差，符合国家苗木标准一级苗的比例低，自根砧苗木比例低但呈现逐年增加的态势，苗木带毒率高。

2. 栽培技术

矮化栽培方面：赵政阳等表明SH6、SH1、SH38、SC1作中间砧抗寒性最强；M7、M26、M9作中间砧抗寒性较强；JM7、T337作中间砧抗寒性较弱。张学英等从苹果矮化砧木SH40实生后代中选出新品种冀砧1号和冀砧2号，具有嫁接亲和性好，枝类组成比例均匀，果实整齐度好。周江涛等研究结果表明，砧穗组合可以影响苹果果实矿质元素含量和果实品质的形成，SH1和GM310中间砧苹果向果实转运矿质元素的能力较强。张东等研究表明，采用并棒树形可以显著削弱树体高度、减小行间冠幅和树体生长，同时枝量增长速度快、长枝比例低、易成花。李民吉等表明采用 4 米行距、1～1.25 米株距为宫藤富士/SH6/平邑甜茶的适宜栽植密度。马明等研究结果表明，抗寒能力强弱为 B9>SH1>Y-1>M26>M9T337。石游等研究表明苹果矮化砧木 Y-1、62-396、KM23 和 BP176 抗寒性依次减弱，苹果矮化砧木 Y-1 和 62-396 具有较大的应用潜力。

果园生态方面：曹跃等研究表明苹果果皮蜡质的合成与果园的平均相对湿度有极显著负相关关系，即果园平均相对湿度越高，蜡质的合成越少。屈振江等基于 2013—2015 年陕西 31 个苹果种植生产基地县 155 片果园的果实品质调查数据和物候监测资料研究表明，开花期和幼果期气温高、降水少，第一次膨大期气温低、日照多，着色期气温低、相对湿度大有利于提高陕西苹果品质。

花果管理方面：山东农业大学研究发现，喷施钨酸钠可提高果皮花青苷含量、果实可溶性固形物、可溶性糖含量和糖酸比，其中 1.0 mmol/L 浓度最好。宁夏大学研究发现，叶面喷施壳寡糖可提高果实中糖分积累关键酶活性，单果重提高了 10.53%，总糖提高了 17.98%。中国农业科学院果树研究所研究发现，稻壳炭覆盖、秸秆覆盖和生草覆盖能降低果实可滴定酸含量，提高单果重、可溶性固形物含量和维生素 C 含量，改善果实质地，增加果实磷、钙、镁、硼、铁、铜含量。辽宁省果树科学研究所研究了覆盖材料对果实品质的影响，发现果园覆盖对果实品质有积极影响，作用效果从高到低为农用地毯、碎木屑和园艺地布。山东省果树研究所薛晓敏等研究制定苹果化学疏花疏果技术标准，已经向社会发布，为苹果疏花疏果提供技术支撑。

土壤管理方面：文志强等发现客土可以有效改善土壤物理性状。陈先兵认为果园生草可以改善果园环境，增加土壤有机质、提高土壤含水量，提升土壤的保水保墒能力，促进团粒结构形成、增加生物多样性等作用，显著增加菌类数量，提高土壤生物酶活性。袁嘉伟发现苜蓿和三叶草对土壤含水量的改善效果优于鼠茅草和毛苕子，果园生草栽培主要改善 20～40 厘米土层的土壤含水量，对 40～60 厘米土层的土壤含水量改善效果不明显。

营养与施肥方面：闫鹏科等研究了年周期养分变化趋势。吕常厚等制定出烟台市红富士苹果叶片营养元素含量标准范围。沙建川等发现适度摘叶可提高源叶光合作用和糖代谢水平，防止叶片早衰，促进同化物向果实转运，提高果实品质。杨兰兰等发现增施硝酸钙 0.72 千克/株，在花前、落花后和果实膨大期均分 3 次施可以有效降低苦痘病发病率。田孝志等研究表明苹果根系硫代谢对土壤紧实度反应敏感。巩峻豪等发现苹果果实苦痘病的发生不仅与果实的单一 Ca 含量有关，果实的 K、Mg、P 和 N 含量，尤其 K/Ca、Mg/Ca、P/Ca、[K+Mg] /Ca 和 N/Ca 的比值与苦痘病的发生密切相关。

连作障碍克服方面：姜伟涛等发现 1.0 克/千克晶体石硫合剂熏蒸可显著降低连作土壤中有害真菌尖孢镰孢菌数量，有效缓解了因连作障碍引起叶片光合速率等参数的下降。杜文艳等研究表明苹果发酵产物处理能抑制连作土壤病原菌，改善土壤环境，促进平邑甜茶幼苗生长，可作为一种减轻苹果连作障碍的方法。李民吉等发现再植条件下，以 G935 和 G41 为砧木的幼树树体生长显著优于 G11 和 M9-T337，枝类组成合理，树势中庸但不衰弱，单株间差异小，园相整齐，适宜北京地区重茬栽植使用。

3. 机械化和省力化研究

2020 年是中国苹果机械化发展较快的一年，国内高校院所、农机企业对果园机械研发投入加大。中农博远、潍坊拓普等在果园割草机、打药机、作业平台等领域均有新产品推向市场。2020 年有多家果园装备企业参加了本年度“农机地头展”，其中冀、鲁、苏三省的制造企业占 60%以上，部分果园机械产品质量正在缩小与国际水平的差距。针对不同产区和种类苹果的需求，开发苹果品质无损检测与智能分选线及具有自主知识产权的国产智能分级装备方面存在“卡脖子”技术问题。智能化技术装备开始系统研究与应用，开发了便携式苹果多品质一体化无损检测仪，突破了基于数字图像处理的苹果叶片营养诊断、基于云平台的水肥精准管理、施肥机自动驾驶与深度自动调节等关键技术。河北农业大学成果“北方果园生产管理机械化关键技术及装备”再次被遴选为 2020 年度河北省农业主推技术，农机农艺融合打造的“农业创新驿站”成为科技助力产业扶贫的新模式，相关主题活动入选中国农机行业优秀扶贫案例。

［国家苹果产业技术体系首席科学家　霍学喜（代）　提供］

2020年度梨产业技术发展报告

（国家梨产业技术体系）

一、国际梨生产与贸易概况

（一）国际梨生产概况

2020年全球梨产量预计2 215.7万吨，同比下降4.5%。世界梨产量最多的国家和地区依次是中国、欧盟、美国、阿根廷、土耳其、南非、印度、日本、俄罗斯、智利。其中中国是最大的产梨国家，梨产量约占全球总产量的72.2%。

表1 世界主要梨种植国家产量（2014—2020） （单位：万吨）

梨产量	2014年	2015年	2016年	2017年	2018年	2019年	2020年*
中国	1 582	1 653	1 596	1 641	1 400	1 731	1 600
欧盟	256.6	251.3	234	238.4	259.2	206.1	233.7
美国	75.4	72.9	66.8	66.3	72.6	65.8	72
阿根廷	59	58	54	58	59	60	61
土耳其	30.5	46.4	47.2	50.3	52	53	55
南非	41.1	43	43.2	40.8	41.3	40.7	41
印度	31.7	32.3	34	28	30	31	30
日本	27.7	27.8	27.5	25.9	25.9	25.9	25.9
俄罗斯	16	15.5	23.6	21.8	24.2	29	24.7
智利	29	26.7	29	26.2	25.2	22.2	21.3
其他国家	68.1	60.4	59.4	65	56.1	55.5	51.2
总和	2 217	2 287.2	2 214.6	2 261.8	2 316.4	2 320.6	2 215.7

注：*为预计值。数据来自美国农业部。

（二）国际梨贸易概况

俄罗斯自2014年以来一直是梨进口最多的国家，2020年虽然俄罗斯梨产量下降，但是由于梨价格上涨，使得消费者转而消费苹果，因此梨进口量基本不变。进口量排名第二到第七的国家和地区分别是欧盟、印度西尼亚、巴西、越南、白俄罗斯和墨西哥，其中，印度尼西亚和越南近年来进口量增长较快。

中国是世界上梨出口最多的国家，约为55万吨。阿根廷梨出口量排名第二，为32万吨。南非、欧盟、白俄罗斯、美国、智利也是梨出口大国（地区）。

二、国内梨生产与贸易概况

（一）国内梨生产概况

由于我国北方主产区受到年初低温冻害影响，全国受灾面积较去年增加约20%；2020年，梨产量预计为1 600万吨，同比2019年下降约8%。

（二）国内梨贸易概况

2020年全国梨供给减少，价格总体低开高走。受主产区北方冻害影响，北方市场呈现供小于求局面，市场行情较高，贮藏减少，后期销售量供给不足；南方主产区市场行情一般。

据中国海关统计，2020年前10个月，我国梨产品出口额为6.4亿美元，比2019年同期增长29.8%；出口量为54.4万吨，比2019年同期增长36.3%。其中，鲜梨出口额增长30.3%，出口量增长35.7%；加工梨产品出口额增长26.1%，出口量增长40.0%。从品种看，鲜‘雪花梨’及‘鸭梨’出口额下降32.1%，出口量下降24.0%；鲜‘库尔勒香梨’出口额下降28.5%，出口量下降39.2%；其他鲜梨出口额增长35.6%，出口量增长43.0%。梨汁出口额增长23.9%，出口量增长42.6%；梨罐头出口额增长28.3%，出口量增长38.6%；未列名制作或保藏的梨出口额下降15.6%，出口量下降7.6%。由此可以看出，虽然经历了新冠肺炎疫情的冲击，2020年我国梨出口仍保持强劲的增长势头。不过，不同品种也呈现了一种分化态势。‘库尔勒香梨’、‘雪花梨’及‘鸭梨’出口的下降很大程度是因为去年增长太快所致。从出口价格看，除了‘库尔勒香梨’价格有所增长之外，其他梨产品的出口价格存在3%～18%不同程度的下降。

2020年前10个月，中国进口以西洋梨为主的进口额比2019年同期下降了22.3%，进口量下降25.9%。从价格来看，2020年进口梨的价格比2019年增长了4.8%。

三、国际梨产业技术研发进展

（一）国际梨栽培技术研发进展

1. 栽培模式

东亚梨栽培模式主要有立式栽培和架式栽培两种，其中我国以立式栽培为主，韩国以“Y”字形棚架为主，日本以平棚架为主。日本除了传统的三大主枝的平棚架形外，近年来采用单干式联合平棚架栽培模式的梨园越来越多。与过去的栽植后定干整形不同，现在一些地方先在专门的营养袋栽植一年生苗木，在1.3米处定干，培育一年后主干（枝）直接达到嫁接需要的长度，然后定植，相互嫁接，成功率高。另外，联合“V”形树形在日本各地区开始推广，比早期的联合平棚架整形效率更高，而且更适合机械化的需求。

在西洋梨产区，欧洲90%以上的梨园实现了矮化密植，美国梨栽培模式也已经从传统的大冠树变为细长纺锤形等矮化密植树形。除了大部分地区推广的细长纺锤形外，意大利发明的“Bi-axis”树形得到了越来越多的推广，在实践过程中推出了各种变形。在乌拉圭，有一种其他地方少见的树形和栽培模式是在定植时将一植株按30°～45°的角度沿行向斜栽，然后从发出的新梢中每隔一定的距离选择一个直立枝条做骨干枝，然后在这些骨干枝上直接着生结果枝。这种栽培模式更大程度上是为了方便使用机械。而机械修剪梨树已经在欧洲的意大利等国和南美的乌拉圭开始小规模地在商业化果园中使用。另外，在欧洲，传统的垣架式整枝（espalier）在一些梨园也有应用。

2. 土肥水管理

（1）养分管理

在梨落叶之前喷施 $FeSO_4$有助于铁的积累，叶绿素含量明显上升，果实数量增加，产量提高约13%。但高浓度的 $FeSO_4$会产生毒害，导致树体叶片较早脱落。秋季施用的氮肥在土壤中会留存到冬季，第二年春天，氮被吸收并迅速转移到植株体各器官，尤其是新生组织（叶子、果实和新芽）。春季施加的氮素在幼果期至膨大期迅速运输到发育中的果实。夏季施用的氮肥主要储存在粗根中，然后在春季释放出来。果实采收后，进行秋季施用氮肥，以增加细根中的氮储量，更好地促进树体对养分的综合利用。生物肥料的施用提高了土壤矿质氮的利用率，土壤微生物的生物量和呼吸作用并未发生明显增加。

（2）重金属及调控相关研究

重金属污染严重威胁着梨树生长发育，铅、镉、铜、镍等通过改变种子形态、淀粉酶、核糖酶和蛋白酶的活性来抑制种子发芽，同时加速种子脂质过氧化。NO 处理金属离子胁迫的植株，植株内的 ROS 积累和脂质过氧化得到明显改善，镉胁迫处理后，施用 H_2S 可明显提高植株的光合性能，增强叶绿体酶的活性。纳米 SiO_2可将重金属（镉、铬、铜、镍、铝和铅）处理的植株生物量减少36.4%～60.6%，根系中镁、锰含量也出现下降趋势，而在根和茎中 Si 的含量分别增加205.6%和83.9%。

3. 花果管理

良好的授粉可以保障梨和苹果的稳定产量和果实品质，但目前梨的昆虫授粉并没有苹果那样受到重视，其中一个可能的原因就是梨花中糖分含量较低或者花蜜的特定糖组分不能有效吸引授粉昆虫，如蜜蜂来访花。对此，比利时科学家利用标准化横断面技术对比了梨和苹果园蜜蜂活跃程度，同时对梨和苹果花蜜成分进行了分析，发现梨花蜜中较低的蔗糖含量（3%）是导致蜜蜂不访花的主要因素。

4. 果园机械化

智慧农业、无人农场是现代农业最重要内容之一，发达国家在信息感知、作物表型、云计算、云管理、农业机器人方面持续研发，一些信息技术公司陆续推出了一些智慧管控系统等，例如日本 KSAS Smart Agriculture System，TOPCON FMIS，美国 Trimble Inc. Agriculture 等。

（二）国际梨遗传育种技术研发进展

1. 梨基因组与遗传变异解析

（1）完成了杜梨基因组的组装

中国农科院果树所对我国梨主要砧木 *P. betuleafolia* - Shanxi 杜梨进行了从头组装，获得大小532.7 Mb，contig N50 为1.57 Mb 的基因组序列，共注释了59 552个蛋白质编码基因和247.4 Mb 重复序列。这一高质量杜梨基因组丰富了梨分子遗传研究的基因信息资源。

（2）自交不亲和基因型鉴定

以86份意大利地方品种加上一些相关的野生种（*P . pyrifolia Nakai*，*P . amygdaliformis* Vill.），并且引用了一些国内外的品种作为参考，采用通用引物和特异性引物共检测到了48个 S 基因型中的24个 S 等位基因。结果揭示了 S 等位基因在不同种质间的分布情况，野生种和国外品种中表现出较高的多态性，地方种质的 S 等位基因分布不均一。

（3）遗传图谱构建

构建梨的遗传连锁图谱［（砂梨×西洋梨）×砂梨］来验证两种酶方法在 GBS 文库制备中的有效性。总共 905 个 GBS-SNP 和 69 个 SSR 被锚定在 17 个连锁群中，总遗传距离为 1 760. 1 cM，平均标记距离为 1. 88 cM。遗传连锁图谱代表梨基因组的 80. 5%。与单酶方法相比，GBS 双酶方法提高了标记密度和基因组覆盖率。

（4）梨品种资源分子鉴定

DNA 信息可以用来确认系谱和身份，研究开发了一套简单易用的 10-SSR 标记的指纹图谱，该指纹图谱包含了高度重复的 SSR 标记，该指纹图谱被称为是美国梨属遗传种质图谱，并且与 ECPGR 指纹图谱和新开发的 70 梨 Axiom DNA 芯片上的 SNP 标记进行了比较。USPGR 指纹图谱的性能与两种基因分型平台相似，但更易于使用。

匈牙利的梨基因库和其他梨种植区中有一些同名品种，使用 8 个 SSR 引物分析了 88 个品种，其中的有 29 个二倍体，59 个三倍体。结果表明测试样本之间具有亲密遗传关系和总体较高的遗传多样性。

（5）梨果实高效表型检测技术开发

梨果肉中石细胞会造成果肉粗糙，品质降低，是影响梨育种的重要因素之一，但传统的检测方法繁琐、效率低。研究基于计算机视觉库和数字图像处理算法开发了一种梨果实石细胞检测软件——‘Pearprocess’。这种高效、便捷、准确的石细胞表型检测方法在促进梨的遗传育种和种质种质资源评价中展现了巨大的潜能。

2. 利用组学技术解析重要性状遗传调控机制

（1）转录组解析重要性状相关路径

梨的不同果实膨大阶段有关 3 种模型大量基因，解释了单“S”形模式的果实发育模式。105 个梨品种的糖分分析表明梨果实有低蔗糖和高蔗糖含量两种类型。‘库尔勒香梨’果实的形状和质量会受到宿萼的负面影响，开展了花萼脱落的分子机制探索，认为多聚半乳糖醛酸酶和几丁质酶似乎在花萼脱落过程中起关键作用。研究以中国贵州的优质地方品种‘黄梨’为材料，通过花芽转录组分析揭示了梨花芽休眠的调控机制，认为黄梨的休眠可能主要是受到了次生代谢物合成途径的调控。

（2）梨重要性状分子遗传研究

所报道梨重要性状分子遗传研究内容涉及石细胞、风味、色泽、株高、自交不亲和、芽休眠、耐胁迫性多个品质和农艺性状，鉴定出一批重要的调控基因及基因互作调控机制。梨果皮色泽仍旧是研究热点，胁迫应答机制受到较多研究关注，研究整体呈现深度和广度双向拓展。

（三）国际梨病虫害防控技术研发进展

1. 梨火疫病防控

证实梨火疫病菌（*Erwinia amylovora*）可从根部侵入引起病害。伊朗首次报道 *E. piriflorinigrans*引起梨花坏死。通过评估 20 种细菌对梨火疫病菌的生防潜能，发现假单胞 *Pseudomonas brassicaceaurum* 的 2 个菌株的拮抗效果最佳，梨果发病率减少 90%以上。芽孢杆菌 *Bacillus nakamurai* 是一种新型拮抗梨火疫病菌的生防菌。测试 20 种植物提取物对火疫病菌的抑菌效果，发现蒲桃、百里香和鼠李提取物分别使苹果和梨火疫病减少

67.81%～64.12%和 51.50%～51.04%。

2. 梨真菌病害防控

由枯草芽孢杆菌（*Bacillus subtilis*）产生的二吡啶甲酸（DPA）对引起梨腐烂的几种病菌（*Alternaria alternata*、*Botryosphaeria dothidea*、*Rhizoctonia solani* 和 *Valsa pyri*）均有较好的拮抗活性。梨腐烂病菌（*V. pyri*）的致病力是由特异性转录因子（VpFSTF1）直接或间接对下游基因（包括过氧化物酶 VPIG_ 01209 和 P450 家族基因）表达的调控。茉莉酸甲酯（MeJA）通过增加保护性酶活性而提高对黑星病的抗性。通过外源 Ca^{2+} 可增加梨叶自噬活性和水杨酸（SA）的积累，从而增强对葡萄座腔菌（*B. dothidea*）的抗性。从葡萄座腔菌中鉴定出一种新型正义单链 RNA 病毒（BdBOV-1）。四种溶杆菌（*Lysobacter* spp.）菌株（产酶溶杆菌 OH11、抗生素溶杆菌 OH13、胶状溶杆菌 OH17 和变棕溶杆菌 OH23）对多种病原菌具较强的拮抗活性，其中 OH11 对梨果生炭疽病菌（*Colletotrichum fructicola*）具免疫性。

3. 梨病毒病防控

从韩国砂梨中检测到苹果茎沟病毒（ASGV）、茎痘病毒（ASPV）、杏潜隐病毒（ApLV）、苹果绿皱果相关病毒（AGCaV）及砂梨潜隐病毒（PpCV）。从中国的砂梨中鉴定出一种新病毒，命名为梨绿叶病叶斑伴随病毒（PCLSaV）。组织培养结合热处理和热处理结合化学处理方法均可有效脱除苹果茎痘病毒（ASPV）和苹果花叶病毒（ApMV）。

4. 梨虫害防控

赤藓糖醇对梨木虱若虫和成虫均有杀灭作用。薄荷精油对梨木虱具较好的防治效果，浓度为 4.0 毫升/升时可使田间越冬成虫和若虫分别减少 80.9%和 67.0%，而对天敌无明显影响。东亚小花蝽可根据梨木虱的蜜露进行捕食和产卵，然而蜜露也限制了东亚小花蝽的觅食。在梨树盘下铺反射性塑料地膜可有效降低梨木虱的数量，而夏季遮阴会减弱反射性塑料地膜对梨木虱数量的影响。将绿僵菌悬浮液浸泡梨瘿蚊幼虫或施于土壤中，均能显著诱导梨瘿蚊的死亡。

（四）国际梨贮藏加工技术研发进展

筛选果实应答超低氧胁迫关键功能物质，为创造新的动态气调贮藏监测技术提供新思路。另外，从阿根廷北巴塔哥尼亚地区筛选出的两株酵母生防菌进行了半商业化测试，能显著抑制梨采后腐烂。发现百里香酚和壳聚糖寡糖复合物对梨采后贮藏保鲜有明显效果；提出采前 14 天喷施 2～3 mM 腐胺可显著减轻梨采后贮藏过程中果心褐变；基于电化学乙烯无损检测技术制定西洋梨最佳货架期精准判断新方法。

在加工方面，欧美等国家生产西洋梨加工梨罐头产品依然畅销。鲜切梨作为配菜，如沙拉之类使用。梨丁作为酸奶添加原料，有少量生产。日本、韩国生产的梨果酒（含多种水果混合果酒）、富含益生菌的梨（一般为混合果蔬）酵素产品深受消费者喜欢。提出了一种非等温移动面板用于持续和间歇梨果干燥新技术。

梨果质量安全方面，欧盟法规（EU）2020/1085 将梨果中毒死蜱临时限量修订并最终确定其最大残留限量（MRL）修订为 0.01 毫克/千克，同时在梨果中禁用甲基硫菌灵、精甲霜灵、乐果、噻虫啉、代森锰锌、高效氟氯氰菊酯等农药，下一步可能会将上述农药的最大残留限量一律修订为 0.01 毫克/千克或检测方法的定量限。

四、国内梨产业技术研发进展

（一）国内梨栽培技术研发进展

1. 栽培模式

国家梨产业技术体系研发出梨圆柱形、倒“个”形、细长纺锤形等新树形及其配套栽培技术，并已在河北、新疆、上海、云南、山西、甘肃、北京、安徽等13个省建立示范园，应用品种为‘翠冠’‘苏翠1号’‘夏露’‘雪青’‘红香酥’‘黄冠’‘新梨7号’‘库尔勒香梨’等。湖北省农业科学院梨团队创建的梨树“双臂顺行式”新型棚架栽培模式入选2020年中国农业农村重大新技术。

2. 土肥水管理

（1）土壤管理

早春采用秸秆、树枝、杂草等有机物覆盖树盘或覆盖地膜，减少地面有效辐射，不仅可以延迟梨树花期，还可以预防霜冻发生。冬初清园到土壤封冻前，对梨园进行全园深翻，一方面可疏松梨园的土壤，改善土壤物理结构，保持土壤的墒情；另一方面还可把越冬害虫、虫卵、茧、蛹翻到地面冻死、干死，减少越冬类害虫的虫口密度，深翻深度以25～30厘米为宜。梨园定期刈割行间杂草、间作南瓜、油菜等梨园土壤培肥措施，可有效改善果园土壤的防旱保水能力，提升土壤的有机质腐殖化能力及土壤的疏松程度。

（2）施肥管理

梨树生育期追肥分为5次进行：第1次追肥在萌芽前进行，上一年秋季未施肥的本次应补施；第2次追肥在开花至幼果前期进行；第3次追肥在幼果期进行；第4次追肥在果实膨大期进行；第5次追肥在梨果着色期进行。施基肥以秋季为最佳时期，应坚持有机肥为主、无机肥为辅，注意有机、无机肥和微生物肥料相结合的施肥原则。施肥时间宜早不宜晚，通常早熟梨树品种在果实采收后期进行施肥，中晚熟品种则在果实采收前期进行。

（3）水分管理

梨园采用滴灌方式，供水量少且均匀，能把水分和养分较集中地输送到植株的根部，使梨树均衡、持续、协调地生长，不仅可以减少灌水总量，并且产量比浇灌处理增加15%。

树龄及积水深度是涝害的重要影响因素，在树龄27年以上且积水深度≤40厘米时，其对梨园产生的负面影响较小，8年生以内梨树且积水深度≥80厘米时梨树受到涝害影响最大。

（4）重金属调控技术

目前，土壤重金属污染治理的物理化学治理法有热解修复、土壤淋洗、电动修复以及化学改良等，生物治理和工程法治理也是重要的方式，农业生产中主要采用施用有机肥、生物碳和过磷酸钙等方法缓解重金属污染。

3. 花果管理

研究发现蜜蜂活动增强剂（保丽蕊）通过缓释装置向果园释放植物香氛和工蜂信息素，可以吸引周边野蜂授粉，有效提高蜜蜂访花次数；液体授粉与植保无人机的结合，大大促进了梨树授粉效率的提高，并在部分产区得到有效推广；梨树盛花期，选择380倍硼砂液结合18 ppm的赤霉素喷施，可有效提高坐果率和产量；在疏果方面，蚁酸钙和西维因混合制剂，集合人工果树振动，可以达到疏花疏果的效果。

4. 果园机械化

国家梨体系机械化功能研究室多年围绕果园全程机械化进行关键技术与装备研发，创制了疏花机、有机肥深层混施机、电动/全液压多功能平台、果园风送喷雾机、避障割草机等系多种关键装备，基本构建了果园机械化管理技术体系，并在典型区域打造了样板示范工程，除套袋、采摘环节，实现了机械装备集成与农艺规范融合应用，实现示范园区果园节约劳动力 60%以上。

（二）国内梨遗传育种技术研究进展

1. 育种目标与成绩

我国梨育种目标是选育熟期配套的优质耐储、抗寒、抗病品种，重点培育特色鲜明新品种，红皮梨育种是目前的热点之一。2020 年杂交育成梨新品种 11 个，其中早熟 3 个、中熟 4 个，晚熟 4 个。2020 年有 28 个品种进行了非主要农作物品种登记，包括‘橘蜜’等老品种、‘苏翠 3 号’等新品种及‘中矮 4 号’等砧木品种。

2. 育种方法与效率

集成“优选亲本、培养壮苗、淘汰病株、高密栽培、圆柱整形、实生树连用、高低嫁接”等育种新技术，早期淘汰发病植株 25. 8%～30. 9%，减少用地 66. 7%，缩短育种周期 4. 5 年。采用异地培育（寒地杂交，温带或热带育苗）、PBO 处理等方式促进杂种苗提早开花研究发现，异地培育的同组合杂种后代群体开花株率均明显高于选种地，异地培育的促花效果明显高于同组合取其枝头段高接选种地的后代群体，PBO 处理对 4 年生以上树龄杂种苗有提早开花的作用。

3. 梨种质资源研究

利用叶绿体非编码区的高变区域 accD-psa I 对 11 份梨野生资源及 32 份梨栽培品种研究认为杜梨可能是梨的原始种。对烟台地区 83 份梨品种资源的花期、果实成熟期时间进行调查表明烟台地区梨花期多样性指数为 2. 03，说明烟台地区梨种质资源存在着极为丰富的多样性。在杜梨起源演化方面，利用高通量测序平台对杜梨（*Pyrus betulaefolia*）进行测序，对其叶绿体全基因组序列的结构特征进行分析认为梨属植物进化比较缓慢。

（三）国内梨病虫害防控技术研发进展

1. 梨火疫病菌检测技术研发

将叠氮溴化丙啶（PMA）与实时荧光定量 PCR（qPCR）相结合的 PMA-qPCR 技术，可定量检测梨火疫病菌的活菌数量，避免常规 qPCR 检测死菌导致的“假阳性”现象。利用生物信息学技术结合基于大肠杆菌的碱性磷酸酯酶（ Pho A）检测体系，在梨火疫病菌全基因组序列中筛选鉴定出 2 个依赖 Sec 途径分泌的纤维素酶，其中 β-葡萄糖苷酶 EAMY_ 1236 可能是梨火疫病菌的毒力因子，在侵染寄主植物过程中发挥作用。

2. 梨真菌病害防控技术研发

气调（3%～5% O_2、1%～3% CO_2）长期贮藏‘砀山酥梨’（≥270 天），可保持果实较好的品质和风味，还可以减少或抑制果皮黑皮病，降低果心褐变率。阿太菌果腐病菌（*Athelia bombacina*）可侵染梨、苹果等 6 种果树的果实，但在不同品种上的致病力差别较大。福建砂梨产区导致梨急性花枯病的病原菌为松针刺盘孢（*Colletotrichum fioriniae*）。来源于我国南方梨产区导致早期落叶的果生炭疽菌存在明显的致病力分化，以中等致病力菌株为优势群体。苯醚甲环唑对果生炭疽病具有显著的防治作用。在梨响应腐烂病菌（*Valsa pyri*）侵染中，半胱氨酸富集受体激酶（CRK）呈现不同的表达模式。贝莱斯芽孢杆菌（*Bacillus velezensis*）对香梨腐烂病菌（*V. ceratosperma*）具有抑菌活性。

3. 梨虫害防控技术研发

在北京、甘肃、湖北、辽宁等地发现苏嘎梨喀木虱（*Cacopsylla pyrisuga*）为害梨的叶片。在梨树萌芽前施用石硫合剂和萌芽后施用 10%吡丙醚乳油，对冬型梨木虱具有较高的防控效果。人工种植长柔毛野豌豆可以明显影响梨园害虫天敌（草内龟纹瓢虫和草蛉）的发生动态和时序特征，使天敌的数量更稳定，有利于减轻梨木虱的危害。新型材料装置固体迷向丝和高剂量自动信息素喷施系统，对梨小食心虫的防治效果可达 90%以上，持效期可达 6 个月以上。

（四）国内梨贮藏加工技术研发进展

筛选出 3%～5% O_2处理可显著抑制梨采后虎皮病的发生；结合不同贮藏期要求，提出前期超低氧胁迫、静态低氧气调及“两阶段”缓慢降氧等前期低氧处理技术。明确了‘黄冠’梨贮藏期阿太菌果腐病的发生原因，明确了阿太菌果腐病菌的生物学特性及寄主范围，并提出了综合防控技术。提出 1-MCP 结合气调、交联壳聚糖薄膜涂膜可有效防控‘南果梨’虎皮病；利用 X 射线计算机微照相扫描技术可实现对梨果肉木栓病的无损检测。另外，基于梨果内在品质无损快速检测分选线装备制造技术研究也成为本领域研究热点。

在加工方面，2020 年我国梨加工产品依然主要是梨罐头、梨汁/梨汤、梨膏、梨干/梨茶。受新冠肺炎疫情影响，梨膏产品成为梨加工产品新秀；梨加工产品中梨汁饮品种类增多，主要包括永不分离酒、梨果脯成为新贵产品。梨发酵产品梨果酒和酵素显示出发展势头，冻梨产品（含冻梨干）受到关注。

梨果质量安全方面，主要围绕梨果中农药、重金属、生物毒素等危害因子开展研究，新发布的 GB 2763—2019 国家食品安全标准新增（39 种）与修订（4 种）了梨果中 43 种农药的最大残留限量；农药多残留分析与风险评价，原位电离质谱快筛技术开发与标准制定，梨园中常用农药的安全使用及评价，农药及生物毒素的胶体金免疫试纸条法及 SERS 快检技术开发。

（国家梨产业技术体系首席科学家　张绍铃　提供）

2020年度葡萄产业技术发展报告

（国家葡萄产业技术体系）

一、国际葡萄生产与贸易概况

（一）国际葡萄生产概况

据FAO数据库，2019年世界葡萄园收获面积为6 925 972公顷，总产量为7 713.7万吨，单产为11 137.4千克/公顷。葡萄总产量比2018年降低3.64%，单产比2018年降低4.47%，收获面积比2018年增加了0.87%。

从葡萄种植的区域性分布来看，欧洲是面积最大的地区，但产量继续低于亚洲。2019年，欧洲的葡萄产量占世界的34.63%，比2018年（37.82%）下降约3.2%，而葡萄园收获面积占世界的50.01%，比重比2018年略有下降；2019年亚洲葡萄产量居世界第一，约占世界总量的37.79%，比重比2018年增加3.28%；收获面积占世界的28.74%，比2018年增加了0.4%；面积和产量居第三至第五位的依次为美洲、非洲和大洋洲。2019年世界葡萄产量最大的前五国依次为中国、意大利、美国、西班牙和法国，而收获面积最大的前五国依次为西班牙、法国、中国、意大利和土耳其；在产量最大的前15位国家中，单产最高的国家是埃及，为22 170.9千克/公顷，其次是印度、巴西、中国和南非。

（二）国际葡萄及加工品贸易概况

据联合国贸易统计数据库，2019年全球鲜食葡萄贸易进口量及进、出口额均有所增加。2019年世界鲜食贸易进口量为456.5万吨，与2018年相比增加了4.48%；进口额938 081.0万美元，与2018年相比增加了1.45%；出口量449.0万吨，比2018年降低了3.73%；出口额870 198.4万美元，比2018年增加了2.74%。按贸易额算，鲜食葡萄主要进口国家有美国、荷兰、德国、英国和中国等；主要出口国有智利、中国、秘鲁、美国、和荷兰等。

2019年，全球葡萄酒（含散装葡萄酒、瓶装葡萄酒、起泡酒）进出口贸易额和进口量有所下降，出口量增加，葡萄酒的贸易单价下降。与2018年相比，2019年葡萄酒进口量为918 407.5万升，降低了0.2%；出口量为976 386.1万升，增加4.1%；进、出口额分别为360.9亿美元和356.5亿美元，分别比2018年降低4.2%和4.8%。美国、英国、德国、中国和加拿大处于葡萄酒进口国前五位，而法国、意大利、西班牙、澳大利亚和智利是较大的出口国。

2019年，全球葡萄干贸易从数量上看进口增加，出口减少；但从贸易额看均是增加的趋势。与2018年相比，2019年葡萄干进口总量为80.6万吨，增加了4.86%；出口总量为67.3万吨，降低了19.18%；葡萄干进、出口额分别为18.2亿美元和16.7亿美元，分别增加了5.87%和1.22%。英国、德国、荷兰、印度和日本是主要的葡萄干进口国，土耳其、美国、智利、南非和乌兹别克斯坦为主要的葡萄干出口国。

2019年，世界葡萄汁的贸易量呈现上升趋势，但贸易额有所下降。比2018年相比，葡萄汁进、出口量分别为 79.2 万吨和 68.2 万吨，分别比 2018 年增加了 27.41%和 8.27%；进、出口额分别为 7.3 亿美元和 7.1 亿美元，降低了 10.87%和 15.09%。主要葡萄汁进口国为日本、美国、德国、加拿大和意大利，而西班牙、阿根廷和意大利是较大的出口国。

二、国内葡萄生产与贸易概况

（一）国内葡萄生产概况

据中国农业统计资料，截至 2019 年底，我国葡萄栽培总面积为 72.6 万公顷，居世界第三位，次于西班牙、法国；产量达 1 420 万吨，比 2018 年同期增加 3.9%，单产平均 19 559 千克/公顷，自 2010 年后一直位居世界葡萄产量的第一位。2016 年至今，葡萄生产进入调整升级阶段：经过多年产业快速发展，季节性供大于求时常出现，伴随着农业供给侧改革和市场消费升级，葡萄产业进入调整升级和提质增效新阶段，总量增速降低、甚至出现小幅负增长，尤其是种植面积近几年连续波动调整，同时产业优质优价、提质增效的意识更强，总体来看目前生产过快发展的趋势得到了控制，这有助于防止产业“过热”、降低风险、提升发展质量。

（二）国内葡萄及加工产品贸易概况

据中国海关，2020 年 1 月至 10 月，我国鲜食葡萄贸易出口呈现增长态势，进口呈现下降态势。进口量为 24.36 万吨，与 2019 年同期相比下降了 2.1%；出口量为 31.46 万吨，比 2019 年同期增加了 18.34%；进口额为 61 920.55 万美元，比 2019 年同期下降了 1.99%；出口额 88 246.03 万美元，比 2019 年同期增加了 23.47%。2020 年 1 月至 10 月，出口单价为 2.81 美元/千克，比 2019 年同期增加了 4.33%；进口葡萄单价为 2.54 美元/千克，与 2019 年同期持平。我国鲜食葡萄主要出口国是越南、泰国、印度尼西亚、菲律宾、孟加拉国，进口国有智利、澳大利亚、秘鲁、南非、印度等。

2020 年 1 月至 10 月，我国葡萄酒（含散装葡萄酒、瓶装葡萄酒、起泡酒）贸易总体呈现下降态势，且以进口贸易为主，仍为世界前五的主要葡萄酒进口国。葡萄酒的进口量为 35 686.9 万升，比 2019 年同期降低了 29.44%；进口额为 150 119.8 万美元，比 2019 年同期下降了 25.05%；出口量为 115.3 万升，出口额为 2 180.5 万美元，比 2019 年同期分别下降了 59.34%和 70.44%；葡萄酒进口单价增加，出口单价下降了 27.32%。进口葡萄酒主要来自澳大利亚、法国、智利、意大利、西班牙，主要集中在装入≤2 升的容器的鲜葡萄酿造的酒。

2020 年 1—10 月，我国葡萄干贸易量和贸易额较 2019 年同期都显著下降，并保持贸易顺差。葡萄干出口量为 2.41 万吨，比 2019 年同期下降了 20.79%；出口额为 4 271.25 万美元，比 2019 年同期下降了 21.27%。进口量为 1.46 万吨，比 2019 年同期下降了 51.08%；进口额为 2 292.42 万美元，比 2019 年同期下降了 47.84%；葡萄干进出口单价变化不大，出口价格高于进口价格。我国葡萄干的进口主要来源国为乌兹别克斯坦、美国、智利、澳大利亚、土耳其，主要出口国为德国、日本、英国、荷兰等。

我国的葡萄汁的贸易量和贸易额都比较少，进、出口贸易均有所增加。葡萄汁的进口量为 1.79 万吨，比 2019 年同期增加了 60.03%；进口额为 2 893.8 万美元，比 2019 年同期增加了 50.69%。出口葡萄汁 386 吨，比 2019 年同期增加了 8.25%；出口额 131.5 万美元，比 2019 年同期增加了 34.37%；贸易存在明显的贸易逆差，西班牙、智利、以色列、美国是我国葡萄汁的主要进口来源国。

三、国际葡萄产业技术研发进展

（一）育种技术

基因编辑技术辅助育种进展。利用 CRISPR/Cas9 技术定点编辑靶向突变 41B 中的独脚金内酯合成过程中的 VvCCD7 和 VvCCD8 基因，获得 CCD8 突变体植株表现出枝条分枝数增多；利用 CRISPR/Cas9 技术对汤姆森无核的 VvPR4b 基因进行功能缺失突变诱导，VvPR4b 敲除的株系易感葡萄霜霉病菌；利用 CRISPR/Cas9 技术对汤姆森无核的 MLO 基因进行靶向突变诱导，得到的 VvMLO3 突变体表现出白粉病抗性增强的特征。这些结果表明，CRISPR/Cas9 基因编辑技术可以成功地用于诱导目标基因的靶向突变，以改良葡萄重要农艺性状。

葡萄重要性状 QTL 定位和基因挖掘。基于 GBS 基因组测序、SLAF 测序、转录组测序等技术，定位了 3 个与浆果硬度相关 QTLs，6 个抗寒性相关 QTLs，3 个与浆果重量相关 QTLs。筛选出决定果皮涩味的候选基因 VvMybPA2，与果实和种子重量相关的显性调节基因 VvAGL11，2 个与葡萄硬度相关候选基因，23 个与果实硬度和原果胶含量高度相关转录因子，3 个与浆果硬度相关基因，3 个与浆果形状相关的基因，11 个与含五肽重复序列蛋白、种子成熟蛋白相关的候选基因。

（二）栽培技术

以意大利和美国等为代表的国外葡萄生产发达国家基本建立起了轻简、节本、绿色、优质、高效的生产技术体系与标准。以美国、法国、意大利等为代表的国家建立起了适于机械化作业的整形修剪技术体系，基本实现了整形修剪的机械化作业；以日本为代表的国家建立起了精细的花果管理技术体系和严格的果品质量追溯体系；以意大利、法国、美国和日本等为代表的国家均推行生草制，多根据叶与土壤分析平衡施肥，精准施肥和生态配方施肥初步应用，广泛应用根域局部干燥及调亏灌溉等节水技术，智能灌溉初步应用；设施葡萄是世界设施果树栽培的主要树种，以日本和意大利等为代表的国家开始将物联网技术应用到设施葡萄生产中。精准施肥、节水灌溉、智能灌溉和品质调控等是 2020 年的研究热点。

（三）病虫害防控技术

病害方面：国际上主要针对葡萄霜霉病、灰霉病、曲霉病、枝干病害、白粉病、炭疽病等病害开展了病原菌的致病机制、病害的监测与预警、病原与寄主植物的互作、杀菌剂剂型的创新及生物防治等方面的研究，研发形成防控相关技术 20 余项。

病毒病方面：国际上新报道了 4 种侵染葡萄的病毒和 1 种类病毒；研发了可同时检测多种葡萄病毒和类病毒的检测方法；探索了光谱法检测葡萄卷叶病毒的技术；明确了葡萄红斑病对 3 个酿酒品种可溶性固形物、黄烷醇、总酚等含量的影响。

虫害方面：国际上对葡萄根瘤蚜、葡萄花翅小卷蛾、斑翅果蝇、葡萄叶蝉、斑衣蜡蝉、茶翅蝽等外来入侵或检疫性虫害的关注较多，对其防控技术的研究主要集中在物理、生物防治及生态调控等绿色防控技术方面。

（四）生产机械化技术

研究比较了固体式树冠输送系统（SSCDS）的喷头以及轴流风扇喷雾器在葡萄园中的喷雾性能，分别用聚酯卡和水敏纸进行检测，采用荧光分光光度法和图像处理技术对样本进行了分析，对不同冠层区域和叶表面的喷雾沉积量和覆盖率进行了量化；在葡萄园中安装喷洒系统，研究使用微喷头和冷却器喷嘴施用杀菌剂，对葡萄霜霉病和白粉病的防治效果，进行了 4 年的生物学效果评价；研究了风送式果园喷雾机上安装三种喷雾系统（手动 PWM、激光 PWM、不用 PWM），对叶面喷雾沉积量的影响，并对多行林果喷雾的效果进行了评估。

（五）商品化处理和加工技术

葡萄酒酿造工艺技术，主要关注了：①各产区本土酿酒微生物资源的挖掘与利用以及非酿酒酵母与酿酒酵母的混合发酵模式；②浸渍管理技术、新型澄清手段、SO_2替代技术和脉冲电池、微氧、橡木桶等葡萄酒陈酿技术对葡萄酒质量的影响；③葡萄酒氨基酸、多酚、硫醇、香气等物质的高灵敏度检测手段的创新，及其对葡萄酒感官质量的影响；④不良风味物质、铜离了、褪黑素、农药残留和有害微生物（酒香酵母）等的检测技术与其防控；⑤葡萄酒指纹图谱的建立与应用；⑥葡萄酒副产物的综合利用技术的开发与营养这 6 个方面。葡萄采后保鲜技术的研究仍然主要集中在葡萄采后保鲜试剂 SO_2取代技术研究、植物源保鲜处理、涂膜保鲜处理、精准控温对葡萄品质的影响，以及系统冷链保鲜技术的建立与应用。

四、国内葡萄产业技术研发进展

（一）育种技术

优化了无核葡萄胚挽救育种技术。确定了不同杂交组合最适取样时间，以 WPM 为基础培养基（WPM 2.41 克/升+蔗糖 20 克/升+活性炭 1.5 克/升+琼脂 7 克/升+6-BA 0.2 克/升），筛选出胚珠发育率最高的培养基 WPM+1.0 μM TDZ。

分子辅助育种体系取得较好进展。利用 CRISPR/Cas9 技术定点编辑葡萄感病基因 VviEDR2，可以提高葡萄白粉菌抗性。利用 CRISPR/Cas9 基因编辑系统对‘无核白’VvPR4b 基因进行突变，与野生型葡萄相比，VvPR4b 基因编辑株系对葡萄霜霉菌的敏感性更高。基于 GBS 基因组测序、SLAF 测序、转录组测序等技术，定位了 5 个与白腐病抗性相关的 QTLs，10 个与葡萄果实颜色、花色苷合成调控相关的 QTLs，16 个与草莓香型葡萄果实特征香气物质相关的 QTLs；筛选出 9 个决定单萜含量的主效结构基因和 2 个转录因子，3 个决定果粒硬度的候选基因，3 个决定果粒形状的候选基因。获得无核性状早期选育中常用的 5 个分子标记（GSLP1、SCF27、SCC8、p3_ AGL11、VMC7f2），2 个抗霜霉病分子标记（S382-615、S294-369），3 个抗白粉病分子标记（OPV03-1380、OPJ16-759、OPO11-964），3 个抗寒分子标记（S241-717、S238-854、VaCH1）。

（二）栽培技术

研究主要针对葡萄生产成本高，标准化程度低，肥料、水等利用率低，土壤酸化及面源污染等问题，在葡萄轻简绿色优质高效栽培关键技术研究与集成等方面取得重要进展，主要成果有“控根器模式的根域限制栽培技术、大冠稀植高效栽培技术、斜干水平龙干形（又称厂形）配合水平叶幕、倾斜龙干树形配合 V 形叶幕、标准化轻简整形修剪、花果管理、植物生长调节剂科学使用，5416 测土配方施肥、葡萄同步全营养配方肥、葡萄园行内生草、有机肥无机肥配施、枝条粉碎还田、土壤覆盖、水肥一体化、节水灌溉、抑制重金属吸收积累等轻简优质高效栽培新技术；确定了葡萄优质栽培生态指标体系，完成了酿酒葡萄优质栽培生态区划；制定了埋土防寒区、非埋土防寒区鲜食葡萄节本优质绿色生产技术规程，设施葡萄节本优质绿色生产技术规程和鲜食葡萄一年两收节本优质绿色生产技术规程和酿酒葡萄节本优质绿色生产技术规程等，制定发布《设施葡萄栽培技术规程》等一批行业和地方标准。

（三）病虫害防控技术

病害方面：我国主要对葡萄果实病害的病原鉴定，葡萄霜霉病、白粉病发生与流行规律及防治等方面开展了研究，研发了基于不同数学模型的病害发生监测系统、化学防治、植物次生代谢物应用及利用农业措施进行早期预防等相关技术多项。

病毒方面：我国发现葡萄病毒 T；研究明确了葡萄蚕豆萎焉病毒的遗传变异情况；研发了葡萄病毒 E 和葡萄卷叶伴随病毒 2 的实时荧光定量 RT-PCR 检测技术；明确了热处理结合化学处理脱除葡萄卷叶病毒 3 的效果。

虫害方面：国内对葡萄根瘤蚜、绿盲蝽、斑翅果蝇、螨类、斜纹夜蛾及叶蝉等害虫的分类、发生规律、生态学及防治开展了研究，研发的防控技术，除了化学防控技术外，绿色防控技术，如物理、生物防治及生态调控技术将是未来的重点发展方向。

（四）生产机械化技术

研究了北方露地葡萄防寒土清除与防寒布回收机，设计了塑料刷与橡胶组合的自动避障式葡萄藤防寒土清除机，研究了气吹和梳刷组合清土的葡萄防寒土清除机，研究优化了酿酒葡萄修剪机的液压系统，设计了基于 PLC 控制的果园水肥一体化控制系统，研究了适于山地丘陵的电动履带式喷药车，开发了基于 Android 终端交互的果园变量喷药控制系统，研究了基于超声波传感器的果园对靶变量施药技术，设计了基于 PID 控制的株间避障除草技术，研究了基于 Hough 变换拟合的果园弯道导航方法，研究了有机肥深施机的锯齿形碎肥刀技术，研究了有机肥变量深施技术，制定公开了《葡萄刷式清土机》团体标准。

（五）国内商品化处理和加工技术

本土葡萄酒微生物多样性和具有优良酿酒工艺学特征的菌种资源的挖掘，葡萄酒质量与葡萄整形方式、叶幕、外源激素处理等栽培方式的关系依然是研究的热点。葡萄酒工艺的研究主要集中在酵母（酿酒酵母、非酿酒酵母）对葡萄酒风味及其质量的影响与调控、发酵前预处理、澄清、浸渍、陈酿对葡萄酒酸类、香气、醇类等调控与优化等。其中，葡萄酒香气的调控研究仍是热点，特别是基于本土微生物、混合发酵等酿酒微生物的香气调控技术。葡萄酒与其他果酒的融合开发受到越来越多的关注。葡萄与葡萄酒质量与安全检测，仍然主要关注多残留快速定性检测技术和对新出现无检测方法农药残留的方法建立。

（国家葡萄产业技术体系首席科学家　段长青　提供）

2020年度桃产业技术发展报告

（国家桃产业技术体系）

一、国际桃生产与贸易概况

2020年世界桃产量共计2 102.9万吨，较2019年下降了112.7万吨，作为世界桃主产地的中国和欧盟由于遭受不同程度的恶劣天气，产量分别减少了50.0万吨和64.3万吨，其他主要产桃国较2019年未发生太大变化。受全球疫情和减产的共同影响，2020年世界桃进出口总量较2019年略有下降，世界各国桃进口总量为68.6万吨，较2019年下降7.4万吨，但俄罗斯和中国的进口量有所上升。世界桃主产地的中国和欧盟2020年出口量分别为15.5万吨和8万吨，分别较2019年减少4.1万吨和2.4万吨；而土耳其和智利桃出口量略有上涨，2020年分别出口桃14万吨和10.5万吨。

二、国内桃生产与贸易概况

根据各产区报告数据统计，2020年全国各主产区桃总栽培面积约1 500万亩。从品种分布上看，普通桃种植分布最广，各省均有种植；其次是黄桃，主要种植在山东、河南、辽宁、宁夏、陕西、新疆、安徽、江西、四川、重庆和云南；油桃主要分布在天津、北京、河北、山东、河南、甘肃和新疆；蟠桃主要分布在天津、北京、辽宁、甘肃、新疆、江苏和上海。

中国是桃生产大国，约有80%以上的比例在国内鲜销，20%左右的比例用于加工，鲜食桃的出口比例很小。中国的鲜食桃主要出口至亚洲其他国家和地区，按出口量排序，前五位的国家和地区是哈萨克斯坦、俄罗斯、越南、中国香港、蒙古。按出口额排序，居于前三位的是哈萨克斯坦、俄罗斯、越南。

三、国际桃产业技术研发进展

（一）育种技术研发进展

1. 种质资源鉴定评价

（1）基本表型评价。美国德州农工大学和克莱姆森大学的科学家合作，发现桃果实成熟基因位于4号染色体中部，而可溶性固形物（SSR）和可滴定酸（TA）均受位于5号染色体的主效基因控制。智利研究者发现控制桃果肉软化速率的QTL和eQTL位于第4号染色体，eQTL定位发现快软和慢软与生长素浓度关系密切；采用代谢组学方法构建了桃果实“面”口感的群体表型。

（2）低需冷量品种资源的鉴定。通过综合性状的分析比较，印度学者筛选出‘Florda prince’和‘Shan－e－Punjab’2个品种，巴西学者筛选出‘Aurora－1’‘Joia－3’‘Kampai’和‘Tropical’4个品种。美国农业部与中国科学院华南植物园、香港大学合作，发现控制桃花蕾休眠和需冷量的DAM基因簇的热响应遗传规律和表观遗传调控。

（3）适于特殊栽培区域的品种资源评价。Carlos等通过研究副热带湿润气候下幼树水分需求，发现幼树抽稍发育时水分需求最大。成年树与幼树水分摄取不同，情况更为复杂，其80%的水分摄取是从表层60公分土壤层中。Qiao研究发现草甘膦能在土壤中被代谢分解为氨甲基磷酸AMPA再迁移至桃叶和果实。黄土性土壤降解最快，红土黑土性土壤降解次之。PH值和湿度是草甘膦快速降解的关键，土壤微生物可以促进草甘膦降解并转化为氨甲基磷酸。

（4）健康有益组分和抗氧化能力的评价。法国水果技术转化中心首次报道了桃子中山奈酚-3-葡萄糖苷、肉桂酰奎宁酸、隐绿原酸和矢车菊-3-芸香糖苷的存在，并且在Prunus persica品种中首次检测到了两种原花青素的存在。相关学者研究发现红肉品种具有更高的抗氧化组分含量，不但花色苷含量较好，羟基肉桂酸和类黄酮含量也较高；栽培品种果肉中主要的酚类化合物为芦丁、咖啡酸、儿茶素和绿原酸。

（5）桃多酚抗炎活性研究。Guo等对疏桃中的功能性成分多酚进行了研究，发现疏桃中多酚含量丰富，且具有多种生物活性。天然干燥和热风干燥的PETP在NF-κB途径中表现出比冷冻干燥更低的效果。并且，在50℃下热风干燥的PETP比冷冻干燥的PETP更有效地激活Nrf2核易位。此外，50 μg/mLPETP可显著的增强免疫应答，而800 μg/mLPETP抑制巨噬细胞的炎症发展。

2. 生物技术及分子生物学研究

日本学者在‘Tenshin suimitsuto’中发现了与‘大红袍’相同的NAC启动子区域的专座子插入突变，该突变可以作为红肉性状的准确标记，同时发现红色程度与MYB10.1的等位基因类型相关。意大利研究者采用叶盘法获得桃不定芽再生，使用的外植体来自基因型桃砧木‘Hansen 536’，抗氧化剂为硫代硫酸银，培养基为McCown Woody Plant Medium（WPM）+ 6-BA，不定芽再生的过程中也获得生根；

3. 品种选育

2020年国外育成桃品种数据库在2019年基础上新增加28个，其中鲜食桃24个，观赏桃1个，砧木2个，1个不详。从果实类型分，普通桃有12个，油蟠桃4个，油桃8个，砧木2个，蟠桃1个，观赏桃1个；从育种国家分，美国11个，法国6个，日本3个，巴西3个，韩国2个，西班牙2个，塞尔维亚1个。

（二）病虫害防控技术研究进展

1. 虫害防控技术进展

（1）桃小食心虫。Cao等桃小食心虫以及其他相等注释关物种中的5个昼夜节律基因，通过转录组测序鉴定了与滞育和光周期反应相关的潜在基因；Kazama等研究了碳酸钙可湿性粉剂对桃果蛾产卵的抑制作用。

（2）桃蛀螟。Jing等观察了桃蛀螟从初生到成熟的卵巢发育过程，发现交配导致雄性触角PBP2基因表达增加，而雌性触角PBP1基因表达增加，PBP基因受性信息素释放、交配或产卵的调节，这表明这些基因可能在与生殖有关的行为中发挥一些关键作用。

（3）梨小食心虫。Kong等研究了鳞翅目害虫种群动态变化，果园昆虫群落的组成。结果显示，中断交配会比大规模诱捕梨小食心虫更适用于果园；Preti等评估了一种乙酸和乙酸叔平酯混合而成的新的诱导剂，发现这种诱导剂可以提高对果园中梨小食心虫的监测和管理水平；Zunic等研究了其对新型二胺类杀虫剂氰虫腈和氯虫腈的敏感性以及这些杀虫剂在桃果中的残留情况。结果显示在桃园中，这两种高效的杀虫剂是判断梨小食心虫敏感度的很好的指标。

（4）桃蚜。Mezei 等通过室内生物测定方法，比较了桃蚜田间种群对亚砜（SFX）和吡虫啉（IMI）的敏感性，发现桃蚜对烟碱乙酰胆碱受体表现出不同程度的抗性（R81T）。结果表明，SFX 可以作为一种有效的工具用于桃蚜的害虫管理程序。

（5）蝇类。Nisar 等采用室内生物测定法，测定甲氧虫酰肼、虱螨脲、噻嗪酮、蚊蝇醚和苯氧威 5 种昆虫生长调节剂（IGRs）处理的成虫饲料对桃实蝇的毒性和化学影响。发现甲氧虫酰肼对桃实蝇的毒性和致死性较强，其次是苯氧威、虱螨脲、蚊蝇醚和噻嗪酮。Salerno 等研究测试了依附手段和依附能力是否存在性别二态性，阐明植物与实蝇科昆虫相互作用的机械生态学，有助于开发非化学方法来防治这些重要的农作物害虫。

（6）根结线虫。Silva WR 等首次报道根结线虫 *Meloidogyne morocciensis* 危害桃生长的案例。

（7）茶翅蝽。Damos 等研究描述了这种入侵害虫的系统性传播和危害，首次在希腊马其顿中部伊马西亚地区的桃和橄榄栽培中进行了有记录的鉴定。

2. 病害防控技术进展

（1）桃褐腐病。西班牙研究者用 nLC-MS/MS 蛋白组方法研究致褐腐病的 *Monilinia laxa* 菌感染造成的桃组织降解；希腊研究者采用蛋白组方法发掘褐腐病抗性基因；美国罗格斯大学发现精细化的桃表面再包装可抗褐腐病。Papavasileiou Antonios 等研究首次破译桃果蛋白质组对褐腐病菌的差异调控，并阐明其抗性机制。

（2）桃采后腐烂病。伊朗科学家发现精油处理，可抑制灰霉病和匍匐茎霉真菌的生长，控制油桃采后腐烂。

（3）桃褐斑病。塞尔维亚诺维萨德大学报道了 *Xanthomonas arboricola* pv. *pruni* 导致的桃和杏的菌斑病。

（4）桃根腐病。美国克莱姆森大学发现预防性的根冠挖掘修剪可减少桃树再植部位密环菌根腐病造成的死亡率。

（5）桃白粉病。西班牙 Neus 团队基于 qPCR 对桃白粉病的病原菌进行定量检测，在其 ITS 区设计引物，2.81 pg/μL 的 DNA 量和 6 孢子/mL 是检测的最低限度。

（6）桃卷曲叶病。俄罗斯科学院利用桃无症状叶片卷曲致病菌畸形外囊菌（*Taphrina deformans*）的 DNA 检测蟠桃发病情况，此研究有助于定量和定性研究该病原菌及其生命周期。

（7）桃病毒病。韩国 Rae-Dong 团队建立反转录重组聚合酶扩增等温核酸扩增检测技术，能检测和划分桃叶中的桃潜花叶类病毒（PLMVD）。

（三）桃现代栽培技术研究

1. 土肥水管理技术

Mia 的研究结果表明，采用综合机械管理的控草模式可以增加果园的生物多样性，并且对果树的生长、结果和果实品质没有不利影响；Shahid 等在桃露红期、幼果期和硬核期分别喷施不同浓度的氯化钙，结果表明，叶面喷钙显著提高桃果实的品质和产量的同时也显著降低了果实可滴定酸度含量及发病率；Xylogiannis 等的研究表明，滴灌条件下，在未灌溉的行间土壤中的油桃根系会产生化学信号来诱导叶片气孔关闭，并增加植物水分利用效率（WUE）。

2. 树体管理技术

Uberti 等研究发现‘主干型’能让桃树表现出良好的营养生长和产量。澳大利亚研究者揭示了修剪、株型和株高等因素导致的冠层高度和芽的光暴露程度对桃花发育早期的影响。Peavey 等发现改善树冠光照分布的合理负载和夏剪可以增加养分的有效性，进而促进花芽转化。

（四）桃采后生物学研究

Cai 等利用 NO 处理显著抑制桃冷害的发生，在处理过程中亚麻酸含量升高、乙烯生成加速，并促进冷藏过程中挥发性有机化合物释放；Daniele 等通过实验证实精油具有高效的抗菌效果，对桃褐腐病菌有效，具备发展绿色可持续发展农业的潜在价值；意大利和英国研究者揭示了桃果实在冷藏条件下挥发物组分的变化，定义了“挥发物组”的概念。

（五）桃加工技术进展

Rojas 等发现超声处理可用于改善桃汁的物理特性，提高果肉沉降和血清浑浊的稳定性，保持或增加汁液的稠度；Faouzi 开发了一种太阳能烟囱干燥机，为后期利用太阳能干燥桃产品的研究提供了一些经验模型；意大利学者 Massimiliano Rinaldi 等报道指出，高静压（high hydrostatic pressure，HHP）和欧姆加热是糖浆中桃块预处理的可行工艺；巴基斯坦学者 Saira Sattar 等报道，微波和超声波对功能性桃饮料的质量有显著影响。

四、国内桃产业技术研发进展

（一）育种技术研发进展

1. 种质资源鉴定评价

（1）基本表型评价。陈旭瑞研究发现桃果皮毛随发育时期不断下降，可能与果皮毛的更新有关，但受激素调控其发育受到抑制；西藏农牧学院魏丽萍等发现光核桃果实表型性状变异主要来源于种群间；浙江大学与新西兰果树与食品研究所合作证明桃果肉着色中 *PpGST1* 基因起到关键作用。

（2）果实营养品质评价。江苏省农业科学院评价了 14 个不同地区、不同品种的桃果实糖酸含量及 26 种矿质元素含量，发现大量元素、微量元素和稀土元素的含量均有较大差异，并筛选影响果实品质特性的主要矿质元素；中国科学院武汉植物园发现桃 *PpTST1* 基因在桃果实糖分积累中的作用，也发现 Chr5 控制果实蔗糖含量的 QTL 区间的 *PpTST1* 基因对桃果实蔗糖的积累起重要作用。

（3）特征香气物质评价。江苏农科院俞明亮团队发现桃的高香和低香型果实表型是来自 *PpAAT1* 基因活性的差别控制。

2. 生物技术及分子生物学研究

（1）基于生物信息学的基因家族分析。果形相关的 *PpOFP1* 基因表达；转基因愈伤组织和根状体中 *PpMYB10.1* 的表达；*PpCCD4* 在黄白肉果实中的表达；溶质型桃果在成熟过程中 *PpACS1*、*PpACS4*、*PpACO1* 的基因表达；*PpEBB1*、*PpTCP20*、*PpMPK3* 的基因表达；溶质和硬质桃中 ARF 基因家族的表达；EIL 和 ERF 的基因家族；结合蛋白（SPL）基因家族。

（2）基因组重测序与性状演化。中国农业科学院郑州果树所通过测序分析发现 336 个桃品种中有 202 273 个 SV，关联 2 268 个基因。郑州果树所王志强团队采用抗体芯片研究了桃果实成熟中差异表达的 SAM 循环途径基因和乙烯的产生相关基因，鉴定出差异表达蛋白 1 587 个；山西农业大学研究发现桃的叶片中泛素化的 352 个蛋白质（544 个位点）；PpCBF2 基因、PpMYB3 转录因子与抗寒性有关。

（3）基因功能研究。通过 RNA-seq，本年度筛选出大量候选基因，包括控制酸度的关键基因 *PpRPH*、桃果实性状相关的 QTL 并发掘了候选基因、与山梨醇含量相关的候选基因、与开花期提前相关的候选基因 *PpLNK1*。

3. 品种选育

查阅到 2020 年国内育成的桃品种 30 个，其中，普通桃 16 个、油桃 6 个、蟠桃 3 个、油蟠桃 1 个，观赏桃 4 个。17 个品种获得农业农村部植物新品种权，其中：普通桃 10 个，蟠桃 2 个，油桃 4 个，油蟠桃 1 个。

（二）病虫害防控技术研究进展

1. 虫害防控技术进展

（1）梨小食心虫。吴甚妍发现应用性信息素迷向法有效降低了处理区的蛀果率和蛀梢率；庾琴等发现阿维菌素与呋虫胺（1：4）的杀虫剂组合对梨小食心虫的防治效果最好；相会明等试验发现，壬醛对梨小食心虫雌蛾的诱虫活性显著优于苯甲醛、己醛、庚醛、辛醛。

（2）桃蛀螟。陈万斌研究表明松毛虫赤眼蜂对桃蛀螟卵的寄生能力最强，对桃蛀螟卵的控制潜能最高；王荣成等确定了 20%氯虫苯甲酰胺悬浮剂 3 000 倍液可作为防治玉米田桃蛀螟的有效药剂及浓度。

（3）橘小实蝇。孙太华等人研究发现蛋白诱剂诱捕器诱捕效果较好，且诱虫以雌虫为主，具有较好的保果效果。

（4）桃蚜。孙靖雯发现桃蚜在寄主萝卜上生长发育明显具有优势；徐佳发现新蚜虫疠霉的侵染比烟蚜茧蜂的寄生更具竞争优势；魏波发现，报警信息素对无翅蚜的驱避作用强于有翅蚜；刘明科等人发现 HFLP006 菌株具有桃蚜生物防治的潜力。

2. 病害防控技术进展

（1）桃叶片黄化病。张苗发现在预防和缺铁黄化初期喷施黄腐酸铁最为有效，缺铁黄化严重时施用蓝铁矿与黄腐酸铁相结合能够快速有效矫治黄叶症状。

（2）桃流胶病。吕孟辕研究发现葡萄座腔菌类菌株是肥城桃流胶病主要病原菌；华中农大发现 Lasiodiplodia theobromae 诱导的活性氧代谢改变及其与桃树流胶病发生的关系。

（3）桃腐烂病。屈兴武、童亚萍表明致成团泛菌为桃穿孔病和果实腐烂病致病菌；重庆林大发现氧化还原状态调控桃 PpTGA1 的亚细胞定位并能与 BABA 诱导的防御机制协同抵抗 Rhizopus 所导致的桃果实腐烂病；中国农业科学院首次报道中国桃的采前软腐病由 Enterobacter mori 引起的病例。

（4）桃褐腐病。山东农业大学的石晶盈团队发现 NO 能诱导桃果实提高抗性，通过基因瞬时沉默亚硝基谷胱甘肽还原酶（GSNOR）进行亚硝基化修饰组学探究其抗病的分子机制。

（三）桃现代栽培技术研究

1. 花果管理技术

尚霄丽通过研究不同化学疏花剂对桃疏花疏果及果实品质的影响，认为盛花期喷施 20 mg/L NAA、0.2 g/L 6-BA 能提高果实品质；王立成认为果实套袋虽然提高了果实的外观品质，对果实硬度也有小幅提升，但降低了果实可溶性固形物含量，使果实内在品质降低，口感变淡。

2. 肥水管理技术

孙希武等研究认为硅钙钾镁肥配施黄腐酸钾后，提高了土壤有效硅及植株硅含量；周平研究发现，喷施山梨醇及其类似物会促使果实积累钠、钾、钙，并促进玉米素的合成，对桃果实品质以及养分吸收均有提升效果；孙海兵等认为在土壤中外源添加有机物料和生物炭等有利于提高土壤养分；许业帆等认为连作土壤中施用生物有机肥，能更好地促进桃苗叶片、枝干生长，有利于桃苗定植。郭继英等发现施用袋控缓释肥，施肥次数比习惯施肥减少2次，省工节肥。

3. 树体管理技术

国家桃产业技术体系栽培生理岗位团队研究了以行间生草、行内覆盖、小角度、高冠整形、长梢修剪，立体结果为特征的桃树3S整形新技术。树体管理岗位团队还针对不同整形模式桃树树相参数和冠层参数，营养分散缓放修剪技术，断根以及生长调节剂使用等方面开展了系列研究。牛茹萱等对西北高旱桃区三主枝挺身开心形（株行距为3米×5米）、“Y”字形（株行距为2米×5米）和主干形（株行距为1.2米×2.5米）的冠层结构与光能利用、产量、品质等进行了研究，最终提出适宜西北高旱桃区发展的树形为“Y”字形。

（四）桃采后生物学研究

上海海洋大学、日本东京海产品大学、华南植物园等单位联合使用PLA-P3，4HB活性薄膜配合精油辅助延长桃果实保鲜储藏；南京农业大学和江苏省农业科学院合作研究发现长期冷藏后的桃果实货架期，用外源性NO熏消毒法可促进桃中挥发性有机物的散失，发现茉莉酸甲酯处理对冷藏桃中芳香内酯损失的缓解与乙烯的生物合成有关；中国农业科学院发现使用茉莉酸处理可通过促进糖和乙烯的代谢，减轻桃果实冷藏中的冻害；中国农业大学和北京工商大学合作发现薄荷、百里香精油对Rhizopus stolonifer的抗真菌活性筛选及其在草莓、桃果采后保鲜中的应用。

（五）桃加工技术进展

江苏省农业科学院农产品加工研究所研究了不同浓度蔗糖对黄桃脆片的微观结构及品质的影响，为黄桃干燥加工产品品质的提高和控制提供调控途径和一项体外试验证实；中国农业科学院郑州果树所对两个季节的桃果实花青素、黄烷醇、酚酸、黄酮醇及其抗氧化性进行了评估研究，相关结论有助于育种专家培育富含酚类物质并且具有高抗氧化活性的品种；宋悦等通过探究低聚异麦芽糖（isomalto-oligosaccharides，IMO）代替麦芽糖醇（maltitol，MAI）作为黄桃脆片糖添加物的可行性，认为低聚异麦芽糖（IMO）可代替传统糖液（如MAI）进行渗透，改善黄桃脆片口感的同时赋予其功能性，从而增加黄桃脆片在特殊人群中的消费。

（国家桃产业技术体系首席科学家　姜全　提供）

2020年度香蕉产业技术发展报告

（国家香蕉产业技术体系）

一、国际香蕉生产与贸易概况

（一）生产

香（大）蕉是重要的水果和粮食作物，2019年位居世界水果产量第二，是世界鲜果贸易量最大的水果，也是一些发展中国家农民的主要食粮。2019年世界香（大）蕉收获面积1 087.33万公顷，其中香蕉515.86万公顷，占比47.44%；大蕉及其他蕉类571.47万公顷，占比52.56%。2019年世界香（大）蕉产量15 836.17万吨，其中香蕉11 678.17万吨，占比73.74%；大蕉4 158.00万吨，占比26.26%。

1. 收获面积

（1）香蕉。FAO统计数据显示，近20年来，世界香蕉产业整体发展平稳，收获面积从2000的454.93万公顷增长到2019年的515.86万公顷，增长了60.93万公顷，涨幅为13.39%，年均增长0.66%。2019年，亚洲、非洲和美洲、大洋洲以及欧洲的香蕉收获面积分别为194.14万公顷、188.01万公顷、121.49万公顷、10.42万公顷、1.80万公顷，占世界总收获面积的比例分别为37.63%、36.45%、23.55%、2.02%和0.16%。2019年，世界香蕉收获面积前10国家分别为印度（86.60万公顷）、巴西（46.18万公顷）、中国（34.40万公顷）、坦桑尼亚（30.28万公顷）、卢旺达（25.4万公顷）、刚果（21.48万公顷）、菲律宾（18.59万公顷）、厄瓜多尔（18.33万公顷）、安哥拉（16.22万公顷）、布隆迪（15.24万公顷），前10国家收获面积总和占世界香蕉收获总面积的60.62%。

（2）大蕉。近20年来，大蕉收获面积从2000年的472.20万公顷增长到2019年的571.47万公顷，增长了99.27万公顷，涨幅为21.0%，年均增长1.01%。2019年，非洲、美洲、亚洲的大蕉收获面积分别为441.72万公顷、87.48万公顷、42.16万公顷，占世界总收获面积的比例分别为78.35%、15.31%、7.38%。2019年，世界大蕉收获面积前10国家分别为刚果（109.64万公顷）、乌干达（81.75万公顷）、尼日利亚（50.86万公顷）、科特迪瓦（47.92万公顷）、加纳（43.78万公顷）、喀麦隆（34.65万公顷）、坦桑尼亚（30.42万公顷）、菲律宾（26.31万公顷）、哥伦比亚（25.06万公顷）、秘鲁（15.09万公顷），前10国家收获面积总和占世界大蕉收获总面积的81.46%。

2. 总产量

（1）香蕉。FAO统计数据显示，世界香蕉产量从2000年的6 721.01万吨增长到2019年的11 678.17万吨，增长了73.76%，年均增长达2.95%。2019年，亚洲、美洲、非洲、大洋洲和欧洲的香蕉总产量分别为6 314.17万吨、2 973.87万吨、2 148.19万吨、178.11万吨、63.83万吨，分别占世界香蕉总产量的54.1%、25.5%、18.4%、1.5%、0.5%。2019年，世界前10大香蕉生产国分别为印度（3 046.00万吨）、中国大陆（1 165.57万吨）、印度尼西亚（728.07万吨）、巴西（681.27万吨）、厄瓜多尔（658.35万吨）、菲律宾（604.96 万吨）、危地马拉（434.16 万吨）、安哥拉（403.70 万吨）、坦桑尼亚（340.69 万吨）、哥伦比亚（291.44 万吨），前 10 位国家产量总和占世界香蕉总产量的 71.54%。

（2）大蕉。世界大蕉产量从 2000 年的 2 799.28 万吨增长到 2019 年的 4 158.00 万吨，增长了 48.54%，年均增长达 2.1%。2019 年，非洲、美洲和亚洲的大蕉总产量分别为 2 670.53 万吨、969.47 万吨和 517.10 万吨，分别占世界大蕉总产量的 64.2%、23.3%、12.4%。2019 年，世界前 10 位大蕉生产国分别为加纳（487.22 万吨）、刚果（485.65 万吨）、喀麦隆（477.97 万吨）、乌干达（342.38 万吨）、尼日利亚（318.29 万吨）、菲律宾（310.81 万吨）、秘鲁（228.01 万吨）、哥伦比亚（218.50 万吨）、科特迪瓦（182.61 万吨）、缅甸（134.06 万吨），前 10 位国家产量总和占世界大蕉总产量的 76.61%。

（二）贸易

根据联合国贸易统计数据库（UN comtrade）显示，2019 年世界香蕉总贸易量达 4 709.46万吨，进出口贸易额达 286.4 亿美元。

1. 出口

世界香蕉出口量从 2010 年的 1 793.1 万吨增长到 2019 年的 2 464.60 万吨，这 10 年中世界香蕉出口量增加了 671.5 万吨，年平均增长率为 3.60%，总体保持上升趋势。世界香蕉出口额从 2010 年 81.78 亿美元增加到 2019 的 132.52 亿美元，10 年中世界香蕉出口额增加了 68.26 亿美元，年均增长率为 5.51%。2019 年，世界香蕉出口前 10 位国家的出口量和出口额总和分别占世界的 83.72% 和 79.19%。2019 年厄瓜多尔香蕉出口量为 688.11 万吨，占世界香蕉总出口量的 27.92%。

2. 进口

世界香蕉进口量从 2010 年的 1 890.51 万吨增长到 2019 年的 2 244.86 万吨，这 10 年中世界香蕉进口量增加了 354.35 万吨，年平均增长率为 1.93%。世界香蕉进口额从 2010 年的 123.58 亿美元增加到 2019 年的 153.88 亿美元，增加了 30.3 亿美元，年平均增长率为 2.47%。2019 年，世界香蕉进口前 10 国家的进口量和进口额分别占世界的 69.158% 和 69.79%。

二、国内香蕉生产与贸易概况

（一）生产

1. 种植面积

我国香蕉种植主要分布在广东、广西、海南、云南、福建五个省（区），重庆、四川、贵州、西藏和台湾也有少量种植。据《中国农业统计资料》和农业农村部南亚办数据显示，除台湾地区以外，2000 年我国香蕉种植面积为 24.93 万公顷，随着农业产业结构不断调整，我国香蕉种植面积不断扩大，到 2019 年全国香蕉种植面积达到 33.04 万公顷，年均增长率为 1.49%。2019 年，广东、广西、云南、海南和福建香蕉种植面积分别为 11.13 万公顷、7.85 万公顷、8.45 万公顷、3.33 万公顷和 1.16 万公顷。

2. 产量

据《中国农业统计资料》和农业农村部南亚办数据显示，除台湾外，2019 年全国香蕉产量为 1 165.6 万吨，其中广东 464.8 万吨、广西 311.0 万吨、云南 211.4 万吨、海南 121.8 万吨、福建 44.8 万吨。

根据国家香蕉产业技术体系经济岗位和综合试验站抽样调查，2020年香蕉种植面积、收获面积和产量预计达465万亩、405万亩、990万吨，相比2019年分别下降6.2%、14.4%、15.1%，受枯萎病、疫情和市场行情等因素影响，收获面积和产量下降幅度较大。

（二）贸易

1．出口

中国香蕉出口从2011年的1.02万吨上升到2020年的1.98万吨，总体呈上升趋势，上升幅度为94.12%，但总量较小；贸易值从696.77万美元上升到1 593.9万美元。

2．进口

中国香蕉进口主要是两个途径：海关和边贸。

海关进口。中国香蕉海关进口量从2011年的81.87万吨上升到2020年174.69万吨，年平均增长率为8.79%；进口额从4.02亿美元上升到9.33亿美元，年平均增长率9.81%。受新冠肺炎疫情影响，香蕉进出口贸易量均减少。2020年中国香蕉一般贸易进口量同比减少10%，为174.7万吨，主要从菲律宾、厄瓜多尔、越南和柬埔寨进口，分别进口79.55万吨、32.96万吨、28.25万吨和24.12万吨。从柬埔寨进口香蕉数量增长迅速，2019年从柬埔寨进口1.75万吨，2020年增加到24.12万吨。

边境贸易进口。边境贸易从老挝、缅甸、泰国和越南进口，主要从老挝和缅甸进口，疫情对边贸进口影响较大，缅甸香蕉约有50%即50万吨的产量无法返销国内，直接熟烂在树上，综合估计2020年边贸进口香蕉约为140万吨，同比减少28.2%。随着罂粟替代种植、中国-东盟自贸区的建立及“一带一路”倡议的实施，加之国内产业发展环境的改变，香蕉“走出去”到东盟国家（老挝、缅甸、柬埔寨、泰国和越南等）步伐加快，而老挝、缅甸等主要通过边贸出口到中国，2014—2019年从老挝、缅甸、越南等国进口的数量占海关进口和边贸进口总和的59%～65%，每年平均180万吨，从东盟国家通过边贸进口的部分香蕉量并未统计到国家海关数据。

近些年，香蕉进口贸易量增长迅速，对外依存度提高。根据农业农村部南亚办统计数据、海关统计数据及国家香蕉产业技术体系经济岗位监测数据，2019年国内香蕉产量为1 165.6万吨、海关进口香蕉194.1万吨、边贸进口195万吨、出口2.33万吨，进口香蕉占国内香蕉消费总量的25.1%，而2009年对外依存度仅为5.3%。

三、国际香蕉产业技术研发进展

（一）育种与种苗

种质资源方面。Ines等综述了香蕉种质资源的全球安全保存，重点介绍了ITC设立和作用；Rabara等介绍了菲律宾境内BB资源的保存情况和丰富的多样性。Sambles等对19个不同的香蕉基因型进行了基因组测序，这些数据将有助于香蕉系统发育、品种改良、AAB和ABB异源三倍体香蕉基因组间重组复杂过程的研究，并可整合到香蕉基因组中心等资源中。在种质资源深度评价方面，印度Amarjit Saikia等对AAA/AAB/ABB等基因组类型的10份资源进行了干旱胁迫（缺水）的评价，发现Barjahaji（AAA）、Bogimonohar（ABB）和Agnisagar（AAA）较耐旱，而Kachkal（ABB）和Assamese Malbhog（AAB）不耐旱，说明含B基因组的资源也不一定耐旱性超过只含有A基因组的资源；Uma团队对

310 份资源进行了象甲抗性的评价，发现 2 个 ABB 的粉蕉品种和 1 个 BB 野生蕉资源抗象甲能力较强，而有 44 份资源（包括 AA：2，AAA：5，AAB：9，AB：4；BB：5；ABB：15，ABBB：2；Rhodochlayms：2）抗性较弱。在种质资源遗传多样性方面，Kitavi 等在对东非高原香蕉（EAHB，AAA）的遗传多样性研究中发现，近等基因系的 EAHB 品种群体的表型差异，可能主要反映在 DNA 甲基化的表观遗传差异上；Manosh Kumar Biswas 等通过采用香蕉公共数据库的 AA、BB 和 SS 基因组数据开发了 35 136 个功能性 SSR 标记，其中 17 561、15 373 和 16 286 个功能性 SSR 标记被定位到 *M. acuminata*，*M. balbisiana* 和 *M. schizocarpa* 的基因组上。利用 8 个不同基因组类型（AA、AAA、AAB、ABB、BB、AAAA、AAAB 和 AABB）的香蕉种质资源对其中的 273 个标记，结果 259 个标记（95%）产生了预期大小的 PCR 产物，203 个标记（74%）具有多态性。在此基础上，利用 15 对功能性 SSR 标记（functionally relevant SSR markers）对 50 份香蕉种质资源进行遗传多样性分析，结果表明所有香蕉材料根据其基因组背景分为两大类群，并在此基础上构建了香蕉分子标记网络数据库（Musa Marker Database）。

杂交育种方面。香蕉（*Musa* spp. AAA）的杂交育种是一个冗长、耗时的过程，Batte 等利用杂交香蕉杂交品种 Matooke，通过与他们的父母和祖父母材料在乌干达一起种植观察生长多年，表现出了显著的杂种优势，大多数品种在果串重方面表现出正的杂种优势，而在株高方面表现出略多于一半的杂种优势。Martin 等对 155 份材料进行了测序，包括香蕉栽培品种和芭蕉属多样性代表材料，并对来自 11 个后代的1 059个个体进行了基因型测序，精确地鉴定了 6 个大的相互易位，并表明它们出现在不同（亚）种的小果野蕉（*Musa acuminata*）中，后者是目前栽培香蕉的主要贡献者（Martin et al.，2020）。

品种改良方面。在国际上，2020 年共发表香蕉品种改良相关的 SCI 论文 39 篇，其中有 2/3 的高水平论文为体系内专家及团队所发表的。内容涉及香蕉果实淀粉品质调控、纤维素分解型细菌对香蕉根际微生物的影响、CRISPR/Cas9 基因编辑技术创制半矮化香蕉种质、非生物胁迫等。具体如下：由金志强团队通过 A、B 亚基因组对比分析并关联不同基因型转录组数据，挖掘到关键品质性状功能基因 *SBE2. 3*，并揭示了 *SBE2. 3* 调控香蕉果实淀粉品质形成的分子机制 。

（二）栽培与土肥管理

国外研究主要集中于养分模块的管理、酸性土壤改良、施磷水平的规范化以及香蕉枯萎病的防控等方面。例如，采用不同的养分模块（化肥、矿质有机肥、控释肥和石灰等）对香蕉生长、产量和土壤性质进行了研究。此外，采用常规有机肥、虾肽有机肥、微生物有机肥的形式对不同香蕉品种防控香蕉枯萎病也进行了研究。对于香蕉水分管理的研究，2020 年主要研究了改进水肥管理技术对香蕉产量的影响，发现与传统方法相比，滴灌施肥技术可提高香蕉碳氮比，增加香蕉产量。

（三）香蕉枯萎病防控

分别以“香蕉枯萎病”“香蕉+枯萎病”“Banana wilt”“*Fusarium oxysporum* f. sp. *cubense*”为关键词，对中国知网、NCBI、Web of Science、ProQuest、Springer、Wiley-Blackwell 等数据库进行检索，截至 12 月 13 日，涉及本岗位的国内相关文献有 24 篇，国外 55 篇。其中，国外文献大多数由中国学者发表，国内外文献作者主要集中在体系专家和团队。国外报道主要集中在：①首次报道香蕉枯萎病：位于印度洋的法国马约特省和哥伦比亚首次检测到 Foc TR4，在印度大纳河检测到 Foc 1。②遗传多样性研究：厄瓜多尔和马来西亚半岛 Foc 生物多样性分析、菲律宾 Foc 存在较高的遗传变异、SNP 检测和系统地理分析以色列 Foc 的传播来源。

（四）果园生产机械化

在果园肥药施用环节，围绕精准变量作业，主要开展了关键信息获取、智能装备关键部件研发以及装备性能评估等方面的研究，如作物靶标信息的智能辨识、作物施肥和土壤状况的监测、传感装置的设计、变量执行机构控制决策和控制系统的研发、施药机械的雾滴沉积特性和不同风送施药机喷雾性能对比分析等。

在果实采收环节，围绕林果采摘机器人和采收装备，主要基于机器视觉，融合深度学习和机器学习等智能算法，对采摘果实、枝干靶标进行检测、辨识和定位；基于无人机图像开展了香蕉园、柑橘园面积的研究，为果园精准管理、水果产量估计等提供技术支持；国内还结合智能算法，创建了多种类别水果的图像库，为果实辨识提供基础数据。

在水果运送方面，主要集中在应用基础研究和新型果园运送装备的研发，如对香蕉果穗的力学特性进行测试和建立蓝莓果实的仿真模型，用于运送机械的结构优化；三角履带式果园运输机器人、缆绳牵引式无轨果园运送机和山地果园液压驱动轨道运输机的控制系统等的研发，以提高装备的适应性、安全性或智能化水平。

（五）采后保鲜和加工

采后保鲜技术方面。印度尼西亚研究者发现采用浓度为 1.5%卡拉胶涂膜处理香蕉果实后，置于 20℃贮藏，能够较好的保持果实品质，延长货架期；印度学者发现己醛熏蒸处理香蕉果实，增强了果实对两种病害的抗性，抑制腐烂并延缓衰老。巴西、印度和印度尼西亚等国外学者在国际期刊发表香蕉果实品质、采后保鲜与贮运相关的英文研究论文 11 篇。代表性：印度学者利用 CRISPR/Cas9 技术，首次成功编辑了香蕉番茄红素 ε-环化酶基因 *LCYε*，获得了富含 β-类胡罗素的果实，为利用 CRISPR/Cas9 基因编辑技术进行香蕉果实品质改良提供了理论依据与技术支撑。

加工与副产物综合利用方面。2020 年，国外关于香蕉精深加工与副产物利用相关的文献约有 40 篇，研究内容主要是香蕉加工技术及高品质产品开发、功能评价和香蕉副产物功能成分提取技术及相关功能性产品开发，研究了香蕉茎秆青贮过程干物质和微生物变化和青贮饲料在猪、反刍动物和鱼饲料中的应用效果及饲料复合配方研制。

质量安全与营养品质评价方面。2020 年，国际上香蕉质量安全研究主要集中在农药检测方法开发、农药在土壤和香蕉中半衰期和残留水平、香蕉成熟过程释放的乙烯气体检测方法开发、长期化学耕作方式对香蕉种植土壤中重金属含量的影响等方面。关于香蕉品质评价的研究主要集中在香蕉粉生理生化和营养特性研究、香蕉果皮去绿和果肉褐变过程中多酚氧化酶和过氧化物酶活性变化的计算机图像分析技术、香蕉色泽和硬度的高光谱成像无损检测技术。Maduwanthi 发现催熟显著降低了香蕉果实中酚类物质、黄酮类物质的含量和抗氧化活性，经胃消化后，酚类物质、黄酮类物质的生物利用度和 FRAP 活性均显著提高。台湾屏东科技大学发现抗性淀粉含量则取决于品种和成熟期。

四、国内香蕉产业技术研发进展

（一）育种与种苗

种质资源方面。我国香（大）蕉资源相对少（全世界约有 50 个香蕉种类，我国约有

10个)，遗传基础狭窄，通过收集国内及引进国外香蕉种质资源资源可扩大资源遗传多样性。本年度产业体系团队从国际生物多样性中心成功引进香蕉种质资源 50 份，收集野生或近缘野生香蕉资源 80 余份。

分子育种方面。在香蕉抗逆分子育种方面，许奕等将水通道蛋白基因 *MaPIP1；1* 转化香蕉，解析了香蕉水通道蛋白基因 *MaPIP1；1* 过表达后提高转基因香蕉抗逆性的作用机制。多位学者对香蕉基因编辑育种近年来展现了较有前景的育种方法进行了阐述，易干军团队研究表明 PEG 介导的香蕉原生质体转化系统可作为香蕉瞬时表达分析和 sgRNA 验证的快速有效工具，CRISPR/Cas9 RNP 系统的应用，使香蕉无 DNA 基因编辑工程植株的产生成为可能。

品种改良方面。易干军团队采用 CRISPR/Cas9 基因编辑技术创建了 *MaGA20ox2* 基因修饰的半矮化香蕉。陆旺金团队证明了 MaXB3 调控 MaNAC2、MaACS1 和 MaACO1 的稳定性，从而抑制香蕉果实成熟过程中乙烯生物合成。

（二）栽培与土肥管理

国内主要集中于香蕉枯萎病防控。例如，利用不同微生物菌肥对香蕉枯萎病防病促生效果及土壤微生物群落结构进行了评估。其中关于减量施用化肥的有 3 篇，综合分析了在减量施肥条件下对香蕉生长、产量、品质及经济效益的影响。专利方面，其中 2 个专利是关于香蕉专用肥的制备方法，如用氮磷钾成分、生物菌、生物素、微量元素按比例制备的专用肥具有良好的肥效协同性、缓释性、控释性。此外，3 个专利是关于防控香蕉枯萎病肥料的制备或施肥方法。例如，以蚯蚓粪、腐殖酸、复合菌剂等为原料，经过研磨混合、高温发酵、低温发酵等步骤制备而成，可有效防止香蕉枯萎病的发生，同时能够提高香蕉的产量。

（三）香蕉枯萎病防控

国内学者报道的香蕉枯萎病最新进展集中在：①香蕉枯萎病菌快速检测：研发拉曼光谱技术法检测无症状香蕉样本，检出率为 76.2%，与 qPCR 灵敏度相当；②新品种选育与栽培技术：对桂蕉 9 号各生产环节中关键技术进行研究，并研发与枯萎病防控技术体系；③Foc 致病机理分析：*Foc VCG 01213/16* 的基因组草图完成，Foc 蛋白质组学分析（Zhao 等，2020）、*FocTR4* 中 *Foc SIX* 基因表达模式、致病相关基因功能研究（*FoRlm1*、*FocSge1*、*Pgc4*）；④香蕉抗病机制研究，高效液相色谱法测定巴西蕉与南天黄根系分泌物中酚酸物质的含量差异，不同香蕉品种根系分泌物对 Foc 影响，抗感品种的转录组学分析；⑤香蕉枯萎病综合防控，改良生物菌肥（含菌株 GFP-gz-2）、复合生防菌剂、辣椒-香蕉轮作防控枯萎病，6 个韭菜品种提取物及与香蕉间作对枯萎病防控作用、健康与感病植株根系对土壤 pH 值、养分、蔗糖酶的影响、拮抗菌筛选与拮抗机理研究（解淀粉芽孢杆菌 GKT04、链霉菌 FX81、金黄色链霉菌 HN6、链霉菌属 FS-4、绒毛芽孢杆菌 HN03）。

（四）果园生产机械化

学术成果方面，围绕果园施肥、施药、采收和运输机械与装备，共发表相关论文 55 篇，其中受现代农业产业技术体系建设专项资金资助 13 篇，论文发表单位主要集中在华南农业大学、河北农业大学、中国农业大学等院校和北京农业智能装备工程技术研究中心等科研院所。申请国家专利 62 项，申请人主要为华南农业大学等院校、中国农业科学院与农业区划研究所等科研院所和河北省农业机械化研究所有限公司等企业。

科技奖励方面，中国农业大学主持的“农药减量高效施用技术与装备创制及应用”获 2020 年度教育部高等学校科学研究优秀成果奖（科学技术）科技进步二等奖；华南农业大学主持的“丘陵山地果茶园安全运输机械与多功能集成技术的推广应用”和中国热带农业科学院农业机械研究所主持的“精量开沟施肥技术及配套装备的示范与推广”分别荣获广东省农业技术推广奖励三等奖。

（五）采后保鲜和加工

保鲜技术方面。发现氯化钙结合草酸处理增强了香蕉果实抗冷性，与影响了活性氧代谢有关；公开 6 项保鲜相关专利；2020 年中国学者在国际期刊发表香蕉果实采后保鲜与贮运研究相关的英文论文 12 篇，中文研究论文 9 篇。代表性的论文有：中国科学院华南植物园报道了 NAC 转录因子 *MaNAC42* 的硫氧化修饰参与调控香蕉果实成熟的机制；本岗位发现了 *MaSPL16* 是类胡萝卜素合成的重要调控因子，基于转录组分析，本岗位还揭示了 1-MCP 处理延缓粉蕉果实后熟和影响香气的分子机制。值得一提的是，体系贮运保鲜岗位在香蕉果实成熟过程中乙烯合成的调控机制研究取得了新突破，构建了一条香蕉果实成熟过程中涉及 *MaXB3*、*MaNACs*、*MaERF11* 和 *MaACS1/MaACO1* 的乙烯合成调控新途径。研究论文发表在国际知名期刊 *Plant Physiology*，（2020，184：1153–1171），并且受到 *Plant Physiology* 专门刊文关注（2020，184：568–569）。与香蕉采后保鲜与贮运有关的国家基金 3 项，体系保鲜与贮运获得国家自然科学基金面上项目资助。

副产物利用方面。研究进展主要集中在体系内如：2020 年开发系列高品质香蕉浆、果酒、白兰地、发酵饮料、益生元啤酒等新产品 5 个，香蕉副产物饲料 4 个，有机肥产品 1 个，产品均在香蕉加工企业和种植企业生产和销售，丰富了香蕉加工产品种类，授权发明专利 7 件、软件著作权 10 个，颁布地方标准 1 个，团体标准 2 项。

质量安全与品质调控方面。包括在香蕉营养成分、农残检测，生产环境、投入品、包材、加工工艺等对香蕉制品品质的影响、功能成分提取分离及新检测技术，相关标准比对分析等方面开展研究，其中质量安全方面以体系发表的论文为主。专利 2 项。具体内容主要涉及：①香蕉中农药残留检测技术，建立了香蕉中 40 种农药残留、8 种植物生长调节剂残留方法；香蕉中氟唑菌酰胺和吡唑醚菌酯残留、8 种新烟碱类杀虫剂测定方法；动植物源性食品中氯苯胺灵残留量测定方法，应用新型的微等离子体作为激发源，实现了香蕉制品中二氧化硫的分析；②香蕉品质分析方法。对香蕉中矿物元素进行了含量测定及营养评价，发现香蕉的钾、镁元素含量及营养质量指数较高，而锌、铁元素的含量及营养质量指数较低。

（国家香蕉产业技术体系首席科学家　谢江辉　提供）

2020年度荔枝龙眼产业技术发展报告

（国家荔枝龙眼产业技术体系）

一、国际荔枝龙眼生产与贸易概况

荔枝生产区域高度集中。当前大约96%的荔枝生产于北半球，南半球产量仅占4%左右。荔枝主产国包括中国、印度、越南、泰国、墨西哥、马达加斯加、南非、巴西、澳大利亚等。因世界相关国家荔枝统计数据存在滞后性，主产国官方统计数据和相关文献最新数据为2018年。总体情况看，估算全球荔枝总面积约80万公顷。2018年，荔枝主产国中中国、越南和泰国等国都出现大幅增产，估算世界荔枝产量在450万吨左右。荔枝产期相对集中，特别是北半球产区的荔枝主要集中在每年4月至7月的4个月间上市。荔枝主要以鲜果形式销售，可开发加工产品种类较多但加工占比较小。荔枝作为热带亚热带水果受上市期集中、保鲜难度大、货架期极短以及消费偏好等影响，消费以本地市场为主，国际贸易量小。2018年估算鲜果国际贸易量约40万吨，约占世界荔枝总产量的9%。

龙眼种植集中在中国和东南亚国家，以中国、泰国、越南为主，3个主产国面积占世界龙眼90%以上。据测算，2018年世界龙眼种植面积约60万公顷。其中，中国占51.9%、泰国占30.2%、越南占11.9%。2018年世界龙眼种植面积虽然有所下滑，但产量有所增加。据统计，2018年世界龙眼产量约389万吨，同比增长1.3%，其中，中国和越南龙眼产量微增，泰国龙眼产量基本持平。根据主产国相关统计数据测算，2018年世界龙眼出口贸易量为60万吨左右，约占总产量的15%，以鲜果出口为主，龙眼干、肉次之，罐头最少。

二、国内荔枝龙眼生产与贸易概况

（一）产业概况

根据国家荔枝龙眼产业技术体系调研估算，2020年全国荔枝投产面积810.46万亩，产量约255.35万吨，比上年高38.1%。除四川减产19.7%外，其他省区均不同程度增产，广东、广西、海南、福建、云南分别增产63.5%、9.1%、29.0%、141.1%、28.6%。主要品种都有一定幅度的增产，桂味的增产幅度达到230.56%，双肩玉荷包达295.45%，糯米糍达254.79%。因上年小年价高，2020年荔枝总产值出现了一定幅度的下降。按地头价计算，荔枝总产值为232.73亿元，同比减少了31.57%；按收购价计算，荔枝总产值为132.76亿元，同比减少了40.60%。荔枝上市期自4月上旬至8月上旬，共约123天。

2020年我国龙眼投产面积468.34万亩，总产量166.98万吨，比上年高25.0%。除广西与去年持平外，其他省区均不同程度增产，其中广东、福建、四川、海南、云南分别增产16.44%、118.31%、39.60%、15.41%、17.86%。按地头价计算，龙眼总产值为74.00亿元，同比下降47.90%；按收购价计算，龙眼总产值为67.84亿元，同比下降50.09%。龙眼上市期自5月中旬至9月下旬，共约135天。

荔枝销售顺畅，鲜果原料价格较高。统计主干企业总加工量 8 850 吨，加工量仅接近中小年份水平。2020 年出口荔枝罐头（1—7 月）13 624 吨，全年预估 2. 5 万吨左右，消耗原料 2. 5 万～3 万吨，以此估算主干企业加工荔枝鲜果约 4 万吨，全国共加工荔枝鲜果约 8 万吨。

2020 年全国加工桂圆肉共 19 000 吨，加工桂圆干约 4 000 吨，加工龙眼罐头 450 吨，三项合计加工龙眼鲜果约 20. 4 万吨。

（二）产业发展趋势

荔枝龙眼主产区（海南，粤西、粤中和粤东，桂南和桂东南）地位仍然巩固，逐步形成云南高原地带立体生产和四川合江特晚熟等特色产区。荔枝龙眼果园生产机械应用加速，智慧果园建设开始受到重视。

1. 政府对荔枝龙眼产业发展的重视程度持续增强，为产业发展构建良好的制度环境

农业部荔枝标准化生产示范园联盟继 2017 年成立以后，已组织四次大型产业大会和荔枝擂台赛。

作为荔枝第一大产区的广东省，对荔枝产业的重视程度不断提高。2018 年之后已启动建设高州、阳西、从化和增城四个省级荔枝现代农业产业园及高州龙眼现代农业产业园，通过技术集成、产业融合、创业平台、核心辐射等主体功能，引领推动区域农业结构调整、加快推进乡村产业振兴。2020 年 12 月，《广东省荔枝产业高质量发展三年行动计划（2021—2023）》颁布，而各主产区县的配套行动计划也先后出台。

2. 荔枝龙眼产业将保持稳定发展势头，产业素质不断提升

农业农村部园艺作物标准园、热作示范园和荔枝龙眼产业技术体系试验示范基地的建设，在单产、品质等方面树立起产业标杆。农业科技政策和支持政策力度加大，农民收入倍增计划使市场消费能力趋升。产业经营中人工费用的持续提升倒逼果农改变劳动密集型生产方式，荔枝龙眼果园管理机械化与精细化相结合，推动产业更加可持续发展。因此，在外力内力双重作用下荔枝龙眼产业将向资本技术型生产方式逐步变革，产业素质不断提升。

另一个值得关注的现象是，近几年一批“新农民”加入到荔枝龙眼产业。其中，有来自于其他产业的具有经营意识，经营资本、经验和能力的人才转战荔枝龙眼产业，也有受了良好教育具备系统专业知识的“农二代”大学生返乡就业。这些人才的加入将进一步提升荔枝龙眼产业素质。

3. 以均衡产期和优化品质结构为目的的品种区域布局和区域品种布局调整持续进行，但应重视新格局下的结构平衡

基于品种结构不合理导致季节性供求不平衡、特优鲜食品种比例偏低等产业现实，近几年来荔枝龙眼品种结构调整得到有力推进。据国家荔枝龙眼产业技术体系研发中心统计，荔枝高接换种技术应用最多的地区集中在广西的钦州、玉林，广东茂名、湛江等主产区。自 2009 年体系成立以来，所覆盖产区内荔枝高接换种面积达到 80. 5 万亩，其中 2018 年高接换种面积约 4. 8 万亩。

随着高接换种技术水平的提升以及原有高接换种示范果园示范效果的逐步显现，特别是不同品种明显差异的种植收益，将驱动荔枝龙眼高接换种技术的推广应用，加快荔枝龙眼品种结构调整的步伐。但需要注意的是，在高接换种技术推广过程中应综合考虑全国性布局中品种结构在生产区域和上市期方面的合理性、差异性和承接性，考虑全产业链中品种结构的功能性分布，避免在新品种格局下再现同质化竞争。

4. 社会化专业服务队伍日益壮大，服务规范化和专业化水平及其影响力将进一步提升

根据体系调查数据，全国单个荔枝园的规模平均约 19 亩，而 10 亩以下的荔枝园占比高达 70%多，因此分散经营仍是荔枝生产的主流状态。通过土地流转方式，很多单个荔枝园规模扩大到数 10 亩至 200 亩，距离规模化经营进步不小。

在茂名、阳江、钦州和玉林等主产区连成片的小型荔枝园，为荔枝产业技术的社会化专业化服务提供了基础。近几年社会化专业化服务的发展不仅缓解劳动力需求压力，降低经营成本，更重要的是促进了荔枝产业的标准化、规范化发展。体系调研数据显示，93.33%的荔枝果农存在生产环节外包行为，从荔枝各生产环节来看，施底肥环节外包比例 78.67%，疏花环节为 42.67%，除草环节为 66.67%，打药环节为 84%，追肥环节为 72.67%，灌溉环节为 18%，疏果环节为 12.67%，摘果环节为 79.33%，整形修剪环节为 75.33%，环割环节为 59.33%。在产业需求日益迫切的大形势下，发展社会化专业服务这一趋势将得到延续并加强。

5. 荔枝龙眼一二三产业融合发展开始提速

靠近都市圈的荔枝果园开始从单纯的荔枝生产园向荔枝生态、采摘、休闲公园转型。广东增城仙村镇基岗村等地提出打造“荔枝特色小镇”的发展目标并开始付诸行动。加工品方面，富 GABA 荔枝混合果汁产品、含荔枝龙眼果肉（酱）焙烤休闲食品、荔枝酸奶果粉及泡腾片系列产品等多元化加工品得到研发并大力推广。同时多样化的产业服务团队，如策划团队、信息服务以及金融服务团队等加入产业发展中来。而“农业农村部荔枝标准化生产示范园联盟”和“广东省荔枝产业联盟”的建立，力求实现生产者组织化，辐射带动周边产业发展，创新产前、产中、产后技术服务机制，建立共享平台和提供生产性技术服务，为产业共享信息，联合开展市场形势分析研判、市场营销和品牌打造等提供很好的平台。

6. 新型流通方式加速发展，倒逼产业升级的作用日益凸显

受新冠肺炎疫情和消费升级大环境影响，随着预冷、分级、冷藏、冷链运输技术的日益普及，我国荔枝龙眼产业的物流处理和冷链贮运能力显著提升，荔枝龙眼销售的电子商务发展迅速，而社区电商的发展尤为值得关注。而多种模式电子商务的日益完善和活跃，在一定程度上激活了传统荔枝龙眼产业，推动荔枝龙眼产业从生产导向转变为市场导向，倒逼产业升级。这种作用将主要表现在：第一是生产组织化水平提升；第二是生产标准化、规范化程度提升，产品品质要求提高；第三是加快产品分级推广应用步伐；第四是产业内和产业外资本进入冷链物流设施建设，提升产业冷链物流水平；第五是提高荔枝龙眼产业从业人员市场意识，驱动荔枝龙眼产品品牌化发展。

三、国际荔枝龙眼产业技术研发进展

主要检索到成长调控、在病害研究、采后保鲜与加工方面的研究进展。Winterhagen 等研究了氯酸钾诱导龙眼成花过程成花相关基因表达特性，以及细胞分裂素的含量变化。Daniel 等对检疫性害虫-荔枝瘤节蜱 *Aceria litchii*（Keifer）（国内称荔枝瘿螨）进行分子鉴定，发现澳大利亚属于一个世系，夏威夷、印度、巴西、佛罗里达和中国台湾属于另一个世系。Vinayak 等建议可使用 H_2S（2 mM）渗透处理来延长荔枝果实的储藏寿命。Shilpa 研究发现用低密度聚乙烯薄膜包装的荔枝果实可以储存长达 3 周，并具有可接受的市场质量。Lourith 等开发了荔枝血清，并在人类志愿者中临床评估了安全性和有效性，结果表明荔枝提取物的安全性和功效在临床上被证实可用于色素沉着过度和皮肤治疗老化。Tehri 等以荔枝叶提取物为原料，经济高效地合成 AgNPs，对枯草芽孢杆菌具有显著的杀菌和杀孢活性。Nguyen 等利用物理预处理和藻酶水解技术对干燥低质废弃龙眼果实进行预处理，以提高龙眼果实的可发酵糖产量。Nguyen 等研究发现低质龙眼果废料是生产乙醇的优良原料，可生产生物燃料。Nguyen 等发现利用氧化锌/龙眼种子活性炭在可见光区光可催化降解亚甲基蓝。

四、国内荔枝龙眼产业技术研发进展

（一）技术应用

体系凝练形成的间伐、回缩、高接换种技术得到进一步推广，水肥一体化以及农机具也被更多的果园接受应用。

2020 年新增荔枝园间伐面积 13.05 万亩，累计 210.84 万亩；新增回缩面积 62.36 万亩，累计 398.99 万亩；新增高接换种 6.59 万亩，累计 88.71 万亩；新增灌溉设施 1.69 万亩，累计 67.39 万亩；新增水肥一体化技术应用面积 1.02 万亩，累计 26.82 万亩；新增购置各类农机具 4.77 万台，累计 14.50 万台，包括喷药机、疏花机、修剪机、开沟机、碎枝机、割草机、施肥机等。根据对典型果园的持续跟踪比较，2020 年果园间伐后年均总产值是间伐前的 4 倍多，间伐后年均纯利润是间伐前的 8 倍多，果园间伐后成本利润率上升了将近 3.5 倍，经济效益非常显著。

2020 年新增龙眼园间伐面积 4.35 万亩，累计 114.33 万亩；新增回缩龙眼园面积 7.82 万亩，累计 76.21 万亩；新增高接换种 8.08 万亩，累计 12.63 万亩；新增安装灌溉设施 0.40 万亩，累计 24.32 万亩；新增水肥一体化技术应用面积 0.39 万亩，累计 7.12 万亩；新增农机具 3.01 万台，累计 8.44 万台，包括喷药机、疏花机、修剪机、开沟机、碎枝机、割草机和施肥机等。

（二）研发进展

针对产业发展中的关键问题，以国家荔枝龙眼产业技术体系专家为主的研发团队开展了种质资源评价与品种选育、优质安全省力栽培、采后品质维持及产品深加工等相关的应用基础研究和技术研发工作。

1. 种质资源与育种

张惠云等通过褐毛荔古树特异资源调查和收集保存，指出褐毛荔古树资源面临濒死问题，提出褐毛荔古树资源的保护建议。李冬波等以广西原产和引种的 88 份荔枝种质资源为研究对象，利用 40 对 SSR 引物对其进行遗传多样性和聚类分析，表明荔枝种质间的亲缘关系与熟期存在一定的相关性。胡福初等以 25 份特早熟、3 份早熟及 2 份中熟荔枝种质资源为材料，利用 SRAP 分子标记进行遗传多样性分析，探索特早熟荔枝种质资源的亲缘关系，为特早熟荔枝种质资源发掘、评价及新品种培育提供参考。方超等以 74 个具有广泛代表性的荔枝品种为研究对象，对荔枝测试指南中 9 个数量性状进行观测，对各数量性状的表达状态进行分级范围划分，可作为今后荔枝 DUS 测试数量性状描述分级的依据。蒋依辉等比较 35 个荔枝品种成熟果实果肉中多酚、黄酮、维生素 C 含量，从铁离子还原能力（FRAP）、二苯代苦味酰基自由基（DPPH）清除能力、氧化自由基吸收能力（ORAC）三个方面分析各品种抗氧化能力差异，发现不同荔枝品种间抗氧化能力存在显著差异，妃子笑、绿纱、红绣球、井冈红糯、岭丰糯、金包银、状元红是多酚、黄酮物质含量高、抗氧化活性强的一类品种。黄小凤通过对紫囊和红绣球 2 个荔枝种质的来源、引种表现和 SNP 分子标记进行比较，结果表明记载始于明代的东莞传统名荔紫囊与当前栽培的红绣球为同一种质，两者为同物异名。台湾学者 Ryutaro Tao 利用最新开发的深度学习技术发现“ Yu Her Pau” 主要是由于其较高的果实纵径与其他品种区分开，进一步发现利用较少的图片即可对不同荔枝品种图片识别准确度达 98. 33%。

吴洁芳研究发现 2010—2019 年 10 年间荔枝童期结束植株数呈正态分布，峰值出现在 3. 5 年或 4. 5 年，荔枝童期结束植株数并非随树龄增加而增多，选择特短童期或短童期类型母本品种，杂交可获得特短、短童期育种材料。吴洁芳以 26 个野生荔 10 号荔枝自然杂交子代半同胞单株为材料，分析其果实性状的遗传变异和估测其遗传参数，发现果实的表型性状（果实形状、果肩形状、果皮颜色、龟裂片形状、裂片峰形状）变异范围广，均分离出 3～5 个不同类型，除果皮颜色外，其余性状亲本性状遗传更加顽固。李焕苓以海南特色大果形荔枝品种新球蜜荔和紫娘喜为杂交母本，利用早熟、焦（无）核的荔枝品种三月红、妃子笑、桂早荔、无核荔、白糖罂花粉进行人工授粉试验，结果表明不同杂交组合当年果实的外观品质和内在品质存在差异，部分杂交处理与自然授粉呈显著性差异。

张惠云等报道了早熟荔枝新品种燎原 1 号的选育，该品种通过自然实生群体选育而成，果实发育期约 70 天，在云南保山成熟期为 5 月下旬，与褐毛荔、大红袍嫁接亲和性好，不易裂果，丰产稳产性好。古雅良等报道了优质迟熟荔枝新株系越州红，该品种是在广西浦北县发现的荔枝实生变异株系，品质优质，丰产稳产，与黑叶砧木嫁接亲和性好，具有较好的推广应用前景。胡福初等报道了早熟荔枝新品种桂早荔在海南陵水的引种表现，该品种自 2005 年前后引入，能够很好地适应引种地的气候和环境条件，树体生长健壮，成花较易，开花坐果正常，果实品质性状优良，丰产稳产性较好，比当地主栽品种妃子笑提早成熟 15 天左右，具有早熟优势。宋云连等报道了新球蜜荔与玉谭蜜荔荔枝的引种表现，其高接换种后综合性状表现较好，适宜在云南干热河谷区种植。高贤玉等以 2 年生褐毛荔实生苗为砧木，嫁接 9 个荔枝新品种（种质），结果显示 MS78 和 MS48 的果实性状优于其他 7 个。郑少泉等报道了冬香、翠香和宝石 1 号 3 个龙眼新品种；冬香龙眼是从冬宝 9 号×晚香杂交后代中选育出的特晚熟、浓香、优质、大果新品种；翠香是从冬宝 9 号×翠玉杂交后代中，经多年定向筛选育成的优质、大果、浓香型杂交龙眼新品种，综合品质特优，鲜食加工均宜；宝石 1 号是从冬宝 9 号×石硖的杂交子代中，定向培育而成的早熟优质大果龙眼新品种，品质佳。Yi 等综合代谢组和转录组方法对红皮龙眼（RP）果皮着色机理进行研究，认为龙眼果皮中花青素衍生物的积累是龙眼果肉呈强红色的主要原因，龙眼花色素苷生物合成途径中的结构基因 F3′H 和 F3′5′H 可能在龙眼果皮中花青素合成成分的选择中起重要作用。

2. 成花与坐果生理

陈厚彬等利用近 10 年全国 59 个主产县的荔枝单产数据，比较分析各县区、示范园和荔枝品种的“大小年”表现，数据显示亩产在平均值以上和平均大小年结果指数（BBI）在平均值以下的品种包括白糖罂和妃子笑等；单产较高但 BBI 也较大的品种有鸡嘴荔和黑叶；桂味、糯米糍等优质品种单产低、BBI 高，表现出低产和不稳产的特征，指出从果园改造、充足养分管理、恰当的水分调控、严格的末次秋梢期调控、准时促花等环节入手，做好克服荔枝“大小年”生产的秋冬季技术管理。赖自力等发现不同年份带绿荔枝各物候期出现的时间及物候间相隔的天数差异明显，受年际气象条件的波动影响大。陈强等通过统计分析广东省茂名地区国家站和区域站的 6 级以上大风资料，总结了茂名大风出现的时空分布特征，指出荔枝花期如果出现西北大风，易导致柱头干枯，影响授粉，而花期遇到台风和雷雨大风，荔枝花穗会被大风打坏，荔枝果实发育期遇 8 级以上大风，成熟的荔枝果实会被刮掉，引起大量落果，严重时会折断树枝，造成严重损失甚至绝收。Lu 等识别参与荔枝活性氧促进开花的叶片信号基因，进行全基因组分析，通过外源喷施产生活性氧试剂（MV）和活性氧清除剂（DMTU）促进开花，并降低了需冷量。Huang 等在韧皮部分泌物的比较蛋白组学研究中，揭示荔枝开花途径存在的远距离信号传导，韧皮部分泌物在开花诱导过程中积累的蛋白质，在开花诱导的 3 个阶段中均发现了 6 种蛋白质，在开花前诱导阶段发现 16 个蛋白。周瑞云等研究发现妃子笑荔枝从花芽分化期到果实成熟期，叶片净光合速率存在两个峰值，出现在花芽分化期和果实发育期；在果实发育期和果实着色期积累可溶性糖，在花芽分化期和果实着色期积累淀粉，为后续生长发育储备充足营养。

Zhao 等发现荔枝落果过程中，KNOX 类转录因子 *LcKNAT*1 的转录量显著下调，说明 *LcKNAT*1 与荔枝落果负相关，乙烯合成基因 *LcACS*1/7 和 *LcACO*2/3 与荔枝幼果脱落前的乙烯释放最相关，遗传分析进一步阐明了 *LcKNAT*1 通过直接调控乙烯合成进而抑制器官脱落。Ma 等通过深入分析荔枝落果密切相关的乙烯合成基因及细胞壁重塑基因，发现这些基因启动子区域含有典型的乙烯信号通路中核心转录因子 EIL 的结合位点，进而证实荔枝转录因子 *LcEIL*2/3 直接调控乙烯合成及细胞壁重塑基因的转录，进而诱导脱落。

3. 养分管理

朱陆伟等指出，为提高荔枝对氮磷营养的吸收，建议生产上避免一次性大量施用硝态氮肥。邱全敏等比较了不同土壤改良剂（石灰、白云石粉及两种用量钙镁磷肥）改良土壤的效果及对荔枝生长的影响，认为石灰和白云石粉可用作酸性荔枝园土壤 pH 改良剂。Xu 等研究表明，末次梢老熟期和果实膨大期叶片 N 含量是龙眼果实大部分种类氨基酸的决定因素。姚丽贤等报道了作物养分累积量是衡量作物施肥量的重要依据，以生产 50 千克果实计，华南 10 个主栽荔枝品种地上部 N、P、K、Ca 和 Mg 累积量分别为 811. 9 克、86. 4 克、586. 0 克、792. 5 克和 112. 8 克，随 50 千克果实收获带走养分量为 N 114. 5 克、P 14. 4 克、K 105. 1 克、Ca 21. 6 克和 Mg 12. 5 克，带走量占地上部树体各养分总量的 15. 8%、18. 9%、20. 2%、3. 4%和 12. 6%，为维持荔枝立地土壤肥力并保证树体正常生长发育，荔枝收获果实及修剪带走的养分量是荔枝翌年施肥养分量的下限。侯宪文等研究发现，将荔枝枝叶适当粉碎后就地还园，不但改善土壤物理性质，维持土壤环境稳定，提高土壤养分肥力，其中荔枝枝条和叶片中的全钾在覆土处理下累积释放率均达 90%以上。钟兰军等研究发现套种蔓花生、鼠茅草、百喜草、白三叶草 4 种生草栽培相较清耕均可有效改善土壤理化性质、提高龙眼产量，以套作白三叶草的效果最佳。

4. 病虫安全防控及机理

Ling 等通过单胞分离，首次报道由 *Colletotrichumacutatum* 引起的荔枝炭疽果腐病。张荣等研究发现温度、露时及其交互作用可显著影响荔枝霜疫霉孢子囊的萌发及寄主发病的严重度。Kong 等发现荔枝霜疫霉中的 bZIP 转录因子 PlBZP32 在游动孢子、孢子囊和入侵性菌丝中表达上调，通过 RNAi 技术抑制 PlBZP32 表达，发现沉默菌株孢子萌发率低，对寄主的侵染能力有所下降，且降低荔枝过氧化物和漆酶活性。Situ 等参考大豆疫霉的 CRISPR/Cas9 基因组编辑技术体系，针对荔枝霜疫霉 RXLR 效应蛋白编码基因 *Pl Avh133* 设计了 20 bp 的 sgRNA 靶向序列，结合同源替换的方式对该基因进行敲除。Kong 等建立了基于 M90 序列的荔枝霜疫霉 LAMP（loop-mediated isothermal amplification）检测技术，能够有效检测荔枝或土壤中荔枝霜疫病的病原菌，从而可以作为进行荔枝霜疫病的预测防治和精准施药的基础。董易之等以荔枝鲜果、果皮、嫩叶和老叶作为产卵引诱物，引诱荔枝蒂蛀虫大量产卵，但持效期较短，引诱效果在 1～2 天后即显著下降，筛网网孔大小对荔枝蒂蛀虫产卵有显著影响。廖仁昭等发现光驱避法对荔枝蒂蛀虫防控效果优良。张志东等报道了性诱剂作为一种环境友好型监测方式，能较好用于监测害虫种群动态变化和诱杀靶标害虫。Wang 等证实广斧螳螂成虫对荔枝蝽 1～4 龄若虫均具有较高的控害潜能。郭义等通过捕食功能试验证实蠋蝽对荔枝蝽 1 龄若虫具有较高的控害潜能。Yao 等验证了除虫脲对荔枝蒂蛀虫几丁质合成网络的影响，初步阐明除虫脲对害虫的杀卵机制。Xu 等测定、注释和分析了荔枝蝽线粒体全基因组序列，填补了荔枝蝽属线粒体基因组全序列测序及分析的空白。Wu 等报道了平腹小蜂是防治荔枝蝽的有效天敌，根据荔枝蝽不同的地理型，其平腹小蜂的种类也不相同。Wang 等初步揭示了卵寄生蜂与寄主相互作用过程中毒液蛋白作用，为开发新的生物防治策略提供理论依据。王思威等用高效液相色谱-四级杆/飞行时间质谱结合 QuEChERS 前处理技术，建立了荔枝花、蜂巢和蜂蜜中未知农药残留的非靶向快速筛查方法。吴静娜等探明氯氰菊酯和毒死蜱在荔枝果肉及果皮中的消解动态及残留状况，对其安全性进行了风险评估。

5. 采后保鲜与加工

Li 等研究发现氯化胆碱可通过抑制能量缺乏介导的 PCD 来降低荔枝果皮褐变。He 等报道了盐酸辛弗林（Syn-HCl）可减轻荔枝果皮因调节脂肪酸代谢和维持膜完整性而引起的褐变，抑制 PPO 和 POD 引起的酶褐变。Yun 等报道了荔枝果实在（25±1）℃贮藏前暴露于 0.7ppm 的富氢水中，可延缓荔枝果皮褐变，保持了荔枝果实的可溶性固形物（TSS）。Cao 等为了降低荔枝干果实加工的成本，使用由 $BaTiO_3$ 产生的间歇通电加热（IOH）干燥（间歇空气干燥 IAD），发现 IAD 为 1.2 和 1.5 PR 可以减少荔枝果实的褐变并获得更好的产品质量。Liu 等发现褪黑素 MLT（400 μm，浸提 20 min）处理白糖罂荔枝果实，能有效延缓冷害的发展，同时抑制果皮变色。Xu 等报道了电子鼻可以很好地检测出荔枝的机械损伤，在室温贮藏条件下，最佳检测时间为损伤后第 4 天。Lai 等施用发光假单胞菌增强了荔枝抗果实腐烂的防御相关机制和非酶抗氧化系统（海藻糖、丙二醛、活性氧和过氧化氢）。Tan 等研究冷冻干燥（FD）、真空干燥（VD）和烤箱干燥（OD）对荔枝果实酚含量和抗氧化活性的影响，结果表明 FD 是荔枝果实的最佳干燥方法。Wu 等利用废弃荔枝皮生产了一种高效、可回收的生物炭吸附剂，具有较高的比表面积和大量的微孔结构，有利于染料在废水中的吸附。Liu 等研究指出荔枝果皮是一种有利用前途的生物废弃物。

Bai 等报道，过氧化氢降低龙眼果肉的硬度，导致采后龙眼果肉的加速软化和加速果肉分解。Lin 等研究发现二氧化氯生成膜可延长半干龙眼果肉的货架期。聚赖氨酸与聚乙烯醇结合可降解，抗菌薄膜是一种很有前途的食品包装材料，Li 等研究发现该包装膜能有效抑制龙眼果皮褐变和果肉分解。Lin 等应用 1：500 卡多赞稀释（卡多赞+水）处理龙眼，可提高 ROS 消除能力，减少 ROS 生成和积累，减轻龙眼果肉细胞膜结构的破坏，并最终抑制龙眼收获时果肉分解。Han 等报道龙眼果实在室温中贮藏时采用 0.22%焦亚硫酸钠+4 小时预冷+敞口包装预冷是一种理想的处理方法。

6. 功能性成分研究

Chen 等鉴定出一种高纯度的荔枝蛋白为荔枝类索马菌素蛋白（LcTLP），可促进肿瘤坏死因子-α（TNF-α）和白细胞介素-1β（IL-1β）等促炎细胞因子的基因表达，并增强 NF-κB（Nuclear Factor-kappa B）信号通路的关键成分 p65 的表达，抗炎细胞因子白细胞介素-10（IL-10）和转化生长因子-β-1（TGF-β1）在 *LcTLP* 刺激后升高。Cao 等综述指出，荔枝提取物中表没食子儿茶素没食子酸酯（EGCG）、没食子酸、山奈酚、木犀草素和白桦酸是荔枝抗癌作用的主要成分，Bax、BCL2、CASP3 和 AKT1 可能是这些成分发挥抗癌作用的主要靶点，为进一步认识和探索荔枝作为治疗癌症的药物以及以荔枝有效成分为基础的“组方”的应用提供了参考。Lan 等首次从干燥的石硖龙眼果肉中分离到一种水溶性富糖多糖（LPsx），通过 Ca^{2+} 和 CR3 介导的 MAPKs 和 PI3K-AKT 信号通路诱导巨噬细胞活化，这一结果将有助于揭示龙眼干的保健作用机理。Li 等研究报道了龙眼果肉可改善 D-gal/AlCl3 联合 RAS/MEK/ERK 信号通路的不规律饮食引起的 AD 小鼠认知障碍。Dong 等开发了一种简单的两步合成策略，以氮掺杂碳壳和载体（FeNi NC/NC）制备 Ni-Fe 双金属纳米颗粒，生物质龙眼泥不仅是催化剂载体的碳源，还是一种成壳材料和氮掺杂受体。

7. 果园生产机械化

Osako 等人利用椭圆曲线对荔枝果形进行定量评价，通过傅立叶描述子和特征之间的关系确定荔枝品种和果实形状。Li 等研究提出了一种基于 RGB 深度（RGB-D）摄像机算法，可同时准确、自动地检测和定位多个枝组的结果枝。

（国家荔枝龙眼产业技术体系首席科学家　陈厚彬　提供）

2020 年度天然橡胶产业技术发展报告

（国家天然橡胶产业技术体系）

一、国际天然橡胶生产及贸易概况

全球橡胶种植面积较 2019 年的1 540. 4万公顷略微下降，受胶价低迷影响割胶面积略有减少。预计 2020 年全球天然橡胶产量为1 259. 7万吨，比上年1 390. 8万吨减产 9. 43%。亚洲国家产量占比下降为 88. 1%。其中 ANRPC 成员国的天然橡胶产量占全球的 87. 1%。泰国、印度尼西亚、马来西亚和越南 4 国占全球的 69. 9%。单产排名前 4 的国家是越南、马来西亚、印度和泰国，单位面积产量分别为1 618 千克/ 公顷、1 410千克/ 公顷、1 354千克/ 公顷和1 287 千克/ 公顷。世界天然橡胶主要出口国总量呈下降趋势，天然橡胶进口量减少。天然橡胶价格略高于去年，在 10 月底至 11 月有一个大幅提升，但随后回落。

二、国内天然橡胶生产及贸易概况

我国橡胶种植面积为 115. 7 万公顷，与 2019 年基本持平。受新冠肺炎疫情影响，本年度白粉病流行严重，加之 5 月干旱、10 月台风和 12 月的低温影响，三大植胶区割胶时间普遍缩短。预计 2020 年产量为 69. 3 万吨，比上年减产 14. 5 万吨。

初步测算，2020 年我国进口天然橡胶、复合橡胶和混合橡胶 534. 4 万吨，比 2020 年下降 5. 3%。消费量预计为 544. 4 万吨，同比减少 1. 9%。但消费潜力扩大，根据中国汽车工业协会发布的数据显示，2020 年 10 月，中国汽车销量同比增长 12. 5%，为连续第 7 个月增长。

天然橡胶价格与国际市场同步，全年先降后升，全乳胶 SCRWF 最高价格突破 1. 5 万元，不过 11 月有所下降。

三、国际天然橡胶产业技术研发进展

（一）遗传改良技术研究

马来西亚橡胶研究院从 1995 年采集的 50 000 多份野生种质中，鉴定筛选出 128 份核心种质，以利于这些材料在橡胶育种计划中得到更快速和更有效的利用；早期预测技术方面，马来西亚橡胶研究院根据 3 龄与 5 龄橡胶树产量早期预测相关性研究，预测的遗传增益表明，利用不同年龄的早期产量试验进行后代选择是有效的。国际上对天然橡胶基因方面的研究大多集中在抗病方面，Liyanage 等对抗白粉病的 HbMLO 基因成员进行了研究。Angeloa 等发现感南美叶疫病品种水杨酸和茉莉酸信号途径基因大多上调表达。Prasong-sansuk 等分析发现木质部和韧皮部蛋白质参与的生物学过程不同，蛋白糖基化修饰是一类重要的翻译后修饰。

（二）栽培技术研究

割胶是获取胶乳产量的直接手段，各国均高度关注。马来西亚 Muhammad Fadzli Ali 对中部和南部地区 37 个橡胶树品种进行评估，结果表明产量和产量稳定性因品种而各不相同，但在不同地区表现出相对一致的趋势。RRIM2007、PB260、RRIM2012在两个地区产量和稳定性均维持在较高水平，相反RRIM308在两个地区产量和稳定性均较差。年均产量与最低温度升高呈负相关，最低温度每升高1℃株次干胶产量下降3克，还发现最高产的品种能持续稳定高产。这些信息可以为育种和农艺专家开展种质特征深入鉴定提供参考。Balasubramanian等研究表明热带地区单一物种的橡胶林替代热带雨林对土壤有机质稳定性有显著影响，使该区域土壤有机质稳定性改变，进而影响区域气候变化。

（三）病虫防控技术研究

国外依然对橡胶树南美叶疫病关注度较高，哥伦比亚Virguez-Díaz等鉴定发现抗南美叶疫病的FX 3899、FDR 4575、FDR 5578、GU 198、FDR 5597生长和产量水平较好。橡胶树拟盘多毛孢落叶病在东南亚危害依然严重，泰国Anurag等也首次发文鉴定了其病原物。国外对于橡胶树白根病的研究也有一定的进展，印度尼西亚Kusdiana等发现健康橡胶树根际细菌群落比感染白根病菌的根际更加多样。马来西亚Bukhari等发现硅酸盐细菌UPMSSB7与硅共同处理橡胶树，显著提升生长并降低了白根病发病率和病情严重程度。

（四）机械技术研究

天然橡胶价格持续低迷，主要种植国对于天然橡胶产业的机械化研发投入并不高，国际上天然橡胶的管理与采胶工作还未出现革命性的机械化、自动化及智能化的解决方案。

（五）加工技术研究

各国学者重点围绕天然橡胶非胶组分开展相关研究，如蛋白质和磷脂等对天然胶质量影响，泰国的Jitladda Sakdapipanich研究团队从橡胶粒子粒径角度，日本的Seiichi Kawahara研究团队从分子结构角度解析天然橡胶的性能成因，值得关注。马来西亚J. Jaafar研究团队将环氧化天然橡胶掺入磺化聚醚醚酮基质中，制备甲醇燃料电池的电解质膜，可以使其选择性大大提高。马来西亚Omar S. Dahham研究团队通过溶胶凝胶技术制备了ENR-50/TiO_2纳米材料，在光学和光电设备中具有很好的应用前景。Chambon调查分析了泰国南部8个省的398个生产商和182个贸易商，表明干胶质量是由橡胶生产前后两环节共同决定。在新加工技术方面，住友橡胶研发出“低气味天然橡胶”，同时利用量子射线显微观察轮胎内部结构，加快材料开发速度；新加坡国立大学将废旧轮胎转换为多用途气凝胶。

橡胶木综合利用方面，未见革新技术的公开报道，传统硼酸硼砂防虫处理技术仍是实木锯材改性利用的主流。但全球橡胶木发展呈现由锯材产品向胶合板产品发展的新趋势，拉动了单板的销售价格。

（六）产业经济研究进展

国外学者主要围绕天然橡胶农户行为与决策研究，Nicod发现种植户对橡胶价格波动特别敏感，Arieska发现多样化种植能够提升印尼农户的安全感。Kopp研究表明教育水平对农户的影响力有着显著影响。Ali提出决策支持系统可助益小农橡胶种植户的生产，但有数据不易收集、缺乏社会和制度协调等局限。

四、国内天然橡胶产业技术研发进展

（一）遗传改良技术研究

我国建立了全国性新品种区域试种网络，对试区持续跟踪分析表明热垦628速生特性显著，且在不同试验区表现相对一致，是典型的胶木兼优品种，热研7-33-97在各地生长速度表现不一，处于中等水平。从第 1～2 割年株产干胶情况看，热垦 628 和热研 8-79 早熟特性表现明显，在各试验点都有较好产量表现。PR107 和湛试 327-13 等品种则表现出晚熟特性，开割初期产量较低。我国在基因组和蛋白质组学方面研究活跃，鉴定了大量产量、逆境胁迫相关基因的功能，同时将多组学技术运用在橡胶树研究中，首次在橡胶树原生质体中实现了基因编辑，编辑效率可达 3.74%到 20.11%，这将极大的推动橡胶树功能基因的深度研究。

研发了大型全苗，利用直径为 15 厘米、高 40 厘米的控根器培育大苗，配套沼液肥和每天灌溉 300 毫升可以相对较低的成本让橡胶树大苗长势良好，且能缩短非生产期 1 年。

（二）栽培技术研究

在抗旱、抗寒方面主要围绕生理特性开展研究。我国学者提出叶面积指数、枝干角度和树冠孔隙度变异是影响橡胶树抗风特性的主要原因。谢贵水团队研究表明橡胶树主要通过渗透调节物质和抗氧化体系在不同程度上响应干旱胁迫。邱彦芬等筛选表皮厚度、栅海比、叶厚等 7 项表征抗旱能力的指标，可用于早期鉴定。云南热作所团队对越冬自根幼态无性系生理指标研究发现，其抗寒性强于老态植株。刘少军等绘制了中国橡胶树种植区内台风灾害危险性分布图。

我国主要围绕低频开展割胶研究，校现周研究组通过多年示范表明超低频割胶技术提高了劳动效率，扩岗后胶工人均产量和收入相应提高，减少了胶工需求，稳定了胶工队伍，对解决当前橡胶生产困境发挥了积极的作用，在技术上建议 d6 割制的耗皮厚度 0.20～0.22 厘米，刺激时间为刺激周期最后 1 刀的第 2 天，特殊情况可推迟到周期第 1 刀的前 2～3 天，不同品种可采用 2～3 刀周期，刺激浓度根据品种耐受性确定，同时确保高产期的割胶刀数，能获得较高的胶乳产量，并延长产胶经济寿命，可在生产上推广应用。

卢亚莉等比较分析了健康树、三级死皮树和五级死皮树树皮形态结构差异，发现随着死皮程度的增加，乳管排列逐渐紊乱，膨大乳管的列数显著增多，筛管的直径减小，石细胞数量增多现象。

邹鑫等在西双版纳的研究表明，热带雨林开垦为橡胶林后，土壤质量退化。吴志祥研究团队研究发现热带雨林转化为橡胶林后，土壤真菌群落组成和功能上发生了变化，但群落潜在的构建机制仍保持不变，在小尺度上均以中性过程为主，而在区域尺度上以生态位过程为主。全飞等分析了橡胶林长期大量喷施硫磺对土壤细菌群落组成及多样性的影响，认为当前硫磺喷施量对橡胶林土壤细菌 α 多样性有显著促进作用，但对橡胶林土壤细菌的组成无显著影响。我国学者通过建立的生态环境质量指数（EQI）模型评估发现 1990-2015 年海南岛的居民区土地质量呈现下降的趋势，而橡胶园的生态环境质量有所提高。此外，胶园间作可促进生物多样性和阻止外来物种入侵，有助于减缓土壤退化，并促进可持续土地管理，间作植物宜选择灌木类、避免密集种植的草本植物。

（三）病虫防控技术研究

国内研究者本年度报道的橡胶树上发生新记录病害有 6 种。在橡胶树白粉病防治技术研究方面，张永科等报道了橡胶白粉病病菌天敌——二斑素瓢虫与橡胶树白粉病发生规律基本一致，但有一定的滞后性。熊延林等研发了新复方药剂热雾剂 A 和热雾剂 B，与硫磺粉相比较，新药剂量显著减少。在橡胶树根病防治技术研究方面，贺春萍等发现枯草芽孢杆菌 Czk1 挥发性化合物苯甲醛对橡胶树红根病菌抑菌活性最强，抑菌率达到 100%，使用 Czk1 与“根康”联用防效明显优于单剂，且混配剂中“根康”使用量只有单剂的 1/3，大幅降低了化学药剂的使用量。

符悦冠团队研发了橡胶蚧壳虫寄生蜂、六点始叶螨重要捕食性天敌的生物生态学特性及扩繁释放利用技术，并取得良好防效。

（四）机械化技术研究

青岛中创瀚维精工科技有限公司设计的捆绑式自动割胶机有进一步完善，可控割胶深度及较为精确的轨道，但成本很高。曹建华团队和校现周团队研发的电动割胶机械已在生产中小规模使用。邓怡国团队研发的山地胶园挖穴种植机、施肥旋耕起垄一体机已基本成型。海南大学研制的全自动卸胶机在云南西双版纳东风橡胶二厂联机调试成功，并正式投产运行。

智能化研发也较为活跃，北京理工大学研发了自动割胶机器人、智能割胶机器人等，浙江等地的企业开展了自动胶乳采集装置研究，海南大学张喜瑞团队研发了自动割胶机，开发了智慧胶园，但均处于研发试制阶段。

（五）加工技术研究

天然橡胶加工方面，廖双泉团队研究了蛋白质、磷脂等关键非胶组分在参与天然橡胶网络构建及损耗方面的影响；彭政团队从品种、加工工艺等角度解析了其对天然橡胶性能形成的影响，为天然橡胶高性能改性技术的研发提供了有益指导。刘建业等开辟新途径，以二氧杂环丙烷制得环氧化天然橡胶。刘宏超等人制备的天然橡胶/环氧化天然橡胶/白炭黑复合材料，不仅拉伸强度升高，也表现出更优的阻尼特性。

在橡胶木加工技术方面，由中国热带农业科学院橡胶研究所发明的无化学添加生产环保型橡胶木板材技术可大幅度降低橡胶木淀粉含量，防虫效果良好。

（六）产业经济研究

围绕天然橡胶价格，伊克夫分析发现期货和现货价格存在长期的均衡关系和双向引导关系。李达提出了争取天然橡胶国际定价权，通过股权运作等方式控制产量和交易成本，设定合理天然橡胶“红线”的建议。何长辉等通过近年新植胶园和品种等分析，预计 2024 年我国天然橡胶产量将到达峰值（116.70 万吨），然后进入下降阶段。

（七）国内天然橡胶产业发展的主要问题及技术建议

1. 主要问题

产业面临价格持续低迷的困境，弃割弃管现象严重，生产管理水平下降。天然橡胶生产环节多依赖于手工作业，机械化程度低，尤其是对技术要求较高的胶工大量流失，未来谁来割胶问题凸显。加工技术发展滞后，产品结构比较单一，质量参差不齐，产品不能满足军工和高端需求。此外，品种选育慢、更新慢也是产业一大短板。

2. 技术建议

加快机械化、智能化技术的研发运用，覆盖天然橡胶生产加工全流程，如电动割胶刀、自动割胶机、智慧胶园管理等，解决用工荒问题。推进种质资源创新，培育抗性强、耐刺激、高产高质的新品种。研究提出适应土地状况的高效轻简栽培模式。实施天然橡胶全链条质量提升行动，从品种、田间管理、施肥、采胶、加工工艺等环节入手，研发和集成优质天然橡胶原料生产关键技术，满足高性能要求。

加大对天然橡胶产业的投入，将橡胶林列入国家储备林，将橡胶供应安全上升到国家战略，与山区扶贫和生态建设相结合，推进新的天然橡胶产业布局和发展，发展和稳定高潜力胶园，建成热区“金山银山”。利用胶园发展多种经营，充分考虑市场需求和当地资源环境特点以及相关的产业基础，做好区域或县市胶园多种经营发展规划，发展各地特色的生产经营模式。

（国家天然橡胶产业技术体系首席科学家　黄华孙　提供）

2020年度牧草产业技术发展报告

（国家牧草产业技术体系）

一、国际牧草生产与贸易概况

（一）国际牧草生产

美国牧草收割面积、总产量和单位面积产量都较2019年有所下降。2020年美国牧草总收获面积5 223.8万英亩，比2019年下降0.41%；单位产量为2.43吨/英亩，比2019年下降1.22%；牧草总产量为12 681.2万吨，较2019年下降1.59%，其中苜蓿产量为5 306.7万吨，其他牧草产量7 374.5万吨，分别比2019年下降3.29%和0.33%①。

2020年美国牧草价格小幅下降。国际牧草价格总体保持小幅下降态势。2020年美国牧草平均价格为159美元/吨，同比下降3.43%；苜蓿平均价格为176美元/吨，同比下降3.89%②。

（二）国际牧草贸易

国际牧草贸易量继续减少，价格继续上扬。2019年国际牧草贸易总量为989万吨，同比减少3%；平均贸易价格为297美元/吨，同比上涨7%。其中，苜蓿粗粉及颗粒的贸易量由130万吨减少到117万吨，同比减少9%；贸易价格由259美元/吨跌至252美元/吨，同比下跌3%；其他干草的贸易量由886万吨减少到872万吨，同比减少2%；贸易价格由281美元/吨升至303美元/吨，同比上涨8%。

国际草产品出口国主要集中在北美洲和欧洲，进口国主要集中在亚洲。美国、澳大利亚、西班牙、意大利、加拿大是主要出口国，2019年五国的出口量约占世界总量的83%，占比分别50%、11%、11%、6%、6%。日本、中国、韩国、沙特、阿联酋是主要进口国，2019年5国的进口量占比为74%左右，占比分别为27%、19%、13%、8%、8%③。

二、国内牧草生产与贸易概况

（一）国内牧草生产

一是生产稳步增长，产业格局初步成型。2020年，“粮改饲”、振兴奶业苜蓿发展行动继续推进，牧草生产形势总体向好。苜蓿、燕麦草等优质牧草推广效益良好，北方苜蓿产业带、羊草燕麦生产区和南方饲草生产区，即“一带两区”优质饲草布置格局已成型，苜蓿+青贮玉米或饲用燕麦轮作、青贮玉米+小黑麦或饲用燕麦复种、苜蓿鸭茅无芒雀麦混播、三叶草黑麦草鸭茅混播等形式各异的栽培模式已在各地展开。

二是产业规划酝酿出台，生产模式多元发展。国家对牧草产业重视程度日益提高，牧

---

① 资料来源：美国农业部。

② 资料来源同上，2020年平均价格为2020年1—10月平均价格。

③ 资料来源：comtrade数据库计算。

草产业中长期发展规划正酝酿出台。牧草生产经营模式呈多元化发展，各地因地制宜，探索形成了“种养加销技”一体化、“企业+合作社/农户”草畜联合体、专业化牧草生产加工经营、“草+”等多元化经营模式。

三是加工技术日益完善，机械率良种率提高。从饲草加工技术来看，窖式、堆积式、壕式、裹包式等青贮技术在全国各地得到广泛应用。草捆、草块、草颗粒和草粉等草产品种类日益多样化，饲草加工技术进步明显。牧草良种率逐步提高，产业机械化水平稳步推进。

四是产业脱贫效果显著，助力乡村振兴。牧草产业及草食畜牧业是我国中西部贫困地区产业脱贫的主导产业，2020 年牧草产业脱贫效益显著，助力贫困地区实现了全面脱贫。部分地区把发展牧草产业或草畜产业与乡村振兴紧密结合，以产业发展推进全面脱贫和乡村振兴有机衔接。

（二）国内牧草贸易

苜蓿干草进口量与去年基本持平，燕麦草进口量创历史新高。2020 年，我国草产品进口总量为 172.22 万吨，同比增加 6%。其中，苜蓿干草进口 135.91 万吨，同比增加 0.2%；燕麦草进口 33.47 万吨，同比增加 39%；苜蓿粗粉及颗粒进口 2.84 万吨，同比减少 5%。

苜蓿干草价格小幅上升，燕麦草价格小幅下降。2020 年，苜蓿干草进口价格较去年小幅上升，平均进口价格为 361 美元/吨左右，处于历史较高水平。燕麦草进口价格较去年小幅下降，平均进口价格为 346 美元/吨左右，由于去年燕麦草短缺导致价格大幅上升，因此，虽然今年进口价格小幅下跌，但仍处于历史较高水平。

南非及苏丹等国苜蓿准入我国市场，进口来源国日益多元化。2020 年，在苜蓿干草市场上，随着美国苜蓿关税的取消，其市场份额恢复至 87%；西班牙的市场份额降至 7%；南非、苏丹及意大利成为我国牧草产品新增的供应国，抢占了近 4%左右的市场份额；加拿大的市场份额则由 3%降至 1%。

三、国际牧草产业技术研发进展

（一）牧草资源、牧草育种、种子生产

截至 2020 年，国际家畜所牧草基因库保存有牧草及饲料作物累计 18 667 份，共涉及 54 个科，393 种，1 618 个属，其中禾本科 4 397 份，豆科 10 547 份，饲用灌木/乔木 3 458 份，其他牧草 103 份。2020 年，北美共登记禾本科品种 124 个，苜蓿品种 101 个，其中 18 个苜蓿品种使用转基因抗除草剂材料作为育种材料。在育种方法上，除杂交育种、混合选择育种手段外，部分转基因抗除草剂材料仍作为育种资源。综合运用基因组、转录组、蛋白组学及表观遗传学等方法开展产量、品质、抗逆等重要基因资源挖掘与多基因聚合仍是国际牧草育种领域的研究热点。在北美、欧洲地区以及新西兰等草种业发达国家，种子田植株密度调控技术等研究成果转化用于技术实践，提高了牧草种子的产量和质量。在美国紫花苜蓿、多花黑麦草和高羊茅种子平均产量分别达到 900 千克/公顷、2 080 千克/公顷和 1 600 千克/公顷。在新西兰多年生黑麦草种子单产达到 3 000 千克/公顷。

（二）牧草栽培及田间管理与草地稳产

近年，澳洲、南非、欧洲开始将目光转向耕作系统的多样化需求方面。典型地中海型气候的西澳地区，近 64%的土地用于谷物—高产畜一体化农业生产系统，近年为应对复

杂的气候变化，开始摆脱传统研究思路限制，探索将一年生粮草轮作系统转向多年生豆科植物与作物轮作系统，如尝试引进原产于南非的金松豆属多年生饲用豆科小灌木（*Lebeckiaambigua*），以更好适应低降雨量、低肥力土地条件，同时增强对放牧的抗性，实现生态、社会和经济效益的综合提升。与此同时，国际上的作物与饲草混作、间作等种植模式热度不减，如撒哈拉以南非洲小农户低养分投入体系的重要可持续农业模式仍是豇豆与玉米、高粱或珍珠谷子的间作，平均土地当量比分别达 1.42±0.47、1.26±0.35 和 1.30±0.32，满足当地人口不断增长所带来的食物和营养需求。又如在印度中部的灌溉条件下，采用高粱+豇豆-埃及三叶草+芥菜-玉米和高粱+豇豆-埃及三叶草+芥菜等多重作物序列，以探索空间和时间的有效利用。另外，巴西等南美地区盛行的农—林—草复合种植系统，利用生态位互补有效提升了复合生态系统的弹性，提高了粮食和饲草料的综合生产力。

（三）病虫草害防控技术

病害防控技术方面，2020 年国际上的研究热点之一是苜蓿花叶病毒（Alfalfa mosaic virus，AMV），该病毒寄主范围广泛，在马铃薯、藜麦、豇豆等十余种杂草上都曾检测到，说明该病毒不仅在苜蓿上传播，在作物和多种杂草上也可传播，研究发现它的侵染机理是多酚生物合成途径，地衣芽孢杆菌可以有效防治此病毒引发的病害。害虫防控技术方面，英国、美国、新西兰和澳大利亚等国近几年主要采用 3S、昆虫雷达以及计算机网络等技术监测害虫种群动态；采用多频雷达、多传感器网络系统等技术，实时采集害虫数量、土壤、环境、生态气候和气象因子等多维信息，构建基于多维大数据的虫害预警模型。杂草防控技术方面，据报道全球范围内，已知 255 种（148 种双子叶植物和 107 种单子叶植物）杂草已经进化出对 90%的除草剂作用靶向位点的抗性，但是对于抗除草剂的杂草，尤其是非靶点抗性的杂草对活性氧的处理能力更强，说明采用除草剂防治杂草的防治效果正不断降低。研究发现采用旋耕+间作可减少 70%的杂草，使得作物增产 65%。另外国际上对杂草基因组的研究取得重大进展，完成了狗尾草全基因测序，对理解杂草的遗传变异和防控提供了理论依据。

（四）牧草机械研发

牧草机械的智能化水平得到进一步提升，采用信息化、智能化、自动化、数字化和机电一体化的牧草生产作业模式是目前国外农牧产业发展的主要趋势。德国克拉斯研制的 LEXION 6000 系列联合收割机配备新型 ORBIS 900 割刀，工作宽度达 30 英尺（1 英尺≈0.305 米），其割台可实现+/-5°校正，且具有折叠设计，操作员可以在 22 秒内将其折叠和展开，结合自动回转液压摆动运动补偿，可实现地面仿形；美国约翰迪尔研制的 C500 系列割草机具有 5 米的割幅，配置快速更换刀具可以缩短维修时间，使用模块化设计的切割器更易于维护，独有的螺旋钻设计可改善草料堆形成并减少灰分含量；德国科伦数字系统提供了全方位的操作员终端，包括入门级控制单元到 ISOBUS 兼容终端，以适应各种应用，并在数据管理领域也有许多实用的解决方案，包括科伦 Smart Telematics 机器监控系统和通用数据管理平台；凯斯 RB565 Premium HD 圆形打捆机配置改进的 RB565 系列的打捆系统，在离合器切口上增加了更高的扭矩负载，即使在较高水分含量的牧草打捆作业条件下，也有强的打捆能力。

（五）牧草加工利用技术

国际研究一直集中在种植—加工耦合技术以及饲草产品品质提升技术上，研究发现对青贮饲料有氧稳定性有影响的只有乳酸菌种类。美国科学家提出使用细磨并复合使用布氏乳杆菌的方法来提高高湿玉米青贮饲料的发酵性能并改善瘤胃淀粉的降解；波兰研究发现在多年生黑麦草生长过程施用5千克/公顷的色氨酸可以提升15%的产量并有利于收获后青贮饲料调制。欧盟、新西兰等地区发展人工混播草地放牧，实现草畜结合和养分高效转化，有效地利用了边坡山地生产畜产品，提高土地产出和资源利用效率；西班牙等国利用天然草场或者人工改良草场放牧，建立优质饲草生产基地和多年生人工草地；日本实行种养结合模式，开展草地畜牧业有机产品标准认定，实现草畜一体化循环农业，生产绿色有机畜禽产品。

四、国内牧草产业技术研发进展

（一）牧草资源、牧草育种、种子生产

2020年，我国国家牧草种质资源长期库累计保存种质资源43 728份。科研人员从形态特征、重要农艺性状、遗传多样性、抗性等方面对苜蓿、黑麦草、饲用燕麦、三叶草等资源进行了重要农艺性状的评价。我国审定通过20个草品种，包括育成品种10个、引进品种7个、野生栽培品种3个，目前已累计审定草品种604个。长江2号多花黑麦草成为我国第一个通过北美AOSCA认证协会专业认证的牧草品种，标志着我国自主选育的牧草品种走向国际。我国饲草种子扩繁的种类仍以苜蓿、披碱草、杂交狼尾草等多年生饲草和饲用燕麦、苏丹草、美洲狼尾草等一年生饲草为主。甘肃河西地区苜蓿种子田单产为600～1 140千克/公顷；青海地区一年生饲用燕麦种子平均种子产量在3 825～4 650千克/公顷；新疆地区苏丹草种子田单产达3 900千克/公顷。

（二）牧草栽培及田间管理与草地稳产

近年来，我国在粮草多元复合种植系统及农牧耦合系统的相关理论与技术研究方面有重要突破。开展青贮玉米与多种作物或饲草间的种植模式与栽培管理技术研究，形成了青贮玉米与苜蓿，及秋冬季饲料作物（小黑麦、燕麦）配套种植制度及轮作模式；研发了一批适应不同生态区域及生产需要的多样化种植模式，如青贮玉米与高丹草精准间作技术模式、饲用小黑麦-青贮玉米复种模式、青贮玉米与烤烟套作模式、果树套种箭筈豌豆绿色高效栽培技术、蔗改饲王草种植模式、柱花草果草间套作种植模式、果树套种箭筈豌豆模式等。与此同时，我国在放牧型混播草地建植利用技术模式研究方面也取得了重要进展。研发形成了华北、西北区“苜蓿+鸭茅+雀麦”混播草地肉牛肉羊高效生产放牧系统，在西北华北地区该类型栽培草地载畜量达3只/亩肉羊，轮牧效益达3 850元/亩，节约了人工刈割、运输、贮藏等成本，较传统畜牧业效益提高50%以上，示范推动了国内多年生放牧型混播草地的发展新趋势。此外，在其他相关理论与技术方面也有一些重要探索，如基于高分卫星的“粮改饲”草地生产力动态监测技术研究；苜蓿-青贮玉米化感效应研究从机理上证明了，玉米可有效降低苜蓿自毒效应，是最适宜与苜蓿轮作的作物。

（三）病虫草害防控技术

2020年苜蓿小光壳叶斑病发病率达80%，导致内蒙古苜蓿主产区阿鲁科尔沁旗某企业苜蓿减产30%，体系病虫害专家研制6种药剂防治，防治效果达50%～76%，其中唑醚戊唑醇的防效最好，在实践中进行推广示范；2020年研究发现我国苜蓿根腐病的2种病原，其一为色孢腐霉（*Pythium coloratum*），分布于甘肃河西走廊，其二为根异茎点霉

(*Paraphomaradicina*)，分布于内蒙、甘肃、宁夏、黑龙江等省区，为根腐病的防治重点病原。在害虫防治技术方面，发现新疆呼图壁核心试验区苜蓿的主要害虫为斑蚜，其次为豌豆蚜和蓟马，害虫数量与产量不相关；丛枝菌根真菌幼套球囊霉可显著提高苜蓿体内超氧化物歧化酶、过氧化氢酶、过氧化物酶的活性，提高激素信号物质水杨酸的含量，增强对苜蓿蚜虫的抗性，研究发现苜蓿接种中华根瘤菌（*Sinorhizobiummedicae*）和丛枝菌根真菌摩西管柄囊霉（*Funneliformismosseae*）有助于苜蓿增产。在杂草防治技术方面，苜蓿田利用覆膜精量穴播技术，可有效减少水分流失并抑制杂草生长，玉米和苜蓿的套作田，施氮 120 千克/公顷可减少杂草发生；在内蒙古科尔沁沙地种植的苜蓿，在苜蓿 3 叶期施用咪唑乙烟酸、高效氟吡和甲禾灵对禾本科杂草与阔叶杂草防治效果显著。

（四）牧草机械研发

2020 年我国牧草机械的研发主要集中在退化草地改良、牧草种子播前处理和饲草收获等方面。在退化草地改良方面，利用逆向工程技术获取食蚁兽爪趾外表面三维点云，采用计算机视觉技术提取爪趾模型截面外缘轮廓曲线，设计仿食蚁兽爪趾曲线型松土铲，大田试验表明，仿生铲减阻率平均为 7.64%，仿生松土铲扰动量比标准铲减少 20.26%。在牧草种子播前处理方面，在大气压下低温等离子体种子处理设备基础上，通过计算机模拟仿真和大气压下低温等离子体台架发生试验，研究确定响应时间为 0.65 秒，超调量为 0%，ITAE 值为 0.48，当遇到干扰信号时，调节时间为 0.65 秒，速度波动为 10%，各项指标都优于传统的 PID 和遗传算法改进的 PID，实现了装置种子处理的连续性作业和自动化控制。在饲草收获方面，对现有青饲收获机械滚筒破碎装置进行优化设计试验，创新设计了多维仿形组合机构和对称式四排滚筒切碎装置，经田间试验验证，茎秆破碎合格率达 98%，平均破碎长度小于 30 毫米，破碎效果均匀。

（五）牧草加工利用技术

国内牧草产品调制技术发展迅猛，干草调制方面苜蓿高品质调制技术是将孕蕾末期的苜蓿采用刈割压扁机收获，刈割留茬高度 8～11 厘米，然后立即平铺为 15 厘米厚度的草层，含水量下降至 40%左右时，集垄为松散草条，当草条含水量下降至 16%～18%后捡拾打捆，此技术可使东北地区第一茬与四茬苜蓿干草中一级草的比例上升到 60%以上。青贮技术方面，开发了新型的乳酸菌添加剂定量筛选技术，降低高水分苜蓿青贮蛋白降解程度 30%以上；开发了生态友好兼顾营养的青贮饲料加工技术，可以分别减少病毒和抗性基因 27%和 15%。在牧草利用方面，使用三级苜蓿干草代替日粮的麦秸（含量为日粮的 1/3），可以使肉牛养殖毛利润增加 60%，肉羊养殖毛利润增加 30%；当苜蓿草粉占猪日粮 5%时，养殖收益可提高 5%左右。

（国家牧草产业技术体系首席科学家　张英俊　提供）

2020年度生猪产业技术发展报告

（国家生猪产业技术体系）

一、国际生猪生产与贸易概况

1. 生产概况

2020年，世界猪肉产量为9 788万吨，同比下降4.02%。中国、欧盟（28国）、美国的猪肉产量合计占世界的76.40%，同比小幅下降。其中，中国占38.83%，同比下降2.9个百分点；欧盟（28国）、美国分别占24.52%、13.02%，同比有所上升。

美国：受屠宰体重增加等利好因素影响，2020年猪肉产量为1 277.8万吨，同比增长1.87%。预计2021年产肉量将增长1%达1 293.8万吨。

加拿大：加拿大猪肉产量维持平衡，2020年猪肉产量为211万吨。预计2021年猪肉产量维持在211万吨左右。

巴西：因经济持续复苏、饲养成本较低、价格上涨及猪肉出口亚洲等利好因素，巴西养猪业持续强势增长，2020年猪肉产量达到412.5万吨。预计2021年猪肉产量增长3.64%至427.5万吨。

欧盟：受非洲猪瘟疫情影响，2020年猪肉总产量为2 400万吨，与2019年持平。预计2021年猪肉总产量增长1%至2 415万吨。

俄罗斯：受资金投入和企业重组、生产水平提高、强劲国内需求等利好因素的作用，近年来持续强势增长，2020年猪肉产量达到352万吨，同比增长5.9%。预计2021猪肉产量达360万吨。

2. 贸易概况

2020年，世界猪肉贸易量略有上升，为996万吨，同比上升11.04%。根据美国农业部的估计数据，2020年中国猪肉进口量为480万吨，同比上升95.84%。2020年，中国仍然是世界最大猪肉进口国，占全球进口总量的46.31%，同比上升近17.30个百分点。日本进口量居全球第二位，为142.5万吨，同比下降4.55%；占全球进口总量的13.75%，份额与2019年相比下降3.92个百分点。2020年墨西哥进口量为96万吨，同比下降2.54%；占全球进口总量的9.26%，比2019年下降2.4个百分点。韩国进口量为57万吨，同比下降17.87%。中国香港进口量为38万吨，同比上升14.80%。

从猪肉出口情况来看，世界主要猪肉出口地区欧盟、美国、加拿大和巴西的猪肉出口量均有所上涨。2020年欧盟猪肉出口量为385万吨，同比上升8.51%，出口量占全球35.60%；美国出口量为333.3万吨，同比上升16.25%，占全球30.82%；加拿大出口量为150万吨，同比上升16.82%，占全球13.87%，以上三个国家和地区猪肉出口量占全球的80.28%。此外巴西的猪肉出口2020年有大幅度上升，出口量为120万吨，同比上升39.37%，占全球11.09%。2020年中国猪肉出口量大幅度下降，为10万吨，同比下降25.93%，占全球0.92%。俄罗斯猪肉出口量为11万吨，同比增长61.76%，俄罗斯猪肉出口量2016—2020年均保持20%以上的增速。

二、国内生猪生产与贸易概况

1. 生产概况

2020年我国生猪出栏52 704万头，猪肉产量4 113万吨，同比下降3.15%和3.34%；年末生猪存栏40 650万头，同比上升30.96%。根据农业农村部全国监测点数据，年末能繁母猪存栏同比上升35.09%，为4 161万头。

2. 贸易概况

根据中国海关总署数据，2020年我国全年进口鲜冷冻猪肉430.41万吨，同比上升114.41%，主要进口国为西班牙、美国、巴西等；冻猪杂碎（包括冻猪肝和其他冻猪杂碎）进口量为126.69万吨，同比上升26.17%，主要进口国为美国、西班牙、德国。

三、国际生猪产业技术研发进展

1. 遗传改良

2020年，国际生猪产业遗传改良领域技术研发主要集中在基因组选择、育种目标、大数据育种应用技术等方面。

一是育种目标不断优化。国外育种公司长期重视饲料报酬、繁殖力性状的选育，并取得显著进展。结合长远发展，尽管未在育种目标中体现，国外大公司已普遍在抗病育种及商品猪数据应用方面开展了超过十年稳定而细致的工作。2020年，国外育种公司加强了对饲料报酬、肉质、健康、精液质量等具有重要经济价值性状的选择。这些性状测定设备昂贵，测定周期长、成本高、难度大，我国目前还没有这些性状的统一测定方法和理想的国产设备。

二是基因组选择创新应用。机器学习等人工智能技术开始与基因组选择技术深度结合，并在基因组选择育种算法创新、公猪精液品质、饲料转化效率等重要经济性状基因组选择准确性提升方面取得了重要进展。

三是大数据智能育种崭露头角。数字化升级已经成为各行各业的共识。随着云计算、大数据、人工智能、物联网、5G等新技术的发展与应用，数字化加速育种领域的转型升级。对于育种领域来说，大数据是否有价值的评判标准应该是核心经济指标如PSY、料肉比、出栏率等指标的优化，以及成本的降低。国外在该领域已经有诸多技术进展报道。

2. 营养与饲料

如何通过营养手段调控发挥猪的生产潜力一直是国外营养专家学者的研究目标，日粮营养和功能性添加物等营养手段对母猪繁殖性能、免疫功能和/或后代生长的影响及其机制研究，为研究集成提高母猪生产效率的营养技术方案提供了理论基础；抗生素替代品对仔猪的生长性能、免疫功能、抗氧化能力及肠道微生物等各方面的影响，为发挥仔猪的生产潜力奠定基础。

在母猪营养方面，围绕营养与母猪繁殖性能及泌乳性能的关系、母猪妊娠和泌乳期间功能性饲料添加剂开发和利用、氨基酸、能量等营养素对母猪体况、泌乳和再发情等生产需要量的研究；围绕提高妊娠母猪产仔数、新生仔猪活力以及母猪泌乳性能，开展饲料原料能量和功能性氨基酸、油脂和纤维在母猪上的使用评估、母猪营养、胚胎和新生仔猪健康状况对后期生长和饲料利用率的影响等。公猪营养方面，重点围绕改善公猪繁殖性能和精液的保质储存开展研究，聚焦在抗氧化营养物质及抗氧化剂发挥的作用。仔猪营养方面则集中围绕日粮营养成分和饲料添加剂对仔猪生产性能和机体免疫的影响开展研究。生长肥育猪营养方面，主要涉及营养需要、饲料资源营养价值评定、资源开发与高效利用、营养与健康、营养与肉质、养殖污染减排等。饲料营养价值评价与资源利用方面，则围绕饲料资源的营养价值评定、毒素和农药的毒理机制、抗酶解抗菌肽的研发和支链氨基酸的营养调控开展研究。

3. 疾病防控

2020 年，除非洲猪瘟而外，全球范围内猪病总体呈平稳态势，没有发生严重的疫情。非洲猪瘟（ASF）在非洲、欧洲、亚洲广泛流行，向 OIE 报告疫情的国家和地区涉及欧洲、亚洲和非洲，共计 25 个国家，其中欧洲 11 个、亚洲 10 个、非洲 4 个。猪瘟疫情涉及日本、巴西和俄罗斯。报告口蹄疫疫情的国家包括津巴布韦、韩国等 13 国和中国，除中国的疫情涉及猪外，其他国家的疫情仅限于牛。猪繁殖与呼吸综合征的发生和流行总体平稳，仅有瑞士（曾是无疫国家）向 OIE 报告疫情 1 起。

在猪用疫苗，无猪用新制品问世，养猪业发达国家使用的猪用疫苗种类极少，仅限于猪圆环病毒 2 型疫苗以及少数的细菌病疫苗，猪繁殖与呼吸综合征疫苗也仅用于商品化育肥猪场。亚洲的生猪养殖国家疫苗使用种类多一些，包括猪繁殖与呼吸综合征疫苗、猪圆环病毒 2 型疫苗、猪瘟疫苗、伪狂犬病疫苗等。非洲猪瘟疫苗的研究仍是热点，西班牙、美国、英国等研究机构主要利用基因编辑和缺失技术致力于改造非洲猪瘟病毒，以期研发基因缺失活疫苗，但所有的研究工作仅限于实验室。

在猪病诊断技术，聚合酶链式反应（PCR）、RT-PCR、Real-time PCR 主要用于猪病毒性疫病的实验室诊断与检测，Real-time PCR 已普遍商业化。间接 ELISA、阻断 ELISA、夹心 ELISA 等血清学技术的商业化程度很高。非洲猪瘟诊断与检测的技术（如 PCR、Real-time PCR、ELISA 抗体检测试剂盒）应用广泛，研究工作主要围绕方法的敏感性和特异性的改进和提高。

4. 生产与环境控制

猪舍环境控制技术方面，重点是舍内有害气体排放方案研究。研究发现猪的活动空间（PLS）、舍内 CO_2浓度和室外温度是空气环境和热环境的决定性因素；对比利时 3 种典型的通风系统对猪舍不同排放源氨气去除率和传质系数的影响研究表明，5 种不同通风速度（2 000～4 000 立方米/小时）下，不同氨气排放源（漏缝地板板条顶面、侧面和底面，以及粪便表面）中，粪便表面的氨气去除率最高，比其他情况高 30%，漏缝地板板条侧面排放源传质系数最大。

福利养殖技术研究仍然是重要热点。包括猪舍环境富集元素对动物福利积极性评价研究、在圈栏添加新伐桦树树枝、木条和少量稻草可减少猪的啃咬行为，提供干木板、铁链和少量稻草的猪群咬耳行为增加。用于养殖场自评猪只福利工具得到开发应用，不同尾部行为与姿势对猪只福利的影响评价技术不断完善等。

猪场废弃物处理国际相关研究主要集中于创新探索、痕量污染物去除以及常规技术效率提升。另外对猪舍排出挥发性有机化合物的健康风险进行了研究。有关利用猪粪制造生物炭的研究报道较多，包括猪粪基生物炭的制备工艺，以及猪粪基生物炭作为燃料、吸附剂、炭基金属催化剂等方面的应用。猪场粪污臭气控制技术是研究的热点，包括猪粪在堆积过程中减少臭气释放的新方法，如添加微藻和微生物联合体减轻猪粪异味，在堆肥过程中加入添加剂以减少 H_2S、NH_3、VOCs、含硫化合物等的产生和释放，利用生物滴滤塔异位除臭等。

5. 加工技术

二氧化碳致晕仍是欧洲国家普遍使用的生猪屠宰方式，瑞典研究总结了近年来猪屠宰时高浓度二氧化碳致晕的潜在替代方法，如低气压致晕、惰性气体致晕、以及其他气体或气体制剂致晕法等。澳大利亚则开发了利用计算机视觉和遥感技术来评价生猪屠宰前应激的生理反应及其对猪肉品质的影响。丹麦目前已设计出并采用了一种集生猪屠宰、切割和去骨、屠宰线清洁等环节于一体的全自动控制系统。比利时对屠宰后和冷却前分别在猪胴体的 8 个和 9 个部位进行取样，调查了单核细胞增生李斯特菌和卫生指示菌在猪胴体上的流行情况和位置。

在加工方面，澳大利亚研究了一种非热处理技术——水动力冲击波，并研究了此加工方式对猪肉品质的影响。俄罗斯进一步研究阐明了超声波技术在提高猪肉制品生产效率中的作用，揭示了超声波处理可对肉蛋白产业显著的空化效应和促进液体卤水渗透作用，在改善猪肉的功能和加工性能方面显示出良好前景。西班牙研究了一种创新方法制备抗氧化化合物微胶囊技术及其在猪肉类加工中的具体应用，提出了微纳米颗粒可能是加工型猪肉风味调控的关键因素。

6. 产业经济技术

在生猪产业经济研究方面，猪肉价格走势分析是 2020 年聚焦的重点。Dimitrios Panagiotou 运用非线性自回归分布滞后模型，根据 1990—2018 年期间美国猪肉供应链的农场、批发和零售价格的月度数据分析，发现批发零售数据在数量上存在不对称性，而农场零售数据在速度和数量上存在不对称性。从长期来看，农产品价格和批发价格的正向冲击传递到零售层面的强度大于负向冲击。Panagiotou 和 Stavrakoudis 评估美国猪肉行业在零售层面上不同减价方式之间的价格依赖程度和结构。Linhai Wu 等发现食品购买行为中的诱骗效应，不同猪肉购买行为的季度属性对诱骗效应的影响不同。

四、国内生猪产业技术研发进展

1. 遗传改良

2020 年，国内生猪产业遗传改良领域技术研发主要体现在基因组选择技术研发及猪功能基因组等方面。

国内科学家围绕基因组选择的性能测定、参考群构建、多群合并、方法新模型及新策略、软硬件平台建设等方面开展工作：一是继续扩大全基因组选择参考群数量，全年新增参考群 2.4 万头，部分企业启用 GS。二是基因组选择方法研究有创新。在因果基因的利用策略、多群体数据的标记筛选策略、多组学数据的 GS 应用效果、多群体基因环境互作 GS 新方法方面开展深入研究。三是基因组选择求解算法有突破。为解决 G 矩阵求逆运算耗时问题，开发快速求逆算法，对原有系统升级，实现百万级数据高效评估。

在猪功能基因挖掘、生物技术育种方面，主要成果研制了国际上首个基于猪整合组学知识库 ISwine，构建了基于 CRISPR 文库技术的高通量猪功能基因筛选平台，在蓝耳病抗病育种分子机制方面取得突破性进展，从分子水平上解析了猪皮厚性状形成的遗传机制等。

2. 营养与饲料

2020 年，非洲猪瘟常态化叠加新冠疫情传播的巨大压力，同时饲料全面禁抗，且饲料原料（尤其是玉米）的价格阶段性上扬。国内的相关研发工作重点集中在稳产保供、营养与健康和无抗营养技术。研究了营养素与猪健康、生长和繁殖的关系，研发各种饲用抗生素替代制剂，探讨其对猪生长和健康的影响等方面的功效及机制；开展饲喂技术特别是发酵、酶解、液态饲喂工艺与新产品研究，饲料加工和饲养工艺改进等。研究集成提高猪群健康和无抗养殖技术方案等。

在母猪营养方面，主要是集成提高母猪繁殖性能的营养方案，妊娠母猪早期胚胎成活率调控作用，母猪精准营养与生物安全防控和节能减排饲料营养物质等领域开展研究。公猪营养方面，则围绕日粮营养物质的添加以及精液冻存添加剂的研究。仔猪营养方面，主要集中在益生菌、植物饲料添加剂、氨基酸、有机酸、中短链脂肪酸等。生长肥育猪营养方面，主要涉及营养与肉质调控和养殖污染减排方面。同时，地方猪优质种质资源得到更多关注，揭示了不同品种猪肌内脂肪沉积和肌肉生长相关基因表达差异，并表明肌球蛋白重链（MHC）亚型可以作为评估猪肉品质的新参数。饲料营养价值评价与资源利用，主要集中在饲料资源营养价值评定、资源开发与高效利用、营养与健康，抗菌肽稳定性研究。

3. 疾病防控

非洲猪瘟常态化并呈现局部区域流行和散发，严重影响我国生猪生产恢复和健康稳定发展。2020 年，我国报告非洲猪瘟疫情 18 起，猪口蹄疫总体平稳，但一些地区呈现局部流行和临床疫情，可能与猪口蹄疫疫苗免疫频次减少或免疫密度下降有关，O/Cathay 和 O/Mya-98 毒株是猪口蹄疫的优势流行毒株。猪繁殖与呼吸综合征（猪蓝耳病）呈平稳态势，以散发性临床疫情为主，无严重疫情发生，类 NADC-30 毒株仍然是主要的流行毒株。猪瘟、猪伪狂犬病和猪流行性腹泻较为平稳，呈散发性临床病例或零星疫情。猪圆环病毒 2 型（PCV2）以基因型 PCV2b、2d 为主。副猪嗜血杆菌、猪链球菌是猪场的主要病原菌，以继发性感染以及与其他病原混合感染为主；一些地区猪传染性胸膜肺炎的临床发病有上升趋势。

在猪用疫苗，2020 年共有 7 种猪用疫苗制品获得新兽药注册，包括猪细小病毒灭活疫苗、猪圆环病毒 2 型与猪肺炎支原体二联灭活疫苗、副猪嗜血杆菌病三价灭活疫苗、猪瘟活疫苗（C 株，悬浮培养）、猪瘟活疫苗（C 株，PK/WRL 传代细胞源）、猪瘟病毒 E2 蛋白重组杆状病毒灭活疫苗和猪口蹄疫 O 型与 A 型二价合成肽疫苗（多肽 PO98+PA13），进入生产和应用阶段，均为与先前批准的同质化制品。一些新毒株或新出现病原的猪用疫苗制品进入申报注册评审阶段。猪口蹄疫病毒 O 型、A 型重组蛋白二价疫苗处于研发阶段。非洲猪瘟疫苗研究成为关注的热点和焦点，基因缺失活疫苗毒株进入转基因兽用微生物安全评价的生产性试验环节，并经历了农业农村部兽药评审中心的应急评审。

猪病诊断技术，2020 年，非洲猪瘟诊断与检测技术及其试剂盒的研发成为猪病诊断领域的热点。以 Real-time PCR 试剂盒为代表的非洲猪瘟诊断技术广泛用于非洲猪瘟病毒的检测。与之同类的制品、LAMP 等试剂盒进入注册评审；检测非洲猪瘟病毒抗原的荧光微球试纸条通过复审；p30抗体检测ELISA试剂盒已通过复核进入复审阶段。

此外，2020年规模化养猪企业的生物安全防控体系进一步完善与强化，制定出相应的技术规范或指南，在非洲猪瘟的防控中发挥了重要成效。农业农村部兽药评审中心批准猪用中兽药有6个，与2019相比猪用中兽药数量上升，集中于防治仔猪腹泻及促生长，与行业饲料端禁抗、养殖端减抗有关，促进了新型中兽药产品的研发速度。

4. 生产与环境控制

智能化技术研发与应用广泛开展。智能化粪污清扫、智能化通风降温、智能化哺乳母猪舍低温热水供暖设计等取得突破。相关智能算法也取得相应进展。围绕智能无损监测技术在猪的个体信息和饲养管理的应用，一批环境控制智能设备和系统、氨气激光测定仪、智能化种猪生产性能测定系统、母猪小群饲喂系统、猪只盘点系统、不同体重猪只自动分栏系统等，以及猪只体重智能估测、远程监控、猪场地源热泵供暖降温、猪舍精准通风、生猪智能化养殖环境控制等综合技术不断应用于养猪实践。

多层建筑猪舍是年度研究热点，多层养殖猪舍设计、空气过滤系统的设计与应用、除臭技术以及智能化机械清粪系统等方面都取得了进展。大型多层养殖肉食综合体工艺的提出，旨在打造“饲料—生猪—屠宰加工”一体化的全产业链体系。

国内猪粪生物降解、猪粪中重金属去除及其环境风险成为本领域的研究重点，猪场废水处理技术的研究主要包括自然处理法、生物处理法和物化法。对于膜分离技术的研究主要集中在开发廉价膜材料、提高处理过程的自动化水平等方面，以进一步降低废水处理成本。

5. 加工技术

在肉品品质控制技术研究方面，利用蛋白组学等方法揭示了应激造成肌肉中蛋白质磷酸化水平下降、乙酰化水平上升，加快糖原酵解、乳酸积累，造成DFD肉或PSE肉发生率升高。设计出一种新型生猪静养系统，通过控制待宰圈温湿度等措施，降低动物应激水平。研究发现宰前注射或饮水中添加适量姜黄素，可显著降低蛋白乙酰化，有利于屠宰前动物ATP和糖原的积累，并通过降低糖酵解关键酶的活性降低屠宰后的能量代谢速率，进而改善肉品品质。

在胴体冷却技术和冷链流通技术研究结果表明：①在冷却前期（冷却时间0～8小时），冷库内的温湿度逐渐上升，冷库进出口位置的猪胴体表面菌落总数显著增加；在冷却后期（冷却时间8～14小时），冷库内的温湿度迅速下降，导致猪胴体表面微生物的菌落总数显著减少并趋于稳定。②构建了猪胴体预冷库CFD简化物理模型和数学模型，以及猪胴体的多孔介质模型和虚拟风洞模型。③在猪胴体冷链运输过程中，胴体表面微生物发生显著变化。

6. 产业经济技术

非洲猪瘟、新冠肺炎疫情对我国生猪产业的影响是2020年国内生猪产业经济研究的重点。郭利京和林云志（2020）的研究表明，全国地区的生猪市场分割指数时高时低，波动性较强，但总体呈现下降的趋势，尤其2020年2月以来，各个省份的市场分割指数趋向稳定。表明非洲猪瘟对我国生猪市场的影响趋于稳定状态。石自忠、周慧和胡向东基于2009年2月至2020年1月中国主要畜产品价格及生猪疫病指数，借助带有随机波动性的TVP-VAR模型，研究证实非洲猪瘟等疫病冲击对畜产品价格波动的时变影响。葛楠楠等借助消费者猪肉消费行为调查数据，通过构建有序 Logit 回归模型，分析猪瘟疫情对消费者猪肉购买地点和购买量的影响。刘婷婷等（2020）发现非洲猪瘟对生猪产业链造成了严重负向冲击，但是冲击程度在生猪产业链不同的环节、不同的省份之间存在明显的异质性。

（国家生猪产业技术体系首席科学家　陈瑶生　提供）

2020 年度奶牛产业技术发展报告

（国家奶牛产业技术体系）

一、国际奶牛生产与贸易概况

根据 FAO 预测，2020 年全球乳品贸易量按照原料奶计算将达到 7 800 万吨，较 2019 年增长 1.5%。分品种来看：①全脂奶粉出口总量预计增长 0.5%达到 260 万吨。进口增长的主要是阿尔及利亚、阿联酋、沙特阿拉伯等国家，中国、马来西亚、新加坡等国家的进口则有所下降。新西兰全脂奶粉出口预测减少 3%，至 150 万吨。同时，中东和北非国家的出口有所增长。②脱脂奶粉出口不到 250 万吨，同比减少约 3%，也是连续第 2 年下降。进口量下降最多的是菲律宾、中国、俄罗斯和墨西哥等。但是，在总出口量下降的情况下，美国、新西兰和加拿大等国的出口量仍实现了增长。③奶酪出口预计增长 3%，达到 270 万吨，实现连续 5 年增长。中国、俄罗斯与韩国是奶酪出口增长的主要驱动力。出口增长主要来自欧盟、白俄罗斯和美国，新西兰和伊朗的出口有所下降。④2020年黄油出口约 97 万吨，同比增长 0.5%，与前两年平均 6%的增速相比，有明显下降。黄油出口增长的主要驱动力来自中国，其次是俄罗斯、沙特阿拉伯、澳大利亚和美国。出口增长的主要供给来自欧盟，其次是阿根廷和白俄罗斯。

二、国内奶牛生产与贸易概况

根据国家统计局数据，截至 2020 年 11 月，全国乳制品产量 2 355.81 万吨（统计年销售额 2 000 万元以上的企业生产数据），同比增长 2.08%。其中，1—11 月液态奶总产量同比增长 2.16%；干乳制品产量同比增长 0.93%，奶粉产量同比减少了 3.99%。乳制品消费以液态奶为主、奶粉为辅，黄油、奶酪等干乳制品消费量仍较少。生鲜乳价格平均水平处于历史高位，波动幅度大。受新冠肺炎疫情影响，年初生鲜乳价格快速下跌，由 1 月的 3.84 元/千克降至 5 月的 3.57 元/千克，之后止跌转涨，至 12 月升至 4.15 元/千克，逼近历史最高水平。

根据中国海关数据，2020 年我国共计进口各类乳制品 328.12 万吨，同比增加 10.4%；进口额 117.06 亿美元，同比增加 5.2%；折合生鲜乳 1 875 万吨，同比增加 8.3%（干制品按 1∶8，液态奶按 1∶1 折算）。其中，进口干乳品 220.93 万吨，同比增加 7.8%；进口额 103.4 亿美元，同比增加 3.8%；进口液态奶 107.19 万吨，同比增加 16%，进口额 13.67 亿美元，同比增加 17.8%。

从进口的主要品类来看，大包粉、婴配粉进口量略减，其余多数品类呈现增长，尤其是乳清、奶油、奶酪和包装牛奶进口量大幅增长，其中：①大包粉进口 97.93 万吨，同比减少 3.5%，进口额 32.91 亿美元，同比增加 5.4%；新西兰占 71%、欧盟占 12.7%、澳大利亚占 7.9%。②婴配粉进口 33.5 万吨，同比减少 3%；进口额 50.53 亿美元，同比下降 2.7%；欧盟占 70.7%、新西兰占 21.6%、澳大利亚占 3.3%。③奶酪进口 12.93 万吨，同比增加 12.5%；进口额 5.9 亿美元，同比增加 13.1%；新西兰占 56.3%、欧盟占 21.3%、澳大利亚占 13.9%。④奶油进口 11.56 万吨，同比增加 35.2%；进口额 5.46 亿美元，同比增加 17.1%；新西兰占 82.4%、欧盟占 13.8%；⑤乳清进口62.64 万吨，同比增加 38.2%；进口额 8.18 亿美元，同比增加 34.9%；欧盟占 41.9%、美国占 39.3%、白俄罗斯占 9.5%。⑥炼乳进口 2.38 万吨，同比减少 31.6%；进口额0.4 亿美元，同比下降 27.5%；澳大利亚占 49.8%，欧盟占 42.6%、马来西亚占 6.7%；⑦包装牛奶进口 103.98 万吨，同比增加 16.8%；进口额 13.09 亿美元，同比增加 18.9%；欧盟占 58.9%、新西兰占 29.7%、澳大利亚占 9.9%。

三、国际奶牛生产技术研发进展

（一）繁殖与育种技术进展

（1）基因组选择参考群进一步完善。据德国数据中心（VIT）的研究，由于种公牛都经过严格选择，如果单纯利用验证公牛组成基因组选择参考群，在基因组选择估计中存在一定偏差。德国奶牛遗传评估团队发现在参考群组成中添加经产母牛，尤其是整群参与基因组及生产性能测定，形成公牛与母牛混合群体组成的新型参考群，提升了基因组预测无偏性以及增加了预测性状种类。

（2）丰富常规/基因组遗传评估的性状。各国通过构建小指数可实现对于种公牛的特色选育。对于临床乳房炎抗性、临床蹄病、临床代谢病、饲料转化效率、热应激耐受力等性状，加拿大建立全国范围的数据收集系统，美国、德国结合基因组芯片测定整群推进，澳大利亚利用原有全群数据结合环境数据，再建立供奶农使用的小指数或融入本国选择指数，应用于奶牛育种，使奶牛群朝个性化目标发展。

（3）奶牛繁殖生理及发情调控研究不断深入。Steichen 等人研究了补充孕酮对牛体外胚胎移植效果的影响，表明在胚胎移植时使用 CIDR 补充孕酮可提高移植后受体血液中孕酮含量，但并不影响体外胚胎的移植妊娠率。在同期发情定时输精后不同时间注射长效孕酮可减少牛早期胚胎损失，提高受胎率。Ginther 等研究了奶牛卵泡发育规律，发现卵泡血流量和 FSH 浓度与青年牛卵巢卵泡募集发育有关。

（二）饲料与营养技术进展

（1）碳水化合物营养。国外碳水化合物营养主要集中在日粮淀粉和纤维对奶牛炎症反应、瘤胃发酵和生产性能等的影响，同时也研究了非常规饲料对奶牛的饲喂效果。Albornoz 等研究证实，新产牛饲喂高淀粉日粮（28%）提高了奶牛脂肪形成相关基因的表达，且高水分玉米相较粉碎玉米会诱发更严重的炎症反应。Li 等研究表明，高粱青贮完全替代日粮中的玉米青贮不会影响低产奶牛产奶量、乳成分和血清代谢产物。Zhang 等研究表明，湿玉米纤维饲料和玉米秸秆组合代替部分苜蓿干草来制备的发酵全混合日粮能提高泌乳奶牛的生产性能。

（2）蛋白质与氨基酸营养。蛋白质方面主要集中于蛋白饲料的替代研究，Zang 等报道，采用豆腐渣完全替代日粮中的豆粕（8.1%的干物质水平）不影响泌乳早期和中期泽西奶牛的产奶量及营养物质消化率。氨基酸代谢方面，Omphalius 等发现泌乳奶牛真胃灌注氨基酸和葡萄糖时，乳腺可以通过调节氨基酸的分解代谢影响第二类氨基酸的泌乳转化效率，并且增加氨基酸供给促进了其在门静脉回流内脏组织的分解代谢。

（3）脂肪与脂肪酸营养。油脂类饲料或者脂肪酸的添加会影响牛奶质量。Lashkari 等发现日粮添加高油酸葵花籽可显著提高牛奶中不饱和脂肪酸的比例；但日粮中添加共轭亚油酸会导致牛奶中脂肪球直径的下降。亚油酸对提高奶牛免疫力也有作用，Andres Contreras等发现围产期奶牛日粮中添加亚油酸可以抵抗炎性因子的产生；Ávila等同时发现添加共轭亚油酸有助于提高奶牛的免疫力。

（4）矿物质与维生素营养。矿物质和维生素对奶牛生理代谢以及健康起到重要作用。Daniel等报道，日粮添加有机螯合微量矿物质降低了泌乳奶牛中性洗涤纤维和粗蛋白的全消化道及表观消化率。Bollatti等发现日粮补充过瘤胃胆碱不会影响围产期奶牛产后7天的血浆脂溶性维生素浓度及泌乳早期的发病率。

（5）奶牛营养与环境。反刍动物瘤胃可以降解粗饲料中的纤维被动物利用，同时也导致了甲烷（CH_4）的排放，Perna发现日粮中添加单宁和莫能菌素可以减少奶牛甲烷的排放，且单宁对甲烷减排效率低于莫能菌素；Børsting等研究表明，采用糖蜜代替日粮中的小麦增加了奶牛的甲烷排放量；但饲喂NaOH处理过的小麦或糖蜜中添加NaOH，则对瘤胃发酵无明显影响。

（三）奶牛常见病防控研究进展

（1）传染病快速、灵敏、准确的检测方法一直是传染病研究的重点。Natalia Alonso等开发了一种快速检测牛结核病的横向流动免疫色谱法（LFIC），假阳性检出率与灵敏度明显优于牛结核病酶联免疫吸附测定（ELISA）和皮内变态反应试验（PPD）。噬菌体D29作为裂解剂用于检测牛分枝杆菌的敏感性为95%、特异性高达100%。在防治方面，Zhi等发现，光滑型布鲁氏菌外膜蛋白（Omps）能使布鲁氏菌外膜保持完整性，可用于研发疫苗和诊断试剂。Ziraldo等优化的Ad5腺病毒系统可增强口蹄疫病毒衣壳蛋白表达及其与病毒样颗粒（VLP）的结合。据报道，嵌合病毒、NS5B纳米抗体、重组E2蛋白等有抗牛病毒性腹泻病毒（BVDV）感染的作用。Kolb等报道了一种弱毒活疫苗，可防御牛呼吸道合胞体病毒（BRSV）感染，能激活黏膜免疫与系统免疫。

（2）常见普通病诊断研究。Yamamot等发现，奶牛阴道黏液试验和子宫内膜细胞可作为非超声检查子宫内膜炎的诊断参数。Mahmoudi等发现，lncRNAs的差异表达在亚急性瘤胃酸中毒发生的生物学过程中可能发挥调节作用。Yan等和Wu等发现，酮症奶牛的GRINA、MAF1、MAFA、C14H8orf82、RECQL4和STX1A基因变化明显。常见病防治方面，Paiano等发现，肉桂精油、丁香精油、牛至精油、百里香精油对奶牛子宫内膜炎典型致病菌——大肠杆菌、坏死镰刀菌、化脓隐秘杆菌、金黄色葡萄球菌有抗菌活性。Orellano等发现，壳聚糖纳米颗粒能杀灭乳腺炎病原菌和抑制其生物膜形成，可阻止病原菌在乳腺中持续增殖。Smulski等讨论了草药、益生菌、益生元和合生剂、乳铁蛋白和噬菌体等抗生素替代品在治疗犊牛腹泻中的作用，发现合生剂效果最佳。

（四）乳及乳制品质量监控和乳制品加工技术进展

（1）乳及乳制品质量和安全检测技术不断升级。Kokotou等建立了一种液相色谱-高分辨质谱（LC-HRMS）测定牛奶中饱和羟基脂肪酸的方法，无需对牛奶进行脂质提取、脂肪酸衍生化等样品前处理，在10分钟内同时测定19种游离的饱和羟基脂肪酸。Xiu等基于新德里金属-β-内酰胺酶1（NDM-1）设计了新型生物传感器，无需任何pH氧化还原探针即可快速、准确检测乳中的青霉素类抗生素。Pellicer-Castell等发现，利用UVM-7多孔二氧化硅纳米材料作为吸附剂，联合高效液相色谱技术可快速测定牛奶和乳制品中黄

曲霉毒素 M_1。Gómez-Nieto 等建立了直接固体采样—高分辨率连续光源石墨炉原子吸收光谱法，准确、快速测定奶粉和婴儿配方奶粉中的镉和铜。

（2）液态奶及乳制品加工技术进展。酸奶发展的一个趋势是口味更多元化。一方面集中于新型酸奶的加工工艺和检测技术研究，例如将香蕉皮中提取的多酚类化合物添加到酸奶中，以提高酸奶的贮藏性和生物活性特性。另一方面集中于功能性酸奶的开发及其功能性研究，例如 Melo 等开发了维生素 B_{12}营养强化酸奶；Qibiao 等发现食用酸奶使肺癌发病风险降低 19%，可与高纤维饮食产生协同效应。对于婴幼儿奶粉的生产技术和质量控制是目前研究的焦点。Romeih 等利用微生物谷氨酰胺转胺酶（MTGase）进行乳蛋白酶交联，通过评价喷雾干燥脱脂奶粉（SMP）流变学和结构特性优化生产工艺，开发多功能性、稳定性强的脱脂奶粉。国外对于奶酪的需求量较高，奶酪的工艺优化以及益生菌奶酪的开发仍是研究的热点，Walsh 等研究凝乳酶酪蛋白水化对块状干酪凝胶强度和基质稳定性的影响；Parra-Ocampo 等评价了添加益生菌对帕内拉干酪的生物学、结构和理化指标的影响。

四、国内奶牛产业技术研发进展

（一）繁殖与育种技术进展

（1）中国荷斯坦牛乳房健康选择指数构建研究取得进展。史良玉等利用 Logistic 回归分析建立了奶牛乳房炎风险评估模型，发现牛场规模越大，奶牛患乳房炎的概率越小；胎次越高，奶牛患乳房炎的概率越大；夏季奶牛患乳房炎的概率比其他季节的概率高；泌乳天数高于 300 天的奶牛患乳房炎风险约为泌乳天数低于 100 天奶牛的 2 倍。WangDi 等发现，对抗乳房炎奶牛的选育需要建立乳房健康的综合指标，需要利用数据量最多的体细胞数、体细胞差值及临床乳房炎记录，同时，需要筛选更多遗传效应大的标记有助于提高乳房炎抗性的准确性。

（2）定义奶牛热应激相关生理指标并解析其群体遗传机制。张海亮等发现，直肠温度、呼吸频率评分以及流涎评分与生产性能、体型、繁殖、健康和生产寿命有低到中等近似遗传相关，建议针对气候炎热地区牛群的选育体系关注奶牛热应激反应相关指标。Dou Jinhuan 通过全基因组关联分析共定位到奶牛热应激性状 10 个显著 SNP 以及 5 个候选基因（SPAG17，FAM107B，TSNARE1，RALYL 和 PHRF1），FAM107B 和 PHRF1 表达量随处理温度升高而显著上升。

（3）中国奶牛性能指数进一步优化。2020 年中国奶业协会育种专业委员会对中国奶牛性能指数（CPI）公式进一步优化，调整后各类性状的加权值分别为：生产性状 60%，体型性状 30%，健康性状 10%。在重视产奶性状改进的同时，加强对生产效益具有重要影响的体型性状的选育。指数的系数和常数项进行了重新调整，保证了指数值的稳定性。

新修订的验证公牛 CPI 指数（2020 版）公式为：

$$CPI_{2020}=4\times\left[\begin{array}{l}35\times\frac{EBV_{Proct}}{20.7}+25\times\frac{EBV_{Fat}}{24.6}-10\times\frac{EBV_{SCS}-3}{0.16}\\+8\times\frac{EBV_{Type}}{5}+14\times\frac{EBV_{MS}}{5}+8\times\frac{EBV_{F\&L}}{5}\end{array}\right]+1\ 800$$

用于青年公牛基因组选择的 GCPI 指数（2020 版）公式为：

$$GCPI_{2020}=4\times\left[\begin{array}{l}35\times\frac{GEBV_{Proct}}{17.0}+25\times\frac{GEBV_{Fat}}{22.0}-10\times\frac{GEBV_{SCS}-3}{0.46}\\+8\times\frac{GEBV_{Type}}{5}+14\times\frac{GEBV_{MS}}{5}+8\times\frac{GEBV_{F\&L}}{5}\end{array}\right]+1\ 800$$

（4）奶牛体外胚胎生产和高效繁殖技术取得新进展。杨利国团队 2020 年开展了提高奶牛繁殖力综合技术（DFI 计划）研究，在 116 989 头奶牛中推广应用该技术，情期受胎率达 45.6%，繁殖率增加 6.7 个百分点。仲跻峰团队建立高效稳定的 OPU-IVF 体外胚胎和体内胚胎生产技术体系，体外性控胚胎囊胚率由 25%提高至 35%，冷冻胚胎的孵化率由 50%提高至 80%，每头次取卵获得胚胎数量由 2.5 枚提高至 4 枚，鲜胚和冻胚移植受胎率分别达到 50%和 45%。

（二）饲料与营养技术进展

（1）碳水化合物营养。高饲料成本下，国内一直致力于非常规饲料的替代研究和饲料品质提升。李胜利团队研究发现，全株甘蔗替代饲粮中 25%或 50%的进口苜蓿不影响奶牛的瘤胃发酵和营养物质消化率，但可提高牧场的经济效益。马玉林等研究表明，添加 9%玉米浆和 5%尿素进行的复合氨化处理显著提高了水稻秸秆中干物质、粗蛋白、中性洗涤纤维和酸性洗涤纤维的瘤胃有效降解率，且氨化 30 天时各营养成分基本趋于稳定。张帅等研究表明，采用菌酶制剂处理过的全株玉米青贮饲喂泌乳奶牛，可以有效地提高其采食量、产奶量和乳品质，并增加经济效益。

（2）蛋白质与氨基酸营养。蛋白质替代原料以及低蛋白日粮是近年来研究热点。姜鑫等报道，采用发酵玉米粉替代 50%的玉米蛋白粉，可以显著提高断奶前犊牛生长性能以及抗氧化和免疫能力。李国栋发现，与正常蛋白水平（CP 14.6%）日粮相比，低蛋白（CP 11.6%）日粮补饲蛋氨酸、亮氨酸和异亮氨酸不影响后备奶牛的生产性能，同时改善机体血糖水平并减少粪尿中氮的排放。张仔堃等发现，在基础日粮中补饲 17 克/天的半胱胺+23 克/天的过瘤胃蛋氨酸时泌乳奶牛生产性能、微生物蛋白产量、氮总排泄量和氮表观消化率的结果可以达到最佳。

（3）脂肪与脂肪酸营养。脂肪可以改善牛奶品质以及抑制奶牛炎症的发生。刘英丽等研究表明，饲料中同时添加亚麻籽全麦和棕榈酸可以提高牛奶中不饱和脂肪酸的含量。马晓宇等通过体外研究证实，添加低浓度的茶树油可以抑制脂多糖诱导的奶牛瘤胃上皮细胞炎症信号通路 NF-κB 相关蛋白的表达，并抑制促炎因子的产生。

（4）矿物质与维生素营养。矿物质和维生素对奶牛繁殖和免疫具有提升作用。陈庞等发现围产期奶牛饲料中添加维生素 E 和硒可以有效减轻分娩对机体造成的应激反应，并提高其繁殖性能。单强等发现日粮中添加适宜剂量的富铬酵母可以降低热应激奶牛血清中尿素氮的含量，提高机体的抗氧化能力，并增加牛奶中铬的浓度。

（5）奶牛营养与环境。通过营养调节可以减少甲烷排放。董利锋等将饲粮 NFC/NDF 比值由 1.12 提高到 1.64 时，显著提高了 12 月龄荷斯坦后备奶牛的干物质采食量、日增重及粗蛋白的表观消化率，同时降低了瘤胃甲烷的产量。2020 年国内学者对牛舍环境和堆肥发酵气体也进行了研究。赵婉莹等报道，实体地面的奶牛舍内温室气体浓度和排放量均低于漏缝地板的奶牛舍；巴士迪发现奶牛粪便堆肥过程添加木屑或稻草可以减少甲烷的排放。

（三）奶牛常见病防控研究进展

（1）传染性疾病。2020年国内科研人员对常见传染病进行了流行病学调研。杨宏军团队从山东省17地市及河北、河南等省收检流产病例180份样本中，检出了布鲁氏菌、衣原体和疱疹病毒Ⅳ等病原；高海慧等调查发现，宁夏地区犊牛隐孢子虫的感染为12.88%；李书光等报道，山东省滨州地区7个规模化奶牛场的牛支原体IgG抗体总阳性率为74.29%。检测方面，吴文学团队研发的一种牛支原体环介导等温扩增检测试剂盒获得国家新兽药证书；王宏伟等用牛型提纯结核菌素皮内变态反应进行结核病检测，结果准确、经济实用、便于操作；房立春等发现，IL-8、LTA、CRP、BCL2和CHI3L1在牛结核病诊断中有一定价值。吴同磊等建立了一种牛布鲁氏菌病iELISA方法。防治方面，张健宁等发现，CFP10-ESAT6-CFP7融合蛋白既具有诊断牛结核病的价值又是研发疫苗的重要资源；谢宗会等发现，吡嗪酰胺能缩短结核病治疗时间，桑白皮、桂枝、乌梅、茯苓、大黄、当归、柴胡、木香和莪术的乙醇提取物能增强吡嗪酰胺的抗结核杆菌作用；王珊珊报道，奶牛灌服S2疫苗后第15天抗体转阳率最高；杨飞等成功制备牛传染性鼻气管炎病毒gD蛋白单克隆抗体。

（2）常见普通病检测。李重邑等发现，血液高水平的游离脂肪酸（NEFA）、丙二醛（MDA）、谷草转氨酶（AST）、谷丙转氨酶（ALT）、谷氨酰转肽酶（GGT）和谷氨酸脱氢酶（GLDH）以及低水平的过氧化氢酶（CAT）、血超氧化物歧化酶（SOD）和谷胱甘肽过氧化物酶（GSH-Px）可作为Ⅱ型酮病筛查指标；白佳琛等发现APOA1基因SNP（g. -572 A>G）和CPT1A基因SNP（g. -108G>T）可作为奶牛酮病抗性遗传标记。防治方面，补饲叶酸（刘雪琴等）、日粮添加五味消毒饮能显著降低牛奶体细胞数和防治隐性乳房炎；中药乳黄消散、瓜蒌牛蒡汤加减、人参皂甙乳腺灌注液能够治疗奶牛乳腺炎；阿拉腾珠拉等发现，饲粮中添加裂壶藻和乳铁蛋白，对大肠杆菌K99引起的哺乳犊牛腹泻有缓解作用；党治军等发现，犊牛肺炎发病率和死亡率高与细菌、病毒、寄生虫以及衣原体、支原体等混合感染率高有关，加味麻杏石甘散配合加米霉素能有效提高犊牛支气管肺炎治疗效果。

（四）牛奶质量监控和乳制品加工技术进展

（1）牛奶及奶制品质量安全检测。翁晨等利用气相色谱法（GC）分析乳制品中甘油三酯和磷脂的脂肪酸含量，发现纯牛奶短链脂肪酸含量高于发酵酸奶和奶酪，发酵酸奶和奶酪共轭亚油酸含量高于纯牛奶，奶酪反式脂肪酸含量高于纯牛奶。安全评价方面，Li等利用基于荧光微球标记单克隆抗体的侧流层析免疫技术对牛奶中的大肠菌素（COL）和杆菌肽（Baci）残留同时进行检测，可以分别检测到Baci和COL的下限分别为7.85和1.89 ng/mL。核酸快速检测方法近年来被应用于兽药残留检测，Zhang等构建了基于荧光共振能量转移的适配体传感器，可用于检测商品奶粉中的恩诺沙星，检出限为1.59 ng/mL。陈体伟等建立了以多壁碳纳米管膜电极为工作电极，采用循环伏安技术研究了多壁碳纳米管材料对牛乳中三聚氰胺的检测技术。黄永辉等建立了一种同位素稀释—气相色谱—质谱法同时测定婴幼儿配方奶粉中8种已二酸酯增塑剂含量的方法。王艳等建立高效液相色谱—高分辨质谱法测定奶粉中左旋肉碱的方法。这些方法具有操作简单、用时少、重复性好等优点。

（2）液态奶及干乳制品加工技术。我国酸奶市场增长率领跑全球，关于酸奶的研究主要集中于自主知识产权的优良菌株和适合中国特色和需求的酸奶新品的开发。市场上开发的发酵剂菌种和益生菌菌种包括干酪乳杆菌 Zhang、乳双歧杆菌 V9、鼠李糖乳杆菌 M9、植物乳杆菌 P9、乳双歧杆菌 C-I 和 IU-100、植物乳杆菌 ST-III、LLY-606 和 PC-26 等。开发的酸奶产品种类和适用人群呈现多样化的趋势，如木糖醇藤茶酸奶、藜麦核桃酸奶。关于益生菌酸奶的功能性研究包括对肠道相关疾病的机理研究，例如从细胞因子、代谢组学和宏基因组学多角度评估了益生菌酸奶对便秘的影响机制。乳粉主要集中于特殊医学用途婴配乳粉的研发，比如，针对早产儿、低牛乳蛋白致敏性、无乳糖的配方奶粉等。李琴等解析深度水解蛋白奶粉在早产儿喂养过程中对喂养不耐受及营养状况的作用。干酪工艺优化和品质改良仍是我国干酪产业的研究热点。例如研究不同发酵剂菌种对 Mozzarella 干酪成熟过程中蛋白降解及风味形成的影响，筛选优质干酪发酵剂。李红娟等将麦芽糖醇作为脂肪替代物能够提高酪蛋白分子间疏水作用力，降低干酪硬度，改善低脂干酪的功能特性。

（国家奶牛产业技术体系首席科学家　李胜利　提供）

2020年度肉牛牦牛产业技术发展报告

（国家肉牛牦牛产业技术体系）

一、国际肉牛牦牛生产与贸易概况

1. 国际牛肉产量

2020年全球牛肉折算胴体基础的总产量为6 043.1万吨，较2019年减少121.1万吨。产量超百万吨的国家（地区）是：美国1 237.4万吨、巴西1 010.0万吨、欧盟（27国）780.0万吨、中国678.0万吨、阿根廷318.0万吨、墨西哥209.0万吨、澳大利亚208.5万吨、加拿大131.0万吨。

2. 国际牛肉消费量

2020年全球牛肉消费量5 910.5万吨，较2019年减少48.1万吨。牛肉消费量超百万吨的国家（地区）是：美国1 261.0万吨、中国951.5万吨、欧盟（27国）775.0万吨、巴西760.0万吨、阿根廷238.5万吨、墨西哥187.0万吨、日本131.0万吨、加拿大104.8万吨。

3. 国际牛肉贸易量

2020年全球牛肉总贸易量1 958.1万吨，其中出口1 044.1万吨，进口914.0万吨。与2019年相比，牛肉总贸易量减少13.1万吨，出口量减少45.1万吨，进口量增加32.0万吨。

2020年牛肉出口量超过30万吨的国家（地区）是：巴西255.0万吨、澳大利亚142.5万吨、美国131.4万吨、阿根廷81.0万吨、新西兰61.0万吨、加拿大50.0万吨、墨西哥36.0万吨、欧盟（27国）35.0万吨。

2020年牛肉进口量超过20万吨的国家（地区）是：中国275.0万吨、美国156.3万吨、日本85.0万吨、韩国53万吨、中国香港43.0万吨、欧盟（27国）30.0万吨、加拿大24.0万吨。

二、国内肉牛牦牛生产与贸易概况

1. 国内肉牛生产与牛肉产量

2020年，全年屠宰肉牛头数约2 920万头，胴体总产量约为740万吨，净肉产量约637万吨。屠宰肉牛平均胴体重约为255千克/头，其中，育肥技术水平较高的育肥场，杂交牛胴体重平均约为342千克/头、中大体型本地黄牛胴体重平均约264千克/头、南方本地小黄牛胴体重平均约164千克/头，肉牛总产值约为5 540亿元。2020年，全国屠宰牦牛约370万头，胴体重平均约128千克/头，胴体产量约为48万吨，净肉产量39万吨，牦牛产值估计为339亿元。

2. 国内牛肉贸易

牛肉进出口贸易量（不含牛下水等产品）合计约211.84万吨，比2019年同期增加

45.87万吨；牛肉进出口贸易额合计101.80亿美元，贸易赤字101.78亿美元。牛肉净进口量（211.82万吨）是2019年同期（165.93万吨）的1.28倍，比2019年增加了45.89万吨。

2020年牛肉进口总量211.83万吨，进口额101.79亿美元，进口均价4.81美元/千克。其中，鲜或冷的带骨牛肉进口876.06吨，进口额1 212.91万美元；鲜或冷的去骨牛肉进口47 860.67吨，进口额39 551.23万美元；冷冻带骨牛肉进口29 5163.04吨，进口额76 513.87万美元；冷冻去骨牛肉进口1 773 416.52吨，进口额900 377.83万美元；冷冻胴体及半胴体进口977.63吨，进口额254.17万美元。

2020年出口牛肉96.65吨，出口额75.74万美元，出口均价7.84美元/千克。其中，鲜或冷的带骨牛肉、鲜或冷的去骨牛肉、冻整头及半头牛肉无出口；冷冻带骨牛肉出口4.55吨，出口额2.99万美元；冷冻去骨牛肉出口92.1吨，出口额72.75万美元。出口牛肉的省（市）共4个，分别是上海市49.62吨、北京市25.99吨、吉林省12.04吨、广东省8.99吨。

2020年进口牛肉的省（区、市）共29个，年进口量合计超过1 000吨的有24个，分别是上海508 146.33吨、天津324 423.89吨、山东243 844.62吨、广东192 954.93吨、江苏172 362.45吨、北京160 546.02吨、安徽115 619.22吨、辽宁78 030.13吨、福建57 788.91吨、湖南57 512.33吨、浙江40 513.52吨、黑龙江34 231.98吨、重庆31 395.09吨、河南26 973.63吨、湖北18 408.96吨、吉林12 327.72吨、河北10 633.08吨、四川10 286.22吨、内蒙古6 980.87吨、新疆5 226.49吨、陕西2 671.43吨、海南2 269.82吨、甘肃1 669.25吨、山西1 467.16吨。

三、国际肉牛牦牛产业技术研发进展

1. 遗传育种与繁殖领域

肉牛业发达国家不断推进本品种选育，追求种牛的高遗传水平和育种收益的最大化，品种生产性能持续提高。不仅如此，旨在利用杂交优势的品种间杂交生产也是重要研究内容，1～2年内就要发布多品种间的育种值（EPD）比较表，供商品生产场选择高效益的杂交组合。肉牛业发达国家在完善传统育种技术的同时，肉牛主要性状的基因发掘也是国际上研究的重点内容之一。

随着美国农业动物和食品基因编辑法案的出台，基因编辑在肉牛育种上似乎有较强势头。幼畜采卵、体外受精、克隆等技术是繁殖学科的重点研究内容，特别是体外受精、克隆等技术发展加快。胚胎移植技术的应用，加快了优秀种质的扩繁效率。肉牛育种数据的智能化收集系统在过去一年来进一步发展，加快了遗传进展。全基因组选择技术在肉牛育种中的应用范围逐步扩大，特别是基因组选择技术在早期选择上的应用更为广泛，提高了育种效益。受新冠肺炎疫情和国际贸易环境变化的影响，美国、澳大利亚等多国向中国市场推销种质的步伐有所放缓。

2. 饲料营养领域

肉牛饲料营养价值评定持续开展，如对热带豆科牧草、棕榈仁饼、腰果加工副产品、转基因大豆、饲用芸苔属植物（夏萝卜、油菜、羽衣甘蓝和瑞典甘蓝）等。开展肉牛营养需要研究，促进精准饲养，维生素和矿物元素的营养需要研究逐渐深入，逐步建立特定品种肉牛如瘤牛生长的净蛋白质需要量预测模型。重视开发低成本饲料资源，降低养殖成本，如添加羊刀豆副产品、甜豌豆、缓释尿素等降低成本。注重饲料加工利用技术研究，使用混合乳酸菌接种改善全株玉米青贮品质，利用微生物和生物酶制剂处理粗饲料中性洗涤纤维。提高肉牛饲料转化效率一直是热点，如在北美和欧洲利用剩余采食量来评价肉牛饲料消化、生长速度和饲料利用效率，使用丝兰提取物提高肉牛生长和饲料效率，犊牛饲养前期饲用发酵产品提高断奶后犊牛对饲料的利用率。

重视养殖模式对母牛和犊牛健康的影响，强化母牛在产犊期和妊娠期的营养代谢和体况评分，放牧牛妊娠前期营养限制对胚胎影响小但可能增加妊娠失败的风险。研究营养、环境和疾病等对犊牛生长的影响贡献率，铜的缺乏会降低肝脏铜含量，日粮低钙磷比会刺激骨骼钙磷代谢，精料添加频率会影响放牧牛的生长性能和养分代谢。

重视肉牛饲养与环境保护，热带牧草添加尿素或菜籽粕可改善瘤胃发酵模式，减少甲烷排放，利用藻类补充剂、茶皂素、缓释硝酸盐、金合花提取物等减少肉牛养殖中的甲烷生成。

提高肉牛生产性能和改善肉质一直是研究重点，包括能量来源、饲养水平和阶段饲养模式影响肉牛生产和牛肉品质等，利用组学方法研究肉牛品种、瘤胃微生物和机体养分沉积的关系，注重功能性饲料添加剂对肉牛生产性能和肉质的影响，如添加维生素 A、酵母、丙酸锌、白藜芦醇等改善生产性能、胴体特性和牛肉品质。

基于上述研究以及利用互联网技术，发展智慧牧场强化大数据建设，继而支撑肉牛产业发展。

3. 疫病防治与控制领域

2020 年世界动物卫生组织报告了蓝舌病、牛口蹄疫及牛结节性皮肤病疫情。共报告蓝舌病疫情 111 起，主要为 8 型、16 型和 4 型；其中 18 起 8 型蓝舌病疫情发生地点为比利时和瑞士；72 起 4 型蓝舌病主要在希腊马其顿地区爆发；20 起 16 型蓝舌病主要发生在希腊北爱琴海大区。报告牛口蹄疫疫情 29 起，主要为 O 型、A 型、SAT 2 及 SAT 3 型，其中以 SAT 2 型为主，多发于亚、非地区国家如缅甸、南非等。2020 年报告牛结节性皮肤病疫情 14 起，多发于尼泊尔、俄罗斯等国家，其中尼泊尔为主要疫区。

在牛用疫苗的研发方面，基于纳米颗粒的疫苗已经成为传统疫苗提档升级的替代品，纳米颗粒疫苗能包含多种抗原有效载荷，并具有保护蛋白质免于降解的能力；除此以外，合成纳米颗粒疫苗可通过鼻内、气雾剂或口服给药靶向递送，也可以诱导粘膜免疫。雾化的金黄色葡萄球菌裂解液能有效刺激犊牛肺部先天免疫反应。犊牛鼻内疫苗接种不会降低呼吸综合征的死亡率或发生率，但可显著改善起运 17 天或大龄犊牛运输后的增重率。

在牛用诊断技术开发方面，微滴数字 PCR 检测方法不需抽提 DNA，灵敏简便且可实现鉴别诊断如区分包含毒力基因 stx 的大肠杆菌样品。Fe_3O_4@ CuS 纳米结构能增强靶标捕获能力，提高检测灵敏度。重组酶聚合酶扩增技术可直接灵敏、准确检测鼻咽拭子中 4 种牛呼吸疾病综合征病原体、耐药基因和结合元件。

寻找非抗生素类的疫病控制方法也是当前疫病防控的热点。如联合使用 PD～L1 抗体与 COX～2 抑制剂对治疗犊牛支原体感染具有良好效果。大豆异黄酮和茶皂素可抑制无乳链球菌的生长并抑制其生物膜的形成。来自血清 2 和 9 型的猪链球菌前噬菌体内溶酶 PlySs2 和 PlySs9，能裂解所有乳房链球菌分离株，可作为乳腺内抗生素的候选替代品。

4. 设施设备与环境控制领域

国外肉牛工厂化生产发展迅速，在饲料加工配合、清粪、饮水到疫病诊断等方面提高了机械化、自动化和科学化率。青贮饲料收获、牧草收贮等装备，故障自动检测预警、维护保养简易化、机组作业配套等提升整体装备作业效率的技术在不断完善，以Orkel为代表的裹包青贮机实际作业效率已超过40吨/小时。养殖设施及管理更关注于提高智能化程度，减少人力资源输出，开始对重点领域、关键环节进行信息化、智能化管理，如利用智能化数据采集系统构建规模化育种体系，借助智能项圈的发情探测、营养调控及智能分隔门等。

繁殖母牛基本以放牧饲养为主，犊牛由传统7—8月龄断奶开始向2—3月龄早期断奶过渡。环境控制方面，研究主要集中在以减排为目标的营养调控技术和动物福利改善方向，利用牛场温室气体在线监测和互联网数据传输实现远程评估不同类型日粮降低温室气体排放的效应，以及清粪和活动空间变化对肉牛养殖福利和生产性能的影响，进而优化饲养管理和提高效益。

国外牛场粪污处理与利用研究仍以能源化利用为主，资源化利用为辅。在牛粪能源化利用方面，研究集中在尝试使用不同种类的发酵底物以及添加剂以提升沼气质量和产量，降低废气的排放。在资源化利用方面，主要通过改进堆肥条件及调理剂的使用，减少氮肥的损失和温室气体的排放，如研究发现在堆肥过程中添加蛭石可达到保氮的作用，促进腐熟并一定程度提高产物的钙、镁浓度。

5. 加工与品质控制领域

在肉牛屠宰加工方面，进一步研究屠宰过程中动物管理与应激的关系及对肉品质的影响。研究利用超声波、冲击波通过加快成熟、改变肌肉结构提高牛肉嫩度。研究成熟时间、成熟类型对肉质以及不同极限pH值下的牛肉肉色形成机理及其对品质的影响。

研究了冷冻牛肉在高压电场中的解冻特性及其机理。在牛肉制品加工上，研究了益生菌对生鲜牛肉香肠品质、脂肪替代物对乳化肠品质的影响。牛肉的消化吸收和功能性产品受到重视，有学者研究了真空烹饪技术对提高了牛肉质量和消化率的影响，以及通过超声处理和添加蒲公英促进腌制牛肉中抗氧化肽的产生。

牛肉品质控制方面，在牛肉微生物防控上，利用天然提取物、噬菌体、超高压、脉冲辐射及栅栏技术抑制微生物、延长货架期受到关注。评价了细菌纤维素、纳米银与细菌纳米纤维素复合物、明胶/壳聚糖纳米纤维/氧化锌纳米复合膜等新型包装材料对牛肉货架期和品质的影响。外源酶嫩化和内源酶对肉嫩度的影响和作用机理得到进一步诠释。代谢组学在研究黑切肉的产生、牛肉味觉呈现的机理中得到应用，而蛋白质组学确定了宰前应激、中间型和高极限pH值牛肉、肉色的生物标记物。

在牛肉安全快速检测方面，快速无损检测技术以其高灵敏度、高准确度、高效率等仍是研究的热点。基于拉曼光谱、近红外光谱和高光谱等光谱技术对牛肉掺假、剪切力、蒸煮损失、肌内脂肪、新鲜度、微生物水平等特性进行预测，提高了光谱技术在牛肉快速无损检测中的实用价值。建立了PCR技术快速检测牛肉中微生物生长动力学、致病菌、牛肉成分、肉类掺假的方法。开发了电化学复合牛肉鲜味检测电极和基于比色传感器的电子鼻，通过改善信号处理提高了电子鼻的检测能力，并将电子鼻及气相色谱—质谱结合应用到牛肉品质控制中。

6. 产业经济领域

2020 年，国际肉牛产业经济研究主要集中于肉牛生产与环境之间的关系、肉牛饲料效率、生产要素与经营生产关系等方面的研究。在肉牛生产与环境之间关系方面，比较四个环境维度（温室气体、生态毒性、侵蚀和生物多样性）显示出更高的生态毒性和对生物多样性的影响，同时预测了不同生产情景下的未来牛肉产量和环境影响，发现在阿根廷，牛肉产量有可能增加 15%，而不会显著增加该部门的环境影响。从草地管理、动物补饲、环境和草地集约化的社会经济学等方面进行了综述。在肉牛饲料效率方面，通过模拟分析表明，SRU 对 LWG 和 FE 的积极作用通过降低饲料成本和降低牛肉生产的排放强度来提高盈利能力。在生产要素与经营生产关系方面，采用 spss 18.0 软件进行卡方分析，表明经营面积大小与经营规模有显著关系，经营规模、品种、饲料、药品、劳务等与宾贾巴拉特区肉牛生产经营有显著关系。此外，定量 SWOT 矩阵分析结果表明，可以通过应用饲料加工技术、繁殖技术和废物处理技术来实现肉牛多样化或创新的方式长期发展。

四、国内肉牛牦牛产业技术研发进展

1. 遗传育种与繁殖领域

遗传资源保护工作得到了提升，2019 年农业农村部启动的青海、藏区的资源补充调查工作基本完成，资源保护力度加大，牛的遗传物质保存仍以冻精和胚胎为主，也是目前较为普遍和有效的保存方式，精原干细胞的保存技术正在研发之中。农业农村部正在部署第三次资源普查工作。

启动了《全国肉牛遗传改良计划（2020—2035 年）》的编写工作并已形成初稿。肉牛种业技术支撑体系建设稳步推进。表型数据收集和上传的计算机网络系统基本完善，数据库规模日益增加，有力推进了联合育种。经过充分论证，对中国肉牛选择指数（CBI）进行了改进，改为由体型评分、初生重、断奶重、18 月龄体重等 4 个性状加权而成，较好地反映了我国目前肉牛种业市场的需求。分子育种技术体系进步较快，构建了肉牛全基因组选择指数及技术平台，2020 年推广应用规模达 1 200 余头，并正在向多品种基因组选择体系扩展。肉牛新品种培育和群体遗传改良进展明显，利鲁牛、无角夏南牛、延和牛、张掖肉牛、肉用褐牛、华西牛等新品种的系统选育工作有序推进。在研究选种技术的同时，选配技术研究取得了初步进展。

在繁殖生物技术方面，活体采卵体外受精（OPU+IVF）技术产业化应用探索取得良好成绩，OPU+IVF 技术体系得到进一步优化，为产业化奠定基础。规模化牛场的综合繁殖技术应用使辐射区母牛群体的繁殖成活率提高了近 4%。

2020 年肉牛种业技术研发体现以下主要特点：一是技术对种业支撑能力明显增强。由于遗传评估技术、基因组选择技术应用的范围不断扩大，对种业的促进作用越来越明显，遗传评估结果对种牛及冻精价格影响明显。二是联合育种规模逐步扩大。正在培育或选育提高的云岭牛、无角夏南牛、张掖肉牛、肉用褐牛、安格斯牛、华西牛等均建立并逐步完善联合育种体系，提高了选择强度，为加快遗传进展提供了有效保障。三是繁殖生物技术产业化进程加快。以公牛性控精液（SS）+人工授精（AI）和母牛基因组选择（GS）+活体采卵（OPU）+体外受精（IVF）+胚胎移植（ET）为代表的高效快繁体系进一步完善，有效缓解了主导品种肉牛种质资源长期依赖进口的局面。

2. 饲料营养领域

肉牛饲料营养价值评定体系逐渐形成，对饲料评定方法、饲草料的营养价值指标体系等进行了补充和总结，不断补充完善以国家肉牛牦牛产业技术体系为依托的肉牛牦牛饲料营养价值开放数据库，目前已扩充到1 500多个饲草料样本的数据。肉牛营养需要量研究持续推进，主要集中在肉用育肥牛、母牛泌乳期的营养需要，包括能量、蛋白质、矿物质的需要量。

面对主要饲料原料涨价，降低养殖成本仍是研究重点，研发了青贮饲用高粱、万寿菊、金针菇菌糠、棉杆、棉籽、全株燕麦等饲料资源的提质增效技术，比较研究了区域性饲草料资源如甜玉米芯青贮、构树发酵饲料等的全混合日粮对肉牛瘤胃发酵和营养物质消化率、屠宰性能和肉品质的影响。

面对肉牛养殖生产模式的多元化发展和无抗饲料要求，更加注重投入品安全，评定了饲料原料种类、产地、加工对饲料抗营养因子的影响，以及对天然矿物质原料、合成氨基酸、活菌制剂、酶和其他添加剂饲料原料的有效成分含量的影响。

受“非洲猪瘟疫情”“新冠肺炎疫情”“牛肉需求”及“牛源紧缺”的影响，母牛低成本饲养和优质犊牛培育成为研究热点。对安格斯牛繁育进行了全程阶段营养调控研究，针对母子一体化培育技术，研究饲粮能量水平、葡萄糖代谢对围产期母牛激素水平、泌乳、产后体况恢复和对犊牛生长发育影响，加强围产期母牛的日粮营养需求和饲养管理。重视肉牛全程饲养大数据的建立，收集了全程营养供给与育肥出栏、屠宰分割的相关数据，反馈校正肉牛阶段饲养的营养供给水平。继续开展饲粮能量水平和养殖环境温湿度指数对育肥肉牛生长性能和肉质影响。

结合转录组、蛋白组和代谢组学的方法，研究了地方黄牛不同去势处理对肉牛瘤胃微生物、机体养分差异化沉积的影响，促进肉牛低成本差异化饲养。重视动物福利与环境保护，开始了肉牛行为学、体型评估与营养供给相关的模型构建，推进智慧化牧场建设，促进肉牛养殖节料、节水和减排。

研发了高原牧区围产期母牦牛和牦牛犊牛补饲技术，研发了酵母产品、谷氨酰胺促进牦牛僵牛胃肠道发育和改善瘤胃微生物组成的营养调控技术，以及缓解低海拔农区夏季牦牛湿热应激的营养调控技术，扩大了半农半牧区牦牛季节性舍饲错峰出栏技术、低海拔农区牦牛异地舍饲育肥技术的推广示范。逐步形成青藏高原牧区牛源与四川、云南、甘肃和重庆等周边农区饲草料资源相结合，构建基于不同海拔高度优势资源互补的立体绿色牦牛产业发展模式。

3. 疫病防治与控制领域

《生物安全法》已于2020年颁布并在2021年实施，该法律为我国养殖场制定生物安全规范及实施提供了法律依据与保障。已开发牛场生物安全量化评估和牧场风险评估技术，牛场生物安全国家标准已获批立项，制定牛场生物安全地方标准1项。

2020年我国共报告3起牛口蹄疫及7起牛结节性皮肤病疫情。牛呼吸疾病综合征和牛消化疾病综合征仍然是影响养牛业健康发展的重要疾病。藏区牦牛病毒性腹泻、巴氏杆菌持续性感染对牦牛健康影响仍然严重；近年来牦牛传染性角膜结膜炎、牦牛梭菌病等备受关注。

2020年获新兽药证书的牛用产品共10个，其中疫苗2个、诊断试剂1个及化药7个，其中一类新兽药 1 个、二类新兽药 5 个、三类新兽药 1 个、四类新兽药 1 个及 5 类新兽药 2 个。

在牛用疫苗研发方面，布鲁氏菌病标记活疫苗（A19-ΔVirB12 株）、牛曼氏杆菌病灭活疫苗（A1 型 M164 株）等获新兽药注册证书；已完成了牛支原体活疫苗的临床试验并申报新兽药注册证书；牛传染性鼻气管炎和副流感 3 型二联灭活疫苗已到新兽药注册申报的产品复核阶段。

在牛用诊断试剂研发方面，牛支原体环介导等温扩增试剂盒获一类新兽药证书。已完成牛支原体竞争 ELISA 抗体试剂盒新兽药证书材料的撰写与申报；完善了牛传染性鼻气管炎 gG ELISA 抗体检测试剂盒的注册材料；完成牛多杀性巴氏杆菌抗体 ELISA 检测技术研究与临床验证；已建立牛双芽巴贝斯虫及牛巴贝斯虫病间接 ELISA 抗体检测试剂盒；已完成牦牛致病性大肠杆菌 PCR 检测试剂盒研制及知识产权申请。

获新兽药注册的牛用化药主要有羟氯扎胺、羟氯扎胺混悬液、卡贝缩宫素、卡贝缩宫素注射液、酮洛芬注射液、利福昔明乳房注射剂及复方氨基酸等。养殖端全面禁抗后传统中兽药替代抗生素的前景良好，有望为肉牛养殖行业发展贡献力量。

4. 设施设备与环境控制领域

国内肉牛养殖已经由传统拴系饲养模式普遍向散栏饲养模式转变，牦牛散栏式围栏育肥场则侧重于推进牧繁农育、高繁低育模式。通过调整优化畜群结构，配套高效暖棚，冷季有效补饲和营养调控等技术，群体繁殖率大幅提升，有效促进架子牛增重，缩短饲养周期至 1～2 年。

饲养工艺方面，降低北方寒区肉牛舍建筑成本，改善肉牛养殖环境仍为研究热门课题。运动场挡风墙、厚垫草、恒温饮水的使用被证明可有效提升动物福利。环境控制侧重冬季牛舍通风与保温的矛盾解决方案，研究了机械通风自动控制、热回收通风，同时辅助垫料养殖和恒温饮水技术，综合解决北方牛舍冬季环境问题。

养殖设施设备方面，国内设备水平有较大提高，产品种类增加，饲喂养殖设备中的 TMR、饮水设备、保定设备等基本能满足养殖需求。经济适用型打捆包膜一体机等饲草料收贮设备水平进一步提高。

在智能养殖方面，出现了手机终端 App、微信小程序等管理手段。TMR 饲料加工的上料、称重、配方控制的自动化技术开始得到应用。国产智能项圈已可实时监控运动轨迹、疫病特征、生理状况、位置范围等。

牛场粪污处理与利用方面，重点开展了牛粪垫料化再生产、减少堆肥产品负效应、提高粪污利用效率以及共消化生产生物氢等相关研究。在牦牛粪污处理与利用方面，主要明确了施用不同配比牦牛粪堆肥对沙化土壤养分淋溶及团聚体重结构的影响，以及草畜互作对高寒生态系统结构和功能的影响。

5. 加工与品质控制领域

在生鲜牛肉品质控制方面，研究聚焦在天然提取物、冰温技术、微酸性电解水冰、等离子体活性水、低压静电场对牛肉保质期的影响，并且可食性复合膜和抑菌包装膜在牛肉保鲜中的应用得到重视。

研发了低脂健康的复合牛杂肉饼、牛肉番茄酱、沙茶烤水牛肉、低钠盐酱牛肉等产品。揭示了 NO 通过激活 AMPK 对牛肉 pH 值、总蛋白溶解性和持水力的影响，探究了钙蛋白酶激活蛋白影响牛肉成熟的机制。利用宏转录组学技术解析不同贮藏时期微生物基因组差异转录、代谢途径与微生物群落演替的关系，利用蛋白质组学研究贮藏中肌红蛋白含量及衍生态转化。

在危害物快速检测方面，利用高光谱成像技术预测牛肉 pH 值、牛肉水分含量及分布、牛肉丸掺假检测等。使用基于漫反射可见光谱无损检测生鲜牛肉肌红蛋白、气流脉冲和结构光成像检测牛肉嫩度、COI 序列的 DNA 微条形码技术鉴别熟肉制品掺假。

在质谱分析上，通过 LC～MS/MS 法同时快速检测牛肉中 12 种 β～受体激动剂、9 种类固醇激素、30 种食源性兴奋剂类药物残留。利用电子鼻与模糊数学建立熏牛肉品质评价法。实时荧光定量 PCR 鉴定肉制品中牛源性成分及其含量。建立可用于检测大肠杆菌 O157：H7 的双抗体夹心 ELISA 方法。

6. 产业经济领域

2020 年，国内肉牛产业经济研究领域主要集中于牛肉生产与产业发展、新冠肺炎疫情对肉牛产区的影响、经济效益、生态环境、屠宰加工等方面的研究。在牛肉生产与产业发展方面对宜宾筠连、武山县、巍山县、峨山县等地肉牛产业发展现状及对策建议进行了分析。在新冠肺炎疫情对肉牛产区的影响方面，针对新冠肺炎疫情给肉牛产业带来的影响、采取的救助措施以及后续恢复生产等情况对各个肉牛主产区进行调研。在经济效益方面，结合我国肉牛主产区的肉牛养殖情况对现有的肉牛养殖模式及效益进行粗浅分析，以期为肉牛养殖提供一定参考，为我国肉牛产业迅猛发展提出建议对策。在生态环境方面，对如何使我国的肉牛养殖业开始向着科技化的方向发展、绿色生态高效养殖关键技术如何进行应用和推广，如何在绿色环保的前提下更好的促进肉牛养殖业的可持续发展等方面进行研究，并提出提高养殖业的经济效益、促进区域经济的发展等相关建议。在屠宰加工方面，通过假设类推法开展分析研究，探讨育肥牛屠宰率与活体、胴体价格之间存在的关系，为促进肉牛屠宰加工企业按质论价提供参考。

（国家肉牛牦牛产业技术体系首席科学家　曹兵海　提供）

2020年度肉羊产业技术发展报告

（国家现代肉羊产业技术体系）

一、国际肉羊生产与贸易概况①

（一）活羊贸易

总体来说，羊肉贸易是国际肉羊贸易中最重要的组成部分，活羊贸易占比一直较少。近20年来，世界肉羊进出口总量和总额整体呈增长态势，而活羊贸易额则从2016年开始呈现下降趋势。2019年，世界活羊进口总额达3.5亿美元，比2018年（5.3亿美元）下降了33.2%。2019年世界活羊出口总额达8.9亿美元，比2018年（8.6亿美元）增加了3.5%。

1. 活羊进口

分月度来看，2019年活羊进口额季节波动同往年一样比较明显，且1月依然是活羊进口较少的月份，进口额为2 421.1万美元，占全年进口总额的6.8%。但2019年活羊进口额较高的月份却与以往不同，例如2018年的3月、5月和7月活羊进口额较高，而2019年进口额较高的则为4月、7月、8月和12月；其中4月进口额为5 172.0万美元，占全年活羊进口总额的14.6%。

分品种来看，绵羊进口额远高于山羊，主导了世界活羊进口的走势。2019年，世界绵羊进口总额为3.2亿美元，山羊进口总额为2 992.1万美元，分别比2018年减少1.8亿美元和1.5亿美元。2019年4月，世界绵羊进口额达到全年最高4 780.7万美元，同时山羊进口额仅有391.3万美元。总体来看，世界绵羊进口额大、波动也大；山羊进口额历年来都非常小，波动并不明显。

分地区来看，2019年欧洲、亚洲、非洲是世界前三大活羊进口市场，进口活羊总额分别为2.1亿美元、1.1亿美元和3 648.5万美元，分别占世界活羊进口总额的58.8%、30.6%和10.2%。美洲和大洋洲进口额非常小，分别为151.4万美元和5.4万美元，共占2019年世界活羊进口总额的0.4%，同比有所下降。2019年世界活羊进口总额变化趋势与欧洲活羊进口额变化走势基本一致，说明世界活羊进口以欧洲为主。与往年相似，2019年5月和7月仍是亚洲进口的高峰；4月、8月和12月是欧洲的进口高峰。

2. 活羊出口

分月度来看，活羊出口额的季节波动也比较明显，在7月达到峰值1.3亿美元，占全年活羊出口总额的14.2%。1月仍是活羊出口较少的月份，仅有4 234.1万美元，占全年出口额的4.7%。与往年不同的是，2019年12月活羊的出口额上升幅度较大，而过去两年的12月出口也均较少。

---

① 贸易数据来源于UN Comtrade数据库，2020年只公布了前三季度的数据。

分品种来看，与进口一致，绵羊出口额远高于山羊，主导世界活羊出口走势。2019 年世界绵羊出口总额为 8.5 亿美元，山羊出口总额为 4 201.5 万美元，比 2018 年分别减少了 3 744.1 万美元和 710.8 万美元。2019 年山羊出口额总体呈平稳下降趋势，但波动趋势不明显。

分地区来看，2019 年世界活羊出口额变化趋势与欧洲活羊出口额变化走势基本一致，说明世界活羊出口也以欧洲为主。与 2018 年活羊出口峰值出现在 8 月，低谷出现在 2 月不同，2019 年欧洲活羊出口额峰值出现于 7 月，低谷在 1 月。大洋洲出口额波动明显，6—8 月的出口额甚至低于非洲。2019 年亚洲的活羊出口主要集中在 7 月，与世界活羊出口的高峰重合。

（二）羊肉贸易

据现有公开数据，2020 年世界羊肉进口总额为 60.2 亿美元，出口额为 71.4 亿美元，比 2019 年分别减少 13.0%和 9.6%。2020 年，羊肉进口总量为 92.9 万吨，出口总量为 116.2 万吨，比 2019 年分别减少 13.7%和 11.0%。总体来看，贸易规模的下降可能与新冠疫情全球大流行相关。

1. 羊肉进口

据现有公开数据，2020 年羊肉进口最大的市场为中国，其次为美国，两个国家的进口额分别达到 17.4 亿美元和 10.1 亿美元，分别占世界进口总额的 29.0%和 16.8%，遥遥领先排名第三、第四和第五的法国、英国和德国。2020 年，法国、英国和德国的羊肉进口额分别为 5.3 亿美元、4.1 亿美元和 4.1 亿美元，占世界羊肉进口总额的比重分别为 8.8%、6.8%和 6.7%。从变化趋势来看，2020 年进口额高峰集中在 4 月，低谷是 9 月，波动趋势与往年相近。

2. 羊肉出口

羊肉出口市场比较集中，主力仍旧是澳大利亚和新西兰。2020 年，澳大利亚和新西兰羊肉出口额分别达到 26.4 亿美元和 25.3 亿美元，分别占世界羊肉出口总额的 37.0%和 35.5%，遥遥领先排名第三、第四和第五的英国、爱尔兰和西班牙，该三国出口额分别为 5.6 亿美元、3.9 亿美元和 2.2 亿美元，占世界羊肉出口总额的比重分别为 7.9%、5.5%和 3.1%，五大出口国出口额加总占比为 88.8%。2020 年全球羊肉出口的变动趋势与 2019 年基本一致，表现为 1—3 月上升，4—8 月下降，9 月回升的态势。此外，2020 年 8 月前新西兰的出口额一直高于澳大利亚，8 月澳大利亚开始反超且呈上升趋势。从整体走势来看，近三年新西兰羊肉出口的峰值不断攀升，始终集中在 1—3 月。澳大利亚的羊肉出口呈现较为平稳的波动上升。其他羊肉主要出口国与前两大市场相比出口额较小，且波动较平缓。

二、国内肉羊生产与贸易概况

（一）生产概况

1. 羊存出栏量

1978—2020 年，我国羊出栏量从 2 621.9 万只上升至 31 941.0 万只，增长了 11.2 倍；羊存栏量（此处包含毛用羊）从 16 993.7 万只上升到 30 654.8 万只，增长了 80.4%。其中，山羊存栏量从 7 354.0 万只上升到 13 345.3 万只，增长了 81.5%；绵羊存栏量从

9 639.7万只上升到17 309.5万只，增长了79.6%①。近年来，我国羊存出栏量增长趋势相同，羊出栏率整体有所提升。

2. 规模养殖

我国肉羊产业结构不断优化，养殖规模向大中型规模发展的趋势明显，但规模经营整体水平仍有待进一步提高。2017年，我国羊场总数为1 380.0万个，比2003年下降了51.8%。其中小规模羊场数量减少显著，而大规模羊场数量则是逐年增多。2003—2017年，全国羊年出栏100只以下的养殖场（户）从2 843.2万个减少到1 337.6万个，下降了53.0%，但2017年仍占全国羊场总数的96.9%②。2018年全国羊年出栏1 000只以上饲养规模比重为9.6%，比上年增加5.5%③。在未来较长的时间内，100只以下的小规模养殖场（户）仍会在我国肉羊生产中占据重要地位。

3. 羊肉产量

1980—2020年，我国羊肉产量从44.5万吨增长至492.3万吨，增长了10.1倍；但2008—2020年，我国羊肉产量增速放缓，仅增长了25.2%。从羊肉占肉类总产量比重来看，1980—2020年，羊肉占肉类总产量比重从3.7%上升至6.4%。

（二）市场概况

1. 消费情况

从羊肉消费量来看，随着国民生活水平逐步提高，我国居民羊肉消费总量不断上升。城乡居民人均羊肉户内消费量（下文简称人均羊肉消费量）存在较大差异，城镇一直明显高于农村，但农村人均羊肉消费量的增长速度高于城镇。1980—2016年，城镇居民人均羊肉消费量从0.7千克/人增长至1.8千克/人，年均增长率为2.7%；农村居民人均羊肉消费量从0.3千克/人增长至1.1千克/人，年均增长率为3.7%。但可能受2017年羊价上涨影响，城镇居民人均羊肉户内消费量从2016年的1.8千克/人迅速下降至2019年的1.4千克/人，年均下降率为8.0%；农村居民人均羊肉户内消费量则从2016年的1.1千克/人下降至2017年的1.0千克/人，下降了9.1%，且2018—2019年一直维持在1.0千克/人的消费水平。但从户内羊肉消费总量来看，虽然2017年以来农村居民人均羊肉消费量维持不变的水平，但由于农村人口减少，农村居民羊肉消费总量从2016年的64.9万吨持续减少至2019年的55.2万吨，下降了15.0%。同样地，虽然城镇人口增加，但由于人均羊肉消费量降幅太大，城镇居民羊肉消费总量也从2016年的142.7万吨持续下降至2019年的118.8万吨，下降了16.8%。可见，我国城乡居民对羊肉价格比较敏感，近年来羊肉消费规模有所萎缩。

从肉类消费结构来看，城乡居民肉类消费均以猪肉为主，其次是禽肉，最后是牛肉和羊肉。2019年，城镇居民肉类消费结构中猪肉占56.4%，禽肉占31.7%，牛肉占8.1%，羊肉仅占3.9%，而农村居民分别为62.3%、30.9%、3.7%和3.1%。2019年城镇居民的人均猪肉、牛肉、羊肉和禽肉消费量分别为农村居民的1.0倍、2.4倍、1.4倍和1.1倍。可以看出，与城镇居民相比，农村居民肉类消费以猪肉为主，高蛋白、高营养、低脂肪的

① 数据来源：中国国家统计局。

② 数据来源：《中国畜牧兽医年鉴（2004—2018）》。

③ 数据来源自《中国畜牧兽医统计摘要（2019）》；羊规模按年出栏100只以上测算。

羊肉、禽肉、牛肉比重较低，一定程度上反映了农村居民肉类消费结构有待优化。

2. 羊肉价格

根据农业部畜牧业兽医局数据，2020年我国羊肉集贸市场月平均价格（以下简称羊肉价格）显著高于2019年同期价格水平，上半年各月同比增长保持在14%以上，下半年差距逐渐缩小，新冠肺炎疫情对羊肉市场的影响逐渐减弱。2020年1—12月，我国羊肉价格从81.2元/千克增长至83.3元/千克，涨幅为2.6%，增长幅度较小，且经历了3阶段式“N”形波动：①1—2月，从81.2元/千克上升至82.3元/千克，上升了1.4%；②2—6月，从82.3元/千克下滑至78.2元/千克，下降了5.0%；③6—12月，从78.2元/千克涨至83.3元/千克，增长了6.5%。

2020年，我国不同区域之间的羊肉价格变动依然保持较大差异，主产省（区）的羊肉价格增长幅度普遍大于非主产省（区），且两者的波动趋势大体保持一致。总体来看，2020年1—12月，主产省（区）羊肉价格从76.3元/千克增长到78.8元/千克，增长了3.3%；2020年各月羊肉价格均高于2019年同期价格。主产省（区）（河北、内蒙古、山东、河南和新疆等）的羊肉价格同样经历了三阶段式“N”形波动：①1—2月，从76.3元/千克上升至77.4元/千克，上升了1.5%；②2—6月，从77.4元/千克下降至74.2元/千克，下降了4.2%；③6—12月，从74.2元/千克增长至78.8元/千克，增长了6.3%。2020年1—11月①，非主产省（区）羊肉价格呈下降趋势，从88.9元/千克下降到87.4元/千克，总体下降了1.7%。我国非主产省（区）（上海、浙江、福建、江西和广东等）的羊肉价格大致经历了如下几个阶段（由于自12月始农业农村部未提供非主产省羊肉价格数据，因此以下分析不包括12月）：①1—2月，羊肉价格从88.9元/千克上升至91.2元/千克，增长2.5%；②2—6月，羊肉价格从91.2元/千克下降至84.9元/千克，下降了6.9%；③6—11月，羊肉价格从84.9元/千克上升至87.4元/千克，增长了3.0%。

值得注意的是，2020年受非洲猪瘟疫情和新冠肺炎疫情的双重影响，我国生猪价格波动较大，年初同比上涨最高达到164.8%。三季度以来，随着生猪产能持续恢复，市场供给能力不断加强，猪肉价格由涨转跌，8月第3周至11月第4周连续下跌了18.3%，直到12月初开始出现上涨。与此同时，羊肉价格也在新冠疫情的影响下继续保持高位运行，与2019年同期相比，有明显的增长趋势，上半年各月同比增长保持在14%以上，下半年差距逐渐缩小，说明新冠肺炎疫情对羊肉市场的影响逐渐减弱。

（三）贸易概况②

1. 羊肉进口概况

进口羊肉产品种类。2019年和2020年中国羊肉进口品种分布依然非常集中，主要进口冻带骨绵羊肉、冻整头及半头绵羊肉和冻去骨绵羊肉。其中，冻带骨绵羊肉的进口占据中国羊肉进口最主要的位置，2020年占总进口额的84.05%，达14.67亿美元，与2019年相比有所下降。位居第二、第三位的冻整头及半头和冻去骨绵羊肉进口分别只占6.37%和6.36%，而其他羊肉产品占比均不4%。整体来看，中国进口羊肉中占比最大的

① 农业农村部未提供2020年12月始非主产省羊肉价格数据。

② 数据来源主要来源于UN Comtrade数据库和国家海关统计数据库；2020年数据不全的部分重点分析2019年情况。

是绵羊，鲜少进口山羊肉和羔羊肉。2020 年冻整头及半头羔羊肉的进口延续了上一年的规模，远高于 2018 年的进口额，不过相较其他三大品种，占比仍较小。从月度变化情况来看，2020 年各主要羊肉品种进口趋势与 2019 年的情况有所不同，2019 年冻带骨绵羊肉进口的波动较为剧烈，冻整头和冻去骨进口呈现此消彼长的趋势。此外，羊肉进口情况随季度变化明显，2019 年 2 月出现明显的下降，第二季度是先升后降，第三季度持续下降，第四季度重新恢复迅速增长的趋势，与 2018 年几乎一致。

羊肉进口国。入世以来我国羊肉进口来源相对较集中，主要包括新西兰、澳大利亚、乌拉圭和智利，其中从新西兰和澳大利亚的羊肉进口额最高，且呈上升趋势。从 2018 年开始，中国从新西兰和澳大利亚进口羊肉总额占我国羊肉进口总额 96%以上。

2. 羊肉出口概况

出口羊肉产品种类。中国羊肉出口品种分布也非常集中，主要出口山羊肉、冻去骨绵羊肉和冻带骨绵羊肉三种，其他品种几乎为零。而这三类羊肉的出口额相较进口体量来说也是微不足道。2019 年羊肉出口额中，山羊肉占 49.6%，绵羊肉占 50.4%，羔羊肉出口为零。与进口不同，中国羊肉出口的季节规律不明显，除山羊肉外其他品种羊肉出口月度变化较为平稳。2019 年山羊肉出口的波动非常剧烈，每年 1 月和 10—12 月是山羊肉出口最集中的月份，其他月份出口量非常小。2020 年冻带骨绵羊肉、冻去骨绵羊肉和山羊肉出口额分别为 550.57 万美元、266.5 万美元和 1 120.81 万美元。山羊肉出口的趋势与上年相同呈增长趋势，而带骨绵羊肉出口规模呈下降趋势。

羊肉出口国（地区）。中国羊肉出口体量非常小，且出口市场越来越集中，目前主要出口到中国香港、中国澳门和科威特。2019 年中国羊肉有一定比例出口到阿拉伯、约旦和越南等国；2020 年主要出口到中国香港和中国澳门，极少量出口到巴拿马（548 美元）。出口到中国香港的羊肉总额整体呈上升趋势，出口到约旦的羊肉近年来逐渐减少。总体来说，中国羊肉出口市场非常小且主要出口对象比较固定；但我国羊肉出口受价格波动的影响较大，没有十分固定的变化规律。

3. 贸易平衡概况

2020 年我国羊肉进口量为 36.50 万吨，同比下降 7.00%；进口额 17.44 亿美元，同比下降 6.32%。2020 年羊肉出口量为 1 726.36 吨，同比下降 11.66%；出口额 1.94 千万美元，同比下降 9.77%。2019 年中国进口羊肉总额为 18.6 亿美元，较 2018 年增长了 42.1%；出口羊肉总额为 2.1 千万美元，较上年下降了 39.3%。从月度变化来看，2019 年各月羊肉进口较为均衡，其中 2 月和 8 月较少，11 月和 12 月较多，最少（8 月）和最多（12 月）的月份进口额分别为 1.1 亿美元和 2.1 亿美元。贸易逆差最大的月份同样是 12 月，达到 2.0 亿美元。羊肉出口总体呈现下降的趋势，其中 9—12 月是羊肉出口的密集期，年末有增长的趋势。

三、国际肉羊产业技术研发进展

（一）国际肉羊育种技术研发进展

2020 年国际肉羊育种技术研发进展主要表现在以下 3 个方面。

1. 品种选育的相关研究

国际上肉羊选育方向保持以放牧品种选育为主，其中以澳大利亚、新西兰、美国、德国、法国和南非为典型代表。商品羊主要用两品种或三品种杂交，杂交羔放牧育肥或谷物育肥的方式生产羔羊肉。羔羊肉（Lamb）是主动生产的主要产品，主要在发达国家销售；大羊肉（Mutton）是由淘汰繁殖羊被动生产，主要销售到发展中国家或伊斯兰国家。

2. 选种目标性状的相关研究

各个经济性状在选种模型中权重略有调整，其中：终端父本指数（Terminal sire indexes，TSI）由 3 个性状构成，它们分别是生长（TSG）、成活率（TSS）和肉产量（TSM），权重比 TSG：TSM：TSS=72：21：7。母系指数（Maternal indexes，MI）由 5 个性状构成，它们分别是生长（DPG）、产羔数（DPA）、成年重（DPR）、毛量（DPW）、成活率（DPS），DPG：DPA：DPR：DPW：DPS=50：2：28：7：13。将放牧品种的抗寄生虫和抗病性等性状纳入选择指数已经有 20 多年历史，现在看来从遗传上提高肉羊对寄生虫病的抵抗力是有效途径。

3. 现代繁育新技术在育种中的应用

选种方法包括全基因组选择、遗传标记辅助选择、QTL、BLUP 法等，这些技术意在提高选种准确性或育种效率，但目前这些技术还处于技术探索阶段，尚未达到产业化利用的程度。繁育新技术包括 MOET、子宫角输精技术、胚胎移植技术与性别控制技术等，这些技术旨在快速扩繁和提高繁殖效率。目前，基因编辑作为新种质创制的新方法受到重视，已经有一些探索性试验报告，例如编辑 MSTN 基因期望创制双肌臀表型等。

（二）国际肉羊营养与饲料技术研发进展

受新冠肺炎疫情的冲击，全球肉羊营养与饲料技术研发受到了明显的影响，国际上的研究进展主要包括 4 个方面。

1. 常规饲料原料的替代研究

随着全球人口的增长以及畜产品需求量的提升，客观上要求动物养殖数量的增加，从而需要更多的饲料原料来配制饲粮。随着常规能量、蛋白质饲料如玉米、豆粕等的价格不断攀升，养殖成本不断提高，为解决常规饲料原料替代的问题，国际上开展了利用甘油替代玉米、使用包被液态尿素替代豆粕、使用无刺仙人掌替代玉米青贮等饲喂肉羊对其生产性能和健康指标的影响研究，为合理利用成本较低的饲料资源替代常规饲料原料提供了出路。

2. 羔羊出生后“窗口期”营养调控研究的进一步深入

研究发现，从出生后到 60 日龄之前是羔羊肠道微生物调控的“窗口期”，在这一阶段进行营养调控，对于羔羊未来的生长、生产性能发挥能够产生长期作用影响。国际上主要开展了妊娠母羊饲粮中添加酵母、烟酰胺等添加剂对子代生长性能的影响研究、添加微量元素对初乳营养成分的影响研究，以及哺乳期羔羊饲粮中添加益生菌或益生原对其生长和健康的影响研究。通过这一系统研究，旨在尽早优化羔羊肠道菌群的建立，降低断奶应激，提高其免疫力和成活率，充分发挥成年后的产肉或产奶性能。

3. 粗饲料和农副产品等资源开发和利用

世界范围内，饲料资源的开发是永恒的研究课题之一。尤其是在肉羊养殖上，各个国家、地区具有不同的气候、地理特点，使得不同可供开发利用的粗饲料和农副产品资源具有鲜明的特点。合理地开发粗饲料或农副产品资源，变废为宝，对于提高肉羊产业的发展、节本增效具有重要意义。例如，有学者综合评价了 400 余种热带地区的豆科牧草的营养价值，为合理配制饲粮提供了参考；使用纤维降解酶处理橄榄油粕能够提高肉羊生产性能，提高橄榄榨油副产品的综合利用价值。

4. 功能性饲料添加剂的开发

为提高肉羊的生长性能、健康状况，以及羊肉品质，国际上开展了大量功能性饲料添加剂的开发利用研究。例如，开发了腰果壳提取液、咖啡豆壳、菜籽和亚麻籽油、肉桂醛、丁香酚、辣椒油树脂、单宁多酚等天然植物提取物，对于提高肉羊日增重、改善饲料转化效率、提高免疫力和抗氧化能力具有不同程度的促进作用。

（三）国际肉羊疾病防治技术研发进展

2020 年，国际肉羊疫病防治技术研发进展体现在以下 2 个方面。

疫病疫苗研发。国际肉羊疾病防治技术研发的进展集中在小反刍兽疫（peste des petits ruminants，PPR）、布鲁菌病（brucellosis，布病）的疫苗研发。德国学者制备的携带 PPRV H 蛋白的重组新城疫病毒（Newcastle disease virus，NDV）不仅对 PPR 的攻击具有免疫保护力，而且具有能够区分感染与疫苗接种和热稳定性高的优点。印度学者应用海藻糖—水解乳清蛋白蔗糖（LSTG）制剂和冷冻干燥工艺提高了 PPR 疫苗的热稳定性。西班牙学者构建了携带绿色荧光蛋白（GFP），可以用来区分免疫动物和感染动物的 Rev1 重组菌株。墨西哥学者发现，Omp31 缺失的 B. melitensis 毒力减弱，有希望成为候选疫苗株。美国学者的研究证实了 B. melitensis 16MDvjbR 应用于非怀孕动物的安全性。

疫病诊断技术。在诊断技术领域，印度学者设计了基于 F 和 N 基因的 PCR 方法，能够用于检测组织样本中 PPRV；美国学者制备了用于 PPRV 检测的基于非致病的噬菌体 Q beta 的 qRT-PCR 的阳性对照；美国学者发现，在诊断自然感染痒病的山羊时，死前直肠活检的有效率达到 77%。

（四）国际肉羊屠宰与羊肉加工技术研发进展

2020 年国际肉羊屠宰与羊肉加工技术研发主要表现在以下 7 个方面。

（1）关联调控羊肉品质的分子机制研究。通过开展肉羊宰后早期能量代谢与蛋白质翻译后修饰（磷酸化、乙酰化、泛素化等）关联调控羊肉品质的分子机制研究，发现蛋白质翻译后修饰通过调控能量代谢关键酶活性而关联调控肉品质。

（2）羊肉品质潜在标志物研究。通过开展羊肉嫩度、色泽、持水力等肉品质相关生物标志物研究，筛选出了 APDH、TPI1、HSPB1、HSPA1B、PARK7、ACTA1 等与肉品质相关的潜在标志物。

（3）羊肉包装新技术研究。通过开展抗菌、抗氧化等活性包装和智能包装新技术研究，研发了基于静电纺丝技术的功能性复合膜，研究了膜中活性成分的缓释机制。

（4）羊肉品质快速检测技术研究。构建了基于近红外、高光谱的水分、蛋白质、挥发性盐基氮、肉色、嫩度等品质指标检测模型，研发了相关设备。

（5）羊肉制品危害物消减研究。开展羊肉制品加工过程中传质传热、特征品质形成、危害消长机制研究，突破了羊肉制品特征品质提升与加工多元危害物消减协同技术。

（6）羊肉营养健康功能研究。初步分析了加工过程中营养组分变化和在消化道内的消化代谢产物及对肠道微生物和宿主健康的影响。

（7）羊肉高效精准机器人分割技术装备研究。研发了三维精准感知、自主切割路径规划与控制、骨肉界面力觉识别与剔骨等关键技术。

（五）国际肉羊生产与环境控制研发进展

2020 年国际肉羊生产与环境控制研发主要表现在以下两个方面：

精准养羊及提升羊只福利研究。智慧畜牧业持续发展并不断应用于肉羊生产。工程技术的进步和新型电子技术成本的降低使得许多基于传感器的羊场解决方案得以开发。这些传感器能够自动、实时地收集数据，并借助大数据和人工智能技术在群体或个体层面上早期发现特定问题（如健康状况不佳和对动物福利的威胁）。例如，PLF 系统使用的传感设备实时收集来自羊只或环境的输入，将其转换为信号，并通过传感器算法将其转换为数据。这些数据经过进一步验证，并通过检测算法进行整合。最后，将验证的数据与外部数据（动物生产、天气数据和预报、当前成本）相结合，并通过决策支持模型进行分析提出切合实际的预测、决策，并在经济回报的基础上提出建议，供羊场管理者参考。

羊粪污无害化处理技术研究。随着畜牧业规模的不断扩大，肉羊养殖业也呈快速发展态势，粪便及养殖废水等废弃物的排放也逐渐增加，由于种植业和养殖业生产的脱节，导致粪污资源化利用量低于产生量，粪污及废弃物一度成为农业面源污染的重要原因。德国通过制定《肥料条例》对粪污资源化进行管理，开展有机肥需求评估、施肥细则、储存能力等，确保畜禽粪污废弃物资源化利用率提升。

四、国内肉羊产业技术研发进展

（一）国内肉羊育种技术研发进展

2020 年国内肉羊遗传改良技术研发进展主要包括以下 4 个方面。

（1）舍饲新品种持续选育。随着生产方式由放牧逐步向半舍饲、舍饲方向转型，舍饲多羔绵羊新品种选育受到重视。表现在更广泛地使用小尾寒羊和湖羊作为育种材料，培养舍饲高繁殖力新品种，“多羔三号”选育是代表性的联合育种项目，育种成果显著。目前开展新品种培育项目有 9 个，设计的育种目标可以降低约 30%的繁殖成本。

（2）引入品种选育和利用。我国对引入品种持续选育，形成了波尔山羊、杜泊羊、夏洛莱羊等核心群。应用引入品种与本地品种杂交，成功培育出鲁中肉羊和黄淮肉羊等新品种（系）。引进品种东弗里生、萨福克、杜泊及澳洲白生产胚胎冷冻保存。

（3）本地品种持续选育提高。审定了草原短尾羊等新品种。这些新品种在选育过程中都同时强调生长速度和产羔数这两个性状。

（4）育种技术创新力度加大，进展较快。研制了一批自动测定设备和育种软件，创建了一些表型数据库平台、遗传参数评估和分子育种平台，初步形成了育种技术平台和产业化技术支撑平台。但是，我国的育种基础数据仍然数量和质量都不足，特别需要政策刺激和推动。

2020 年遗传改良功能研究室代表性成果包括：①持续选育肉羊新品种（系）。选育多羔三号、民勤中天羊、天祝肉用美利奴、湖羊高繁系/快长系、湖北多羔新品系等多个新品种（系）。参与培育了鲁中肉羊和黄淮肉羊新品种；②建立基于基因改良的肉用种羊遗传评估体系，持续选育提高特色地方品种和引进的专门化品种，培育产肉性能好、生长速度快、繁殖力高、胴体品质优良的新品种和杂交配套组合进行产业化开发；③用 Taqman 法对绵羊进行多羔主效基因 FecB 分型，建立多羔核心群。

（二）国内肉羊营养与饲料技术研发进展

2020 年主要围绕饲养标准的验证、饲料营养价值评定及数据库的建立、放牧绵羊营养调控技术、新型饲料资源开发等方面开展了大量工作，主要内容如下。

（1）明确低蛋白饲粮中补充过瘤胃氨基酸对肉羊生长性能、屠宰性能和消化性能的影响。将育肥杜寒杂交肉用母羊饲粮粗蛋白质水平降低 1～4 个百分点并补充过瘤胃赖氨酸、蛋氨酸、苏氨酸、精氨酸和尿素后，可提高饲粮蛋白质利用率，且不会降低育肥肉羊的生长性能、屠宰性能以及肉品质，节约了蛋白质饲料原料。

（2）羔羊培育性能新技术研究。建立了羔羊早期断奶应激的模型，从生长、营养物质消化利用、肠道微生物和免疫功能方面，全面揭示断奶应激发生的机理；探究地衣芽孢杆菌和白藜芦醇缓解羔羊早期断奶应激的效果，并从肠道屏障功能方面探讨这两者发挥作用的机制。

（3）不同饲喂方式对育肥羊生产性能的影响。通过设置自由采食组和限饲组研究不同饲喂水平对肉羊生产性能、肉品质和肌肉氨基酸组、脂肪酸成的影响，探讨颗粒饲料饲喂育肥羊的最佳方式。研究表明，在羔羊的育肥中适当的限饲将有效地提高养羊经济效益。

（4）秸秆膨化饲料开发及其影响。研究膨化饲料对羔羊生产性能、肉品质、瘤胃发酵和瘤胃微生物区系的影响。结果表明，膨化秸秆微生物发酵饲料因采食量高，营养摄入量大，羔羊的日增重以及胴体重不同程度的增长。经过经济效益分析，添加尿素的膨化秸秆微生物发酵饲料收益最高，更适合在实际生产中推广应用。

（5）羔羊胃肠道微生物发育规律研究。分析羔羊瘤胃微生物多样性随年龄增长变化情况，以及微生物多样性与其生长性能关系。结果表明瘤胃微生物随着羔羊年龄的增长而变化，其中生后 3 天及 45 天是群落变化主要节点，且细菌群落变化影响了瘤胃代谢产物改变。

（6）葡多酚对绵羊瘤胃体外发酵参数及微生物区系的影响研究。研究阐明了葡多芬通过抑制溶纤维丁酸弧菌、产琥珀酸丝状杆菌、嗜淀粉瘤胃球菌、原虫和甲烷菌数量和促进黄色瘤胃球菌的方式提高了发酵液 pH，降低了丁酸、产气量和甲烷产量，实现瘤胃体外发酵调控，为功能性饲料添加剂的研发提供了科学依据。

（7）饲粮中添加葡萄籽原花青素对羔羊生产性能和免疫性能的影响研究。研究阐明了饲粮中添加适量葡萄籽原花青素能够提高羔羊生长性能和屠宰性能，改善肌肉品质，增强免疫力，为功能性饲料添加剂的研发提供了科学依据。

（8）芦苇饲料制作技术研究。依据南疆区域芦苇饲料资源的优势，开发芦苇青贮制作技术，打破了长期困扰的芦苇无法青贮利用的难题，解决了芦苇饲料化的关键技术问题。

肉羊营养与饲料技术研究存在的不足主要包括四个方面：①放牧肉羊生产方式以及营养调控研究仍有待于进一步加强。目前的研究主要集中在舍饲肉羊精准饲喂技术研究上，放牧羊方面仍然缺乏相应的理论指导以及有针对性的调控技术，在补饲、生产性能方面的研究还有待于进一步加强；②肉羊标准的实用性和有待于进一步检验。“十三五”期间建立的肉羊饲养标准是基于研究室各岗位团队通过中小规模试验研究得出的，其在实际生产中的适用性还有待于通过大规模的养殖试验来验证；此外，饲料数据库尽管已经涵盖了大部分肉羊饲料原料，但在具体指标方面，如代谢蛋白质和代谢能等数据还不完善，需要补充；③抗生素替代品的研发力度不够。随着“禁抗”时代的到来，对于抗生素替代品的研究成为养殖行业的热点，然而在肉羊生产中，相关的研究仍然较少，对于植物提取物、酶菌复合制剂等潜在的抗生素替代品的研发力度，无论从机理方面还是应用方面还有待于加强；④蛋白质饲料替代品的研究不足。大豆是畜禽生产中主要的蛋白质原料，我国年进口大豆约1亿吨，且主要进口国是巴西、阿根廷、美国等，受政治、国际贸易等因素影响，价格呈不断上升之势。在肉羊养殖领域，豆粕替代品的研究还处在起步阶段，包括杂粕等原料替代豆粕的潜力需要大力挖掘。

2020年肉羊营养与饲料功能研究室代表性成果包括：①技术培训及服务方面。疫情期间研究室通过线上和线下结合的方式，开展肉羊饲料加工调制及饲养技术培训24次，累计培训农技人员3 600人次；组织线上和线下脱贫攻坚技术服务88次，网络、地方电视等主流媒体采访15次，获奖励2次；②科研产出方面。“肉羊营养需要与精准饲养技术体系创建”项目通过了农业农村部科技发展中心组织的成果评价，达到国际领先水平；举办国际会议1次（第三届幼龄草食动物培育国际研讨会）、做会议报告6次；共获授权发明专利1项，实用新型专利3项，申请软件著作权5件；饲料推广12次，累积460吨；出版《羔羊早期断奶与高效育肥技术》，研究成果主要发表在《动物营养学报》《畜牧兽医学报》《中国农业科学》等国内核心期刊。

（三）国内肉羊疾病防治技术研发进展

2020年，国内肉羊疾病防治技术研发主要包括以下2个方面。

肉羊疾病流行病学调查和诊断技术研发。国内肉羊疾病防治技术研发的进展集中在PPR、布病的流行病学调查和诊断技术研发。在新疆、青海、云南等省（区）的部分地区开展了小反刍兽疫的流行病学调查。在新疆、云南、贵州等省（区）的部分地区开展了布病的流行病学调查。新疆某州（2018—2019年）774份北山羊血清样品PPR抗体阳性达到84.87%，达到免疫标准；对青海西宁地区的536份羊鼻腔分泌物样品进行PPRV病原学检测，检测结果均为阴性；对云南西双版纳州789份羊血清进行PPR免疫抗体检测，同时对242份羊眼结膜拭子进行病原学检测。结果表明，规模养殖场和散养户养殖羊的PPR免疫抗体合格率分别为74.44%、81.98%，病原学检测均为阴性；乌鲁木齐市某区羊布病阳性率5.08%；对来自山东省16个地市的检测结果表明个体阳性率0.09%，群体阳性率1.18%；云南建水（2017—2019年）羊布病的阳性率为0.22%；西藏班戈县羊布病阳性率2.86%。

布鲁氏菌病快速检测技术。建立了基于CD150/SLAM的PPRVELISA检测方法。研发了基于重组BP26蛋白的布鲁氏菌抗体金标检测试纸条。研发的DuplexRPA的敏感性达到4×100B. melitensis拷贝和B. abortus5×100拷贝。发现了VirB7-11可能是B. melitensis重要的利福平抗性基因。但是总的来说，国内肉羊疾病防治技术研发的不足在于重要疫病疫苗的研发尚存在差距。

2020年疫病防控研究室代表性成果：①开展了肉羊重要疾病的流行病学调查。调查发现，在安徽、江西、江苏、四川、云南、贵州等地广泛发生的山羊上呼吸道疾病主要是由山羊副流感3型病毒引发，同时混合感染有羊支原体肺炎、山羊疱疹病毒1型。完成了内蒙、新疆、陕西和甘肃四省（区）的传染性胸膜肺炎、巴氏杆菌、魏氏梭菌和副结核杆菌四种细菌性病原的血清学抗体检测。多杀性巴氏杆菌抗体平均阳性率最高（94.22%）；②普及布病等肉羊疾病防控知识效果显著。《布病防治》微信视频累计阅读数超过4万人次，行业反响好，社会效益显著。建立了肉羊体系疾病室网站，制作、推送《布病防治》（蒙文配音版）、《布病防治》（海南话配音版）。在中国农业大学出版社出版经典专著《绵羊与山羊医学》（译著第二版），并入选“国家重大出版工程”。该书的出版，为肉羊产业技术人员提供了重要的参考工具书；③诊断方法研究进展较快。建立了小反刍兽疫抗体定量检验技术；建立了山羊副流感病毒3型抗体cELISA检测方法及试剂盒；建立了贾第虫和球虫双重PCR方法；研制了基于β-羟丁酸的胶体金快速检测试纸条。完成了体外寄生虫驱避剂（0.5%大蒜素长效驱避剂）的技术研发；研发了抗运输应激中药方剂。

（四）国内肉羊屠宰与羊肉加工技术研发进展

2020年，国内肉羊屠宰与羊肉加工技术研发进展表现在以下8个方面。

（1）开展了肉羊宰后早期能量代谢与蛋白质翻译后修饰关联调控羊肉品质的分子机制研究，揭示了蛋白质翻译后修饰通过调控能量代谢关键酶活性而关联调控僵直，进而负向调控羊肉品质的分子机制。

（2）开展了宰后不同阶段羊肉品质特性研究，解析了肉羊宰后僵直前、僵直、成熟、腐败四个阶段的肉品质特性。

（3）开展了冷鲜羊肉精准保鲜技术研究，研发了宰后早期超快速冷却抑僵直、冰温/超冰温贮藏、冷冻抑僵直、新型包装保鲜、干法成熟等技术。

（4）开展了羊肉分割机器人分割工艺技术研究，初步建立机器人分割工艺、智能分割技术装备。

（5）开展了传统羊肉制品工业化加工技术研究，研发了传统风干羊肉制品工业化加工技术和过热蒸汽联合红外光波烤制技术，提出并开展了4R羊肉制品（即食、即热、即烹、即配）研究。

（6）开展了羊血、羊骨、羊油脂高值化加工技术研究，研发了硫酸软骨素高效提取、液态羊尾油加工、功能活性肽制备技术，提出并开展了3S羊肉制品（特定人群、特殊环境、特殊医学用途的羊肉制品）研究。

（7）开展了羊肉中抗生素残留检测技术研究，研发了基于免疫层析的多种抗生素残留的高灵敏度快速检测技术。

（8）开展了羊肉品质快速检测技术研究，研发了生鲜羊肉多品质便携式近红外检测仪。

目前，我国肉羊屠宰与羊肉加工技术方面与国际领先水平差距进一步缩小，在宰后早期羊肉品质调控机制、羊肉保鲜、传统羊肉制品工业化加工等方面处于国际领先水平。在羊肉品质评价、羊肉品质生物标志物、机器人分割、羊肉营养功能评价等方面还存在不足，具体包括4个方面：①我国不同品种、不同区域羊肉的特征品质本底不明，难以量化评价，无法科学判断为什么好，好在什么地方；②现有羊肉品质鉴别方法操作繁琐、滞后，无损的、快捷的、可视化的识别技术装备缺乏；③羊肉加工贮藏流通过程的品质劣变、损耗依然很高，亟待突破靶向性、精准性的羊肉减损保鲜技术；④目前我国羊肉特色营养健康新产品缺乏，产品特色品质保持难，附加值低。

2020年体系加工研究室代表性研究成果包括：①针对我国冷鲜羊肉品质调控理论缺乏、仓储物流损耗率高的现状，开展了冷鲜羊肉品质形成机理、羊肉精准保质保鲜技术、品质在线监测技术研究，率先在分子水平揭示了宰后早期蛋白质翻译后修饰调控能量代谢关键酶结构功能而调控宰后僵直进程进而影响肉品质的新机制，突破了肉品保鲜的传统钙蛋白酶调控理论；明确了僵直前羊肉更适合炖煮、炒制、涮制等烹饪方式，而解僵成熟后羊肉则更适合烘烤、烧烤等烹饪方式；研发了宰后早期超快速冷却抑僵直、冰温/超冰温贮藏、冷冻抑僵直、新型包装保鲜、干法成熟等系列控僵直防腐败的精准保质保鲜技术；研创了生鲜羊肉多品质便携式近红外检测仪，实现对生鲜羊肉的精准保鲜和物流过程生鲜羊肉品质指标的同步实时检测，构建了冷鲜羊肉精准保鲜数字物流技术体系；②针对烤羊腿、烤羊肉等传统羊肉制品热加工过程易形成多元危害物、品质保持难、绿色加工技术落后等问题，明确了传统烤羊肉关键挥发性风味物质为己醛、辛醛与 1-辛烯-3-醇等 7 种，解析了烤羊肉关键挥发性风味物质图谱及其演变路径，研发了过热蒸汽联合光波烤制新技术和美拉德反应定向控制技术，保持了传统烤羊肉特有的烤香味和脂肪味，研发出了富含多酚的高抗氧化、品质提升显著的烤制专用料包，加工生产出即食烤羊肉、即烹调理羊肉等 4R 羊肉制品；③针对羊骨、血、脂利用率低、加工技术缺乏的问题，开展了羊骨、血液、油脂高值化加工技术研究，研创了羊骨素与硫酸软骨素联产、羊血蛋白靶向酶解、油脂干法分提等工程化加工关键技术研究，提出并开展了 3S 羊肉制品（特定人群、特殊环境、特殊医学用途的羊肉制品）研制，试制了羊尾油和血红蛋白符复合的“米拉丫”口红、胶原小分子肽、硫酸软骨素等新产品；④针对羊肉中抗生素检测方法复杂、耗时的问题，建立了基于镧系荧光微球检测抗生素的单联免疫层析试纸条方法，在此基础上研发了可同时检测 3 种抗生素的多联免疫层析检测技术，其检测灵敏度比市售胶体金试纸条提高了 10 倍，可以在 10 分钟完成定量检测。

（五）国内肉羊生产与环境控制研发进展

2020 年，国内生产与环境控制领域的研发进展表现在以下 5 个方面。

（1）围绕我国肉羊羊舍环境参数及环境控制等方面，研发基于物联网的肉羊养殖基地环境监测系统、手机端的肉羊育种与养殖等在线管理系统。针对新的需求，对已建成的肉羊环境监测系统展示和功能页面进行代码优化，并对羊舍内不同高度的环境参数采样点进行拟合。

（2）针对生产者为追求经济效益，常给动物饲喂高能日粮以提高日增重，长期在这种养殖模式下的动物出现严重的代谢紊乱和肉品质下降等问题。通过在高能日粮中添加螺旋藻，发现螺旋藻能够提高动物生长性能，抗氧化能力，改善高能日粮引起的脂代谢紊乱，为螺旋藻在羊的利用提供理论依据。同时，结合前期研究的油菜秸秆饲料化利用结果，相对于传统发酵需要制作种子菌液，操作较复杂，我们采用将干粉状菌剂与水混合均匀，简化发酵操作程序，便于发酵油菜秸秆在实际生产中的应用与推广。

（3）通过在体外利用 HT-2 毒素处理绵羊睾丸间质细胞（LCs），检测发现 HT-2 毒素一方面通过引起 ROS，破坏细胞线粒体功能，抑制睾酮合成相关基因的表达，最终抑制了绵羊 LCs 的睾酮分泌；另一方面，HT-2 毒素通过抑制 PI3K/AKT 信号通路，引起 LCs 的凋亡与自噬，并抑制了 LCs 的增殖，最终影响了睾酮的分泌。随后，我们尝试使用褪黑素进行挽救，发现浓度为 10 nM 的褪黑素可以有效的缓解 HT-2 对于绵羊 LCs 的细胞毒性。该研究为制定环境毒素防治方案具有指导意义。

（4）开展羊粪堆肥发酵、有机肥还田、土壤生态修复、移动式可清粪羊舍等设施设备研发、牧草种植等方面的工作。总结凝练研发成果并开展示范推广，主要研发进展有：①建立了系统完善的“农区草牧业标准化生产技术体系”，新建示范推广基地2个，累计建成示范基地8个；②种养结合，示范区可以不使用化肥、农药、除草剂、杀虫剂等，农业生产与环境保护协调的可持续发展，生态效益显著；③羊粪有机肥还田，持续改良低产田、低洼地等土壤养分，经过4年的种植试验，达到了亩产甜高粱由4吨增长到9吨的目标，结合人工混播草地建植，划区轮牧，实现了每亩地可饲养10只羊，粪污资源化利用率达100%；④研发的移动式清粪羊舍缓解了刮粪板等造成的污染问题，自动饲喂系统实现了1人饲喂千只羊的生产目标，设施设备的研发，极大的提高了生产效率，降低生产成本；⑤“草-羊-果-蔬”农牧耦合发展模式初见成效，示范区亩均增收3 000元；⑥建成定点监测试验示范基地，为粪污资源化利用和土壤生态修复长期监测建设稳定平台。

（5）双层或多层羊舍的建造使用解决了土地的局限，使空间得以充分利用，羊舍设计研发将向高层立体化方向发展。组合式板房结构羊舍将在现代肉羊生产中得到开发应用。同时，羔羊自动哺乳装置、羊舍自动消毒装置、自走式搅拌饲喂机械、羊粪快速发酵装置等智能化机械装备也相继研发试用。新型设备研发更注重自动化和智能化。

2020年，肉羊生产与环境控制领域研究不足之处主要表现在以下6个方面：①羊舍大多为开放式或半开放式，羊舍环境参数变化大且受舍外环境影响大；②尚未着眼全国范围内粪污处理与利用相关研究，没有系统调研不同规模羊场粪污处理与利用相关技术手段；③粪污资源化利用技术规程和标准等尚未制定；④我国地域辽阔，自然生态环境和经济发展水平差异很大，导致肉羊生产模式多样，差异大，机械设备智能化水平低，特别是针对非规模化羊场的、轻便型养殖机械研发投入不足；⑤自动化、智能化的环境、粪污、养殖等装备欠缺；⑥许多饲养人员缺乏科学合理的养殖观念，在很多情况下都是凭经验饲养。

2020年肉羊生产与环境控制研究室代表性成果包括：①标准化羊舍智能环境综合监测和调控系统，得到不同高度采集的环境参数数据对羊周围环境参数进行拟合数据，获得软件著作权1项；②进行油菜秸秆发酵优化研究，只需要将干粉状菌剂与水混合均匀，简化发酵操作程序，便于发酵油菜秸秆在实际生产中的应用与推广；③围绕羊粪资源化利用，重点开展基地建设、设施设备研发和模式推广工作。其中，新建示范推广基地2个，建成长期固定观测基地1个；开展羊粪和其他畜禽有机肥还田改良土壤对比试验；自主研发羊粪收集装置、带有羊粪收集功能的羊舍、新型养殖羊舍清粪装置等设施设备，授权相关专利10项；④研制肉羊生产设施设备：羊舍内自动喷雾消毒装置、BRQ-10羔羊哺乳器、肉羊剪毛保定装置，形成实体样品进行试验推广。

（六）我国肉羊产业发展的对策建议

1. 促进肉羊育种技术研发的对策建议

针对我国肉羊育种方面的建议主要包括以下5点。

（1）加快舍饲母本新品种培养。在种羊业优势区域，集中打造1～2个高端核心群（超级母羊），窝产羔数3～4只、四季发情、全舍饲节律生产。大幅提升1亿只以上母羊繁殖效率。

（2）加快引入品种中国化，并形成供种能力。持续选育进口品种，在全国遴选4万～5万只优质种公羊，大幅提升1亿只以上羊生长速度和生产效率，显著提升生产端的效率和效益。

（3）加强地方良种遗传资源保护。强化羊场生物安全防控，加大对保种场/区/库资金支持力度，夯实种羊业发展基础。鼓励胚胎和精液等生物技术保种。

（4）强化基础数据测定和利用工作。做好性能测定及数据记录，做好种羊群系谱登记，避免改良方向不明和混乱杂交等问题。加强各研究单位机构之间的交流合作，加快推进联合育种。

（5）加快育种新技术的应用。促进分子标记、基因组选择、基因编辑等育种新技术在育种实践中的应用，缩短育种年限。

2. 促进肉羊营养与饲料技术研发的对策建议

针对我国肉羊营养与饲料方面的建议主要包括以下4点。

（1）放牧肉羊生产方式转变关键技术、肉羊营养代谢与调控技术及肉羊精准饲养三个方向的研究。主要进行放牧肉羊营养平衡与调控研究，围绕牧区肉羊生产中存在的问题，以系统动物营养学理论为基础，开发系列母羊繁殖期调控、放牧肉羊补饲育肥、两年三产繁殖等集成技术，集成一系列关键技术进行牧区生产方式转变的实验示范。

（2）肉羊标准化养殖技术研究和示范。主要依托“十三五”期间建立的肉羊营养需要量标准和饲料数据库，科学指导农区或半农半牧区进行肉羊标准化养殖技术的推广和示范，进一步对饲养标准进行完善，对肉羊饲料数据库进行补充和拓展。

（3）通过营养调控，减少肉羊疾病的发生。基于天然植物提取物和酶菌复合制剂，开发出新型绿色肉羊饲料配方，不仅实现饲料中抗生素的零添加，还可以大大降低治疗用抗生素的使用量，生产出安全无害的羊肉产品。

（4）加强大豆替代的联合攻关。研发与集成肉羊利用非大豆日粮的技术，消除非粮饲料资源的抗营养因素，建立反刍动物非大豆日粮配制技术体系，构建我国非粮饲料资源营养成分和消化性能数据库，实现规模化养殖下反刍动物节粮、无豆粕日粮的配制与应用新高度，推动饲料工业的可持续发展。

3. 促进肉羊疾病防治技术研发的对策建议

针对我国肉羊疾病防治方面的建议主要包括以下3点。

（1）利用各大新闻媒体对肉羊疫病防控的重要意义进行广泛宣传，使广大人民普遍认识到疫病对人畜健康的危害性及疫病综合防控的重要性，形成群防群控的意识和氛围；通过媒体传导肉羊疫病防控压力，促成行政、行业齐抓共管，人民群众关心支持的运转常态。

（2）针对严峻的肉羊布病疫情对产业和公共卫生安全造成的影响，组织、推广《布病防治》微信视频等一批宣传资料，充分利用“线上+线下”的方式，普及布病“可防可治”“如何防治”等知识，提升肉羊从业人员及消费群体对于布病防治知识的掌握；同时，加强“肉羊布病净化示范场”建设。

（3）进一步加强肉羊疫病病原学与流行病学调查研究，在了解了肉羊流行病学特点和分布特征的情况下，加强人员防护和培训工作。每年安排用于人员防护和培训的专项经费，省市县均组织开展兽医实验室人员专业技术和人员防护培训等工作，最大限度地防范防疫人员感染布病。

4. 促进肉羊屠宰与羊肉加工技术研发的对策建议

针对我国肉羊屠宰与羊肉加工方面的建议主要包括以下6点。

（1）推进中国羊肉品质数字地图与智能识别技术研究，解析羊肉时空、四维品质并筛选特征生物标志物，实现羊肉特征品质数字化表征和智能识别，为打造“三品一标”、“名特优新”等产品奠定基础。

（2）推进羊肉精准保鲜与数字物流技术研究，研发宰后控僵直防腐败新技术和智能冷链仓储技术装备，实现羊肉精准减损保鲜，为羊肉保供应提供技术支撑。

（3）推进传统羊肉制品工程化关键技术装备研究，研发即食、即热、即烹、即配（4R）羊肉制品，满足消费升级和绿色发展的要求。

（4）推进营养健康羊肉制品制造技术研究，基于羊副产物中的功能活性物质和羊肉滋补等功效，研发特殊环境、特殊人群、特殊医学用途（3S）营养健康羊肉制品，提高羊肉附加值。

（5）推进智能化屠宰分级分割技术装备的研究，构建适合我国肉羊屠宰分割分级特点的装备体系，实现自动化、智能化加工。

（6）推进羊肉质量安全控制新技术研究，研发羊肉新鲜度可视化监测、食源性致病菌和农兽残智能化检测等新技术，为保障羊肉质量安全提供技术支撑。

5. 促进肉羊生产与环境控制技术研发的对策建议

针对我国肉羊生产与环境控制方面的建议主要包括以下6点。

（1）利用固定位置、固定时间、选择灵敏性高的环境参数仪器进行环境参数收集。

（2）加强体系内合作，针对不同生态区域，联合培育适合区域性饲养的主导品种。

（3）系统调研不同规模肉羊养殖场，制定不同规模养殖场羊粪有机肥加工、粪污还田等资源化利用技术工艺，开发有机肥产品，实现有机肥多元化应用。

（4）根据不同肉羊生产区域的气候与地理特征和经济发展水平，制定适于当地条件的羊场设计规划标准以及羊舍建设技术规范，促进当地肉羊生产向规模化、标准化方向发展，提高肉羊生产水平和养殖综合效益。

（5）进行智能化、自动化设备研究，并在生产实践中不断改进完善，提高肉羊养殖生产效率。

（6）继续进行肉羊养殖人员培训工作，增强饲养人员科学养羊知识和意识，提高其养殖收益。

（国家现代肉羊产业技术体系首席科学家　金海　提供）

2020年度绒毛用羊产业技术发展报告

（国家绒毛用羊产业技术体系）

一、国际绒毛用羊生产与贸易概况

1. 2020年世界羊毛产量与2019年相比预计有所减少

根据国际毛纺织组织（IWTO）和澳大利亚羊毛产业协会（AWI）等国际机构的资料显示，2020年世界羊毛产量（净毛，下同）预计为108.17万吨，较2019年减少2.0%。2020年世界羊毛产量同比减少的主要原因是2020年澳大利亚、中国和新西兰羊毛产量同比出现较大幅度下降。根据IWTO和AWI的研究报告显示，2020年澳大利亚、中国和新西兰羊毛产量预计较2019年分别同比下降7.2%、3.6%和2.8%。除此之外，在世界其他主要的羊毛生产国中，美国和印度羊毛产量预计保持不变，南非和英国2020年羊毛产量较2019年预计均有不同程度的下降，而阿根廷、蒙古国、乌拉圭等国2020年羊毛产量较2019年预计均有不同程度的增加。各国羊毛产量变化原因有所不同。2020年澳大利亚和新西兰羊毛产量同比出现下降主要是因为受天气干旱的影响，羊毛产能有所下降。

尽管2020年上半年澳大利亚新南威尔士州、维多利亚州、塔斯马尼亚州和昆士兰南部的大部分地区等迎来了可喜的降雨，这刺激了牧场饲草的生长，但西澳大利亚大部分地区、南澳大利亚牧区和昆士兰州中部等羊毛主产区持续干旱的条件仍未得到缓解。根据AWPFC报告显示，由于长期受干旱天气的影响，2020年澳大利亚可剪毛绵羊数量降低至6 500万只，同比下降了5.2%。而新西兰整个北岛和南岛的部分地区同样遭遇了严重的干旱，根据新西兰牛羊肉经济局预测，2020年新西兰可剪毛绵羊数量将降至2 620万只，同比下降了2.24%。而中国羊毛产量下降主要是因为较低的毛肉比价使得农牧户养殖毛用羊的积极性有所下降，“倒改”和“转产”现象较为普遍，羊毛产量有所降低。

在其他预计增产的国家中，得益于上涨的羊毛价格和良好的气候环境，乌拉圭羊毛产量有所增加；阿根廷由于其羊毛生产向更精细的方向发展，向肉毛兼用型绵羊转变的趋势减小，使得毛用型绵羊数量增多，带动羊毛产量提高；蒙古国由于政府积极推动本国绵羊的养殖和羊毛生产，农牧民绵羊养殖积极性较高，带动羊毛产量的上涨。在其他预计减产的国家中，南非因其大部分羊毛生产区干旱，使得全国羊毛产量下降；由于受到新冠肺炎疫情的影响，英国羊毛的市场需求受到抑制，另外再加上合成纺织原料等羊毛替代品的冲击，导致已降至低点的羊毛价格进一步下降，使得养殖户养殖可剪毛绵羊的积极性减退，从而造成了羊毛产量的降低。

2. 2020年世界羊绒产量预计同比小幅增加

中国和蒙古国是世界最主要的羊绒生产国，两国羊绒产量占世界羊绒总产量的90%以上，因此可根据中国和蒙古国的羊绒产量来预测世界的羊绒产量。2020年世界羊绒产量预计同比小幅增加主要是受2020年中国和蒙古国羊绒产量预计同比出现一定增幅的影响。

中国方面，受活羊价格上升导致养殖效益提升等因素影响，2020 年中国山羊养殖规模预计出现增加，羊绒产量也随之增加。根据 2020 年国家绒毛用羊产业技术体系产业经济研究团队赴陕西、山西等羊绒主产省的调研数据，2020 年绒山羊调研县（区）（横山区、岢岚县、隰县）羊绒总产量较 2019 年预计增加 2.56%。因此，2020 年中国羊绒产量预计同比出现增加。蒙古国方面，蒙古国政府积极促进本国的羊绒生产及羊绒制品的加工和出口，农牧民绒山羊养殖积极性较高，2020 年蒙古国羊绒产量预计达到 10 300 吨，比 2019 年增长 8.42%①。

3. 2020 年世界羊毛贸易量较 2019 年预计将有所下降

根据国际贸易中心（ITC）的相关数据，2020 年 1—9 月，世界羊毛贸易量较 2019 年同期减少了 38.51%②。2020 年 1—9 月，在世界羊毛主要出口国中，除了南非出口量同比增加 49.53%之外，新西兰、澳大利亚、土耳其等国的羊毛出口量同比均表现出下降态势。西班牙羊毛出口量同比下降幅度最大，为 40.98%；巴西次之，为 35.15%；之后是意大利、新西兰和土耳其，同比分别下降了 33.32%、21.36%、13.85%；而澳大利亚和比利时羊毛出口量同比降幅相对较小，分别为 9.92%和 2.28%。

在世界羊毛主要进口国中，中国、英国、土耳其、意大利、韩国、俄罗斯、比利时和德国的羊毛进口量同比均表现出下降趋势。英国的羊毛进口量同比下降最大，为 45.97%；比利时次之，为 39.72%；之后依次是俄罗斯、意大利、韩国、土耳其和德国，分别下降了 36.53%、35.38%、32.38%、28.40%和 24.23%；中国羊毛进口量同比降幅最小，为 22.90%。

4. 2020 年世界羊绒贸易量预计将小幅上升

中国不仅是羊绒的生产大国，还是羊绒加工大国，每年世界约 90%的羊绒原料在中国完成初加工，而中国国内羊绒原料不足以满足本国需求，因此，中国还是世界羊绒原料最主要的进口国。所以根据中国羊绒贸易量的增减可预测世界羊绒贸易量的变化。根据中国海关总署的数据显示，2020 年 1—10 月中国羊绒累计进口量为 5 849.15 吨，同比增加 3.02%；2020 年 1—10 月中国羊绒累计出口量为 18.80 吨，而去年同期为零，故预计 2020 年世界羊绒贸易量同比将会上升。

5. 2020 年世界羊毛、羊绒价格总体表现为同比下降

2020 年 1—11 月世界主要羊毛生产国中，中国的羊毛月平均价格为 66.82 元/千克（64S 国毛条和 66S 国毛条平均），较 2019 年同期下降了 30.41%；澳大利亚东部、北部、南部、西部市场的羊毛年均综合价格指数同比下降了 30.59%；新西兰市场的羊毛（细度 36～39μm 粗支杂交毛）年均价格同比下降了 23.92%；南非市场的羊毛（细度 21μm 净毛）年均价格同比小幅下降了 24.88%③。

2020 年 1—10 月世界最大的羊绒生产国—中国羊绒平均价格为 176.60 元/千克④，较 2019 年同期下降了 18.62%。预计 2020 年全年中国羊绒平均价格同比下降，进而推断

① 数据来源于 The Schneider Group 出版 Cashmere Market Report，2020 年 8 月.

② 数据来源于国际贸易中心（ITC）。http：//www.intracen.org/

③ 数据来源于南京羊毛市场。

④ 数据来源于内蒙古羊绒交易中心和第一羊绒咨询，其中羊绒价格为套子绒价格。

2020 年世界羊绒价格也同比下降。

二、国内绒毛用羊生产与贸易概况

1. 2020 年我国半细毛羊、绒山羊存栏量均增加，细毛羊存栏量减少

根据国家绒毛用羊产业技术体系产业经济研究团队对贵州、甘肃、内蒙古、山西、陕西 5 省区 10 个旗县的绒毛用羊生产形势的调研结果，2020 年半细毛羊调研县（赫章县、大方县和威宁县）半细毛羊存栏量为 19.04 万只，同比增加 5.08%；绒山羊调研县（岢岚县、隰县和横山区）绒山羊存栏量为 150.60 万只，同比增加 4.06%；细毛羊调研地区（乌审旗、天祝县、永昌县和甘肃省绵羊繁育技术推广站）细毛羊存栏量为 132.90 万只，同比减少 0.45%。

2. 2020 年我国半细羊毛、羊绒产量同比均上升，细羊毛产量同比下降

上述调研数据显示，2020 年半细毛羊调研县（赫章县、大方县和威宁县）半细羊毛总产量为 512.42 吨，较 2019 年增加了 5.75%；绒山羊调研县（岢岚县、隰县和横山区）羊绒产量为 1 099.30 吨，较 2019 年增加了 2.56%；细毛羊调研地区（乌审旗、天祝县、永昌县和甘肃省绵羊繁育技术推广站）细羊毛产量为 6 573.00 吨，较 2019 年减少了 0.64%。

3. 2020 年我国羊毛和羊绒价格同比均大幅下降

2020 年 1—11 月南京羊毛市场国产羊毛（64S 国毛条和 66S 国毛条平均）月平均价格为 66.82 元/千克，较 2019 年同期下降了 30.41% 。年内国产羊毛月平均价格先由年初 1 月的 77.50 元/千克下降到 8 月的 59.50 元/千克，此后羊毛月平均价格有所回升，11 月羊毛月平均价格上升至 63.00 元/千克，与 2019 年同期的 80.00 元/千克相比下降了 21.25%。2020 年 1—10 月我国羊绒平均价格为 176.60 元/千克①，较 2019 年同期下降了 18.62%。年内羊绒月平均价格先由年初 1 月的 200.00 元/千克下降到 4 月的 170.00 元/千克，此后羊绒价格稳中有升，10 月羊绒价格微增至 176.00 元/千克，但与 2019 年同期的 200 元/千克相比下降了 12.00%。

4. 2020 年我国羊毛进口和出口同比均减少、羊绒进口和出口同比均增加

据中国海关统计数据显示，2020 年 1—10 月，我国羊毛累计进口量为 18.09 万吨，比去年同期减少 22.57%；累计进口额为 13.55 亿美元，比去年同期减少 33.80%。2020 年 1—10 月，我国羊毛累计出口量 0.50 万吨，比去年同期减少 45.35%；累计出口额为 0.27 亿美元，比去年同期减少 41.32%。2020 年 1—10 月，羊毛贸易逆差为 13.28 亿美元，比去年同期减少 33.63%。2020 年 1—10 月我国羊绒累计进口量为 5 849.15 吨，比去年同期增加 3.02%；羊绒累计进口额为 1.94 亿美元，同比增加 47.54%。2020 年 1—10 月，我国羊绒累计出口量为 18.80 吨，累计出口额为 69.21 万美元，而去年同期为零。2020 年 1—10 月，羊绒贸易逆差累计为 1.93 亿美元，比去年同期增加 47.01%。

三、国际绒毛用羊产业技术研发进展

1. 遗传育种与繁殖领域

国家绒毛用羊产业技术体系通过不懈努力，不断推进本品种选育，品种生产性能持续

① 数据来源于内蒙古羊绒交易中心和第一羊绒咨询，其中羊绒价格为套子绒价格。

提高的同时，优秀种质资源创新利用水平逐步提升。在新品种（系）培育方面取得显著进展，多胎细毛羊、肉用细毛羊、高产型绒山羊、细绒型绒山羊、高产半细毛羊以及西藏阿里地区的高产绒山羊等数量大幅提高。绒毛用羊发展着力追求高遗传水平和育种受益的最大化，其肉用性能得到显著提升，绒毛用羊的综合经济效益高于其他羊品种类型，支撑了羊产业发展和未来方向。

基因组选择、关键经济性状遗传基础解析仍是研究热点。全基因组时代的到来及基因分型成本的降低，使得在全基因组水平对家畜育种值的估计成为可能。新西兰、澳大利亚、法国等养羊大国已经启动了羊的基因组选择，并初步取得成效，开启了羊育种的新篇章。

随着测序技术、质谱技术等不断发展，各种基于组学（基因组、转录组、蛋白组、表观遗传组、代谢组学等）水平研究被广泛应用于绒毛用羊控制重要性状（绒毛品质、产肉、有无角、抗病抗逆等）的基因发掘、关键性状形成的分子机制解析以及起源进化等，大规模生物信息学数据积累最终揭示大数据背后生命遗传变异的原理和动物进化起源历史，各种经济性状主效基因甚至精确突变位点发掘，常规育种、标记辅助选择等方法在绒毛用羊中仍然发挥基础性作用，促进绒毛用羊资源优势更好利用。

越来越多与繁殖性状相关基因在各个品种间的作用效果被研究清楚，在育种时可做到早期选择，节省成本和突破性别的限制，对于羊产业的发展尤其是羊繁殖生产力的提升具有重要意义。

2. 疾病防控领域

疫病防控技术研究中，国际上非常重视羊病诊断检测技术研究，向提高敏感性、高通量方向发展；疫苗研究则趋向于安全高效的新型基因工程疫苗、标记疫苗及多价疫苗方向发展，此外新型疫苗佐剂和免疫增强剂的研究也受到关注。

3. 生产与环境控制领域

国际上，畜禽粪污处理与利用研究主要集中在 2 个方面，一方面以能源化利用为主，研究使用不同发酵底物、添加剂提升沼气质量和产量，从而降低废弃物排放；另一方面以资源化利用为辅，通过改进堆肥条件和调理剂的使用，减少氮肥损失，以实现降低温室气体排放。

四、国内绒毛用羊产业技术研发进展

1. 遗传育种与繁殖领域

在绒毛用羊（特别是细毛羊）主产区，引种改良（如多胎细毛羊培育）受到不少养殖户的重视，胚胎移植、幼畜超排、同期发情、人工授精、两年三产等技术应用增多，对我国品种改良、增加细毛羊产羔率和提高养殖户养羊收益均有促进作用。随着基因编辑技术的发展，我国滩羊 *MSTN* 基因敲除和 *FecB* 单碱基编辑进展迅速。重视胚胎的体内发育过程，特别是胎儿和母体互作的机制，对于提高羊繁殖能力和改进胚胎移植相关技术有重要参考意义。

2. 营养与饲料领域

国家绒毛用羊产业技术体系研发团队细毛羊、半细毛羊舍饲养殖技术研发取得阶段性成果，构建了以草畜平衡、精准管理淘汰选育、冷季休牧异地养殖为核心的生态羊产业理论和方法，创新作物秸秆饲料化的应用机制，使得作物秸秆消化率提高 20%，满足羊代谢能需求的75%，日增重提高达50%；半细毛羊饲养标准的制定研究有序推进，营养价值评定持续开展，不同阶段（空怀期、妊娠期、哺乳期）营养需要的研究逐渐深入，不断促进精准饲养，取得显著进展。

重视区域性、低成本饲草料资源开发，从而降低成本，切实提高养殖效益；深入开展饲料加工技术研究，提高绒毛用羊饲料转化效率；瘤胃的发育程度与反刍动物的生产性能密切相关，目前，如何掌握并遵循瘤胃的发育规律，在保证瘤胃充分发育且功能完善的情况下，对幼龄羔羊实施早期断奶技术，已成为现代养羊生产中亟需解决的问题之一。

重视非常规饲料资源开发利用，如日粮中添加一定量的橄榄饼、仙人掌枝、紫丁香叶、黄芪或者用柑橘渣部分替代日粮谷物等，可以有效缓解饲料资源短缺问题，同时可能给日粮引入一些特殊的功能成分，促进动物生长，提高经济效益。提高毛绒生产性能和改善肉质也是长期研究的重点课题，包括能量来源和饲养水平，阶段饲养模式影响毛绒生产，同时注重功能性饲料添加剂对羊肉品质的影响，如添加牛至精油、枣粉等改善羊肉营养品质、脂肪酸和风味。

3. 疾病防控领域

国家绒毛用羊产业技术体系研发团队在羊产业相关疫苗和诊断试剂盒研发方面取得阶段性成果，创制出我国首例小反刍兽疫活疫苗1种、抗体检测新方法2种、诊断试剂4种和标准物质4种；成功扑灭了西藏小反刍兽疫疫情，建立了以疫苗和诊断为技术支撑的我国小反刍兽疫综合防控技术体系；形成了羔羊疾病综合防治技术集成与示范成果1套，促进羔羊成活效果显著提高30%以上。

我国在羊病防控技术方面取得的主要成绩：一是“十三五”重大研发计划设立了高效安全养殖技术应用与示范项目，将山羊和绵羊都列入其中，羊病防控技术研究成果的推广应用得到加强，生产中绒毛用羊疾病防控技术得到进一步提高，安全高效养殖技术有望得到发展；二是动物疫病控制和消灭计划稳步实施。按照国家中长期动物疫病防治规划，重大动物疫病控制和消灭计划全面实施，兽医工作从疫病防控向疫病防控和动物产品安全监管并重全面转变；三是涉及羊痘、小反刍兽疫、口蹄疫、布鲁氏杆菌病等常见重要羊传染性疾病快速简便、灵敏准确的诊断检测技术研究取得诸多进展，将在羊病防控中得到推广应用。

4. 生产与环境控制领域

在绒毛用羊规模化舍饲养殖技术领域，中国走在世界前列，国家绒毛用羊产业技术体系研发团队在生产与环境控制领域设计了适合北方寒冷、南方高热潮湿、西部高海拔等地区规模化羊场方案，形成了建设实例，提出了包括温度、湿度、空气质量、饲养密度等环境控制参数指标，指导并应用于实践促进生产。

同时，绒毛用羊的饲养管理也因融入精准畜牧业技术而向着自动化、智能化、数字化、信息化、精细化的方向发展。应用RFID技术、无线传感器技术、嵌入式技术和互联网技术等设计研发的羊场信息化管理系统，可实现羊场的综合信息化管理，提高羊场安防水平、管理效率和劳动生产率。

随着我国对畜禽养殖废弃物资源化利用越来越重视，将全国分成七大区域，因地制宜地选择九大模式对畜禽养殖废弃物资源化利用进行整县制推进。当前，已然形成了“科技服务+龙头企业（饲料、沼气、奶山羊）+合作社+农户”模式，以农作物秸秆、畜禽养殖粪污、市场尾菜等农业废弃物为原料，通过饲料加工、规模羊场养殖、沼气发酵、热能利用和有机肥生产等有机结合，进行产业化生产，形成了农户微循环、企业小循环、产业中循环、社会大循环的良性循环体系。

5. 绒毛品质控制与加工领域

依托国家绒毛用羊产业技术体系，绒毛品质控制领域新开发了3种检验技术，研制了质量追溯系统1套，开展了绒毛公共品牌发展战略研究，提出相应绒毛品质控制体系和创新的检测方法，提高了绒毛检测效率和准确度。对部分绒毛实施加工产品研发，制作了羊毛被、羊绒手套、围巾等产品，进一步完善绒毛用羊产业链。

在品质控制方面，研究利用近红外漫反射光谱对山羊绒和绵羊绒进行定性鉴别，解决山羊绒与绵羊绒及其他动物纤维的鉴别难题，使得毛绒鉴别快速化、准确化，鉴别费用相应降低，促进各种动物纤维产业健康发展。高光谱在山羊绒品质评价中使用的技术已经取得阶段性进展。

在快速检测方面，全天候毛绒快速检测技术的研发已经实现非标准环境下的细度精密检测，精密度高于国外设备35%，且对异质毛、同质毛均适用，检测速度比国外设备提高250%，该技术在检测原理（算法）、集成电路、检测工程学设计方面都有进展，小型化、智能化、操作难易度、检测精度均有提高；实现了长度强力一体化检测原理机的研究，检测水平达到国际同类产品水平。

在羔裘皮加工方面，开展滩羊皮加工研究，使用白鞣剂取代了含铬重金属、高污染化料的使用，有效降低了车间空气污染，极大地改善了加工环境，减少了资源浪费，节约了生产成本。

（国家绒毛用羊产业技术体系首席科学家　田可川　提供）

2020 年度蛋鸡产业技术发展报告

（国家蛋鸡产业技术体系）

2020 年是蛋鸡产业具有里程碑意义的一年，这一年是全面建成小康社会和“十三五”规划收官之年，也是蛋鸡产业摆脱年初新冠肺炎疫情影响，不断深化产业转型升级的一年。2020 年全年鸡蛋产能过剩，下半年去产能趋势明显；受蛋价和效益影响，2020 年雏鸡补栏量有所减少。在国际形势影响下，饲料成本大幅上涨。根据前期去产能情况和补栏情况研判，预计 2021 年上半年鸡蛋供应量同比有所下降，但能保障市场需求。

一、国际蛋鸡生产与贸易概况

（一）国际生产情况

美国蛋鸡存栏量略降，饲料价格降低，鸡蛋价格上涨。2020 年底，蛋鸡存栏量 3.26 亿羽，比上年同期减少 4.5%。大笼饲养比例 50.1%、棚舍平养比例 39.5%、自由放养比例为 0%、有机饲养比例 10.4%。蛋鸡饲料成本由去年同期每打鸡蛋 31.78 美分降至 30.11 美分，同比降低 5.25%。1—7 月鸡蛋平均生产成本由去年同期每打 60.76 美分下降到 59.29 美分，下降了 2.42%。L 号白鸡蛋零售价格为 160.8 美分，比去年同期涨了 11.13%。

欧盟鸡蛋产量增加，蛋价降低，消费量稳中略增。欧盟 2020 年鸡蛋产量 714.4 万吨，比 2019 年增加 1.1%。棚舍平养比例 32.5%、自由放养比例 11.8%、有机饲养比例 6.2%。自给率 103%，人均鸡蛋消费 219 枚。2020 年欧盟鸡蛋价格比 2019 年低 15.4 个百分点，鸡蛋消费量预计比 2019 年增加 1.1%。

日本雏鸡数量增加，鸡蛋价格提高，鸡蛋消费量增加。由于 2020 年日本实施农林业普查，停止了蛋鸡存栏量等的调查统计。近年日本鸡蛋产量基本保持在 260 万～265 万吨。根据日本养鸡协会的信息，1—10 月日本雏鸡数量为 9 218.8 万羽，比上年同期增加了 2.9%；1—11 月东京交易市场鸡蛋上市量 87.7 万吨，比上年同期增加 2.9%。受新冠肺炎疫情影响，日本家庭消费鸡蛋数量增加，2020 年 1—9 月家庭鸡蛋消费量比上年同期增加了 7.6%。

（二）国际贸易情况

美国蛋品出口增长。2020 年 1—6 月美国蛋品出口量比上年同期增加了 17.6%，其中，加工蛋品出口量比上年同期增加 41.14%，带壳鸡蛋出口下降了 4.78%。

欧盟鸡蛋出口减少，进口增加。2020 年 1—10 月欧盟（不含英国）出口量减少，出口 19.4 万吨，比上年同期减少 4%。2020 年 1—10 月欧盟进口量增加，进口总量 2.1 万吨，比上年同期减少 16.7%。乌拉圭是欧盟第一大蛋品进口来源国，占欧盟蛋品进口市场 54.3%。

日本蛋品出口增长迅速，进口减少。美国仍是日本第一大蛋品进口来源国，1—10月美国占日本蛋品进口总额比例提高较大，由上年的29.1%提高到35.3%。一方面，日本蛋品出口增长迅速，更加集中于中国香港，同时出口对象趋向于东盟国家。因受新冠肺炎疫情影响，中国香港居民的饮食转向家庭消费，使鸡蛋消费量增加，另一方面，减少了从其他国家和地区的蛋品进口，这些因素导致1—9月日本对中国香港的蛋品出口额比上年同期增加了111%。

二、国内蛋鸡生产与贸易概况

（一）国内生产情况

蛋种鸡存栏维持高位，商品代蛋鸡加快去产能调整。由于我国蛋种鸡自主育种实力增强，种源得到有效保障。2020年12月，祖代产蛋种鸡存栏量为54.31万套（实际需求量在36万套左右）。本年度我国祖代蛋种鸡产能持续下降，2020年1—12月，在产祖代种鸡平均存栏同比下降6.0%，在产父母代种鸡存栏处于高位，平均存栏同比上升6.0%。受2019年狂热补栏和2020年新冠肺炎疫情影响，养殖户补栏积极性减弱，年底产能调整到位，成本趋于稳定。1—12月累计淘汰蛋鸡同比增加31.7%，淘汰鸡日龄减小，有助于缓解鸡蛋供应压力。鸡蛋供需结构逐步改善，拉动鸡蛋价格，预计2021年上半年产能将达到合理水平。

鸡蛋价格和淘汰鸡价格同比均大幅下降，蛋鸡养殖全年处于亏损状态。据农业农村部监测，2020年1—12月平均鸡蛋价格同比下降22.8%。受疫情和产量双重影响，全年鸡蛋供需宽松，1—12月鸡蛋价格处于历史同期较低水平，蛋价季节性变化规律明显。鸡蛋价格下降，养殖成本上升，蛋鸡养殖业亏损。2020年1—12月每只鸡累计亏损为1.03元，同比减少44.94元。

（二）国内贸易情况

2020年1—7月我国蛋品出口额为1.050 6亿美元，低于2019年同期的1.1532亿美元。从蛋品进口额来看，依然呈现出下降趋势，2019年和2020年1—7月蛋品进口额分别为11万美元和4万美元。从蛋品进口来看，主要是种用禽蛋，2020年1—7月，进口额约为4万美元。2020年1—7月我国蛋品出口到了41个国家和地区，其中，前5位分别为中国香港、中国澳门、日本、美国和新加坡。中国香港依然是中国最大的蛋品出口市场。

三、国际蛋鸡产业技术研发进展

（一）遗传改良技术

2020年度蛋鸡体系通过各种渠道保持研究和技术服务始终跟踪国际前沿。一是查阅国际期刊上关于蛋鸡生产和鸡资源保存利用的相关论文，消化吸收国际上最新研究成果，主要包括：基因组选择技术及应用、骨生长基因关联分析、鸡产蛋期肝脏脂肪调控、繁殖性能调控、传染病免疫等。二是积极参加国际国内学术会议，了解本领域最新动态，加强与国内外同行的交流。

（二）营养与饲料技术

近年来，国际上的蛋鸡养殖方式、饲料法规和鸡蛋消费市场的需求都发生了显著变化。第一，饲用抗生素替代技术的研究开发成为热点课题之一。目前国际上与饲料技术相关的主要技术措施有开发直接可以替代抗生素的替代品和改变饲料配方两种。第二，精准营养与饲料技术是国际上的另一个主要发展方向，普遍关注的关键点主要有“最低供给量”新概念、“订制鸡蛋”特异性的饲料产品和饲料原料的现场检测3方面。

（三）疾病防控技术

根据世界动物卫生组织（OIE）动物卫生信息数据库检索信息，世界范围内的高致病性禽流感（HPAI）疫情相较于2019年报告的发病数有所上升。共有22个国家和地区向OIE正式通报了226起HPAI疫情，大多数国家对于HPAI的控制策略均以扑杀为主。鸡传染性支气管炎目前仍是危害世界养鸡业的最主要传染病之一。不同国家和地区流行的鸡传染性支气管炎病毒毒株血清型存在地域性特征，各国普遍采用的策略是组合2～3种不同血清型疫苗，达到提供更加广谱的交叉保护的目的。另外，美国将滑液囊支原体感染（MS）列入国家家禽改良计划进行净化，其他国家在种鸡MS感染控制方面也主要以净化为主。

（四）生产与环境控制技术

随着物联网技术的进步，动物个体行为自动监测识别和环境监测预警技术不断发展。通过在动物身上佩戴对应标签，利用射频信号读取标签信息来获得畜禽位置，能够轻松实现对畜禽个体的实时监测，能够实现对畜禽个体状态的预判、社会等级的评定、畜禽舍设备使用率的记录及采食饮水行为的识别，对于预防畜禽疾病、调控畜禽生产性能及改善畜禽福利状况等有十分重要的意义。蛋鸡养殖环境中的有害气体、粉尘和病原微生物的净化及减排是现阶段欧美国家的重点研究方向之一。欧盟已通过立法控制和减少养殖场氨气等有害气体的排放，开始广泛采用舍内空气循环粉尘净化技术、喷雾净化技术等改善舍内空气质量。

（五）鸡蛋加工技术

国外蛋制品种类繁多、应用多样，主要有液蛋、冻蛋制品。包括蛋清、蛋黄、咸蛋黄、加糖蛋黄、加盐全蛋，加糖全蛋以及各种添加或不添加糖或盐的蛋黄和混合产品。另外还有一些特色蛋制品和冷冻的预煮鸡蛋产品，如鸡蛋比萨、炒鸡蛋、早餐三明治、薄饼和蛋饼。一些低胆固醇或不含胆固醇的鸡蛋替代品用蔬菜油、乳化剂、稳定剂、着色、维生素和矿物质替代蛋黄。一些液体蛋制品使用超巴氏杀菌和无菌包装技术进行加工，以将其保质期延长至约6周。

（六）产业经济

世界蛋鸡养殖以亚洲蛋鸡养殖为主，占60%左右；其次是美洲，占20%左右，欧洲约占15%，非洲和大洋洲占比较小，在5%以下；中国、美国、印度、日本、墨西哥为世界主要鸡蛋生产国，中国蛋鸡养殖位居世界第一，约占世界蛋鸡养殖的35%；世界蛋鸡养殖仍以笼养蛋鸡为主，福利养殖约占10%，且多数处于欧洲国家；全球鸡蛋贸易多以鸡蛋加工品为主，壳蛋交易比例极低，德国、意大利、墨西哥是主要鸡蛋进口国，土耳其、美国、德国是主要壳蛋出口国。

四、国内蛋鸡产业技术研发进展

（一）遗传改良技术

我国的蛋鸡育种工作进入“基因组选择时代”。应用自主研制的“凤芯壹号”芯片对峪口禽业重要品系进行了基因型测定，通过鸡QTL数据库，OMIA数据库和前期的GWAS

研究成果，分别更新了芯片中的重要 QTL 区段位点、重要质量性状位点以及重要经济性状位点，进一步完善了芯片。本年度体系培育的 3 个蛋鸡新品种（配套系）通过国审，并继续开展藏鸡、汶上芦花鸡、沂蒙鸡等地方鸡资源的保种及开发利用。优化高效扩繁技术，形成 1 套种鸡场（鸡场）数字化管理系统；开展本交笼饲养管理技术研究；应用 GWAS 技术筛选与骨生长、胚胎滞育、蛋壳强度和比例相关候选基因等。

（二）营养与饲料技术

饲料端“禁抗”，养殖端“减抗、限抗”大势已定，无抗养殖任重而道远。体系主要技术措施是“先测后吃”。具体技术包括：饲料营养成分检测、饲料有毒有害物质检测、蛋鸡营养需要检测、环境应激检测。另外，还应根据企业的具体情况而灵活运用。针对现代饲料加工技术需求，我们正在开展饲料营养价值快速评价技术研究、蛋鸡营养代谢病研究、影响鸡蛋品质的饲料因素研究、国产蛋鸡营养需要量研究、饲料中重金属迁移沉积规律研究。通过这些研究为先测后吃创建技术支撑，为精准营养与饲料奠定基础。

（三）疾病防控技术

2020 年，国内 HPAI 疫情基本平稳。国内流行的 H5 亚型 HPAI 病毒主要为 H5N6 亚型，从遗传进化分析结果来看，目前我国使用的重组禽流感病毒（H5+H7）三价灭活疫苗（H5N1 Re-11 株+Re-12 株，H7N9 H7-Re3 株）可以对流行毒株提供较好的免疫保护。国内新城疫防控取得显著成效。据监测，已连续 4 年没有分离到基因 VII 型 NDV 强毒；活禽市场中分离到的 NDV 大多属于疫苗株（LaSota-like）以及 class Ⅰ 的基因 3c 型。传染性支气管炎在国内的流行依然普遍，仍以 QX 毒株为主，TW-I 型毒株和 TC07-2 型毒株流行范围呈逐渐上升趋势，应引起高度重视。经过近几年的努力，祖代和父母代种鸡群已经能够将 MS 野毒阳性率降至极低甚至完全阴性，而在商品代蛋鸡群基本可以做到控制临床发病。2020 年度，传染性鼻炎在国内呈现频繁发生的态势，季节变化造成的温度应激是导致发病的重要诱因，商品化 A+B+C 三价灭活疫苗进行两次免疫可有效地预防疾病发生。

（四）生产与环境控制技术

国内学者开展了适合中国气候特点的鸡舍通风模式、环境稳定性调控机理、鸡舍及场区环境净化、养鸡工艺模式与设施设备、新型鸡舍建筑与环境控制技术等研究：第一，基于鸡舍建筑与通风系统耦合作用下的鸡舍稳温调控机理-非等温贴附射流理论，提出了鸡舍纵墙外侧设立进风缓冲室，全年纵墙小窗进风和山墙集中排风的新型气流组织模式，不仅降低了舍内温差及温度波动幅度，还可将进入鸡舍的气流预处理，冬季预热气流，夏季减缓湿帘降温后冷气流直吹鸡群造成的冷应激。第二，针对我国夏季普遍高温应用湿帘风机降温系统的特点，优化了蛋鸡粪风干系统的通风工艺，夏季采用室外高温空气直接干燥的双进风系统，有效解决了鸡粪无臭防脱氮风干技术在我国的应用，得到市场认可。第三，新型微酸性电解水消毒工艺与设备及无害化消毒及环境净化技术，在南方高温高湿地区规模鸡场的饮水消毒技术逐渐得到有效应用与普遍认可。第四，中国特色的蛋鸡福利化立体散养工艺技术与装备的产业化研发取得突破，开始建立 50 万只蛋鸡场规模的高端鸡蛋生产示范场。

（五）鸡蛋加工技术

中国蛋制品精深加工技术尚不成熟，虽然中国蛋制品加工距离发达国家尚有距离，但在研发人员的不懈努力下，也颇有建树。在液蛋方面，研发了低磷全蛋液、特色重组蛋干、方便蛋羹、高纤维蛋片等产品，起泡性蛋清液生产工艺和延长休闲蛋制品货架期的制作工艺不断优化。开发DHA蛋黄粉、高钙鸡蛋干、膳食纤维强化蛋干等满足不同人群膳食需求的功能性蛋制品；建立高起泡性蛋白液和高乳化性蛋黄液等新型蛋液技术；采用脂质调控氧化研发氧化蛋黄油、蛋黄味素；开发蛋清多肽、抗菌肽等高附加值产品；创制蛋米花、速食营养鸡汤、发酵蛋奶等新型休闲蛋制品加工工艺并产业化。

（六）产业经济

国内蛋鸡产业研究重点主要集中在以下几个方面。第一，规模化蛋鸡养殖在面对突发性公共卫生事件的养殖优势及市场挑战。2020年初新冠肺炎疫情爆发，蛋鸡养殖面临巨大挑战，养殖散户及小规模养殖户纷纷退出蛋鸡养殖，规模化蛋鸡养殖优势进一步凸显，但仍面临价格低迷、销路不畅等问题。第二，机械化与蛋鸡产业效益提升。分析蛋鸡养殖机械化水平的规模差异及区域差异，探求如何实现机械化蛋鸡养殖与区域的协调发展，并在此基础上针对不同规模及不同区域的养殖户提出有针对性的建议，强化政策聚焦是今年产业经济的研究重点之一。第三，鸡蛋期货市场走势及风险规避。2020年上半年，受新冠肺炎疫情影响，鸡蛋期货市场波动加大，加之蛋鸡存栏处于中等偏上水平，蛋价维持偏弱概率较大，下半年，疫情控制良好，鸡蛋期、现货市场走势趋于利好，为蛋鸡产业发展提供了及时有效的市场信息。

（国家蛋鸡产业技术体系首席科学家　杨宁　提供）

2020年度肉鸡产业技术发展报告

（国家肉鸡产业技术体系）

一、国际肉鸡生产与贸易概况

2020年新冠肺炎疫情在全球大范围暴发，破坏了全球生产要素和商品的流动，世界经济下行压力较大，逆全球化思潮和贸易保护主义抬头增加了全球经济发展的不稳定性。为应对新冠肺炎疫情，美国颁布居家隔离令来限制出行，意大利宣布封锁全国，成为全球首个因新冠肺炎疫情而封锁全国的国家，中国也采取了“封城封路”、延迟复工和关闭活禽市场等措施控制新冠肺炎疫情蔓延。2020年在新冠肺炎疫情的影响下，全球肉鸡生产、贸易增速放缓。

（一）国际肉鸡生产

在非洲猪瘟影响下，国际猪肉价格持续上升。肉鸡作为猪肉最有优势的替代品，其消费量持续增长。与2018年、2019年相比，2020年全球肉鸡产量呈现稳步增长态势，全球肉鸡产量预期达到10 082.7万吨，增长率达1.52%。相比较于2019年，2020年肉鸡产量增速放缓，主要是受到新冠肺炎疫情下饲料供应不足、失业率上升、销售渠道受阻等因素的影响。据USDA预测，2021年全球肉鸡产量达到10 292.6万吨，增长率达2.08%。

（二）国际肉鸡贸易

2020年世界肉鸡出口量为1 195.1万吨，比2019年增长1.00%。巴西、美国和欧盟是肉鸡出口量高于100万吨的世界前三大国家，出口量分别为386.0万吨、332.5万吨和144.0万吨。其中，巴西、美国分别实现了1.29%、2.00%的小幅增长，欧盟则出现了近5年来首次出口下降，降幅达到6.55%。而俄罗斯出口量达到21.5万吨，增长25%，是2020年肉鸡出口增长率最高的国家；其次是白俄罗斯，出口量为20.5万吨，增长19.19%。其他新兴经济体国家肉鸡出口量出现低增长甚至零增长现象，如泰国出口量89万吨，增长1.02%；阿根廷出口量15.5万吨，与上一年持平。2020年中国肉鸡出口量为37.5万吨，大幅下降12.38%，成为世界肉鸡主要出口国家（地区）中出口增长率最低的国家。根据USDA预测，2021年世界肉鸡出口量稳步上升，预计达到1 218.5万吨，增长率为1.96%。

2020年世界鸡肉进口量达到979.8万吨，相比2019年增长0.44%。日本和中国是全球鸡肉进口量最多的两个国家，进口量分别为106万吨和98.5万吨。中国2020年鸡肉进口增长率高达69.83%，成为全球鸡肉进口增长率最高的国家；其次是美国，进口量为6.7万吨，增长9.84%。总体来讲，2020年世界鸡肉进口增长较缓慢，主要是在新冠肺炎疫情影响下，动物蛋白市场受到冲击，鸡肉消费量增速放缓。

二、国内肉鸡生产与贸易概况

2020年中国鸡肉生产量和消费量保持上升趋势，其中肉鸡消费量达1 546万吨，比

2019 年增加 155.8 万吨，增长率达 11.21%。与此同时，2020 年中国肉鸡生产量达到新高，生产量达 1 485 万吨，较 2019 年增加 110 万吨，增长率达 8.00%。据 USDA 预测，2021 年中国鸡肉消费量增长 1 581.5 万吨，但增长率下降至 2.30%，2021 年中国鸡肉生产量将保持上升趋势，生产量达到 1 530 万吨，增长率为 3.03%。

三、国际肉鸡产业技术研发进展

（一）遗传资源与育种

1. 肉鸡遗传资源保存、评价与利用

国际畜牧研究所与世界各地的研究机构一起，分析了全球范围内的 863 个基因组样本，包括具有代表性的 4 种野生原鸡和 5 个红原鸡（RJF）的亚种。其研究结果表明，家鸡最初来源于 RJF 亚种（*Gallus gallus spadiceus*），现主要分布在中国西南部、泰国北部和缅甸。驯化后被转移到东南亚和南亚各地，在当地与红原鸡亚种和其他原鸡亚种进行杂交。通过对印度地方鸡与 4 种野鸡间基因渗入的全基因组分析，发现在家鸡和灰色原鸡间存在大量双向基因渗入，与绿色原鸡间仅 1 个渗入。这些渗入区域主要是与发育和免疫系统相关的基因。DNA 甲基化可能在驯化反应中发挥重要作用，为了证明这一点，研究人员又将红色原鸡与家鸡杂交，并绘制了下丘脑甲基化、基因表达和行为的特征位点，发现 DNA 甲基化和基因表达以及部分行为表现息息相关。

2. 肉鸡遗传育种技术的发展动态

肉鸡遗传改良研究的主要特点是：常规育种、标记辅助选择等方法在育种实践中继续使用，而全基因组选择等新技术的应用越来越广泛。Druet 等基于祖代的基因组对公鸡群进行评价，其期望的年遗传进展高于基于旁系亲属的遗传评价。基因组选择的早期应用依赖于表型或反向回归的 SNP 估计，50k SNP 芯片被认为足以准确估计 SNP 效应。Miguel 等开发了一种用于评估复杂情况下 GP 的 python 工具，可以模拟由多个相关基因决定的多个复杂表型，实现基因组最佳线性无偏预测。

（二）营养与饲料

1. 非营养性添加剂

在微生态制剂方面，各种芽孢杆菌对肉鸡肠道健康和免疫功能的调节作用仍是研究热点。混合芽孢杆菌可分泌多种消化酶以促进肉鸡的消化吸收。枯草芽孢杆菌可改变肉鸡养分代谢，改善感染大肠埃希氏菌鸡肠道细胞因子、紧密连接蛋白的转录水平，降低肠道病变评分，上调肠道 MUC2 的表达，降低损害宿主维持肠道健康能力的变形菌门的丰度。在益生元方面，甘露寡糖和 β-葡聚糖合用可缓解肉鸡感染大肠杆菌造成的发育迟缓和异常情况，改善生长性能，提高免疫力，减少大肠杆菌感染和定植。壳寡糖可以通过改善肉鸡肠道绒毛结构、维持肠道屏障功能来改善地塞米松诱导的应激反应。在植物提取物方面，报道了染料木素、类胡萝卜素和花青素等植物提取物被用于多项肉鸡饲养验证试验，主要表现出对于生长性能、肠道形态、肠道菌群、免疫功能的调节作用及对部分致病菌的抑制作用。在酶制剂方面，除报道了淀粉酶、植酸酶、蛋白酶等常规饲用酶对肉鸡生长和健康方面的研究以外，还有 β-内酰胺酶和胞壁酸酶作为潜在的抗生素替代用酶被研究。

2. 营养性添加剂

在矿物元素方面，饲粮添加酵母硒比亚硒酸钠更能改善肉鸡肉品质，提高肉鸡血浆或组织硒含量及胰脏 GSH-Px 的表达及活性。纳米硒可通过 AMPK 途径拮抗铬对肉鸡糖脂

代谢的不良影响。羟基硒代蛋氨酸可减轻由地塞米松诱导应激引起的肉种鸡精液质量和繁殖率的下降。过量铜可通过 NF-κB 途径诱导氧化应激和免疫器官的炎症反应，进而引起肉鸡病理变化。在维生素方面，维生素 K_3 可促进肉鸡的生长发育，和枯草芽孢杆菌 PB6 联用可通过调节钙磷代谢和成骨基因表达，协同改善胫骨的理化性状。

（三）生产与环境

1. 舍内环境因子

氧化应激通过影响线粒体 CYP450 酶系统导致 ROS 应激，并通过 AKT/mTOR 途径引起细胞自噬或细胞凋亡，从而导致组织的氧化损伤。高浓度的硫化氢暴露导致线粒体功能紊乱，下调 MAPK 途径进而激活凋亡相关基因的表达。蓝光下有助于增加肉鸡采食频率，并降低啄羽、啄肛等攻击性行为，相比红光下具有更低的走动频率。间歇性光照配合限制饲喂的方式改善了 FCR，并且没有对性能或生理参数产生任何不利影响。热应激加剧氧化应激，显著提高皮质酮水平，影响细胞能量代谢，减少肌肉蛋白质合成和氨基酸转运，从而降低肉鸡的肉品质和生长性能。葡萄果渣通过改善氧化平衡，从而改善热应激下肉鸡空肠形态并提高体液免疫应答水平；补充膳食牛磺酸可通过激活 Nrf2 通路，保护线粒体免受氧化攻击，从而改善慢性高温应激肉鸡胸肉质量。

2. 养殖减臭及废弃物处理

德国运用单向膜覆盖堆肥好氧发酵鸡粪生产有机肥，能耗低，并解决发酵过程中臭气逸散的污染。日本密闭罐式好氧发酵鸡粪生产有机肥，可解决传统堆肥方法使用大量辅料的问题，同时提高有机肥的养分含量及其肥效。综合利用物理吸附、化学中和及微生物消纳利用氮素的原理，通过饲料、饮水、鸡舍喷雾、垫料预处理、生物滤床等技术手段减排养殖臭气。

3. 智能化养殖技术

以数字化技术为核心的肉鸡智能化养殖技术不断深入到肉鸡养殖的各个环节。在养殖环境调控方面，将现有的单因素环境调控技术，与现代物联网智能化感知、传输和控制技术相结合，利用先进的网络技术设计而成养殖环境监测与智能化调控系统，分别对温湿度、光照、空气质量等进行系统调控。系统根据采集的环境数据经分析汇总后发出对应的操作命令，并下发给各环境参数控制的终端控制器节点，实现养殖场的环境自动调控。

（四）疾病防控

1. 病毒性和细菌性疾病

在禽流感方面，2020 年世界上有 32 个国家和地区的家禽和野禽中暴发 H5 和 H7 亚型禽流感疫情 1 426 起，其中家禽 737 起，野禽 689 起。这些疫情以 H5 亚型为主，大多呈高致病性；H7 亚型禽流感疫情数量相对较少，多呈低致病性。H5 和 H7 亚型流感疫情在全球范围的流行态势依旧不容忽视。

在人和动物的细菌病研究方面，发现可转移的黏菌素抗性（*mcr*）基因。据统计，在欧洲，沙门氏菌和大肠杆菌对黏菌素的耐药率一般很低，只有散发性大的耐药率高。而在大型禽肉生产国，如中国和巴西，黏菌素的广泛使用导致耐药性决定因子在多种细菌中传播。此外，新型高水平替加环素耐药基因 *tet*（X4）的发现，及其在多种样品来源广泛分布、携带该基因菌株表现出的多重耐药性让研究者更加重视病原菌耐药及耐药基因传播的问题。

2. 禽病防控技术和策略

Khalaj 等探讨了纳米颗粒增强免疫原性的流感亚单位疫苗。该亚单位疫苗可通过选定靶向病毒的区域来诱导更广泛的保护性免疫。研发了一种针对 H5 亚型高致病性禽流感病毒 HA 蛋白高度保守区域设计的新型多表位疫苗，选择高亲和力的 DVWTYNAELLVLMEN 与 MHC Ⅰ类和Ⅱ类等 T 细胞和 B 细胞表位，该研究成果对于提供禽类和人类对 H5 流感病毒的交叉保护并缓解大流行威胁至关重要。探讨了具有前瞻性抗禽流感的病毒样颗粒疫苗，评估了基于病毒样颗粒（VLP）的流感疫苗的开发情况，证明 VLP 疫苗是具有作为预防流感大流行潜力的通用疫苗。建立了一种基于磁珠的酶联免疫分析（MELISA）的检测方法，可灵敏地检测 A 型流感病毒，可以定量检测流感病毒裂解物中高度保守的病毒核蛋白（NP），最低检出限分别达到 3×10^3 PFU/mL 和 4×10^4 PFU/mL，极大地提高了敏感性。国内外对于细菌病疫苗的研究主要集中在传统的灭活疫苗，如针对大肠杆菌多种血清型的多价灭活疫苗、沙门氏菌多价灭活疫苗。针对细菌外膜蛋白、分泌蛋白等的亚单位疫苗也是研究的主要方向，例如基于 OmpF 和 OMVs 的亚单位疫苗被报道具有良好的保护作用。

（五）鸡肉加工

鸡肉加工原理方面，研究证明丙二醛（MDA）不仅会影响鸡肉肌浆蛋白水包油乳液体相行为，而且在不同氧化环境中可以诱导美拉德反应产物的形成；鸡肉肌原纤维蛋白经过高强度超声，其乳化活性（EAI）及乳化稳定性（ESI）均显著提高，高强度超声通过促进蛋白结构展开、增加油水界面蛋白含量形成了更稳定的乳液体系；Zhang 等研究发现适宜的超声功率（165 W）可以有效地维持肌原纤维蛋白结构，阻止凝胶品质的恶化。鸡肉加工的微生物控制相关研究方面，发现零售鸡胸肉微生物组的分布具有纵向一致性和横向特殊性；从鸡盲肠和零售肉样中筛选得到的 158 株喹诺酮耐药大肠杆菌具有相同的产菌膜能力；研究发现香料精油对熟鸡胸肉产气荚膜梭菌生长具有抑制作用；研究发现添加肌肽和低温等离子技术能够抑制肉样中的细菌生长，添加氧化锌纳米颗粒的活性包装能有效抑制鸡肉中的空肠弯曲杆菌和大肠杆菌。在鸡肉风味基础研究方面。Qi 等研究了明胶在鸡汤中对乳化剂风味结合能力和风味增强的影响。Chang 等研究糖熏制鸡的工艺参数与挥发性化合物指纹图谱的关系，发现风味主要来源于鸡肉，糖熏工艺改善了其风味。

四、国内肉鸡产业技术研发进展

（一）遗传资源与育种

国内学者采用鸡微卫星标记分别对淮南麻黄鸡、盐津乌骨鸡、新疆地方鸡、儋州鸡、香炉山鸡进行了遗传多样性评估和遗传结构分析。采用线粒体序列多态性为遗传标记分别对广东地方鸡、江苏地方鸡、乌骨鸡、云南地方鸡等群体进行了遗传多样性和系统进化研究，为我国家禽资源保护与利用措施提供了最重要的参考依据。中国农业科学院北京畜牧兽医研究所针对国产化鸡育种和地方种质资源保护的现状和需求，自主研发出了“京芯一号”55K SNP 芯片等高性价比的检测芯片，包含中国地方鸡种特有遗传变异信息，兼顾国外商业化鸡种基因组信息。通过染色质免疫沉淀和高通量测序（ChIP-Seq），鉴定了骨骼肌细胞中 c-Myc 的全基因组结合谱，表明 c-Myc 通过靶向细胞周期途径实现对成肌细胞增殖和分化的调控作用。利用单细胞 RNA 测序鉴定出 APOA1 和 COL1A1 为肌内脂肪细胞特异性表达基因，并可作为标志基因为肉品质分子调控相关研究提供必要信息。对选育了19个世代的高、低腹脂含量的两个定向选择品系进行重测序分析，结果表明定向选择减少了品系内的基因组差异，但增加了品系间的基因组差异。人工选择倾向于导致先前存在的与脂肪组织生长相关的基因变异的招募。参与脂肪形成重要信号通路的基因如自噬和溶酶体（URI1，MBL2），神经系统（CHAT）和内分泌（PCSK1）通路都处于强选择之下，并对高脂系和低脂系之间脂肪组织生长和发育的显著差异起到关键作用。

（二）营养与饲料

在微生态制剂方面，添加丁酸梭菌可增加ETEC攻毒条件下肉鸡回肠的抗菌肽AvBD10的基因表达量。乳杆菌KL1和植物乳杆菌混合可降低雏鸡白痢的死亡率，促进生长性能，调节肠道菌群平衡，提高免疫功能。在植物提取物方面，包括栗木、柴胡等提取物、中药复方制剂等对肉鸡生长性能、肠道菌群、抗氧化功能、免疫功能、屠宰性能以及肉品质及风味改良的影响受到了研究人员们的重点关注。在酶制剂研究方面，报道了非淀粉多糖复合酶、植酸酶等对肉鸡生长性能、免疫指标、肠道抗氧化指标和消化酶活性的影响。在酸化剂方面，丁酸钠可改善回肠形态和结构，改变肠道菌群的组成，提高胸腺的相对重量和新城疫抗体水平。在矿物元素研究方面，铜可诱导肉鸡心肌氧化损伤和内质网应激及腺胃发生自噬和凋亡。母源饲粮添加甘氨酸锌与后代饲粮加锌处理对后代肉鸡具有促生长、降低死淘率的功效。早期饲粮添加锌有助于肉鸡生长性能的提高，促进免疫力的提升，并对沙门氏菌破坏肠道的完整性具有一定的修复作用。在氨基酸功能研究方面，牛磺酸、N-氨甲酰谷氨酸、精氨酸、L-谷氨酰胺、赖氨酸等氨基酸对肉鸡生长发育、免疫功能、屠宰性能或肌肉品质方面有影响。

（三）生产与环境

在环境因子方面，热应激降低肉鸡生产性能，提高炎症因子和肝脏组织中热应激蛋白HSP70和HSP110表达量，并影响肝脏的脂肪肝代谢。传统肉种鸡舍内环境参数虽接近或低于国家相关标准，但在舍内分布差别较大，且受舍外环境影响较大。立体笼养模式中空气颗粒物、氨气和二氧化碳则相比另外两种养殖模式浓度显著降低，且含量较为稳定。肉鸡福利养殖方面，对比黄羽肉鸡不同饲养模式，发现发酵床养殖模式相比散养、网上平养，鸡体重更优，肉质更优，但三种养殖模式下肉鸡体尺和屠宰性能无差异。肉鸡养殖减臭及废弃物处理方面，借鉴运用生猪养殖使用异位发酵床处理粪污的工艺，好氧发酵鸡粪生产有机肥，有效解决了传统肉种鸡场使用刮粪板清粪系统所致的鸡粪含水量高的难题。引进消化后推出了密闭罐式堆肥好氧发酵鸡粪生产有机肥技术，可解决常规垛式/槽式堆肥辅料用量大成本高的问题；创新发展了循环槽式堆肥好氧发酵鸡粪生产有机肥技术，可节约辅料用量而降低成本，并提高有机肥的质量及其肥效。

（四）疾病防控

在禽流感防控方面，2020年我国发生了7起H5亚型禽流感疫情，除了禽感染禽流感病毒外，湖南和江苏还各发生1起人的H5N6亚型疫情，2020年高致病性禽流感疫情总体平稳，疫情数量比2019年稍有增加。中国农业科学院哈尔滨兽医研究所在2020年获得了3个疫苗产品的公告：重组禽流感病毒（H5+H7）三价灭活疫苗（H5N1 Re-11株+Re-12株，H7N9 H7-Re3株）（2020农业农村部第314号公告）；重组禽流感病毒（H5+H7）三价灭活疫苗（细胞源，H5N1 Re-11株+Re-12株，H7N9 H7-Re3株）（2020农业农村部第 314 号公告）；重组禽流感病毒 H7 亚型（H7-Re3 株）血凝抑制试验抗原、阳性血清和阴性血清（2020 农业农村部第 314 号公告）。另外还有联合研制的 2 个疫苗：禽流感（H5+H7）重组杆状病毒载体三价灭活疫苗（rBH5-11 株+rBH5-12 株+rBH7-2 株）处于新兽药注册（申请临床）阶段；禽流感（H5+H7）病毒杆状病毒载体三价灭活疫苗（JMH5-11 株+JMH5-12 株+JMH7-2 株）处于实验室研究阶段。在新城疫防控方面，我国新城疫总体控制良好，但局部地区仍存在散发疫情，2020 年全国共报道新城疫疫情 14 起，主要发生于鸡。近年在我国鹅群中新出现的基因 XII 型病毒，需要进一步关注。在禽白血病方面，2020 年禽白血病在我国多地似呈抬头趋势，北方部分地区有蛋鸡发生禽白血病，其中涉及有进口品种，也有国产培育品种，部分不明来源的白羽肉种鸡也有零星或一定比例的禽白血病病例。

（五）鸡肉加工

磷酸化可以改善肌原纤维蛋白的凝胶特性。基于高分辨率光谱技术，可实现对冷鲜猪肉和鸡肉脂肪氧化程度的无损、快速检测。基于近红外高光谱信息可潜在实现鸡肉滴水损失率的快速预测。随着炖煮次数增加，鸡肉核苷酸及其降解产物的含量先降低后显著升高，鸡肉中主要的鲜味物质是肌内脂肪，鸡肉和鸡汤的鲜味和咸味感官评分显著升高，与电子舌的结果相一致。添加 1%抗性玉米淀粉可改善鸡胸肉肌球蛋白-抗性淀粉混合凝胶体系的硬度和保水性。采用高通量测序分析了 3 种不杀菌包装形式德州扒鸡冷藏期间的优势腐败菌。对鸡源性大肠杆菌和沙门氏菌进行了分离鉴定及耐药分析；研究发现沙姜提取物、石榴皮提取物、连翘和葡萄皮的醇提物、海洋源抗菌活性乳酸菌的发酵液和植物乳杆菌 XCT1-1 细菌素粗提物对食源性致病菌具有较好的抑制效果。发现试验组肉的香味、甜味、鲜味、嫩滑度和多汁性均更优。王虎虎等以雪山黄母鸡为样本，对比热鲜和冷鲜鸡肉的风味前体，发现冷鲜组的游离氨基酸和还原糖均显著高于热鲜组，整体风味前体相差无几，可替代热鲜鸡进行黄羽肉鸡的深加工。于亚辉等还以 6 种蛋白酶对鸡肉进行酶解，发现复合蛋白酶组中游离氨基酸种类和相对含量与对照鸡汤差异最小，呈味特性类似。肖雪等综述了鸡肉酶解工艺、酶解产物功效及其应用。

（国家肉鸡产业技术体系首席科学家　文杰　提供）

2020 年度水禽产业技术发展报告

（国家水禽产业技术体系）

一、国际水禽生产与贸易概况

依据中国畜牧业协会与世界粮农组织（FAO）提供的数据分析及对我国水禽产业市场供求关系推算，2020 年世界肉鸭出栏量约 66.2 亿只，与 2019 年相比稳中有升。其中亚洲占比最大，达到约 85%。其次是欧洲，约占 11%。全世界肉鸭出栏量按出栏只数排名前 5 位的国家（地区）是中国、缅甸、越南、法国、孟加拉国。按出栏量重量排名前 5 位的国家（地区）依然是中国、法国、缅甸、越南、马来西亚。其中，中国大陆肉鸭出栏重量占世界约 68%的比重。2020 年世界肉鹅出栏量约 7.4 亿只，与 2019 年相比增长约 17.5%。其中，亚洲约占 96%，欧洲约占 2.3%，美洲与非洲约占 1.7%。中国是世界肉鹅出栏量最多的国家，其次是埃及、波兰、缅甸、匈牙利。目前，全球禁止生产鹅肝的国家包括阿根廷、捷克、丹麦、芬兰、德国、爱尔兰、以色列、意大利、卢森堡、荷兰、挪威、波兰、瑞典、瑞士和英国。这些国家只是禁止生产，并不禁止销售。而印度是全球唯一全面禁止鹅肝生产和销售的国家。

截至目前，世界贸易组织（WTO）有关竞争政策的谈判连续近 16 年一直处于停顿阶段，以关税争端为焦点的贸易战则此起彼伏。对于家禽行业，禽肉与蛋品贸易一直是业界关注的一大焦点，而每月新发的禽流感疫情使得本已显得异常复杂的家禽类产品国际贸易产生了更大的变数。如，2020 年 7 月 27 日，持续 8 年之久的美印两国家禽贸易关税争端案出现新的预期，WTO 仲裁小组当日同意推延裁决此争端，预计将于 2021 年 1 月之前作出裁决。双方争端主要在于印方不解除对家禽类产品进出口的严格管控措施，而美方因此采取对印方商品征收 4.5 亿美元关税的措施。2020 年以来，受新冠肺炎疫情叠加影响，多国暂停禽蛋出口、禽肉进口，而美国动物蛋白产业链掀起以供应链价差悬殊引致的养殖场/零售商利益受损的反竞争行为大潮，尤以牛肉领域最为激烈，其次是猪肉、禽肉、禽蛋，在经过长达 7 年的反竞争行为后，美国部分禽肉生产巨头在被法律裁决的面前表示出诚意，美国蛋品巨头亦被起诉涉嫌操纵禽蛋价格。

另外，2020 年疫病对水禽产品贸易造成了严重的影响。在 2020 年 1—11 月，每月均有新发禽类 HPAI 疫情，且 1—4 月为高发季，分别新发 52 起、72 起、88 起、209 起。与往年不同的是，世界动物卫生组织（World Organization for Animal Health）发布数据显示，2020 年以来，HPAI 疫情在对禽类健康带来极大威胁的同时，也对禽类之外的其他动物的健康带来了风险，哈萨克斯坦新发两起散养家禽 H5 亚型 HPAI 疫情，共造成易感猪 390 头、牛 3 593 头、羊 5 439 只、马 1206 匹，但未造成这些易感动物感染致病。2020 年 1 月 1 日至 11 月 16 日，新发禽类 HPAI 疫情排在前 10 位的经济体依次分别为：匈牙利 273 起、中国台湾 67 起、俄罗斯 66 起、越南 63 起、波兰 31 起、哈萨克斯坦 11 起、保加利亚 9 起、以色列 8 起、德国 7 起、印度 7 起。新发禽类 HPAI 疫情扑杀禽类数量排名前 10

的经济体依次分别为：匈牙利 353. 4 万羽、俄罗斯 176. 8 万羽、中国台湾 58. 2 万羽、哈萨克斯坦 54. 5 万羽、波兰 50. 9 万羽、澳大利亚 43. 4 万羽、保加利亚 42. 1 万羽、日本 38. 7 万羽、沙特阿拉伯 38. 5 万羽、以色列 28. 6 万羽。自 2020 年 11 月末到 2021 年 1 月 2 日，高致病性禽流感在一个多月内蔓延到韩国的 42 家农场，且蔓延速度不断加快。为阻止禽流感疫情蔓延，韩国已经在 200 多家农场扑杀了 1 150 多万只家禽，并对事发农场及周边，实施 7 天到一个月不等的家禽禁运措施。受到家禽禁运等措施影响，韩国的鸭肉批发价格同比上涨约七成。

二、国内水禽生产与贸易概况

新冠肺炎疫情发生以来，受餐饮行业停业、部分地区封锁道路、活禽交易市场暂停、水禽屠宰复工推迟等影响，水禽产品加工销售量骤减，商品肉禽压栏，种禽、雏禽滞销，疫情对水禽养殖业的冲击巨大。

从国内水禽产业生产相关政策来看，①2020 年 1 月 20 日，农业农村部、中央网络安全和信息化委员会办公室发布《数字农业农村发展规划（2019—2025 年）》，要求建设数字养殖牧场，推进畜禽圈舍通风温控、空气过滤、环境感知等设备智能化改造，集成应用电子识别、精准上料、畜禽粪污处理等数字化设备，精准监测畜禽养殖投入品和产出品数量，实现畜禽养殖环境智能监控和精准饲喂。②2020 年 3 月，农业农村部召开南方 9 省区畜禽生产视频调度会议，强调进一步推动生猪家禽生产稳定发展，确保完成全年稳产保供任务。其中，重点提到着力解决家禽业产销不畅的突出问题，推动活禽交易市场分类管理，有序开放活禽市场等。③2 月底，广东、江西、安徽、甘肃等地发文要求逐渐放开活禽市场。3 月初，湖南、海南、河南等省也发文表示尽快开放活禽市场。如 2 月 11 日，广东省出台了《关于维护“菜篮子”产品及农业生产资料正常生产和流通秩序的紧急通知》；2020 年 3 月，河南省印发《关于尽快开放活禽交易市场的紧急通知》，就切实做好家禽产业稳产保供工作进行安排部署等。④11 月 3 日，《中共中央关于制定国民经济和社会发展第十四个五年规划和二〇三五年远景目标的建议》（以下简称《建议》）全文发布，《建议》第 4 点 13 条指出，加快发展现代物流等服务业，推动现代服务业同现代农业深度融合。自非洲猪瘟爆发以来，我国特别重视活猪调运工作，也在严厉打击非法调运。另一方面，借助城镇居民消费升级的机会，我国在大力加强肉类冷链产业的发展，加快推进从“运活畜禽”向“运冷鲜肉”转变。

据对全国 22 个水禽主产省（市、区）2020 年水禽生产情况的调查统计，全年商品肉鸭出栏 46. 83 亿只，较 2019 年增长 9. 72%；肉鸭总产值 1 132. 86 亿元，较 2019 年下降 4. 20%。蛋鸭存栏 1. 46 亿只，较 2019 年下降 21. 78%；鸭蛋产量为 284. 66 万吨，较 2019 年下降 7. 98%；蛋鸭总产值 251. 98 亿元，较 2019 年下降 34. 07%。商品鹅出栏 6. 39 亿只，比 2019 年增长 5. 34%；肉鹅产值 489. 42 亿元，比 2019 年下降 12. 23%。水禽产业总产值 1 874. 27 亿元，较 2019 年下降 11. 69%。2020 年我国水禽产业遭受了新冠肺炎疫情的冲击，肉鸭和鹅产量虽略有上升，但市场价格波动增加，我国水禽产业在肉鸭、蛋鸭及鹅三大产业方面产值都呈下降态势，整个行业都经历了巨大的挑战。

从水禽产品价格来看，2020 年中国遭遇新冠肺炎疫情，上半年全国 31 个省（市、区）启动重大突发公共卫生事件一级响应，家禽业以活禽销售和屠宰加工后冷冻销售为主，在特殊时期整个行业遭遇严重打击，各地市场基本处于停滞流通状态。从 2020 年各季度最后一月价格表现来看，①活鸭方面：2020 年第一季度 3 月末的肉毛鸭平均价格是

7.90 元/千克，环比上升 45.59%，同比下降 2.62%。2020 年第二季度 6 月末的毛鸭平均价格是 7.34 元/千克，环比上升 16.51%，同比下降 16.10%。2020 年第三季度 9 月末的毛鸭平均价格是 7.56 元/千克，环比下降 17.54%，同比下降 20.96%。2020 年第四季度 11 月的毛鸭平均价格是 7.94 元/千克，环比上升 11.95%，同比下降 24.78%。②鸭蛋方面：2020 年 3 月，鸭蛋月度平均价格为 11.51 元/千克，环比上升 1.05%，同比上升 2.67%。2020 年 6 月，鸭蛋月度平均价格为 10.43 元/千克，环比下降 4.57%，同比下降 8.91%。2020 年 9 月鸭蛋月度平均价格为 10.12 元/千克，环比下降 0.83%，同比下降 16.06%。2020 年 11 月鸭蛋月度平均价格为 10.06 元/千克，环比上升 0.15%，同比下降 17.51%。③鸭苗方面：2020 年 3 月，我国鸭苗月度平均价格分别为 1.74 元/羽，环比上升 39.20%，同比下降 71.69%。2020 年 6 月，我国鸭苗月度平均价格分别为 2.33 元/羽，环比上升 95.80%，同比下降 28.79%。2020 年 9 月，我国鸭苗月度平均价格分别为 1.50 元/羽，环比上升 15.42%，同比下降 78.40%。2020 年 11 月，我国鸭苗月度平均价格分别为 2.14 元/羽，环比上升 26.15%，同比下降 72.92%。

从对外贸易来看，受疫情影响，我国进口冷冻食品备受关注，多次发生进口冷冻食品外包装检测出新冠病毒事件。我国水禽进出口也遭受了严重下滑。2020 年海关总署仅披露了冻的鸭块及杂碎进口数量，根据海关总署的数据统计，2020 年 1—11 月冻的鸭块及杂碎进口数量为 599.99 吨；冻的水禽肉出口 36 496.867 吨，同比下降 68.8%，其中冻鸭 5 108.727 吨。2020 年 1—11 月冻的鸭块及杂碎进口金额为 2 111.6 万元；冻的水禽肉出口金额为 72 809.4 万元，同比下降 66.0%。

疫病方面，2020 年 2 月，邵阳市双清区某养殖户饲养的肉鸡发生 H5N1 亚型高致病性禽流感疫情。养殖户存栏肉鸡 7 850 只，发病死亡 4 500 只。疫情发生后，当地按照有关预案和防治技术规范要求切实做好疫情处置工作，已扑杀家禽 17 828 只，全部病死和扑杀家禽均已无害化处理。同月，四川省西充县某养殖场饲养的家禽发生 H5N6 亚型高致病性禽流感疫情，养殖场存栏家禽 2 497 只，发病死亡 1 840 只。疫情发生后，当地按照有关预案和防治技术规范要求切实做好疫情处置工作，已扑杀家禽 2 261 只，全部病死和扑杀家禽均已无害化处理。2020 年 11 月 26 日，运城市平陆县三湾大天鹅景区发生野生天鹅 H5N8 亚型高致病性禽流感疫情。2020 年 12 月，湖南省永州市宁远县确诊一例人感染 H5N6 禽流感病例，20 日起当地活禽交易暂停。

三、国际水禽产业技术研发进展

在禽类养殖和屠宰上，①2020 年初，德国两所大学和一家研究所的研究人员已申请了一项种蛋胚胎性别鉴定创新技术专利，可在孵化第 3 天确定出种蛋胚胎性别，准确率为 75%，而第 6 天确定的准确率达 95%。②以色列初创公司 SOOS 开发了种蛋性别转化新技术，通过研究细胞声学和改变孵化箱的环境条件，将雄性基因转化为功能正常的雌性基因。采用此技术可将母雏家禽的孵化率提高到 60%，将来有望达到 80%。③泰森食品的工程师和科学家在汽车行业设计师的帮助下，正在开发一种自动剔骨系统，以实现每周屠宰加工近 4 000 万只家禽的目标。

在禽类生产管理上，①为降低员工感染新冠病毒的风险，泰森食品在其肉类加工厂部署了感染跟踪算法和“监测测试”程序。②Iterate 实验室公司开发了一种在家禽生产过程中使用的“可穿戴传感器设备”。此设备根据人体工程学原理设计，与手套相连接，可以持续监测和预测员工的人体工学和疲劳相关问题，并向管理人员提供实时数据，确保员工安全，并提高员工保留率，可解决家禽业面临的一些高成本和最紧迫的问题—高流动率、受伤、低敬业度和缺乏对个人绩效的认知度。

在食品科技上，①法国国家卫生研究院研究员布瑟兰（RemyBurcelin）研发出不用填喂就能制作鹅肝酱的方法，以这种方式生产出来的第一批鹅肝酱在法国西南部地区上市。②雀巢在中国市场推出多款面向 C 端消费者和 B 端专业餐饮渠道的植物肉产品，雀巢旗下植物基品牌“嘉植肴”也正式入华，首批推出六种中国风味菜肴中替代肉类。

四、国内水禽产业技术研发进展

2020 年国内水禽产业技术研发成果丰硕，为产业发展提供了持续的驱动力。

在遗传育种方面，①估计了北京鸭肉质性状的遗传参数，为肉鸭育种提供重要参考数据。②研究肌束膜厚度的遗传机制，为肉品质选育提供理论基础。③利用全基因组关联分析筛选了北京鸭肉质性状关键基因。④研究了 HTRA3 基因在黑羽番鸭卵巢中的特异性表达，分析其功能。⑤番鸭大型配套系“温氏白羽番鸭 1 号［N101♂×（N104♂×N103♀）♀］”通过国家畜禽遗传资源委员会进行的畜禽新品种配套系鉴定。

营养和饲料技术方面取得的成果主要有：①探明了枯草芽孢杆菌与锌协同对种鹅生物学效应的影响。②研究了日粮蛋氨酸水平对 57～64 周龄攸县麻鸭产蛋性能、蛋品质及血清抗氧化指标的影响，确定了产蛋后期攸县麻鸭的蛋氨酸需要量。③研究了不同氨基酸水平日粮及不同日龄对樱桃谷鸭胸肉率的影响。④研究了日粮支链氨基酸比例对 15～70 周龄攸县麻鸭生长性能、屠宰性能和血清生化指标的影响。⑤评定了不同来源玉米酒精糟（DDGS）的鸭代谢能（ME），为鸭饲料营养价值数据库补充数据。

在疫病防控方面取得一定成就：①进行了坦布苏病毒的分子检测。②研究了商品肉鸭饮水线臭氧冲洗消毒对其中残留药物的清除效果。③进行了鸭甲肝病毒的分子流行病学研究。

在养殖技术方面取得的进展主要有：①创建了“物联牧场”理论方法与国家级测试平台，研发了畜禽多维立体感知技术与专用传感器。②探究了新型三层立体网养模式（单笼长 2m×宽 2m×高 0.65m）与传统三层笼养模式（单笼长 1m×宽 1m×高 0.55m）下樱桃谷肉鸭的生产性能与经济效益的差异。③设计了一种异位发酵床，并对此装置进行了通风模拟研究。④研究了多层平养模式下的育雏适宜密度以及层间温湿度差异。⑤研发了第三代填饲设备自动化填饲机，取代了人工填饲。

加工技术方面取得的成果主要有：①利用鸭胸肉和腿肉开发了一种质构和风味俱佳的鸭肉乳化肠制品，以提高鸭胸肉和腿肉利用价值。②探究了添加香菇、松露、松茸对鸭肉乳化肠品质及感官特性的影响，开发了一种具有特色风味的鸭肉乳化肠制品，提高鸭胸肉乳化肠制品的营养价值和质构特性。③探究了烤鸭腿各加工阶段挥发性风味成分、总体滋味、游离氨基酸、呈味核苷酸的变化，为进一步改进烤鸭腿加工工艺提供参考。④研究了运输后待宰时间对鹅肉品质和血液指标的影响。⑤比较了两种消毒清洗程序对咸蛋品质的影响，为制定适宜的鸭蛋消毒清洗工艺提供科学依据。

（国家水禽产业技术体系首席科学家　侯水生
产业经济岗位科学家　刘灵芝　提供）

2020年度兔产业技术发展报告

（国家兔产业技术体系）

一、国际兔生产与贸易概况

（一）国际兔业生产概况

根据FAO最新统计，2019年全球兔出栏量9.256亿只①，比上年增长0.99%；存栏量2.999亿只，比上年增长0.85%；兔肉产量为141.01万吨，比上年增长2.34%；受新冠肺炎疫情冲击，2020年存栏、出栏和兔肉产量都将出现一定程度下降。

全球兔业主要分布在亚洲和欧洲地区，非洲和美洲占比较小。从兔肉产量变动趋势看，亚洲呈明显上升趋势，欧洲快速下降，非洲和美洲相对稳定。毛兔和獭兔的养殖量较小，并且90%以上都集中在中国。

（二）国际兔产品贸易概况

据世界银行WITS数据库（http：//www.wits.worldbank.org/WITS），2019年全世界有40个国家和地区出口兔肉，有63个国家和地区进口兔肉。世界总出口量3.48万吨，出口贸易额1.75亿美元，分别比上年增长12.26%和6.7%。全球兔毛的主要生产和出口国为中国，其产量和出口量均占全球的90%以上。

二、国内兔生产与贸易概况

（一）国内兔业生产概况

据统计，2019年我国家兔出栏3.13亿只②，较上年减少1.10%；据国家兔产业技术体系产业经济岗位估计2019年末家兔存栏1.22亿只，较上年略长1.43%。2019年兔肉产量49.70万吨，比上年增长6.58%。预计2020年出栏、存栏和兔肉产量分别为3.19亿只、1.31亿只和50.0万吨，分别比上年上升1.98%、7.67%和0.66%。从兔养殖的品种结构看，依然是肉兔占据举足轻重的地位，其次是獭兔和毛兔。从区域来看，肉兔养殖主要集中在四川、山东、重庆、江苏、河南等地，獭兔主要在山东、河北、河南、山西等地，毛兔则主要在山东、江苏、浙江、安徽等地。

（二）中国兔产品贸易概况

长期以来，我国兔产品贸易中兔肉主要为出口，基本没进口。兔皮则主要为进口，出口很少。兔毛主要为出口，但出口在过去十年一直呈直线下降。

1. 兔肉贸易

2015年以来兔肉出口呈显著下降态势，2014年出口1.28万吨，而2020年前3季度才出口0.305万吨。据国家质量监督检验检疫总局网站2019年4月12日发布，目前全国

① 全球兔生产的数据来源于联合国FAO统计数据库（http：//faostat.fao.org/）。

② 资料来源：国家统计局《中国农业统计资料1949—2019》。

共有出口兔肉备案企业 13 家，备案养兔场 76 个；其中备案企业山东 8 家，四川、河北、山西、吉林、重庆各 1 家。

2. 兔毛和兔皮贸易

2020 年前 11 个月我国出口已梳兔毛（HS 编码 51053910）100.65 吨，同比下降 39.07%，预计全年出口 110.71 吨。2020 年前 11 个月兔毛制品（HS 编码 61101920，包括套头衫、开襟衫、外穿背心等）出口 8.46 万件，同比下降 84.08%。兔皮贸易，2020 年前 11 个月进口 1.551 万吨，同比下降 4.70%。2019 年未缝制兔皮出口 22.58 吨，而 2020 年前 11 个月出口下降至 10.96 吨。

三、国际兔产业技术研发进展

1. 遗传育种与繁殖

传统育种：BLUP 法能够对湿热地区家兔父系作出有效的遗传评估；品系杂交有利于提高母兔寿命；品种是决定家兔生长性能和胴体品质的最主要因素；低体脂含量的选择对终端父本更为有效，高脂肪含量的选择使后代家兔的储脂能力更具优势。

分子育种：遗传色素稀释与毛囊 DNA 甲基化改变之间存在一定的相关性；Wnt10b 可通过 Wnt/β-Catenin 信号通路促进獭兔胡须（HFs）的生长和真皮乳头细胞（DPCs）的增殖；KIT 基因明显促进黑素细胞增殖，但抑制黑素细胞凋亡；使用 Bayes B 程序对两个不同选择的家兔品系进行了肌间脂肪性状相关的全基因组关联研究；HTATIP2 在长毛兔的毛囊周期进程中起到重要作用。

繁殖技术：短时间的午后光照周期更适宜家兔生长，并对家兔生长性能及其他生理指标均有一定的促进作用；在冷冻保存液中加入姜黄素及其纳米粒可以有效改善兔精液解冻后的质量，减少细胞凋亡过程；神经生长因子能显著提高精子活力、获能和坏死细胞凋亡。

2. 营养与饲料

饲料资源开发与利用：橡子可以用作家兔的能量饲料；桑叶适宜添加量为 15%；苋菜可提高家兔生产力，但使用之前需要通过多种加工方法来降低抗营养因子。

饲料添加剂：给育肥兔饲喂 4.45%的微绿藻替代饲粮中的全部豆粕，可使兔肉更嫩；180 毫克/千克的百里香精油可以作为抗生素的替代品；有机硒可以显著提高肉质的抗氧化稳定性；家兔日粮中添加山梨酸钾、水合钙铝硅酸钠、L-蛋氨酸等，可以提高机体的免疫功能；在雄性新西兰公兔饲粮中补充不同水平的螺旋藻可以减弱其体内铅的累积作用。

3. 疾病防控

ISA70 为佐剂制备的巴氏杆菌和兔出血症病毒（RHDV）的二价苗稳定、安全、纯度高、黏度低；首次鉴定出兔子和欧洲鳗鱼上鳗鲡爱德华氏菌外膜蛋白 A（OmpA）存在的 B 细胞线性表位；PsoSP1 更适合作为兔感染痒螨的血清学诊断候选抗原；EsMIC1 和 EsMIC3 均可作为斯氏艾美耳球虫肝球虫病的潜在血清学诊断候选抗原；免疫抑制的机体以一种未知的机制刺激了脑和肾脏中 Th1-Th2 样肉芽肿细胞表型的改变等。

4. 饲养管理

限饲能显著提高生长兔的饲料转化率，但对屠宰特性、发病率和死亡率有一定的负面影响；研究家兔的行为表现和皮质酮水平等评估兔笼类型和人工授精时间的最佳组合，以改善动物的福利；集体笼舍可能对母兔的健康和福利状况产生了负面影响，而单独笼舍系统则促进了母兔泌乳、降低其皮质醇浓度、发病率和幼仔兔的死亡率。

5. 加工技术

通过研究电击休克和机械击昏对兔肉色泽、剪切力、粗蛋白、脂肪和游离水含量的影响，发现新型的屠宰方式有利于兔肉品质提升；马齿苋提取物能够很好抑制兔肉脂肪和蛋白质氧化，可以延长兔肉的保质期；针对不同的兔肉部位需要不同的超声强度，通过调节超声强度可以显著改变兔肉嫩度提高兔肉品质。

6. 产业发展

膳食补充剂是从城市园艺废弃物中获得的水溶性生物聚合物（SB），在工业和商业一级实施 SB 生产和应用，可为生物经济的几个部门带来重要的环境和社会经济效益；使用 Excel 应用程序创建了一个用于收集和分析法国有机兔养殖场性能的参考系统，使得兔子养殖场的管理援助和性能收集与国家安全数据库同步。

四、国内兔产业技术研发进展

1. 遗传育种与繁殖

传统育种：在同一环境下开展了伊拉配套系父母代种兔与伊拉商品代兔选留母兔的性能测定工作；川白獭兔保持了品种本身优良性状，遗传性能稳定，适宜进一步大面积推广应用；新疆 3 种野兔（西南部帕米尔高原、北部阿勒泰及中部达坂城和托克逊）具有丰富的遗传多样性和较明显的系统地理分布格局。

分子育种：从全基因组水平上首次报道了家兔脂肪发育的 miRNAs 转录谱；天府黑兔 APOA4 基因第 3 外显子编码区内存在 3 个遗传变异位点，其中 c. 1459A→G 可能与家兔肉品质相关性状有关；发现新西兰兔 Nrf2 基因在物种间具有较高的保守性，且具有一定的组织表达差异性；FSHβ 基因外显子 1 和外显子 3 中的 3 个 SNPs（FSH2，FSH30，FSH31）或可作为獭兔选育的分子标记。

繁殖技术：哺乳母兔在波长较长的红黄色光和较低的 60 lx 的光照度下最适宜繁殖；饲粮中添加一定剂量的褪黑激素可以改善公兔繁殖性能；LED 绿光且光照度为 100 lux 时空怀母兔的繁殖性能最好。

2. 营养与饲料

饲料资源开发与应用：马鞭草在断奶肉兔饲粮中适宜添加水平小于 0.4%；肉兔饲粮中小麦次粉的适宜添加比例为 9%～12%；糜子秸秆在肉兔日粮中的适宜添加比例为 16%～24%；肉兔日粮中荞麦秸秆的适宜添加比例为 8%～16%；玉米皮可用作生长肉兔饲粮的原料，其适宜用量占饲粮的 15%。

饲料添加剂：β-葡聚糖适宜添加水平为 0.05%；肉兔日粮中添加 50～100 毫克/千克百里香酚可提高生长性能，改善小肠黏膜形态结构，促进动物肠道发育，增强动物机体免疫力（黄崇波等，2020）；绿原酸可提高屠宰性能，改善肉质，在断奶肉兔饲粮中适宜添加量为 2 000 毫克/千克。

3. 疾病防控

首次分离鉴定了兔出血症病毒 2 型（RHDV2）在我国的流行，并命名为 SC2020/04 株；发明了一种兔球虫病减毒活疫苗助悬剂及悬浮剂；兔源大肠杆菌和巴氏杆菌对磺胺甲氧嘧啶、庆大霉素的耐药率较高，对氟苯尼考、氧氟沙星较为敏感；大蒜素对球虫的预防效果明显，但作为治疗药物效果不佳；研究证明阿苯达唑和吡喹酮对兔豆状囊尾蚴病均有较好的疗效，但阿苯达唑效果更好。

4. 饲养管理

限饲提高了肉兔的小肠、大肠和盲肠重量，促进了肝脏的发育；在北方冬季低温环境下，复合微生物除臭剂能有效降低兔舍内的 NH_3 浓度；夜间限制饲喂以提高家兔行为节律和调节营养物质利用方式促进家兔生长。

5. 加工技术

复合嫩化剂可以显著改善兔肉嫩度及保水性；过氧自由基会通过促进兔肉肌原纤维蛋白氧化，影响兔肉的理化性质；开发出蜜柚白瓤水不溶性膳食纤维兔肉丸；通过添加红曲霉发酵剂的手段，可以有效地降低兔肉香肠生物胺含量，同时可以提高兔肉香肠的抗氧化活性。

6. 产业经济

梳理了中国 20 世纪初至改革开放养兔的发展历程，并分析了兔产业的自身发展特征，及判断其发展趋势；针对獭兔市场持续低迷，提出强化育种、皮肉分流、发展彩色獭兔、绿色鞣制和产品开发、国际和国内两大市场开拓的发展建议；调查了重庆市新冠疫情期间（2020 年 1—2 月），共 14 个区县 48 个兔场的商品兔产量、肉兔销售量及价格情况。

（国家兔产业技术体系首席科学家　秦应和　提供）

2020年度蜂产业技术发展报告

（国家蜂产业技术体系）

一、国际蜂生产与贸易概况

2020年全球主要的蜂蜜生产国仍然主要是中国、土耳其、阿根廷、乌克兰、印度、美国、墨西哥、德国和加拿大，这9国的生产量占全球生产总量60%左右。全球主要蜂蜜出口额前7名的国家是：中国、新西兰、阿根廷、德国、印度、西班牙和匈牙利，这7国出口额占全球出口总额约63.6%（UNcomtrade数据）。中国近年蜂蜜产量有所下滑，但仍高居全球首位，2019年产量为44.7万吨，占全球总产量的24.1%。受新冠肺炎疫情影响并考虑气候因素，预计2020年蜂蜜产量为43万吨，较往年有小幅下降。其次为土耳其、阿根廷和加拿大，其中土耳其年产量超过10万吨，阿根廷和加拿大约8万吨。从2004至2019年间，全球大部分国家的蜂蜜生产都呈现增长态势，仅有美国、德国和澳大利亚的产量为负增长。其他主要生产国中，中国、新西兰、加拿大、土耳其的增长速度较快。

根据FAO统计数据，2019年我国蜂蜜产量为44.7万吨左右，约26.8%出口；蜂王浆产量近年保持在3 500吨左右的水平，出口量为30%～45%；每年生产约500吨蜂胶产品基本用于内销。2007—2019年蜂蜜产量年均增长率约为3.0%，高于同期世界蜂蜜总量2.1%的年均增长率。2019年我国出口蜂蜜达12万吨，与往年出口量基本持平；出口金额达2.35亿美元，同比下降5.6%，出口市场呈量增价减趋势运行。

据海关统计，2020年前6个月我国共出口蜂蜜61 489.82吨，出口金额11 801.72万美元，分别同比增长5.18%和4.10%；共进口蜂蜜1 946.68吨，进口金额3 537.62万美元，分别同比下降10.15%和下降6.59%。中国蜂蜜出口受新冠肺炎疫情影响，表现出先抑后扬特征。其中1—3月，受疫情及防控措施影响，蜜蜂出口严重受阻。2月出口额和出口量同比下降了61.7%和60.3%。随着我国疫情得到控制，生产生活逐步恢复正常，国外进口需求快速释放，4月蜂蜜出口额和出口量同比大幅上涨，分别达到83.9%和82.2%，且5—7月一直保持同比上涨态势。随着疫情在欧美地区蔓延态势加剧，以及部分地区出现病毒变异导致传播力和死亡率上升，预计后期我国蜂蜜和其他蜂产品出口仍将保持同比上涨态势。出口目的地与往年相比一致，日本、英国和比利时出口额位列前三。

蜂蜜出口价格一直低位运行特征，与世界出口均价价差越来越大。2019年蜂蜜出口均价为1 947美元/吨，而世界蜂蜜出口均价为3 254美元/吨，中国蜂蜜出口均价低于全球出口均价1 307美元/吨。2020年1—7月蜂蜜出口均价为1 895.9美元/吨，依然为同比小幅下降。近年来，这种情况更有愈演愈烈之势，不仅与德国、加拿大等以生产成熟蜜、高品质蜂蜜为主的国家单价差距大，与世界其他主要蜂蜜出口国，如阿根廷（2 236美元/吨）、墨西哥（2 517美元/吨）和巴西（2 277美元/吨）相比，价差也在逐年拉大。

值得注意的是，我国蜂蜜进口均价表现出快速上升态势。2019年进口均价为17 110

美元/吨，是当年同期中国出口均价的 8.7 倍，同期世界进口均价的 4 倍。2020 年 1—7 月进口均价为 18 340 美元/吨，蜂蜜进口价格短时间快速上升且维持在高价位水平，说明我国消费者对进口蜂蜜产品非常认可，进口蜂蜜目标为中国高端消费市场。

相比快速上升的进口均价，进口量近年也保持上升趋势，在 2016 年达到峰值 6 000 吨后，从 2017 年出现了进口量下降的趋势，2019 年进口量为 4 962 吨。2020 年 1—7 月进口量为 2 376 吨，同比下降 10.28%。从进口国来看，主要是新西兰、澳大利亚、泰国、德国、加拿大等国家。

二、国内蜂生产与贸易概况

2020 年，我国蜂群保有量约 950 万群，年产蜂蜜 40 万吨左右，蜂王浆产量 3 000 吨左右，蜂花粉产量 5 000 吨左右，蜂胶产量 350 吨左右，蜂蜡年产量 4 000 吨左右，年产值约 200 亿元。现有一定规模的蜂产品生产、加工经营企业 2 000 余家，蜂产品经营网点 1 万余家，从事养蜂生产、蜂产品加工经营等相关产业的人员 100 多万人。

2020 年，因年初受全国新冠肺炎疫情的影响，蜂群转地受到限制，油菜花期蜂群不能正常采收油菜蜜，蜂产品产量严重欠收，养蜂行业整体持续低迷。但今年广东和广西地区的荔枝蜜是大年，在当地采荔枝蜜的蜂场获得了大丰收。陕西、山东、河北、辽宁等地槐花蜂蜜几乎绝收。河北、辽宁地区的荆条花期，异常干旱，荆条蜜也减产约 70%。具体来讲，全国范围内油菜生产情况不佳，估计全国春季油菜蜜比正常年份减产三成左右。由于减产，企业收蜜积极和收购价格较去年每吨上涨 500～1 000 元。洋槐蜜全年生产形势较差。东北地区、山东大部分地区洋槐蜂蜜产量很低，仅辽宁沈阳、吉林集安能取一次洋槐蜜。西北地区陕西洋槐蜜产量很低，甘肃天水能取一两次洋槐蜜。浓度 41°以上的洋槐蜜价格在 22 000～24 000 元/吨，一般品质洋槐蜂蜜的收购价格在 15 000～18 000 元/吨。枣花蜜生产人较少，产量较低。枣花蜜浓度普遍都在 41°以上，收购价格在 16 000 元/吨左右。椴树蜜全国生产情况较好，东北地区产量普遍较高。在椴树开花时前两次取蜜的时候收购价格在 14 000～15 000 元/吨，后期由于产量较高，价格下降到 10 000～ 11 000 元/吨。荆条蜜全国产量均不理想，大部分蜂场基本只能取一两次蜜，高浓度荆条蜜收购价格在 12 000 元/吨左右，一般收购价在 9 000 元/吨左右。

预计 2020 年蜂王浆产量会有一定程度下降，全国蜂王浆总产量可能会达到 2 600～2 800 吨的低值。蜂王浆产量降低导致蜂王浆早期见面价居于高位。随着市场回暖和疫情结束，蜂王浆市场预计会逐步走向平稳。总体来看，蜂王浆全年收购见面价可能会出现居高不下的局面。

据统计，2020 年 1—8 月我国蜂产品出口数量同比普遍增长，蜂蜜出口量达 8.6 万吨，同比增长 11.76%；蜂花粉 1 838 吨，同比增长 46.8%；蜂王浆 549 吨，同比增长 31.11%；蜂蜡 6 409 吨，同比增长 5.48%；其他蜂产品合计 353 吨，同比增长 24.45%，均位列世界第一。

三、国际蜂产业技术研发进展

2020 年，国外的科研人员围绕蜜蜂生物学、蜜蜂病虫害、蜜蜂基因组、转录组以及蛋白组学等方面发表学术研究论文超过 300 篇。而在蜂产品领域相关的研究文章超过 2 000 篇。并取得了一些重要的研究进展。

有关蜜蜂生理学的研究 99 篇，依然是蜜蜂研究最热门的领域。其中有关肠道微生物的论文 18 篇，较 2019 年有较大增幅。WU 等通过对比肠道菌群缺失蜜蜂以及正常蜜蜂揭示了肠道菌群对东方蜜蜂抗菌肽表达和免疫调控途径的影响。Horak 等研究了蜜蜂肠道微生物 Snodgrassella alvi 对蜜蜂免疫的作用。Lucie 等重点关注了越冬蜂的肠道微生物。Hensgen 等通过对蜜蜂中央复合体进行染色后共追踪到 16 种将中央复合体的一个分支与蜜蜂中枢大脑的其他区域连接起来的神经元亚型，以及主要连接不同分支的八个子类型。Jousse 等通过液相色谱-质谱联用以及核磁共振对被东方蜜蜂微孢子虫感染的不同日龄蜜蜂的血淋巴进行了分析。

有关蜜蜂病虫害、病理学、农药以及气候对蜜蜂的影响方面的论文数量有 124 篇。其中关于东方蜜蜂微孢子虫（*Nosema ceranae*）的研究论文最为丰富，这与 *N. ceranae* 的蔓延以及造成的损失逐年增加有关。Yahya 等通过给发育期间感染 10 000 个东方蜜蜂微孢子虫孢子的蜜蜂幼虫饲喂亚致死剂量的农药氟吡喃酮，结果发现蜜蜂暴露在杀虫剂环境中会显著降低蜜蜂的存活率，并改变一些免疫基因和解毒基因的表达。Mura 等评估了蜂胶乙醇提取物对感染 *N. ceranae* 工蜂寿命和孢子量的影响；Huang 等研究了 *N. ceranae* 对蜜蜂肠道微生物的影响，其中 15 个细菌类群，包括 3 个核心类群，与 *N. ceranae* 侵染水平呈负相关。Soroye 等人通过对北美洲以及欧洲 66 种大黄蜂进行长期的研究观察，发现气温升高增加了物种在当地灭绝的风险、移居新地区的几率以及物种丰富度的变化。此外有关美洲幼虫腐臭病、欧洲幼虫腐臭病、蜜蜂球囊菌等病原分别有 15 篇、7 篇、和 6 篇。

2020 年，在蜜蜂基因组、转录组和蛋白组论文数量达到 46、61 和 55 篇。Chen 等人采用转录组测序和生物信息学方法对蜜蜂中肠环状 RNA 的差异表达谱和调控网络进行了全面研究。Li 等人发现敲除细胞质蛋白 DnaJA1、DnaJB12 和细胞核蛋白 DnaJC8 编码基因会显著降低蜜蜂的耐热性。Ye 等人通过研究蜜蜂暴露于 9.4 mg/L 双甲脒环境后 10 天的蜜蜂转录组变化，结果发现 279 个差异表达基因（DEGs），进一步分析发现双甲脒改变了蜜蜂松弛素信号通路、血小板活化和蛋白质消化吸收。

与蜜蜂行为学和结构生物学相关的研究论文有 34 篇。Burnett 等研究了障碍物对蜜蜂飞行策略的影响。Howard 等首先对蜜蜂进行训练使其将蔗糖与黄色的人造花联系起来。Zhang 等发现亚致死量的溴氰菊酯对蜜蜂舞蹈产生了影响，同时 6 个学习记忆相关基因表达水平被显著干扰。Ma 等人研究了蜜蜂前翅肋静脉在新鲜、干燥和透明条件下的形态特征和拉伸特性。Zhou 等人发现意大利蜜蜂 RyR N 端结构域 A（NTD-A）中均有保守的结构域间二硫键。

蜜蜂授粉方面的有 9 篇。Hipólito 等发现蜜蜂在花上停留的时间足够长，一次访花后移送的花粉粒足够多，便可以保证花粉管到达子房使胚珠受精。Matias 等人通过记录花蜜体积和浓度以及柱头接受花粉时间百分率，结果发现与蜜蜂和切叶蜂相比，本土熊蜂传粉效率更高。Walter 等人发现用模仿向日葵（sunflower mimic，SM）气味的食物饲喂蜂群能够有效帮助蜜蜂建立嗅觉记忆，使蜜蜂偏向于为向日葵作物授粉，从而提高授粉效率，提升经济效益。

在蜂产品领域相关研究的文章超过 2 000 篇，主要集中在 3 个方面：①蜂产品的品质鉴别。Guo 等人通过代谢组学分析封盖成熟和未封盖油菜蜂蜜，表明两种蜂蜜在成分组成上存在明显差异，一些特定的多酚类物质仅存在成熟油菜蜜中，这也为区分成熟油菜蜂蜜提供了潜在标志物；②蜂产品的活性研究。Dias Nani 等人研究表明，巴西有机蜂胶具有很强的抗炎作用，它通过降低核因子 κB 的活性、肿瘤坏死因子 α 的释放和中性粒细胞的迁移来发挥作用。此外，巴西有机蜂胶对多种细菌和真菌均有抑制作用，并能够在亚抑制浓度下降低体外酵母细胞与人角质形成细胞的粘附。因此，巴西有机蜂胶是一种很有前途的消炎和抗菌分子来源，可被用作功能性食品。③蜂产品中农兽药的筛查。Sun 等人基于液相串联高分辨质谱平台，集成了数据依赖性采集和数据非依赖性采集两种模式，实现了单次数据采集的靶向和非靶向物质的同时检测，对蜂产品中几百至几千种的化合物进行全方位分析，极大地提高了设备利用率，避免了多次重复采集及数据整合工作，大大节约了实验成本。

四、国内蜂产业技术研发进展

蜜蜂生物学：2020 年共发表文章 76 篇，其中核心期刊 37 篇，比 2019 年的 26 篇增加 42.3%。研究内容丰富，文章质量也很高。代表性的研究有杜宇等认为 miR-182-x、miR-291-y、miR-342-y、ame-miR-6001-3p 等关键 DEmiRNA 介导的 ce RNA 调控网络可能在意蜂中肠发育过程发挥重要的调控作用。还有《中国 70 年来蜜蜂生物学研究进展》《蜜蜂繁殖性状编码 RNA 和非编码 RNA 的研究进展》《转录组学分析意大利蜜蜂脑部哺育行为相关基因》。

蜜蜂遗传育种：2020 年共发表文章 30 篇，与 2019 年有所增加，但依然没有核心期刊的文章。代表性的研究：《CO_2 麻醉技术对熊蜂蜂王繁育能力影响》，《黑大蜜蜂的研究进展》。其他的主要是一线生产者的工作经验或总结。

蜜蜂饲养管理：2020 年共发表文章 263 篇，但核心期刊只有 9 篇。最大的亮点是计算机、机械等行业的专家也开始应用于蜜蜂行为和养蜂机具等方面的研究。主要有：刘升平等的《蜂群行为监测方法及应用研究综述》表明：未来的研究应着重于多类监测信息进行协同分析、不同监测信息与环境信息结合进行关联分析以及蜜蜂养殖辅助策略多元化。《新型太阳能蜂箱的设计及性能初测》《多蜜蜂重叠图像的凹点匹配分割算法》《蜜蜂仿生巢础研究与应用》。还有《天然蜂粮和蜂花粉对小鼠免疫功能的调节作用》。其他的主要是养蜂生产一线从业人员的工作经验总结。

蜜蜂保护：共发表文章 83 篇，其中核心期刊 22 篇。2019 年的热点是新烟碱类杀虫剂，2020 年则是蜂巢小甲虫以及各种传统的病虫敌害。金涛等的研究表明：啶虫脒、高效氯氰菊酯和功夫菊酯可作为目前防治蜂巢小甲虫的重要参考防治药剂。还有《蜂巢小甲虫传入中国的风险评估》《蜜蜂球囊菌菌丝和孢子中微小 RNA 及其靶 mRNA 的比较分析》《微小 RNA 介导东方蜜蜂微孢子虫侵染意大利蜜蜂工蜂的分子机制》等。研究内容丰富，文章质量也很高。

蜂产品：共发表文章 150 篇，其中核心期刊 46 篇，高水平的文章逐年增多。2020 年 9 月 30 日《中国食品学报》报道：中国农业科学院蜜蜂研究所揭示了我国产量最大的 3 种蜂蜜——油菜蜜、洋槐蜜和椴树蜜中标志性成分及其在真实性评价上的应用，为进一步开展蜂蜜的品质评价，提供了新的思路和科学依据。2020 年，除了研究蜂胶和蜂蜜的掺假识别、抗生素、农兽药、重金属等外，对蜂王浆、蜂花粉的研究明显增多，如《基于高分辨质谱和代谢组学技术评估和优化蜂王浆代谢物提取方法》《蜂王浆对阿尔兹海默症 SH-SY5Y 细胞模型抗氧化功能的影响》《荞麦蜂花粉破壁扫描电子显微镜分析及黄酮模拟消化释放》《非热处理对蜂花粉杀菌效果及品质的影响》《蜂花粉微生物污染及菌群结构分析》等。

蜜源植物和蜜蜂授粉：共发表文章60篇，其中核心期刊9篇。除了授粉效果、授粉技术外，研究的内容逐步多样，高水平的文章也逐渐增加。代表性的研究有《茶树花香气及茶叶气味对中华蜜蜂的引诱效应》《基于DNA条形码的白斑切叶蜂粉源植物种类及多样性分析》《蜜蜂在猕猴桃园的访花行为和授粉效果评估》《蜜蜂授粉潜在市场需求量的实证分析——以农业大省河南省为例》。

蜂业经济与蜂业政策：共发表各类文章130篇，其中报道国内各地蜂业现状和扶贫政策、规划、模式、经验、效果54篇，如《江西养蜂精准扶贫典型模式的解析》等。而涉及新冠肺炎疫情与蜂业相关的报道则有65篇，如《新冠肺炎疫情对云南养蜂业影响调查分析》《蜂农自杀事件折射出的养蜂业困境及对策》《"十措施"降低新冠肺炎疫情对养蜂业的影响》。有关蜂业经济和贸易的研究有11篇，代表性的研究：徐国钧等对世界主要蜂蜡出口国的国际竞争力进行分析，还有《进口蜂蜜对我国蜂产品市场的影响》《推动我国出口蜂蜜高质量发展思考》等。

专利：通过国家知识产权局综合服务平台，按有效专利的公开日进行搜索，截止2020年12月8日，与蜜蜂、蜂蜜、蜂王浆、蜂花粉、蜂胶、蜂蜡、蜂毒、蜂幼虫有关的专利755项，其中发明授权专利179项，实用新型专利576项。另有外观专利293项。

（国家蜂产业技术体系首席科学家　吴杰
国家蜂产业技术体系岗位科学家　赵芝俊　提供）

2020 年度大宗淡水鱼产业技术发展报告

（国家大宗淡水鱼产业技术体系）

一、国际大宗淡水鱼生产与贸易概况

据联合国粮农组织最新统计①，2018 年世界淡水鱼养殖产量 4 460.41 万吨，产值 973.48 亿美元；鲤科鱼类养殖产量 2 915.87 万吨，产值 623.53 亿美元，分别占世界养殖淡水鱼的 65.4%和 64.1%。其中，大宗淡水鱼（青鱼、草鱼、鲢、鳙、鲤、鲫、鲂）的养殖产量 2 207.62 万吨，产值 502.62 亿美元，分别占世界淡水养殖鱼的 49.5%和 51.6%，占世界鲤科养殖鱼类的 75.7%和 80.6%。世界大宗淡水鱼中草鱼的养殖产量最高，为 570.39 万吨，鲢的养殖产量居其次，为 478.85 万吨，再次是鲤和鳙，分别为 418.95 万吨和 314.37 万吨，鲫产量为 277.54 万吨，鲂和青鱼产量分别为 78.35 万吨和 69.15 万吨。2018 年，我国大宗淡水鱼的养殖产量为 1 966.82 万吨，占世界大宗淡水鱼养殖产量的 89.1%。

据联合国商品贸易统计数据库统计②，2019 年世界鲤科鱼类进出口总量 11.87 万吨，其中进口量为 5.95 万吨，出口量为 5.92 万吨；贸易额为 31 405.82 万美元，进口额为 15 503.57 万美元，出口额为 15 902.25 万美元。根据出口额排名，前 5 位的出口国家（地区）分别是中国、捷克、菲律宾、匈牙利和保加利亚；按进口额排名，前 5 位的进口国家（地区）分别是中国香港、韩国、中国澳门、罗马尼亚和德国。

二、国内大宗淡水鱼生产与贸易概况

据 2020 年《中国渔业统计年鉴》，2019 年我国大宗淡水鱼养殖产量为 1 952.84 万吨，比 2018 年减少 0.7%，大宗淡水鱼养殖产量占淡水养殖总产量的比重为 64.8%。我国淡水养殖以鱼类为主，2019 年淡水鱼养殖产量 2 548.03 万吨，占淡水养殖产量的 84.5%。大宗淡水鱼占淡水鱼类养殖产量的 76.6%。淡水养殖鱼类中，草鱼的产量最大，为 553.31 万吨，鲢其次，为 381.03 万吨，鳙与鲤产量分别为 310.16 万吨和 288.53 万吨，鲫产量为 275.56 万吨，鲂和青鱼产量分别为 76.29 万吨和 67.96 万吨。草鱼的产量增长最多，同比增 0.5%，鳙产量同比增 0.2%，青鱼、鲢、鲤、鲫和鲂产量同比分别减 1.7%、1.3%、2.6%、0.6%和 2.6%。

据中国农业信息网数据，2020 年大宗淡水鱼加权平均价每千克 13.79 元，同比涨 12.0%，成交量 129.13 万吨，同比增 6%。受新冠肺炎疫情影响，1—2 月大宗淡水鱼市

---

① 数据来源：联合国粮食及农业组织（FAO）渔业和水产养殖部（Fisheries andAquaculture Department），世界淡水养殖产量统计数据（Global Aquaculture Production），数据截至 2018 年。

② 数据来源：该数据库的水产品进出口统计中，反映鲤科鱼类进出口情况的商品分类编号为 030193，数据截至 2019 年。

场供需衔接不畅，呈现量减价升的特点，2 月月交易量仅为 53 676.85 吨，加权价格为每千克 13.07 元。4 月起，随着疫情防控取得显著成效，大宗淡水鱼供需逐渐恢复，市场量价齐升，8 月加权平均价格涨到年内高点为每千克 14.86 元；出塘量增长带动价格进入下行区间，12 月跌至每千克 13.49 元，交易量增至 133 882.17 吨。

鲤科鱼类出口方面，据海关统计，2020 年 1—7 月我国鲤科鱼类出口量 22 392.86 吨，出口额 6 733.63 万美元，同比分别减 6.1%和 12.4%。中国香港是最大的出口市场，2020 年 1—7 月，我国内地输港产品占鲤科鱼类出口额的 81.0%，其他主要市场为中国澳门、韩国、越南等地。鲤科鱼类主要出口来源省（市、区）为广东、辽宁、广西、江苏、天津、山东等地。

三、国际大宗淡水鱼产业技术研发进展

（一）育种与繁育技术

美国学者 Alexander G. 等研究了三倍体观赏鲤与金鱼杂种的繁殖能力及其子代特性，俄罗斯专家利用 11 个微卫星多态性位点分析了鲢、鳙杂种后代的差异性。加拿大学者利用 3 维动力学模型研究了鳙、草鱼和鲢在大湖流域的繁殖获得成功。我国学者对鲤辅助基因的全基因组鉴定、进化及 mRNA 表达进行了研究，发现辅助基因的作用，阐明镜鲤抗病分子机制及构建遗传连锁图谱。构建鳙性别决定的 QTL 精细图谱，并与鲢进行了比较分析。利用 18S 和 5S rDNA 研究了天然三倍体鲫的进化动力学，对银鲫抗病毒的免疫特征、发育等进行了研究。

（二）饲料营养与投喂技术

有关大宗淡水鱼方面的研究主要来自中国，国外的工作主要在鲤中较多，主要集中在用于提高鱼体免疫和抗病力的添加剂方面，包括碘、硒、三丁酸甘油酯、乙酸钠、多酚类、棉子糖、发酵乳酸杆菌、嗜酸乳杆菌、戊糖片球菌、单萜、月桂烯、不同植物（如黑种草、欧亚甘草、锦葵、蕨类叶等）、多种植物提取物（如油橄榄、大果柏、栗叶栎、薰衣草、姜、大蒜等）、天然精油类如披萨草精油等，此外还有研究发酵处理的禽肉粉、白羽扇豆等，部分研究比较了不同脂肪源的生产效果及不同碳/氮比饲料对水质的影响。个别研究涉及纳米级的无机盐作用效果。国际上的研究仍然主要集中在蛋白质与氨基酸及添加剂与养殖动物健康方面。

（三）病害防控技术

主要集中在病原的分离鉴定、病原生物学、疫苗研制以及药物筛选。在病毒性疾病方面，克罗地亚养殖鲤中发现鲤浮肿病，德国和波兰在虾虎鱼中检测到鲤疱疹病毒。在细菌病方面，通过比较基因组学分析发现柱状黄杆菌具有独特的反硝化基因，可在富含硝酸盐的厌氧区生长；通过对柱状黄杆菌外膜蛋白的表面抗原预测分析，发现 9 个较高免疫原性位点，具有疫苗开发潜力。在重大疫病防控方面，发现鲤疱疹 2 型病毒可潜伏在鱼的单核细胞和巨噬细胞中，免疫抑制剂可激发病毒在鱼体快速增殖；三氯生对水霉有明显的抑制作用；发现鲤感染莫氏球孢虫的蛋白水解酶系统是潜在的药物靶点，饲料添加酵母可提高宿主抗粘孢子虫感染能力。

（四）养殖与环境修复技术

集成了复杂检测算法的摄像机能够对投放到养殖水体中的饲料颗粒进行智能化的精确定位；将水声传感器采集的数据与生物学和环境数据结合在一起，再使用智能算法和机器

学习确定何时需要喂鱼，可根据数据和对鱼类行为及食欲的客观分析，自行决定何时投饲及投饲量；开发的即插即用型系统，可实时测量并收集水温、酸度（pH）等水质核心参数，而且还具有设置警报，故障通知和数据洞察、审查历史水质数据、查看动态水数据图、水质空间数据和预报模型的现场数据验证和校准，以及基于预警的自动化决策工具等功能；基于阿基米德螺旋泵研制的多功能鱼泵（ValuePump），每小时可运送60吨鱼类，不使用螺旋桨就可将产品输送到较高的高度，其耗能只有传统鱼泵的1/6。

（五）加工技术

在保鲜方面，研究了植酸、溶菌酶、百里香酚等天然保鲜剂和可食性涂膜对冷藏鱼肉微生物群落组成与食用品质的影响，解析了蛋清蛋白、环糊精等对鲢鱼肌原纤维蛋白冷冻过程中结构与功能特性的影响和作用方式，开发了基于近红外光谱结合化学计量的鱼肉质构特性无损快检方法；在产品开发与副产物利用方面，研究了超声处理对鱼肉蛋白水解物美拉德反应及风味物质的影响与作用机制，分析了不同干燥方法对轻腌鱼块水分分布、物理特性与蛋白结构的影响，研究了关键腥味成分与鱼肉蛋白的结合能力与作用方式，利用鱼糜加工副产物的蛋白水解物、臭氧漂洗等方法提升鱼糜凝胶特性与抗氧化水平，评价了凤尾鱼与鲢混合鱼糜的凝胶特性与风味特征。

四、国内大宗淡水鱼产业技术研发进展

（一）育种与繁育技术

构建青鱼邗江群体F1核心群体1个，培育了草鱼F3家系，获得了一批生长性状优良的家系个体；完成鲢、鳙全基因组图谱构建及它们的进化关系；筛选获得与大宗淡水鱼生长、抗病和性别等性状相关的各类分子标记（SSR、SNP等）27个；创建大宗淡水鱼优良新品系5个，即草鱼优良选育系2个、鲢“长丰2号”、抗病镜鲤、优质鲤；合成八倍体鲫雄鱼性别决定系统与有性生殖能力的重新获得。2020年繁育异育银鲫“中科5号”、长丰鲢、福瑞鲤2号、松浦镜鲤和团头鲂“华海1号”等新品种鱼苗21亿尾，在全国25个省（市、自治区）进行了推广应用。2020年培育通过国家审定的大宗淡水鱼新品种1个，即团头鲂“浦江2号”。

（二）饲料营养与投喂技术

涉及到添加剂和营养平衡的研究较多，包括维生素、氨基酸、抗菌肽、茶多酚、芸香苷、姜黄素、乙氧基羰基甲基、西利马林、丁酸钠、植物（莲叶、杜仲、蚕豆、辣木树叶）提取物、血根碱、裂壶菌、植酸、寡聚糖、益生菌、甜菜碱、二苯二烯、木聚糖酶、芽孢杆菌、α-酮戊二酸、麝香草酚、京尼平甙、毛柳甙、白地霉等。对蛋白源替代的研究包括各类植物蛋白、昆虫蛋白、酵母水解物等。条件营养需求涉及投喂频率、养殖密度条件下营养素的利用。对水产动物健康的研究较多，除添加剂的改善健康作用外，继续关注有毒有害物质对饲料利用和鱼体健康的影响。关注营养素（如蛋白、脂肪等）含量及部分添加剂等对体色、肌肉品质形成的影响。但投喂技术和加工工艺的研究相对仍然较少。

（三）病害防控技术

根据国家发展战略的需求，我国水产养殖疫病防控向环境友好型方向发展，除了无规定疫病水产苗种场和养殖场建设以外，精准诊断和预警技术、渔用疫苗创制和绿色渔药开发等绿色防控技术成为大宗淡水鱼病害的主要防控手段。针对草鱼出血病、鲫造血器官坏

死病、鲤春病以及鲤浮肿病，建立了逆转录重组酶聚合酶常温扩增技术（RT-RPA），开展了基于枯草芽孢杆菌和真核表达载体的草鱼出血病疫苗研发；单壁碳纳米管载嗜水气单胞菌外膜蛋白亚单位疫苗有较好免疫保护效果；植物提取物牛至油能有效抑制多种水产病原菌；葡萄籽提取原花青素可以改善商品饲料草鱼养殖中的肝脏脂肪过度累积和炎症反应；黄芪多糖提取物能促进鲫生长性能、非特异免疫力和抗病原菌感染能力等。

（四）养殖与环境修复技术

在水质生态调控方面，开发了一种由水生植物、绳索及支撑杆构建的生态悬床，可根据水位变化调整在水体中的上下位置，能有效降低水体中的氮磷营养盐；研究池塘沉积物上覆水的脱氮效果和微生物群落，分析其脱氮规律以及微生物特性。在新型装备方面：研发了草鱼鱼体识别及连续自动注射系统，以及基于机器视觉的养殖池塘单罐真空式吸鱼泵；设计了水产养殖环境监测和控制系统，通过PLC对养殖环境中溶氧、pH等参数进行信息采集与传输，并根据信息控制增氧机调节水中溶氧量，结果显示该系统可减少增氧机启停次数、延长设备寿命。

（五）加工技术

保鲜方面，明确了微流水处理对池塘养殖淡水鱼肌肉食味品质的提升作用，分析了冷藏/冷冻条件下鱼肉结构蛋白变化和腐败菌对鱼肉滋味关联物的降解作用，建立了基于超声辅助涂膜、真空调理、浸渍冻结等延长鱼肉货架期的保鲜技术；加工与产品开发方面，研究了鲤鱼发酵过程中风味前体物质代谢转化及在风味形成中的作用，开发基于菌群协同、菌酶耦合的酸鱼、鱼露发酵新工艺，阐明臭氧漂洗、脂肪氧化、外源多糖添加对鱼糜得率、蛋白变性、凝胶特性、风味及贮藏稳定的影响，建立鲢鱼糜节水生产与质构调控技术；副产物利用方面，以鱼鳞、鱼骨、鱼皮等为原料利用生物酶解、分离提取、配方重组等工艺开发活性多肽、超微细化鱼骨、高强度鱼鳞冻、休闲鱼果糕等产品。

（国家大宗淡水鱼产业技术体系首席科学家　戈贤平　提供）

2020年度特色淡水鱼产业技术发展报告

（国家特色淡水鱼产业技术体系）

一、国际特色淡水鱼生产与贸易概况

（一）国际特色淡水鱼生产

特色淡水鱼是指包括罗非鱼、鮰、鳗、淡水鲈、鳢、鳜、黄鳝、泥鳅、黄颡鱼、鲑鳟、鲟11类淡水品种。据联合国粮农组织（FAO）数据库（www. fao. org）最新数据，2018年全球特色淡水鱼总产量为1 434万吨，其中罗非鱼678万吨、鮰41. 53万吨、鳗27. 48万吨、淡水鲈43. 50万吨、鳢45. 93万吨、鳜31. 59万吨、黄鳝32. 03万吨、泥鳅35. 94万吨、黄颡鱼50. 96万吨、鲑鳟437. 32万吨、鲟9. 91万吨。主要生产的国家和地区有174个，其中罗非鱼生产国数量居首，有125个国家和地区，其次鲑鳟84个、鲟36个和鳗33个。中国是特色淡水鱼的主要生产国，单品种生产量占全球总产量的比例分别为罗非鱼23. 96%、鮰60. 69%、鳗84. 84%、鲈99. 31%、黄鳝99. 57%、泥鳅99. 73%、鲑0. 09%、鳟4. 91%、鲟84. 01%，鳜、鳢和黄颡鱼仅中国生产。

2020年全球特色淡水鱼产量预计为1 467万吨，其中罗非鱼690万吨、鮰43万吨、鳗29万吨、淡水鲈47万吨、鳢46万吨、鳜33万吨、黄鳝35万吨、泥鳅36万吨、黄颡鱼55万吨、鲑355万吨、鳟87万吨和鲟11万吨。

（二）国际特色淡水鱼贸易

特色淡水鱼主要国际贸易品种有罗非鱼、鮰、鳗、鲑、鳟和鲟等。据联合国商品贸易统计数据库（UN Comtrade）最新数据，2019年全球特色淡水鱼主要贸易产品进出口总量1 816. 37万吨，进出口总额1 189. 15亿美元；2020年进出口总量预计为1 724万吨，同比减少5. 09%；其中，罗非鱼主要贸易产品进出口总量437. 85万吨，进出口总额171. 01亿美元，2020年总量预计为425万吨，同比减少2. 94%；鮰主要贸易产品进出口总量61. 32万吨，进出口总额21. 98亿美元，2020年总量预计为63万吨，同比增长2. 74%；鳗主要贸易产品进出口总量22. 27万吨，进出口总额47. 39亿美元，2020年总量预计为21万吨，同比减少5. 71%；鲑主要贸易产品进出口总量1 226. 50万吨，进出口总额885. 19亿美元，2020年总量预计为1 150万吨，同比减少6. 24%；鳟主要贸易产品进出口总量55. 04万吨，进出口总额41. 00亿美元，2020年总量预计为52万吨，同比减少5. 53%；鲟主要贸易产品进出口总量13. 38万吨，进出口总额22. 57亿美元，2020年总量预计为13万吨，同比减少2. 85%。

2019年鲜或冷罗非鱼片平均价格6. 74美元/千克，2020年预计6. 50美元/千克，同比下降3. 51%；2019年冻鮰鱼1. 89美元/千克，2020年预计1. 99美元/千克，同比上升5. 29%；2019年制作或保藏的鳗18. 36美元/千克，2020年预计17. 65美元/千克，同比下降3. 87%；2019年鲜或冷大西洋鲑8. 87美元/千克，2020年预计8. 95美元/千克，同比上升0. 87%；2019年鲜或冷鳟4. 85美元/千克，2020年预计4. 90美元/千克，同比上升0.98%；2019年鲟鱼子酱103.93美元/千克，2020年预计110美元/千克，同比上升5.84%。

二、国内特色淡水鱼生产与贸易概况

（一）中国特色淡水鱼生产

据中国渔业年鉴最新统计，2019年我国特色淡水鱼总产量480.15万吨。其中，罗非鱼主产区为广东、海南、广西、云南和福建等，产量164.17万吨；鮰为四川、广东、湖北、湖南和河南等，产量29.77万吨；鳗为广东、福建、江西、江苏和浙江，产量23.42万吨；淡水鲈为广东、浙江、江苏、江西、四川等，产量47.78万吨；鳢为广东、山东、浙江、江西和湖南等，产量46.20万吨；鳜为广东、湖北、江西、安徽和江苏等，产量33.71万吨；黄鳝为湖北、江西、安徽、湖南和四川等，产量31.38万吨；泥鳅为江西、江苏、湖北、安徽和四川等，产量35.69万吨；黄颡鱼为湖北、浙江、广东、江西和安徽等，产量53.70万吨；鲑为四川、辽宁、甘肃、吉林和浙江等，产量0.20万吨；鳟为青海、云南、辽宁、新疆和甘肃等，产量3.94万吨；鲟为云南、贵州、山东、湖南和河北等，产量10.20万吨。

2020年我国特色淡水鱼总产量预计为480万吨，其中，罗非鱼162万吨、鮰32万吨、鳗24万吨、淡水鲈47万吨、鳢46万吨、鳜33万吨、黄鳝32万吨、泥鳅35万吨、黄颡鱼55万吨、鲑0.18万吨、鳟4万吨和鲟10.5万吨。

（二）中国特色淡水鱼贸易与市场

罗非鱼、鮰和鳗是我国特色淡水鱼的主要出口品种。2020年罗非鱼1—9月总出口量30.02万吨，同比减少1.50%，其中冻罗非鱼片作为主要出口产品，出口价格2.76美元/千克，同比下降10.79%；由于中美贸易战和新冠肺炎疫情的影响，国际市场需求量下降，国内养殖户生产积极性下降，罗非鱼塘口价在8元/千克左右，同比减少8%。2020年鮰1—9月总出口量0.37万吨，同比增加9.09%，其中主要出口产品制作或保藏的斑点叉尾鮰出口价格6.04美元/千克，同比降低0.08%，2020年叉尾鮰出口价格基本保持不变，出口量有所上升，国内收购价格基本维持坚挺态势，在21元/千克左右。2020年鳗1—9月出口总量3.49万吨，同比下降6.93%，日本是最大的出口目的国，中国对日本出口量为1.95万吨，同比减少28.04%，其中主要出口产品烤鳗均价17.86美元/千克，同比下降了16.86%。

鳜、淡水鲈、鳢、黄鳝、泥鳅和黄颡鱼产品主要以鲜活产品的形式供应国内市场。2020年规格为250～500克/尾、500～750克/尾和≥750克/尾的鲜活鳜平均价格分别为62.50元/千克、65.25元/千克和74.46元/千克，同比减少6.28%、9.84%和2.70%；规格为<500克/尾和≥500克/尾的鲜活淡水鲈平均价格分别为31.25元/千克和34.71元/千克，同比减少3.16%和1.31%；规格为<250克/尾和≥250克/尾的鲜活鳢平均价格分别为11.63元/千克和19.66元/千克，同比减少14.67%和13.73%；规格为条重<100克的鲜活黄鳝批发均价为52.87元/千克，同比下降0.37%；规格为条重≥100g的鲜活黄鳝批发均价为62.87元/千克；泥鳅批发平均价为23.59元/千克，同比下降8.24%；黄颡鱼批发价27元/千克左右，同比上涨10%。

鲑鳟类消费以鲜活为主，约占养殖产量的80%。鲑鳟类加工产品以来料加工为主，有冻品、鲜冷、熏制等产品。2020 年 1—9 月，鲑进口总量 6.5 万吨，同比减少 61.6%。主要进口产品其他冻大麻哈鱼，占进口总量的 49.61%，进口价格为 2.40 美元/千克。鲑出口总量 3.2 万吨，同比减少 53.86%。主要出口产品冻大麻哈鱼、大西洋鲑鱼及多瑙哲罗鱼的鱼片占出口总量的 51.80%，出口价格为 5.47 美元/千克。2020 年 1—9 月，鳟进口总量 2 018 吨，增长 5.57%，出口总量 1 263 吨，减少 21.56%；出口产品中冻鳟鱼 890 吨，占出口总量 70.44%，平均出口价格 6.06 美元/千克，冻鳟鱼片 264 吨，占出口总量 20.89%，平均出口价格 12.27 美元/千克，熏鳟鱼 109 吨，占出口总量 8.67%，平均出口价格 14.68 美元/千克。鲑鳟国内市场价格随着季节变动和区域不同出现较大差异，平均塘口价变动不大，维持在 24～32 元/千克。鲟消费以小规格鲜活鱼为主，大规格成鱼除生产鱼子酱外，主要用于加工其他产品。中国是鲟鱼子酱主要出口国家之一，2020 年 1—9 月，鱼子酱出口总量 49.45 吨，同比下降 64.64%，出口总额 1 122 万美元，同比下降 65.51%，出口均价 226.9 美元/千克，同比下降 2.46%。

三、国际特色淡水鱼产业技术研发进展

（一）种质资源与遗传改良

国际上对种质资源研究主要集中在群体遗传多样性及野生资源评估方面。美国学者通过在野生斑点叉尾鮰背部注射标签和再捕获，准确评估了野生斑点叉尾鮰种群数量、生存、增长和移动情况；在佐治亚州首次开展乌鳢野生群体遗传学特征调查。遗传改良主要集中在杂交育种和分子育种方面，中美学者联合开展斑点叉尾鮰抗柱形病的基因组选育工作。美国学者评价了大口黑鲈佛罗里达亚种、北方亚种及其杂交 F1 的生长性能，发现杂交种具有显著的生长杂交优势。英国斯特灵大学通过 RAD-seq 测序发现吉富罗非鱼性别相关 SNP 标记定位在 23 号基因连锁群上，与莫桑比克和奥利亚罗非鱼不同；爱丁堡大学学者设计了罗非鱼 SNP 芯片用于遗传育种研究。

（二）水环境控制与养殖技术

水环境控制研究，国际上主要集中在微生物净化技术、养殖池塘水环境在线监测和智能化调控、池塘底泥的资源化利用技术等方面。捷克学者研究发现硝化和反硝化益生菌的使用可对养殖水体产生净化效果；印度学者发现生物絮团能有效去除养殖水体中的无机氮，显著提高了鱼类生长速度；印度尼西亚学者开发了一种基于物联网的水质监测系统，可为渔民的具体捕捞周期提供指导。在大水面渔业方面，美国学者使用联合物种分布模型评价了淡水湖泊鱼类物种分布结构，分析了淡水渔业生产及预测物种分布变化规律。

（三）营养与饲料

美国、加拿大等国学者围绕营养需求、功能性饲料添加及蛋白源替代等方面开展工作。营养需求方面，确定了罗非鱼对赖氨酸、鳗对花生四烯酸、鲈对磷元素、鲟对铜元素和叶酸需求量的最适比例。功能性饲料添加剂方面，在罗非鱼饲料中添加藻青蛋白、栗茶多酚，在鮰饲料中添加黑水虻，鳗饲料中添加几丁质、益生菌，鲟饲料中添加益生菌、百里香草和沙棘萃取物可有效提高鱼体生长、饲料转化率、抗氧化能力和免疫力。在替代蛋白源方面，鲑鳟、鲟鱼饲料中可替代的动物蛋白源有黑水虻、磷虾粉等，植物蛋白源则开发了豆粕、豌豆、藻类等。

（四）病原检测与病害防控

病原检测方面，波兰学者从传统 PCR、定量 PCR 和原位杂交三种检测鲟虹彩病毒的

方法中优选出定量PCR方法，其检出效率最高。病害防控方面，巴西学者发现通过过氧化氢和pH灭活的无乳链球菌疫苗与常规甲醛灭活对罗非鱼的免疫保护效力相当。泰国学者开发了针对链球菌病的新型嵌合多表位重组蛋白疫苗和DNA疫苗，无乳链球菌感染后，尼罗罗非鱼的相对存活率和累积死亡率分别为57%～76%和17%～30%，可应用于链球菌病的防控。韩国学者开发了一种针对日本鳗鲡的爱德华氏菌病的新型淀粉水凝胶口服疫苗，与传统的福尔马林灭活疫苗相比，具有更好的免疫保护效果。

（五）保活保鲜与加工技术

保活运输方面，国外以新型植物源麻醉剂对鱼类的麻醉效果及其应用为主，并发明了一种诱导鱼类人工冬眠的方法，使鱼类能够在无水环境中存活36小时以上。保鲜方面，哥伦比亚学者采用7.5%或者10%的盐水喷淋鱼片8小时或4小时结合液体烟熏可以使罗非鱼片的贮藏期达到3个月。加工方面，中国和韩国学者研究发现热风微波联合干燥能提高罗非鱼鱼片的硬度、咀嚼性和弹性值，并能获得酥脆的罗非鱼鱼片。在副产物综合利用方面，巴西、伊朗和韩国分别以罗非鱼、鲟鱼和鳗鱼皮为原料制备胶原蛋白和保湿霜。泰国学者研发了一种从罗非鱼废弃物中一步提取多不饱和脂肪酸的皂化和酶法浓缩方法。巴西学者利用罗非鱼头油脂，通过物理脱胶、化学脱胶、中和、漂白等工艺制备了生物柴油。

四、国内特色淡水鱼产业技术研发进展

（一）种质资源与遗传改良

种质资源方面，珠江水产研究所通过RAD-seq测序技术发现大口黑鲈40个具有多态性的新SNP标记，为大口黑鲈分子辅助育种提供帮助。华中农业大学发掘了黄颡鱼抗鮰爱德华菌的SNP标记，可用于全雄黄颡鱼的品种改良；设计了一条高效生产伪雄鱼和全雌黄颡鱼配套系的生产技术路线，为全雄和杂交黄颡鱼的品种改良奠定基础。遗传改良方面，珠江水产研究所选育出遗传全雄罗非鱼新品种“粤闽1号”，利用远缘杂交技术获得大口黑鲈和蓝鳃太阳鱼杂交子一代；武汉市农业科学院对鳜鱼的三倍体诱导也获得成功，发现冷休克法更适用于鳜三倍体的规模化生产。乌鳢、黄鳝、黄颡鱼和虹鳟等特色淡水鱼实现了规模化繁育，解决了优质苗种偏少的供需矛盾。

（二）水环境控制与养殖技术

国内重点开展了池塘鱼—菜共生、鱼—中草药共生、微生物净化、人工湿地净化等生物调控技术。创建了池塘“水质+底质”的综合调控技术，使池塘换水率从300%降低至60%，创新了生态坡、生态塘、生态沟渠和复合人工湿地4种池塘养殖污水生态治理技术，对氮、磷的去除率超过15%，作为全国十大主推技术在24省区推广应用。池塘工程化生态养殖模式在全国各地方兴未艾，如大口黑鲈流水槽—池塘接力生态养殖模式，淡水鲈、乌鳢和黄颡鱼等品种的陆基圆形池工程化循环水养殖模式等，提高养殖效益的同时实现水资源循环利用。

（三）营养与饲料

在营养素需求方面，国内学者针对罗非鱼、黄鳝、鲟、泥鳅在维生素、脂肪、矿物质、蛋白质等细分单项营养素的最佳添加比例进行了系统性研究。在饲料蛋白替代方面，扬州大学研究发现在乌鳢饲料中豆粕替代鱼粉的比例不宜超过20%。功能性添加剂仍然

是产业研究的热点，通过在罗非鱼饲料中添加枯草芽孢杆菌、蒲公英提取物、蚯蚓粉，在鲑鳟饲料中添加复方中草药、低聚木糖、抗菌肽、牛磺酸，在鮰、黄颡鱼饲料中添加酵母培养物、壳寡糖，在鳗饲料中添加葡萄籽原花青素、姜黄素，在黄鳝、泥鳅饲料中添加抗菌肽、虾青素、腐植酸，在鲈饲料中添加柠檬酸、姜黄素，在鳢饲料中添加沙葱黄酮，鲟饲料中添加棉籽糖，有利于改善特色淡水鱼的肠道菌群、非特异性免疫力、成长性能、抗逆能力和肌肉品质等。

（四）病原检测与病害防控

病原检测方面，珠江水产研究所建立了鳜弹状病毒（SCRV）和鳜传染性脾肾坏死病毒（ISKNV）的双重PCR检测方法。病害防控方面，中山大学研发的鳜传染性脾肾坏死病（ISKNV）灭活疫苗获批一类新兽药注册证书。山东农业大学研发了无乳链球菌和海豚链球菌福尔马林灭活疫苗，对相应病原菌的感染后免疫保护率分别为91.7%和92.3%，且具有一定的交叉保护效果。中山大学开发了一种无乳链球菌的弱毒活疫苗，对罗非鱼的免疫保护期最少达84天。西北农林大学开发了一种针对虹鳟传染性胰腺坏死病的口服亚单位疫苗。

（五）保活保鲜与加工技术

国内有水保活运输研究主要集中于传统麻醉剂对养殖鱼类的麻醉效果和运输潜力分析方面，发现MS-222比丁香酚副作用少，2～4℃/小时降温速率下斑点叉尾鮰无水保活运输有较高的存活率。保鲜方面，研究发现超高压处理、臭氧水、电解水和电解水冰等物理保鲜技术，能有效的延缓鱼肉的腐败变质，湖北省农业科学院研发的电子束辐照结合真空包装可以延长鲈鱼和鳜鱼冷藏保质期12～25天。加工方面，建立了罗非鱼混合鱼糜制品的加工技术，优化了调味鱼的腌制工艺。在副产物综合利用方面，开发了利用鮰鱼加工下脚料生产鱼露的酶-菌耦合的发酵技术，建立了鲟鱼软骨抗炎多肽和硫酸软骨素的高压液化—酶解—醇提—层析技术，提高了废弃物的利用率。

（国家特色淡水鱼产业技术体系首席科学家　杨弘　提供）

2020年度海水鱼产业技术发展报告

（国家海水鱼产业技术体系）

一、国际海水鱼生产与贸易概况

（一）生产情况

据2020年联合国粮农组织（FAO）数据，2018年，世界海洋捕捞总产量为8 441.0万吨，其中，海水鱼类捕捞产量为7 192.6万吨，占海洋捕捞总产量的85.2%；世界海水养殖总产量为3 075.6万吨，其中，海水鱼类养殖产量为732.8万吨，占海水养殖总产量的23.8%。海水鱼类养殖在世界各区域的分布：亚洲399.5万吨，欧洲189.2万吨，美洲105.9万吨，大洋洲9.2万吨，非洲29.1万吨。2018年，中国海水鱼类养殖产量为149.51万吨（中国渔业统计年鉴，2019），占世界海水鱼类养殖总产量的20.4%。目前，全球海水鱼养殖种类达100多种，养殖规模较大的主要有大西洋鲑、海鲈、鰤鱼、大黄鱼、鲆鲽类等，其中，单一种类产量最大的为大西洋鲑，2018年全球养殖产量243.59万吨，主要生产国为挪威、智利、英国和加拿大等。

（二）贸易情况

2020年，新冠肺炎疫情在全球持续蔓延，各国因防疫需求采取更加谨慎的贸易政策，全球海水鱼终端消费疲软，本体系跟踪的9种海水鱼全球贸易萎缩，贸易风险和不确定性增大。对鲆鲽类而言，进出口贸易双降，平均交易价格下跌。截至8月，主要出口国丹麦、美国和冰岛等出口贸易额同比降幅约7%，主要进口国美国和日本进口额分别为1.63亿美元和132.04亿日元，同比分别下降11.4%和15.2%，韩国进口下降显著，同比下降27.3%。

美国是全球石斑鱼、欧洲海鲈①和军曹鱼重要的消费国，本年度进口大幅度下滑。截至8月，三者的进口额分别是2 600.3万美元、3 211.9万美元和55.8万美元，同比分别下降31.5%、13.6%和77.8%。韩国是黄鱼②的最大消费国，其进口额4 338万美元，同比下降28.9%。全球河鲀两大主要消费国韩国和日本，需求大幅下降，进口额同比分别下降19.3%和44.1%。

二、国内海水鱼生产与贸易概况

（一）生产情况

2020年，我国海水鱼养殖仍以网箱、池塘和工厂化三大模式为主，体系跟踪区域各养殖模式的规模及变化情况分别为：工厂化养殖734.9万立方米，比2019年下降7.2%，其中循环水占比下降0.7%；池塘养殖1.3万公顷，同比下降16.6%，其中工程化池塘占

---

① 拉丁文为*Dicentrarchus labrax*，属于舌齿鲈属。

② 包括大黄鱼和小黄鱼。

比下降 0.4%；网箱养殖面积同比均有增加，普通网箱养殖 2 726.6 万平方米，深水网箱养殖 872.2 万立方米，围栏（网）养殖 114.2 万平方米，同比分别增加 7.2%、66% 和 4.4%。

2020 年体系跟踪区域主要海水鱼养殖品种总产量为 103.55 万吨，各品种产量见表 1。

表 1　2020 年体系跟踪区域海水鱼产量统计　（万吨）

鱼类品种	示范县产量	非示范县产量	合计
大菱鲆	4.76	0.02	4.78
牙鲆	0.37	0	0.37
半滑舌鳎	0.84	0	0.84
其他鲆鲽类	0.01	0	0.01
珍珠龙胆	2.97	4.56	7.53
其他石斑鱼	1.90	0.45	2.35
暗纹东方鲀	0.49	0.50	0.99
红鳍东方鲀	0.21	0	0.21
其他河鲀鱼	0.32	0	0.32
大黄鱼	25.32	1.15	26.47
海鲈	15.85	0	15.85
军曹鱼	0.44	1.02	1.45
卵形鲳鲹	8.38	4.57	12.95
鲷鱼	1.84	7.44	9.27
美国红鱼	1.15	3.06	4.22
鰤鱼	0.10	1.52	1.62
许氏平鲉	0.01	0	0.01
其他海水鱼	0.73	13.59	14.32
汇总	65.68	37.87	103.55

（二）贸易情况

受新冠肺炎疫情影响，全球消费市场低迷，我国 9 种海水鱼进出口贸易双降，2020 年 1—8 月贸易总额缩小 13.3%，贸易增长乏力，部分品种自 5 月起进出口贸易开始恢复增长。截至 8 月，我国鲆鲽类、黄鱼、鲳鱼、尖吻鲈鱼①、河鲀和军曹鱼的进出口贸易额分别为 6.45 亿美元、1.5 亿美元、5 097.9 万美元、334.16 万美元、245.3 万美元和 236 万美元，贸易总额为 8.53 亿美元，同比下降 13.3%。除军曹鱼外，监测的其他海水鱼贸易顺差和逆差较 2019 年同期均收窄。截至 8 月，鲆鲽类贸易逆差 1.16 亿美元，收窄 434

① 拉丁文为 *Dicentrarchus labrax*，属于舌齿鲈属

万美元；黄鱼贸易顺差 1.42 亿美元，收窄 1 043 万美元；鲳鱼贸易顺差 2 472.3 万美元，收窄 962.5 万美元；尖吻鲈鱼（舌齿鲈属）和河鲀贸易顺差分别为 256.4 万美元和 245.3 万美元，收窄 117.6 万美元和 28.8 万美元；军曹鱼贸易顺差 235.8 万美元，顺差扩大 138.5 万美元。

三、国际海水鱼产业技术研发进展

（一）海水鱼遗传改良技术

国际海水鱼遗传育种主要是采用规模化家系选育和分子标记辅助育种技术，全基因组选择技术尚未取得明显的育种成效。土耳其学者采用分子生物学技术开展了黑海大菱鲆种群遗传结构研究，英国、爱尔兰联合开展了基因组选择技术在罗非鱼中的应用研究，韩国科学家利用三代测序技术和基于 Hi-C 数据分析对暗纹东方鲀的广盐性进行研究，构建了高质量的暗纹东方鲀参考基因组。

（二）海水鱼养殖与环境控制技术

1. 工厂化养殖

发达国家的工厂化养殖主要聚焦于养殖对象的行为生理响应特征、精准投喂技术、生长与品质控制等高效养殖关键技术研究。

2. 网箱养殖

由挪威设计、中国中集来福士建造的“Havfarm 1”智能养殖工船，养殖水体达 40 万立方米，2020 年 7 月运抵挪威哈德瑟尔区域，进行深海三文鱼养殖作业；深海渔场“Ocean Farm 1”通过挪威渔业局验收，养殖项目进入第二生产周期。此外，澳大利亚组织研讨了渔业“深远海”定义、养殖网箱设计和锚泊系统等内容。

3. 池塘养殖

研究主要集中在池塘单品种精养、池塘生境要素综合利用、养殖投入品与生物及环境互作、水质调控等方面，以揭示池塘养殖生境中物质循环利用过程，提高养殖生物的生长与产出效率。

4. 养殖设施与装备

丹麦提出了新的陆基工厂化养殖概念模型 RAS2020，创新采用多圈环道养殖池用于分级饲养，具备灵活便捷的自动赶鱼、起捕设施；日本利用人工智能和物联网技术开发了一套蓝鳍金枪鱼幼鱼体长自动测量系统，美国提出了一种基于声学反馈的自动投喂系统。

5. 养殖水环境控制

聚焦养殖关键水质指标，研发了超滤或微滤膜、磁性活性炭、微藻生物膜光反应器等装备，利用养殖尾水养殖卤虫、微藻等，实现养殖尾水再利用。

（三）海水鱼疾病防控技术

1. 流行病原

研究主要聚焦于气单胞菌（*Aeromonas*）、弧菌（*Vibrio*）、黄杆菌（*Tenacibaculum*）、发光杆菌（*Photobacterium*）等细菌病原，传染性鲑贫血症病毒（Infectious salmon anaemia virus，SAV）、病毒性出血性败血症病毒（Viral haemorrhagic septicaemia virus，VHSV）、传染性造血坏死病毒（Infectious haematopoietic necrosis，IHNV）等病毒性病原以及鲑鱼海虱等寄生虫病原。

2. 致病机制

运用新一代基因组测序、蛋白组学、转录组学和海洋生物物理模型等技术手段，从病原-宿主互作层面研究宿主趋化因子活性调节、营养代谢免疫、病原载量动态变化、气候变化、病毒复制周期、病原局部进化、流行病学调查等方面阐释病原的致病机制和宿主免疫防御功能，为研究开发水产养殖病害监测、预防和控制技术提供参考依据。

3. 疾病防控

病害控制手段呈现多元化，疫苗接种依然是最热点的防控策略。此外益生菌、免疫增强与调节剂、养殖系统消毒措施等成为重要补充手段。药物防控的耐药性问题获得普遍关注，基于鱼类免疫系统的替代抗生素的绿色健康病防技术是国际前沿领域的普遍共识。

（四）海水鱼营养与饲料技术

1. 营养需求研究

鱼类营养需求相关研究仍占较大比例，与之前相比，目前海水鱼营养需求更加关注特定养殖阶段、养殖环境以及营养素相互之间影响。同时，围绕营养素特定功能开展鱼体营养代谢研究，对于营养素缺乏、适量、过量情况下代谢稳态研究更为深入。

2. 蛋白源、脂肪源开发

围绕水产饲料中鱼粉、鱼油替代以及过高比率替代后引起鱼体健康及生长降低的机制研究越来越多，相关研究综合考虑鱼体生长、健康、肠道菌群结构等，同时部分原料加工技术，如外源酶添加、微生物发酵等逐渐增多。

3. 功能性添加剂

海水鱼饲料中生物活性物质筛选及评估成为当前研究的热点之一，围绕系列物质对鱼体代谢的调控、适宜用量等研究正在开展。

（五）海水鱼产品质量安全控制与加工技术

国际上主要加工鱼种有金枪鱼、三文鱼、鳕鱼、海鲈、大黄鱼等。加工技术包括品质变化及其调控机制、功效成分发掘与功能评价、风味形成机制与调控技术、海水鱼品质智能评价四个方面。其他前沿技术还包括：具有指示新鲜度的智能包装技术，对鱼肉肌原纤维保水性和凝胶性、脂质氧化及其防腐影响的探究，河豚毒素形成机制与预警技术，养殖海水鱼用药迁徙规律与防控、定向识别和快检以及危害物的消减控制技术，微塑料等环境污染物危害因子形成的变化规律、危害因子的复合风险评估和风险程度的研究，以及智能化无缝化的全产业链质量安全控制新模式的构建等。

四、国内海水鱼产业技术研发进展

（一）海水鱼遗传改良技术

国内建立起了大菱鲆抗逆/抗病等阈性状规模化家系选育-分子标记辅助育种技术路线、半滑舌鳎抗病育种基因芯片及其应用方法；开发出大黄鱼低密度测序获得高密度SNP的分型技术、基于AI的基因组育种值预测的集成算法和基于卷积神经网络的鱼脸识别技术，建立了高品质大黄鱼育种技术和耐粗饲选育技术；研发出虎龙杂交斑父母本棕点石斑鱼和鞍带石斑鱼的分子筛选技术，为确保虎龙杂交斑优势性状的稳定和提升奠定了坚实的基础；获得了红鳍东方鲀生长性状相关连锁的SNP位点并进行应用；开展了全国范围海鲈种质资源调查和种质资源库建设工作，鉴定了群体遗传结构，并针对海鲈的耐盐碱、快速生长等选育性状，开展全基因组选择育种工作。

（二）海水鱼养殖与环境控制技术

1. 工厂化养殖

国内的工厂化养殖主要围绕健康养殖、水环境控制、新型 RAS 系统等方面开展研究。构建了海水鱼工厂化循环水平面和立体养殖系统，示范应用 LED 新型光源、工业余热循环利用等新技术，显著降低了养殖能耗，提高了生产效率；采用电氧化生物滤器耦合技术构建双室电化学养殖海水处理系统，氨氮去除率达到 88.8%，形成了铁-碳人工湿地、贝藻混养处理、生物滤器和藻类反应器联用等工厂化养殖尾水处理工艺。

2. 网箱、围栏养殖

PET 新型网衣材在钢制平台网箱及大型围栏中试用取得良好效果；优化了 HDPE 浮台式、钢制平台式、板式塑胶渔排等网箱的结构、制作工艺及布放方式，研发了大型围栏养殖鱼苗转运投放、饲料投喂、成鱼收获、物联网监控等配套装备，基本实现了大型围栏养殖的机械化与智能化操控管理。

3. 池塘养殖

研发了池塘养殖生境物质能量利用与尾水生态排放、生物与微生态调控等技术；研制了池塘专用的水质在线检测与饵料自动投喂设备，工程化池塘精养模式应用于尖吻鲈养殖效果良好，工程化池塘生态养殖面积与效益稳步提升。

4. 深远海养殖

大型坐底式网箱“耕海 1 号”投入运营，总养殖水体 30 000 立方米；单柱式半潜深海渔场“海峡 1 号”建设完成并在宁德海域进行安装；大型养殖工船中试船“国信 101”号试养大黄鱼获得初步成功，全球首艘 10 万吨级智慧渔业大型养殖工船“国信 1 号”启动建造。

5. 养殖装备与智能化

研制了基于神经网络 PID 的 pH 自适应调控装置，精准控制养殖环境 pH 值；研究了基于深度学习和自适应模糊神经网络的鱼类密度估计和投喂量预测方法，应用工厂化循环水养殖物联网智能管控系统，节约劳动力成本 50%，生产效率提高 30%以上，提升了工厂化养殖智能水平。

（三）海水鱼疾病防控技术

1. 流行病学

我国海水鱼病害的主要细菌病原为弧菌、爱德华氏菌、杀鲑气单胞菌、假单胞菌、链球菌和发光杆菌，病毒病病原主要为石斑鱼虹彩病毒和神经坏死病毒，寄生虫则为刺激隐核虫。

2. 疾病防控

完成了大菱鲆疫苗联合接种生产示范，实现全程“无抗”养殖，兽药减量达 70%～80%，“大菱鲆疫苗联合接种生产操作规程”等 3 项标准制订完成，“大菱鲆鳗弧菌灭活疫苗（VAM003 株）”获批农业农村部临床试验批件；建立了石斑鱼虹彩病毒病发生的风险评估模型及安全防控技术，完成了石斑鱼蛙虹彩病毒病灭活疫苗临床批件的申报，研发了防治刺激隐核虫病的纳米杀虫涂料和镀锌材料；摸清了主养区大黄鱼内脏白点病、体表白点病以及白鳃病的发病情况，建立了大黄鱼病害监测、预警及苗种检疫体系。

（四）海水鱼营养与饲料技术

国内海水鱼营养学研究与国外研究趋势相似，在海水鱼蛋白质代谢等部分研究领域处于世界领先水平，总体研究内容与范围更广。目前已构建了 9 种我国主养海水鱼基础营养需求数据库和针对主要蛋白源的营养利用数据库，系列成果为海水鱼精准饲料配制提供了基础；开发了大批非粮饲料蛋白源，特别是评估了棉粕、黄粉虫、黑水虻等新型蛋白源在海水鱼饲料中的应用效果，拓宽了我国水产饲料蛋白资源来源；开展了中草药等我国传统医药资源在水产饲料中的应用研究，部分成果已在相关企业中示范、生产、推广，提升了我国海水鱼饲料普及率，助力产业转型升级与提质增效。

（五）海水鱼产品质量安全控制与加工技术

1. 鱼品加工

海水鱼加工主要集中在海鲈、大黄鱼、金枪鱼、卵形鲳鲹等，加工技术研究主要包括采用超高压、新型生物抑菌剂、流化冰等来提高鱼片的货架期，利用副产物生产鱼鳞胨、ACE 抑制肽，热处理结合酶解与连续美拉德反应增香生产调味料。

2. 保鲜贮运

研发了适合于电商和超市的暗纹东方鲀贮运保鲜产品，建立了过程中海水鱼品质变化动态监控技术，研制出海水鱼电子式货架期指示设备。

3. 质量安全控制

利用近红外等技术实现鱼类新鲜度测定，研究了基于组学技术的危害因子形成规律及调控机制，探明了海水鱼加工过程中风险因子的变化规律，建立了过敏原检测技术和活性评价方法，开发硝基化合物检测和渔药残留现场无损快速检测等技术，质量因子的检测技术及其标准不断得到完善。

（国家海水鱼产业技术体系首席科学家　关长涛　提供）

2020年度虾蟹产业技术发展报告

（国家虾蟹产业技术体系）

一、国际虾蟹生产与贸易概况

2020年全球虾蟹养殖产量约840多万吨。海水虾类养殖产量约500万吨，较2019年增长约4%，我国（不含台湾省）海水虾类养殖产量约150万吨，印度尼西亚约70万吨，越南约75万吨，印度约65万吨，厄瓜多尔约60万吨，泰国约35万吨。罗氏沼虾全球养殖产量约24万吨，我国（不含台湾省）产量约12万吨。日本沼虾23万吨，我国是唯一养殖生产国。全球克氏原螯虾养殖产量约200万吨，我国为主要养殖生产国，产量预计200万吨。中华绒螯蟹年产量约75万吨，三疣梭子蟹养殖产量约11万吨，我国是2种蟹唯一养殖生产国。拟穴青蟹（包括4种青蟹，我国主要为拟穴拟穴青蟹）养殖产量约13万吨，我国（不含台湾省）拟穴青蟹养殖产量约5万吨。

二、国内虾蟹生产与贸易概况

虾蟹是我国水产养殖产业中重要的种类，2020年养殖产量约475万吨，较2019年下降约6%。2020年全国海水虾养殖产量约150万吨，产量增加了7%，产值约640亿元，产值与2019年基本持平；凡纳滨对虾、中国明对虾、斑节对虾、日本囊对虾和脊尾白虾是我国主要养殖海水虾类，凡纳滨对虾仍是最主要养殖品种，养殖产量约占我国海水虾养殖产量87%。2020年罗氏沼虾预计养殖产量约12万吨，较2019年下降约20%，江苏、广东、浙江等省为主要养殖地区。日本沼虾2020年养殖产量约23万吨，与2019年基本持平。克氏原螯虾养殖产量约200万吨，与2019年基本持平。中华绒螯蟹2020年产量75万吨，与2019年相比下降12%。2020年全国三疣梭子蟹养殖产量约11万吨，与2019年基本持平。拟穴拟穴青蟹2020年产量约5万吨，与2019年基本持平。2020年出口虾蟹产品约193吨，进口约803吨。

三、国际虾蟹产业技术研发进展

（一）遗传育种研究

2020年国外学者在虾蟹遗传育种领域发表科技论文108篇，涉及的主要研究内容包括种质资源评价、新品种选育、遗传连锁图谱构建及生长、抗逆、性别标记筛选等。Jones等利用改良的凡纳滨对虾遗传连锁图谱对20个全同胞家系进行QTL和GWAS分析，在20个作图家系中鉴定出1个主要QTL；通过独立的GWAS分析，发现了1个与性别决定相对接近的SNP位点；Gallaga-Maldonado等比较分析对白斑病（WSD）具有抗性的厄瓜多尔对虾品系（抗性品系 - RES）和具有高生长潜力的墨西哥对虾品系（生长品系 - GRO）的杂交育种效果，发现RES比GRO更能抵抗WSD。Guppy等开发了一种DArTseq目标捕获的基因分型分析方法，在澳大利亚斑节对虾野生种群和养殖种群的650个体中共识别出31 262个SNP标记，制备的基因芯片包括4 194个SNP标记；Vu等对澳大利亚的斑节对虾种质资源进行了调查，基于 RADseq 对来自澳大利亚 7 个不同地理位置的 278 个个体，使用10 624个高质量 SNP 位点研究了斑节对虾的遗传多样性、群体结构和适应性差异；Janpoom 等在斑节对虾 CyclinCof 基因中鉴定得到一个与生长性状相关的 SNP 位点 T>C134SNP，为斑节对虾的选择育种提供了参考标记。Thammasorn 等为了筛选控制细胞增殖和细胞停滞的关键调节基因，通过细胞培养过程中对虾原代培养细胞和体内细胞之间的差异基因表达模式研究，发现了二者之间差异明显，获得了 LRWD1、TMEM127、CDCA3、PPP2R1A 等多个差异表达的候选基因，可能在细胞周期中起着关键作用。Pillai 等以提高罗氏沼虾生长速率为目标进行了 6 代选育，两种估算方法对前 5 代选育效果评估，收获体重的累积选择反应分别为 29. 8%和 18. 1%；对选育 3 代和 4 代的罗氏沼虾进行的养殖对比测试，选育的罗氏沼虾在所有试验点的表现都优于对照组；Vu 等针对罗氏沼虾遗传改良计划中是否只对雌性进行选育的问题，分析了长达 8 年的高生长率选择育种数据，结果表明不需要针对雌性和雄性分别制定育种计划，利用雌性和雄性的数据进行联合选择，可以实现对体重的选择反应。Asaduzzaman 等收集了孟加拉国三个沿海地区的青蟹群体，通过形态分析种群多样性和种群结构，结果认为拟穴青蟹是最主要的青蟹种类，其次是锯缘青蟹；Naim 等对马来西亚 24 个采样点的 249 只拟穴青蟹的基因 col 序列进行了扩增分析，结果发现榄绿青蟹为其优势种，此外还有少量的拟穴拟穴青蟹。

（二）健康养殖与环境研究

2020 年至今在 Web of Science 上公开发表的英文文章中关于虾蟹类研究，仍然聚焦于基础生物学、生理学、营养与饲料、生态环境与健康养殖、育种、疾病与免疫、微生物学、毒理学、工程与技术等方向。

1. 虾类

克氏原螯虾养殖。本年度发表克氏原螯虾相关 SCI 论文 52 篇，与营养和养殖相关的 46 篇，主要涉及肠道组织学、肠道菌群等方面的研究。Zhou 等采用稻-克氏原螯虾共作的养殖模式，对养殖期间感染副溶血弧菌的螯虾肝胰腺组织 mRNA 的变化进行了研究。Liu 等对夏秋两季稻田克氏原螯虾的肠道微生物菌群、免疫酶以及肌肉风味进行了分析研究，结果发现秋季克氏原螯虾肠道微生物的多样性及丰富度均高于夏季，肠道优势菌群在门水平上从高到低依次是拟杆菌门、厚壁菌门、变形菌门以及软毛菌门。

对虾养殖。2020 年收录关于对虾养殖相关学术论文/专利有1 156篇（件），其中研究论文有1 034篇，专利 102 项，综述 70 篇，主要涉及有生态环境科学、遗传与生理、疾病与免疫、营养与饲料、养殖生物学、应用微生物学等研究方向。其中生态环境科学相关研究近年来持续增多，尤其是应用微生物调控养殖环境方面仍然是研究热点。Kumar 等以凡纳滨对虾急性肝胰腺坏死病副溶血性弧菌致病菌株 M0904 作为宿主-病原体模型，研究证实异养型生物絮团系统有助于提高副溶血性弧菌致病菌株感染后的对虾存活率，进一步究其原因是副溶血性弧菌致病菌株的表型发生转换，导致其毒力下降，为生物絮团养殖系统有利于控制病原菌提供了证据；Guo 等通过设置不同的投入 C/N 试验，C/N 比升高（6→10→15）有助于凡纳滨对虾生长，并显著降低对虾肠道微生物群多样性。Panigrahi 等通过在生物絮团养殖系统中添加芽孢杆菌，发现可以显著促进印度白对虾的存活、生长以及免疫能力。

罗氏沼虾和日本对虾。2020 年外文期刊发表有关罗氏沼虾相关文献 77 篇，主要集中在养殖和营养、病害和免疫、遗传选育、生殖与生长发育方面，其中与养殖和营养相关的论文17篇。已发表日本沼虾相关SCI论文43篇，主要研究地区为中国（95.3%）、伊朗（2.3%）和俄罗斯（2.3%），涉及养殖，品质与环境等文献相关11篇，主要包括低氧胁迫、氨氮胁迫、盐度胁迫、纳米塑料及湿地对生长、品质和免疫的影响。

2. 蟹类

2020年国际上关于蟹类养殖技术的文章210篇，其中80%以上为国内学者发表的中华绒螯蟹、三疣梭子蟹和拟穴拟穴青蟹方面的论文，主要涉及养殖模式（套养种类、放养密度和养殖品系）、投喂模式、营养饲料、水环境监测和调控等方面。国外的研究主要集中于室内养殖技术的探索，仅东南亚国家有少量拟穴青蟹池塘养殖技术的报道，侧重于软壳蟹和膏蟹生产技术，近年来这方面研究增多，且有软壳蟹生产技术商业化的报道，特别是马来西亚登嘉楼大学的拟穴青蟹软壳蟹生产技术，已经建立了关键的技术体系，从实验室走向了产业，在一定程度上促进了海水蟹类的产业发展。有关养殖模式和养殖管理技术方面，国内外学者主要研究了三疣梭子蟹、远海梭子蟹和拟穴青蟹的生长发育的最适温度、盐度、密度、遮蔽物和混养模式，优化了养殖条件。

3. 养殖设施与装备

截至2020年12月，SCI收录的养殖设施与装备相关的研究论文76篇，比2019年增加18篇。其中，对虾设施化养殖系统相关论文有2篇，与上年度相比减少了1篇。其中，1篇关于利用声学方法评价不同饲料颗粒长度对凡纳滨对虾摄食行为的影响，1篇研究硝化反硝化工艺在生物絮团养殖凡纳滨对虾直接回用系统中的应用。

（三）病害控制研究

在Web of Science共检索到2020年度发表的虾蟹免疫和病害相关论文500余篇，主要研究内容包括虾蟹类宿主免疫学、虾蟹病原学及流行病学、病害防治策略等。在Reviews in Aquaculture杂志发表的7篇综述性论文，系统回顾了对虾白斑综合症和急性肝胰腺坏死症的发生和防治、对虾Toll信号通路/训练免疫/microRNA在病害发生和防御中的功能和应用、氨氮胁迫对对虾生理和免疫的作用以及全球对虾企业耐药微生物评估等内容。

病原致病机制方面，发表在PNAS和Aquaculture杂志的两篇研究论文，同时发现了对虾触角腺是弧菌和WSSV侵染宿主的途径，为病害防控策略研发提供了重要参考。

免疫学研究方面，在凡纳滨对虾中报道了WSSV劫持宿主JNK途径，建立全新的IE1/JNK/c-Jun正反馈回路，驱动病毒自身基因的转录与复制；在中华绒螯蟹中报道了蜕皮酮及其受体具有调控先天免疫通路和抗菌肽表达的作用；在克氏原螯虾中报道了细胞因子受体domeless通过调控JAK/STAT途径促进WSSV增殖的作用；在凡纳滨对虾中鉴定了30余个Crustin抗菌肽编码基因，并揭示了它们通过调控宿主体内微生物平衡抵御弧菌感染的作用机制；在拟穴青蟹中报道了血细胞表达的microRNA对副溶血弧菌感染的响应特征。

病害防治原理和方法方面，在拟穴青蟹中报道了灭活副溶血弧菌可以提高宿主对后续感染的免疫防御能力；在克氏原螯虾中报道了栀子苷酸的抗病毒作用及抑制WSSV复制的功能；在凡纳滨对虾中报道了基于精油（essential oil）对细菌群体效应的抑制活性发展的弧菌病防治技术；在罗氏沼虾中分析了生物絮团养殖条件下添加不同碳源对其抗菌、抗氧化能力的影响；在凡纳滨对虾中评估了不同菌藻共生系统（Microalgae-bacteria symbiotic system）通过投喂或浸泡方式对副溶血弧菌引起的急性肝胰腺坏死症的防治效果。

（四）营养与饲料研究

2020 年国内外发表凡纳滨对虾和斑节对虾等海水虾营养与饲料研究文章 77 篇（中文 19 篇，英文 58 篇），其中饲料原料开发及利用研究 37 篇，占比最多，主要涉及发酵豆粕、藻粉、蚕蛹粉、植物浓缩蛋白等效果的评估，既有鱼粉替代，也有替代一些植物蛋白改善饲料效果；营养免疫与健康研究文章 14 篇，主要涉及芽孢杆菌、乳酸菌、丁酸梭菌等益生菌，植物提取物、甘露寡糖、低聚木糖、有机酸、中草药以及合生元在对虾饲料中的应用效果评估；饲料脂肪营养研究文章 7 篇，主要涉及必需脂肪酸、花生四烯酸、磷脂以及胆固醇在对虾饲料中的需求量研究；饲料蛋白类研究文章 6 篇，主要涉及蛋白源和蛋白水平、蛋白需求量等；饲料碳水化合物营养研究文章 6 篇，主要涉及不同碳水化合物源和不同 C/N 比的效果评估；饲料矿物质营养研究文章 6 篇，涉及 Ca、Mg、Cd、Zn 等含量对对虾生长、免疫的影响；饲料维生素营养研究文章 1 篇，涉及维生素 E 对斑节对虾的作用机理研究；

2020 年国内外发表罗氏沼虾、日本沼虾、克氏原螯虾等淡水虾营养与饲料研究文章 151 篇（SCI 133 篇，中文 18 篇）。营养相关主要关注点在虾的生长、免疫和抗应激，主要研究方向包括营养与健康、品质与环境、饲料添加剂、营养需求、养殖与投喂等。其中，营养与健康相关 87 篇，主要涉及营养干预对肠道组织屏障与菌群、肝脏脂代谢、机体抗应激反应机制、抗嗜水气单胞菌等病原菌能力以及营养物质代谢影响；品质与环境相关论文 24 篇，主要涉及低氧胁迫、盐度胁迫、重金属胁迫、氨氮胁迫、亚硝酸盐胁迫、双酚基丙烷胁迫、光照和纳米塑料对生长、品质和免疫的影响；饲料添加剂相关 19 篇，主要涉及大黄素、丝氨酸、丁酸梭菌、乳酸菌、芽孢杆菌、低聚甘露糖、脂肪醇、党参多糖、橙皮素、三卡因甲磺酸、壳寡糖、绿藻等用于促进生长和提高免疫；饲料原料相关 9 篇，主要涉及饲料中鱼粉、鱼油、碳水化合物适宜添加量、植物原料替代饲料中动物性原料以及克氏原螯虾对常规原料表观消化率研究；营养需求 8 篇，主要涉及蛋白和脂肪等常量营养素需求以及锌、锰、胆固醇、精氨酸等微量营养素需求；投喂技术 4 篇，主要涉及日本沼虾配合饲料投喂技术以及克氏原螯虾投喂频率研究。

2020 年海水蟹（三疣梭子蟹和拟穴青蟹）营养与饲料研究文章 16 篇。三疣梭子蟹营养与饲料方面的研究文章 5 篇，其中营养生理与免疫方面文章 2 篇，主要涉及饲料磷脂和蛋白质对三疣梭子蟹生长、发育和免疫的影响；饲料开发方面论文共有 3 篇，主要是植物油替代鱼油和蛋白源混合物替代鱼粉对三疣梭子蟹生长、组织脂肪酸及挥发性呈味物质的影响。拟穴青蟹营养与饲料方面的研究文章 11 篇，其中营养生理与代谢调控方面的研究 5 篇，主要是不同糖源、不同糖水平、不同脂肪水平、不同 n-3 LC-PUFA 以及不同 DHA/EPA 水平对拟穴青蟹糖代谢和脂质代谢等生理代谢的影响。涉及到营养需求方面论文 2 篇，主要是拟穴青蟹对蛋白质和微量元素锌的需求量。矿物元素与毒理方面的文章 1 篇，主要是饲料中过量铜对拟穴青蟹抗氧化、铜生物沉积、体色变化及先天免疫损伤的影响。营养与饲料比较方面的文章 3 篇，分别是配合饲料和冰鲜饵料对拟穴青蟹养殖的对比、软颗粒饲料对拟穴青蟹生长和肌肉氨基酸组分的影响及当地可用饲料对拟穴青蟹从大眼幼体时期养殖到幼蟹初级阶段的比较。

2020 年中华绒螯蟹营养与饲料研究文章 31 篇（中文 9 篇，英文 22 篇）。其中，营养生理与代谢调控方面的研究文章8篇，主要涉及饲料肌醇、磷脂、不同油脂与中华绒螯蟹脂肪代谢以及饲料磷脂、雨生红球藻粉、淫羊藿苷、配合饲料与冰鲜鱼对中华绒螯蟹雌体卵巢发育方面的研究等。免疫健康方面的文章最多，有16篇，主要涉及褪黑激素、T-2毒素、大豆抗原蛋白、淀粉水平、精氨酸、类胡萝卜素、丁酸钠、虾青素、硒培养的微齿眼子菜、还原型谷胱甘肽、N-乙酰半胱氨酸、黄芪多糖、低聚壳糖与中华绒螯蟹免疫的关系以及饲料高蛋白质水平缓解水体pH胁迫方面的研究。饲料配方优化方面有1篇研究，主要研究坡缕石对中华绒螯蟹矿物质含量的影响。饲料原料开发方面共有6篇研究，主要涉及鱼粉和鱼油替代以及发酵豆粕、棉籽水解蛋白和南极磷虾粉等蛋白源开发与利用等方面的工作。

（五）虾蟹加工研究

根据Web of Science数据库、ScienceDirect数据库、Google学术检索，国内外学者2020年共发表虾蟹加工SCI论文209篇，虾蟹保鲜SCI论文31篇。

虾蟹加工方面。主要涉及虾蟹产品加工技术、加工过程中理化性质变化、活性成分提取及副产物的加工利用等。Zhang等采用HS-SPME法提取虾干不同部位的挥发性成分，通过风味组学技术分析全虾与各个部位的香气相似性，揭示了虾表皮是香气的主要来源部位。Dong等采用微波在125°C下处理15分钟后，对虾中原肌球蛋白的致敏性显着降低，指明高强度微波处理在降低虾致敏性方面显示出巨大潜力。Gulzar等研究了不同预处理条件和真空度对超声辅助提取凡纳滨对虾虾头脂质提取率和氧化稳定性的影响，发现采用真空-微波加热能显著提高虾头的脂质提取率。Parjikolaei等采用葵花籽油和葵花籽油-甲酯作为提取溶剂，从虾加工副产物中提取虾青素，这两种溶剂的虾青素提取率分别达到80%和60%。Diego等研究了利用蟹下脚料生产的壳聚糖可食用薄膜的物理化学、机械和抗菌性能，指明其未来用作可生物降解包装材料的巨大潜力。Sharmin等通过研究虾和蟹壳废料中提取的壳聚糖，发现虾壳聚糖在改善菠萝汁品质方面比蟹壳聚糖更有效。Jimena等通过比较生的和不同烹饪方式加工的冷冻蟹肉的生化组成和质量参数，发现蒸汽加热的样品相比较煮熟的样品显示出较高的总挥发性碱氮（TVB-N）、pH和蒸煮损失值，并且肉产量较低。

虾蟹保鲜方面。内容主要涉及虾的保鲜、防褐变，蟹保鲜报道较少。Rahman等采用多维荧光成像技术能可视化分析冷冻虾新鲜度变化，指明CCD摄像与EEM结合的新方法为评估冷冻水产品的新鲜度提供了一种新的解决方法。Ying等研究了三聚磷酸钠（STPP）和三偏磷酸钠（STMP）预先浸泡对虾在冷冻储存（-30℃）的12周中肌肉蛋白稳定性，结果发现STMP分子的引入增强了对虾蛋白对低温胁迫的抗性。Zhang等采用蛋白组学技术研究了蒸馏水（DW）或偏磷酸三钠（ST）预浸泡处理虾肉蛋白新鲜度的变化，发现肌动蛋白和核糖体蛋白相互作用途径（光转导、呼吸代谢和核糖体途径），均发生了明显变化。Laly等研究了三种斑点蟹在冰藏和冷藏期间的生物胺、生化和微生物特性的变化，评估其冷藏条件下保质期为6天，结冰条件下保质期为10天。Jiang等研究发现添加姜水提取物（GE）、乳链菌肽等抗氧化剂和抗菌剂能明显改善冷冻蟹性腺保鲜效果。

（六）虾蟹产业经济

虾蟹产业经济方面。2020年检索到学术论文5篇，研究内容集中在虾蟹产业的可持续性发展，养殖强度的影响因素，以及新冠肺炎疫情对虾养殖业的影响分析。孟加拉国农业大学的Aurup等从消耗能源、保护环境、经济可行性和社会/政治公平的角度评估了有机虾生产的可持续性。该研究采用分层随机抽样技术，对Satkhira区Assasuni upazila的几个村庄的60名农民进行了访谈。研究表明，每公顷有机虾的产量为383磅，效益成本比为1.91。户主受教育程度、家庭规模和有机养虾知识对养殖户采用有机养虾有积极而显著的影响。因果缓解分析指出，有机养虾可以缓解传统养虾对环境造成的不利影响。哥伦比亚波哥大洛斯安第斯大学经济系的Jorge运用渔业绩效指标方法研究比较了哥伦比亚太平洋工业深海虾拖网渔业在根据粮农组织《负责任渔业行为守则》进行重要管理改革（2013—2017年）之前（2012年）和之后（2018年）的表现。分析显示：监管改革通过增加种群规模和减少副渔获物改善了生态绩效。同时还有助于粮食安全和当地劳动状况的改善，此外，资源租金得到部分恢复，对供应链产生了积极影响。然而，经济绩效仍然受到运营成本高、收获技术效率低和产品价值低的制约。Fahma使用Q-method分析了印度尼西亚价值链中各利益攸关方对虾养殖国家生态认证的不同看法，以求促进农民、科学家、政府、非政府组织和其他利益攸关方就生态认证建立共识的进程，以支持为实现可持续虾水产养殖制定可行的政策。研究发现利益相关方接受缓慢的几个原因包括对生态认证中可持续性概念的理解有限，生态认证在市场准入方面的潜在积极影响的不确定性，对改善农业基础设施等其他优先事项的认识以及利益攸关方缺乏对交流论坛的参与。并且这项研究提供了一个新的见解，即全球南部的国家如何看待生态认证不同于全球北部。英国雷丁大学的Angie和曼谷卡塞萨特大学的Vipak等考察了养虾人的行为与泰国湾东海岸养殖强度的关系，及其在养虾户更广泛的社会经济背景中的嵌入性。结果表明，养虾密度与技术（如农场面积、池塘大小、放养密度和产量）、经济（虾销售价格、生产成本和农场收入）、社会（如农场经营年限、家庭劳动力的使用、养虾业和其他养虾者的参与）和生态因素（如农民对自然池塘生产力的依赖，以及环境变化和生产区波动带来的限制）的组合有关。此外，研究结果表明，一些外部和内部社会经济因素与决定采用一定水平的生产强度有关，包括接受的耕作方法培训、获得技术设备、养虾总收入的比例、特定季节的生产变化、风险认知和主观文化（社会规范和角色）。因此，这项研究表明，养虾密度实际上是社会经济条件和行为选择多样性的一个指标，而这些条件和行为选择需要超越技术领域，以不同的可持续性政策为目标。Kumaran等评估了印度与新冠肺炎相关的封锁对整个虾供应链的潜在影响。该研究估计，印度虾养殖业的经济损失为15亿美元，并且由于虾种生产和供应受到严重制约，供应链、物流、农业、加工、营销将中断，会造成大量工人失业。预计在当前季节，虾产量及其出口绩效可能会下降40%。根据政府出台的相关政策，Kumaran等建议采取短期和中期技术和政策措施，以克服新冠肺炎相关封锁和相关限制的影响。

四、国内虾蟹产业技术研发进展

（一）遗传育种研究

2020年国内学者在虾蟹遗传育种领域发表研究论文224篇，授权发明专利17件。涉及主要研究内容包括种质资源评价、生长、抗逆新品种选育、基因组图谱注释、遗传连锁图谱构建及生长、抗逆分子标记筛选等。培育中国对虾“黄海4号”（GS-01-003-2020）国审新品种1个；8个虾蟹新品系完成生产性状测试，在生长、抗逆等方面显示出优势；另外保存虾蟹野生种质资源或具有不同经济性状的育种材料上百种。

构建了凡纳滨对虾高密度遗传图谱，该图谱包含 17 242 个多态性标记，总图距为 6 828.06 cM，44 个连锁群的相邻标记间平均距离为 0.4 cM，确定了 2 个与亚硝酸盐耐受性相关的 QTL，整合 QTL 和转录组学分析，确定了 1 个与亚硝酸盐耐受性相关的候选基因，该基因被注释为溶质载体家族 26A6 成员（SLC26A6）。收集了斑节对虾中国三亚和泰国南部海域野生群体，开展了斑节对虾生长兼耐氨氮新品系选育，生长速度提高 23.61%，96h 高氨氮胁迫存活率提高 15.34%；开展了斑节对虾生长兼耐低盐新品系选育，生长速度提高 21.54%，低盐胁迫 9h 存活率提高了 16.03%；开展了斑节对虾生长兼耐粗饲料新品系选育，粗饲料环境下生长速度提高了 10.74%；完成了斑节对虾基因组图谱，组装斑节对虾基因组大小为 2.1Gb，组装 contig 和 scaffold N50 分别为 116.8kb 和 268.5kb。中国对虾“黄海 4 号”获国审新品种证书，该新品种与中国对虾“黄海 1 号”和“黄海 3 号”相比，高 pH 值（9.2）胁迫 72h 仔虾成活率分别平均提高 32.2% 和 16.3%，收获体重分别平均提高 5.1% 和 10.7%，成活率分别平均提高 20.3% 和 13.6%；检测了中国对虾 NAGase 的多态性及其与耐高 pH 值性状的相关性，在 FcNAGase 上共检测到 29 个潜在的 SNP 位点，发现 2 个位点与中国对虾耐高 pH 值性状显著相关（$P<0.05$）。测试了日本囊对虾两种形态变异类型的耐热性状，类型 II 具有更高的热耐受性，与类型 I 相比，具有较高的 CTmax 和较高存活率以及较低的耗氧率，高温胁迫下类型 I 的 HSP70 和 HSP90 基本表达量较高；获得日本囊对虾 11 222 条非冗余的全长转录本，N50 长度为 5 174 bp，其中 43.33%发现了转录变异，筛选出 10 个 Toll-like 受体（Toll）的转录变异，这些 Toll 中都具有 Toll 保守结构域。对罗氏沼虾国外引进群体及中国选育群体进行了遗传多样性和遗传结构分析，均保持着较高的遗传多样性；结合亲本基因组 SNP 分型数据，对选育 4 代的罗氏沼虾群体进行遗传参数评估，pBLUP 和 ssGBLUP 估计的体重累计遗传增益分别为 4.46 克和 10.88 克；针对“铁虾”可疑病原，严格筛查，确保构建的核心群和扩繁群为 SPF 群体，共繁育推广的 27 亿尾虾苗，在表现生长快的同时，均不存在“铁虾”。开展了日本沼虾全基因组二代 Illumina 测序、三代 Pacbio 测序及 Hic 测序，测序总量超过 1 500 G；完成了染色体水平日本沼虾全基因组图谱拼装，得到的基因组约 4.5G，Contig N50 为 231.2 kb，Scaffold N50 为 86.8 Mb，BUSCO 值达到 92.6%；结合 HIC 文库，组装出 49 条青虾染色体；通过连续 2 年生产性养殖对比试验，结果表明青虾“太湖 3 号”品系在生长速度、成体规格、抗逆能力等方面均表现出明显优势。对克氏原螯虾群组选育品系 2018G02 世代和家系选育 2019G01 世代进行标准化对比养殖，已获取群组选育 2018G03 世代和家系选育 2019G02 世代苗种；完成克氏原螯虾全基因组精细图谱构建，鉴定发现了一系列与性状密切相关的基因家族和分子标记。中华绒螯蟹 36 个偶数年 F1 家系平均成活率为 40.23%，平均规格 175.58 克，平均亩产 40.41 千克；根据配组计划从 17 个选留家系中选择大规格成蟹 100 组（♀：♂=2：1）作为偶数年 F2 家系亲本，奇数年 F2 家系实现收获产苗量 0.25 千克以上家系 21 个；Tang 等组装了中华绒螯蟹基因组，大小约为 1.27Gb，94.00%的预期真核基因完全存在于组装的基因组中，重复序列占总基因组的 61.42%，共注释了 22 619 个蛋白质编码基因。收集了中国沿海 18 个拟穴青蟹野生种群和 2 个养殖群体的 301 只，利用线粒体细胞色素氧化酶 I 分析了群体遗传多样性和种群结构，为亲本选择和资源保护奠定了基础；开展了拟穴青蟹的耐低盐新品系选育，初步筛选出耐低盐新品系一个，在 90 天生长期内选育家系子一代比对照增长了 16.17%、子二代

增长 29.90%。收集、保存三疣梭子蟹不同类型种质资源 10 个，构建家系 36 个；完成了三疣梭子蟹基因组测序及组装，组装后的 contig 总长为 846.56Mb，contigN50 为 108.68kb，利用图谱辅助组装后的 scaffold N50 为 15.59Mb，978 个直系同源单拷贝基因组装出了 82.1%的完整单拷贝基因；筛选 12 个与耐副溶血弧菌性状显著相关的分子标记，克隆免疫相关功能基因 6 个；建立了三疣梭子蟹良种规模化扩繁技术体系，以“蟹—虾—贝—鱼”等模式，进行三疣梭子蟹良种示范与推广，推广养殖 3.6 万余亩，单位面积产量平均提高 30%以上。

（二）健康养殖与环境研究

1. 虾类

克氏原螯虾。在中国知网上，2020 年与稻田养殖克氏原螯虾相关的论文总计 173 篇学术论文，6 篇硕士学位论文。大部分是关于各个地区发展现状及对策、养殖技术要点、技术推广、扶贫致富等方面。核心期刊 24 篇，核心期刊研究内容覆盖面广，涵盖了稻田养殖对耕地、水体的影响、施肥对稻田养虾的影响、稻虾共作技术、农药残留毒性、虾苗密度、水稻品种、政策分析等各个方面。硕士论文包括华中师范大学硕士研究了“秸秆还田与投食对稻虾共作系统土壤硝化作用及微生物的影响”“稻虾综合种养模式下吡虫啉及其代谢物的安全性评价”“基于作物全生育期土壤光谱反馈面的虾稻区土壤有机质反演与制图”“运粮湖管理区虾稻种养区时空演变规律及其驱动因素”。南昌大学硕士研究了“彭泽县稻虾养殖供应链担保模式”，上海海洋大学硕士研究了“稻虾综合种养模式下多菌灵在克氏原螯虾中的残留特征、归趋与富集效应”。

对虾。2020 年中国知网中收录关于对虾养殖相关学术期刊论文有 206 篇，主要涉及有环境调控、疾病防控、饲料营养以及技术模式等研究方向。2020 年中国国家知识产权局中公布公告的与对虾养殖相关专利有 66 条，其中发明授权有专利 11 件，实用新型专利有 33 件，发明授权和实用新型专利主要涉及养殖系统和相关设施装置、养殖方法和技术、水质控制技术等。国内对虾养殖的焦点仍然是环境调控（主要是微生物制剂调控方面）、疾病防控、饲料营养以及技术模式（生物防控，稻虾种养，生物絮团技术，大棚养殖技术等）。

罗氏沼虾。罗氏沼虾中文文献 44 篇。其中水产养殖领域 23 篇，主要以新的养殖模式、苗种繁育、水质调控、生态养殖为主。其中与中华绒螯蟹混养、稻—罗氏沼虾养殖模式值得关注。

日本沼虾。日本沼虾中文文献 48 篇。其中水产养殖领域 34 篇，主要以苗种繁育、养殖模式（稻—日本沼虾；中华绒螯蟹和日本沼虾混养）、养殖管理为主。

2. 蟹类

2020 年中国知网中收录有关蟹类养殖的文章 1 057 篇，其中学术期刊 865 篇，学位论文 92 篇，公开专利有 204 件。其中有关拟穴青蟹养殖的文章 46 篇、梭子蟹 61 篇，其他多为中华绒螯蟹养殖方面的论文，主要涉及不同的养殖模式，包括稻蟹种养、养殖技术、饲料投喂、环境控制和管理等。说明我国中华绒螯蟹养殖的发展和研发非常活跃的。

2020 年中国知网中收录关于稻田养蟹（主要是中华绒螯蟹）相关研究学术论文有 27 篇，硕士学位论文有 2 篇。主要关注稻蟹种养技术、种养模式、各个地区种养工作、效益分析等方面。其中核心期刊 4 篇，进行了“稻蟹生态种养产出量及经济效益试验研究”

"银川稻田养殖条件下中华绒螯蟹成熟阶段的生长、生殖特征""稻蟹共作对田间生态环境与水稻生长的影响研究进展""基于 Ecopath 评估蟹—稻复合生态系统营养结构和能量流动"方面的研究。硕士论文部分上海海洋大学硕士研究了"银川大型稻蟹共生和水产养殖耦合系统水质和稻蟹生长"。

有关其他养殖模式和养殖管理技术，上海海洋大学和上海市水产研究所进行脊尾白虾和三疣梭子蟹混养模式的研究，建立合适的混养模式，不仅可以提高养殖产量，且有利于提高氮磷利用率，减少氮磷排放。在蟹类养殖的投喂模式和投喂技术方面，主要集中在中华绒螯蟹，已经探明了全程配合饲料和冷冻鱼螺蛳投喂模式对池塘养殖中华绒螯蟹生长发育、生理代谢、肠道微生物、性腺发育和营养品质的影响，目前产业中中华绒螯蟹配合饲料投喂量逐步上升，2020 年全国中华绒螯蟹配合饲料销量在 40 万吨左右。有关三疣梭子蟹和拟穴青蟹的投喂模式方面，有一些研究报道，规模化应用较少。

有关蟹类养殖的水环境调控，主要集中在水体营养素补充、微生物制剂和水生植物种植方面，蟹类养殖早期通常需要施肥培养浮游生物，有利于稳定水质，适当肥水有利于池塘水质稳定、蟹类蜕壳和生长，肥水养蟹导致的池塘氮磷投入增加引起产业界和环保界的关注和质疑，这方面还需要大量研究工作。有关蟹塘的微生物制剂使用方面，目前主要是泼洒、拌饲料和投喂发酵饲料三种方式，整体上，池塘养蟹采用微生物制剂有利于改善水质、降低污染和提高水生动物健康状况。

3. 养殖设备与工程

国内收录关于对虾养殖工程和工厂化养殖相关研究论文 12 篇，比上年度增加 2 篇。研究点主要集中在停加红糖对凡纳滨对虾生物絮团养殖系统水质和氮收支的影响，凡纳滨对虾工厂化循环水养殖技术分析，简易式工厂化循环水对虾养殖系统构建及试验，凡纳滨对虾工厂化循环水养殖技术、水环境分析等。

（三）病害控制研究

在中国知网（CNKI）等中文数据库中检索 2020 年度国内学者发表的虾蟹免疫和病害相关研究论文共计 150 余篇，在国家知识产权局专利检索网站检索 2020 年度虾蟹免疫和病害方面申请和授权专利共计 10 余件，主要研究内容包括流行病学和病原检测、宿主免疫学及病害防控等方面的研究。

流行病学和病原检测方面，报道了近年来对虾肝肠胞虫病及其病原肝肠胞虫的发生与流行、临床体征与病理特征、致病机理、诊断方法及防控措施；鉴定了凡纳滨对虾黑鳃病的病原是腐皮镰刀真菌（*Fusarium solani*）；在凡纳滨对虾中分离鉴定一株副溶血弧菌 HY3，其携带 blaTEM、strA-strB 等相关抗生素抗性基因，对链霉素、氨苄西林等抗生素具有耐药性；鉴定了二尖梅奇酵母是辽宁地区中华绒螯蟹"牛奶病"的病原；建立了十足类虹彩病毒（DIV1）环介导等温扩增（LAMP）检测方法和基于 TaqMan-MGB 探针的虹彩病毒、虾肝肠胞虫荧光定量 PCR 检测方法。

宿主免疫防御方面，报道了中国明对虾类围食膜蛋白基因在 WSSV 感染中的表达特征，分析了凡纳滨对虾 WAP 基因与抗病的关系，研究了克氏原螯虾抗菌肽 crustin5 基因、拟穴青蟹含 CTLD 结构域基因、三疣梭子蟹 C-型凝集素 CTL5 基因等一系列免疫相关基因在病原感染过程中的表达特征及功能。

虾蟹病害防控理论与技术方面，评述了中草药饲料添加剂对凡纳滨对虾在生长性能、病害防治、免疫酶活性、肠道结构及微生物菌群微的影响；比较分析了苯扎溴铵、聚六亚甲基胍盐酸盐（PHMG）等 22 种水产或医学上常用的消毒剂对副溶血弧菌的杀灭效果，发现 PHMG 具有高效、低毒、低降解的特性，是防治凡纳滨对虾 AHPNS 的理想消毒剂。

（四）饲料与营养研究

国内开展了大量的虾蟹饲料与营养方面的研究开发工作。在亲虾方面，重点研究了影响对虾亲虾性成熟的关键物质的营养需求，并比较了现阶段亲虾常用生物饵料与开发的亲虾配合饲料对亲虾性腺发育的影响，开发了一种适合凡纳滨对虾亲虾营养强化饲料，饲料中添加 6%的 DHA 微藻和 2%的蚯蚓粉有助于促进亲虾性成熟和提高亲虾的产卵性能。在凡纳滨对虾研究方面，①研究了大型海藻作为饲料原料的抗营养因子去除技术及功能性添加剂发酵海藻精制品在凡纳滨对虾的作用机制；②研究了菌体蛋白及黑水虻替代鱼粉的凡纳滨对虾低鱼粉饲料配制技术；③研究了叶黄素和辅酶 Q10 对凡纳滨对虾生长及抗逆性能的影响机制；④通过氨基酸平衡模式、功能性非必须氨基酸平衡模式、微量元素平衡模式、功能性添加剂等开发了凡纳滨对虾低鱼粉功能性饲料，研究结果表明，凡纳滨对虾饲料中用新型菌体蛋白替代鱼粉，通过营养素平衡模式（必需氨基酸平衡、功能性非必需氨基酸平衡、微量元素平衡）及功能性添加剂，可使鱼粉用量从 20%降低至 0%，对凡纳滨对虾的生长性能和表观消化率没有影响。

在淡水虾研究方面，①研究了日本沼虾不同温度下磷的需求量；②研究了日本沼虾苏氨酸和精氨酸适宜需求量；③研究了发酵辣木叶在克氏原螯虾饲料中的最适添加量；④研究了丁酸梭菌在罗氏沼虾中的适宜添加量和投喂模式；⑤研究了丁酸梭菌和大黄素配伍对罗氏沼虾促生长、抗氧化和抗应激方面的效果；⑥研究了克氏原螯虾饲料适宜脂肪源及代谢机制；⑦研究了克氏原螯虾摄食全动物与全植物蛋白源肌肉差异风味物质；⑧研究了不同盐度对罗氏沼虾仔虾转录组差异表达及分子机制。

在海水蟹研究方面，①研究了三疣梭子蟹对胆固醇的添加量及胆固醇影响性腺发育的作用机理；②确定了胆固醇和磷脂的相关关系及其在三疣梭子蟹饲料中的添加量；③确定了三疣梭子蟹对碳水化合物的适宜需要量；④研究了不同糖源和添加水平对三疣梭子蟹生长和糖代谢的影响，确定了最适的糖源和适宜添加水平；⑤研究了磷虾粉和棉粕在三疣梭子蟹饲料中替代鱼粉的应用效果，确定了磷虾粉和棉粕对鱼粉的适宜替代水平；⑥研究了三疣梭子蟹应对能量需求和维持能量稳态的分子调节机制；⑦研究了盐度适应过程中的能量补偿机制以及低盐环境中拟穴青蟹对不同脂肪源差异化利用的机制。

在中华绒螯蟹研究方面，①研究了中华绒螯蟹不同生长阶段、不用营养条件下对维生素 D_3 的需求，以及维生素 D_3 与钙磷代谢和脂肪代谢的关系和互作机制，研究结果为解决生产中蜕壳不遂问题提供了理论参考；②研究了肌醇对中华绒螯蟹生长、抗氧化能力和脂肪代谢的影响，确定了肌醇的营养需求及其与脂肪代谢的作用机理，为脂肪对蛋白的节约作用提供理论依据；③研究了磷虾粉替代鱼粉的低鱼粉饲料开发技术，确定了磷虾粉可作为中华绒螯蟹饲料鱼粉的备选优质替代蛋白源；④筛选了三种益生菌能够提高中华绒螯蟹对植物蛋白源高效利用，同时提高中华绒螯蟹的消化、免疫及生长性能。本研究室团队紧密同相关饲料企业开展紧密合作，推广绿色生态养殖模式和技术，优化虾蟹精准营养低鱼粉功能性饲料及其投喂技术。

（五）虾蟹加工研究

通过中国知网、万方数据库、维普数据库检索，国内学者 2020 年共发表虾加工与保鲜论文 161 篇，蟹加工与保鲜论文 15 篇。主要研究内容包括：

虾蟹加工及保鲜技术。开发了虾味香辣调味料、面包糠油炸对虾休闲食品，对虾虾酱、高钙即食脆虾新产品；开发了高温热风干燥对虾加工技术。研究了高压静电场、低压静电场、天然保鲜剂、壳聚糖—茶多酚复合物、红毛藻多酚提取物、纳米抑菌材料在虾类的保鲜及防褐变中的应用研究；研究了通电加热、减菌预处理、抑菌及烹饪处理、反复冻融、冷风干燥、不同贮藏条件、去除脂质对虾类产品理化性质的影响。以蟹黄、蟹肉、鸭蛋黄和棕榈油为主要原料，开发中华绒螯蟹蟹黄调味酱。利用响应面法优化出风味蟹肉酱的最佳工艺配方。研究了以性早熟蟹肉为原料，采用微波干燥法将性早熟蟹肉加工成蟹肉松的最佳工艺参数。探究不同热加工处理方式对中华绒螯蟹原肌球蛋白（TM）的消化稳定性和致敏性的影响，结果发现反压蒸煮与高温高压处理对致敏性消减的效果较好。比较了 4 种常用的脂肪提取方法和 5 种甲酯化方法，得到较优的蟹肉脂肪分析方法，并分析三疣梭子蟹肉脂肪酸组成特征；研究了不同气调包装对熟制蟹肉蟹黄贮藏品质的影响，发现了在 4℃贮藏条件下采用 40% CO_2+ 60% N_2气调包装能有效提高熟制蟹肉蟹黄的风味品质和延长货架期限。

虾蟹加工下脚料的综合利用。采用三维石墨烯泡沫（GF）大的比表面积和丰富的羟基、羧基官能团，与 Hg（II）螯合，实现对对虾加工副产物中 Hg（II）的脱除；以虾蟹壳为原料，采用酸碱法提取甲壳素，以提取物的产率、灰分和蛋白含量作为评价指标，通过正交实验研发了超声间歇法提取虾蟹壳中甲壳素的最佳工艺条件。以虾蟹副产物为主要原料，对虾蟹副产物微波膨化休闲产品的工艺及配方进行了优化。以虾蟹壳为原料，提出微生物发酵法提取甲壳素，既具备环境友好又具备高效性。

虾蟹产品质量安全和营养评价。外加蛋白酶制剂对虾酱发酵期间的细菌群落组成、丙二醛、挥发性盐基氮和氨基酸态氮有重要影响，加入蛋白酶制剂后，芽孢杆菌属增加，乳球菌属减少，主要优势菌群包括芽孢杆菌属、黄杆菌属和乳球菌属；在养殖过程中受 T-2 毒素、黄曲霉毒素 B_1、赭曲霉毒素 A 和呕吐毒素污染的凡纳滨对虾，真菌毒素使对虾肌肉产生变化，导致对虾肌肉品质下降，从而形成适合腐败能力强细菌的生长环境，产生新的菌种；野生和养殖拟穴青蟹肌肉和性腺中的水分、粗蛋白质、粗脂肪和粗灰分之间存在显著差异，野生拟穴青蟹和养殖拟穴拟穴青蟹肌肉及性腺中检测到的 17 种氨基酸含量均有差异，野生拟穴青蟹肌肉中呈味氨基酸（FAA）总量均显著低于养殖拟穴青蟹，必需氨基酸（EAA）比例显著高于养殖拟穴青蟹，两种拟穴青蟹的脂肪酸组成各有优势。

（六）产业经济研究

根据中国期刊网（CNKI）数据库和维普数据库检索结果，2020 年检索到学术论文和产业发展报告 21 篇，研究内容主要集中在以下几个方面。

对不同养殖模式的经济效益进行分析与比较。左大妮等基于对上海崇明三种中华绒螯蟹生态养殖模式的调查数据，运用成本收益分析法对 3 种中华绒螯蟹生态养殖模式的经济效益进行对比分析。结果显示：在经济效益上，虾蟹混养模式的净利润最高，鱼蟹混养次之，中华绒螯蟹单养模式净利润最低。在成本构成上：可变成本占总成本的比例大于固定成本，其中饲料费占比最大，其他成本项目因模式不同有所差别，但三种模式中技术培训、品牌建设和疾病防治的成本投入占比均较小。在盈亏平衡和敏感性分析上，单养模式易受市场波动的影响，规避市场风险的能力小于两种混养模式。张从宇等也研究对比发现水稻-克氏原螯虾-蟹模式经济效益是水稻单作的 2.13 倍。章秋虎等认为凡纳滨对虾与绿色蔬菜种养轮作可以提升经济效益。通过试验区凡纳滨对虾与青菜、莴苣综合种养后，平均比试验区其他单一养虾塘亩产值分别提高 114.3%、129.3%。彭志兰等对舟山市凡纳滨对虾温室大棚养殖和高位池养殖两种模式的生态经济效益与能值进行了分析，结果表明：这两种模式的固定成本主要支出的相同，可变成本有所差异，可能主要是由于高位池养殖成功率低的原因导致。总体而言，温室大棚养殖成本利润率和销售利润率均高于高位池养殖。通过对两种养殖模式的能值比较分析，凡纳滨对虾温室大棚养殖比高位池养殖系统不可更新反馈资源投入只高出 12.04%，而温室大棚养殖比高位池养殖系统净能值产出率（NEYR）高 97.10%、能值交换率（EER）高 100.06%、能值可持续指数（ESI）高 35.10%、可持续性发展的能值指数（EISD）高 170.26%。所以，温室大棚养殖具有较高的经济效益。徐武杰等对比种鱼塘套养凡纳滨对虾与成鱼塘套养凡纳滨对虾两种对虾养殖模式发现：种鱼池塘套养凡纳滨对虾的总体经济效益要高于成鱼池套养凡纳滨对虾，其中，饲料的用量是对养殖模式经济效益产生影响的决定性因素。钱炬炬对稻虾共作生态种养模式效益进行了评价，认为较稻-油轮作模式，稻虾共作生态种养模式增加产值 173%，并且具有减少面源污染、提高水土资源利用率等生态效益。易峰等也指出与常规水稻种植相比，稻虾共养模式下的经济效益增长显著，同时还提升了生态效益和社会效益。而曹海等则进一步将二虾一稻综合种养模式与一虾一稻种养模式进行对比发现前者可以增产克氏原螯虾 26% 以上，而且水稻产量也有所提高，该技术适宜在低产、低效、低洼田块推广应用。

对虾蟹类产品进出口进行贸易竞争力与贸易地位分析。孙松通过迈克尔·波特的“钻石模型”，从 4 个方面对影响对虾产业竞争力的因素进行分析，得出在生产要素方面，我国对虾产业资源禀赋优势明显；在需求要素方面，对虾产品消费习惯逐渐养成，消费量日益增长；在机遇和政府政策方面，随着“一带一路”倡议和“乡村振兴”战略的实施，对虾产业将建立健全绿色养殖的制度体系；在关联产业和市场结构与竞争方面，存在种苗“散、乱、弱”、质量安全意识与品牌意识薄弱、加工品技术含量低、产业组织化程度低等问题。贾欣等总结出了在 4 个选定年份，进出口量、进出口额、进出口均价及出口量在总产量中占比排名位居前 10 位的国家和地区，并确定了中国在其中的具体位次。研究结果表明：随着总产量的不断增加，中国蟹类出口量在总产量中占比一直偏低，中国蟹类产品的国际市场份额未得到相应提高；同时，中国蟹类进口量保持长期增长，表明中国蟹类产品在规格、质量方面无法满足国内高端市场的需求；就中国蟹类出口均价与蟹类单位面积养殖产值相比，中国蟹类出口贸易存在着可观的利润空间。

对虾蟹类产品的消费者购买行为进行分析。韩飞以凡纳滨对虾为例，运用属性非参与方法研究消费者对多种水产品安全属性的偏好、支付意愿及重点属性间的交互效应。对消费者凡纳滨对虾消费行为的分析研究表明：消费者对于单项属性的支付意愿和商品总支付意愿（WTP）都存在显著差别，在大多数情况下随着被忽视属性的重新加入，总支付意愿会上升，变化主要由选择任务的复杂度差异和“晕轮效应”驱动。相较常规凡纳滨对虾，消费者更加偏好带有有机标签和/或可追溯信息标签的凡纳滨对虾产品；知识介绍可以普遍提高消费者对有机标签和可追溯信息的支付意愿、且削弱了有机标签与可追溯信息之间的互补关系，甚至使得欧盟有机标签属性和可追溯信息属性之间的互补关系转变为替代关系；在中国市场引入欧盟有机认证，消费者剩余将平均上升 4. 48%~6. 48%。

新冠肺炎疫情对虾蟹类产业的影响的研究。曹振杰等对新冠肺炎疫情对山东省虾蟹类产业的影响做出了分析，认为疫情对山东省虾蟹产业的影响主要分为以下几点：虾蟹苗资源紧张，育苗量减少；物流不畅，虾蟹销售面临重大难题；水产品国际市场需求整体表现低迷，虾蟹类水产品进出口全面受阻。而程纯明认为疫情导致我国虾类主要进口国封锁边境，进口量急剧减少，需求进而转向国内，所以客观贸易形势的转变对国内对虾行情有提振作用。

对产业发展趋势和可持续发展进行研究。姜燕等总结了 2019 年山东省虾蟹类养殖产业发展形势并对 2020 年的发展提出相关建议。研究表明：2019 年产业发展形势向好，产量逐年增加，苗种需求量加大，养殖模式多元化发展，在传统养殖模式的基础上应积极探索适合山东省情省况的新的生态高效模式，比如藕池套养克氏原螯虾，池塘高密度精养模式等。曹振杰等则从产业养殖现状、养殖模式、苗种情况、品牌情况、营销情况和消费现状 6 个方面对山东省中华绒螯蟹产业发展情况进行了深入分析，认为山东省中华绒螯蟹产业仍然处于初级发展阶段，在以后的发展中应该着力发展本地优质蟹苗、重视中华绒螯蟹养殖疾病防控、推广健康、生态的中华绒螯蟹养殖模式。宋红桥等归纳了江苏如东地区主要养殖的虾蟹品种凡纳滨对虾、中华绒螯蟹、脊尾白虾和三疣梭子蟹的不同养殖模式和养殖方法，分析了如东地区虾蟹养殖品种的发展现状，以及持续发展过程中所遇到的养殖面积、产量减少，苗种病害严重，种质来源及品质的退化问题。张丽等分析了盘锦中华绒螯蟹产业发展以及未来的发展趋势。盘锦中华绒螯蟹产业实现了标准化、规模化、产业化发展。但是在发展过程中也出现了蟹种质退化、养殖技术停滞不前、品牌建设不足等问题。针对中华绒螯蟹产业未来的发展，作者从种苗、市场流通、品牌建设、技术推广等方面提出了相关建议。林楠等从福建、海南两省对虾苗种产业的产业规模、种虾来源与苗种类型、环境与自然资源、行业组织、成本及市场需求、技术支撑等方面进行比较，发现福建虾苗业出现了虾苗企业研发水平落后、盈利能力弱等新的问题，而海南虾苗产业的发展模式有许多值得借鉴之处。针对福建省对虾苗种产业发展提出了引导苗企转型升级、加快原良种体系建设等建议。

（国家虾蟹产业技术体系首席科学家　何建国　提供）

2020年度贝类产业技术发展报告

（国家贝类产业技术体系）

一、国际贝类生产与贸易概况

（一）国际贝类生产

粮农组织最新统计数据显示，2018年全球贝类总产量2 011.87万吨，海水贝类养殖产量占86.01%。2009—2018年，海水贝类养殖产值除在2015年同比下降8.59亿美元外，其他年份产量和产值均呈增长态势，两者分别从期初的1 313.78万吨和140.62亿美元，增加到期末的1 730.40万吨和342.89亿美元，增幅分别为31.71%和143.84%（表1）。蛤类、牡蛎、扇贝、贻贝和鲍螺为五大主要物种组，各物种组产量和产值的变化与海水贝类养殖总产量和总产值的变动基本相同。

表1 世界海水贝类养殖产量、产值变动趋势 （万吨、亿美元）

种类	类别	2009年	2010年	2011年	2012年	2013年	2014年	2015年	2016年	2017年	2018年
蛤类	产量	446.62	481.05	476.89	485.18	500.59	518.83	523.74	554.51	564.11	557.75
	产值	49.11	56.83	66.58	72.43	81.79	88.85	88.46	94.97	97.54	97.22
牡蛎	产量	426.88	436.60	432.25	456.05	477.21	495.31	512.17	542.03	572.91	599.49
	产值	36.16	40.67	46.94	51.14	57.15	60.48	60.55	64.39	68.12	72.29
扇贝	产量	156.87	168.46	145.71	159.15	179.86	184.09	200.57	211.33	218.52	213.61
	产值	27.42	34.35	35.71	37.47	48.67	51.08	51.35	56.61	58.78	58.59
贻贝	产量	172.21	177.94	183.49	178.29	170.47	182.31	182.15	199.50	207.19	211.26
	产值	15.40	16.19	23.60	22.84	34.15	41.08	32.10	38.43	42.13	45.19
鲍螺	产量	25.25	26.56	27.66	30.20	32.07	34.58	36.96	39.06	42.32	42.64
	产值	6.36	7.71	9.90	12.10	14.64	16.52	17.23	18.84	21.98	24.89
其他	产量	85.95	55.63	89.18	99.39	104.56	103.54	102.13	111.81	102.91	105.64
	产值	6.17	4.22	7.65	9.06	10.19	10.57	10.29	11.39	10.49	44.71
合计	产量	1 313.78	1 346.24	1 355.19	1 408.26	1 464.75	1 518.65	1 557.72	1 658.23	1 707.97	1 730.40
	产值	140.62	159.96	190.38	205.04	246.59	268.57	259.98	284.64	299.04	342.89

数据来源：FAO FishStatJ，2020。

2018年，海水贝类养殖活动主要集中在亚洲、欧洲和美洲，三者在全球海水贝类养殖产量中占比分别为91.75%、3.93%和3.70%，非洲和大洋洲仅占0.62%；在世界蛤类、牡蛎、扇贝、贻贝和鲍螺海水养殖产量中，亚洲占比分别高达98.82%、95.01%、98.87%、51.02%和99.09%。蛤类主产国为中国（95.13%）和朝鲜（1.11%），牡蛎主产国为中国（85.74%）、韩国（5.06%）、日本（2.94%）和美国（2.57%），扇贝主产国为中国（90.46%）和日本（8.15%），贻贝主产国为中国（42.76%）、智利（17.46%）、西班牙（13.43%）和新西兰（4.08%），鲍螺主产国为中国（94.32%）和韩国（4.70%）。

2009—2018 年，海水贝类主养国产量呈如下特点：①中国蛤类、牡蛎、扇贝、贻贝和鲍螺产量总体呈上升态势，在同类别世界养殖产量排名中都稳居首位，年均增长率分别为 2.93%、4.50%、4.49%、4.18%和 5.78%；②韩国牡蛎和鲍螺产量总体上也呈上升趋势，在同类别排名中均位居第二，年均增长率分别为 14.41%和 3.13%；③泰国蛤类产量在同类别排名中前期位居第二（个别年份第三），2017、2018 年被韩国取代，跌至第六，10 年间年均增长率为-7.65%；④日本扇贝和牡蛎产量在同类别排名中虽然分别稳居第二和第三位，但总体呈下降趋势，年均增长率分别为 0.98%和-1.58%；⑤智利贻贝产量总体上呈增长态势，西班牙产量总体稳定但略有下降，2017、2018 年有所回升，泰国产量则呈下降趋势，不同年份间智利、西班牙、泰国 3 国在世界产量排名中的位次虽然并不稳定，但基本上都占据第二到第四的位置（泰国 2018 年跌至第九），年均增长率分别为 10.77%、5.13%和-12.09%。

（二）国际贝类贸易

2010—2019 年，世界牡蛎、扇贝及贻贝进出口量、额和均价总体上呈长期增长、个别年份起伏不定的态势。进口总量和总额分别从期初的 37.72 万吨、20.38 亿美元减少到期末的 26.84 万吨、12.27 亿美元，出口总量和总额分别从期初的 39.09 万吨、18.87 亿美元减少到期末的 28.81 万吨、10.82 亿美元，进口均价从期初的 5.40 美元/千克下降到期末的 4.57 美元/千克，出口均价从期初的 4.83 美元/千克下降到期末的 3.76 美元/千克（表 2）。

表 2　2010—2019 年世界主要贝类品种进出口情况

年份	种类	进口			出口		
		进口量/万吨	进口额/亿美元	均价/（美元/千克）	出口量/万吨	出口额/亿美元	均价/（美元/千克）
2010	牡蛎	4.98	2.73	5.49	4.89	2.50	5.11
	扇贝	12.80	13.26	10.36	12.82	11.69	9.11
	贻贝	19.95	4.39	2.20	21.38	4.68	2.19
	合计	37.72	20.38	5.40	39.09	18.87	4.83
2011	牡蛎	4.96	3.14	6.33	4.59	3.08	6.71
	扇贝	13.06	15.70	12.02	13.26	14.60	11.01
	贻贝	22.26	5.81	2.61	22.80	6.53	2.86
	合计	40.28	24.66	6.12	40.65	24.21	5.96
2012	牡蛎	4.32	2.89	6.69	4.07	2.79	6.87
	扇贝	11.86	13.89	11.71	9.71	11.25	11.58
	贻贝	23.37	5.51	2.36	21.01	5.16	2.46
	合计	39.55	22.29	5.64	34.78	19.20	5.52

（续表）

年份	种类	进口			出口		
		进口量/万吨	进口额/亿美元	均价/（美元/千克）	出口量/万吨	出口额/亿美元	均价/（美元/千克）
2013	牡蛎	4. 40	3. 28	7. 46	4. 40	3. 18	7. 22
	扇贝	15. 04	16. 18	10. 76	10. 78	14. 00	12. 98
	贻贝	21. 52	5. 61	2. 61	20. 26	5. 46	2. 70
	合计	40. 96	25. 08	6. 12	35. 44	22. 64	6. 39
2014	牡蛎	4. 86	3. 61	7. 43	4. 53	3. 15	6. 96
	扇贝	14. 88	16. 81	11. 29	10. 88	14. 88	13. 67
	贻贝	21. 90	6. 03	2. 75	21. 71	6. 64	3. 06
	合计	41. 65	26. 45	6. 35	37. 12	24. 67	6. 65
2015	牡蛎	5. 41	3. 60	6. 66	4. 85	3. 14	6. 47
	扇贝	16. 41	16. 48	10. 04	9. 22	13. 89	15. 08
	贻贝	21. 70	4. 91	2. 26	23. 57	5. 35	2. 27
	合计	43. 52	24. 99	5. 74	37. 64	22. 38	5. 95
2016	牡蛎	5. 82	3. 64	6. 25	4. 96	3. 12	6. 28
	扇贝	15. 38	17. 34	11. 28	9. 84	14. 17	14. 40
	贻贝	23. 04	5. 26	2. 28	25. 47	5. 77	2. 27
	合计	44. 24	26. 24	5. 93	40. 27	23. 06	5. 73
2017	牡蛎	3. 91	2. 70	6. 90	4. 29	2. 72	6. 34
	扇贝	4. 38	6. 17	14. 07	3. 88	5. 44	14. 01
	贻贝	22. 89	3. 83	1. 67	21. 59	4. 01	1. 86
	合计	31. 19	12. 69	4. 07	29. 76	12. 17	4. 09
2018	牡蛎	3. 70	2. 79	7. 56	4. 49	2. 96	6. 59
	扇贝	5. 87	6. 16	10. 50	2. 93	4. 14	14. 12
	贻贝	15. 17	3. 81	2. 51	19. 55	4. 43	2. 27
	合计	24. 74	12. 77	5. 16	26. 97	11. 53	4. 27
2019	牡蛎	4. 22	2. 94	6. 97	4. 50	2. 92	6. 49
	扇贝	4. 32	5. 47	12. 66	2. 70	3. 54	13. 11
	贻贝	18. 30	3. 86	2. 11	21. 61	4. 36	2. 02
	合计	26. 84	12. 27	4. 57	28. 81	10. 82	3. 76

数据来源：UN Comtrade，2020。

综上所述，与巨大的养殖产量相比，进入国际市场的贝类几近可忽略不计。以 2018 年为例，当年世界牡蛎、扇贝和贻贝产量分别为 599. 49 万吨、213. 61 万吨和 211. 26 万吨，而出口量却分别只有 4. 49 万吨、2. 93 万吨和 19. 55 万吨，占比分别仅为 0. 75%、

1. 37%和 9. 25%。这表明，贝类的国际市场空间非常有限，试图通过扩大出口来增加国产贝类销量短期内并不具备可行性。

二、国内贝类生产与贸易概况

（一）全国贝类生产

2018 年，中国对世界海水贝类养殖产量的贡献高达 83. 44%，蛤类、牡蛎、扇贝、贻贝和鲍螺养殖产量在同类别世界养殖产量中占比分别为 95. 13%、85. 74%、90. 46%、42. 76%和 94. 32%（表 1 和表 3）。2019 年，中国海水贝类养殖产量达到 1438. 97 万吨，同比微降 0. 34%。

表 3 中国海水贝类养殖产量变动趋势 （万吨）

种类	2010 年	2011 年	2012 年	2013 年	2014 年	2015 年	2016 年	2017 年	2018 年	2019 年*
蛤类	442. 89	443. 36	453. 64	470. 06	488. 11	494. 97	527. 43	539. 31	530. 60	522. 43
牡蛎	353. 52	358. 05	378. 40	403. 77	415. 94	438. 06	466. 04	487. 94	513. 98	522. 56
扇贝	139. 59	127. 37	137. 51	155. 58	159. 32	172. 75	186. 71	202. 40	193. 23	182. 81
贻贝	68. 14	67. 43	73. 25	71. 50	76. 99	80. 94	86. 28	92. 76	90. 34	87. 07
鲍螺	25. 65	26. 69	29. 23	30. 94	33. 28	35. 53	37. 41	40. 33	40. 22	42. 15
其他	45. 69	77. 42	85. 97	86. 37	84. 62	78. 86	85. 50	74. 39	75. 57	81. 96
合计	1 075. 50	1 100. 33	1 158. 00	1 218. 21	1 258. 27	1 301. 12	1 389. 37	1 437. 13	1 443. 93	1 438. 97

说明：2010—2018 年数据来源为 FAO FishStat J，2020；2019 年数据来源为《2020 中国渔业统计年鉴》。2019 年蛤类数据中包括蛤、蛏、蚶。

2010—2019 年，国内海水贝类养殖产量保持总体增长的基本态势。其中，蛤类产量除 2018、2019 年外，始终保持递增，10 年间增幅 17. 96%；牡蛎产量始终递增，10 年间增幅 47. 81%；扇贝产量除 2011 年、2018 年和 2019 年有所下降外，其他年份均有不同程度的增长，10 年间增幅 30. 96%；贻贝产量除 2011 年、2013 年、2018 年和 2019 年外，总体上呈增长态势，10 年间增幅 27. 78%；鲍螺产量除 2018 年外，其他年份均有程度不同的增长，10 年间增幅为 64. 33%（表 3）。

（二）贝类进出口贸易

2019 年，中国牡蛎、扇贝和贻贝进、出口量之和分别为 10 116. 86 吨和 3 628. 65 吨，进、出口额之和分别为 6 879. 05 万美元和 3 750. 84 万美元，进、出口均价分别为 6. 80 美元/千克和 10. 34 美元/千克（表 4）。

表 4 2019 年中国贝类进出口量、额及均价

种类	进口			出口		
	进口量/吨	进口额/万美元	均价/（美元/千克）	出口量/吨	出口额/万美元	均价/（美元/千克）
牡蛎	3 623. 41	3 817. 09	10. 53	1 913. 64	278. 07	1. 45
扇贝	5 490. 35	2 567. 40	4. 68	1 607. 27	3 256. 69	20. 26

（续表）

种类	进口			出口		
	进口量/吨	进口额/万美元	均价/（美元/千克）	出口量/吨	出口额/万美元	均价/（美元/千克）
贻贝	1 003. 10	494. 56	4. 93	107. 74	216. 08	20. 06
总计	10 116. 86	6 879. 05	6. 80	3 628. 65	3 750. 84	10. 34

数据来源：UN Comtrade，2020。

2019 年，中国进口牡蛎、扇贝和贻贝的主要来源国（按进口额排序）分别为法国、日本和新西兰（表 5）。

表 5　2019 年中国进口贝类的主要来源国

种类	国家/地区	进口量/吨	进口额/万美元	进口均价/（美元/千克）
牡蛎	法国	2 112. 89	2 835. 96	13. 42
	爱尔兰	363. 97	364. 39	10. 01
	新西兰	140. 69	187. 84	13. 35
	韩国	698. 74	150. 09	2. 15
	加拿大	91. 28	67. 79	7. 43
扇贝	日本	2 516. 22	5 429. 81	4. 63
	美国	35. 18	22. 38	15. 72
	俄罗斯	11. 78	24. 98	4. 71
	智利	2. 23	7. 00	3. 18
贻贝	新西兰	459. 78	945. 78	4. 86
	法国	19. 63	30. 38	6. 46
	澳大利亚	10. 92	18. 29	5. 97

数据来源：UN Comtrade，2020。

2019 年，中国出口牡蛎、扇贝和贻贝的主要目标市场（按出口额排序）分别为中国香港、中国澳门（表 6）。

表 6　2019 年中国出口贝类的主要目标市场

种类	国家/地区	出口量/吨	出口额/万美元	出口均价/（美元/千克）
牡蛎	中国香港	162. 84	577. 07	2. 82
	中国澳门	48. 76	157. 03	3. 11
	越南	35. 88	1 129. 97	0. 32

（续表）

种类	国家/地区	出口量/吨	出口额/万美元	出口均价/（美元/千克）
扇贝	中国香港	1432. 02	182. 21	78. 59
	中国澳门	210. 97	190. 82	11. 06
	美国	164. 00	248. 57	6. 60
	韩国	157. 11	500. 18	3. 14
	日本	111. 56	29. 55	37. 75
	朝鲜	72. 01	24. 49	29. 41
	泰国	53. 50	214. 33	2. 50
贻贝	中国香港	154. 20	34. 14	45. 17
	美国	35. 32	8. 83	40. 00
	中国澳门	20. 98	61. 24	3. 43
	加拿大	2. 75	0. 74	37. 35

数据来源：UN Comtrade，2020。

海关数据显示，2020 年 1—10 月，我国贝类进口量、进口总额和进口均价分别为 6. 48 万吨、2. 49 亿美元和 0. 38 万美元/吨，同比分别下降 16. 78%、30. 78%和 16. 83%。其中，蛤类进口量、进口额和进口均价分别为 1. 04 万吨、0. 53 亿美元和 0. 51 万美元/吨，同比分别下降 9. 02%、12. 24%和 3. 54%；牡蛎进口量、进口额和进口均价分别为 0. 22 万吨、0. 22 亿美元和 1. 04 万美元/吨，同比分别下降 41. 73%、37. 16%和上升 7. 85%；扇贝进口量、进口额和进口均价分别为 4. 46 万吨、1. 03 亿美元和 0. 23 万美元/吨，同比分别下降 21. 73%、44. 64%和 29. 27%；贻贝进口量、进口额和进口均价分别为 0. 68 万吨、0. 35 亿美元和 0. 51 万美元/吨，同比分别上升 41. 03%、46. 84%和 4. 11%；鲍进口量、进口额和进口均价分别为 0. 08 万吨、0. 36 亿美元和 4. 29 万美元/吨，同比分别下降 7. 82%、33. 70%和 28. 08%。

同一时期，我国贝类出口量、出口额和出口均价分别为 14. 65 万吨、8. 13 亿美元和 0. 55 万美元/吨，同比分别下降 10. 69、14. 12%和 3. 84%。其中，蛤类出口量、出口额和出口均价分别为 10. 14 万吨、2. 35 亿美元和 0. 23 万美元/吨，同比分别下降 13. 18%、15. 91%和 3. 14%；牡蛎出口量、出口额和出口均价分别为 0. 81 万吨、0. 53 亿美元和 0. 65 万美元/吨，同比分别上升 18. 65%、28. 36%和 8. 18%；扇贝出口量、出口额和出口均价分别为 2. 09 万吨、2. 46 亿美元和 1. 18 万美元/吨，同比分别下降 12. 77%、17. 68%、5. 62%；贻贝出口量、出口额和出口均价分别为 0. 77 万吨、0. 21 亿美元和 0. 27 万美元/吨，同比分别下降 15. 75%、28. 03%和 14. 58%；鲍出口量、出口额和出口均价分别为 0. 84 万吨、2. 57 亿美元和 3. 06 万美元/吨，同比分别上升 14. 86%和下降 13. 38%、24. 58%。

（三）国内贝类市场

国内主要水产品批发市场价格监测数据显示，受新冠肺炎疫情冲击，2020 年国内市场贝类批发价格呈现出明显的增降分化态势。其中，鲍、蛏类和牡蛎均价同比分别下降18.30%、9.00%和6.35%，扇贝和蛤仔均价逆势上扬，同比分别上涨7.89%和9.01%。

三、国际贝类产业技术研发进展

（一）贝类遗传和育种技术

2020年，国外学者在贝类遗传学与育种技术研发方面取得较好的研究进展。英国和澳大利亚团队完成了国王扇贝（*Pecten maximus*）基因组草图的绘制，为探究双壳类生物矿化、色素形成、视觉以及藻毒耐受的遗传机制提供了高质量的平台。基于转录组、蛋白组、代谢组等组学技术探究贝类对环境因子胁迫的遗传响应与适应机制等仍然是研究的热点，研究获得的贝类响应逆境胁迫关键基因、抗性相关的SNP标记等为抗逆性状的分子育种提供参考。对牡蛎的研究发现利用低密度的SNP进行基因组育种值的估计较系谱法具有较高的准确性。针对抗逆性状、抗病性状以及生长品质性状的选育仍是国际贝类育种的主要选育目标，所用的育种技术仍以群体选育、家系选育和杂交育种为主。

（二）贝类营养与饲料

在牡蛎（*Crassostrea gigas*）饵料研究中发现，细胞壁甘露寡糖突变的酵母更易于消化，采用其作为饵料可替代50%微藻而不影响牡蛎生长性能。在贻贝（*Mytilus edulis*）上研究发现，有机碎屑形成的絮团在其营养摄入中占16%，微藻的贡献为8%；在紫贻贝（*Mytilus galloprovincialis*）养殖中，杜氏藻（*Dunaliella* sp.）是其最佳的饵料微藻；对翡翠贻贝（*Perna viridis*）面盘幼虫期而言，角毛藻（*Chaetoceros calcitrans*）是其最佳饵料微藻。在菲律宾蛤仔（*Ruditapes philippinarum*）上研究发现，投喂菲律宾蛤仔氮能量比25的饵料微藻生长优于投喂氮能比8的饵料微藻；在文蛤（*Ruditapes decussatus*）上，益生菌与混微藻饵料合投喂具有促生长作用。此外，在微胶囊饲料研究方面，Willer等采用脂质包裹裂壶藻（*Schizochytrium*）制备的微胶囊饲料在欧洲牡蛎（*Ostrea edulis*）养殖上获得了较好的效果；同样，该微胶囊饲料制备技术还可将维生素A和D包裹后投喂牡蛎（*Crassostrea gigas*），牡蛎能摄食并吸收。

在鲍营养与饲料研究方面，Yun等认为柑橘皮副产物不仅可替代配合饲料中裙带菜*Undaria pinnatifida*，还能提高皱纹盘鲍*Haliotis discus*的抗应激能力；Grandiose等的研究发现，饲料中添加*Exiguobacterium* JHEb1、*Vibrio* JH1和*Enterococcus* JHLDc复合菌能够增强新西兰黑足鲍*H. iris*的免疫功能；Aqmal等研究显示，用面粉和淀粉替代饲料中的海藻（疣细盘藻）降低了*H. squamata*生长性能但存活率提高；研究显示，洋葱提取物替代裙带菜*U. pinnatifida*提高了皱纹盘鲍*H. discus hannai*幼鲍的生长性能和抗应激能力；Kuehl研究表明6种底栖硅藻*Achnanthes brevipes*、*Amphiprora paludosa*、*Amphora salina*、*Amphora coffeaeformis*、*Navicula incerta*和*Nitzschia laevis*中，*Amphora salina*组鲍存活率最高，*Amphora coffeaeformis*有最好的促生长作用。

（三）贝类病害控制技术

2020年国际贝类病害控制技术的相关研究主要集中于以下三个方面：一是在病原相关研究方面，利用高通量测序技术鉴定了诱发长牡蛎死亡综合征的病原生物；鉴定了牡蛎疱疹病毒（OsHV-1）的miRNA，并预测了其在病毒和宿主中的靶标基因；开发了针对副溶血弧菌和包拉米虫等病原微生物的高效检测技术；评估了利用卫星遥感技术预测切萨皮克湾弧菌时空分布的可行性和应用前景。二是在贝类的免疫防御机制方面，从盘鲍、珠母贝、长牡蛎等贝类中鉴定了谷氧还蛋白、IκB 激酶、C 型凝集素、游离脂肪酸受体等分子，分析了其生物学功能及在贝类免疫防御中的作用；从长牡蛎中鉴定了 35 个自噬相关蛋白，首次证明了长牡蛎中存在自噬通路；利用比较蛋白质组学技术解析了斑马贻贝与微生物的互作机制。三是在环境胁迫对贝类健康的影响方面，研究了海洋酸化、雌激素类内分泌干扰物、多溴联苯醚、有毒甲藻、微塑料和塑料渗出液等对贝类生长发育和免疫防御能力的影响；解析了高温胁迫下牡蛎抗 OsHV-1 侵染能力增强的分子机制；探究了酸化胁迫影响硬壳蛤对弧菌敏感性的生物学基础；利用转录组等手段探究了菲律宾蛤仔、绿唇鲍等贝类对高温等胁迫的响应机制；完成了鳞角腹足蜗牛的基因组测序，解析了生物矿化作用和极端环境适应的机制。

（四）贝类养殖模式与养殖环境

基于生态系统水平的贝类养殖管理策略、养殖设施的研发是目前国际贝类养殖领域的重要方向。Pete 等将基于生态系统水平的 GAMELag 模型与贝类个体生长模型耦合，对法国 Thau 泻湖牡蛎的养殖容量及其生态功能进行了评估，以期在贝类养殖可持续发展的基础上寻求资源开发与养护间的平衡；Dvarskas 等在群落水平上定量评估了美国格林威治湾蛤仔和牡蛎的营养盐移除能力，解析了滤食性贝类的生态服务功能。Philippart 等通过工程化改造建设埋栖型贝类陆基养殖系统，减少贝类生物沉积对海域环境影响的同时，起到净化海域水体环境的作用。Mizuta & Wikfors 针对曾经遭受有害赤潮和其他微生物病毒危害的贝类养殖生产区域进行划型，根据风险影响的时间和空间程度，分类别管控贝类养殖区域，以规避有害赤潮的危害。养殖设施方面，主要聚焦适应自然海域水文条件的贝类设施养殖结构设计。Heasman 等基于前期研究基础在新西兰北岛丰盛湾（Bay of Plenty）应用了两种贝类外海养殖设施，在保证结构坚固稳定的同时也满足了适应新西兰近岸海域水文条件的要求。

（五）贝类流通与加工技术

欧美、日本等发达国家对贝类食品质量与安全问题十分重视。特别是上市前贝类的净化是必需的。用紫外线消毒海水进行贝类净化，在美国和英国仍为最常用的方法。臭氧是一种极强的氧化剂和高效杀菌消毒剂，它在水中时刻发生还原反应，十分活泼，产生具有强氧化作用的单原子氧，瞬时分解水中有机物质、细菌和微生物。美国将含臭氧的空气高密度地引进养殖水域，既起到杀菌作用，又达到了充分增氧的目的。日本科学家研究利用臭氧进行海水淡化也取得了初步成功。

全球用于低温保活和加工的贝类品种主要有牡蛎、贻贝、扇贝、蛤类等 10 多种，欧盟和东南亚等国是贝类产品的主要进口国，贝类出口的种类主要是鲜活贝类、加工冷冻品以及小包装的调制品。在贝类的深加工利用方面，国外的精深加工产品主要有烟熏、调味品和保健食品。近年来，日本以牡蛎提取物为主要成分开发出一系列的保健食品，已有 70 余种进入市场销售，年产值达百亿日元。日本在贝类的副产物利用方面有较大的技术优势，包括高纯度天然牛磺酸的制备，利用牡蛎壳生产建筑材料等。

四、国内贝类产业技术研发进展

（一）贝类遗传和育种技术

本年度国内学者完成了海湾扇贝、紫扇贝和青蛤的基因组测序工作。国内学者在贝类性状的精准、高通量测评技术研发方面取得较好的进展，包括基于心率的贝类抗逆性状测定技术、基于图像识别的体尺性状分析技术、利用 X 射线的品质性状分析技术等。贝类性别、生长、抗逆等性状的遗传解析仍然是贝类遗传学分析关注的主要内容，如通过连锁与关联分析定位了壳色、性别、糖原含量等经济性状相关的位点。关于不同养殖模式对贝类生长和存活的影响的研究日益受到关注。杂交育种、多倍体育种、群体选育以及家系选育仍是国内贝类普遍使用的育种技术。本年度三角帆蚌“浙白 1 号”，池蝶蚌“鄱珠 1 号”，缢蛏“甬乐 1 号”，熊本牡蛎“华海 1 号”，长牡蛎“鲁益 1 号” 和 “海蛎 1 号” 6 个贝类新品种获国家水产新品种证书。

（二）贝类营养与饲料

双壳类方面，Xu 等发现缢蛏（*Sinonovacula constricta*）的摄食选择与鳃黏液中凝集素有关。刘其根等报道，铜绿微囊藻（*Microcystis aeruginosa*）、小球藻（*Chlorella pyrenoidosa*）、斜生栅藻（*Scenedesmus obliquus*）等 3 种藻对河蚬的摄食率有不同影响。

鲍鱼方面，Ma et al. 的研究表明，低蛋白（17.63%）或高蛋白（43.27%）饲料均会降低皱纹盘鲍 *H. discus hannai* 的生长性能、免疫功能和抗应激能力；Guo 等的研究发现，低脂（1.57%）和高脂（6.72%）饲料均会降低皱纹盘鲍 *H. discus hannai* 生长性能；Li 等发现，饲料中添加维生素 C 能够增强皱纹盘鲍的抗氧化能力和免疫应答。Chen 等的研究表明，饲料中添加添加 7.5 毫克/千克 APSH-07 能够提高皱纹盘鲍生长性能，当添加量达到 22.5 毫克/千克时，皱纹盘鲍生长性能和免疫力下降。刘力源等的研究表明，饲料中添加 0.25%～1%的海藻发酵液添加能够促进 4～5 月龄皱纹盘鲍 *H. discus* 的生长。

其他腹足类方面，陈李婷等的研究表明，50%螺旋藻粉+50%基础饲料组对中华田园螺 *Cipangopaludina chinensis Gray* 仔螺存活率最高、生长性能最佳，这可以为田螺人工养殖及繁育配合饲料的配制提供参考。

（三）贝类病害控制技术

2020 年国内贝类病害控制技术的相关研究主要集中于病原流行性调查和检测技术、贝类免疫防御机制、环境胁迫对贝类免疫防御能力的影响以及病害发生预警预报等方面。开展了养殖水体和贝类体内致病性弧菌的病原学调查；研究了牡蛎体内及其养殖水体中细菌的耐药性；优化了针对 GⅡ型诺如病毒的巢式 PCR 检测方法；建立了针对副溶血弧菌的 ic-ELISA 检测方法。从长牡蛎、虾夷扇贝等中鉴定了 Toll 样受体、C 型凝集素、酪氨酸酶、谷胱甘肽 S 转移酶等分子，解析了其生物学功能；解析了单胺类神经递质对长牡蛎血淋巴细胞介导的免疫应答的调节机制；揭示了长牡蛎 IgIT-SHP2 通路在维持血淋巴共生微生物定植中的作用。研究了海洋酸化、高温、盐度、碳酸盐碱度、pH、有毒微囊藻和饲养密度等对贝类能量代谢水平和免疫防御能力的影响，优化了贝类病害发生预警预报技术，发布了贝类环境胁迫和养殖风险提醒。

（四）贝类养殖模式与养殖环境

在加快推进水产养殖业绿色高质量发展的背景下，高效养殖模式研发、设施研制、环境修复、养殖管理等方面的研究齐头并进。科研人员通过研发“多功能生态锚定系统”探索和实践了浅海贝类筏式养殖生产效率提升新模式；2020 年 11 月，农业农村部印发的《关于加快水产养殖机械化发展的意见》，对于推进我国贝类养殖的机械化进程提供了重要的政策导向；规模化底播养殖与海洋牧场生态采捕关键技术与成套装备处于实验室和中试阶段，近岸和离岸渔业生产作业多能互补发电成套装备处于实验室和中试阶段；基于滤食性贝类的养殖尾水处理技术成为了科研人员关注的研究方向之一，黄琳等以文蛤、缢蛏和泥蚶 3 种滩涂贝类为研究对象，评估了 3 种滩涂贝类不同处理模式下的尾水处理效果；淡水珍珠贝-鱼综合养殖模式开始推广应用，该技术模式在鱼类集约化循环水养殖池塘、小型水库、河道中均显示明显效果，促进了淡水珍珠产业的环境友好型绿色可持续发展；Dong 等将理化环境、饵料、沉积物等多个因素纳入平台，基于 biomod2 模型手段探究了月亮湾菲律宾蛤仔的适应性生境，为底栖贝类资源评估及可持续养殖管理提供参考。

（五）贝类流通与加工技术

随着沿海城市工业化的迅速发展，大部分海域都受到不同程度的污染，由于贝类对环境污染物的富集能力强，因此其质量安全直接与其生长的水域环境有关。本年度国内科学家构建了贝类有害因子质谱与结构解析数据库，实现 130 余种海洋生物毒素的高通量、高灵敏识别以及 50 余种 PFAS 的快速盲查；建立关键危害物高灵敏检测技术；开展关键危害物标准品研发。在高风险污染因子基础数据调查、重点养殖区贝类毒素监控预警技术构建、贝类产地溯源技术等方面获得了重要进展。

在贝类采收和保鲜方面，构建了牡蛎工厂净化和流通工艺、研发了扇贝开壳装备。在贝类精深加工和副产物利用方面，进行了系列加工产品的研发及促进泌乳作用、抗抑郁活性成分的功能活性研究，开发了即食麻辣小鲍鱼、常温即食鲍鱼粥、速冻蛤肉水饺、贝滑、蚝仔煎等初级产品和牡蛎肽杜仲雄花固体饮料、海参牡蛎肽沙棘复合饮料等精深加工产品，利用鲍鱼内脏开发了海鲜调味料产品、牡蛎壳开发了颗粒状新型贝壳肥料、杂色蛤壳开发了畜禽饲料产品并进行了产业化示范。

（国家贝类产业技术体系首席科学家　张国范　提供）

2020年度藻类产业技术发展报告

（国家藻类产业技术体系）

一、国际藻类生产与贸易概况

（一）生产概况

近年来，全球藻类产业呈现快速发展的势头，藻类主产区涉及50多个国家和地区，平均产量增长率是渔业整体增幅的2倍以上，具有巨大的发展潜力。2016年世界水生植物养殖产量约3 005万吨（其中大型海藻占比99%以上），占水产养殖总量的27.2%，销售额171亿美元，我国水产养殖经济效益显著。根据FAO的统计，2018年全球海藻养殖产量为3 238.62万吨（鲜重），我国海藻养殖产量高达1 850.57万吨，占全球海藻产量的57%，居全球首位。到2019年，我国藻类总产量达到254万吨（干重），相比于2018年增长了8.3%，在世界藻类产量的占比进一步提升。由此可见，我国是藻类的生产大国，在世界的藻类产业发展中发挥着重要作用。

（二）贸易概况

2019年世界藻类贸易进口额进口量稳中有升。相较于2018年，进量额增长1.4千万美元，进口量增长1.8千万美元。世界藻类贸易主要进口国（地区）为日本、中国、泰国、美国、中国台湾、韩国、澳大利亚和英国；世界藻类贸易主要出口国（地区）为韩国、印度尼西亚、中国、日本、美国和英国。从藻类主要进口国来看，中国藻类的平均进口单价最低，为1.59美元/千克。韩国次之，不超过2美元/千克。澳大利亚的藻类平均进口单价最高，为14.93美元/千克。从藻类主要出口国来看，菲律宾的藻类平均出口单价最低，为1.67美元/千克。而荷兰的藻类平均出口单价最高，为23.74美元/千克。其次是日本，出口单价为15.79美元/千克。

二、国内藻类生产与贸易概况

（一）生产概况

1999—2005年，我国藻类生产产量一直呈现逐年递增趋势，年增长率为3.6%；2006年和2007年的养殖产量逐渐下降；此后藻类养殖产量逐年加速增长，年平均增长率高于5%。截止到2019年，我国藻类养殖产量增加到254万吨（干重）。而我国藻类养殖产量的增加要得益于养殖面积的增加。2002—2005年，藻类养殖产量的增长趋势与藻类养殖面积增长趋势相同；2006年和2007年藻类养殖面积持续下降，此后藻类养殖面积稳定加速增加。2019年，我国藻类养殖总面积达14.17万公顷，是2002年的2.3倍。总体上，我国藻类养殖单位面积产量呈现先减少后增长的趋势。2010年以后，藻类单位面积产量逐渐增加，到2019年增长到17.91吨/公顷，年均平均增长率为3.78%。

（二）贸易概况

总体来看，我国生鲜藻类贸易进口量高于出口量。2019年生鲜藻类进口量大幅增加，增长至15万吨，进口额从2015年的1.26亿美元增长到2019年的2.46亿美元；生鲜藻类出口量突破1.6万吨，出口额仅为5.1千万美元。但我国加工藻类出口量高于进口量，2019年，加工藻类出口量为5.6万吨，出口额达2.5亿美元；加工藻类进口量约为6千吨，进口额1.1亿美元。我国生鲜藻类的主要进口来源国为印度尼西亚、韩国和菲律宾，主要出口目的国家为日本、俄罗斯和韩国；加工藻类的主要进口来源国为泰国和韩国；主要出口目的地为日本、台澎金马关税区和美国。

三、国际藻类产业技术研发进展

（一）遗传育种研究

东京海洋科技大学Niwa等从自然群体中筛选出一株紫菜的绿色突变体。韩国全南国立大学Choi等发现，生长较快的条斑紫菜色素突变体Py2K可以通过上调氮转运基因和alternative oxidase快速进行氮同化，进而影响藻胆蛋白的合成，从而调控藻体颜色和生长速率。Hadfield等采用RAD技术开发了真江蓠的性别连锁标记。Sato等采用响应面分析法对裙带菜配子体阶段生长和成熟的影响因素进行研究。Borlongan等研究了温度和光强对海带孢子体（SPO）和配子体（GAM）光合特性的影响。Coelho等的综述关注了褐藻的模式种，水云的遗传和基因组学工具的发展使其成为该类群的通用模型。海带已成为直接解决与藻类水产养殖相关的应用问题的模型系统，综述讨论了褐藻模式生物的过去、现在和未来，以及褐藻研究中的机遇和挑战。

（二）病害和有害藻类防控研究

2020年国际上藻类病害研究查询到2篇相关论文。挪威的研究团队发现了一株腐霉在低盐度下可以感染石莼（绿藻），该腐霉在低盐度条件下产生游动孢子和感染石莼的速度快于高盐度条件，高盐度条件虽然可以延迟游动孢子产生的时间，但是并不能阻止腐霉产生游动孢子。英、法、韩、俄等四国的研究人员开展合作，用表达序列标签分析紫菜腐霉基因组，发现存在RxLR效应子家族、保守的角质酶及其他致病性相关基因，与陆地腐霉相似，说明陆地腐霉为了适应海洋环境发生了遗传改良。

在有害藻类综合防控方面，2020年Web of Science核心合集收录论文有257篇，其中来自中国的研究论文较多，其次为美国和韩国，主要涉及有害藻类调查技术的研发和改进、有害藻潮暴发原因分析、管控清除方法研究等相关工作。针对有害藻类的特点，开发了不同的清除方法，例如Choi和Lee开发了一种微胶囊以去除营养物质和有害藻类；Lee等采用TiO2包埋聚苯乙烯球来抑制富营养化水体中的有害藻类；Park等研究了化感物质胡桃醌对藻类的影响，发现蓝藻比绿藻和硅藻对胡桃醌更敏感。这些方法的开发和建立对有害藻类综合防控奠定了坚实的基础。

（三）养殖与环境控制研究

印度尼西亚和菲律宾等东南亚国家以麒麟菜类为主，集中近岸浅水区养殖。日本和韩国养殖种类与我国类似，紫菜产量占比最高，主要集中于近岸潮间带或浅水区。美国沿海地区对潮间带大型海藻生产相对适宜性进行了分析，表明大西洋东南部和墨西哥湾地区最适合藻类栽培，且该地区是大型藻类的原生栖息地，具有经济藻类栽培的理想环境。天然藻场集中于生物多样性、藻场栖息地修复、碳汇潜力机制和缓解气候变化等方面。欧美日韩等发达国家高度重视海水养殖的生态化，生态修复、生态系统重建和资源监测评估等技术初步向规范化、标准化靠拢，发展了基于生态系统水平的浅海环境友好型多营养层次综合养殖（IMTA）。韩国、日本以及挪威已开发出适合机械化生产的单浮绠围苗筏式养殖模式。挪威开发了将苗绳缠绕在绠绳上加以固定的技术，无需人工夹苗，作业效率较高。美国开发了收获野生海带的收割船“Kelsol”，已经实现对野生海带的采收，但其船体结构庞大，不适合筏式养殖。

（四）藻类加工研究

根据ISI Web of Science数据库检索，2020年共检索到相关论文800余篇。国际藻类产业技术研发进展主要包括4个方面：①海藻提取物及活性物质的生物活性作用研究。主要开展了海藻中活性物质在抗炎、抗病毒、抗疼痛、保护消化道黏膜、改善胃肠运动和肠道菌群调节作用和对饮食引起的肥胖影响研究，其中以海藻多糖的活性作用研究较多。多名科学家关注研究了褐藻多糖对新冠病毒的影响。②海藻生物活性成分新提取、制备技术及其结构分析。包括利用高温、微生物酶降解海藻多糖制备海藻寡糖的技术，并对海藻寡糖结构以及降解酶进行表征；海藻生物质中纳米纤维素的制备及理化特性研究；以红藻为原料，利用微生物发酵、海洋细菌、酵母、水解等方法制备乙醇的工艺技术。③藻类质量安全方面。主要侧重于鲜食海藻保藏技术开发，藻类作为动物饲料营养补充剂和肉制品营养品质改善剂的应用潜力以及海藻中重金属元素的安全性评价等。④藻类干燥技术。包括不同干燥方式对红藻原料中成分及活性的影响，浮动式太阳能干燥器在海藻干燥中的应用，热风干燥中脉冲电场（PEF）对藻类食品干燥速率的影响等。

四、国内藻类产业技术研发进展

（一）遗传育种研究

茅云翔等完成了条斑紫菜基因组结构和功能解析。严兴洪等通过射线诱变获得了一株耐高温、生长快的坛紫菜新品系SW-81，通过杂交育种方法选育出一株高产的条斑紫菜新品系A-13。谢潮添团队选育的具有优质、高产和耐高温等性状的坛紫菜“闽丰2号”获水产新品种证书（GS-01-010-2020）。单体锋等完成了国际上首个裙带菜全基因组的测序和染色体水平的组装，提出了一种构建永久F2孢子体群体的方法，获得了覆盖生活史的全长转录组并研究了孢子叶发育过程中在转录组水平的变化。姜敏杰等对龙须菜四分孢子体发育的分子调控机制进行了研究。Chen等进行了龙须菜细胞水平与基因组水平上的倍性鉴定。

（二）病害和有害藻类防控研究

2020年检索到国内藻类病害研究相关论文共计7篇，集中在紫菜黄斑病、海带附生细菌、紫菜病原检测等方面。宁波大学的研究人员发现一株地中海弧菌能引起紫菜丝状体的黄斑病，阐明了病原感染过程中的宿主免疫防御及附生菌群的相关变化，并建立了一种噬菌体治疗黄斑病的方法。中国科学院海洋研究所和中国海洋大学的研究人员分别研究了绿烂的海带苗和病烂的栽培海带的附生菌群，分析了导致疾病发生的原因。藻类体系的病害研究团队建立了紫菜绿烂病病原的PCR检测方法用于栽培紫菜绿烂病的早期诊断。这些研究进展为经济藻类的综合防控提供了理论和技术支撑。

2020年，CNKI收录关于有害藻类相关论文190篇，主要涉及有害藻类对环境响应、分布变化特征分析、与其他生物相互影响模拟研究以及治理方法开发等。张海波等研究发现江苏近岸较高的营养盐含量和丰富来源是浒苔萌发和绿潮快速发展的重要物质基础，为绿潮发展提供了主要的氮、磷生源要素，而北部山东半岛南外海较低的营养盐水平是限制绿潮继续发展的重要因素。王宗灵等分析了黄海浒苔绿潮防灾减灾现状，提出了早期防控措施建议。

（三）养殖与环境控制研究

优化了“玉带 1 号”孢子体室内度夏与促熟，探明了调控孢子囊形成的关键环境因子，建立人工调控孢子囊成熟的方法，成功繁育了“玉带 1 号”的夏苗和秋苗，推动了海带离岸式养殖产业发展。国内学者对条斑紫菜进行了研究，高坤山等发现全球 CO_2 浓度增加会降低 UVR 对条斑紫菜光合作用和生长的抑制，严兴洪等通过条斑紫菜绿色突变体（C-0，♀）与红色突变体（fre，♂）的杂交实验，获得了改良的藻株（A-13），有望用于规模化养殖。查明了我国近岸海藻资源分布特征，并进行了藻场类型划分，建立了基于贝藻复合体的高效规模化藻场建设技术。估算了我国重点养殖海域的藻类碳汇能力，以辽宁省为例，基于贝藻类养殖的碳汇渔业具有巨大生态效益和经济效益。我国海洋牧场海藻场建设技术以中国水产学会团体标准的形式发布实施。多营养层级生态型养殖模式日益受到关注与推广。海带养殖机械化取得了较快的发展，已有若干种海带机械化采收加工装置进入试验阶段，但是距大规模推广使用仍然存在较大的差距。

（四）藻类加工研究

在中国期刊网（CNKI）数据库检索到相关学术论文 192 篇，专利申请 177 项。国内藻类产业技术研发进展主要包括 5 个方面：①海藻活性物质的研究，主要包括海藻多糖的高效提取与分析、海藻活性物质的功能作用。众多学者研究了岩藻黄素、褐藻胶寡糖、褐藻聚糖硫酸酯、红藻多糖及寡糖、褐藻多酚等物质的活性作用及作用机制，包括抗氧化、调节免疫、调节胃肠道及抗肿瘤等方面的活性作用。②海藻多糖的降解途径与方法，以及高品质琼胶的制备生产及稳定性研究。学者们研究了海藻多糖降解酶的发掘，降解菌的筛选与产酶条件优化，琼脂酶活性和琼胶凝胶强度的影响等；高值化的工程医药材料琼胶多糖制备投入生产。③海藻加工机械在国内研发了一些小型的高效海藻自动化加工、干燥设备。研究了不同干燥方法对海带多糖得率及其理化性质的影响，研究设计了自然晾晒与热泵烘干级联的干燥模式并研制了海带全程自动搬运、协调工作的码垛自动控制系统。④新型海藻加工技术和高效利用技术逐渐形成。以海藻为原料，拓展其在传统食品上的应用，开发了以海藻为元素的海藻食品、化妆品、肥料、饲料及新型材料等产品，开发潜力很大；包括“疯吃海带”“海带脆片”等海带和紫菜新型风味即食产品关键技术形成，产品不断面市，提升了产品价值，扩大了海藻的市场销售量。

（五）产业经济研究

通过对中国知网等公开数据库以及产业经济研究室相关科研成果的整理可知，2020 年藻类产业经济的相关研究主要涉及以下 4 个方面：①产业发展思路。高波、丁汉民等人通过对两沙海域紫菜栽培现状及问题的分析，提出了研发适应气候变化的新品种、逐步探索适应新规划的栽培方式、转变成以市场为导向的发展方式和注重环境生态安全的产业发展思考。②品牌建设思路。纪双丽和徐士元分析了我国水产品品牌建设现状和存在的问题，提出精准定位、丰富产品类型、培养顾客忠诚度、线上线下渠道相结合、完善生产与质量监管等重要的产业品牌发展策略。③新冠肺炎疫情影响藻类进出口贸易与产品销售。与 2019 年同期相比，2020 年的进口量与出口量均有显著下降。同时 2020 年全国藻类作物的平均单价为 2.30 元/千克，相较于 2019 年上涨了 27.10%；2020 年藻类销售额为

2. 47 亿元，相较于 2019 年上涨了 31. 38%。④藻类消费行为特征及影响因素。藻类产业经济研究室研究发现，城镇居民普遍有购买藻类食品的习惯，主要品种以海带和紫菜为主，而且消费者有较高的营养认知水平。同时收入、就业、受教育程度等均对藻类消费有一定的影响。

（国家藻类产业技术体系首席科学家　逄少军　提供）